說郛三種

陸

[明]陶宗儀 等編

上海古籍出版社

説郛目録

弓第六十一

三秦記

辛氏

山陵

秦名天子冢曰長山漢曰陵故通名山陵

地市

驪山始皇陵作地市生死人交易市平不得欺死人云秦王地市有斷馬利

太白山

太白山不知高幾許俗云武功太白去天三百山下

軍行不得鳴鼓角鳴鼓角則疾風暴雨兼至也

隴坂

隴西關其阪九廻不知高幾里欲上者七日乃越高處可容百餘家下處數十萬戶其上有清水四注俗歌曰隴頭流水鳴聲幽咽遥望秦川心肝不絶去長安千里望秦川如帶關中人上隴者還望故鄉悲思而歌則有絶死者

沙角

河西有沙角山峯崿危峻逾於石山其沙粒麄色黄有如乾糒又山之陽有一泉云是沙井綿歷今古沙不填足人欲登峯必步下入穴即有鼓角之音震動人足

温泉

驪山湯泉舊說以牲祭乃得入可以去疾消病俗云秦始皇與神女遊而忤其旨神女唾之則生瘡始皇怖謝神女爲出温泉而洗除後人因以爲驗

蘭池

秦始皇作長池引渭水東西二百里南北二十里築

土爲蓬萊山刻石爲鯨魚長二百丈

城赤色

長安城中地皆黑壤今城赤何也且堅如石如金父老相傳云盡鑿龍首山中土以爲城及諸城闕亦然

織錦城

梁山宮在好畤城皆文石名織錦城

未央

未央一名紫微宮

桂宮

未央宮漸臺西有桂宮中有明光殿皆金玉珠璣爲
簾箔綴明月珠金砌玉階晝夜光明

豹林谷

在子午谷

鳳凰闕

栢梁臺有桐鳳因名鳳闕

韋曲

在皇子陂之西

杜門

卽青門

子午

子午長安正南山名

始平

長安城北有始平原數百里無山川湖水其民井汲
巢居井深五十丈有伯夷墓人食薇可常食或云夷
叔食三年顏色如故

白鹿

周平王東遷有白鹿遊於此原以是得名盖秦運之
象

桃林

桃林塞在長安東四百里若有軍馬經過好行則牧
華山休息林下惡行則決河漫延人馬不得過矣

長安志

宋　宋敏求

結麟樓七聖紀曰鬱華赤文與日同居結璘黃文與
月同居鬱華日精結璘月精又太上黃庭內景玉經
曰高奔日月吾上道鬱儀結璘善相保梁丘子注曰
鬱儀奔日之仙結璘奔月之仙六典作結鏻未知從
何字
驪山在縣東南二里驪戎來居此山按上地紀曰即
藍田山也天寶元年更驪山曰會昌山七載又改曰

昭應山
公泉爲陂十道志曰有五渼陂陂魚甚美因誤名之
唐寶曆二年勅渼陂令尚食使收管不得雜人採捕
其水任百姓溉灌勿令廢碾磑之用文宗初詔並還
府縣
大明宮高宗命司農少卿梁孝仁制造北據高原南
望爽塏每天晴日朗南望終南山如指掌京城坊市
街陌俯視如在檻內
隋煬帝在藩舊宅武德中賜尚書左僕射蕭瑀西爲

少陵原南接終南北至滻水即漢鴻固原也宣帝許
后葬於此俗號少陵原
韋嗣立營搆別業于驪山鳳凰原鸚鵡谷有重崖洞
壑飛流瀑水中宗親往幸焉因封嗣立逍遥公名其
園後瑀子銳尚襄城公主詔別營主第主辭以姑婦
異居有乖禮則因固陳請乃取園地充主第又辭公
主衆執不欲異門乃併施瑀之院門

關中記

晉 潘岳

長安地皆黑壤城今赤如火堅如石父老所傳盖鑿龍首山土爲城又諸臺闕亦爾終南山一名中南言在天中居都之南故關中曰南山

昆明池曰神池靈沼堯治水訖停船此池盖堯巳有池漢代因而深廣之

涇與渭洛爲關中三川與渭灞滻澇潏灃滈爲關中八水

未央宫周旋三十三里街道十七里有臺三十二池十二土山四宫殿門八十一掖門十四宫殿及臺皆疏龍首山上以作之殿基出長安城上非築也

未央宫東有鴛鴦殿

宣帝少依許氏長於杜縣樂之後葬於南原立廟於曲池之北亭曰樂遊原

龍首山首枕渭之南岸尾達樊川首高尾下在長安城南

漢築長安城及營宫殿咸以堙平至今坊市北據高原南望爽塏視終南如指掌

洛陽記

晉　陸機

洛陽城周公所制東西十里南北十三里城上百步有一樓櫓外有溝渠

洛陽城内西北角有金墉城東北角有樓高百尺魏文帝造也

雲臺高閣十四間乘風觀閣十二間

洛陽南宮有承風觀北宮有增喜觀城外有宣陽觀千秋鴻地泉城揚威石樓等觀城外有鳥中觀

宮中有臨高陵雲宣曲廣望閶闔風萬世修齡總章聽訟凡九觀皆高十六七丈雲母窗日曜之有光

三市大市名也金市在大城西南市在大城南馬市在大城東按金市名商觀西兊爲金故曰金市

銅駝街在洛陽宮南金馬門外人物繁盛俗語云金馬門外聚群賢銅駝街上集少年

漢洛陽西關東成皋關南伊闕關西函谷關北孟津關

城南五十里有大谷舊名通谷

紫微宮有一柱觀

梁州記

晉　劉澄之

武侯壘

武侯壘東南有定軍山八十餘里有諸葛武侯墓鍾會征蜀至漢州祭亮之墓令軍士不得於墓芻牧樵采今松栢碑銘儼然

白水關

關城西南百八十里有白水關固解印綬處也

温泉

漢木南有温泉周圍數千步冬夏當沸涌若湯其熱可熟雞子

盟壇

沔陽城在漢水南舊蕭何所築也劉備爲漢王權住此城盟於城下今門外有盟壇猶存

諸葛井

諸葛亮宅有井深四尺餘口廣一尺五寸累塼如初開云

雁塞

梁州縣界有鴈塞山傳云此山有大池水鴈棲集之故因名曰鴈塞

梁京寺記

闕名

小莊嚴寺

梁小莊嚴寺在建業定陰里本是晉零陵王廟地天監六年度禪師起造時有邵文立者世以烹屠爲業嘗欲殺一鹿鹿跪而流淚以爲不祥鹿懷一麑尋當產育就庖哀切同被刳割因斯患疾眉鬚皆落身瘡並壞後乃深起悔責求道度禪師發大誓願罄捨家資廻買此地爲立伽藍

同泰寺

梁武帝改年號大同起同泰寺在臺城內窮竭帑藏造大佛閣七層爲火所焚武帝捨身施財以祈佛福自大通以後無年不幸

興國禪寺

梁武帝天監十三年以錢二十萬易定林前前岡獨龍阜以塟誌公永定公主以湯沐之資造浮圖五級於其上十四年卽塔前建開善寺

昇元寺

昇元寺卽瓦棺寺也在城西隅瞰江面後踞崇岡最爲古跡累經兵火畧無彷彿李王時昇元閣猶在乃梁朝故物

大愛敬寺

梁武帝普通元年造在蔣山之北高峯上

法寶寺

梁同泰寺基之半也建康刹錄梁武帝大通元年創同泰寺寺處宮後別開一門名大通門帝晨夕講義多遊此門

法光寺

卽梁之蕭帝寺舊傳天監十三年造元絳寺記云不知從昔之名故後人以帝氏目之

寶林寺

梁天監中武帝與寶公同遊此山見林巒殊勝命建精藍

長干寺

建康南五里有山岡其間平地庶民雜居有大長干小長干東長干並是地名小長干在瓦棺寺南巷西

頭出大江梁初起長干寺

宜都記

袁崧

銀山縣有溫泉注大溪夏纔煖冬則大熱上常有霧氣百病久疾入此多愈

猒牙山有石壁其文黃赤色有牙齒形勾

限山縣東六十里有山名下魚城四面絕崖唯兩道可上皆險絕山上周迴可二十里有林木池水人田種於山上昔永嘉亂土人登此避賊守之經年食盡取池魚擲下與賊以示不窮賊遂退散因此名爲下魚城

峽中猨鳴至清山谷傳其響泠泠不絕行者歌之曰巴東三峽猨鳴悲猨鳴三聲淚沾衣

自西陵泝江西北行三十里入峽山行周圍隱映如絕復通高山重障非日十里半不見日月也

西陵江南岸有山孤秀從江中仰望壁立峻絕人自山南上至其嶺嶺容十許人四面望諸山畧盡其勢俯臨大江如縈帶焉視舟船如鳧鴈矣

宜都山絕崖壁立數百丈有一寺大盧桶其崖間望可

長數尺傳云堯洪水人泊船此旁爨餘故曰插竈崖
也

益州記

任豫

劍西左擔道按圖在陰平縣北於成都爲西注曰其
道至險自北來者擔在左肩不得度右肩也
姜維抗鍾會故壘其山峭壁千丈下臨絶澗
雁橋東君平賣卜土臺局高數丈
魚蛇水東北自陵州界入青神縣界
龍盤山有一石長四十丈高五丈當有戶及扉若人
掩閉古老相傳爲玉女房

益州城張儀所築錦城在州南蜀時故宮也其處號
錦里
江由左擔道按圖在陰平縣北於成都爲西其道至
險自北來者擔在左肩不得度擔也鄧艾束馬懸車
之處
葭盟縣十里有刀鐶山赤銅水出焉
金山東臨澗水光照映川
東隅西隅南隅三山相對又曰三隅山去陵井一里
也

五城縣西南六十里有銅官山高出衆峯

南充縣西南六十里有昆井鹽井又曰雞鄄神在相如縣東次北下步有雞鄄溪因此而爲之名

伏犀灘東南六十里有黄魚像岸今在夔道縣界又曰龍騰溪水源出南溪縣

黄葛峽有相思崖芳泉周濯俗謂之神窟

司馬相如宅在州西笮橋北百許步李膺云市橋西二百步得相如舊宅今梅安寺南有琴臺故墟

荊州記

晉　盛弘之

衡山有三峯極秀一峯名芙蓉峯最爲竦桀自非清霽素朝不可望見峯上有泉飛派如一幅絹分映青林直注山下

巴陵南有青草湖周廻百里日月出没其中湖南有青草山故因爲名

宜都西陵峽中有黄牛山江湍紆廻途經信宿猶望見之行者語曰朝發黄牛暮宿黄牛三朝三暮黄牛如故

緑城邊隄悉植細柳緑條散風青陰交

雁塞北接陽州汶陽郡其間東西嶺屬天無際雁飛翥至此即回翼唯一處稍下每雁飛達則矯翼裁度下處而過故名雁塞

武陵武陽縣有石帆山若數百幅帆

隨郡北界有九井相傳神農既育九井自穿又云汲一井則衆井水皆動

巴東有一折柱孤直高三丈大十圍傳云是公孫述

樓柱破之血出枯而不朽

湖陽縣春秋蓼國樊重之邑也重母畏雷爲石室避之悉以文石爲堦砌今猶存

狠山縣有一山獨立峻絕西北有石穴以獨行百步許二大石其門相去一丈許俗名其一爲陽石一爲陰石水旱爲災鞭陽石則雨鞭陰石則晴

湘東有雨母山山有祠壇每祈禱無不降澤以是名之

來陽縣有雨瀨此縣時旱百姓共壅塞之甘雨普降

若一鄉獨壅雨亦偏降應隨方所其信若符刻

小酉山石穴中有書千卷相傳秦人於此而學因留故梁湘東王云訪酉陽之逸典是也

南陽有菊水其源旁悉芳菊水極甘馨又中有三十家不復穿井即飲此水上壽百二十三十中壽百餘七十猶以爲夭漢司空王暢太傅袁隗爲南陽令縣月送三十餘石飲食澡浴悉用之太尉胡廣父患風羸南陽恒汲飲水此疾遂瘳此菊短葩大食之甘美異於餘菊廣又收其實種之京師遂處處傳置之

筑陽縣粉水源出房陵取其水爲粉鮮潔異於餘水矣

枝江縣西至上明東及江津其中有九十九洲楚諺曰洲不滿百故不出王者桓玄有問鼎之志乃增一爲兩以克百數僭號旬時身屠宗滅及其傾覆洲亦消毀至宋文帝在藩忽生一洲果龍飛江表元兇之禍此洲還沒

新陽縣惠澤中有温泉冬月未至數里遥望白氣浮蒸如烟上下采映壯若綺疏又有車輪雙轅形世傳

昔有玉女乘車自投此泉今人時見女子姿儀光麗往來倏忽

沌陽縣至沔口水北有却月城西一里有馬騎城周迴五里高一丈

富陽縣城樓王仲宣登之而作賦

富陽東南七十里有楚昭王墓登樓則見所謂昭丘

郡西泝江六十里南岸有山名曰虎牙二山相對楚之西塞也荆門上合下開開達山南有門之形故曰荆門

江陵有潛室人時見之輙有兵寇

湘中記

晉 羅含

九疑在營道縣與北山相似行者疑惑故名之

衡山近望如陣雲沿湘千里九向九背

衡山九疑皆有舜廟太守至官常遣戶曹致祀則如聞絃歌之聲

湘水至清雖深五六丈見底了了然其石子如樗蒲大五色鮮明白沙如霜雪赤岸若朝霞

營水涯水灌水祁水舂水耒水來水淥水連水倒水瀟水伯水資水皆注湘

曲江縣有銀山山常多素霧

屈潭之左玉笥山屈平之放棲於此山而作九歌

宿當軫翼度應機衡故曰衡山山有錦石斐然成文

衡山有懸泉滴瀝巖間聲冷冷如絃有白鶴廻翔其上如舞

衡陽縣東二十里有酃湖周二十里深八尺湛然綠色土人取以釀酒其味醇美

益陽有昭潭其下無底湘水最深處也或謂周昭王

南征不復沒於此潭因以爲名

郴溪又西北流入營水謂之嵜口

郴縣南有義帝廟百姓祭之

文斤山上有石床方高一丈四面綠竹扶踈常隨風委拂

臨水經臨賀縣東又南至郡左合賀水

君山有地道楂渚對岸古城孫權遣程普所立

耒陽縣北有蔡倫宅宅西有一石臼云是倫舂紙臼也

湘中記 二

祝融峯上有青玉壇方五丈有盖香峯行道處

武陵記

鮑堅

武山

武山高可萬仞山半有盤瓠石窟中有一石狗形云是盤瓠之遺像又有斑蛇四眼身大十圍山有水出謂之武溪是也在縣之西

黄聞山

昔有臨沅黄道眞住黄聞山側釣魚因入桃花源陶潛有桃花記今山下有潭名黄聞此蓋聞道眞所説遂爲其名也

武陵記 一

風門山

風門山有石門去地百餘丈每欲風起此門先有黑若烟隱而上斯須風起竟入

石帆山

石帆山危起若數百幅帆形

虎齒山

虎齒山形如虎齒民甞六月祭之不然輒有虎害

武陵山

武陵山中有秦避世人居之尋水號曰桃花源故陶潛有桃花源記

漢南記

張瑩

大人

安帝見銅人以問侍中張陵對曰昔秦始皇有大人十二身長五尺履六尺皆龐奇之服見於臨洮此天將亡秦之證而始皇誤喜以爲瑞乃鑄銅人以爲像上曰何以知之對曰臣見傳載亦其人胸上有銘

乘使者車

郭丹絕跡弃軍纏節褁傳從武關出謂更始歎曰不乘使者車不出關矣

古楚子國

荆華二山絕漢水而南至江西距劍閣盡其地也古楚子國

石堪爲硯

江州蔡子池南有石穴深二百許丈石色青堪爲書硯

漢臯解珮

列仙傳云江妃二女游漢臯見鄭交甫遂解珮與之

交甫受珮而去數十步懷中無珮女亦不見

推居與弟

陰慶爲鮦陽侯其弟員及丹皆爲郎慶以明尚書修儒術推居第園田奴婢錢悉分與員丹慶但佩印綬而已當代稱之

南雍州記

晋　王部

太和山

武當山山高巃嵷若博山香爐苕亭峻極干霄出霧學道者常百數相繼不絕若有於此山學者心有隆替輒爲獸所逐

粉水

蕭何夫人漬粉處也

酒泉

福祿城謝艾所築下有金泉味如酒有人飲此泉水見有金色從山中照水往取得金故名

辛居士家

辛居士名宣仲家貧春月鬻筍充膓酌截竹爲罌用充盛置人問其故宣仲曰我惟愛竹好酒欲令二物常相並耳

諸葛故宅

隆中諸葛亮故宅有舊井一今涸無水盛弘之記云井深五丈廣五尺堂前有三間屋地基址極高云是

孔明避暑臺宅西山臨水孔明常登之鼓琴以爲梁
父吟因名此爲樂山先有人家居此宅衰殄滅亡後
人不敢復憇焉齊建武中有人修井得一石枕高一
尺二寸長九寸獻晉安王習鑿齒又爲宅銘

樂善臺

高齋之後有堂堂西有射堂五間射堂南有大池池
上有臺名曰樂善臺

安城記

王孚

昔豫章太守賈萌與安城侯張普爭戰于新淦之野
卽兹地也

郡淯江川發源同會落亭石上有芝草下有紫磨金
也

鍾山臨水阻峽春夏則湍洪沸涌濆上白砂如米兩
各十餘斛呼曰米砂以之候歲若一岸偏饒則其方
豐穰

羅宵山有石井天旱祠之以木投井中卽雨至井溢
木出乃雨止

安城南三十里雹都泉其雹或出否亦不爲靈異

縣人有謝廩者山行歸路忽遇雲霧霧中有一人乘
龜而行廩知神人拜請求隨去父曰汝無仙骨不得
去也

宜都建平二郡之界有五六峯參差互出上有倚石
如二人像攘袂相對俗謂二郡督郵爭界於此

萍鄉西津名玉女岡天當雨輒先涌五色氣于石間

俗謂玉女被衣

萍鄉羅霄山澤水所出傍出石乳天旱吏人禱之因以大木長三四丈投井中卽雨水懸驟井溢輒令木涌出而雨止蓋潛龍之穴也

南康記

晉　鄧德明

神闕

南康縣歸義山去縣七百里下有石城高數丈遠望嵯峨靈闕騰空故老謂之神闕

金鷄

雲都縣有金鷄石傍有穴宋永初中見金鷄棲翔此穴頻時飛鳴又云覆笥山平湖有石鴈浮在水每至炎氣代序則飛翔若知感候

梓樹

梓潭昔有梓樹巨圍葉廣丈餘垂柯數畝吳王伐樹作船使童男女挽之船自飛下男女皆溺死至今潭中時有歌唱之音

石桃

南康五山有石桃故老云古有寒桃生於巔顛隱淪之上將大取其實因變成石焉

鸜鳥

歸美山有石室色如黃金號爲金室有鸜鳥形色鮮

潔自愛羽毛其雙者或鑒水向影悲鳴自絕方知孤鸞對鏡爲不虛矣

玉臺

雩都君山上有玉臺方廣數丈週廻盡是白石柱柱自然石覆如屋形也四面多松杉遥眺峨峨髣像羽人之館風雨之後景氣明淨頗聞山上有鼓吹之聲山都木客爲舞唱之節

青竹杖

南野縣有漢監匠陳隣其人通靈夜嘗乘龍還家其

婦懷身母疑與外人通竊看乃知是隣乘龍至家輙化青竹杖隣内致戶前母不知因將杖去須臾光彩滿堂俄爾飛失杖乃御雙鵠還

潯陽四隱

晉翟莊字祖休湯之子以孝友著名守父操州致禮命金不就莊子矯亦高節家居無事好種竹辟命屢至嘆曰吾焉能易吾種竹之心以從事於籠鳥盆魚之間哉竟不就矯子法賜節槩尤佳武帝以散騎郎召容勉之就聘乃正色曰吾家不仕四世矣使白璧

點汚可乎亦不從之祖父子孫皆有行義世稱潯陽四隱

潯陽記

晉　張僧鑒

廬山頂上有湖廣數項有楊梅山桃止得於上飽噉不得將去

廬山西南有康王谷又有北嶺城天欲雨輒聞鼓角簫管之聲

雞籠山下澗中有數處累石若有人功水常深尺餘朝夕輒有湧泉溢出如潮水時刻不差朔望尤大號爲潮泉

湓城灌嬰所築建安中孫權經此城自標井地令人掘之正得故井有石銘云漢六年潁陰侯所開卜云三百年當塞塞後不滿百年當爲應運者所開權見銘欣悅以爲己瑞時咸異之井甚深大江有風浪此井輒動土人呼爲浪井

稽亭北瞰大江南望高岳淹留遠客因以爲名焉

潯陽城東門通大橋常有蛟爲百姓害董奉疏符沉水中少見一蛟死浮出

黃金山有楠樹一年東邊榮西邊枯後年西邊榮東邊枯年年如此張華曰交讓者此是也

麻姑山上人登之有物人形眼鼻口而無臂腳俗名之楓子鬼

鄱陽記

清灣

晉　劉澄之

清灣在縣東南七里隋開皇中太守梁文謙涖官清潔取此灣水以自供後人思其德號爲清灣

沙堆

新昌水有一沙堆在縣東北五十里其形狀如覆船絲淨特異每年豐稔其沙即堆積如舊若砂移向岸其年儉古來相傳以爲常驗

白雲城

白雲在縣西南旁對干越亭而峙焉跨古城之危瞰長江之深隋州刺史劉長卿題詩曰孤城上與白雲齊因以白雲爲名

三鐵鑊

弋陽嶺上多窖岩宋元嘉中有人見其岩内三鐵鑊鑊各容百斛中生蓮花他人往尋不知所在

望夫岡

鄱陽西有望夫岡昔縣人陳明與梅氏爲姻未成而妖魅詐迎婦去明請卜者決云西北行五十里求之明如言見大穴深邃無底以繩懸入遂得其婦乃令婦先出而明所將鄰人秦文遂不取明其妻乃自誓執志登此岡首而望其夫因以名焉

九江志　　晉　何晏

神泉

廬山錦綉峯下有神泉宋紹興間皇甫履隱斯山高宗名其居曰清虛菴光宗在東宮問履所乏履曰但水差遠光宗特書神泉二字履持歸菴傍穿小井方施叅鍤而泉遂出故名

湓城

青湓山有井形如盆因號湓水城曰湓城浦曰湓浦

江州故有湓江

匡廬

匡谷先生姓匡名谷當周之際遯世隱居廬於廬山故號匡廬

泉穴

東興人家曾以木瓢沉井中乃流出連楚溪甘渚得之此泉穴相通也又曰五章山絶嵓嶮峭有帑蜂依之爲房其形如笠望者皆懸磴數丈然後得至其所矣

石人

虛谷東英巨山巖內有石人坐磐石上體上塵穢則興風濕潤則致雨晴日便舉體鮮潔朗然玉淨

丹陽記

晉　山謙之

慈母山

江寧縣南三十里有慈母山積石臨江生簫管竹目伶倫采竹嶰谷其後惟此幹見珍故歷代常給樂府而俗呼鼓吹山今慈湖戍常禁采之王褒洞簫即稱此也其竹圓緻異於衆處

烈洲

江寧烈洲吳舊津所也內有小水堪泊船商客多停

以避烈風故以名焉王濬伐吳宿於此簡文爲相時會桓玄之所也亦曰溧洲洲上有山山形似栗伏滔北征賦謂之烈洲

蔣山

京師南北並有連嶺而蔣山岧嶐異其形象龍實陽都之鎮也

新亭

京師三亭新亭吳舊亭也故基淪毀隆安中丹陽尹司馬恢移創今地謝石創征　三吳縉紳創治亭並太元中

石城

石頭城吳時悉土塢義熙初始加磚累甓因山以爲城因江以爲池地形險固尤有奇勢亦謂之石首城也

蔣陵

蔣陵因山以爲名吳大帝陵也

張侯橋

大長安道西張侯橋者本張子布宅處也

會稽記

晋　孔瞱

軼雲蔽日

四明山高峯軼雲連岫蔽日

秦望

會稽秦望山爲衆峯之傑陟境便見史記云秦始皇登之以望南海自平地以取山頂七里縣嶝孤危峭路險絶記云扳蘿捫葛然後能升山上無高木常由地迥多風所致山南有嶕峴峴裏有大城越王無餘之舊都也

映發

會稽境特多名山水峯崿隆峻吐納雲霧松栝楓柏擢榦竦條澄壑鏡徹清流寫注

白樓

江夏太守宋輔於重山南白樓亭立學教授沛國桓儼避地至會稽聞陳業賢而往候之不見臨去入交州留書繫白樓亭柱而别

孫興公許玄度共在白樓亭共商畧先往名達林公既非所關聽訖云二賢故自有才情亭在山陰臨流映壑也

永嘉郡記

晉　鄭緝之

三原灣

樂城縣三原亭去郡百二十里溪水清如鏡曩昔有得一死鮎者髻大五六圍一髻輒得數十斛鮓此灣無所不容有人能食者常自譬腹如三原灣無所不容

竹青

青田縣有草葉似竹可染碧名爲竹青此地所豐草故名青田

青田鶴

有沐溪野去青田九里中有雙白鶴年年生子長大便去只恒餘父母一隻耳精白可愛多云神仙所養浮丘公相鶴經云青田之鶴

竹中高士

樂成張廌者隱居頤志家有苦竹數十頃在竹中爲屋常居其中王右軍聞而造之廌逃避竹中不與相見郡號爲竹中高士

官梨

青田村人家多種梨樹名曰官梨子大一圍五寸恒以供獻名爲御梨吏司守視土人有未知味者梨實落至地即融汁

三齊畧記

晉 伏琛

堯山在廣固城西七里堯巡狩所登遂以爲名山頂立祠祠邊有栢樹枯而復生不知幾代樹也

臺城東南有蒲臺臺高八丈秦始皇所頓處在臺下縈馬至今蒲生猶縈似水楊而堪爲箭

陽城山石盡起立嶷嶷東傾狀如相隨行青翠可掬也

海上蜃氣時結樓臺名海市

不夜城在陽廷東南蓋古有日夜出此城以不夜名異之也

秦始皇於海中作石橋海神爲之竪柱始皇求爲相見神云我形醜莫圖我形當與帝相見乃入海四十里見海神左右莫動手工人潛以脚畫其狀神怒曰帝負約速去始皇轉馬還前脚猶立後脚隨崩僅得登岸畫者溺死於海衆山之石皆傾注今猶岌岌東趣

曲城齊城東有萬歲水水北有萬歲亭

鄭司農常居不其城南山中敎授黃巾亂乃避遣生徒崔琰王經諸賢於此揮涕而散所居山下草如薤葉長尺餘堅刻異常土人呼爲康成書帶草

始皇祭青城山築石城入海三十里射魚水變色如血者數里于今猶赭

南越志

沈懷遠

南越之地斗牛之分揚州之末土也南有大山是爲秦望又有石匱崚起壁立内有金簡玉字夏禹得之以知百川之理也

秦二世五星會于南斗牛南海尉任囂知其偏霸之氣遂有志焉病且死召眞定人趙他行南海尉事故今呼爲尉佗漢高帝遣陸賈立爲南越王

衡陽湘鄉縣有石魚山下多玄石石色黑而理若雲

母發開一重輒有魚形鱗鰭首尾宛若刻畫長數寸魚形備足燒之作魚膏腥因以名之

廣州石門之水俗云經大庾則清穢之氣分飲石門則緇素之質變卽吳隱之酌飲之所也

昔有懶婦睡機上姑怒之遂走投水化爲奇獸一枚可得脂三四斛燃之照紡績則暗照歌舞則明昔懶之性不華也今安平七源等州峒俱有狀如山猪而小喜食苗田夫以杼軸之類掛於田頭則不敢復近矣

番禺縣有番禺二山因以爲名

潮陽南有小水注海濱常曾山其中多文貝可以解毒

高安石室自生風峒南北二門狀若人功意者以爲仙都又曰高安有竦石廣六十餘丈高二百許仍土人謂之嵩臺

端溪俚人岑班入山遇一寶珠徑五寸取還夜光明照燭俚人甚懼以火燒之雖小損猶照一室

益元縣利山上多香林又曰威寧縣有穿州其上多

珠有九品大五分以上至一寸八九分爲大品有光彩一邊小平似覆釜者名璫珠璫珠之次爲走珠走珠之次爲滑珠滑珠之次爲磥砢磥砢之次爲官雨珠官雨珠之次爲稅珠稅珠之次爲蔥符珠

越王鳥狀以鳶口勾末可受二升許南人以爲酒器珍於文螺不踐地不飲江湖不啖百草不下餌蟲魚唯噉木葉糞似薰陸香南人遇之既以爲香又治雜瘡

緣木似穀皮可以爲緜

寧浦郡東南有蘇摩嶺

馬援鑿通九真山又積石爲堤以遏海波由是不復過漲海又曰寧安縣女子趙嫗常在山中聚結群黨攻掠郡縣著金箱齒屐恒及象頭鬪戰

廣州記

晉 顧微

廣州廳事梁上畫五羊像又作五穀囊隨像懸之云昔高固爲楚相五羊銜穀萃於楚庭故圖其像爲瑞

六國時廣州屬楚

桂父常食桂葉見知其神尊事之一旦與鄉曲別飄然入雲

鬱林郡山東南有一池池邊有一石牛人祀之若旱百姓殺牛祈雨以牛血和泥泥石牛背禮畢則天雨

大注洗牛背泥盡即晴

百箭谿周迴丈餘水極沸涌如猛火煎油聲

海中有文魮鳥頭尾鳴似磬而生玉又曰海中多朱鼈狀如肺有四眼六脚而吐珠

平定縣東巨海有騎馬似馬牛尾一角又云平定縣巨海有水犀似牛其出入有光水爲之開

熙安縣東南有固岡高數十丈岡西面爲羊腸道說者云尉陀登此望漢

海中有大珠明月珠水精珠

懷化郡掘塹得石墨甚多精好可書今山中多出朱石亦可以入朱硯中使

益智葉如蘘荷莖如竹箭子從心中出一枝有十子內白骨四破去之取外皮蜜煮爲粽子味辛

熙安縣有孤古度樹生其號曰古度俗人無子於祠炙其乳則生男以金帛報之

五子樹實如梨裏有五核因名五子治霍亂金瘡

熙安縣東北有菖蒲澗盤石上水從上過味甘冷異于常流

蠶 不蚕採木綿爲絮

藤類有十許種績斷草藤也一曰諾藤一曰水藤山行渴則斷取汁飲之治人體有損絕沐則長髮去地一丈斷之輒便生根至地永不死

鬼目益知直爾不可噉可爲漿也

鬼目樹似棠梨葉葉如楮皮白樹高大如木瓜而小邪傾不周正味酢九月熟又有草莢子亦如之如可爲糝用其草似鬼目

雍菜生水中可以爲菹也

山有鳳鸞棲宿食其實出東有溪曰羅陽永泰中暑雨漲有一竹葉若芭蕉非大匯水出

廣志

晉　郭義恭

木實曰檳榔樹無枝累如桂其顛生穗而秀生棘針重疊其下彼方珍之以爲口實亦出交趾

龍眼樹葉似荔枝蔓延緣木生子大如酸棗色異純甜無酸

荔枝青華朱實核黄黑似熟蓮子實白如肪甘而多汁似安石榴

薇蕪香草魏武帝以藏衣中蕙草緑葉紫花魏武帝以爲香燒之安息雀舉頭高八九尺張翅丈餘食大麥卵如甕

白玉美者可以照面出交州青玉出倭國赤玉出夫餘瑜玉玄玉水蒼玉皆佩用

真難珠其色黄生東　又有明珠又有夜光大珠皆徑寸或圍二寸已上出黄支形至圓置之平地終日不停

臨卭有粉井得水汰粉則益光

獨木之橋曰權亦曰彴

珠崖人皆巢居珠崖傳曰男女皆椎紒或被髮徒跣

有黄甘一核有成都平蔕甘大如升色蒼黄犍爲南安縣出黄甘

蜀名梅爲藤大如鴈子海藤皆可以爲油黄梅以熟藤作之

黍有燕頷之民又有驢皮黍又曰牛黍南尾秀成赤黍馬革大黑黍或云秬黍有溫屯黄黍

宛鷄大於北鷄以供御

有雉鷹有菟鷹一歳爲黄鷹二歳撫鷹三歳青鷹之

鷹獲麖

鷄有一鬚五指金骹反翅之種大者蜀小者荆白鷄金骹者美并州所獻吳中送長鳴鷄長倍於常鷄禾昌郡無鷄

林檎似赤奈子亦名黒禽亦名來禽言味甘熟則來禽也

榮陽有白杏鄴中有赤杏有奈杏

陳倉胡桃薄皮多肌陰平胡桃大而皮脆急捉碎

有黄甘一核有成都平蔕甘大如升色蒼黄犍爲南

安縣出黄甘
蜀漢旣繁芋民以爲資凡十四芋有君子芋大如斗魁有百果芋魁大子繁多畝收百斛種一百畝葉以養彘

瓜之所出以遼東廬江敦煌之種爲美有烏瓜魚瓜貍頭瓜蜜筩瓜女臂瓜龍蹄瓜羊髓瓜縑瓜瓜州大瓜如斛御瓜也有青登瓜大如三斗魁有桂枝瓜長二尺餘蜀地温良瓜冬熟有春白瓜細小瓣宜藏正月種三月熟有秋泉瓜秋種十月熟形如羊角色蒼黑

永昌有漢竹圍三尺餘大者一節受一斛小者數升爲桿榼

洛陽北邙張公夏梨海内唯有一樹常山眞定梨山陽鉅野梨梁國睢陽梨齊郡臨淄梨廣都梨又云鉅鹿豪梨重六斤數人分食之上黨椑梨小而加甘新豐箭谷梨關以西弘農京兆右扶風界諸谷中梨多供御陽城秋梨夏梨

河東安邑棗東郡穀城紫棗長二寸西王母棗大如李核三月熟在衆果之先洛陽宫後園河内汲郡棗一名墟棗一名安益棗東海蒸棗洛陽夏后棗安平信都大棗單父棗梁國夫人棗大白棗一名曰蹙咨小核多肌三星棗駢白棗灌棗此四者官園所種棗有狗牙雞心牛頭羊矢獮猴細腰之名又有玄棗大棗崎廉棗桂棗夕棗之名

番禺雜記　　唐　鄭熊

番禺二山名廣州昔有五仙騎五羊而至遂名五羊

嶺表或見物自空而下始如彈丸漸如車輪遂四散人中之卽病謂之瘴母

海邊時有鬼市半夜而合鷄鳴而散人從之多得異物

村民鑿山爲穴多品供雷冀雷享之名雷藏

早潮下晚潮上而水相合曰沓潮

乘風而行名黨帆其衆如箭筏名黨箭

閩越江北山間蠻　啖蚯蚓脯爲羞容州人好食蕹土人以爲諱或云以蚯蚓爲之

菖蒲澗昔刺史陸沇之所開也至今重之每旦輒傾州連汲以充日用雖有井泉不足食大元中襄陽羅友累石測側容百許人坐遊之者以爲洗心之域咸安中姚成甫嘗採菊澗側遇一丈夫謂成甫曰此澗菖蒲昔安期生所餌可以忘老於是徊翔俯仰倏然不知所終蓋仙者焉

交阯之地最爲膏腴舊有君長曰雄王其佐曰雄侯其地曰雄田

犍爲僰道廣南荔枝熟時百鳥肥其名之曰焦核小次曰春花次曰朝偈此三種爲美次鱉耶大而酸以爲醢和率生稻田間

始興記

晉　王韶

郡東有玉山艸木滋茂泉石澄澈

泰貴陽縣閣下皷自奔逸於臨武因名聖皷今臨武有聖皷城

始興城西百餘步有樓霞樓臨川王營置淸暑遊焉羅君章居之因名爲羅公洲樓下洲上菓竹交蔭長楊傍映高梧前疎雖卽城隍趣同丘壑

含洭有三城白沙城馬鞍城白鹿城

含洭有白鹿城晉咸康中郡人張魴作令十年甚有惠政白鹿群遊取一而獻之故以爲名

含洭縣有堯山堯廵狩至于此立行臺也

縣下流有石室內有懸石扣之聲若磬響十餘里

泰縈楊山桂楊山閣下皷便自奔逸息于臨武遂之始興洛陽遂名聖皷

桂陽貞女峽傳云秦世有數女取螺於此遇風雨一女忽化爲石人今形高七尺狀如女子

英德一名湞陽峽崖壁千仞猨狖不能攀昔有樵者見飛仙於此

林邑記

闕名

檳榔樹大圍丈餘高十餘丈皮似青銅節如竹下本不大上末不小遠近爲林千萬若一森秀無柯端頂有葉其葉蒂條泒開破仰望沙沙如彈蕉蕉於竹杪風至獨動似舉羽扇之掃天葉下繫數房房綴十數子家有數百樹雲疎如墜繩也

西南遠界有靈鷲能知吉凶覘人將死食屍肉盡乃去家人取骨燒爲灰投之于水

飛魚翼如蟬飛則凌雲沉泳海底

延袤六十里土多香木金寶物產大抵與交阯同以磚爲城蜃炭塗之皆開北戶以向日或東西無定

王范文鑄銅爲牛銅屋行宮

林邑王　明達獻金鋼指環

從林邑往金山三十餘里遠望金山嵯峨而赤城照耀似天洞壑谷中亦有生金形如虫豸細者似蒼蠅大者若蜂蟬夜行燿光如螢火

王范文先是[illegible]奴初牧牛洞中得鯉魚私將還欲食之其主撿求文恐紿曰將礪石還非魚也主往看果是石文知異看石有鐵鑄石爲兩刀祝曰魚爲刀若斫石入者文當爲此國王斫石即入人情漸附之

涼州記

晉　段龜龍

瑪瑙鍾樻

吕纂咸寧三年　人發張駿冢得玉𤰞玉尊玉笛瑪瑙鍾樻

同心梨

吕光時燉煌太守宋歆獻同心之梨

涼州樂

温子昇涼州樂歌遠游武威郡遥望姑臧城車馬相交錯歌吹日縱横

寒服暑毀

高昌僻土有異於華寒服冷水暑啜羅闍羅闍郡人呼粥也

冬温夏涼

祁連山張掖酒泉二界之上東西二百里南北百餘里山中冬温夏涼宜牧牛乳酪濃好夏寫酪不用器物刈草着其上不散酥特好酪一斛得升餘酥又有仙人樹行人山中飢渴者輒食之飽不得持去平居不可見

鹽池出石

有青鹽池出鹽正方半寸其形似石甚甜美

沈布舞馬

吕光麟嘉五年疎勒王獻大沈布善舞馬

玉璽

吕光時州人陳冲得玉璽廣三寸長四寸直看無文字向日視之字在腹裏言光當王

交州記

晉　劉欣期

竹鼠

竹鼠如小猫大食竹根出封溪縣

金蹋屐

趙嫗者九眞軍安縣女子乳長數尺不家入山聚群盜常着金擒蹋屐

古度樹

古度樹不花而實實從皮中出大如安石榴色赤可

食其實中如有蒲梨者取之爲粽數日不煑皆化成蟲如蟻有翼穿皮飛出著屋正黑

多感子

多感子黃色圍一寸

椰漿

椰子有漿截花以竹筒承其汁作酒飲之亦醉也

合浦杉

合浦東二百里有一杉樹葉落入風入洛陽城内漢時善相者云此休徵當出王者故遣千人伐樹役夫多死三百人坐斷株上食過足相容

土肉爲臛

九眞太守陶璜立郡築城於土穴中得一白色形似蚕蛹無頭長數十丈大餘圍軟軟動莫能名割臘有肉如猪豚遂以爲臛甚香美璜啖一杯三軍盡食

蠏炙

蠏魚其形如龜十二足子如麻子可爲醬色黑足似蟹在腹雌負雄而行南方作炙啖之

沙州記

龍涸

段國

六月二十六日發龍涸晝夜肅肅常寒不復得脫襦袴將從七十二人面盡黎黑目唇青黔

白馬關

龍涸北四十里有白馬關關甚嶮峻使十八人固險雖萬夫亦不能前

河厲

吐谷渾於河上作橋謂之河厲長一百五十步勾欄甚嚴飾

洮水

洮水出强臺山又曰山東即洮水源山南即墊江源也

麻壘

抱罕城西有麻壘壘中可容萬衆

仇池山

仇池山號百頃上有百頃池壁立百仞一人守道萬

夫莫向

烏鼠

烏鼠同穴山烏如家雀色小白鼠小黄而無尾凡同穴地皆肥沃壤盡軟熟如人耕多生黄花紫草

說郛目録

弓第六十二

雲南志略

元 李京

雲南上世無可稽考按華陽國志楚威王遣莊蹻略地巴黔伐夜郎抵牂牁西至滇池會秦奪楚黔中地不得歸遂留王滇池雲南通中國自此始漢武帝開僰道通西南　元狩元年使呂越人等往身毒國至滇滇王留使者四歲使者還言滇大國元鼎五年發巴蜀罪人及八校尉兵伐之南人震恐請置吏遂立越巂郡後諷滇王入朝不聽元封二年發巴蜀兵征之滇王降以滇爲益州地節二年復叛以金城司馬陳立爲牂牁太守平之明帝永平元年諸部悉反以安漢侯張翕討之度蘭滄江置永昌郡以廣漢鄭純爲永昌太守元初四年越巂反諸部皆應之詔益州剌史張喬討之叛酋封離等詣喬陳叛亂之由乞降喬厚加慰納奏長吏姦猾侵犯蠻境者凡十餘人皆斬之三十六部聞之悉來内附蜀建興三年諸葛亮南征聞孟獲爲　漢所服募生致之凡七縱七擒獲曰公天威也南人不復反矣諸部悉平亮即其渠帥

而用之或以諫亮亮曰若留外人而無兵必成禍患今吾欲不留兵運糧紀綱粗定 漢粗安于是悉收豪傑以爲官屬出其金銀丹漆牛馬以給軍國之用終亮之世夷不復反 晉武帝以天水李毅爲南蠻校尉統五十八部毅卒寧州 救援莫至毅女秀明達有父風衆推秀領寧州事嬰城固守城中糧盡掘鼠而食伺夷稍怠輒出擊之終得保完今有廟在晉寧州

武帝時以爨深爲興古太守今曲靖也爨人之名始此齊永平中以陳顯達爲益州都督顯達一目爨人慢之顯達遣使責其租稅獠帥曰兩目刺史尚不能調況一目耶遂殺其使顯達分遣將帥聲言出獵夜往襲之無少長盡殺之蠻 震服梁武帝大同三年武陵王紀都督益州先是蜀亂建寧越巂之地累朝不能有至紀開越巂通建寧貢獻方物十倍前人以爨瓚爲南寧州刺史隋開皇中以史萬歲南征蠻皆降師還復叛蜀王秀奏萬歲貪賂致生邊患萬歲以罪廢乃以梁毗爲西寧州刺史諸酋相率以金遺

毗毗置金坐側對之慟哭曰此物饑不可食寒不可衣汝等以此相殘何爲今將此來欲殺我也耶一無所取蠻酋大悅唐武德元年以爨弘達爲毗州刺史開元中以鬼王爨歸王爲寧州都督初蠻酋張氏名仁果時當漢末居蒙舍州爲在諸部之南故曰南詔詔漢語國君也傳三十三主至樂進求爲蒙氏所滅蒙氏名細奴邏城蒙舍龍之子圖而都之國號大蒙自稱奇王雲南建國稱王始此唐貞觀三年也在位二十一年子羅晟立是爲興宗王始用三軍景雲元

年御史李知古請兵伐南詔南詔臣伏知古增置郡縣而重賦之諸部皆叛殺知古以其尸祭天羅晟在位二十七年晟子羅皮立是爲太宗王始得意于六詔蒙氏居蒙舍川號蒙舍詔施望大據石和城號施詔浪豐咩據邆睒川號邆睒詔豐時據浪穹號浪穹詔波衝據越析川號未岁詔輔原羅據越巂號蒙巂詔是爲六詔開元二年遣其相張建成入朝玄宗厚禮之賜浮屠像雲南始有佛書在位三十七年子皮羅閣立賂劍南節度使王昱求合六詔朝廷從之封

大酋帥越國公雲南王賜名歸義盡有雲南之地自是以後不可復制在位五十年禪其子閣羅鳳是爲武王改元曰建鍾南雲改元始此閣羅鳳妻女嘗謁都督張虔陀虔陀皆通之且多求乞閣羅鳳不勝其忿遂發兵反攻陷姚州殺虔陀唐以劍南節度使鮮于仲通將兵八萬討之蒙使行成弗許及戰仲通大敗僅以身免閣羅鳳乃結知吐蕃刻石于龍尾關那其不得已叛唐之意天寶十三年劍南留後李宓將兵七萬致討閣羅鳳誘之全軍以沒唐益發兵竟不

克前後死者二十餘萬人在位二十年禪其子鳳伽異自號王父居太和城鳳伽異立是爲悼惠王改元長壽徙都鄯闡在位十一年子異牟尋立是爲孝恒王改元建龍制清平官以下十司給服祿徙都苴咩城封點蒼山爲中岳遣烏蠻鬼主孟衡苴來朝復臣于唐與劍西南節度使韋皐連兵伐吐蕃大破之取鐵橋等三十五城在位三十年子尋閣勸立是爲孝惠王改元應道在位三年子勸龍晟立是爲幽王改元龍興淫虐不道弄權節度蒙苴顚弒之在位五年

弟勸券利立是爲靖王改元全義在位八年弟券豐佑立是爲成昭王改元保和又改天啓唐太和三年蠻有學書子弟在成都者盡得蜀之虛實遣清平官蒙苴顚大舉入寇取邛成戎巂三州遂入成都掠子女百工數萬人南歸在位三十六年子世隆立始僭帝號改元建極遣清平官董成入朝于唐受獻國禮而還九年遣楊酋慶歸所俘三千人唐殺酋慶十年世隆自將侵蜀遂破成都自是大渡河以南盡屬蒙矣在位十八年殂于越巂謚景莊子法堯立改元貞

明嬖崑崙女失道豎人楊定趙登弒之在位二十年子舜化立改元中興在位三年布燮鄭買嗣篡之國滅蒙氏自細奴羅至舜化共十三主合二百四十七年卽唐光化二年也買嗣唐瀘令鄭回之後閣羅鳳陷巂州得回以爲清平官遷侍中至買嗣漸盛竟至于篡買嗣易名昶國號大和改元安國在位九年子仁旻立凡五改元曰孝治天瑞安和貞佑初曆在位十八年侍中趙善政篡之善政立國號興元改元應天曆二年劍川節度使楊干貞殺之干貞國號義寧

改元曰光聖曰皇興曰大明曰鼎新曰建國凡九年
通海節度使段思平滅之時晉天福二年也思平蒙
氏清平官忠國六世孫布燮保隆之子國號大理改
元文德都苴咩城在位八年號太祖先帝宋太祖建
隆三年王全斌克蜀欲因取雲南太祖止之曰德化
所及蠻 自服何在用兵于是開邊之釁息矣子思
英立改元文經在位一年遜位爲僧思平母弟興胄
立改元至治在位五年殂謚文武先皇子思聰立改
元明德又改廣德聖德在位十七年子秉英立改元

曰廣明又改曰明應明聖明治明統在位二十五年
子秉廉立改元明啓在位十三年秉英之孫秉隆立
改元明通在位五年遜位爲僧秉廉之子秉眞立改
元政治在位一十六年秉英之孫秉興立改元聖明
在位三年思平五世孫思廉立改元囲保安太安政
安正德保德在位三十年子廉義立改元上德在位
七年遇弑思平五世孫暉受立改元上明在位一年
思廉之孫政明立改元曰保定建安天祐在位十六
年遜位于鄯闡岳牧高泰昇昇立改元上治國號大
中歷二年殂子孫不敢繼復歸段氏政明之子政淳
立改元天授明開天政文安在位十三年子政嚴立
改元日新文治永嘉天保廣運在位四十年子政興
立改元永貞天保龍興聖明建德在位二十六年子
正智立改元利貞盛德嘉會元亨安定在位二十九
年子智廉立改元鳳歷元壽在位六年子智祥立改
元天開天輔仁壽在位三十四年子祥興立改元道
隆在位十六年子興智立改元天定是歲壬子越明
年欽遇我世祖皇帝由吐蕃麗江入與智舉國出奔

至鄯闡被擒段氏自思平至興智共二十二主合三
百一十六年甲寅春大駕東還命大將兀良吉歹專
行征伐三十七部及金齒交趾舉皆内附雲南悉平
兀良吉歹回師之後委任非人政令屢變天庭高遠
不相聞知邊鄙之民往往復叛迨至元甲戌以平章
政事賽天赤行省雲南下車之日立前縣均賦役與
水利置屯田擢廉能黜汙濫明賞罰恤孤貧秉政六
年民情丕變政令一新而民不知擾及薨之日遠近
聞之如喪父母于時公子内庭眷顧甚重凡屬職除

授及南方便宜無不俞允而公亦開誠布公寛大廉簡故能上下感戴聲名洋溢後之繼者雖有善政莫能及也嗚呼雲南自古爲蜒獠之域秦漢以來雖略通道然不過發一將軍遣一使者以鎮遏其相殘慰喻其祈懇而已所任得人則乞憐效順任非其人則相率以叛羈縻苟且以暨于唐王師屢覆而南詔始盛天寶以後值中原多故力不暇及五季擾亂而鄭趙楊氏亦復攘據宋與分于遼夏未遑遠略故蒙段二姓與唐宋相終始天運勃興文軌混一欽惟世祖皇帝天戈一指盡六朝之地皆爲郡縣迄今吏治文化侔于中州非聖化溥博何以臻此而輿地風物未至紀錄實爲缺典今撮其古今廢置人物山川等類爲一編甚愧未能固知悉覽然其大略亦足以提挈一方之要領云

遼東志略

元　戚輔之

遼東地方數千里東踰鴨綠而控朝鮮西接山海而抵大寧南跨溟渤而連青冀北越遼東而拒沙漠又東北至奴兒干涉海有吉列迷諸夷之地咸隸統內稽古州郡有沿有革或分或合名號不一難以悉載若不備之于註則始末奚詳今以歷代統屬提其要而因革事實繫而紀之

遼東

遼東在九州之東故曰遼東一曰遼陽水南曰陽遼水西之地其南皆遼海故曰遼陽一曰襄平遼東所理也漢之城名不知何所取義郡名襄平者以城而得名也漢初有襄平侯統通矯制納周勃于北軍討平諸呂

遼西

遼西在遼水西故曰遼西上黨漁陽大寧廣寧迤東皆古遼西地

樂浪

漢武元狩中開其城置郡本朝鮮地箕子所封高麗
所都之平壤城即漢之王陵城樂浪之所理也

玄菟

古朝鮮地漢武置郡去幽州東地三千里明帝築玄
菟城

眞番

東夷國名應劭曰玄菟郡本眞番國漢武置郡

臨屯

漢武元狩中置郡

帶方

古帶方國漢末曹操置郡在遼東之東屬平州括地
志云帶方故城在樂浪界

肅愼氏 以下夷國

史記虞舜本紀北山戎發息愼鄭玄曰息愼五百里
北與沃沮相接自周武王至魏高貴鄉公東晉元帝
及石季龍時皆貢楛矢石砮其國東北山出石其利
如鐵取以為鏃即石砮

靺鞨

括地志云肅愼氏即今靺鞨有黑水靺鞨渤海靺鞨
沈括曰黑山在大幕之北有城在其西南名慶州守
奉使嘗帳宿其下土石皆紫黑水出其西所謂黑水
也靺鞨居黑水之北因名黑水靺鞨居扶餘城為阿
保機所滅改東丹國

勿吉

本肅愼氏之國後魏以後改為多勿吉

挹婁

東夷種名古肅愼氏國也在扶餘東北即魏時挹婁

國

朝鮮

周初封箕子國于朝鮮餘見後高麗註

高麗

本朝鮮地漢武置縣屬樂浪郡後漢以後累代皆受
中國封爵都平壤城即朝鮮國王險城也本扶餘別
種平壤城亦名長安有水出靺鞨之白山色若鴨綠
土人喜學至窮理亦矜勉

新羅

居漢樂浪地在北濟東南魏晉以後分王三韓之地

百濟

馬韓之屬也本扶餘王東明之後有仇台者篤于仁信立國于帶方故地遂爲東夷强國以百家濟海因號烏東極新羅高嚴西南俱限海其都曰居枝城亦曰故麻城

高勿驪

東夷國名居遼東之東其先出扶餘王嘗得河泊女閉于室内爲日所照既而有娠生卵覆空處有一男

遼東志略 四

破卵而出及長字之曰朱蒙其俗言朱蒙者善射也雖一夫獸甚多扶餘人欲殺之朱蒙走紇骨城居之號曰高勿驪因以高爲氏

扶餘

地名在長安城北本槖離國王子名東明者王欲殺之走渡施掩水因都扶餘故以爲號在高麗北挹婁南有軍事則祭天殺牛覩蹄以占吉凶碎者爲凶合者爲吉其王葬用玉匣

東胡

趙東有瀛州之地東北營州之境即東胡烏桓地服虔曰東胡乃烏桓之先其後爲鮮卑國在匈奴東故號東胡

烏桓

烏桓與鮮卑皆東胡種漢初匈奴冒頓東破扶餘衆散保烏桓鮮卑二山因以爲族

鮮卑

國在遼東後有居遼水西者餘見烏桓注

渤海

遼東志略 五

本栗靺鞨附高麗者姓大氏南北皆新羅東窮海西初爲渤海郡南宋應初爲渤海國北有五京十五府六十二州東京曰龍原府南京曰鴨綠府去長城八十里

沃沮

東夷國在高麗南太山之東

辰國

古有三韓國曰馬韓曰辰韓曰弁韓此其一也在朝鮮眞番之東濊貊之南

濊貊
東夷國名三韓之屬與高麗同種在辰韓之北高麗
沃沮之南朝鮮之東東窮大海皆以濊爲氏
北貊
北方豸種昂濊也與高麗同種在辰韓北朝鮮東東
窮大海
契丹
東胡種居西樓在潢水南黄龍北得鮮卑故地武以
爲鮮卑遺種元魏時自號契丹五代末稱大陽契丹

其地有二水一曰北乜篙没里華言玉河源出中京
西南盂山東北流一曰島羅篙没里華言潢河源出
饒州西南平地松林直東流至木葉山與玉河合流
爲一相傳初有男子乘白馬浮玉河下一婦人乘小
車子浮潢河而下過木葉山顧合流之水遂爲夫婦
此其始祖
女眞
本完顔氏始居按出虎水于是國號大金至河骨打
始大按出虎華言金也有金線河在今上京會寧府

女眞種類不一開原以南爲熟女眞宋以前曰女眞
元祖名貼木眞因改爲直
孤竹國
在平州濱東海地志孤竹國城在遼西今文縣
白霫奚霫
奚本號庫莫奚其先東胡宇文之别種爲匈奴所破
竄居漠之東與突厥同俗魏書達奚薄奚統奚吐奚
四民皆其部俗也至隋始去庫莫而但曰奚唐末居
凉川在幽州西南郡白霫雜也鐵勒諸部之號其

後契丹强奚乃舉部徙于霫有東西奚

桂海虞衡志序

始余自紫薇垣出帥廣右姻親故人張飲松江皆以炎荒風土爲戚余取唐人詩考桂林之地少陵謂之宜人樂天謂之無瘴退之至以湘南江山勝於驂鸞仙去則宦遊之適寧有踰於此者乎既以解親友而遂行乾道八年三月既至郡則風氣清淑果如所聞而巖岫之奇絶習俗之醇古府治之雄勝又有過所聞者余既不鄙夷其民而民亦矜予之拙而信其誠相戒毋欺侮歲比稔幕府少文書居二年余心安焉

承詔徙鎮全蜀亟上疏固謝不能留再閱月辭勿獲命乃與桂民别民觴客於途既出郭又留二日始得去航瀟湘絶洞庭泝灩澦馳驅兩川半年達于成都道中無事時念昔游因追記其登臨之處與風物土宜凡方志所未載者萃爲一書蠻陬絶徼見聞可紀者亦附著之以備土訓之圖噫錦城以名都樂國聞天下余幸得至焉然且惓惓於桂林至爲之綴緝瑣碎如此蓋以信余之不鄙夷其民雖去之遠且在名都樂國而猶弗忘之也淳熙二年長至日吳郡范成大志能書

桂海虞衡志 目錄

目錄終

桂海巖洞志

宋 范成大

余嘗評桂山之奇宜爲天下第一士大夫落南者少往往不知而聞者亦不能信余生東吳而北撫幽薊南宅交廣西使岷峩之下三方皆走萬里所至無不登覽太行常山衡嶽廬阜皆崇高雄厚雖有諸峯之名政爾魁然大山峯云者蓋强名之其最號奇秀莫如池之九華歙之黄山括之仙都溫之鴈蕩夔之巫峽此天下同稱之者然皆數峯而止爾又在荒絕僻遠之瀕非几杖間可得且所以能拔乎其萃者必因重岡複嶺之勢盤亘而起其發也有自來桂之千峯皆旁無延緣悉自平地崛然特立玉筍瑤篸森列無際其怪且多如此誠當爲天下第一韓退之詩云水作青羅帶山如碧玉篸柳子厚訾家洲記云桂州多靈山發地峭堅林立四野黄魯直詩云桂嶺環城如鴈蕩平地蒼玉忽嵯峩觀三子語意則桂山之奇固在目中不待余言之贅頃嘗圖其眞形寄吳中故人蓋無深信

者此未易以口舌爭也山皆中空故峯下多佳巖洞有名可紀者三十餘所皆去城不過七八里近者二三里一日可以徧至今推其尤者記其畧

讀書巖在獨秀峯下直立郡治後爲桂主山傍無坡阜突起千丈峯趾石屋有便房石榻石牖如環堵之室顏延年守郡時讀書其中

伏波巖突然而起且千丈下有洞可容二十榻穿登通透戶牖傍出有懸石如柱去地一線不合俗名馬伏波試劍石前浸江濱波浪洶湧日夜漱齧之

疊綵巖在八桂堂後支徑登山太半有洞曲轉穿出山背

白龍洞在南溪平地半山中龕有大石屋由屋右壁入洞行半途有小石室

劉仙巖在白龍洞之陽仙人劉仲遠所居也石室高寒出半山間

華景洞高廣如十間屋洞門亦然

水月洞在宜山之麓其半枕江天然剜刻作大洞門透徹山背頂高數十丈其形正員望之端整如大月輪江別泒流貫洞中蹋石弄水如坐捲蓬大橋下

龍隱洞龍隱巖皆在七星山脚沒江水中泛舟至石壁下有大洞門高可百丈鼓櫂而入仰觀洞頂有龍跡夭矯若印泥然其長竟洞舟行僅一箭許別有洞門可出巖在洞側山半有小寺即巖爲佛堂不復屋

雉巖亦江濱獨山有小洞洞門下臨灘江

立魚峯在西山後雄偉高峻如植立一魚餘峯甚多皆蒼石刻峭

棲霞洞在七星山七星山者七峯位置如北斗又一

小峯在傍曰輔星石洞在山半腹入石門下行百餘級得平地可坐數十人傍有兩路其一西行兩壁石液凝沍玉雪晶熒頂高數十丈路闊亦三四丈如行通衢中頓足曳杖鏗然有聲如鼓鐘聲蓋洞之下又有洞焉半里遇大壑不可進一路北行俯僂而入數步則寬廣兩傍十許丈鍾乳垂下纍纍凡乳牀必因石脉而出不自頂石出也進里餘所見益奇又行食項則多岐遊者恐迷途不敢進云通九疑山也

元風洞去棲霞傍數百步風自洞中出寒如冰雪　元字

胡瀧切

曾公洞舊名冷水巖山根石門砑然入門石橋甚華曾丞相子宣所作有澗水莫知所從來自洞中右旋東流橋下復自右入莫知所往或謂洑流入于江也度橋有仙田數畝過田路窄且濕俯視石罅尺餘匐匐而進旋復高曠可通棲霞

屏風巖在平地斷山峭壁之下入洞門上下左右皆高廣百餘丈中有平地可宴百客仰視鍾乳森然倒垂者甚多躡石磴五十級有石穴通明透穴而出則

山川城郭恍然無際余因其處作朝天觀而命其洞曰空明

隱山六洞皆在西湖中隱山之上一曰朝陽二曰夕陽三曰南華四曰北牖五曰嘉蓮六曰白雀泛湖泊舟自西北登山先至南華出洞而西至夕陽洞窮有石門可出至北牖出洞十許步至朝陽又西至北牖穴口隘狹側身入有穴通嘉蓮西湖之外既有四山巉巖碧玉千峯倒影水面固已奇絕而湖心又浸陰山諸洞之外別有奇峯繪畫所不及荷花時有泛舟故事勝賞甲於東南

北潛洞在隱山之北中有石室石臺石果之屬石果作荔枝胡桃棗栗之形人采取玩之或以飣盤相問遺

南潛洞在西湖中羅家山上

佛子巖亦名鍾隱巖去城十里號最遠一山萃起莽蒼中山腰有上中下三洞最廣中洞明敞高百許丈上洞差窄一小寺就洞中結架因石屋爲堂室

虛秀洞去城差遠大石室面平野室左右皆有徑隧

各數十百步穿透兩傍亦臨平野以上所紀皆附郭可日涉者餘外邑巖洞尚多不可皆到興安石乳洞最勝余罷郡時過之上中下亦三洞此洞與棲霞相甲乙他洞不及也陽朔亦有繡山羅漢白鶴華蓋明珠五洞皆奇又聞容州都嶠有三洞天融州有靈巖眞仙洞世傳不下桂林但皆在瘴地士大夫尤罕到

桂海金石志

宋　范成大

本草有玉石部專主藥物非療病雖重不錄此篇亦主爲方藥所須者

生金出西南州峒生山谷田野沙土中不由礦出也峒民以淘沙爲生坏土出之自然融結成顆大者如麥粒小者如麩片便可鍛作服用但色差淡耳欲令精好則重鍊取足色耗去什二三既鍊則是熟金丹竈所須生金故錄其所出

丹砂本草以辰砂爲上宜砂次之今宜山人云出砂處與湖北犬牙山北爲辰砂南爲宜砂地脉不殊無甚分別宜砂老者白色有墻壁如鏡生白石牀上可入煉勢敵辰砂本草圖經乃云宜砂出土石間非白石牀所生即是未識宜砂也別有一種色紅質嫩者名土坑砂乃是出土石間者不甚耐火邕州亦有砂大者數十百兩作塊黑闇少墻壁嚼之紫黛不堪入藥彼人惟以燒取水銀圖經又云融州亦有砂今融州元無砂邕融聲相近蓋誤云

水銀以邕州溪洞朱砂末之入爐燒取極易成以百兩爲一銚銚之制以猪胞爲骨外糊厚紙數重貯之不漏

鍾乳桂林接宜融山中洞穴至多勝連州遠甚余遊洞親訪之仰視石脉湧起處即有乳牀如玉雪石液融結所爲也乳牀下垂如倒數峯小山峯端漸銳且長如冰柱柱端輕薄中空如鵞管乳水滴瀝未已且滴且凝此乳之最精者以竹管仰盛折取之鍊治家又以鵞管之端尤輕明如雲母爪甲者爲勝

銅邕州右江州峒所出掘地數尺即有礦故蠻人好用銅器

綠銅之苗也亦出右江有銅處生石中質如石者名石綠又有一種脆爛如碎土者名泥綠品最下價亦賤

滑石桂林屬邑及猺洞中皆出有白黑二種功用相似初出如爛泥見風則堅又謂之冷石土人以石灰圬壁及未乾時以滑石末拂拭之光瑩如玉

鉛粉桂州所作最有名謂之桂粉其粉以黑鉛著糟

黿鼉化之

無名異小黑石子也桂林山中極多一包數百枚

石梅生海中一叢數枝橫斜瘦硬形色真枯梅也雖巧工造作所不能及根所附著如覆菌或云本質爲海水所化如石蟹石蝦之類

石柏生海中一幹極細上有一葉宛是側柏扶疎無小異根所附著如烏藥大抵皆化爲石矣此與石梅雖未詳可以入藥否然皆奇物不可不志

桂海香志

宋　范成大

南方火行其氣炎上藥物所賦皆味辛而嗅香如沉箋之屬世專謂之香者又美之所鍾也世皆云二廣出香然廣東香乃自舶上來廣右香產海北者亦凡品惟海南最勝人士未嘗落南者未必盡知故著其說

沉水香上品出海南黎峒一名土沉香少大塊其次如繭栗角如附子如芝菌如茅竹葉者佳至輕薄如紙者入水亦沉香之節因久蟄土中滋液下流結而

爲香採時香面悉在下其背帶木性者乃出土上環島四郡界皆有之悉冠諸蕃所出又以出萬安者爲最勝說者謂萬安山在島正東鍾朝陽之氣香尤醞藉豐美大抵海南香氣皆清淑如蓮花梅英鵝梨蜜脾之類焚一博投許氣翳彌室翻之四面悉香至煤燼氣不焦此海南香之辨也北人多不甚識蓋海上亦自難得省民以牛博之於黎一牛博香一擔歸自差擇得沉水十不一二中州人士但用廣州舶上占

城眞臘等香近年又貴丁流眉來者余試之乃不及海南中下品舶香往往腥烈不甚腥者意味又短帶木性尾煙必焦其出海北者生交趾及交人得之海外蕃舶而聚于欽州謂之欽香質重實多大塊氣尤酷烈不復風味惟可入藥南人賤之

蓬萊香亦出海南卽沉水香結未成者多成片如小笠及大菌之狀有經一二尺者極堅實色狀皆似沉香惟入水則浮刳去其背帶木處亦多沉水

鷓鴣斑香亦得之于海南沉水蓬萊及絕好箋香中

桂海香志　八　二

槎牙輕鬆色褐黑而有白斑點點如鷓鴣臆上毛氣尤清婉似蓮花

箋香出海南香如蝟皮栗蓬及漁蓑狀蓋修冶時雕鏤費工去木留香刺棘森然香之精鍾於刺端芳氣與他處箋香夐別出海北者聚於欽州品極凡與廣東舶上生熟速結等香相埒海南箋香之下又有重漏生結等香皆下色

光香與箋香同品第出海北及交趾亦聚於欽州多大塊如山石枯槎氣麤烈如焚松檜曾不能與海南箋香比南人常以供日用及常程祭享

沉香出交趾以諸香草合和蜜調如薰衣香其氣溫馨自有一種意味然微昏鈍

香珠出交趾以泥香捏成小巴豆狀琉璃珠間之綵絲貫之作道人數珠入省地賣南中婦人好帶之

思勞香出日南如乳香瀝青黃褐色氣如楓香交趾人用以合和諸香

排草出日南狀如白茅香芬烈如麝香亦用以合香諸草香無及之者

桂海香志　八　三

檳榔苔出西南海島生檳榔木上如松身之艾蒳單爇極臭交趾人用以合泥香則能成溫馨之氣功用如甲香

橄欖香橄欖木脂也狀如黑膠飴江東人取黃連木及楓木脂以爲欖香蓋其類出于橄欖故獨有清烈出塵之意品格在黃連楓香之上桂林東江有此果居人采香賣之不能多得以純脂不雜木皮者爲佳

零陵香宜融等州多有之土人編以爲席薦坐褥性暖宜人零陵今永州實無此香

桂海酒志

宋　范成大

余性不能酒士友之飲少者莫余若而能知酒者亦莫余若也頃數仕于朝游王公貴人家未始得見名酒使虜至燕山得其宮中酒號金蘭者乃大佳燕西有金蘭山汲其泉以釀及來桂林而飲瑞露乃盡酒之妙聲震湖廣則雖金蘭之勝未必能頡頏也

瑞露帥司公厨酒也經撫所前有井清烈汲以釀遂

有名今南庫中自出一泉近年只用庫井酒仍佳

古辣泉古辣本賓橫間墟名以墟中泉釀酒既熟不煑埋之地中日足取出

老酒以麥麴釀酒密封藏之可數年士人家尤貴重每歲臘中家家造鮓使可爲卒歲計有貴客則設老酒冬酢以示勤婚娶亦以老酒爲厚禮

桂海器志

宋　范成大

南州風俗猱雜蠻猺故凡什器多詭異而外蠻兵甲之製亦邊鎮之所宜知者

竹弓以熏竹爲之筋膠之制一如角弓惟揭箭不甚力

黎弓海南黎人所用長弰木弓也以藤爲弦箭長三尺無羽鏃長五寸如茨菰葉以無羽故射不遠三四丈然中者必死

蠻弩諸峒猺及西南諸蕃其造作畧同以硬木爲弓椿甚短似中國獵人射生弩但差大耳

猺人弩又名編架弩無箭槽編架而射也

藥箭化外諸蠻所用弩雖小弱而以毒藥濡箭鋒中者立死藥以蛇毒草爲之

蠻甲惟大理國最工甲冑皆用象皮胸背各一大片如龜殼堅厚與鐵等又聯綴小皮片爲披膊護項之屬製如中國鐵甲葉皆朱之兜鍪及甲身內外悉朱地間黃黑漆作百花蟲獸之文如世所用犀毗器極

工妙又以小白貝纍纍駱甲縫及裝兜鍪疑猶傳古貝冑朱綅遺製云

黎兜鍪海南黎人所用以藤織爲之

雲南刀即大理所作鐵青黑沉沉不錔南人最貴之以象皮爲鞘朱之上亦畫犀毗花文一鞘兩室各函一刀靶以皮條纏束貴人以金銀絲

峒刀兩江州峒及諸外蠻無不帶刀者一鞘二刀與雲南同但以黑漆雜皮爲鞘

黎刀海南黎人所作刀長不過一二尺靶乃三四寸

織細藤纏束之靶端插白角片尺許如鴟鴞尾以爲飾

蠻鞍西南諸蕃所作不用韉但空垂兩木鐙鐙之狀刻如小龕藏足指其中恐入榛棘傷足也後鞦鏇木爲大錢纍纍貫數百狀如中國騾驢鞦

蠻鞭刻木節節如竹根朱墨間漆之長纔四五寸其首有鐵環貫二皮條以策馬

花腔腰鼓出臨桂職田鄉其土特宜鼓腔村人專作窰燒之油畫紅花紋以爲飾

銅鼓古蠻人所用南邊土中時有掘得者相傳爲馬伏波所遺其製如坐墩而空其下滿鼓皆細花紋極工緻四角有小蟾蜍兩人舁行以手拊之聲全似鞞鼓

銃鼓猺人樂狀如腰鼓腔長倍之上銳下侈亦以皮鞔植于地坐拊之

盧沙猺人樂狀類簫縱八管橫一管貫之

胡盧笙兩江峒中樂

藤合屈藤盤繞成柈合狀漆固護之出藤梧等郡

雞毛筆嶺外亦有兎然極少俗不能爲兎毫筆率用雞毛其鋒踉蹡不聽使

練子出兩江州峒大略似苧布有花紋者謂之花練土人亦自貴重

緂亦出兩江州峒如中國線羅上有徧地小方勝紋

蠻氊出西南諸蕃以大理者爲最蠻人晝披夜卧無貴賤人有一番

黎幕出海南黎峒人得中國錦綵拆取色絲間木綿挑織而成每以四幅聯成一幕

𥿄畢亦黎人所織青紅間道木綿布也桂林人悉買以爲卧具

檳榔合南人旣喜食檳榔其法用石灰或蜆灰并扶留藤同咀則不澁土人家至以銀錫作小合如銀鋌樣中爲三室一貯灰一貯藤一貯檳榔

鼻飲杯南人習鼻飲有陶器如杯椀旁植一小管若瓶嘴以鼻就管吸酒漿暑月以飲水云水自鼻入咽快不可言邕州人巳如此記之以發覽者一胡盧也

牛角杯海旁人截牛角令平以飲酒亦占兕觥遺意

蠻椀以木刻朱黑間漆之侈腹而有足如敦瓿之形

竹釜猺人所用截大竹筒以當鐺鼎食物熟而竹不燼蓋物理自爾非異也

戲面桂林人以木刻人面窮極工巧一枚或値萬錢

桂海禽志

宋　范成大

南方多珍禽非君子所問又余以法禁采捕甚急故不能多識偶於人家見之及有異聞者錄以備博物

孔雀生高山喬木之上人探其雛育之喜卧沙中以沙自浴拘拘甚適雄者尾長數尺生三年尾始長歲一脫尾夏秋復生羽不可近目損人飼以猪腸及生菜惟不食菘

鸚鵡近海郡尤多民或以鸚鵡爲鮓又以孔雀爲腊皆以其易得故也此二事載籍所未紀自余始志之南人養鸚鵡者云此物出炎方稍北中冷則發瘴噤戰如人患寒熱以柑子飼之則愈不然必死

白鸚鵡大如小鷺亦能言羽毛玉雪以手撫之有粉粘著指掌如蛺蝶翅

烏鳳如喜雀色紺碧頸毛類雄鷄鬃頭有冠尾垂二弱骨各長一尺四五寸其杪始有毛羽一簇冠尾絶異大畧如鳳鳴聲清越如笙簫然度曲妙合宮商又

能爲百蟲之音生左右江溪峒中極難得然書傳未之紀當由人罕識云

秦吉了如鸜鵒紺黑色丹咮黄距目下連頂有深黄文頂毛有縫如人分髮能人言比鸚鵡尤慧大抵鸚鵡如兒女吉了聲則如丈夫出邕州溪洞中唐書林邑出結遼鳥林邑今占城去邕欽州但隔交趾疑即吉了也

錦鷄又名金鷄形如小雉湖南北亦有之

山鳳皇狀如鶖鶬嘴如鳳巢兩江深林中伏卵時雄

者以木枝雜桃膠封其雌于巢獨留一竅雄飛求食以飼之子成即發封不成則窒竅殺之此亦異物然未之見也

翻毛鷄翮翎皆翻生彎彎向外尤馴狎不散逸二廣皆有

長鳴鷄高大過常鷄鳴聲甚長終日啼號不絶生邕州溪洞中

翡翠出海南邕賓二州亦有腊而賣之

灰鶴大如鶴通身灰慘色去頂二寸許毛始丹及頸之半亦能鳴舞

鸕鴣大如竹鷄而差長頭如鵝身文亦然惟臆前白點正圓如珠人采食之

水雀著色似鶺鴒飛集戶庭翾翾然與燕雀爲伍

桂海獸志

宋　范成大

獸莫巨於象莫有用于馬皆南土所宜余治馬政頗補苴滲隙其說累牘所不能載姑著其畧及畜獸稍異者併爲一篇

象出交趾山谷惟雄者則兩牙佛書云四牙又云六牙今無有

蠻馬出西南諸蕃多自毗那自杞等國來自杞取馬於大理古南詔也地連西　馬生尤蕃

大理馬爲西南蕃之最

果下馬土產小駟也以出德慶之瀧水者爲最高不踰三尺駿者有兩脊骨故又號雙脊馬健而喜行

猨有三種金絲者黃玉面者黑純黑者面亦黑金絲玉面皆難得或云純黑者雄金絲者雌又云雄能嘯雌不能也猨性不耐着地着地輒瀉以死煎附子汁飲之即愈

蠻犬如獵狗警而猘

鬱林犬出鬱林州極高大垂耳拳尾與常犬異

花羊南中無白羊多黃褐白斑如黃牛又有一種深褐黑脊白斑全似鹿

乳羊本出英州其地出仙茅羊食茅舉體悉化爲肪不復有血肉食之宜人

綿羊出邕州溪洞及諸蠻國與朔方

麝香自邕州溪洞來者名土麝氣臊烈不及西蕃

火狸狸之類不一邕別有一種其毛色如金錢豹但其錢差大耳彼人云歲久則化爲豹其文先似之矣

風狸狀似黃猨食蜘蛛晝則拳曲如蝟遇風則飛行

空中其溺及乳汁主大風疾奇效

嬾婦如山豬而小喜食禾田夫以機軸織紝之器掛田所則不復近安平七源等州有之

山豬即豪豬身有棘刺能振發以射人三二百爲羣以害禾稼州洞中甚苦之

石鼠專食山豆根賓州人以其腹乾之治咽喉疾效如神謂之石鼠肚

香鼠至小僅如指擘大穴于柱中行地中疾如激箭

山獺出宜州溪洞俗傳爲補助要藥洞人云獺性淫

毒山中有此物凡牝獸悉避去獨無偶抱木而枯洞獠尤貴重云能解藥箭毒中箭者研其骨少許傅治立消一枚直金一兩人或求買但得殺死者功力甚劣

桂海蟲魚志

宋　范成大

蟲魚微物外薄于海者其類庸可既哉錄偶見聞者萬一

珠出合浦海中有珠池蜑戶投水採蚌取之歲有豐耗多得謂之珠熟相傳海底有處所如城郭大蚌居其中有怪物守之不可近蚌之細碎蔓延於外者始得而采

車螯似大蚌海人磨治其殼為諸玩物

蚺蛇大者如柱長稱之其膽入藥南人腊其皮刮去鱗以鞔鼓蛇常出逐鹿食寨兵善捕之數輩滿頭插花趨赴蛇蛇喜花必駐視漸近競拊其首大呼紅娘子蛇頭益俛不動壯士大刀斷其首衆悉奔散遠伺之有頃蛇省覺奮迅騰擲傍小木盡拔力竭乃斃數十人舁之一村飽其肉

蠵蠵形似龜黿輩背甲十三片黑白斑文相錯鱗差以成一背其邊裙闌闕齧如鋸齒無足而有四鬣前兩鬣長狀如楫後兩鬣極短其上皆有鱗甲以四鬣

權水而行海人養以鹽水飼以小鱗俗傳甲子庚申日輒不食謂之蝳蝐齋日其說甚俚

蜈蚣有極大者

青螺狀如田螺其大兩拳揩磨去麤皮如翡翠色雕琢爲酒杯

鸚鵡螺狀如蝸牛殼磨治出精采亦雕琢爲杯

貝子海傍皆有之大者如拳上有紫斑小者指面大白如玉

石蟹生海南形真是蟹云是海沫所化理不可詰又

有石蝦亦其類

鬼蛺蝶大如扇四翅好飛荔枝上

黑蛺蝶大如扇橘蠹所化北人云玄武蟬

嘉魚狀如小鰣魚多脂味極腴美出梧州火山人以爲鮓餉遠

蝦魚出灘水肉白而豐味似蝦而鬆美

竹魚出灕水狀似青魚味如鱖魚南中魚品如鯉鯽輩皆有之而以蝦竹二魚爲珍

天蝦狀如大飛蟻秋社後有風雨則群墮水中有小翅人候其墮掠取之爲鮓

桂海花志

宋　范成大

桂林具有諸草花木牡丹芍藥桃杏之屬但培溉不力存形似而已今著其土產獨宜者凡北州所有皆不錄

上元紅深紅色絕似紅木瓜花不結實以燈夕前後開故名

白鶴花如白鶴立春開

南山茶葩萼大倍中州者色微淡葉柔薄有毛別自

有一種如中州所出者

紅荳蔻花叢生葉瘦如碧蘆春末發初開花先抽一榦有大籜包之籜解花見一穗數十蕊淡紅鮮妍如桃杏花色蕊重則下垂如蒲萄又如火齊纓絡及剪綵鸞枝之狀此花無實不與草荳蔻同種每蕊心有兩瓣相並詞人托興曰比目連理云

泡花南人或名柚花春末開蕊圓白如大珠既拆則似茶花氣極清芳與茉莉素馨相逼番人采以蒸香風味超勝

紅蕉花葉瘦類蘆箬心中抽條條端發花葉數層日折一兩葉色正紅如榴花荔子其端各有一點鮮綠尤可愛春夏開至歲寒猶芳又有一種根出土處特肥飽如膽缾名膽缾蕉

枸那花葉瘦長略似楊柳夏開淡紅花一朶數十萼至秋深猶有之

史君子花夏生作架植之夏開一簇一二十葩輕盈似海棠

水西花葉如萱草花黃夏開

裹梅花即木槿有紅白二種葉似蜀葵采紅者連葉包裹黃梅鹽漬暴乾以薦酒故名玉修花粉紅色四季開

象蹄花如梔子而葉小夏開至秋深

素馨花比番禺所出爲少當由風土差宜故也

茉莉花亦少如番禺以淅米漿日溉之則作花不絕可耐一夏花亦大且多葉倍常花六月六日又以治魚腥水一溉益佳

石榴花南中一種四季常開夏中既實之後秋深忽

又大毬花且實枝頭碩果罅裂而其旁紅英粲然併
花實折飣盤筵極可玩
添色芙蓉花晨開正白午後微紅夜深紅
側金盞花如小黃葵葉似槿歲暮開與梅同時

桂海果志

宋 范成大

世傳南果以子名者百二十半是山野間草木實猿狙之所甘人强名以爲果故余不能盡識錄其識可食者五十五種

荔枝自湖南界入桂林纔百餘里便有之亦未甚多昭平出燋核臨賀出綠色者尤勝自此而南諸郡皆有之悉不宜乾肉薄味淺不及閩中所產

龍眼南州悉有之極大者出邕州圍如當二錢但肉

薄不能遠過常品爲可恨

饅頭柑近蔕起饅頭尖者味香勝可埒永嘉乳柑

金橘出營道者爲天下冠出江浙者皮甘肉酸不逮矣

綿李味甘美勝常品擘之兩片開如離核桃

石栗圓如彈子每顆有梗抱附之類杓柄肉黃白甘靭似巴欖子仁附肉有白膜不可食發病北人或呼爲海胡桃

龍荔殼如小荔枝肉味如龍眼木身葉亦似二果故

名可蒸食不可生啖令人發瘧或見鬼物三月開小
白花與荔枝同時
木竹子皮色形狀全似大枇杷肉甘美秋冬間實
冬桃狀如棗深碧而光軟爛甘酸春夏熟
羅望子殼長數寸如肥皂又如刀豆色正丹內有二
三實煨食甘美
人面子如大梅李核如人面兩目鼻口皆具肉甘酸
宜蜜煎
烏欖如橄欖青黑色肉爛而甘

方欖亦橄欖類三角或四角出兩江州洞
椰子木身葉悉類椶櫚桄榔之屬子生葉間一穗數
枚枚大如五升器果之大者謂惟此與波羅蜜等耳
皮中子殼可爲器子中瓤白如玉味美如牛乳瓤中
酒新者極清芳久則渾濁不堪飲
蕉子芭蕉極大者凌冬不凋中抽榦長數尺節節有
花花褪葉根有實去皮取肉軟爛如綠柿極甘冷四
季實土人或以飼小兒云性涼去客熱以梅汁漬暴
乾按令扁味甘酸有微霜世所謂芭蕉乾者是也又
名牛子蕉
雞蕉子小如牛蕉亦四季實
芽蕉子小如雞蕉尤香嫩甘美秋初實
紅鹽草果取生草荳蔻入梅汁鹽漬令色紅暴乾以
薦酒
鸚鵡舌即紅鹽草果之珍者實始結即頻取紅鹽乾
之纔如小舌
八角茴香北人得之以薦酒少許咀嚼甚芳香出左
右江州洞中

餘甘子多販入北州人皆識之其木可以制器
五稜子形甚詭異瓣五出如田家碌碡狀味酸久嚼
微甘閩中謂之羊桃
黎朦子如大梅復似小橘味極酸
波羅蜜大如冬瓜外膚礧砢如佛髻削其皮食之味
極甘子瓤悉如冬瓜生大木上秋熟
柚子南州名臭柚大如瓜人亦食之皮甚厚打碑者
卷皮蘸墨以代氈刷宜墨而不損紙極便于用此法
可傳但北州無許大柚耳

檑君子大如半升椀蒂觀之數十房攢聚成毬每房

有縫冬生青至夏紅破其瓣食之微甘

槎樆子如錐栗肉甘而微澀

地蠶生土中如小蠶又似甘露子

赤柚子如橄欖皮青肉赤以下並春實

火炭子如烏李

山韶子色紅肉如荔枝以下八種並夏實

山龍眼色青肉如龍眼

部蒂子色黃如大石榴

木賴子如淡黃大李

粘子如指面大褐色

羅晃子如橄欖其皮七重

千歲子如青黃李味甘

赤棗子如酸棗味酸

藤韶子大如鳧卵柿以下十三種並秋實

古米子殼黃中有肉如米粒

殼子如青梅味甘

藤核子生白藤上如小蒲桃

木連子如胡桃紫色

蘿蒙子黃如大橙柚

毛栗如橡栗

特乃子狀似榧而圓長端正

不納子似黃熟小梅絕易爛爛即破肉附核可爲經

珠似菩提子

羊矢子色狀全似羊矢味亦不佳

日頭子狀如櫻桃色如如蒲桃穗

秋風子色狀俱似楝子

黃皮子如小棗

朱圓子正圓深紅狀如楝子以下六種皆冬實

匾桃大如桃而匾色正青

粉骨子皮黃色如粉

塔骨子匾如大橘皮裏空虛

布衲子似李而黃

黃肚子如小石榴

桂海草木志

宋　范成大

異草瑰木多生窮山荒野其不中醫和匠石者人亦不采故余所識者少惟竹品乃多桀異併附于錄

桂南方奇木上藥也桂林以桂名地實不產而出于賓宜州凡木葉心皆一縱理獨桂有兩紋形如圭製字者意或出此葉味辛甘與皮無別而加芳美人喜咀嚼之

榕易生之木又易高大可覆數畝者甚多根出半身附幹而下以入土故有榕木倒生根之語禽鳥銜其子寄生他木上便蔚茂根下至地得土氣久則過其所寄

沙木與杉同類尤高大葉尖成叢穗少與杉異

桄榔木身直如杉又如椶櫚有節似大竹一幹挺上高數丈開花數十穗綠色

思儞木生兩江州洞堅實漬鹽水中百年不腐

臙脂木堅緻色如臙脂可鏇作出融州及州洞桂林屬縣亦有之

雞桐葉如楝其葉煮湯療足膝疾

龍骨木色翠青狀如枯骨

風膏藥葉如冬青治太陽疼頭目昏眩

南漆如稀餳氣如松脂霑霑無力

簜竹葉大且密畧如蘆葦

澀竹膚麤澀如木工所用砂紙可以錯磨爪甲

人面竹節密而凸宛如人面人採爲拄杖

釣絲竹類簜竹枝極柔弱

斑竹中有疊暈江浙間斑竹直一淚痕無暈也

貓頭竹質性類筋竹

桃枝竹多生石上葉如小椶櫚人以大者爲杖

竻竹刺竹也芒棘森然

篩竹山中悉有

宿根茄茄本不凋明年結實

銅鼓草其實如瓜療瘡瘍毒

大蒿容梧道中久無霜雪處年深滋長大者可作屋柱小亦中肩輿之扛

石髮出海上纖長如絲縷

匾菜細如荇蔕匾如薤菜長一二尺

都管草一莖六葉辟蜈蚣蛇

花藤鏇以為器用中有花紋

胡蔓藤毒草也揉其草漬之水入口即死

桂海雜志

宋　范成大

嶠南風土之異宜錄以備博聞而不可以部居謂之雜志

雪南州多無雪霜草木皆不改柯易葉獨桂林歲歲得雪或臘中三白然終不及北州之多靈川興安之間兩山蹲踞中容一馬謂之嚴關朔雪至關輒止大盛則度送至桂林城下不復南矣

風廣東南海有颶風西路稍北州縣悉無之獨桂林多風秋冬大甚拔木飛瓦晝夜不息俗傳朝作一日止暮七日夜半則彌旬去海猶千餘里非颶也土人自不知其說余試論之桂林地勢視長沙番禺在千丈之上高而多風理固然也

癸水桂林有古記父老傳誦之畧曰癸水繞東城永不見刀兵癸水灕江也

瘴二廣惟桂林無之自是而南皆瘴鄉矣瘴者山嵐水毒與草莽沴氣鬱勃蒸熏之所為也其中人如瘧狀治法雖多常以附子為急須不換金正氣散為通

用邕州兩江水土尤惡一歲無時無瘴春曰青草瘴夏曰黃梅瘴六七月曰新禾瘴八九月曰黃茅瘴土人以黃茅瘴爲尤毒桂嶺舊不知的實所在城北五里有壽丈小坡立石其上刻曰桂嶺賀州自有桂嶺縣相傳始名嶺在其地今小坡非也

俗字邊遠俗陋牒訴券約專用土俗書桂林諸邑皆然今姑記臨桂數字雖甚鄙野而偏傍亦有依附䆊音矮不長也閽音穩坐于門中穩也𡘫亦音穩大坐亦穩也仦音嫋小兒也奀音動人瘦弱也歪音終人亡絕也㐱音臘不能舉足也𡚸音大女大及姊也𥑮音磡山石之巖窟也閂音㵾門橫關也他不能悉紀余閱訟牒二年習見之大理國間有文書至南邊及商人持其國佛經題識猶有用圀字者圀武后所作國字也唐書稱大禮國今其國止用理字

捲伴南州法度踈畧婚姻多不正村落强暴竊人妻女以逃轉移他所安居自若謂之捲伴言捲以爲伴侶也已而復爲後人捲去至有歷數捲未已者其舅姑若前夫訪知所在詣官自陳官爲追究往往所謂前夫亦是捲伴得之復爲後人所捲惟其親父母兄弟及初娶者所訴即歸始初被捲之家

草子即寒熱時疫南中吏卒小民不問病源但頭痛體不佳便謂之草子不服藥使人以小錐刺唇及舌尖出血謂之挑草子實無加損于病必服藥乃愈

桂海蠻志

宋　范成大

廣西經畧使所領二十五郡其外則西南諸蠻蠻之區落不可殫記姑記其聲問相接帥司常有事于其地者數種曰羈縻州洞曰傜曰蠻曰黎曰蜑通謂之蠻

羈縻州洞隷邕州左右江者爲多舊有四道儂氏謂安平武勒忠浪七源四州皆儂姓又有四道黄氏謂安德歸樂露城田州皆黄姓又有武侯延衆石門感

德四鎭之民自唐以來内附分析其種落大者爲州小者爲縣又小者爲洞國朝開拓寖廣州縣洞五十餘所推其雄長者爲首領籍其民爲壯丁其人物獷悍風俗荒怪不可盡以中國教法繩治姑羈縻之而已有知州權州監州知縣知洞其次有同發遣權發遣之屬謂之主戶餘民皆稱提陀猶言百姓也其田計口給民不得典賣惟自開荒者由已謂之祖業口分田知州别得養印田猶圭田也權州以下無印記者得蔭免役既各服屬其民又以攻剽山獠及博買嫁娶所得生口男女相配給田使耕教以武技世世隷屬謂之家奴亦曰家丁民戶强壯可教勸者謂之田子田丁亦曰馬前牌總謂之洞丁今黄姓尚多而儂姓絶少智高亂後儂氏善良許從國姓今多姓趙氏有舉洞純一姓者婚姻不以爲嫌酋豪或娶數妻皆曰媚娘宜州管下亦有羈縻州縣十餘所其法制尤踈幾似化外其尤者曰南丹州待之又與他州洞不同特命其首領莫氏曰刺史月支鹽料及守臣供給錢其說以謂宜州徼外卽唐黄家賊之世崇寧南

丹使控制之莫氏家人亦有時叛爭今刺史莫延葚逐其弟延廪而自立延廪奔朝廷謂之出宋凡州洞歸明者皆稱出宋

猺本五溪槃瓠之後其壤接廣右者靜江之興安義寧古縣融州之融水懷遠縣界皆有之生深山重嶺中椎髻跣足不供征役各以其遠近爲伍

獠在右江溪洞之外俗謂之山獠依山林而居無酋長版籍蠻之荒忽無常者也以射生食動而活蟲豸能蠕動者皆取食無年甲姓名一村中惟有事力者

日郎火餘但稱火舊傳其類有飛頭鑿齒鼻飲白衫花面赤褌之屬二十一種今在江西南一帶甚多殆百餘種也

蠻南方曰蠻今郡縣之外羈縻州洞雖故皆蠻地猶近省民供稅役故不以蠻命之遇羈縻則謂之化外眞蠻矣區落連亘接于西戎種類殊詭不可勝記今志其近桂林者宜州有西南蕃大小張大小王龍石滕謝諸蕃地與牂牁接人椎髻跣足或著木履衣青花斑布以射獵讐殺爲事又南連邕州南江之外者、

羅殿自杞等以國名羅孔特磨白衣九道等以道名而峩州以西別有酋長無所統屬者蘇綺羅坐夜面計利流求萬壽多嶺阿悞等蠻謂之生蠻酋自謂太保大抵與山獠相似但有首領耳羅殿等處乃成聚落亦有文書公文稱守羅殿國王其外又有大蠻落西曰大理東曰交趾大理南詔國也交趾古交州治龍編又爲安南都護府

黎海南四郡嶋上蠻也嶋直雷州由徐聞渡半日至嶋之中有黎母山諸蠻環居四傍號黎人山極高常在霧靄中黎人自鮮識之久晴海氣清廓時或見翠尖浮半空云蠻皆椎髻跣足插銀銅錫釵婦人加銅環耳墜垂肩女及笄卽黥頰爲細花紋謂之繡面女旣黥集親客相慶賀惟婢獲則不繡面四郡之人多黎姓蓋其裔族而今黎人乃多姓王

蜑海上水居蠻也以舟楫爲家採海物爲生且生食之入水能視合浦珠池蚌蛤惟蜑能沒水探取旁人以蠅繫其腰繩動搖則引而上先煑毳衲極熱出水急覆之不然寒慄而死或遇大魚蛟鼉諸海怪爲鬐

鬣所觸往往潰腹折支人見血一縷浮水面知蜑死矣

岳陽風土記

宋　范致明

岳州南鄰蒼梧之野古三苗國地又爲麋子國春秋文公十一年楚子伐麋即此地也戰國末屬楚羅子國秦并天下爲長沙郡漢因之以爲要扼之地置戍以鎮之建安中吳使魯肅將兵萬人屯駐於此吳錄云晉分長沙之邑爲巴陵等縣置建昌郡在巴陵今州即建昌郡也以陶侃鎮之後省入長沙至宋文帝又分其地置巴陵郡齊武帝永明二年封子子倫爲巴陵王遂爲巴陵王國子倫爲明帝所害梁武帝封齊明帝子保義爲巴陵王奉後以繼三恪元帝都荆州立巴陵郡武帝末湘東王遣陸法和等據赤亭湖即其地因以名之後平陳廢郡改爲巴陵縣煬帝元年改爲玉州又改爲羅州三年又改爲巴陵縣唐武德四年蕭銑置巴陵郡華容沅江及汨羅湘陰五縣六年改爲岳州省羅縣天寶元載改爲巴陵縣乾元元年後爲岳州至南唐遂爲周行逢所有隷武平軍節度武平舊朗州今鼎州是也是時猶屬湖南皇朝下荆南始隷湖北

巴陵荆湖二流之合劉備既定蜀孫權往求荆州不得使魯肅以萬人屯之輿地誌云巴丘有大屯戍魯肅守之今郡城乃魯公所築也酈道元水經云巴陵山有湖水岸上有巴陵本吳之邸閣城也城郭殊隘迫所容不過數萬人而官舍民居在其内

州地客山高王山隱伏不甚利土人而僑居多興葺者俗謂之扁擔州

皇朝岳州領巴陵華容臨湘平江沅江五縣元豐末鄂州通城縣隷岳州其後又以沅江隔湖割隷鼎州而通城復以還鄂今領四縣

岳州常賦之外與他州名額不同者茶籠竹箭簳翎毛魚麴蘆蓆鐵葉窑籠

巴陵本下雋縣之丘漢書地理誌下雋縣屬長沙郡按今在鄂州蒲圻縣界此其地耳水經所謂本吳之巴丘邸閣城也晉平康元年立巴陵縣於此後置建昌郡宋元嘉十六年立巴陵郡城跨岡嶺濱阻三江蓋巴陵對長洲其洲南分湖浦東北屆大江故曰三

江也三水所會亦或謂之三江口夾洲列鬭亦謂之巴陵鬭江記言羿屠巴蛇於洞庭積其骨爲陵淮南子曰斬蛇於洞庭今巴蛇冢在州院廳側巍然而高草木叢翳張燕公有登巴丘望墨山之詩兼有巴蛇廟在岳陽門內太守歐頡廢之

岳陽樓城西門樓也下瞰洞庭景物寬闊唐開元四年中書令張說除守此州每與才士登樓賦詩自爾名著其後太守於樓北百步復創樓名曰燕公樓

山海經言洞庭沅澧之交瀟湘之淵是爲九江之門

接澧鼎沅湘合諸蠻黔南之水匯爲洞庭至巴陵與荆江合而東州據其上水經云湘水右會小青口資水也世謂之益陽江右則沅水注之謂之橫房口東到微湖世謂之麋湖西流注爲江謂之麋湖口左則澧水謂之武陵江凡此五水注爲洞庭北會爲大江名曰五渚戰國策曰秦與荆戰大破之襲郢取洞庭五渚楚辭帝子降兮北渚皆其地也

寰宇記云郡有青草洞庭巴丘二湖青草湖中有青草山冬春水涸皆青草也洞庭洞府之庭上有洞庭真君廟堂巴丘之名今不著青草湖在壘石山與洞庭相通其南羅水出焉故羅縣在其上其東汨水出焉下有潭謂之屈原潭屈原懷沙自溺之所忠潔侯三閭大夫廟在其上

樂史言大江在巴陵東北流入洞庭今洞庭水會于江非江流入洞庭也荆江出巴蜀自高注下濁流洶湧夏秋暴漲則逆泛洞庭瀟湘清流頓皆混濁岳人謂之飜流水南至青草湖或三五日乃還俗云水神朝君山

岳陽井邑舊皆瀕江郡城西數百步屢年湖水漱齧今去城數十步即江岸父老相傳今江心舊闤闠也瀕江沙磧地尚有稅絹甚重云祖來宅稅今不曾除改北津舊去城角數百步今逼近石觜蓋荆江日漱而南湘江日淤而東也

江西沙洲舊長洲今名鱘魚觜昔傳有異人云觜生過岳陽樓即出狀元岳陽樓舊岸有港名駝鶴港商人泊船於此地勝千石載今已湮沒如平陸不復通舟尾通君山後湖丁晉公南遷還岳陽見江西新生

洲云此洲生當有真人臨此皇祐二年英宗以團練使鎮岳州及登寶位果符其說

岳陽樓上有呂先生留題云朝遊北越暮蒼梧袖裏青蛇膽氣麤三入岳陽人不識朗吟飛過洞庭湖今不見當時壁跡但有刻石耳先生名岩字洞賓河中府人唐禮部尚書渭之孫渭四子溫恭儉讓讓終海州刺史先生海州出也會昌中兩舉進士不第即有棲隱之志去遊廬山遇異人授劍術得長生不死之訣多遊湘潭鄂岳間或賣紙墨于市以混俗人莫之

識也慶曆中天章閣待制滕宗諒坐事謫守岳陽一日有刺謁云回巖客子京曰此呂洞賓也變易姓名爾召坐置酒高談劇飲佯若不知者密令畫工傳其狀貌既去來日使人復召之客舍主人曰先生半夜去矣留書以遺子京子京視之默然不知所言何事也今岳陽樓傳本狀貌清俊與俗本特異

楚澤門碧湘門舊甕城門也楚澤門經火不復完治今但有遺址

灉湖在州南春冬水涸昔人謂之乾灉湖水經謂之滃湖秋夏水漲即渺瀰勝千石舟通閣子鎮

灉湖諸山舊出茶謂之灉湖茶李肇所謂岳州灉湖之含膏也唐人極重之見於篇什今人不甚種植惟白鶴僧園有千餘本土地頗類此苑所出茶一歲不過一二十兩土人謂之白鶴茶味極甘香非他處草茶可比並茶園地色亦相類但土人不甚植爾

灉湖井唐人嘗稱甘水今荒穢不治汲者亦少當不逮昔也

魯將軍廟在會泉門外乃魯肅廟也孫權使肅守巴

丘後人祀之

劉備既與肅畫湘爲界遂築地烏沙鎮對壘在州北六十里俗謂之金門劉備城

南樓陽公臺皆見岳陽詩咏今並無遺跡可踐或云楚澤門舊南樓也今廢

孟浩然洞庭詩有波撼岳陽城蓋城據湖東北湖面百里常多西南風夏秋水漲濤聲喧如萬鼓晝夜不息瀕舊城岸歲常傾頹滕子京待制欲爲偃虹隄以捍之計成而滕移郡後遂不果

江岸沙磧中有冶鐵數枚俗謂鐵枷重千斤古人鑄鐵如燕尾相向中有大竅徑尺許不知何用也或云以比壓勝辟蛟蜃之患或以爲矴石疑其太重非舟人所能舉也或以爲植木其内編以爲柵以禦風濤皆不可知

龍興觀故基在太平寺東舊有西閣爲登覽之勝見滕公詩咏皮日休陸龜蒙亦爲觀步之什今治平寺江路兩山間林木蓬密故基存焉天禧中賜名天慶昔時觀名因而泯没

白鶴老松古木精也李覲守賀州有道人陳某自云一百三十六歲因言及呂洞賓曰近在南嶽見之呂云過岳陽日憩城南古松陰有人自杪而下來相揖曰某非山精木魅故能識先生幸先生哀憐呂因與丹一粒贈之以詩呂舉以示陳陳記其末云惟有城南老樹精分明知道神仙過明日陳行留之不可後年餘李守岳陽因訪前事果城南有老松以問近寺僧曰先生舊題詩寺壁久已摧毁但能記其詩曰獨自行來獨自坐無限世人不識我惟有城南老樹精分明知道神仙過後爲亭松前曰過仙亭舊松枯槁今復鬱茂得非丹餌之力邪

隋末校尉董景珍率鄭文秀共立蕭銑爲梁後乃封景珍爲晉王文秀爲楚王今北廟董王廟南廟鄭王廟也圖經以鄭王廟爲巴陵令鄭德璘昔遇洞庭君者非也海眼池在嶽州夾舊傳潛通江海今湖泥湮没不復如昔

紫溪臺亦曰紫荆臺在灉湖上下有石高四尺曰紫溪石

南廟乃孝烈靈妃孝感侯廟秦武陵令羅君用因督鐵運溺水死其女挈弟尋父屍不獲遂相繼赴水死邦人哀而祀之謂之羅娘廟靈響寖著凡有舟楫往還祈之利涉後唐明宗天成二年丁亥湖南馬殷承制列姊在左弟在右元豊中始賜今封岳人禱祠無虚日舊在烏龜渡南祝者以爲不便託言神意遂移今廟按李涣寄遠詩曰化石早曾聞節婦沈湘何必獨靈妃其意似與今聞差異

董景珍鄭文秀既立蕭銑爲梁後築臺城南今失其

處
崔嘗有登岳陽樓雲夢亭夜登洞庭樓三詩今雲夢之
洞庭亭樓莫知其處
太平寺舊傳爲屈原宅蓋屈原被逐寓此
廣教寺後唐永安寺舊爲聖善寺故基昔呂雲卿還
江吏於聖善寺吹笛召洞庭諸龍卽其地也
金雞白石在船場舊步有金雞翔其上
剪刀池在郡城東北隅或云池中有鼎耳高數尺其
中容人往來上有識文善泅者常見之

靈妃廟有銅鼓元豐中永慶莊耕者得之圓口方耳
下有方趺皆古篆雲雷文色正青綠形制精巧非近
世所能爲也取置于寺太守李觀用耆舊之說以爲
陸賈使南越嘗以銅鼓獻之於廟歲久失之意其必
此遂移置廟中方移置時護持不謹因誤毀損今巳
不完或云聞初獲鼓時同獲銅鐸一枚以其完好輦
致禮部今藏秘書省鼓以毀壞遂留永慶寺李觀之
說似非其實
沉亞之作湘中怨云鄭子况爲岳陽太守因上巳日

攜家登岳陽樓下望鄂渚鄭追想汜人俄有所見聞
汜人歌曰泝青山兮江之湄泳湖波兮裊綠裾意拳
拳兮心莫舒舟中人亦歌非樓上之人所能辯
洞庭湖岸有石井二相去數百步俗號秦皇井其泉
甚甘美
閣子湖本角子湖語訛以其在洞庭之角故謂之角
子湖灉湖亦謂之閣子湖楊行密以木籠鎖舟之地
或謂瀨湖地卑歲苦水患民多重屋以居故謂之閣
子湖

湘州記云岳州有昭潭其下無底湘水最深處今岳
州無昭潭昭潭自屬潭州
閣子鎮有隄曰白荆堤石壁潭在其下亦謂之釣絲
潭其深莫測夏秋水漲一日之間或增或減土人以
爲龍出入此潭其間多蛟蜃爲行旅之患滕子京作
碑隄上戒往來者使陸行
啞潭在白荆隄側歲壞邪人方完築忽有大鯉魚躍
其中役夫殺而食之往往皆死然瀕江漁人不以魚
之長大爲奇怪但釣網不能制者皆殺之不知此又

何也
水經云湖水廣五百里日月出没其中大抵湖上舟行雖泝流而遇順風加之人力自旦及暮可行二百里岳陽西到華容過大穴漠泎湖一日程又西到澧江口鼎州江口皆通大穴漠赤沙三日程南至沅江過赤鼻山湖四日程又東至湘江過磊石青草湖兩口程夏秋水漲其道如此冬春水落往往淺澀江道回曲或遠或近雖無風濤之患而常靠閣
洞庭山之北宜春口出焉韓退之詩朝發宜春口即

此地也
皷樓山上有石室下瞰洞庭中容數千人羣盜逋藏之所俗謂分金洞統制官巡捕後遂少衰息按水經云洞庭鹿角山西有謹亭戍萬石戍糜湖口有金浦戍然則屯兵捕盜舊矣
烏石山在州南所謂烏頭石也其地五山相峙亦名五龍山下有港曰石墨港水中石如墨磨畫之可愈喉腫壅熱之疾或云亦可代墨用
君山在洞庭湖中昔人有詩云四顧疑無地中流忽有山正謂此也夏秋水漲皆巨浸不可以陸行往近年冬深水落渡江肩舁以遊上有廟曰淵德侯洞庭君廟舊祠以爲湘君遂以爲二妃誤也上有野馬數十疋蓋昔之所獻馬歲久滋生山多古木少草夏秋食木皮多餓死故其數不充廣
君山崇勝寺舊楚興寺也有井曰柳毅井按靈姻傳始言還湘濱中言將歸吳國固無定處然則前人因事闕文後人遂以爲實此亦好事者之過也
荆州記言君山上有道通吳之苞山今太湖亦有洞

庭山亦潛通君山故得名耳山後響沙頻足聽之有聲酈善長言君山有石穴潛通吳之苞山
郭景純謂巴陵是湘君所遊處故曰君山湘州記言秦皇欲入湘觀衡山遇風濤漂溺到此山而免因號君山或言秦皇遭風於此問博士曰湘君何神曰堯女舜妃也神遊洞庭之淵出入多風雨秦皇大怒乃赭其山漢武帝亦發卒以射蛟郡國志洞庭山脘堯女居之内有君山然則君山洞庭之分耳博物志云君山即洞庭之山堯之二女居之長曰湘君次曰湘

夫人今黃陵廟二妃廟也
度穆之湘州記云君山上有美酒數斗得飲之即不死爲神仙漢武帝聞之齋居七日遣欒巴將童男女數十人來求之果得酒進御未飲東方朔在旁竊飲之帝大怒將殺之朔曰使酒有驗殺臣亦不死無驗安用酒爲帝笑而釋之寺僧云春時往往聞酒香尋之莫知其處
君山虎洞石穴夏秋水漲即沒春冬水落即露朝廷嘗遣使投龍于此歲旱邦人往往祈禱焉

君山東對編山山多竹兩山相去數十里廻峙相望孤影若浮湘人以吳船爲編山形類之故以名山上有塔曰啞女塔舊傳有商女祟病至此忽能言指其上可置塔其家爲之置塔因以名焉
通典州郡錄云巴丘湖中有曹洲即曹公爲吳所敗燒船處在今縣南四十里按縣西有曹公渡考之地理與周瑜曹公相遇處絕不相干不知何所據而言也
楊潭岸在荆江舊大湖也水經云江中有觀溠溠東有大洲洲東分爲爵洲南對湘江口分觀溠口徐[illegible]港在三江口北三十里爵洲在三江口南四十里又曰湘山迤于巴丘北謂之射獵磯江浦之右岸在城陵山山有故侯景港乃侯景泊舟師之所
雲夢澤寰宇記曰半在江南半在江北其水中土丘半出杜預所謂雲夢藪巴丘湖是也酈道元謂自江陵東界爲雲夢藪孟浩然詩氣蒸雲夢澤然則夾江南北皆其地也
糜子東西兩城春秋時楚昭王奔隨王使王孫由於

城糜
永慶寺在山頂有井水泉清徹僧齊巳詩云鳥從井口出僧自岳陽還
楓橋堡有古塚歲久傾圮耕者得磚上有文曰大唐秦公墓塋阜局固不可發縣令秦光享爲封完之
諸邑僧寺大小百區多五代時所建太平興國五年賜岳始改賜寺額者乾明寺舊永慶寺也昔謂之新開寺雪竇語錄所謂新開者乾明祖師也
岳陽舊隷武安軍曰有天策府戶部下免楚典寺科

牽帖開運三年二月二十四日文字係書吏人稱典稱副驅使官簽書官桂管觀察處官王天府學士鎮南軍節度判内諸司馬武穆亦自係天策府將軍江南諸道都統尚書令楚王銜後書押蓋五代時藩鎮行移百餘紙如郡椽曹縣令長皆攝至祥符已後始書正官稱有稱天策府如客元監州發運使序銜在知軍之下監州恐今通判職發運使蓋藩鎮轉輸之官耳亦恐是監州之類已上簽書官稱乃開運三年帖也

岳陽風土記 十五

岳州地極熱十月猶單衣或揺扇蛙鳴似夏鳥鳴似春濃雲疎星震雷暴雨如中州六七月間

瀕江水退漁人於沙磧得箭鏃甚多形制不一皆銅爲之蓋有得十數者足以見前代爭戰之衝也

岳州北瀕江州郡氣候尤熱夏月南風則鬱蒸特甚蓋湖南千里無山多得日色故少陰涼之氣也居民每至夏秋多病痢瘧皆暑濕所致也

洞庭湖中舊有蚌其大如牛廗深夜側立一殼乘風往來煙波間中吐巨珠與月相射漁者首端取之終莫可得近久不見

岳州夏秋水漲即生飛蛾蔽空而飛夜見明即投至不可燃燭雖樽俎之間須臾徧滿久之復投水中俗謂天蛾

岳州人極重鯿魚子每得之瀹以皂角水少許鹽漬之即食味甚甘美

江蟹大而肥實第殼軟漁人以爲厭自云網中得蟹無魚可賣十年前土人亦不甚食近差珍貴

岳人以兔爲地神無敢獵取者

岳陽風土記 十六

巴陵雅甚多土人謂之神無敢弋者穿堂入庖廚略不畏園林果實未熟耗啄已半故土人未嘗見成實之果半生半熟採之

湖湘間賓客燕集供魚清羹則衆皆退如中州之水飯也

馬援征諸溪蠻病死壺頭山民思之所到處祠廟其存至今婦人皆用方素蒙首屈兩角繫腦後云爲伏波將軍持服鼎澧之民率皆如此巴陵江西及華容間民有卑者習俗已久不可頓革問其故則曰去之

則神怒立患頭疼殊不知去包裹自畏風寒也雖云風俗然用方素蒙首郡邑亦自當禁止

江西婦人皆習男事採薪負重往往力勝男子設或不能則陰相詆誚衣服之上以帛爲帶交結胸前後富者至用錦綉其實便操作也而自以爲禮服其事甚著皆云武矦擒縱時所結人畏其威不敢輒去因以成俗巴陵江西華容之民猶間如此鼎澧亦然

湖湘之民生男往往多作贅生女反招壻舍居然男子爲其婦家承門戶不憚勞苦無復怨悔俗之移人

有如此者

荆湖民俗歲時會集或禱祠多擊皷令男女踏歌謂之歌場疾病不事醫藥惟灼龜打瓦或以雞子占卜求祟所在使俚巫治之親族不相視病而隣里往往問勞之謂親戚視之則傳染鄰里則否死者多不埋葬或暴露風日或置之木杪謂之死喪祥葬多舉樂飯僧

鄂岳之民生子計産授口有餘則殺之大抵類閩俗

湖湘間南風三日則陂塘積水耗減已盡土人謂之南馬杓

舟中有朱砂過洞庭多爲風濤所苦相傳以爲龍神所實也載人柩者亦然近日扶柩過者往往少驚恐

秋深洞庭水落畾畾皆陂濼衆魚所聚一夕風色便順則所得之魚厭飫鄰境湖上漁人有善没者云洞庭湘湖夏秋水漲深不過數十尺而荆口水深一二百尺窮冬洞庭湖水已退盡江湖寒洪在徒涉處得魚數百斤者而荆江魚重不過數十斤

傍湘之民歲暮取江水一㪷歲旦取江水一㪷較其

輕重則知其年水勢高下云重則水大輕則水小甚驗

江上漁人取江豚冬深水落視其絶没處布網圍而取之無不獲或用鈎釣若鈎中喉吻雖巨綸亦掣斷或挂牙齒間則隨上下惟人所制畧不頓掣然至腥臭不可近惟取脂油以供照土人間有能食者

江上漁人取巨魚以兩舟夾江以一人持綸鈎其一綸繫其兩端度江所宜用餘皆軸之中至十鈎有大如秤鈎皆相連每鈎相去一二尺鈎盡處各置黑錙

一斤形如錘以候水勢深淺錘上箭以五寸許正鈎使欹側絕江往來牽挽以待魚行亟取之謂之擺鈎數舟聯比而下每中魚則候其緩急急則縱緩則收隨之上下待其力困然後引而取之至有相逐數日者雖數百斤之魚皆可鈎綸用一百二十絲成魚至大者力不能勝即以環循綸投副鈎助之亦須漁人得之于心應之于手也

巴陵樂府舊傳臨江仙一闋滕子京所作其詞曰湖水連天天連水秋來分外澄清君山自是小蓬瀛氣

蒸雲夢澤波撼岳陽城帝子有靈能鼓瑟淒然依舊傷情微聞蘭芷動芳馨曲終人不見江上數峯青

華容漢孱陵縣也或曰漢武陵縣地吳太皇帝分孱陵縣地于今縣東二里置安南縣或曰劉景升所置宋志爲晉武帝分江安縣立也隋平陳改安南爲華容縣屬羅州取古容城名之世傳爲章華臺非也古章華在景陵界今監利縣離湖上與今邑相近耳大業三年以州爲巴陵郡十年移縣于今地垂拱二年以犯武氏諱改爲容城縣神龍元年又改爲華容縣

華容地皆面湖夏秋霖潦秋水時至建寧南堤決即被水患中民之產不過五十緡多以舟爲居處隨水上下漁舟爲業者十之四五所至爲市謂之潭戶其常產即湖地也

華容令宅東北有老子祠曰大皇觀門之左右有二神像道家所謂青龍白虎也揑塑精巧非常人所能形質甚大可動搖遊觀者往往驗之以爲異其實胎素中虛如夾紵作也祥符八年春二月既望雷震白虎西北楹上有倒書謝仙火字入木踰分字畫遒勁

人莫之測慶曆六年滕子京令摹而刻之問零陵何氏女俗謂之何仙姑者乃曰謝仙火雷部火神也兄弟二人各長三尺形質如玉好以鐵筆書字其字高下當以身等驗之皆然東南楹亦有謝仙二字遍近柱礎又不知何也其後摹刻岳陽樓上元豐二年岳陽樓火土木碑碣悉爲煨燼惟此三字曾無少損至今尚存謝仙火與歐陽永叔所記大同小異永叔之說恐得之傳聞乎

墨山謂之玄石山楚詞曰驅予車于玄石步予馬于

洞庭

大雲寺雲母泉李華詩序云洞庭湖西玄石山俗謂之墨山山之南有佛寺寺倚松嶺之下有雲母泉泉自泉口　流入渠周徧于庭發源如乳大旱不絶灌園瀚濯皆用之自墨山西北至名門二十里間盡生雲母　皆道路熒煌如列星又有寶慈觀乃張真人煉丹飛昇之所弟子葬其衣冠俗謂之衣冠冢丹竈遺跡尚在

仙廬峯左石曰二因岩石爲之

方臺山在縣南蕭城荆南志雲山出雲母土人採之先候雲所出處在其下掘之無不大獲有長五尺者可以爲屏風當掘時有聲即粗惡也

禓子洲洞庭記云此洲之間常苦蛟患昔荆佽飛將大附渡江蛟夾舩飛入水斬蛟而去今廟在洲上

赤亭湖本赤湖梁太清六年湘東王遣胡僧祐陸法和誅侯景將任約於此爲亭因名焉

紫港湖在縣西今曰私港夏秋水漲與赤沙湖會北通于江今曰藕池南通于湖水經謂之　口

御池在湖南出蚌珠有甚大者

赤沙湖在縣南夏秋水漲與洞庭洪通杜甫道林岳麓詩所謂殿角插入赤沙湖也

水經云澧水上承孱陵縣潛水王仲宣曰悠悠澹澧口下會赤沙湖東南注于沅水謂之澧口離騷曰沅有芷兮澧有蘭注云洞庭謂之澧口江據此澧水會于沅然後入湖也今澧沅雖相通然澧水注于洞庭謂之澧口沅水注于洞庭謂之鼎江口豈歲月之久遂變遷至此耶

禹山上有禹廟

石佛山在縣北石堆成佛像衣服皆具

平江本漢羅縣後分長沙爲漢昌縣孫權與縣立漢昌郡以曾肅爲太守改爲吳昌縣隋平陳省于湘陰縣唐神龍三年又改爲吳昌置城以界内昌江名之曾隷潭今隷岳後唐改平江其民善鬭訟有犯輒竄他界公事比之巴陵諸邑數倍

幕阜山洞天天寶中改名昌江山幕阜山記曰山有石壁刻銘上言禹治水登此山高于平地一千八百

丈周五百里二十四氣福德之鄉洪水之災居其上可以度世又有列仙之寶壇場在其側傍有竹兩本修翠猗然隨風掃拂其上有池水甚澄潔時有二魚游泳其中有葛仙翁煉丹井藥臼尚存山無穢草惟杞與芳芎之屬有石山產如丹硃絕頂有石田數十畝塍渠隱然非人力所能爲地絕高險莫能上有僧園曰長慶有宮曰玉清訪衆徒亦云鳥道斷絕不可登覽左黃龍右鳳凰皆在山麓也

梅仙山在幕阜山之麓層巒疊嶂望之極葱翠子眞舊隱也有井曰子眞丹井有水出焉謂之梅仙水

遶雲在幕阜之南峭拔萬丈常有雲氣覆其上有吳眞人煉丹壇下有石壁廣數丈皆有田先生隱焉曰田翁岳

香爐山岳在縣東下有老子祠上有丹壇丹竈有池歲旱祈禱有感有許旌陽試劍石

龍隱洞在縣西北有影如繪畫望之鱗角皆具

汨水出豫章界與純水合純水在縣南三十步

石瀨廟乃關羽廟湘州記云石子山溪西有小溪溪水映徹關羽南征嘗憩此因名石瀨今廟亦以此名之隨軍土地三軍廟助順廟圖經皆以爲關羽并呂蒙行軍所置

平江有李林甫墳在九峯劉光謙墳塔在長慶陳希烈墳塔在惠果陸善墳在芭蕉徐安貞墳塔在下臺今無遺跡但長慶有劉光謙繪像

王文正公嘗宰平江令宅舊爲山魈所據前令不復敢居一日吏或夢見其告者曰宰相至吾當避之如有影響相率而去已而文正下車處正寢無復驚動前知公之貴也治有異政邑人爲立生祠至今尚存

臨湘縣本巴陵故地唐泰清年置王朝場以便人戶輸納皇朝淳化三年陞爲縣治至道二年改曰臨湘

鴟鵂磯建昌侯孫慮鬬鴨之所陸遜嘗諫止之與白螺山相望

象骨山山海經云巴蛇呑象暴其骨于此山旁湖謂之象骨港

烏石山仙隱岳洞深數里有芝山石乳烏藥之屬

烏黎口卽烏林也酈善長云吳黃蓋敗魏武于烏林

即其地也太平寰宇記引通典州郡錄云曹州即曹公爲吳所敗燒船處又云今鄂州蒲圻縣赤壁山即曹公敗處按三國志劉表卒其子琮代襄陽劉備屯樊口琮降曹公恐備先據江陵遣精騎急追及於當陽之長坂備數十騎走趨漢津濟沔到夏口曹公進軍江陵得劉琮水軍船數十萬自江陵止巴丘遂及赤壁孫權遣周瑜水軍數萬與備併力逆之曹公泊船江北岸瑜部將黃蓋詐降戰艦千艘因風放火曹公大敗從華容道步歸退保南郡備瑜等復追之曹公留曹仁守江陵城自徑北歸夏口今漢陽軍也而漢陽郡圖經云赤壁亦名烏林在郡西北二百二十里在漢陽縣西八十里皆誤也曹公既縱江陵水軍沿流已至巴丘劉備在夏口孫權周瑜與備併力逆曹公自當在巴陵江夏二郡界其漢陽圖經併俗說皆謬也

岳陽雖水鄉絕難得蓴菜惟臨湘東蓴湖間有之

龍窖山在縣東南接鄂州崇陽縣雷家洞石門洞山極深遠其間居民謂之鳥鄉語言侏儒以耕畬爲業非市鹽茶不入城市邑亦無貢賦蓋山徭人也

岳州自元正獻歲鄰里以飲宴相慶至十二日罷謂其日爲雲開節春社後遇好天色往往相繼上山中州人所謂拜掃也至寒食而止四月八日取羊桐葉浙米爲飯以祀神及先祖瀕江諸廟皆有船四月中擇日下水擊畫鼓集人歌以櫂之至端午罷其實競渡也而以爲禳災民之有疾病者多就水際設神盤以祀神爲酒肉以犒櫂鼓者或爲草船泛之謂之送瘟五月十三日謂之龍生日可種竹齊民要術所謂竹醉日也

真臘風土記序

總叙

真臘國或稱占臘其國自稱曰甘孛智今聖朝按西番經名其國曰澉浦只蓋亦甘孛智之近音也自溫州開洋行丁未針歷閩廣海外諸州港口過七洲洋經交趾洋到占城又自占城順風可半月到真蒲乃其境也又自真蒲行坤申針過崑崙洋入港港凡數十惟第四港可入其餘悉以沙淺故不通巨舟然而彌望皆修藤古木黄沙白葦倉卒未易辨認故舟人

以尋港爲難事自港口北行順水可半月抵其地曰查南乃其屬郡也又自查南換小舟順水可十餘日過半路村佛村渡淡洋可抵其地曰干傍取城五十里按諸番志稱其地廣七千里其國北抵占城半月路西南距暹羅半月程南距番禺十日程其東則大海也舊爲通商來往之國聖朝誕膺天命奄有四海唆都元帥之置省占城也嘗遣一虎符百戸一金牌千戸同到本國竟爲拘執不返元貞之乙未六月聖天子遣使招諭俾余從行以次年丙申二月離明州

二十日自溫州港口開洋三月十五日抵占城中途逆風不利秋七月始至遂得臣服至大德丁酉六月回舟八月十二日抵四明舶岸其風土國事之詳雖不能盡知然其大畧亦可見矣

真臘風土記

元　周達觀

城郭

州城周圍可二十里有五門門各兩重惟東向開二門餘向皆一門城之外巨濠濠之外皆通衢大橋橋之兩傍各有石神五十四枚如石將軍之狀甚巨而獰五門皆相似橋之闌皆石爲之鑿爲蛇形蛇皆九頭五十四神皆以手拔蛇有不容其走逸之勢城門之上有大石佛頭五面向西方中置其一飾之以金

門之兩傍鑿石爲象形城皆疊石爲之可二丈石甚周密堅固且不生繁草郤無女墻城之上間或種桄榔木比比皆空屋其內向如坡子厚可十餘丈坡上皆有大門夜閉早開亦有監門者惟狗不許入門其城甚方整四方各有石塔一座曾受斬趾刑人亦不許入門當國之中有金塔一座傍有石塔二十餘座石屋百餘間東向金橋一所金獅子二枚列於橋之左右金佛八身列于石屋之下金塔至北可一里許有銅塔一座比金塔更高望之鬱然其下亦有石屋

十數間又其北一里許則國主之廬也其寢室又有金塔一座焉所以舶商自來有富貴眞臘之褒者想爲此也石塔出南門外半里餘俗傳魯般一夜造成魯般墓在南門外一里許周圍可十里石屋數百間東池在城東十里周圍可百里中有石塔石屋塔之中有臥銅佛一身臍中常有水流出北池在城北五里中有金方塔一座石屋數十間金獅子金佛銅象銅牛銅馬之屬皆有之

宮室

國宮及官舍府第皆面東國宮在金塔金橋之北近門周圍可五六里其正室之瓦以鉛爲之餘皆土瓦黄色橋柱甚巨皆雕畫佛形屋頭壯觀修廊複道突兀參差稍有規模其涖事處有金窗欞左右方柱上有鏡約有四五十面列放於窗之旁其下爲象形聞内中多有奇處防禁甚嚴不可得而見也其内中金塔國主夜則臥其上土人皆謂塔之中有九頭蛇精乃一國之土地主也係女身每夜則見國主則先與之同寢交媾雖其妻亦不敢入二鼓乃出方可與妻

妻同睡若此精一夜不見則番王死期至矣若番王一夜不往則必獲災禍其次如國戚大臣等屋制度廣袤與常人家迥別周圍皆用草蓋獨家廟及正寢二處許用瓦亦各隨其官之等級以爲屋室廣狹之制其下如百姓之家止草蓋瓦片不敢上屋其廣狹雖隨家之貧富然終不敢做府第制度也

服飾

自國主以下男女皆椎髻袒裼止以布圍腰出入則加以大布一條纏於小布之上布甚有等級國主所

打之布有直金三四兩者極其華麗精美其國中雖自織布暹羅及占城皆有來者往往以來自西洋者爲上以其精巧而細樣故人惟國主可打純花布頭戴金冠子如金剛頭上所戴者或有時不戴冠但以線穿香花如茉莉之類周匝于髻間頂上戴大珍珠三斤許手足及諸指上皆帶金鐲指展上皆簇猫兒眼睛石其下跣足足下及手掌皆以紅藥染赤色出則手持金劍百姓間惟婦女可染手足掌男子不敢也大臣國戚可打疎花布惟官人可打兩頭花布百姓間惟婦女可打之新唐人雖打兩頭花布人亦不敢罪之以其暗丁八殺故也暗丁八殺不識體例也

官屬

國中亦有丞相將帥司天等官其下各設司吏之屬但名稱不同耳大抵皆國戚爲之否則亦納女爲嬪其出入儀從亦有等級用金轎扛四金傘柄者爲上金轎扛二金傘柄者次之金轎扛一金傘柄者又次之止用一金傘柄者又其次之也其下者止用一銀傘柄者而已亦有用銀轎扛者金傘柄以上官皆呼

爲巴丁或呼暗丁銀傘柄者呼爲廝辣的傘皆用中國紅絹爲之其裙直拖地油傘皆以綠絹爲之裙却短

三教

爲儒者呼爲班詰爲僧者呼爲苧姑爲道者呼爲八思惟班詰不知其所祖亦無所謂學舍講習之處亦難究其所讀何書但見其如常人打布之外於項上掛白線一條以此別其爲儒耳由班詰入仕者則爲高上之人項上之線終身不去苧姑削髮穿黃偏袒

右肩其下則繫黃布裙跣足寺亦許用瓦蓋中止有
一像正如釋迦佛之狀呼爲孛賴穿紅塑以泥飾以
丹青外此別無像也塔中之佛相貌又別皆以銅鑄
成無鐘皷鐃鈸與幢幡寶蓋之類僧皆茹魚肉惟不
飲酒供佛亦用魚肉每日一齋皆取辦於齋主之家
寺中不設廚竈所誦之經甚多皆以貝葉疊成極其
齊整於上寫黑字既不用筆墨但不知其以何物書
寫僧亦用金銀轎扛傘柄者國王有大政亦咨訪之
郤無尼姑八思惟正如常人打布之外但於頭上戴

一紅布或白布如韃靼娘子罟姑之狀而畧低亦有
宮觀但比之寺院較狹而道教者亦不如僧教之盛
耳所供無別像但止一塊石如中國社壇中之石耳
亦不知其何所祖也郤有女道士宮觀亦得用瓦八
思惟不食他人之食亦不令人見食亦不飲酒不曾
見其誦經及與人功果之事俗之小兒入學者皆先
就僧家教習暨長而還俗其詳莫能考也

人物

人但知蠻俗人物麤醜而甚黑殊不知居于海島村
僻尋常閭巷間者則信然矣至如宮人及南棚（南棚乃府第也）婦女多有瑩白如玉者蓋以不見天日之光故也
大抵一布經腰之外不以男女皆露出胸酥椎髻跣
足雖國王之妻亦只如此國主凡有五妻正室一人
四方四人其下嬪婢之屬聞有三五千亦自分等級
未嘗輕出戶余每一入內見番主必與正妻同出乃
坐正室金窻中諸宮人皆次第列于兩廊窻下徙倚
窺視余備獲一見凡人家有女美貌者必召入內其
下供內中出入之役者呼爲陳家蘭亦不下一二千

郤皆有丈夫與民間雜處只於顖門之前削去其髮
如北人開水道之狀塗以銀硃及塗於兩鬢之傍以
此爲陳家蘭別耳惟此婦可以入內其下餘人不可
得而入也內宮之前後有絡繹于道途間尋常婦女
椎髻之外別無釵梳頭面之飾但臂中帶金鐲指中
帶金指展且陳家蘭及內中諸宮人皆用之男女身
上常塗香藥以檀麝等香合成家家皆修佛事國中
多有二形人每日以十數成群行於墟場間常有招
徠唐人之意反有厚饋可醜可惡

產婦

番婦產後即作熱飯林之以鹽納于陰戶凡一晝夜而除之以此產中無病且收斂常如室女余初聞而詫之深疑其不然既而所泊之家有女育子備知其事且次日即抱嬰兒同往河内澡洗尤所怪見又每見人言番婦多淫產後一兩日即與夫合若丈夫不中所欲即有買臣見棄之事若丈夫適有遠役只可數夜過十數夜其婦必曰我非是鬼如何孤眠淫蕩之心尤切然亦聞有守志者婦女最易老蓋其婚嫁

產育既早二三十歲人已如中國四五十人矣

室女

人家養女其父母必祝之曰願汝有人要將來嫁千百個丈夫富室之女自七歲至九歲至貧之家則止於十一歲必命僧道去其童身名曰陣毯蓋官司每歲於中國四月内擇一日頒行本國應有養女當陣毯之家先行申報官司官司先給巨燭一條燭間刻畫一處約是夜遇昏點燭至刻畫處則爲陣毯時候矣先期一月或半月或十日父母必擇一僧或一道隨其何處寺觀往往亦自有主顧向上好僧皆爲官戶富室所先貧者亦不暇擇也官富之家饋以酒米布帛檳榔銀器之類至有一百擔者直中國白金二三百兩之物少者或三四十擔或一二十擔隨家豐儉所以貧人家至于十一歲而始行事者爲難辦此物耳亦有捨錢與貧女陣毯者謂之做好事蓋一歲中一僧止可御一女僧既允受更不他許是夜大設飲食鼓樂會親隣門外縛一高棚裝塑泥人泥獸之屬于其上或十餘或止三四枚貧家則無之各按故

事凡七日而始撤既昏以轎傘鼓樂迎此僧而歸以綵帛結二亭子一則坐女于其中一則僧坐其中不曉其口說何語鼓樂之聲喧闐是夜不禁犯夜聞至期與女俱入房親以手去其童納之酒中或謂父母親隣各點于額上或謂俱嘗以口或謂僧與女交媾之事或謂無此但不容唐人見之所以莫知其的至天將明時則又以轎傘鼓樂送僧去後當以布帛之類與僧贖身否則此女終爲此僧所有不可得而他適也余所見者大德丁酉之四月初六夜也前此父

母必與女同寢此後則斥于房外任其所之無復拘束隄防之矣至若嫁娶則雖有納幣之禮不過苟簡從事多有先姦而後娶者其風俗竟不以爲恥亦不以爲怪也陣毯之夜一巷中或至十餘家城中迎僧道者交錯於途路間鼓樂之聲無處無之

奴婢

人家奴婢皆買野人以充其役多者百餘少者亦有一二十枚除至貧之家則無之蓋野人者山野中之人也自有種類俗呼爲撞賊到城中亦不敢出入人

之家城間人相罵者一呼之爲撞則恨入骨髓其見輕於人如此少壯者一枚直百布老弱者止三四十布可得秖許于樓下坐臥若執役方許登樓亦必跪膝合掌頂禮而後敢進呼主人爲巴駝主母爲米巴駝者父也米者母也若有過撻之則俯首受杖略不敢動其牝牡者自相配偶主人終無與之交接之理或唐人到彼久曠者不擇一與之接主人聞之次日不肯與同坐以其曾與野人接故也或與外人交至於有娠養子主人亦不詰問其所從來蓋以其所

不齒且利其得子仍可爲異日奴婢也或有逃者擒而復得必于面刺以青或于項上帶鐵以錮之亦有帶于臂腿間者

語言

國中語言自成音聲雖近而占城暹人皆不通話說如以一爲梅二爲別三爲卑四爲般五爲孛監六爲孛監梅七爲孛監別八爲孛監卑九爲孛監般十爲答呼父爲巴駝叔伯亦呼爲巴駝呼母爲米姑姨嬸姆以至鄰人之尊年者亦呼爲米呼兄爲邦姊亦呼

爲邦呼弟爲補溫呼舅爲吃賴姑夫亦呼爲孛賴大抵多以下字在上如黨中常自相殺戮近地亦有種荳蔻木綿花織布爲業者布甚麤厚花紋甚別

文字

尋常文字及官府文書皆以麂鹿皮等物染黑隨其大小闊狹以意裁之用一等粉如中國白堊之類搓爲小條子其名爲梭抬于手中就皮畫以成字永不脫落用畢則插於耳之上字跡亦可辨認爲何人書寫須以濕物揩拭方去大率字樣正如回鶻字凡文

書皆自後書向前御不自上書下也余聞之也先海牙云其字母音聲正與蒙古音相鄰但所不同者三兩字耳初無印信人家告狀亦有書鋪書寫

正朔時序

每用中國十月爲正月是月也名爲佳得當國宮之前縛一大棚上可容千餘人盡掛燈毬花朶之屬其對岸遠離二十丈地則以木接續縛成高棚如造塔撲竿之狀可高二十餘丈每夜設三四座或五六座裝煙火爆杖于其上此皆諸屬郡及諸府第認直遇

夜則請國主出觀點放煙火爆杖煙火雖百里之外皆見之爆杖其大如炮聲震一城其官屬貴戚每人分以巨燭檳榔所費甚夥國主亦請奉使觀焉如是者半月而後止每一月必有一事如四月則拋毬九月則壓獵壓獵者聚一國之衆皆來城中教閱於國宮之前五月則迎佛水聚一國遠近之佛皆送水與國主洗身陸地行舟國主登樓以觀七月則燒稻其時新稻已熟迎於南門外燒之以供佛婦女車象往觀者無數王卻不出八月則挨藍挨藍者舞也點差伎樂每日就國宮内挨藍且鬬猪鬬象國王亦請奉使觀焉如是者一旬其餘月分不能詳記也國人亦有通天文者日月薄蝕皆能推算但是大小盡卻與中國不同閏歲則彼亦必置閏但只閏九月殊不可曉一夜只分四更每七日一輪亦如中國所謂開閉建除之類番人旣無名姓亦不記生日多有以所生日頭爲名者有兩日最吉三日平平四日最凶何日可出東方何日可出西方雖婦女皆能算之十二生肖亦與中國同但所呼之名異耳如以馬爲卜賽呼

鷄之聲爲蠻呼猪之聲爲直盧呼牛爲箇之類也

爭訟

民間爭訟雖小事亦必上聞國王初無笞杖之責但聞罰金而已其人大逆重事亦無絞斬之事止於城西門外掘地成坑納罪人於内實以土石堅築而罷其次有斬手足指者有去鼻者但姦與賭無禁姦婦之夫或知之則以兩柴絞姦夫之足痛不可忍竭其資而與之方可獲免然裝局欺騙者亦有之或有死於門首者則自用繩拖置城外野地初無所謂體究

檢驗之事人家獲盜亦可施監禁拷掠之刑卻有一項可取且如人家失物疑此人爲盜不肯招認遂以鍋煎油極熱令此人伸手於中若果偷物則手腐爛否則皮肉如故云番人有法如此又兩家爭訟莫辨曲直國宮之對岸有小石塔十二座令一人各坐一塔中其外兩家自以親屬互相隄防或坐一二日或三四日其無理者必獲證候而出或身上生瘡癤或咳嗽熱證之類有理者畧無纖事以此剖判曲直謂之天獄蓋其土地之靈有如此也

病癩

國人尋常有病多是入水浸浴及頻頻洗頭便自痊可然多病癩者比比道途間土人雖與之同臥同食亦不校或謂彼中風土有此疾曾有國主患此疾故人不之嫌以愚意觀之往往好色之餘便入水澡洗故成此疾聞土人色慾纔畢皆入水澡洗其患痢者十死八九亦有貨藥於市者與中國不類不知其爲何物更有一等師巫之屬與人行持尤可笑

死亡

人死無棺止以篴席之類蓋之以布其出喪也前亦用旗幟鼓樂之屬又以兩柈炒米繞路拋撒擡至城外僻遠無人之地棄擲而去俟有鷹犬畜類來食頃刻而盡則謂父母有福故獲此報若不食或食而不盡反謂父母有罪而至此今亦漸有焚者往往皆唐人之遺種也父母死別無服制男子則髡其髮女子則於顖門翦髮似錢大以此爲孝耳國主仍有塔葬埋但不知葬身與葬骨耳

耕種

大抵一歲中可三四番收種蓋四時常如五六月天且不識霜雪故也其地半年有雨半年絕無自四月至九月每日下雨午後方下淡水洋中水痕高可七八丈巨樹盡沒僅留一杪耳人家濱水而居者皆移入山後十月至三月點雨絕無洋中僅可通小舟深處不過三五尺人家又復移下耕種者指至何時稻熟是時水可渰至何處隨其地而播種之耕不用牛耒耜鐮鋤之器雖稍相類而制自不同又有一等野田不種常生水高至一丈而稻亦與之俱高想別一

種也但糞田及種蔬皆不用穢嫌其不潔也唐人到彼皆不與之言及中國糞壅之事恐爲所鄙每三兩家共掘地爲一坑蓋其草滿則塡之又別掘地爲之凡登溷旣畢必入池洗淨止用左手右手留以拿飯見唐人登廁用紙揩拭者笑之甚至不欲其登門婦女亦有立而溺者可笑可笑

山川

自入眞蒲以來率多平林叢昧長江巨港綿亘數百里古樹修藤森陰蒙翳禽獸之聲遝雜其間至半港而始見有曠田絕無寸木彌望芃芃禾黍而已野牛以千百成群聚于此地又有竹坡亦綿亘數百里其間竹節相間生刺筍味至苦四畔皆有高山

出產

山多異木無木處乃犀象屯聚養育之地珍禽奇獸不計其數細色有翠毛象牙犀角黃蠟麤色有降眞荳蔻畫黃紫梗大風子油翡翠其得也頗難蓋叢林中有池池中有魚翡翠自林中飛出求魚番人以樹葉蔽身而坐水濱籠一雌以誘之手持小網伺其來

則罩有一日獲三五隻有終日全不得者象牙則山僻人家有之每一象死方有二牙舊傳謂每歲一換牙者非也其牙以標而殺之者上也自死而隨時爲人所取者次之死于山中多年者斯爲下矣黃蠟出於村落朽樹間其一種細腰蜂如螻蟻者番人取而得之每一船可收二三千塊每塊大者三四十斤小者亦不下十八九斤犀角白而帶花者爲上黑爲下降眞生叢林中番人頗費砍斫之勞蓋此乃樹之心耳其外白木可厚八九寸小者亦不下四五寸荳蔻皆野人山上所種畫黃乃一等樹間之脂番人預先一年以刀斫樹滴瀝其脂至次年而始收紫梗生於一等樹枝間正如桑寄生之狀亦頗難得大風子油乃大樹之子狀如椰子而圓中有子數十枚胡椒間亦有之纏藤而生纍纍如綠草子其生而靑者更辣

貿易

國人交易皆婦人能之所以唐人到彼必先納一婦人者兼亦利其能買賣故也每日一墟自卯至午即罷無居鋪但以蓬席之類鋪于地間各有處聞亦有

納官司賃地錢小交關則用米穀及唐貨次則用布若乃大交關則用金銀矣往往土人最朴見唐人頗加敬畏呼之爲佛見則伏地頂禮近亦有脫騙欺負唐人由去人之多故也

欲得唐貨

其地想不出金銀以唐人金銀爲第一五色輕縑帛次之其次如眞州之錫鑞溫州之漆盤泉州之青甆器及水銀銀硃紙劄硫黄焰硝檀香白芷麝香麻布黄草布雨傘鐵鍋銅盤水珠桐油篦箕木梳針其麤

重則如明州之蓆甚欲得者則菽麥也然不可將去耳

草木

惟石榴甘蔗荷花蓮藕芋桃蕉芎與中國同荔枝橘子狀雖同而酸其餘皆中國所未曾見樹木亦甚各別草花更多且香而艷水中之花更有多品皆不知其名至若桃李杏梅松栢杉檜梨棗楊柳桂蘭菊蕊之類皆所無也其中正月亦有荷花

飛鳥

禽有孔雀翡翠鸚哥乃中國所無餘如鷹鴉鷺鷥雀兒鸕鶿鸛鶴野鴨黄雀等物皆有之所無者喜鵲鴻鴈黄鶯杜宇燕鴿之屬

走獸

獸有犀象野牛山馬乃中國所無者其餘如虎豹熊羆野猪麋鹿麏麂猿狐之類甚多所少者獅子猩猩駱駝耳雞鴨牛馬猪羊所不在論也馬甚矮小牛甚多生敢騎死不敢食亦不敢剝其皮聽其腐爛而已以其與人出力故也但以駕車耳在先無鵞近有舟

人自中國攜去故得其種鼠有大如猫者又有一等鼠頭腦絕類新生小狗兒

蔬菜

蔬菜有葱芥韭茄瓜西瓜冬瓜王瓜莧菜所無者蘿蔔生菜苦藚菠薐之類瓜茄正月間即有之茄樹有經數年不除者木綿花樹高可過屋有十餘年不換者不識名之菜甚多水中之菜亦多種

魚龍

魚鱉惟黑鯉魚最多其他如鯉鯽草魚最多有吐哺

魚大者重二斤巳上有不識名之魚亦甚多此皆淡水洋中所來者至若海中之魚色色有之鱔魚湖鰻田雞土人不食入夜則縱横道途間黿鼉大如合苧雖六藏之龜亦充食用査南之蝦重一斤巳上眞蒲龜脚可長八九寸許鰐魚大者如船有四脚絶類龍特無角耳肚甚脆美蛤蜆螄螺之屬淡水洋中可捧而得獨不見蟹想亦有之而人不食耳

醖釀

酒有四等第一唐人呼爲蜜糖酒用藥麴以蜜及水

中半爲之其次者土人呼爲朋牙四以樹葉爲之朋牙四者乃一等樹葉之名也又其次以米或以剩飯爲之名曰包稜角蓋包稜角者米也其下有糖鑑酒以糖爲之又入港濱水又有茭漿酒蓋有一等茭葉生于水濱其漿可以釀酒

鹽醋醬麴

醝物國中無禁自眞蒲巴澗濱海等處率皆燒山間更有一等石味勝于鹽可琢以成器土人不能爲醋羮中欲酸則着以咸平樹葉樹既莢則用莢既生子則用子亦不識合醬爲無麥與豆故也亦不曾造麴蓋以蜜水及樹葉釀酒所用者酒藥耳亦如鄉間白酒藥之狀

蠶桑

土人皆不事蠶桑婦人亦不曉針線縫補之事僅能織木綿布而已亦不能紡但以手理成條無機杼以織但以一頭縳腰一頭搭上梭亦止用一竹管近年暹人來居卻以蠶桑爲業桑種蠶種皆自暹中來亦無麻苧惟有絡麻暹人卻以絲自織皁綾衣着暹綾

卻能縫補土人打布損破皆倩其補之

器用

尋常人家房舍之外别無卓凳盂桶之類但作飯則用一瓦釜作羮又用一瓦銚地埋三石爲竈以椰子殼爲杓盛飯用中國瓦盤或銅盤羮則用樹葉造一小碗雖盛汁亦不漏又以茭葉製一小杓用兜汁入口用畢則棄之雖祭祀神佛亦然又以一錫器或瓦器盛水于傍用以蘸手蓋飯只用手拿其粘于手非此水不能去也飲酒則用鑞注子貧人則用瓦鉢子

若府第富室則一一用銀至有用金者國之慶賀多用金爲器皿制度形狀又别地下所鋪者明州之草席或有鋪虎豹麂鹿等皮及藤簟者近新置矮卓高尺許睡只竹席臥於板上近又用矮床者往往皆唐人製作也食品用布罩國主内中以銷金縑帛爲之皆舶商所饋也稻不用礱止用杵舂碓耳

車轎

轎之制以一木屈其中兩頭竪起雕刻花樣以金銀裹之所謂金銀轎扛者此也每頭一尺之内釘鉤子

以大布一條厚摺用繩繫于兩頭鉤中人挽于布以兩人擡之轎則又加一物如船蓬而更潤飾以五色縑帛四人扛有隨轎而走若遠行亦有騎象騎馬者亦有用車者車之制卻與他地一般馬無鞍象無凳可坐

舟楫

巨舟以硬樹破版爲之匠者無鋸但以斧鑿之開成版既費木且費工也凡要木成段亦只以鑿鑿斷起屋亦然船亦用鐵釘上以茭葉蓋覆卻以檳榔木破片壓之此船名爲新拏用櫂所粘之油魚油也所和之灰石灰也小舟卻以一巨木鑿成槽以火熏軟用木撐開腹大兩頭尖無蓬可載數人止以櫂划之名爲皮闌

屬郡

屬郡九十餘曰眞蒲曰查南曰巴澗曰莫良曰八薛曰蒲買曰雉棍曰木津波曰賴敢坑曰八厮里其餘不能悉記各置官屬皆以木排柵爲城

村落

每一村或有寺或有塔人家稍密亦自有鎮守之官名爲買節大路上自有歇息如郵亭之類其名爲森木近與暹人交兵遂皆成曠地

取膽

前此於八月内取膽蓋占城王每年索人膽一甕萬千餘枚遇夜則多方令人於城中及村落去處遇有夜行者以繩兜住其頭用小刀於右脇下取去其膽俟數足以饋占城王獨不取唐人之膽蓋因一年取唐人一膽雜于其中遂致甕中之膽俱臭腐而不可

用故也近年已除取膽之事另置取膽官屬居北門之裏

異事

東門之裏有蠻人淫其妹者皮肉相粘不開歷三日不食而俱死余鄉人薛氏居番三十五年矣渠謂兩見此事蓋其用聖佛之靈所以如此

澡浴

地苦炎熱每日非數次澡洗則不可過入夜亦不免一二次初無浴室盂桶之類但每家須有一池否則

兩三家合一池不分男女皆裸形入池惟父母尊年在池則子女卑幼不敢入或卑幼先在池則尊長亦迴避之如行輩則無拘也但以左手遮其牝門入水而已或三四日或五六日城中婦女三三五五咸至城外河中漾洗至河邊脫去所纏之布而入水會聚於河者動以千數雖府第大家女亦預焉畧不以為恥自踵至頂皆得而見之城外大河無日無之唐人暇日頗以此為遊觀之樂聞亦有就水中偷期者水常溫如湯惟五更則微涼至日出則復溫矣

流寓

唐人之為水手者利其國中不着衣裳且米糧易求婦女易得屋室易辦器用易足買賣易為往往皆逃逃於彼

軍馬

軍馬亦是裸體跣足右手執標槍左手執戰牌別無所謂弓箭砲石甲冑之屬傳聞與暹人相攻皆驅百姓使戰往往亦別無智畧謀畫

國主出入

聞在先國主轍迹未嘗離戶蓋亦防有不測之變也新主乃故國主之婿原以典兵為職其婦翁愛女女密竊金劍以往其夫以故親子不得承襲嘗謀起兵為新主所覺斬其趾而安置于幽室新主身嵌聖鐵縱使刀箭之屬着體不能為害因恃此遂敢出戶余宿留歲餘見其出者四五凡出時諸軍馬擁其前旗幟鼓樂踵其後宮女三五百花布花髻手執巨燭自成一隊雖白日亦照燭又有宮女皆執內中金銀器皿及文飾之具制度迥别不知其何所用又有宮女

執標槍標牌爲内兵又成一隊又有羊車馬車皆以金爲飾其諸臣僚國戚皆騎象在前遠望紅涼傘不計其數又其次則國主之妻及妾媵或轎或車或馬或象其銷金涼傘何止百餘其後則是國主立于象上手持寶劍象之牙亦以金套之打銷金白涼傘凡二十餘柄其傘柄皆金爲之其四圍擁簇之象甚多又有軍馬護之若遊近處止用金轎子皆以宮女擡之大凡出入必迎小金塔金佛在其前觀者皆當跪地頂禮名爲三罷不然則爲貌事者所擒不虚釋也

每日國主兩次坐衙治事亦無定文及諸臣與百姓之欲見國主者皆列坐地上以俟少頃聞内中隱隱有樂聲在外方吹螺以迎之聞止用金車子來處稍遠須臾見二宮女纖手捲簾而國主乃杖劍立于金窻之中矣臣僚以下皆合掌叩頭螺聲方絶乃許擡頭國主特隨亦就坐坐處有獅子皮一領乃傳國之寶言事既畢國主尋即轉身二宮女復垂其簾諸人各起以此觀之則雖蠻貊之邦未嘗不知有君也

陳留風俗傳

晉　江微

小黄縣者宋地黄鄉也沛公起兵野戰喪皇妣于黄鄉天下平定乃使使者以梓宫招魂幽野於是丹蛇在水自洒濯入於梓宫其浴處有遺髮故謚曰昭靈夫人

浚儀有師曠倉頡城城上有列仙吹臺

雍丘縣夏后公祠有神井能興霧雹

浚儀縣北有浚水像面儀之故曰浚儀縣有倉頡師

曠城上有列仙之吹臺北有牧澤中出蘭蒲土多儁髦今帶牧澤方一十五里俗謂之蒲關澤

巳吾縣者宋雜陳楚地故梁國寧陵種龍鄉也今其都印文曰種龍

秦之先曰伯翳佐舜擾馴鳥獸錫姓曰嬴氏其後分封以國爲姓有徐氏郯氏王氏江氏

侯氏侯爵周徵官失其守故以侯爵爲姓

允吾縣者宋雜陳楚地故梁國寧陵種龍鄉也今見都印文曰種龍出鳴鷄

昭帝時蒙人焦貢爲小黄令路不拾遺囹圄空虚詔
遷貢百姓揮涕守闕求索還貢天子聽增貢之秩千
石貢之風化猶存其民好學多貧此其風也

成都古今記

趙朴

張儀樓高百尺初儀築城雖因神龜然亦順山之形以城勢稍偏故作此樓以定南北

海棠樓李回所建以會僚佐議事裴坦爲記

望妃樓在子城西北隅亦名西樓間明妃之墓在武擔山爲此樓以望之

紅樓先主所建綵繪華侈初潁川人華洪隨先主入蜀賜姓王名宗侃至是造紅樓城中人相率來觀曰

看畫紅樓先主以爲應華洪之讖乃誅之

錦樓在龜城上前矚大江下瞰井邑西眺雪嶺東望長松向敵中嘗賦詩於其上

楊雄宅後置寶園寺今爲宮亭有墨池在焉

浣花亭臨大江籠雲檻池

益之爲言隘也言其地險阨亦曰强壤益大故以名爲

西蜀聖壽寺僧楚安妙畫山水湏一旬以來方就一扇收得其筆謂之筆寶

郫人刳竹之大者傾春釀於筒苞以藕絲蔽以蕉葉
信宿馨達于林外然後斷之以獻俗號郫筒酒
正月燈市二月花市三月蠶市四月錦市五月扇市
六月香市七月七寶市八月桂市九月藥市十月酒
市十一月梅市十二月桃符市

臨海水土記

闕名

鮻魚背腹皆有刺如三角菱
海鰌長丈餘
槌頰似鯔魚長四尺
石蚗附石似鋸錯
黄靈魚小文正黄似石首
兩名特立合體俱行
寄度魚長三寸似白魚

鯊魚三月生溪中裁長一寸至十月終東還歸于海
香氣聞於水上到時月輒復更生
雖鰭形似雖魚戲于重川靡有定所
伏念魚似吹沙魚
土奴魚頭上如虎有刺螫人
蠣長七尺
姑勞如車螯而殼薄
蘆雉似蛤蜊殼小薄耳
蚌側徑四尺

烏頭似蚌

蘆虎似彭蜞兩螯正赤不中食

石蚨生附石身如小竹大有甲正黑中食

臨海異物志

沈瑩

石首小者名鰌其次名桼石首異種又有石頭長七八寸與石首同

鰞似烏賊而肥炙食甘美

鱟魚至肥炙食鮮美諺曰寧去累世田宅

人魚似人長三尺餘不可食

鹿魚長二尺餘頭上有角腹下有脚如人

印魚脊鱗形如鯌形額上有文如印章

琵琶魚無鱗形如琵琶

鳶魚狀如鳶唯無尾足陰雨日亦飛高數丈

井魚頭有兩角

鰅魚如指長七八寸但有脊骨好作笄大者如竹竿曝作燭極有光明

沙狗似彭蜞壤沙爲穴見人則走曲折易道不可得也

晉安東南吳嶼山螟蚣千萬積成堆或云長丈餘以作脯味似大蝦

鸂鶒水鳥毛有五彩色食短狐其在溪中無毒氣

說郛目録

弓第六十三

吳地記

唐 陸廣微

按史記及吳越春秋自禹治水巳後分定九州禹貢揚州之域吳國四至東亘滄溟西連荆郢南括越表北臨大江蓋吳國之本界也今郡在京師東南三千一百九十里當磨蝎斗牛之位列婺女星之分對從秦始皇倂吞六國之後至漢順帝永建四年有山陰縣人殷重獻策於帝請分江置兩浙詔司空王襲封從錢唐江中分向東爲會稽郡向西爲吳郡至陳朝

貞明元年改爲吳州隋文帝開皇九年改郡邑至横山東新立城郭(一云隋開皇十三年郡爲蘇州)唐武德七年移新州郭復舊址升爲望管鄉七鄉一百九十四戶一十四萬三(本作二)千(當作三)二百六十一 稅茶鹽酒等錢六十九萬二千八百八十五貫七十六文

吳縣九萬九千九百六十三貫七十三(本無三字)文

長洲縣九萬八千五百七十六貫五百七十六文

嘉興縣一十七萬八千七十六貫一百二十文

崑山縣一十萬九千五百三貫七百三十八文

常熟縣九萬七百五十貫七百七十四(本無四字)文

華亭縣七萬二千一百八十二貫四百三十一文

海鹽縣四萬六千五百八十一貫五十八文

續添

吳江縣三萬六千二百六十九貫一百文

使司割隸醬菜錢一十萬七千七百二十貫二百四(作四)十六(作八)文

留蘇州軍事醬菜衣糧等錢一十七萬八十三百四十九貫九十八文(當作九百二文)

團練使軍資等三十(本無十字)萬六(當作七)千八百三十貫文送納(本無納字)上都

地名甄胃水名通波城號闔閭臺曰姑蘇輿壤千里是號全吳昔周太王三子長泰伯次仲雍次季歷歷生子昌有聖瑞太王有疾泰伯仲雍以入山採藥乃奔吳文身斷髮示不可用以讓季歷子昌立是爲西伯卽文王也吳人義泰伯歸之爲王泰伯三讓弟仲雍仲雍立號勾吳(所居地名)卒葬梅里(又名番麗今橫山)而仲雍立仲雍生季簡季簡生釋達釋達生固章固章卒其

後至壽夢始别築城爲宫室於平門西北二里基址見存自泰伯至壽夢十九世壽夢生四子長諸樊次餘昧次季札季札賢壽夢欲立之札讓不可乃立諸樊諸樊卒吳人固立札札棄室而耕之野乃止封札延陵季子而餘祭立四年吳使季子行聘諸國餘祭卒授弟季子季子讓逃去餘昧之子曰僚立爲諸樊之子公子光所弑在位十三年僚好炙魚非專諸炙不食諸樊之子光諸以百金令專諸進魚上僚置匕首於炙魚中刺僚死子光篡立是爲闔閭王又令刺客要離袖劍殺吳公子慶忌即王僚子也季子歷三年回聞僚被殺乃匍匐往其墳號哭於是子光謝過於季子季子曰苟先君無廢祀民無廢主社稷有奉乃吾君子哀死事生以待天命耳

闔閭城周敬王六年伍子胥築大城周廻四十二里三十步小城八里二百六十步陸門八以象天之八風水門八以象地之八卦吳都賦云通門二八水道六衢是也西閶胥二門南盤蛇二門東婁匠二門北齊平二門不開東門者爲絶越之故也

閶門亦號破楚門吳伐楚大軍從此門出陸機詩曰閶門勢嵬峩飛閣跨通波又孔子登山望東吳閶門歎曰吳門有白氣如練今置曳練坊及望舒坊因此胥門本伍子胥宅因名石碑見存出太湖等道水陸二路今陸廢門南三里有儲城越拔作吳王貯糧處十五里有魚城越王養魚處門西五里有越來溪盤門古作蟠門嘗刻木作蟠龍以此鎮越又云水陸相半沿洄屈曲故名盤門又云吳大帝蟠龍故名門內有武烈大帝廟在祀與東北二里有後漢破虜將軍孫堅墳又有討虜將軍孫策墳蛇門南面有陸無水春申君造以禦越軍在巳地以屬蛇因號蛇門前漢梅福字子貞爲南昌尉避王莽亂政稱得仙棄妻子易姓名有人見福隱市卒即此門也

匠門又名干將門東南水陸二路今陸路廢出海道通大萊沿松江下滬瀆闔閭使干將於此鑄劍材五山之精合五金之英使童女三百人祭爐神鼓橐金銀不銷鐵汁不下其妻莫邪曰鐵汁不下曰有計干

將曰先師歐冶鑄劍之頴不銷親鑠耳以口口成物口口可女人聃爐神當得之莫耶聞語口人爐中鐵汁出遂成二劍雄號干將作龜文雌號莫耶鰻文餘鑄得三千並號口口文劍干將進雄劍於吳王而藏雌劍時時悲鳴憶其雄也門南三里有葑門赤門有赤襴將軍墳在蛇門東陸無水道故名赤門東南角又有鱑鱑門吳曾射鱑見因號並非八門之數也婁門本號嘐門東南秦時有古嘐縣至漢王莽改爲婁縣東南二里有漢吳郡太守朱梁墳本名甜避後漢

吳地記　五

和帝諱改爲梁今吳郡朱氏皆梁之後塘北有顧三老墳見存

齊門北通毗陵昔齊景公女聘吳太子終纍闔閭長子夫差兒也齊女丧夫每思家國因號齊門後葬常熟海隅山東南嶺與仲雍固章等墳相近葬畢化白龍沖天而去今號爲母塚墳門東二里有盧江太守閼臻墳

平門北面有水陸通毗陵子胥平齊大軍從此門出故號平門東北三里有殷賢臣中公巫咸墳亦號巫門西北二里有吳偏將軍孫武墳西北三里有醬醋城漢劉濞築東北三里有頴川太守陸宏墳

吳縣在埊下秦始皇二十六年置漢王莽改泰德縣陳貞明元年後主復爲吳縣隋開皇九年越國公楊素移郡及縣於横山東五里今復移城内管鄉三十戸三萬　千三百六十一　坊三十

吳公子慶忌墳在縣東北三十五里今呼慶墳

步騭墳在縣東北三里隋任吳爲驃騎將軍代陸遜爲丞相有石碑見存臨頓橋西南

吳地記　六

周瑜墳在縣東二里瑜字公瑾廬江舒人仕吳大將軍南郡太守美姿貌時年二十四吳中皆呼爲周郎及孫權稱號謂公卿曰非周公瑾不帝矣瑜少精思音樂雖三爵之後樂有闕誤必知之則回顧時人謡曰曲有誤周郎顧

顧野王墳在横山東平陸地遺言不起墳野王字体倫仕陳武帝爲門下侍郎博綜羣書廣搜經籍撰梁瑞應圖七十卷御覽三百六十卷宫人各念一卷常隨駕行内人謂之着脚御覽

姑蘇臺在吳縣西南三十五里闔閭造經營九年始成其臺高三百丈望見三百里外作九曲路以登之

射臺在吳縣横山安平里

鴨城在吳縣東南二十里匠門外沙里中城東五里有豨墳是吳王畜豨之所東二里有豆園吳王養馬處又有雞陂闔閭置豆園在陂東

織里今織里橋在麗娃鄉俗呼失履橋利娃鄉訛也

澹臺湖在吳縣東南十里孔子弟子澹臺滅明字子羽宅陷爲湖湖側有墳

夏駕湖壽夢盛夏乘駕納涼之處鑿湖池置苑囿故今有苑橋之名

蔡經宅在吳縣西北五十步經後漢人有道術逮大丹服菖蒲得仙今蔡仙鄉即其隱處也

馮驩宅在吳縣東北二里五十步驩平原君門下客今有彈鋏巷其墳在側石碑見存

長洲縣望在郡下貞觀七年分吳縣界以苑爲名地名茂苑水名僊山鄉東一百里有秦時古蓼王莽改爲要縣北三里有角溪廣八里深四丈西入太湖北四十二里有湖廣四里深三丈縣北二十七里有岑陂夏駕陂馬的陂吳國消此古管坊三十鄉三十戶二萬三千七百

華池在長洲縣大雲鄉安昌里

華林園在長洲縣華林橋

南宮城在長洲縣千將鄉長樂里

嘉興縣本號長水縣在郡南一百四十三里周敬王十年置在谷口湖秦始皇二十六年重移改由拳縣景龍二年嘉禾野生改嘉禾縣吳赤烏　年避吳太

太子名改嘉興縣前有晉妓錢唐蘇小小墓東五里有天心池二里有會稽太守朱買臣墳西五百步有晉兵部尚書徐恬宅捨爲靈光寺縣北三十里有雋里池是吳越戰敵處縣南一百里有語兒亭勾踐令范蠡取西施以獻夫差西施於路與范蠡潛通三年始達於吳遂生一子至此亭其子一歲能有因名語兒亭越絕書曰西施亡吳國後復歸范蠡同泛五湖而去　二十五里有長谷亭入華亭縣西北行七十里有震澤今升縣望管鄉五十戶一萬七千五十四

崑山縣在郡東七十里地名全吳水名新陽貞觀十三年分在吳縣東置縣南一百九十步有晉將軍袁山松城隆安二年築時爲吳郡太守以禦孫恩軍在泥瀆池瀆中毀江中山松能楷書梁武帝許其書云山松書如深山道者見之往往縮頭卒贈司空將軍葬横山東二里會昌四年升縣管鄉二十四戶一萬三千九百八十一

常熟縣在郡北一百里晉建安二年分吳縣海虞置本號海虞縣至唐貞觀九年改常熟縣北一百九十

步有孔子弟子言偃宅中有聖井闊三尺深十丈傍有盟（即壇也）盟北百步有浣沙石可方四丈縣北二里有海虞山仲雍周章並葬山東嶺上闔閭三子長丹終纍婚齊女蚤亡亦葬此山山有二洞穴穴側有石壇周迴六十丈山東二里有石室太公呂望避紂之處山西北三里有越王勾踐廟郭西二里有夫差廟拆姑蘇臺造管鄉二十四戶一萬三千八百二十

華亭縣在郡東一百六十里地名雲間水名谷水天寶五年置蓋晉元假陸遜宅造池亭華麗故名有陸遜陸機陸雲三墳在東南二十五里横山中有鶴鳴鶴唳玄鶴管鄉二十二戶一萬二千七百八十

海鹽縣在郡東南二百二十里地名殷水水名福見秦始皇二十六年置陷爲柘湖又改武元縣湖爲當湖隆安五年改東武洲移在故邑上咸康七年改禦越復號海鹽縣陳貞明元年割屬鹽官廣德七年隷歸嘉興景隆二年重置先天二年廢開元五年刺史張廷珪奏請重置縣東十一里有晉移公何皇后宅十五里有公孫挺陳開疆顧冶子三墳俱事齊景公

魯烈有功於景公爲晏子　以桃三顆令言功三人同日而死葬于此縣東南三十里有秦柱山有五百童女避秦始皇難於此後並得仙縣西五里有會稽山是陸華兄弟尋金牛之處管鄉一十五戶一萬三千二百會昌四年升爲縣

虎丘山避唐太祖諱改爲武丘又名海涌山在吳縣西北九里二百步闔閭葬此山中發五郡之人作塚銅槨三重水銀灌體金銀爲坑史記云闔閭塚在吳縣閶門外以十萬人治塚取土臨湖葬經三日白虎

踞其上故名虎丘山吳越春秋云闔閭葬虎丘十萬
人治葬經三日金精化爲白虎蹲其上因號虎丘秦
始皇東巡至虎丘求吳皇寶劍其虎當墳而踞始皇
以劍擊之不及悞中于石（遺跡尚存）其虎西走二十五里
忽失拎今虎疁唐諱虎錢氏諱疁改爲滸墅劍無復
獲乃陷成池古號劍池池傍有石可坐千人號千人
石其山本晉司徒王珣與弟司空王珉之别墅咸和
二年舍山爲東西二寺立祠於山寺側有貞娘墓吳
國之佳麗也行客才子多題詩墓上有舉子譚銖作

詩一絶其後人稍稍息筆
花山在吳縣西三十里其山蓊鬱幽邃晉太康二年
生千葉石蓮花因名山東二里有胥葬亭吳越闔閭
置亭東二里有館娃宮吳人呼西施作娃夫差置今
靈巖山是也晉太尉陸玩舍宅置寺宮傍有石鼓大
三十圍吳志云其鼓有兵則鳴晉隆安二年賊孫恩
作亂鼓鳴山上有池旱亦不凋中有蒓甚美夏食之
則去熱吳中以爲佳品
支硎山在吳縣西十五里晉支遁字道林嘗隱於此
山後得道乘白馬升雲而去山中有寺號曰報恩梁
武帝置
岝崿山在吳縣西十貳里吳王僚葬此山中有寺號
思益梁天監二年置
餘杭山又名四飛山在吳縣西三十里有漢豫章太
守陸烈墳東二里有漢山陰縣令陸寂墳山有白土
如玉甚光潤吳中每年取以充貢號曰石脂亦曰白
堊白磰東三里有夫差義子墳十八所
横山又名撥潮山在吳縣西南十六里中有朱植墳

及晉門下侍郎陸雲公墳
鷄籠山在吳縣西三十里以形似鷄籠因名晉太康
二年司空陸玩葬此山掘地得石鳳飛去今鳳凰墩
是也陸玩字君瑶爲左僕射蘇峻之難與兄曄隨帝
在石頭城以曄玩吳民之望不敢加逼遷既登公輔
嘗歎息謂賓客曰我爲三公是天下無人其謙抑若
是疾薨以佐命之勳特置七十家守墳子納字祖言
（訥玩之弟子訥誤也）清操絶俗不改素業爲吳興守至郡不受
俸祿征討大都督謝安詣訥殊無供辦茶果清談而

退終尚書令亦葬此山
昇猶山在吳縣西二十里吳太宰嚭所葬嚭楚伯州犂之孫楚誅伯州犂奔吳吳以爲大夫讒佞夫差而誅子胥后句踐滅吳誅嚭以其不忠也
女墳湖在吳縣西北六里越絕書曰夫差小女字幼玉見父無道輕士重色其國必危遂願與書生韓重爲偶不果結怨而死夫差思痛之金棺銅槨葬閶門外其女化形而歌曰南山有鳥北山張羅鳥旣高飛羅當奈何志欲從君讒言孔多悲怨成疾沒身黃壚

又趙曄吳越春秋云闔閭有女哀怨王先食蒸魚乃自殺王痛之厚葬於閶門外其女化爲白鶴舞於吳市千萬人隨觀之後陷成湖今號女墳湖流杯亭在女墳湖西二百步闔閭三月三日泛舟遊賞之處
太湖按漢書志云爾雅十藪曰吳越之間有具區郭璞云今吳縣西南太湖卽震澤也中有包山去縣一百三十里其山高七十丈周迴四百里下有洞庭穴潛行水底無所不通號爲地脉又有大小二雷山按越絕書曰太湖周迴三萬六千頃亦曰五湖虞翻云太湖有五道之別故謂之五湖國語曰吳越戰於五湖在笠澤一湖耳張勃吳錄云五湖者太湖之別名以其周行五百里以五湖爲名周處風土記曰舜漁澤之所也揚州記曰太湖一名震澤一名洞庭今湖中包山有石穴其深莫知其極卽十大洞天之弟九林屋洞天也洞庭山記曰洞庭有二穴東南入洞幽邃莫測昔闔閭使令威丈人尋洞秉燭晝夜而行經七十日不窮而返啓王曰初入洞口狹隘傴僂而入約數里忽遇一石室可高二丈常垂津液內有石牀

枕硯石几上有素書三卷持回上於闔閭不識乃請孔子辯之孔子曰此夏禹之書並神仙之事言大道也王又令再入經二十日却返云不似前也唯上聞風水波濤又有異蟲撓人撲火石燕蝙蝠大如烏前去不得丈人姓毛名萇號曰毛公今洞庭有毛公宅石室并壇存焉
松江一名松陵又名笠澤　越伐吳禦之笠澤其江之源連接太湖一江東南流五十里入小湖一江東北二百六十里入於海一江西南流入震澤

此三江之口也咸仲云松容也容裔之貌尚書云三江旣入震澤底定是也晉張翰仕齊王冏在京師見秋風起思松江鱸魚鱠遂命駕東歸俄而冏敗人皆謂之見機卒葬橫山東五里

唐曹恭王廟在松江恭王太宗第十四子調露元年則天皇后出爲蘇州刺史

百口橋後漢郡人顧訓家有百口五世同居鄉人㓜之共議近宅造百口橋以彰孝義也

乘魚橋在交讓瀆郡人丁法海與琴高友善高世不

仕共營東臯之田時歲大稔二人共行田畔忽見一大鯉魚長可丈餘一角兩足雙翼舞於高田法海試上魚背靜然不動良久遂下請高登魚背乃舉翼飛騰沖天而去

琴高宅在交讓瀆法海寺西五十步法海寺濟陽丁法海舍宅所置法海蓋丁令威之裔毀西浮圖下有令威煉丹井也

臯橋在吳縣北三里有五十步漢議郎臯伯通字拳卿所居因名伯通卒葬胥門西二百步號伯通墩高士梁鴻隱居伯通廡下爲人賃舂每歸妻爲具食舉按齊眉伯通察而異之曰彼傭能使其妻敬之如此非凡人也舍於家鴻潛閉門著書十餘篇疾困告主人曰昔延陵君葬子嬴博之間不歸鄉里愼勿令我子持喪歸去乃卒伯通等求葬地於吳要離塚傍咸曰要離烈士伯鸞淸高宜令相近葬畢妻子歸扶風

都亭橋壽夢於此置都驛招四方賢客基址見存

炭渚橋吳時海渚通源後沙漲爲陸基址見存

定跨橋闔閭於行苑內置游賞之處基址見存

重玄寺梁衛尉卿陸僧瓚天監二年旦暮見住宅有瑞雲重重覆之遂奏請舍宅爲重雲寺臺省誤爲重玄時賜大梁廣德重玄寺

乾元寺晉高士戴顒舍宅置乾元初蘇州節度採訪使鄭桂淸書額奉敕依年號爲乾元寺

通玄寺吳大帝孫權吳夫人舍宅置晉建興二年郡東南二百六十里有滬瀆漁人夜見海上光明照水徹天明日覩二石神像浮水上衆言曰水神也以三牲日祝迎之像背身泛流而去時郡有信士朱應及

東陵寺尼率衆香花鐘磬入海迎之載入郡城像至
通玄寺前諸寺競爭數百人牽拽不動衆議玄像應
居此寺言畢數人舁試像乃輕舉便登寶殿神驗屢
彰光明七日七夜不絶梁簡文帝制石佛碑目有迦
葉佛維衛佛梵字刻於像背唐東宮長史陸柬之書
碑載初九年則天皇后遣使送珊瑚鏡一面鉢一副
宜賜供養兼改通玄寺爲重雲寺開元五年兼賜金
銀字額舊通玄寺移鹽官縣東四十里鮑郎市其後
像失一軀後人造一軀以並之

龍光寺梁天監二年金紫光祿大夫　舍宅置陸
東之書額
永定寺梁天監三年蘇州刺史吳郡顧彦先舍宅置
陸鴻漸書額
晏聖寺梁天監三年司徒沈長史吳郡張融舍宅置
右衛將陸遠書額
禪房寺宋建武元年蘇州刺史張岱舍宅置吳郡陸
僧書額
流水寺吳郡陸襄舍宅置三殿三樓高僧清閑建吳
郡縣令出葉伯葉書額
唐慈寺宋建武元年高士將軍舍宅置
朱明寺晉隆安二年郡人朱明孝義立身而家大富
與弟同居弟妻言樹壞欲棄兄異居明知弟意乃以
金帛餘穀盡給與弟唯留空宅忽一夕狂風驟雨悉
吹財帛還歸明宅弟與妻羞見鄉里自盡明乃舍宅
爲寺號朱明寺
般若臺晉穆帝何曾置内有水池石橋銅像一軀高
一丈六尺高士戴顒建唐景龍二年有神光現數日

不歇奉敕改神景寺東北有般若橋因寺而名
崇福寺梁天監三年武帝置周朝廢之寶應元年重
置
龍興寺則天皇后置御書額八方開元五年再興此
寺刺史張廷珪模勒御書于碑
慈悲寺齊永明二年吳人薛曇舍宅置朱周曇卒遺
言遷其靈柩於殿下
陸鄉寺梁庄舍宅置
崇善玉芝二觀並天監二年置

右館八所

全吳　通波　龍門　臨頓

升羽（帶城橋二百步）烏鵲（在郡南高橋）江風（渦馬港是）亭（養魚之亭）

右坊三十六所

通波　三讓　木浮　閶闔

坤維　館娃　調鳴　平權

金風　南宮　通闤　盍簪

吳趨　白賁　綉錦　長干

望館　曳縑　裊楚　處暑

常縣　白華　郎次　甘節

吳渝　游雪　義和　噬嗑

嘉魚　陋燭

已上三十坊在吳縣

遷善　旌孝　儒教　繡衣

太玄　黃鸝　玉鉉　布德

立義　孫君　青暘　建善

從義　迎春　載耜　開水

麗澤　釋菜　和令　則

南政　仲呂　必大　豸冠

八貂　同仁　天宫　布農

富春　循陵

已上三十坊在長洲縣

周泰王三子長曰泰伯次曰仲雍次曰季歷季歷賢而生聖子文王昌昌必有天下故泰伯以天下三讓於季歷焉周與吳皆后稷之後姓姬氏吳國泰伯在位四十九年無子弟仲雍立

周繇王在位三十七年　子熊遂立之

熊遂在位四十九年　子早軫立之

早軫在位五十九年　子款吾立之

款吾在位三十八年　子見處立之

處在位三十九年　姪璧羽立子

璧羽在位三十六年　子齊玄立之

齊玄在位五十年　子柯盧立之

柯盧在位二十七年　弟柯轉立之

柯轉在位二十四年　子嬌立之

嬌在位二十四年　姪鳩立之

鵰 在位三十年 子界嗣立之

界嗣在位三十五年 子知濟立之

知濟在位二十七年 子諸樊立之

餘濟在位十七年 子弟眛立之

餘眛在位二十一年 子僚立之

子僚在位十三年 堂弟子光立之

子光在位二十年 子光諸樊之子殺僚篡位號闔閭子夫差立之

夫差在位二十三年 爲越王句踐所殺國滅

已上計二十五王治國總六百二十四年

羅城作亞字形周敬王六年丁亥造至今唐乾符三年丙申凡一千八百九十五年其城南北長十二里東西九里城中有大河三橫四直蘇州名標十望地號六雄七縣八門皆通水陸郡郭三百餘巷吳長二縣古坊六十虹橋三百有餘地廣人繁民多殷富古踪靈跡實異事後因王郢叛亂羅城乃以重修今姑纂成圖畫以俟後來者添修矣

遊城南注

宋 張禮

元祐改元季春戊申明微茂中同出京兆之東南門唐皇城之安上門也至德二載改爲先天門尋復舊肅宗以祿山國讐惡聞其姓京兆坊里有安字者率易之 續注曰志總序云唐開元元年改雍州爲京兆府以京城爲西京天祐元年昭宗東遷降爲佑國軍梁開平元年改府曰大安越二年改軍曰永平後唐同光元年後爲西京晉天福元年

改軍曰晉昌漢乾祐元年改軍曰永興其府名皆仍舊有宋因之故其南北相值之街亦曰安上

歷興道務本二坊

興道坊在安上門街之西景龍三年改瑤林坊務本坊在安上門街之東與興道坊相對景龍二年改玉樓坊景雲元年並復舊二坊之地今爲京兆東西門外之草市餘爲民田

由務本西門入聖容院觀薦福寺塔

聖容院蓋唐薦福寺之院也今爲二寺寺之泮圖

今正謂之薦福寺塔尚存焉其寺文明元年立謂之大獻佛寺天授元年改爲薦福寺景龍中宮人率出錢起塔十五層　續注曰貞祐乙亥歲塔之纏腰尚存辛卯遷徙廢蕩殆盡惟磚塔在焉

南行至永樂坊

即橫岡之第五爻也今謂之草場坡古場存焉隋宇文愷城大興以城中有六大岡東西橫亘象乾之六爻故于九二置宮室以當帝王之居九三置百司以應君子之數九五貴位不欲常人居之故

置玄都觀大興善寺以鎮之玄都觀在崇業坊大興善寺在靖善坊其岡與永樂坊東西相直長安志云坊東有裴度宅度欲入朝有張權輿上疏云度名應圖讖宅據岡原蓋嘗有人與度作讖云非衣小兒坦其腹天上有口被驅逐言度曾討淮西平吳元濟宅據岡原與興善玄都相連故也

東南至慈恩寺少遲登塔觀唐人留題

寺本隋無漏寺貞觀二十一年高宗在春宮爲文德皇后立爲慈恩寺永徽三年沙門玄奘起塔初惟五層磚表土心效西域窣堵波即袁宏漢記所謂浮圖祠也長安中摧倒天后及王公施錢重加營建至十層其云鴈塔者天竺記達嚫國有迦葉佛伽藍穿石山作塔五層最下一層作鴈形謂之鴈塔蓋此意也嘉話錄謂張莒及進士第閒行慈恩寺因書同年姓名于塔壁後以爲故事按唐登科記有張台無張莒台于大中十三年崔鉶下及第馮氏引之以爲自台始若以爲張莒則台詩已有題名之說焉塔自兵火之餘止存七層長興中

西京留守安重霸再修之判官王仁裕爲之記長安士庶每歲春時遊者道路相屬熙寧中富民康生遺火經宵不滅而遊人自此衰矣塔既經焚塗圬皆剝而磚始露焉唐人墨迹於是畢見今孟郊舒元輿之類尚存至其它不聞於後世者蓋不可勝數也　續注曰正大遷徙寺宇廢毀殆盡惟一塔儼然塔之東西兩龕唐褚遂良所書聖教序及唐人題名記碑刻存焉西南一里許有西平郡王李公晟先廟碑工部侍郎張彧撰建業韓秀弼八

分書字畫歷歷可讀
倚塔下瞰曲江宮殿樂遊燕喜之地皆爲野艸不覺有黍離麥秀之感

江以水派屈曲故謂之曲江其深處下不見底司馬相如賦曰臨曲江之隑洲蓋其地也劇談曰曲江本秦隑洲唐開元中疏鑿爲勝境江故有泉俗謂之漢武泉又引黃渠之水以漲之泉在江之西旱而禱雨有應今爲濱江農家湮塞然春秋積雨池中猶有水焉黃渠水出義谷北上少陵原西北流經三像寺鮑陂之東北今有亭子頭故巡渠亭子也北派人鮑陂鮑陂隋改曰杜陂以其近杜陵也自鮑陂西北派穿蓬萊以注之曲江由西北岸直西流經慈恩寺而西歐陽詹曲江記其略曰茲地循原北峙廻岡旁轉圜環四匝中成坎窞窣窱港洞生泉翕源東西三里而遥南北三里而近崇山濬川鈎結盤護不南不北湛然中停蕩惡含和厚生蠲疾涵虚抱景氣象澄鮮滌慮延歡樓神育靈覩此可得其槩矣唐進士新及第者往往汎舟遊宴于此文宗時曲江宮殿廢十之九帝因誦杜甫哀江頭之詩慨然有意復升平故事太和九年發左右神策軍三千人疏濬修紫雲樓彩霞亭仍勑諸司有力建亭館者官給閑地任營造焉今遺址尚多存者江水雖涸故道可因若自甫張村引黃渠水經鮑陂以注曲江則江景可復其舊不然疏其已塞之泉渟滀歲月亦可觀矣樂遊原亦曰園在曲江之北卽秦宜春院也漢宣帝起樂遊廟因以爲名在唐京城內每歲晦日上巳重九士女咸此登賞祓禊樂遊之南曲江之北新昌坊有青龍寺北枕高原前對南山爲登眺之絕勝賈島所謂行坐見南山是也

出寺涉黃渠上杏園望芙蓉園西行過杜祁公家廟

杏園與慈恩寺南北相直唐新進士多遊宴於此芙蓉園在曲江之西南隋離宮也與秦園皆秦宜春下苑之地園內有池謂之芙蓉池唐之南苑也杜祁公家廟咸通八年建石室尚存俗曰杜相公讀書堂其石室曰藏書龕　續注曰石室奉安神

主之室也
出啓夏門覽南郊百神靈星三壇
啓夏門唐皇城之南門也北當皇城之安上門少西蓋京城之南凡三門中曰明德門今謂之五門西曰安化門今爲之三門此其東門也三壇在門外西南二里百神靈星二壇頗毁而圜丘特完南一里有蓮花村未詳其所以名也　續注曰少西北有唐贈户部尚書楊貞公瑒廟碑晉公李林甫撰王曾書王敬從題額次東南有唐相國令狐氏

廟碑太和三年劉禹錫撰并書陳錫篆額楊氏苗裔太和間尚盛人呼爲廟坡楊李卯遷移後無聞焉
次杜光村
杜光村有義善寺俗謂之杜光寺貞觀十九年建蓋杜順禪師所生之地順解華嚴經著法界觀居華嚴寺證圖寂今肉身在華嚴寺
東南歷仇家庄
庄即唐宦官仇士良別業也士良死籍没其家後晉錫晉昌軍節度使安彦威安氏子孫世守之士良墓碑俱存其南爲郭子儀墓西南長孫無忌之墓碑皆斷仆　續注曰撫定後府南趙牛里皓陽觀主李可貞喬志朴相過語余觀西北有二大碑云是郭氏墓碑他日往觀其一壽州刺史郭敬之神道碑敬之字敬之子儀父也以子儀貴贈太保徐國公碑額御題韓國公苗晉卿撰序蕭華書其一郭氏所尚升平公主墓碑書撰姓名未傳
過高望西南行至蕭灌墓讀碑

灌嵩之父也碑乃明皇題額張説爲文梁升卿書嵩墓别墅張曲
由趙村訪章敬寺基經撥川王論弓仁墓
五代周太子太師致仕皇甫玄庄在趙村建隆二年買墓在村東碑在其庄内章敬寺長安志曰在通化門外本魚朝恩庄也後爲章敬皇后立寺故以爲名殿宇總四千一百三十間分四十八院以曲江亭館華清宫觀風樓百司行解及將相没官宅舍給其用今此基不甚修且與志所載地理不

同豈四十八院之一耶論弓仁者吐蕃普贊之族也世相普贊戎言爲宰相爲論因以爲氏聖曆三年以所統吐渾七千帳降唐累有戰功死贈撥川王塋趙村張說爲碑今已毀仆字無存者獨其題額在焉

下動蔭坡入牛頭寺登長老文公禪堂夜宿寺之南軒

動蔭坡今牛頭寺之坡也寺即牛頭山第一祖遍照禪師之居也貞元十一年建内有徐士龍所撰

碑太平興國中改寺曰福昌元豐癸亥長老道文自南方來居于寺之北堂其南軒爲延客之所今有朱公掞題壁

巳酉謁龍堂循清明渠而西至皇子陂徘徊久之

龍堂在牛頭寺之西寺故有龍泉塔院此堂即其地也泉北有塔俗稱龍堂坡地甚平衍中多植杏謂之杏花坪見杜詡勝遊錄清明渠隋開皇初引沇水西北流屈而東流入城當大安坊南街又東流至安樂坊入京城今其渠自朱坡東南分流水

穿杜牧之九曲池循坡而西經牛頭寺下穿韓符庄西過韋曲至渠北村西北流入京城皇子陂又在龍堂之西秦葬皇子於陂起冢冢於陂北原上因以名之隋文帝改永安坡唐復舊

覽韓鄭郊居至韋曲扣堯夫門上逍遥公讀書臺尋所謂何將軍山林而不可見因思唐人之居城南者往往舊蹟湮没無所考求豈勝遺恨哉

韓店即韓昌黎城南雜題及送子符讀書之地今爲里人楊氏所有鑿洞架閣引泉爲池穿地得大

嗚起信論碑之上篇鄭谷庄在坡之西今爲里人李氏所有韋曲在韓鄭庄之北堯夫進士韋師錫之字也世爲韋曲人遠祖夐後周時居此蕭然自適與族人處玄及安定梁曠爲放逸之友時人慕其閑素號爲逍遥公明帝貽之詩曰香動秋蘭佩風飄蓮葉衣北史有傳今其讀書臺儼然屹立逍遥谷則在驪山西南蓋亦慕夐而名之也杜甫何將軍山林詩有不識南塘路今知第五橋又曰憶過楊柳渚走馬定昆池今第五橋在韋曲之西與

沈家橋相近定昆池在韋曲之北楊柳渚今不可
考南塘按許渾詩云背嶺枕南塘其亦在韋曲之
左右乎嘗覽唐人詩集岑嘉州有杜陵別業終南
別業而石鼈谷高冠谷皆有其居郎士元有吳村
別業段覺有杜村閒居元微之亦有終南別業蕭
氏有蘭陵里梁升卿有安定庄今皆湮沒謾不可
尋蓋不特何將軍山林而已
晚抵申店李氏園亭夜宿祁子虛書舍
申店夾潏水之兩溪李氏名之邵字公材嘗爲進

士祁子虛名 人婿也園之東有閣曰秘春
北有小軒曰明月
庚戌子虛邀飲韋氏會景堂及門主人出迓明微以
爲不足子虛道其景且誦其詩明微聞之始入其奧
韋氏名宗禮字中伯世爲下杜人蓋唐相之裔家
失其譜不知爲何房城南諸韋聚處韋曲宜其屬
系系易知然或東眷或西眷或逍遙公或鄭公或
東陂公或龍門公不知其實何房也中伯博學好
古葺治園亭奇花異艸中莫不有日與賓客宴遊

朝奉郎自序題其堂曰會景中伯圃中有對金竹
其狀與對青相似長安有此竹者惟處士蘇季明
張思道與中伯三家而已
復相率濟潏水陟神禾原西望香積寺塔原下有樊
川御宿之水交流謂之交水西合於灃北入於渭
長安志曰潏水今名泥水一作坈水自南山流至
皇子陂今潏水不至皇子陂由瓜洲村附神禾塬
上穿申店而原愈高鑿原而通深至八九十尺俗
謂之坈河是也瓜洲村之東北原上潏水北岸上

尚有川流故道西北過張王村之東又西北經内
家橋又西北經下杜城過沈家橋杜城之西有丈
八溝即杜子美陪諸公子納涼遇雨之地潏水上
原西北流而合御宿川水是名交水在香積寺之
西南香積寺唐永隆二年建中多石象塔磚中裂
院中荒涼人鮮遊者
下原訪劉希古過瓜洲村
劉希古名舜才爲進士不第退居申店潏水之陰
瓜洲村俗以爲牧之種瓜之地予讀許渾集有和

淮南相公重遊瓜洲別業詩淮南相公杜佑也佑三子師損式方從郁牧之從郁子也由此考之在佑已有瓜洲別業則非牧之種瓜地明矣今村南原上有瓜洲墓豈始有瓜洲人居此而名之耶亦猶長安縣有高麗曲因高麗人居之而名也

復涉潏水遊范公五居

范公庄本唐岐國杜公祐郊居也門人權德輿爲之記纂敘幽勝極其形容舊史稱佑城南樊川有桂林亭卉木幽邃佑日與公卿宴集其間元和七

年佑以太保致仕居此式方傳又云杜城有別墅亭館林池爲城南之最牧之之賦亦曰予之思歸兮走杜陵之西道巖曲泉深地平木老隴雲秦樹風高霜早周臺漢園斜陽衰艸其地有九曲池池西有玉釣亭許渾詩所謂九曲池西望月來池蹟尚存亭則不可考也又其地有七葉樹每朶七葉因以爲名羅隱詩所謂夏牕七葉連簷暗是也以是求之其景可知矣此庄向爲杜氏所有後歸尚書郎胡拱辰熙寧中侍御史范巽之買此庄于胡故俗謂之御史庄中有溪柳巖軒江閣圃堂林館故又謂之五居

東上朱坡憩華嚴寺下瞰終南之勝霧巖下案圭峰紫閣粲在目前不待足履而盡也

朱坡在御史庄東華寺寺西牧之朱坡三絕句極言其景華嚴寺貞觀中建寺之北原下瞰終南可盡其勝岑參詩所謂寺南幾千峰峰翠青可掬是也終南一名太乙一名地肺關中記曰終南太乙左右三百里內爲福地栁宗元碑曰據天之中在

都之南西至於褒斜又西至於隴首以臨於 東至於商顏又東至於太華以距於關秦末四皓隱於其間後因立廟唐文宗詔建終南山祠冊爲廣惠公圭峰紫閣在祠之西圭峰下有艸堂寺唐僧宗密所居因號圭峰禪師紫芝之陰即渼陂杜甫詩曰紫閣峰陰即渼陂是也太乙在祠之東霧巖王案附麗而列二峰之間有氷井經暑不消長安歲不藏氷夏則取氷於此紫閣之東有高觀峪岑參作高冠蔣之奇作高官未知孰是

巳而予虚希古開樽三門寺僧子齊出詩凡七百篇皆詠寺焉予嘗藾于美詩明微吟唐僧子蘭詩踈鐘搖雨脚積雨浸雲容之句及讀相國陳公恢杞吾廬寄杜城之言則又知華嚴之爲勝也酒闌過東閣閣以華巖有所蔽而登覽勝之眞如塔在焉謂之東閣以西有華巖寺故也今爲艸堂别院

長安志曰眞如塔在華巖寺今其塔在東閣法堂之北壁間二石記皆唐刻也具載華巖寺始末則華巖東閣本一寺也不知其後何以隷艸堂焉

下閣至澄襟院院引北岩泉水架竹落庭注石盆中瑩徹可挹使人不覺頓忘俗意時予虚希古先歸院之東元翳之居也予與明微宿焉

澄襟院唐左行僧錄遍覺太師智慧之塔院也碑云起塔於萬年縣神禾鄉孫村今屬鴻固鄉元翳世爲樊川人其居北倚高坡泉聲冷冷竹陰相接圃中植花穴洞巖間架閣池上茂林修竹與之隱映眞有幽勝之趣　續注曰澄襟院水久涸今爲長濱濱巨源衣鉢院莊則金輿定辛巳間尚爲元氏之居遷徙後遂無聞焉近代李構卽庄建閣鑿洞立三清像遂呼爲三清閣兵後高寶老奉披雲眞人爲十方院門人樊志高盡有元莊典刑雖在盛事則廢

辛亥歷廢延興寺過夏侯村王白二庄林泉

延興寺在錫萬坡斷碑遺址瓦礫遍地興廢之由無可考今爲里人劉氏所有竹木森蔚泉流清淺景勝元翳之居但不葺治耳駙馬都尉王銑林泉在延興寺之東與朝奉郎白序爲隣王氏林泉久

不治白字聖均莊有揮金堂順年堂疑夢室醉吟菴翠屏閣寒泉亭辛夷亭桂嵓亭今爲王貟外家所有

東次杜曲前瞻杜固盤桓移時

唐史稱杜正倫與城南諸杜素遠求通譜不許銜之世傳杜固有王氣諸杜居之衣冠世美及正倫執政建言鑿杜固通水以利人旣鑿川流如血閲十日方止自是南杜稍不顯居杜固者謂之南杜以北有杜曲故也杜固今謂之杜坡所鑿之處崖

壍尚存俗曰馬塲崖或曰鳳凰嘴不知何謂也杜氏世塋少陵原司馬村之西南杜甫嘗稱杜曲諸生少陵野老正謂杜曲少陵相近故也甫爲晉征南將軍預之後預玄孫某隨宋武帝南遷遂爲襄陽人甫曾祖某爲鞏令又徙河南宋孫洙爲甫傳以牧之爲甫族孫蓋同出於預也是甫乃城南諸杜之裔耳然唐宰相世系不載不知何故俟再考之

越姜保至興教寺上玉峰軒南望龍池廢寺

興教寺總章二年建有三藏玄奘慈恩西明三塔寺倚北岡南對玉案峰元豐中知京兆龍圖李公登眺於斯命僧創軒是名玉峰擢明年令陳正舉爲之記龍池寺直玉案山之北　續注曰興教寺開成四年沙門令總葺修三藏塔銘屯田郎中兼侍御史劉軻撰慈恩塔銘太子左庶子御史中丞李弘度撰西明塔銘貢士宋復撰三藏塔奠中差大右慈恩左西明差小殿宇法制精密莊嚴

過塔院抵韋趙覽牛相公樊鄉郊居

塔院者京兆開元寺福昌塔之莊也俗謂之塔院修竹喬林森結參天池臺廢基頗多不知在唐爲誰氏業俗傳國初狂人李琰居之琰誅沒官後福昌塔成賜之爲常住韋趙村有牛相僧孺郊居子孫尚有存者僧孺八世祖某隋封奇章公長安城南下杜樊鄉有賜田數頃書千卷僧孺居之依以爲學後爲相與李德裕相惡門生故吏各相爲黨先是泓沙相德裕宅爲玉碗僧孺宅爲金杯且云金毀可作他器玉毀不復用矣其言果驗然唐史傳方技者不載其事其亦闕文乎

廻登少陵原西過司馬村穿三像院尋舊路暮歸樊君中復之廬

長安志云少陵原南接中南山北直滻水本爲鳳棲原漢許后葬少陵在司馬村之東因改其地呼少陵原杜牧之自志云葬少陵司馬村柳宗元志伯妣墓曰葬萬年之少陵原實鳳棲原也原脉起自南山曲原西北岡阜相連纍纍不斷凡五十里然則鳳栖少陵其實一本因地異名耳漢總謂之

洪固原今萬年縣有洪固鄉司馬村今在長安城
之東南少陵在村之東北則滻水在東非在北矣
少陵東接豐樂原或作鳳凉原滻水出焉東北對
白鹿原荆谷水出焉二水合流入渭杜甫詩所云
天高素滻原是也少陵之東岡下即滻水之西岸
其地有泉舊傳有犢跑鳴而泉出今謂之鳴犢鎮
三像寺開元中建背倚北原高數百尺始寺依原
刻三大佛故名又云開原未爲武惠妃建武氏墓
在鳳棲原長興坊興寺亦相近中復出家子今爲

進士
壬子渡潏水而南上原觀乾湫憩塗山寺望翠微百
塔子虛約遊五臺而與僕夫負行李者相失遂飲于
御宿川之王渠醉還申店幾半夜矣
乾湫在神禾原皇甫村之東舊傳有龍移去南山
炭谷原之湫水遂涸故謂之乾湫炭谷之水遂著
靈異歷代崇爲太乙湫或曰炭谷本太乙谷土人
語急連呼之耳　續注曰塗山寺在皇甫村神禾
原之東南舊傳皇甫村有三社曰鸑鷟坪

及廢栖真觀翠微寺在終南山上本太和宮武德
八年建貞觀十年廢廿年太宗厭禁内煩熱命將
作大匠閻立本再葺改爲翠華宮元和元年廢爲
翠微寺杜甫詩曰雲薄翠微寺則元和之前固已
謂之寺矣百塔在梗梓谷口唐信行禪師塔院今
謂之興教寺唐裴行儉妻厙狄氏嘗讀信行集錄
及殁遷窆於終南山鴟號堆信行塔之後由是異
信行者往往歸葬於此今小塔纍纍相比因謂之
百塔塔東爲石鼈谷廣惠神祠在焉西爲豹林谷

种放隱居之地放居今爲女冠所有蘇季明松門
亦在其西而華村寺翠微寺下院也又在其西自
華村西行幾十里曰豐德寺豐德長老所居今其
寺猶有僧焉南五臺者曰觀音曰靈應曰文殊曰
普賢曰現身皆山峰卓立故名五臺圓光寺王建
集爲靈應臺寺陸長源辯疑志爲慧光寺韓渥集
爲神光寺今謂之圓光寺五臺之北有留村數寺
皆下院也御宿川按揚雄傳曰武帝開上林南院
至宜春鼎湖昆吾傍南山而西至長楊五柞北繞

黄山瀕渭而東遊觀則止宿其中故曰御宿大抵樊川御宿皆上林苑地也

癸丑詣張思道循原而東詣蓮花洞經裴相舊居越幽州庄上道安洞抵炭谷既行小雨而還復尋會景堂清談終日

思道唐學士鷟之後居潏水之陰好讀書善屬文雅麗有祖風自思道之居東行五六里直樊川之上倚神禾原有洞曰蓮花舊爲村人鄭氏之業鄭氏遠祖乾曜尚明皇之女臨晉公主杜甫詩有宴鄭駙馬洞中云主家陰洞細煙霧宜即此地也自洞東行三四里爲唐裴相國郊居林泉之勝亦樊川之亞今爲鄠陽沈思之居又南行三里至幽州庄李氏林亭李氏燕人也故以幽州名泉竹之盛過沈庄矣南行四里至道安洞今爲尼院院中起小塔西倚高崖東眺樊南之景舉目可盡又南行七八里至炭谷自谷口穿雲渡水躡亂石冒懸崖行十餘里數峰聳削蹬道之半有司馬溫公隸書二十八字曰登山有道徐行則不困擇平穩之地

而置足則不跌人莫不知之鮮能慎谷前太乙觀有希夷先生所撰碑觀南爲故處士雷簡夫隱居之地

甲寅北歸及内家橋予處别焉予與明微自翠臺庄由天門街上畢原西望三會寺定昆池迤邐入明德門

内家橋今名也或曰雷家或曰能家皆姓也橋之西又有沈家橋第五橋亦以姓名羅隱城南雜感詩有賴家橋上潏河邊之句似當以能爲是翠臺庄不知其所以庄之前有南北大路俗曰天門街北直京城之明德門皇城之朱雀門宫城之承天門則界當爲街俗呼之訛耳許渾有天門街望之詩可據天門街當畢原之中長安志曰少陵原西入長安縣界五里叅畢原也志誤以爲少陵西望三會寺寺邊有大塚世傳爲周穆王陵北有池舊與昆明池相通唐爲放生池有臺俗曰迦葉佛説法處而傳記以爲蒼頡造書臺景龍中中宗幸三會寺與羣臣賦詩上官倢伃所謂釋子談經處軒

臣刻字留是也定昆池安樂公主之西庄也在京城之延平門外景龍初命司農卿趙履溫將作少監楊務廉爲園鑿沼延十數里時號定昆中宗臨幸與羣臣賦詩

歷延祚光行道德永達四坊之起至崇業坊覽玄都觀之遺基過岡論唐昌觀故事

唐昌觀又曰唐興觀在安業坊玄都觀北中有玉蘂花元和中有仙子來觀嚴休父元稹輩俱有倡和

旣而北行數里入含光門而歸焉實閏月十六也

城南之景有聞其名而失其地者有具其名得其地而不知其所以者有見於近世而未著於前代者若牛頭寺碑陰記永淸公主庄長安志載沙城鎮薛據南山別業羅隱雜感詩有景星觀姚家園葉家林聞其名而失其地者也翠臺庄高望樓公主浮圖温國塔朱坡具其名得其地而不得其所以者也楊舍人庄唯釋院神禾少陵兩原三清觀埜山寺陳氏昆仲報德盧劉翔集之濛溪劉子裒之樊谿五臺僧墳院見於近世而未著于前代者故皆略之以俟再考至於名蹟可據而暴于人之耳目者皆得以詳書焉

北户錄

唐　段公路

通犀

通犀置大霧重露下終不沾濡又堪辨毒藥酒藥酒生沫若貯米飼鷄鷄見輙驚散一呼爲駭鷄犀或中毒箭刺于創中立愈蓋犀食百毒棘刺故也

孔雀媒

雷羅數州收孔雀雛養之使極馴擾致於山野間以物絆足傍施羅網伺野孔雀至則倒網掩之無遺一

說孔雀不疋偶但音影相接便有孕如白鷁雌雄相視則孕或曰雄鳴上風雌鳴下風亦孕見博物志宋紀曰孝武大明五年有獻白孔雀爲瑞者愚按說文曰幸鳥者繫生鳥以來之名曰圝字林音由今獵師有圝也淮南萬畢術曰鷄鴭致鳥注云取鷄鴭拆其大羽絆其兩足以爲媒博物志又云鴭鶵一名鷄鴭

鷓鴣

衡州南靈鷓鴣解嶺南野葛諸菌毒及辟温瘴又一名鳺音述多對啼廣志言鷓鴣鳴云但南不北古今注云其鳴自呼南越志云其鳴自號杜薄州食之亡厲惟本草說鳴云鉤輈格磔竹客反

鸚鵡瘴

廣之南新勤春十州呼爲南道多鸚鵡凡養之俗忌以手頻觸其背犯者即多病顫而卒土人謂爲鸚鵡瘴愚親驗之

赤白吉了

普寧有廉州民獲赤白吉了各一頭獻于刺史者其赤者尋卒白者久而能言

緋猨

公路咸通十年往高凉程次青山鎮其山多猨有黃緋者緋者絶大毛彩殷鮮眞謂奇獸夫猨則狚玃猱犹之類其色多傳青白玄黃而已今則豈可窮其族類與其猨能伏鼠多羣行猨善啼者其音凄入肝脾方知當一部鼓吹豈獨鼃聲然哉

蚺蛇牙

蚺蛇大者長十餘丈圍可七八尺多在樹上候麞鹿過者吸而吞之至鹿消即纏大樹上出其頭角乃不

復動土人伺之以竹籤籤𤍽之取其膽也故南裔異物志曰蚺蛇牙長六七寸土人尤重之云辟不祥利遠行貴一枚直牛數頭

紅蛇

公路至雷州對岸倚舟候風勢見羣小兒簇二巨蛇各長丈餘一如孔雀尾毛色金翠奪目一如真紅色鮮明若血又有十餘頭白蛇前後相次若導從俱入一榕藤窾内竟不復去故知蛇有草木水土四種其類不可窮也又歸化縣有兩頭蛇南越志云無毒夷

人餌之兼冬死云兩頭蛇一名越王約髮俗占見之不祥然論衡引楚相孫叔敖事者何也會叢又云渾夕之山有蛇一首兩身名曰肥遺見則大旱管子曰涸水之精名曰蟡（音威）一頭兩身以其名呼之可使取

蛤蚧

蛤蚧首如蟾蜍背綠色上有黃斑點若古錦文長尺餘尾絕短其族則守宮蜥蜴蝘蜓多居古木竅間自呼其名聲絕大又有十二時亦其類也大者一尺尾長于身傳云自旦至暮變十二般色傷人必死愚嘗獲一枚閉于籠中玩之止見變黃褐赤黑四色

紅蟹殼

儋州出紅蟹大小殼上多作十二點深臙脂色其殼與虎蟹堪作疊子按蟹一名蛫（音詭）廣雅云雄曰蜋蟣雌曰博帶抱朴子又云山中辰日稱無腸公子蟹也古今注云小蟹一名長卿廣志云鋪（音脯）小蟹大如貨錢又蟹奴如榆莢在其腹中生死不相離山海經載千里蟹洞冥記有頁百足蟹長九尺四螯者今恩州

又出石蟹

蛺蝶枝

公路南行歷懸藤峽維舟飲水覩巖側有一木五彩初謂丹青之樹因命僮僕采之頃獲一枝尚綴軟蝶凡二十餘箇有翠紺縷者金眼者丁香眼者紫斑眼黑花者黃白者緋脉者大如蝙蝠者小如榆莢者愚因登岸視乃知木葉化焉是知蝶生江南柑橘樹蠹變爲蛺蝶鳥足之葉爲蝴蝶皆造化殆然非虛語也又會要云大食國西鄰大海嘗遣人乘船經八年未

極西岸中有一方石石上有樹榦赤葉青樹生小兒
長六七寸見人皆笑動其手脚若著樹枝其使摘取
一枝小兒卽死異苑大元中汝南人入山伐木見一
竹中央蛇形巳成上枝葉如故吳郡桐廬民嘗伐余
遺竹一宿見雉頭頸盡就身猶未化此亦竹爲蛇蛇
爲雉也

紅蝙蝠

紅蝙蝠出隴州皆深紅色惟翼脉淺黑多雙伏紅蕉
花間採者若獲其一則一不去南人收爲媚藥王子

年拾遺云有五色蝙蝠異物志鼉𩵋魚因風入空木
而化爲蝙蝠靈枝圖說曰蝙蝠服之壽萬歲又媚藥
載軟金鳥辟寒金龍子布穀脚脛骨鵲腦砂稜莖草
芎草左行草獨未見錄紅蝙蝠處豈闕載乎又有無
風獨搖草男女帶之相媚又陳藏器云榼子蔓生取
子中仁帶于衣令人有媚多迷人

金龜子

金龜甲蟲也五六月生于草蔓土大於榆莢細視眞
金帖龜子行則成雙其蟲死金色隨滅如螢光也南
人收以養粉云與養粉相宜

乳穴魚

全義之西南有山曰盤龍山有乳洞乳洞有金沙龍
盤魚皆四足修尾丹腹狀若守宮游泳水濱人莫敢
犯按御覽云龍蟠山有石洞洞中小永水有四足魚
皆如龍形人殺之卽風雨也然唐韻云鰯魚各四足
山海經云人魚如鯑（音啼）魚四脚出丹洛二水有鯢大
者謂之鰕（音啼）爾雅注鯢似鮎四足聲似小兒但未見
言其可致風雨耳公路因思道書說五頭魚三足鹿

皆神化所致不可以類而推也若以魚之異者則澧
水之魚名朱鱉六足有珠又歷潤潭有五色魚又丹
水出丹魚割肉以塗足下則可步履水上又朔法師
云鮆（音薺）魚一首十身博物志云金魚腦中有麩金出
功婁塞江又吳王食鱠有餘棄江中爲魚今名吳王
鱠餘者長數寸又魏武四時食制曰望魚側如刀可
以割草出豫章白髮魚戴髮形如婦人白肥無鱗出
滇池又郭延生述征記曰城陽縣南堯母慶都墓廟
前一池魚頭間有印文謂之印頰魚非告祠者捕不

得又臨海異物志云鰻魚如指長七八寸但有脊骨瞬作燭極有光明又比目魚一名鰈（音牒）一名鰜沈懷遠南越志謂之板魚亦曰左介介亦作魪吳都賦云雙則比目片則土餘異物志南方鏡魚圓如鏡也又異苑云鮨（音陷）魚凡諸魚欲產鮨魚輒以頭衝其腹世謂衆魚之生母又臨海水土異物志鹿魚頭上有兩角如鹿又云鯪（閭蒸反）魚腹背有刺如三角菱又神異經黃公魚長七八尺狀如鱧魚以烏梅二七煮之即熟食之無鯁

魚種

南海諸郡人至八九月於池塘間采魚子著草上懸於竈煙上至二月春雷發時却收草浸于池塘間旬日內如蝦蟆子狀鬻于市號魚種育池塘間一年內可供口腹也愚按陶朱公養魚經曰朱公謂威王治生之法有五水畜第一水畜魚也又拂林國有羊羔生于土中然其臍與地連割之則死惟人著甲走馬擊鼓駭之其羔驚鳴而臍絕便逐草矣博物志云取鱉挫如棊池澤間經擣赤莧汁和令厚以茅包之六月中投於池內即成鱉也

水母

水母一名蚱一名石鏡南人治而食之云性熱偏療河魚疾也

蚊母扇

端新州有鳥類青鵁而嘴大常在池塘間捕魚而食每作一聲則有蚊子羣出其口按小雅曰鵻鳥似烏而大廣志云蚊母此鳥吐出蚊也土人云其翅堪爲扇惟辟蚊子與陳藏器說同又云塞北有蚊母草嶺

南蚊母木南越志云古度樹一呼鄭子南人號曰柁（日亞反）不華而實實從木皮中出如綠珠璫其實大如櫻桃黃即可食過則實中化蛾飛出亦有爲蚊子者

鷄毛被

鷄毛被邕之南有酋豪多熟鷄毛爲被如稻畦衲之其溫軟不下綿絮也

紅蝦盃

紅蝦出潮州潘州南邑縣大者長二尺土人多理爲盃王子年拾遺云大蝦長一尺鬚可爲簪洞冥記載

鬚杖兼名苑云廣州獻蝦頭盃簡文將盛酒無故自躍乃不復用愚又按毛詩義具大者有一尺六七寸今九真交趾以爲盃盤實奇物也

鷄毛筆

番禺諸郡多以青羊毫爲筆韶州擇鷄毛爲筆亦有圓如錐方如鑿可抄寫細字者昔溪源有鴨毛筆以山鷄毛雀雉毛間之五色可愛筆有豐狐之毫（傅子云漢末筆）虎僕之毛（博物志虎僕似豹毛可爲筆）蚼蛉鼠毛（廣志可以爲筆）鼠鬚（均州出）羖攊羊毛（邛州取挾族毛）麝毛狸毛（鄭虔云狸毛筆）鹿毛馬毛羊鬚（陶隱居燒丹封壘際用羊鬚筆）胎髮（姬玄以小兒髮爲筆注鄴虞云蘭奈酒常用之）龍筋（拾遺記）爲之然未若兎毫

雞卵卜

邕州之南有善行術者取鷄卵墨畫祝而煑之剖爲二片以驗其黄然後决嫌疑定禍福言如響答據此乃古法也神仙傳曰人有病就茅君請福煑鷄子十枚以内帳中須臾茅君擲出中無黄者病多愈有黄者不愈常以此爲候愚又見卜者流雜書傳虎卜紫姑卜牛蹄卜灼骨卜鳥卜鼈不法於蓍龜亦有可稱者

鷄骨卜

南方逐除夜及將發船皆殺鷄擇骨爲卜傳古法也卜占卽以肉祠船神呼爲孟公孟姥其來尚矣按梁簡文船神記云船神名馮耳五行書云下船三拜三呼其名除百忌又呼爲孟公孟姥劉思真云玄冥爲水官死爲水神冥孟聲相似又云孟公父名幘母名衣孟姥父名板母云履或云冥父冥姥因玄冥也

象鼻炙

廣之屬城循州雷州皆產黑象牙小而紅土人捕之爭食其鼻云肥脆偏堪爲炙愚按象有十二肉陳藏器云惟鼻是其本肉諸卽雜肉梁翔法師云象一名伽那古訓云象孕子五歲始生

鵝毛脡

恩州出鵝毛脡乃鹽藏其味絶美其細如針郭義恭云小魚一斤千頭未之過也

桄榔炙

桄榔莖葉與波斯棗古散（古散堪爲拄杖）柳子檳榔小異其

木如莎樹皮釀木皮〔出〕麪可食洛陽伽藍記云昭儀寺有酒樹麪木得非桃榔乎其心爲炙滋腴極美

紅鹽

恩州有鹽場色如絳雪驗之即由煎時染成差可愛也鄭公虔云琴湖池桃花鹽色如桃花隨月盈縮在張掖西北按鹽有赤鹽紫鹽黑鹽青鹽黃鹽亦有如虎如印如織如石如水晶狀者

米䴵

廣州南當米䴵合生熟粉爲之白薄而軟按劉孝威

謝官賜交州米䴵四百屆詳其言屆豈今之數乎且前朝短書雜說有呼食爲頭晉元帝謝賜功德淨饌一頭又謝齎功德食一頭又劉孝威謝賜果食一頭以魚爲斛梁科律生魚若干斗茗爲薄爲夾貢溫茗二百尺薄又梁科律薄茗千夾云云筆爲雙爲床爲枝搜神記益州西郡有神祠祈禱者持一雙筆南朝呼筆四管爲一床梁簡文帝答書云乍罰筆床又云寫書筆一枝一萬字墨爲螺爲丸爲枚陸雲以兄送墨二螺梁科律御墨一量十二丸蔡質漢官儀曰尚書令僕丞郎月賜隃麋大墨一枚小墨一枚紙爲番錦爲兩王佐云錦二兩衣爲裁陸倕謝安成王楚越衣二裁沈約有謝葛彩裁也袈裟爲緣簡文帝云袈惠袈裟一緣奴爲頭簡文帝書言安城王餉胡子一頭麝爲子螺爲䴵麝香如干子撫如干䴵齊建武四年

事檳榔爲口胡桃爲子陸倕謝安成王賜檳榔一千口并胡桃一千子其事不可備論

睡菜

睡菜五六月生田塘中葉類茨菰根如藕梢土人採根爲鹽菹或云食之好睡郭子橫云五味草食之不使人睡亦名郄睡草

水韭

水韭生於池塘中葉似韭得非龍爪韭乎字林云簽音嚴水中野韭也又㽞音吟見字林似蒜生水中

蕹菜

蕹菜葉如柳三月生陳藏器云主解胡蔓草毒胡蔓即野葛也愚按廣之菜有掉辛參也東風味如酪香氣似馬蘭蕊音獸蜀人所謂菜者葯音晶莧犬苗也之類無足奇者吳志孫皓時有貲音貲菜晉安帝義熙二年有貲菜生揚州國初建達國獻佛土菜泥婆國獻波稜菜

斑皮竹笋

湘源縣十二月食斑皮竹笋諸笋無以及之吳錄云馬援至荔浦見冬笋名曰苞笋博物志曰斑皮竹堯

女以沸擇竹竹盡斑也爾雅曰筍竹之萌說文曰筍竹胎詩疏義筍皆四月生巴竹筍生八月篃(音媚)竹筍冬夏生永嘉記含墮竹筍六月生愚按山海經竹生花其年便枯六十年一易根必結實而枯死實落土復生六年還成町也竹譜曰䈽必六十年復亦六年是也南中有以竹爲刀錯子者如少鈍復以漿水洗之如初廣州記云石林竹勁利削爲刀切截象皮如截草也愚聞貞元五年番禺有海戶犯鹽禁避罪羅浮山入至第十三嶺遇巨竹百丈萬竿竹圍二十一

尺有三十九節節長二丈海戶因破之爲筏會罷吏捕逐遂葺而歸時有軍人獲一筏以爲奇貨後獻于刺史李復復命陸子羽圖而記之許氏說文有長節竹謂之笭(音鍾)得非羅浮山龍鍾之義乎

無核荔枝

南方果之美者有荔枝梧州火山者夏初先熟而味少劣其高潘者最佳五六月方熟有無核類鷄卵大者其肪瑩白不減水晶性熱液甘乃奇實也

變柑

新州出變柑有苞大於升者且皮薄如洞庭之橘餘柑之所弗及傳云移植不百里形味俱變因以爲名亦如踰淮爲枳乃水土異也

橄欖子

八九月熟其大如棗廣志云有大如鷄子者有野生者高不可梯但刻其根方數寸許入鹽於中子皆落矣今高凉有銀坑橄欖子細長味美於諸郡產者其價亦貴陳藏器云其木主鯸魚毒此木作檝撥著鯸魚皆浮出

山橘子

冬熟有大如土瓜者次如彈丸者皮薄下氣晉寧多有之

山胡桃

山胡桃皮厚底平狀如檳榔

白楊梅

楊梅葉如龍眼樹冬青一名杭(音求)潘州有白色者甜而絕大

偏核桃

占卑國出偏核桃形如半月狀波斯人取食之絕香美

紅梅

嶺南之梅小於江左居人采之雜以朱槿花和鹽曝之梅爲槿花所染其色可愛又有選大梅刻鏤瓶罐結帶之類取棹汁漬之（棹木葉汁）亦甚甘脆

五色藤筌蹄

瓊州出五色藤合子書囊之類細于錦綺亦藤工之妙手也新州作五色藤筌臺皆一時之精絕者梁劉

孝儀謝太子五色藤筌蹄一枚云炎州采藤麗窮綺縟得非筌臺與蹄語訛歟

香皮紙

羅州多箋香樹身如柜柳皮堪搗紙土人號爲香皮紙

抱木屧

抱木產水中葉細如檜其身堅類柏惟根軟不中刀斧今潮州新州多刻之爲屧

紅藤簟

瓊州出紅簟一呼爲笙或謂之籧篨亦謂之行唐其色殷紅瑩而不垢

方竹杖

澄州產方竹體如削成勁挺堪爲杖亦不讓張騫筇竹杖也其隔州亦出大者數丈又游晏（地名）出蘆堪爲拄杖高潘州出千歲蕨柱杖之類具多更有踈節竹五六尺一節僧道多以爲杖又按王最云溱州通竹直上無節空心也

山花臙脂

山花叢生端州山崦間多有之其葉類藍其花似蓼正月開花土人採含苞者賣之用爲臙脂粉或時染帛其紅不下紅藍又鄭公虔云石榴花堪作臙脂

鶴子草

鶴子草蔓花也當夏開南人云是媚草甚神可比懷子蔓芝之采之曝乾以代面靨形如飛鶴狀翅羽嘴距無不畢備亦草之奇者草蔓延春生雙蟲常食其葉土人收於奩粉間餇之如養蠶諸蟲老不食而蛻爲蝶女子佩之如細鳥皮號爲細蝶郭子橫記勒畢獻

細鳥以方尺玉籠盛數百形大如蠅狀如鸚鵡聲聞數百里間如黃鵠也國人以此爲候日將亦曰候日蟲帝得之旬日飛盡明年有細鳥集於帷帝或襲入衣袖因名禪衣宮內嬪御有鳥集其衣者輒蒙愛幸至武帝末稍稍自死人服其皮者多爲丈夫所媚余訪花子事如面光靨翠月黃星靨其來尚矣然事有相類者見拾遺孫和悅鄧夫人嘗置膝上和月下舞水晶如意誤傷夫人頰流血染袴和自舐瘡太醫曰頼髓雜玉及琥珀屑當滅痕和乃作膏琥珀太多痕未滅而頰有赤點細視之更益其妍諸嬖要寵者以丹青點頰而後進幸一說上官昭容自製花子以掩黥痕

越王竹

嚴州產越王竹根於石上狀若荻枝高尺餘土人用代酒籌次有沙筋產于海島間其心若骨可爲籌筋凡欲采者須輕步從之不爾聞人行聲則縮入沙中不可取陳藏器云越王餘算味鹹生南海長尺許

無名花

廣州之南數百里有蔓草生吐一藂白花片大如掌初夏開徧閩土人莫有知者

指甲花

花細白絕芳香今人重之末詳其名又耶悉弭花白茉莉花紅者不香皆波斯移植夏中如金錢花也本出外國大同二年始來中土又扶南傳曰頓遜國有區撥花菉逆花致祭花摩夷花唐初罽賓國獻俱佛頭花伽失不國獻泥樓鉢羅花皆中國所無者

相思子

相思子有蔓生者與龍腦相宜能令香不耗于實按神記云大夫韓馮妻美宋康王奪之馮自殺妻自投臺下死王怒令冢相望宿昔有文梓木生二冢之端根交于下枝錯其上宋王哀之因號其木曰相思樹

睡蓮

睡蓮葉如荇而大沉於水面其花布葉數重凡五種色當夏晝開夜縮入水底晝復出也與夢草晝入地夜卽復出一何背哉

湖山勝槩

元　泗水潛夫

南山路

自豐樂樓南至暗門錢湖門外入赤山炯霞石屋止南高峰方家峪大小麥嶺並附于此

豐樂樓

舊爲衆樂亭又改聳翠樓政和中改今名淳祐間趙京尹與簒重建宏麗爲湖山冠又甃月池立秋千梭門植花木構數亭春時遊人繁盛舊爲酒肆後以學館致爭但爲朝紳同年會拜鄉會之地

湖堂

舊在聳翠樓側又有集賢亭今並不存

呂洞賓祠

舊傳洞賓嘗至此

靈芝崇福寺

錢王故苑以芝生其間捨以爲寺故名靈芝高宗孝宗嘗到北四臨幸有浮碧軒依光堂亦爲新進士會拜題名之所

顯應觀

祀磁州神崔府君六月六日生朝遊人甚盛咸淳間別昭應今歸靈芝寺舊有蕭照山水及蘇漢臣畫壁今不復存矣

楊郡王府上船亭　聚景園詳見御園門

靈應堂俗呼包道堂　寶蓮院

紫霄宮廨院　寶成院舊名釋伽

興福院　永隆院

慧光尼菴張循王府　省馬院　船坊内有正覺超化二院

長橋　妙淨院

寶德寺

楊和王重建克三衙建聖節道場

希夷道堂

劉蓑衣建于南屏闕左今移于此

真珠園

有真珠泉高寒堂杏堂水心亭御港曾經臨幸今歸張循王府

南園

中興後所剏光宗朝賜平原郡王韓侂胄陞放翁爲記後復歸御前改名慶樂賜嗣濮王與芮又改勝景有許閑堂和容射廳寒碧臺藏春門凌風閣西湖洞天歸耕莊清芬堂歲寒堂夾芳豁望矜春鮮霞忘機照香堆錦遠塵幽翠紅香多稼晚節香等亭秀石爲山內作十様錦亭并射圃流杯等處弁陽翁詩云清芬堂下千株桂猶是韓家舊賜園白髮老翁和淚說百年中見兩平原又云舊事淒涼尚可尋斷碑空臥草深人凌風閣下槎牙樹當日人疑是水沉

雷峰顯嚴院

郡人雷氏所居故名雷峰錢王妃建寺築塔名王妃塔或云地產黄皮遂譌爲黄皮塔山頂有通玄亭望湖樓

普寧寺 又名白蓮有鐵塔一石塔二　雲濤觀

淨相院

舊名瑞相有無盡意閣娛客軒一段奇軒幽深可喜今皆不存

上清宮

葛仙鍊丹舊址道士胡瑩微祖築菴鄭丞相清之嘗此讀書淳祐中重建賜今額理宗御書清淨道院

甘園

內侍甘昇園又名湖曲曾經臨幸至今有御愛松望湖亭小蓬萊西湖曲曲後歸趙觀文又歸謝節使弁陽翁詩云小小蓬萊在水中乾淳舊賞有遺踪園林幾換東風主留得庭前御愛松

御船坊 理宗御舟在焉

淨慈報恩光孝禪寺

孝宗常臨幸山曰南屏有慧日峰舊名慧日永明太宗賜壽寧院額孝宗御書慧日閣有千佛閣五百羅漢堂理宗御書華嚴法界正徧知閣等額梁貞明大鐵鍋存焉舊壁作五十三參等寺後菴宇甚幽大抵規模與靈隱相若故二寺號南北山之最東坡詩云卧聞禪老入南山淨掃風廊五百間其弘壯自昔已然今益侈大矣

南山昭慶院　惠照寺後爲齋宮今歸淨慈
南屏御園正對南屏又名聚芳
南屏興教寺
舊名善慶有齊雲亭清曠樓米元章書琴臺及唐
人磨崖入分家人卦中庸樂記篇後人于石傍刊
右司馬温公書六字其實非也
廣法院有清曠亭齊王功德院　法因院景獻太子攢所有古鐵塔號王井
寶林院莊文太子攢所舊名總持有可賦軒
赤山攢宮

舊瑞龍寺後爲安穆成公慈懿恭淑四后攢所今
爲織盛光寺
修吉寺舊瑞龍寺移于此有西湖奇觀　正濟寺又名普門
法雨寺舊名水心　安福寺
極樂尼寺
高麗寺
舊名慧因寺湖山間惟此寺無勅額元豐間高麗
王子僧統義天入貢學賢首教于此因施金建華
嚴閣有易菴期識堂皇姑成國公主攢所

玉岑山
惠因橋秦少游龍井記游所謂濯足于惠因澗即此
廣果寺　開化尼寺
六通慈德院舊名惠德塔　法興寺
保福院　長耳相院舊名法相
定光菴有定泉　永慶院
延長眞如院　延壽山
淨梵院舊名瑞峯　崇教院
石屋洞

大仁院有石菴天成石羅漢其洞後又一洞名蝙
蝠洞
水樂洞
院名西關淨化郎滿覺院山孝宗時賜李隶慈明
殿賜楊郡王後歸賈平章山石奇秀中一洞嵌空
有聲以此得名有聲在堂界堂愛此留照獨喜玉
淵漱石宜晚上下四方之宇諸亭及金蓮池
滿覺院
舊名圓興今在水樂洞嶺傍

石佛接待菴
烟霞洞
清修院有象鼻石佛手巖石羅漢東坡留題等
歸雲菴
寧宗時水菴清禪師坐禪石窟中聞南峰鐘鳴遂
大悟今改永興菴
關眞人道院　小龍井井側有龍王祠
南高峰塔
榮國寺有白龍祠五顯祠陰峻甚於北峯中有壁
湖山勝槩　八　七
石相傳云昔有道者鎮魔于此又有顈川泉
方家峪
自方家峪至冷泉峪慈雲嶺泥路嘉會門外至大
慈山龍山
遇眞道院　悟眞道院
崇眞道院　廣教院號小南屏
褒親崇壽寺
在鳳皇山劉貴妃功德有鳳凰泉瑞應泉松雲亭
觀音洞筆架池偃松交枝檜三門有陳公儲畫龍
甚奇
西遶瑞相院黄貴妃功德　地藏尼寺
慈光尼寺張府功德　廣慈院舊名廣福
寶藏院有烏龍井錢武肅廟碑今錢氏五王廟在焉
寧親廣福院陳淑妃香火院雖小而幽邃可喜
福全尼寺　廣嚴院舊名妙嚴有徐正節墓
淨教院蔡貴妃窆所　安福禪院內侍陳都知香火名小陳寺
水月寺路口有盤固石　崇教院舊名薦福有珍珠泉
華津洞
湖山勝槩　八　八
趙冀王府園水石甚奇勝有仙人棋臺
西林法慧院
舊名興慶錢王建有雪齋秦少游記東坡詩
冷水峪　梯子嶺
慈雲嶺
淨明院
郊壇齋宮有易安齋梅巖高孝兩朝御和詩潚堵
樓招舊有江月菴竹嶌亭
龍華寶乘院

本錢王瑞蓴園捨建有傅大士塔并栢板門樝猶
存有温公祠堂題名
天華寺
鏡清禪師道場舊名千春龍册有順軒妙因樓化
生池
感業寺舊名天龍有木觀音像
勝相院
舊名龍與千佛有五丈觀音像二并閣釋迦丈六
金身像

大通院舊名顯明　天眞院舊名登雲臺有靈化洞
龍華山有石如龍與兩石龍寺接　下石龍淨勝院
上石龍永壽院舊名資賢石崖刻仁宗佛牙贊
郊臺錢王郊臺亦近焉　道林院舊名普濟
大慈寺　般若院
寶惠院舊名普濟　錢王墳文穆忠獻二王墳在此
長慶崇福院皇叔祖太師和王功德　窑池一名烏羨池
聖果寺在包家山　眞覺院舊名奉慶有東坡瑞香花詩
泉山桃花關

桃花甚盛舊有蒸霞二字春日遊人甚多
法雲寺舊名資崇　大慈山舊有廣福金書院額
虎跑泉
舊傳性空禪師居此無泉二虎跑地而出東坡詩
云虎移泉眼趁行脚龍作浪花拱撫掌
乾溪寨　小楊寺
香嚴寺
小麥嶺飲馬橋前後至龍井止九溪十八澗
道人山有石洞　飲馬橋地名放馬場

旌德顯慶教寺
咸淳甲戌冬改旌德襲慶慈明太后香火方丈有
軒曰雲屏後山有泉石甚奇曰林泉有清聲凝紫
靜雲等諸亭
南山禪關舊名龍井路今又改南天竺
仰妃墓吳越錢王妃　衛坡園楊郡王園又名總秀
靈隱觀
寧宗朝張知宮勑御書冲隱菴淳祐中道士范若
遜重建賜名今額今菴在觀右而觀改仁壽院矣

太清宮
寧宗時朱靈寶守岡建楊太后書道德經石幢有
歲寒軒養性凝神二堂後爲賈貴妃功德今改觀
音院
松菴 楊郡王府
崇德顯慶院
舊名棲眞章楶質夫功德後爲永王祈王殯所
章司徒墓
名得象樞使楶之祖棲眞院碑可考

翁五峰墓 名孟寅字賓暘　徐典章墓 名由字幹臣號青山翁
强金紫墓
名至字幾聖今石羊虎猶存其子文憲公淵明墓
在西溪鄉諸子亦多附此
陳拾遺墓 唐人歲久莫考名字在積慶山下
氷壑書堂
金樞密淵號氷壑嘗作書堂于此因葬焉積慶永
清二山在後平山在左湖山在前凡錢塘城邑
江湖之勝皆近在几席間乃南北二峰中之最高

一山也有君子天一二泉理宗御書積慶山怡顏
藏書房圖以賜又賜功德寺名曰積慶教忠後不
及建而止
贊寧塔 天聖間葬此　靈石山
薛開封墓 名居正諡貞顯　崇因報德院
有靈石泉又名歲寒泉甚清高宗常臨幸院與積
慶山後永清院皆薛開府功德此院已廢獨靈石
塔猶存
淨林廣福院

關府楊慶菴祖墳土人呼爲上楊菴有松關南泉
芳桂亭
無垢寺
舊名無着乃無著禪師道塲舊在石人嶺慶元中
韓平原以寺爲生墳遂移寺于此嘉定十一年重
修有雅鷄巖仙人臺清音軒偃松下有茯苓因名
泉爲茯苓泉後爲演福寺遂廢
崇恩演福教寺
寶祐丁巳重建咸淳中改禪寺德祐後復爲教寺

賢貴妃殯所關漢國端孝公王祠焉舊山門有妙
莊嚴域及生清淨心亭眞如亭諸天閣羅漢閣
雞籠山　金鐘峯
諸家坎漢末諸盛族舊有居此者　白蓮院相傳晉畢法師講經于此
風篁嶺　小水樂福邸園
二老亭
後改德威舊在風篁嶺頭東坡辯才往來于此皆
有詩今移于龍井祠下
龍井
湖山勝槩　八　十三
吳赤烏中葛稚川嘗錬丹于此在風篁嶺上巖壑
林樾幽古石竇一泓清澈翠寒甘美可愛雖久旱
不涸石上流水處其色如丹遊者視久水輒溢人
去卽滅其深不可測相傳與江海通有龍居之每
禱雨必應或見小蟹斑魚蜥蜴之類井傍有惠濟
龍王祠
陳寺丞墓
名剛中紹興中以言事與張狀元九成連坐謫知
虔州安遠縣而卒後葬風篁嶺涉盆塢

胡僕墓名則知杭州廟在墓前　劉菴孝宗朝劉婉容墳所今歸龍井寺
龍井延恩衍慶寺
辯才故地舊名報恩看經院後改壽聖東坡書額
猶存又改廣福元祐以來諸賢留題甚多及東坡
竹石廉宣仲枯木寺前有過溪橋又名歸隱橋又
名二老橋寺有方圓菴寂照閣清獻趙公閒堂訥
齋潮音堂滌心沼鏡清堂冲泉攛壇石辯才清獻
東坡三賢祠辯才塔諸天閣山有獅子峯
葉苕砚墓元索字惠卿詩人　五雲山中有眞際院嶺上有天井大旱不竭
湖山勝槩　八　十四
九溪十八澗
大麥嶺
法空寺舊名資慶　南資聖院漢王墳
花家山
盧園內侍盧允昇園景物奇秀西湖十景所謂花港觀魚卽此也
淨安院內侍董宋臣香火　崇眞宮昔爲女冠今爲永淨尼寺
茆家步　獨角門
淨嚴廣報院內侍董承仲功德　隆興菴楊寺廨院
黃泥嶺　水陸菴楊寺廨院後名慶安

妙心寺　水竹塢

西湖三堤路

蘓公堤自南新路直至北新路口小新堤自麴院至馬蝗橋

蘓公堤

元和中東坡守杭日所築起南迄北横截湖面夾道雜植花柳中爲六橋九亭坡詩云六橋横絶天漢上北山始與南屏通忽驚二十五萬丈老葑席卷蒼煙空後守林希傍之曰蘓公堤

第一橋（港通赤山教場名映波）

旌德觀

元係定香寺舊址寶慶間京尹袁韶改建爲觀有西湖道院虚舟雲錦二亭今復爲定香寺

先賢堂

名仰高祠許由已下共四十人刻石作贊具載事迹

第二橋（通赤山麥嶺路名鎖瀾）　湖山堂（旁有水閣尤宏麗）

三賢堂

祠白樂天林和靖蘓東坡

第三橋（通花家山港名望山）　第四橋（通茆家步港名壓堤北新路第三橋）

施水菴（名亂通有石臺籠燈以照夜船）　雪江書堂（胡賢良洗所居）

新水仙王廟（龍王祠與葛嶺者爲二）

崇真道院（賈平章建後有閣今改爲僧寺）

松窻（張濡別墅）　第五橋（通麴院港名東浦北新路第二橋）

第六橋（通耿家步港名跨虹北新路第一橋）

小新堤

淳祐中趙京尹與懃自北新路第二橋至麴院築堤以通靈竺之路中作四面堂三亭夾岸花柳比蘓堤或名趙公堤

履泰將軍廟

有天澤井葛仙翁所植虬松將軍錢塘人姓係名顯忠任吳越時嘉熙中趙與懽尹京禱雨有驗奏聞因勑封天澤侯

楊園（楊和王府）

永寧崇福院

又名小隱寺元係内侍陳源適安園近世所歌菊

花新曲破之事正係此處獻重華宮爲小隱園孝宗撥賜張貴妃寺前有澗曰雙峯又曰金沙

裴園

裴憚園誠齋詩云岸岸園亭傍水濱裴園飛入水心横傍人莫問遊何處只揀荷花開處行

喬園 喬幼聞園

史園 史屏右微孫

資國園 舊名報國有東坡書隱秀齋趙令時德麟題

淳固先生墓 諱姓宋號庸齋師聯菴先生

馬蝗橋

湖山勝槩 八　七

孤山路

西陵橋 又名西林橋又名西泠橋又名西村

孤山 舊有栢堂竹閣四照閣巢居閣林處士廬今皆不存

四聖延祥觀

有韋太后沉香四聖像小蓬萊閣瀛嶼堂金沙井

六一泉餘見御園類

西太乙宫

舊四聖觀園理宗朔建今黄庭殿乃昔凝堂也兩壁蕭照畫尚存亭館名並見御園類有和靖墓瑪瑙坡陳朝栢

四面堂　處士橋 以和靖得名

滋碧橋　高菊磵墓 名九萬葬孤山後談家山

斷橋

又名段家橋萬柳如雲望如裙帶白樂天詩云誰開湖寺西南路草綠裙腰一道斜

北山路

自豐樂樓北沿湖至錢塘門外入九曲路至德勝橋南印道堂小溜水橋黄山橋捺帚塢鮑家田青

湖山勝槩 八　十八

芝塢玉泉駝巘棲霞嶺東山衙霍山昭慶教場水磨頭葛嶺九里松靈隱寺石人嶺西溪路止三天竺附

柳洲

龍王廟 名會靈所謂柳洲上龍王也

惠明院 舊名資福今呼柳州寺其地舊爲通元菴

上船亭　養魚莊 楊郡王廟

環碧園 楊郡王府堂扁皆御書　迎光樓 張循王府

劉氏園 內侍劉公江所居　一清堂 後改玉蓮競渡爭標於此

菩提院
舊名惠嚴與昭慶寺相連有靈感大悲像閣綠野
白蓮堂碧軒四觀軒南　迎熏澄心涵碧玉壺邏
瑜今廢
玉壺御園　楊和王水閣
賈府上船亭　錢塘門上船亭
秀邸新園　謝府園有一碧萬頃堂
隱秀園劉鄜王府　先得樓即古望湖樓
釋勝閣秀邸有御書擇勝愛閒二堂　九曲城下
湖山勝槩　八　十九
法濟院舊名觀音院有明爽二軒　五聖廟有蘊漢臣書壁
妙因院元係慈光菴　寶嚴院
眞覺尼院元係隱靜菴　錢氏園華亭錢府
新嶽廟　東湖道院
關王廟舊滿路種桃號半道紅　古北闕
楊府廨宇楊郡王府今捨爲寺　玉虛觀
崇果院德勝橋南舊名羅漢　印道堂
趙郭園　羅漢院
史府今爲慈[illegible]寺　水丘園

西隱精舍　豐樂院
鐵佛寺　梅岡御院
張氏園　王氏園
小溜水橋　精進院齋宮舊名精脩
廷壽院　澄寂院桃花術
黃山橋　掃帚塢
萬花小隱謝府園　常清宮沂王功德
聚秀園楊府　鮑家田
秀野園謝府　南禪資福尼寺
湖山勝槩　八　二十
極樂尼寺　思故塔
層虛聖昭廟廣慧侯　資壽院元係大聖菴
明覺院舊名報先有虛心軒　永菴園府
萬安院舊名淸化永安
慈聖院舊名慈雲濟李二貴妃贊所有聖水池大旱不涸
羅寺　妙智院舊名報恩觀音
玉泉淨空院泉色清澈蓄大金魚有龍王祠
西觀音山　靑芝塢
愍忠資福普向院楊和王建專充殺蕃諸軍功德及爲諸軍瘞所

上關寺 内侍關弼功德名崇先顯慶

竹所

杜北山墓 汝能字叔謙太后諸孫居勉院能詩有聲

靈峯院 裴氏功德

天清宮 女冠

裴墳 有雙節亭

駝巘嶺

靈耀觀

西峯淨嚴院 感義郡王功德

大明院

圓明崇福禪寺 殿前有井泉極清冽內侍霍汝弼功德

棲霞嶺

神仙宮 有偃松如龍名御愛松

乾溼水洞 有一寺在側

淨元觀

妙明院

東山衖

不空院 舊名傳經

永安院 元係吳秦王府香火菴有清芬亭

護國仁王禪寺 後有龍洞龍王祠在焉

西靖宮 女冠

寧國院

廣照院

霍山

長慶院 舊名華嚴菴張王香火

張王廣惠廟

永慶院

光相塔院 山水甚奇

湧泉 高宗嘗取瀹茗

清心院 舊名湧泉

滙池園 呂氏

金輪梵天院 舊名金輪寺後即巾子峰

寶勝院 舊名應天

金牛護法院

洞明菴

天龍洞 道者開無門所居

雲洞園

楊和王府有萬景天全方壺雲洞瀟碧天机雲錦紫翠間灑纓五色雲玉龍玲瓏金粟洞天砌臺等處花木皆蟠結香片極其華潔盛時凡用園丁四十餘人監園使臣二名

大昭慶寺 與前菩提寺相連舊名菩提寺有戒壇

策選鋒教場

古柳林

錢塘縣尉司

舊有平湖軒英游閣又有片石周益公字之曰奇俊蕃相傳為王子高舊居故也

葛嶺路

水磨頭

石函橋 有水閘泄湖水入下湖

放生亭

德生堂 理宗御書

泳飛亭 理宗御書

總宜園 本張太尉後歸趙平遠湞今為西太乙宮

大吳園

小吳園

水月園
紹興中賜楊和王孝宗擬賜嗣秀王水月瀛燕堂
玉休堂皆御書
兜率院　葛嶺葛仙嘗往來於此故得名亦名葛塢
十三間樓相嚴院
舊名十三間樓石佛院東坡守杭日每治事于此
有冠勝軒
大石佛院
舊傳爲秦皇纜船石俗名西石頭堂和中僧思淨
就石鐫成大佛半身或云下通海眼
保叔塔崇壽院
咸平中僧永保備故得名有應天塔極樂菴落星
石石獅峯又名巾子峯及石屏風在焉碑刻舊有
屏峯院記封山記
寶積山　敷惠廟
多寶院舊名寶積有綠陰堂　嘉澤廟祠水仙有薦菊泉及亭
孫花翁墓
惟信字季蕃隱居湖山棄官自放詩詞尤工趨節

齋葬之劉後村爲誌杜清獻爲文以祭
普安院　挹秀園楊駙馬
秀野園劉鄜王有四井堂　上智果院有參寥泉東坡題
治平寺有錦塢煙雲閣　壽星院
江湖偉觀即觀臺舊址盡得江湖之勝
寶雲菴
舊名千光王寺郡王殯所有寶雲菴清軒月窟澄
心閣南隱堂妙思堂雲槩今不復存又有靈泉井
寶雲菴初陽臺亦廢
瑪瑙寶勝院
昔在孤山後改爲四聖觀遂遷于此有中庸子陶
器墓乃法惠法師智圓自號也有高生閣僕夫泉
養樂園
賈平章有光漾閣春雨觀瀟然養樂堂嘉生堂生
意生物之府
玉清宮有烏仙鍊丹井　半春園史衛王府
小隱園史府
集芳御園

後賜賈平章内有假山石洞通出湖濱名曰後樂圃有蟠翠雪香翠巖倚繡挹露玉蕊清勝已上皆高宗御題亦集芳舊物也西湖一曲奇勛理宗御書賈秋壑遂初容堂度宗御書又有初陽精舍警室熙然臺無邊風月見天地心琳琅步歸舟等不一

香月鄰 廖瑩中園後歸賈相

嘉德永壽教寺 毛娘娘功德有翔詠堂芝巖

喜鵲寺

即禪宗院以烏窠禪師得名魏婉儀殯所白樂天有紫楊花詩

寶巖院 舊名垂雲

定業院 烏窠禪師道場有君子泉石甑山褒峯堂褒夢軒

虎頭巖 介于寶巖定業之間

施梅川墓

名岳字仲山吳人能詞精於律呂楊守齋為寺後樹梅作亭以葬薛梯飈為誌李篔房書周草窻題蓋

仁壽尼菴　　招賢寺

報恩院

舊名報先即孤山六一泉寺後以其地為延祥觀遂遷于此德國公主殯所

廣化院

舊名永福自孤山遷于此舊有白公竹閣栢堂水鑑堂涵輝亭凌雲閣金沙井辟支佛骨塔慧琳塔

白公祠堂

快活園 趙氏

水竹院落

賈平章園御書閣曰奎文之閣有秋水觀第一春

思剡亭道院

顯明院

舊名興福係清儀王仲堤殯所有鑑空閣綠淨堂

北新路口　　棲霞嶺口

古劍關 棲霞嶺下

岳王墓

岳武穆王飛所葬其子雲亦祔焉葉靖逸詩云萬

古知心只老天英雄堪恨復堪憐如公少緩須臾
死此　安能八十年漠漠凝塵空偃月堂堂遺像
在麥烟早知埋骨西湖路悔不鴟夷理釣船

褒忠演福院
元係智果觀音院後充岳鄂王香火岳雲所用鐵
鎗猶存
冲虛宮舊名寧壽觀　耿家步
東山衕口　福壽院
廖莿洲閘　小石板口

九里松一寺門
唐刺史袁仁敬守杭日植松於左右各三行門扁
吳說書高宗嘗欲易之自以不及但金飾其字
駝巘嶺口　石板巷口
麯院巷口　行春橋
小行春橋　忠勇廟統制張憲祠
左軍教場　三歲塔院
明真宮女冠今改為三藏寺　資德廟慕容貴妃香火
萬壽院南山白雲宗建　唐家衕

後瀾溪　紫芝道院道士陳崇真
瑞岡場　燕脂嶺以土色得名
普福教寺　崇壽院
崇親資福院張淑妃香火
天申萬壽圓覺教寺
舊為了義法師塔院有歸雲堂三昧正受閣並高
宗御書累朝臨幸有御座御榻理宗御書清涼覺
地
石獅子路　香林園

斑衣園謝府　金沙澗靈竺之水自此東入於湖
顯慈集慶教寺
閻貴妃香火寺扁殿閣皆理宗御書有月桂亭甚
佳金碧為湖山諸寺之冠
靈隱天竺寺門
俗呼二寺門袁居中書白樂天詩一山門作兩山
門兩寺元從一寺分正此也
合澗橋靈竺二山之水會合于此　龍脊橋
武林山

又曰靈隱山又曰靈苑山又曰仙居山上有五峰曰飛來曰白猿曰稽留曰月桂曰蓮華山前有澗即武林泉也

呼猿洞

龍泓洞

有蔣之奇篆字前後諸賢題字極多二洞在飛來峯

女兒山一名玉女巖　青林巖

理公巖乃靈隱開山惠理法師在靈鷲寺後

冷泉

有亭在泉上冷泉二字乃白樂天書亭字乃東坡續書詩扁充棟不能悉錄林丹山詩云一泓淸可浸詩脾冷暖年來只自知流向西湖載歌舞回頭不似在山時

温泉　醴泉二泉在冷泉之上

葛塢　朱墅

候仙亭　蟄雷亭

觀風亭

又有虛白見山袁君紫微翠微石橋月桂等亭及丹竈隱居許邁思眞三堂連巘棧伏龍瀧等今皆廢

景德靈隱禪寺

相傳靈隱禪寺乃葛仙翁書或云宋之問書景德中續加景德二字有百尺彌勒閣蓮峯堂方丈曰直指堂千佛殿延賓水閣望海閣理宗御書覺皇寶殿妙莊嚴域又有巢雲亭見山堂白雲菴松源菴東菴等在山後尤幽寂可喜

北高峯塔

在靈隱寺山後絕頂比南高峯尤高上有五顯祠遠近炷香四時不絕

法安院

舊名廣嚴唐韜光禪師築菴于院後有淸獻東坡題名

保寧院舊名保安無量壽　資聖院舊名大明開山威澤禪師

韜光菴

韜光禪師道場與樂天同時周伯弜有詩前後諸

賢留題甚多舊有僧嘗於此降仙請至釋子蘭以下十八人凡七十三釋皆唐人能詩者各書一詩語皆奇絶曲盡其景今詩尚存壁間

永福寺

隆國黄夫人功德咸淳九年建在靈隱西石筍山下

石筍普圓院

天福二年黄氏重脩舊名資嚴山有石如筍高數十丈故名石筍寺有超然臺金沙白沙二泉鄭公

菴杭守祖無擇愛此山之勝結菴於此取公所封名之方丈左右金漆板屏皆趙清獻諸賢蘇泰陳黄留題及文與可竹數枝如張總得父子吳傳朋等題字甚多歲久暗淡猶隱隱可見寺極清古幽邃爲湖山諸刹之冠後隆國黄夫人以超然臺爲葬地遂移此院于山之西而古意不復存矣

天聖靈壽院 僧德賢建　　鐵舌菴

隆親永福院

時思薦福寺

吳益王墳寺舊以下竺爲墳寺後以古刹遂別建于此高宗嘗臨幸吳太后手書金剛經有楊太后跋及高宗御書心經並刻石藏下竺靈山塔下益王神道碑蔣燦書甚佳墓前二石馬琢刻如生舊傳夜輙馳驟其鬣鬱光瑩如玉至今苔蘚不侵寺有宜對亭雙珠亭萬玉軒湖山至此極幽邃矣

黄妃墓 錢王妃　　卓筆峯

明慧尼院 舊名定惠錢王孫妃香火　　石人嶺

海峯菴

無着禪師塔

舊有無垢院韓平原以爲壽地遷院于靈石山側後楊郡王復取爲壽地遂啓其塔乃陶龕容色如生髮垂至眉指爪皆遶身舍利無數留三日不壞竟荼毗之僧肇淮海有詩云一定空山五百年不須惆悵啓龜龕路邊多少麒麟塚過眼無人贈紙錢今地爲永福所有

西溪路

畢宮師墓 畢再遇之父子皆葬於此

三天竺 自靈鷲至上竺郎當嶺止

陳明大王廟

漢熹平餘杭令陳渾後唐長興中封太平靈衛王

靈鷲興聖寺

惠理法師卓錫之地吳越王建有靈山海會閣理宗御書理公巖滴翠軒九品觀東坡祠東坡題名

隋觀法師塔 下竺開山祖師真觀

下天竺靈山教寺

在隋號南天竺五代時號五百羅漢院祥符初號

靈山寺天禧復名天竺寺紹興改賜天竺時思薦福為吳秦王香火慶元復今額有御書閣藏仁宗及中興五朝御書曲水亭前塔跳珠泉枕流亭適安亭清暉亭九品觀堂石面靈桃石蓮華水波石悟侍者塔並祠草堂西嶺臥龍石石門澗神尼舍利塔日觀菴方丈曰佛國山法堂二字乃雲房鍾離權書甚奇古金光明三昧堂神御殿瑞光塔普賢殿無量壽閣回軒亭七葉堂客兒亭大悲泉重榮檜葛仙丹井白少傅烹茶井石槃翻經臺望海閣香林亭香林洞無根藤鬬鷄巖夜講堂登嘯亭靈山後塔慈雲懺主塔七寶普賢閣旃檀觀音瑞像有記大抵靈竺之勝周回數十里巖壑尤美實聚於下天竺寺自飛來峯轉至寺後諸巖洞皆嵌空玲瓏瑩滑清潤如虬龍瑞鳳如層華吐萼如縐縠疊浪穿幽透深不可名貌林木皆自巖骨拔起不土而生傳言茲巖韞玉故腴潤若此石間波紋水迹不知何時有之其間唐宋遊人題名不可殫記覽者顧景興懷云

吳越孝獻世子墓 文穆王子　楓林塢

永清寺 薛開府居正香火

中天竺天寧萬壽永祚禪寺

隋開皇千歲寶掌和尚開山建寺吳越時名崇壽院政和中改賜今名有摩利支天像華嚴閣如意泉

彌陀興福教院 皇子克邠二王攢所

顯親多福院 舊名光福　大明寺 元係興國菴

上天竺靈感觀音院

天禧中建名天竺看經院咸平初賜今名淳祐中賜廣大靈感觀音教寺舊寺額蔡襄書後理宗易以御書外山門乃蔡京書紹興乾道淳熙皆嘗臨幸有十六觀堂應眞閣超諸有海理宗御書有雲漢之閣藏累朝所賜御書兩峯堂白雲堂中印堂清華軒延桂閣秋芳閣伴雲閣前後賜珠冠玉爐珍玩甚多每水旱朝廷必禱焉外古迹有肅儀亭梅峯菴琮老橋金佛橋復菴流虹澗夢泉植杖亭謝屐亭凝翠泉觀音泉雲液池孫公亭無竭泉

雙檜峯 白雲峯

乳竇峯 楊梅嶺

郎當嶺

約齋燕遊志

宋 張鎡

淳熙丁未秋余今所居爲梵刹爰命桂隱堂館橋諸池名各賦小詩總八十餘首逮慶元庚申歷十有四年之久匠生於心指隨景變移徙更葺規模始全因刪易增補得詩凡數百綱舉而言之東寺爲報上嚴先之地西宅爲安身攜幼之所南湖則管領風月北園則娛宴賓親亦庵神居植福以資淨業也約齋晝處觀書以助老學也至於暢懷林泉登賞吟嘯則又

有衆妙峯山包羅幽曠介于前六者之間區區安身嗜靜之志造物亦不相負矣或問予曰造物不負子子其忍負造物哉釋名宦之拘因享天眞之快適要當於筋骨未衰時今予三仕中朝頗華齒墜涉筆總無十二年如之何則可余應之曰仕雖多不使勝閑日余之願也余之幸也敢不勉旃壬戌歲仲夏張鎡功父書

東寺 勅爲廣壽慧雲

大雄尊閣 千佛像

靜高堂 寢室

真如軒 種竹

西宅

叢奎閣 安奉被賜四朝宸翰　德勳堂 祖廟以高宗御書二字名

儒聞堂 前堂用吉詞取名　現樂堂 中堂用朱岩壑語

安閑堂 後堂　瀛巒勝處 東北小堂前後山水

綺互亭 有四小軒　椰堂花院

應鉉齋 筮得鼎卦故名　振藻 取告詞中字名

宴頤軒　尚有軒

賞真亭 山水

亦菴

法寶千塔 鐵鑄千塔藏經千卷　如願道場 藥師佛壇

傳衣軒　寫經寮 書華嚴等大乘諸經

約齋

泰定軒　烟波觀

南湖　御風橋 十闆

閬春堂 牡丹芍藥　把菊亭

天鏡亭 水心　星槎 舟名

鷗渚亭　泛月闕 水門

北園

羣仙繪幅樓 前後十一間下臨丹桂五六十株盡見江湖諸山

桂隱 諸處總名今揭樓下　清夏堂

玉照堂 梅花四百株　蒼寒堂 青松二百株

艷香館 雜春花百餘參　碧宇 修竹十畝

水北書院 對山臨溪　界華精舍 夢中得名

無鶴亭 近松林　芳草亭 臨池

味空亭 臘梅　垂雲石 高二丈廣十四尺

攬月橋　飛雪橋 在梅林中

蘂珠洞 荼蘼二十五株　芙蓉池 紅蓮十畝四面種芙蓉

珍林 雜果小園　涉趣門 總門入松徑

安樂泉 竹間井　杏花莊 村酒店

鵲泉 井名

衆妙峯山

詩禪堂　黃寧洞天

景白軒 眞香山畫像并文字　文光軒 臨池

綠畫軒 木犀臨側　書葉軒 柿二十株

俯巢軒 高檜旁　無所要軒

長不昧軒　摘星軒
餐霞軒 櫻桃三十餘株　讀易軒
詠示軒 道德經　疑薰堂
楚佩亭 蘭　宜雨亭 千葉海棠二十株夾流水
滿霜亭 橘五十餘株　聽鶯亭 柳邊竹外
千歲菴 仁皇飛帛字　恬虛菴
憑暉亭　美芝亭
都微別館 涵度人經虎經乃徽宗御書
水滿橋　漪嵐洞

施無畏 觀音銅像　澄霄臺 面東
登獻臺　金竹岩
隱書岩 石五仙書在岩穴中可望不可取　古雪岩
新岩　疊翠亭 茂林中容十許人坐
釣磯　菖蒲澗 上有小石橋
中池 養金魚山澗中　珠旒瀑
藏丹谷　煎茶磴

說郛目録

弓第六十四

入越記 呂祖謙
吳郡録 周必大
盧山録 周必大
九華録 周必大
金華録 方鳳
大嶽志 方升

入越記

宋 呂祖謙

淳熙元年八月二十八日自金華與潘叔度爲會稽之游辰後出旌孝門五里至關頭南折入會稽路二里桐樹嶺八里東藕塘城東陂塘此爲大十五里含香民居頗成聚落道旁野塘水芙蓉初發映水殊有思致十里義井五里上下倉十里孝順鎮十里自驛路北折入香山路五里宿杭慈潘氏莊是日凝陰不開風襲人已有力始御裌四山雲氣滃然岡巒出沒

二十九日早冒雨行二里小鳳林寺涉溪屈曲稻塍間泥淖沒屨五里苦山二十里梅口十五里香山林壑稍邃八里下獨巖景德寺寺屋可百年繪事皆朴質飯于小軒方池叢竹皆有趣七里唐口自是復出驛路老梧離立道旁濯濯如青玉榦又二里宿逆旅

三十日早發二里石斛橋溪流潺潺岸旁大石如屋橋西走浦江道也度橋而北十里石牛有樓臨路樓下編戶亦明敞所謂石牛者道下塘卧石若牛水滿不可見五里洞井居民依小坡植雞冠花數百本冠距低昂大類尸鄉祝雞翁舍雲薄見日巳而大霽十里新界自石斛橋道出兩山間少曠土至此山圍始寬秋稼極目黃雲蔚然五里邵家濤觀五指山其巔石如駢柵飯民家舍後水竹可步逢驅羊行賈者數百蹄散漫川谷風毛沙肋頓有洲隴秋色五里步楓江土俗諺云第一楊子江第二錢塘江第三楓江蓋甚言其水波惡實小溪耳聞春夏頗湍悍今僅至脛而巳南岸有覆斗山山形正方若斗覆五里與樂樓花夾道室廬籬落皆整五里界牌隴平坡淺草隱隱

起伏環山城立眞監牧地也五里牌頭市道分爲兩北道出漁浦度浙江入杭東道入越輪蹄擔負東視北不能十一市傍斗子巖巖旁獅子山首昂背偃畧類猊五里寒熱阪五里宿硯石村九月一日晨霧上橫隴東暾出日金暈吞吐少焉金璧徑升晃濯不可正視升數尺韜於雲絢采光麗因蔽益奇非浮霧所能掩露稻風葉皆鮮鮮有生意五里里湖五里蔡家塢五里桐木嶺五里諸暨縣入縣北門人煙猶蕭疏縣方築社南垣兩松樛枝小與里許至市自縣治

前東折度小橋橋屋半圮矣並大溪行流甚壯其源一自東陽一自浦江一自孝義至街亭合流遶縣城又遶蕭山浮橋入浙江縣東陶朱山頗雄自入新界巳巋然見之出縣東門山益遠川原益曠五里放生橋道左女貞新蘖生黃綠間錯如行閩粵荔枝林五里馬秀才店店傍小室隨事蒔花草三里雙橋吸二里烏石其南入劍百里而近十五里苦李橋溪磧頗清淺木陰扶疎百餘步入山徑五里至新店灣復得平地五里栗橋登栗嶺五里冷水望東嶺神祠縹緲

雲間下坂稻穟垂黃際山數十里平鋪如拭洋洋乎富哉豐年之象道中所未見也五里宿楓橋鎮薄暮小雨二日辨色發楓橋陰風薄穿十里乾溪溪橋欅柳數百株有十圍者過橋繞山足行十里古博嶺嶺左右皆叢篠五里洪口有别徑入明自楓橋而上美竹佳樹相望近洪口曲折循小溪水聲濺濺風物漸佳十里含暉橋亭天章寺路口也遂穿松徑至寺寺蓋晉王羲之蘭亭山林秀潤氣象開敞寺右臂長岡達橋亭植以松檜法堂後砌筒引水激高數尺堂後

登堦四五十級有照堂兩旁修竹木樨盛開軒檻明潔又登二十餘級至方丈眼界頗闊寺右王右軍書堂庭下皆杉竹觀右軍遺像出書堂徑田間百餘步至曲水亭對鑿小池云是羲之鵝池墨池曲水乃汙渠蜿蜒若蚓必非流觴之舊斟酌當是寺前溪但歲久失其處耳出曲水亭穿小徑涉溪復出官道數里買舟泛鑑湖湖多堙爲田所存僅如溪港然秋水平岸菰蒲青蒼會稽秦望雲門諸山互相映發城堞樓觀跨空入雲耳目應接不暇入水門過南堰歷府學

天慶觀至禹跡寺門三日游外氏園有梅腋臺菊潭杞菊堂竹隱蒲澗橘洲因寺廢地葺治之十六七成矣最勝者梅坡遶亭皆梅前對蒲澗橘洲野水灣環島漵掩映如在江湖而竹隱一遜深幽堦庭清閟亦其次也又過義恩師院院與杞菊堂鄰午後自園後門穿僧庵度小橋轉三兩曲至圓通寺面勢端直殿廡華敞循舊路復穿園中歸園後邊河岸木成陰舅氏云此即蜀榿木也植之力數年徃時表裏無障蔽今不復見道上車馬矣杜子美所謂飽聞榿木三年

大信然是日薄陰四日待伯舅同叔度詹季章泛小舟出南堰繞城緣鑑湖訪蘇仁仲討師德於偏門外砌下瑞香兩本面皆丈餘仁仲蘇子容丞相孫致仕閒居年垂八十道前輩事亹亹不厭出舊書數種管子後子容手書紙尾銘欵云惟蘇氏世官學以儒何以遺後其在此書非學何立非書何習終以不倦聖賢可及其曰書帙銘戒者子容所識其曰先公銘戒者銘語亦同蓋子容之子所識也歸舟煙雨晻靄游大能仁寺閣壯光麗甲於會稽重殿複閣金碧相照

寺吳越錢氏所建五日開霽晴光發寫心目頗快晚步過寺橋歷沈氏李氏園皆荒蕪獨修竹猶森然六日偕石天民潘升度自寺橋直道過郡庠道傍多流水喬木殊不類鄽市教授廳後環碧亭小偈環亭皆水敗荷折葦秋思甚濃石應之高應朝繼來遂自直舍入學夫子殿居中修廊廣庭長松錯列講堂榜以明倫後有稽古閣制作皆雄偉而閣下尤勝疏達開豁擁墻森竹如雲七日雨不可出過詹季章位小閣因重屋樓板其間縱二弓橫半之南北取屋山爲明

遠山竹樹歷歷如畫蘆葦仰承穹窿若船背幽潔極可愛名以越艅其狀眞類小舟也八日早過大中戒珠寺王右軍故宅也屋多人少頗牢落門有兩池亦稱右軍鵞池墨池畧無意趣政如天章者皆後人强名之耳殿後地漸峻石應之寓居在焉遂與應之登雪軒軒占卧佛殿右偏湖山聚落皆來獻狀以宜於觀雪得名今雖不與雪値然霧雨空濛亦奇觀也寺後即蕺山蕺菜名圖經云越王嗜蕺嘗採於此九日侍伯舅同潘叔度詹季章泛舟經卧龍山下竹洲椰

岸略如苕霅卧枝拂水尤奇中途小泊步游西園郡圃也其北飛蓋堂下臨大池其中集春堂四隅各一亭東春榮西秋芳南夏陰北冬瑞其南揚波堂面城水木幽茂兩小亭對峙東曰逍遥西曰裴回園之西即曲水先入數榮門右轉至右軍祠穿修竹塢遂登山山蓋版築所成繚繞深邃曲逕回復迷藏亭觀乍入者惸惑不知南北山背有流杯巖鑿城引鑑湖爲小溪穿巖下鏈以横閘激浪怒鳴過閘遂爲曲水長廡華敞榱棟椽柱皆塗鬬象竹逕以清流甃以蒼石

犬牙參錯殆若天成俯瞰琢石爲墩流杯至墩傍輒
自近岸葢廡中爲三井吸水勢宛然曲水之上激湍
亭惠風閣規模若都下王公家山頂崇峻庵其脇騁
懷亭面亭依山爲巖壑下山右遶至情眞軒刻桷象
栟櫚平皆荼蘼架甚茂第爲蔓草縈亂刺眼耳曲水
乃前守史丞相浩所鑿往年見其新成今竹樹皆成
陰而亭榭稍稍圮剝矣復登舟還禹跡十日午後同
叔度泛舟過南堰出門穿鑑湖支港斜雨入蓬衣袂
沾濡七里獨山野橋煙樹可畫出山口港漸狹又七

入越記　八　七

里道樹舍舟步田間泥潦沒屐一里許至堅密庵夜
分四山風雨翛然始聞秋聲十一日晨起冒雨躡屐
登舟入城至能仁寺遂過報恩光孝寺寺後飛來山
即圖經所謂怪山也傳云自瑯邪飛至其說不經其
巔有塔采繪甚華塔下有蟠井乃小石竅自唐以來
神之謂蟠能時出祓祥近世不復見矣井故依山坳
坡隴有古意近僧甃使就整遂無可觀濮安懿王祠
廟寓此寺有園令領吏卒守之晚還禹跡十二日雨
不可出借圖經尋近城名山須雨霽徧游晚石應之

來宿十三日過午雨止諸葛壽之高應朝石應之孫
季和約往丁氏園遂同泛舟至新河步入園園多海
檜後牆皆密竹軒楹太敞宜夏不宜冬宿東偏小室
十四日自丁氏園偕叔度輩登舟出五雲門入鑑湖
湖面獨此爲濶隆興初吳給事芾浚湖末一二尺多
得古棺皆刳木爲之葢漢未鑿湖前塚墓也今自五
雲門重堤隱然達于曹娥五六十里民間謂之省塘
此乃故湖堤湖田之民毎毀堤以決積水故堤缺而
湖廢異時有意復湖者第修崇省塘則盜湖之田不

入越記　八　八

待廢而自爲陂澤矣自湖尾入若耶溪過後漢鄭弘
廟傳所記樵風蚤暮迎送舟楫采薪者云至今猶然
半里石帆山山橫若張帆又數十步秦始皇酒甕乃
山脚兩石粗類甕盎又一二里艤舟游龍瑞宮方士
謂之陽明洞天穿松徑數百步至宮宮後三峯翔舞
飛動勢若覆壓大略如栖賢望五老特欠其二耳中
峯乃會稽山祠官春秋用事焉由西廡循山逕觀龍
見壇其旁即禹穴乃大石中斷歲鑄殊不古殆非司
馬子長所探也又數步飛來石老木槎牙石壁如削

緣磴道至錢秀才庵遂自東廡出院復登舟徑鑑湖
湖天夕照水村漁屋皆被光景日所入諸峯俱在金
霧中天下絕境也暮泊先以觀宿于明遠堂下小室

吳郡諸山錄

宋　周必大

乾道丁亥五月戊戌朔乙巳午後至滸市登法華菴望陽山在數里間其下有澄照寺今爲朱諤右丞功德院其旁龍母廟頗靈異晚抵平江入閶門泊北寺壽從承天能仁寺觀銅佛圖經云梁陸僧瓚舍宅爲寺中有聖姑廟葢陸氏女今號惠感夫人郡人祈子頗驗頃之章濟之運幹來同過從母宅章氏甥楊昉明叔同宿丙午唐致遠判院來友之婿也丁未赴范

至能吏部會己酉早同濟之民叔致遠游虎丘圖經云山在長洲縣西北九里一名海湧山上有雲巖寺眞娘墓劍池飯罷謁陳省華王禹偁葉參蔣堂畫像歷東西菴歸過半塘寺朱長文續圖經云虎丘寺即晉東亭獻穆公王珣及其弟珉之宅寺前有高僧竺道講堂生公立片石以作聽徒折松枝而爲談柄其虎跑泉陸羽井見存壬子獨游北禪主者惠深住數十年一力新之十六觀甚嚴潔圖經本戴顒宅甲寅赴張漢卿會約爲天池之游乙卯早別從母登舟同

濟之至崇眞宮相別於閶門范至能顏仲文相別於
門外致遠聯舟繞城望姑蘇館而過八里至橫塘入
般若寺又數里至黃山入法雲寺陳國長公主及石
駙馬葬堂上寺之軒窻皆可眺望登塔一級以窄峻
而止諸峯高下相連如筆格俗號筆格山又數里過
木瀆鎭遂至靈巖廨院村民磔蝦蟆可閔以錢二千
市千二百縱之呼筍輿上山山半有憩亭由支徑訪
西施洞今爲石龕塑佛像回視巳見太湖按吳越僧
智賢乾德三年所作智積記云圖志言閶闔城西硯

石山高三百六十丈在吳縣西三十里闔閭置宮苑
琴臺響屧廊館娃宮復有硯池翫花池明月池山前
十里採香徑梁天監二年置寺十五年有僧自晝梵
相於佛殿壁間後有西天僧見之云此智積菩薩也
舊號靈巖秀峯院今韓世忠請爲功德院長老喜鄉
來迓同自響屧廊過草堂上琴臺下視川原華麗太
湖數百里在眼中致遠置酒勝集堂傍有圓照禪師
塔塔臨石池卽硯池也故此山號硯石山近地別有
礦村其石可作硯及器用堂上望湖邊兩山相對東

曰胥山西曰香山其中曰胥口故老言香山產香堂
下平田之中有徑直達山頭西施自此採香故一名
採香亦云箭徑言其直也或云由此投伍員尸故有
胥山胥口之名香山西北連穹窿山湖中山之大者
有東西二山皆號洞庭山餘多島嶼云夜待月望湖
光然後就枕頃年嘗同章茂之兄弟劇飲於草堂濯
足偃松間中夜方寢今日之樂又過昔游所惜偃松
一枝巳瘁至能走价送蕪香松黃新茶其簡云來日
登天平須攀援至遠公亭及諸石屏處白雲泉名在

水品其色凝白盎乳泉也張又新以虎丘石井松江
在第三第六而下此泉未知如何試一別之向壽老
欲作亭泉上及別築遠公亭而梵氏媼居寺中擾之
遂退寺右上山路旁有石龜形極似向亦有名近無
知者忠烈廟具有文正以下畫像宜掛壁謂之丙辰
早以香茶供智積殿周行寺宇惟倦於登塔塔乃吳
越平江節度使孫承佑爲光國妃所造成於太平興
國二年丁丑歲猶未納土今一百九十一年矣鄉老
具飯人力輩能鼓笛用徑山例呼而奏之登諸天閣

烹至能雪液步至後門觀大井其徑丈餘正東望崑
山縣百里皆平田惟一山突起崑縣郭之馬鞍山山
寺在焉東北連山甚長常熟縣之虞山也自此升小
車過天平下嶺甚峻約數里至白雲寺圖經云唐寶
歷二年置在縣西南二十五里本遠錄公道場今為
范文正公功德院義倉在其中文正父祖塋山下故
范氏多寓傍近或居寺廊不振寺有白樂天蘇子美
王君玉蔣希魯詩刻久闕主僧庸事不治欲同致遠
登山而脚力頗疲頗難之然思至能簡中語恐遺恨

他年遂奮衣右轉而上酌白雲泉甚白而甘躡石磴
至卓筆峯高數丈截然立雙石之上附着甚巉硊疑
其將墜餘如屏如蟲或揷或倚備極奇怪行十六七
里石愈衆而力愈憊遂循左徑訪石屋三面壁立覆
以二大石少休其中下至小石屋一石覆之又下至
飛來峯高二丈上銳下侈微附着石前臨崖谷茲其
異也又東下遠公菴一名望湖臺正直寺後今廢又
下至五丈石亦闊石上次至頭陀巖有崖斜蔽之次
至龜石脊勢隱起名不虛得此山大抵皆石也瓌形

詭狀可喜可愕今日適疲劬又當暑不能窮其巔然
郡人能至予之所至者寡矣況游客乎歸寺欲拜文
正及四子像坐待魚鑰移時乃至明日益文正忌辰
云寺右有明因塔院詰曲隨山殊迫窄初僧智華與
蔡京善政和間為乞此額且立碑焉茶罷即行過晨
臺山大石特立進至羊腸嶺道旁有魯敗和甫墓碑
未百年已荒敗又度賀家嶺大石如横案上立兩石
俗云嶺北有新婦石此其箱篋也午飯王份知縣墳
菴未時至張漢卿天池庵漢卿相待久矣按圖經吳

縣西六十里曰華山由絕頂而上有大池晉太康中
嘗產千葉蓮花今池在山半未知是否漢卿於此嘗
墓就隱負崖為屋鑿徑穿洞流水四達其間種梅藝
菊以待游人費蓋不貲然山石粗礦殊乏秀潤曉置
酒更好亭亭在池上酒闌肩輿過燕窠山觀魏氏山
地入魏奉議志菴右過北峯禪院其實魏侍郎憲之
菴規模倣寺額而為移廢額於此入門久之一僧方
出歸宿天池丁巳早飯罷同漢卿致遠行三里至張
唐卿排岸菴後大石間有蟾雲亭皆人力也自此度

廟嶺逾花山凡數里至朱右丞諤永慕菴塋域頗俊
蓋蔡京當國與諤善勅葬故也又數里至陽山下望
田間一碑邪甚古不知何人墳耕夫云近之輒有蜂
螫人陽山吳郡之主山也有元居實者紹興間掌市
骨董於榷塲坐致高貲今爲平江總管陽山既橫鶩
乃大興土工築支隴爲生墳其傍起冢舍雖涸軒亦
極甃砌之工門外栽花木約數千株不知糜金錢幾
萬緡又二三里度老鼠嶺入張齊賢承節菴與漢卿
小飮而別致遠扣麴廸功菴過黃峴嶺遂至白馬澗

舟人已來與致遠酌一盃各解維去吳郡惟城西多
山起黃山盡陽山兩日幾遍歷夜宿望亭
乾道壬辰二月乙卯予任權禮部侍郎兼侍講直學
士院同修國史實錄院修撰坐不草新除簽書樞密
張說王之奇不允詔與在外宮觀戊午早買雨行十
餘里至楓扣行四里許至佛日山淨慧禪院晉臨平
岸崩得石皷張華以蜀中桐材刻爲魚形扣之響聞
數里即此地近世訛爲同口寺不經兵火面對黃鶴
峯有清冷一擊等軒庫堂後有池池中有渥洼泉出
石罅中東坡常題五絕句所謂東麓雲根露角牙細
泉咽咽走金沙不堪土肉埋山骨未放蒼龍浴渥洼
是也齋罷復登舟曉宿臨平辛酉早行至本覺寺登
岸觀覽即古檇李也舊號小長蘆東坡元祐間帥杭
往復過此爲文長老賦詩二首舊聞巳曳卧荒村來
打三更月下門前詩也三過門間老病死一彈指頃
去來今後詩也予癸酉冬來遊見池中大魚數千咋
咋有聲今亡矣癸亥至吳江甲子從王季海提刑别
借舟就驛中治疊行李益去國匆匆殊無倫理也浴

院在驛旁有建隆初吳江西城鎮遏使徐某乞置牒
碑浴院狀錢鏐判任者二字用天下兵馬大元帥府
印寺僧寶藏又有治平四年蘇州牒皆用短少紙古
人不侈費類此戊辰出吳江界三月巳巳朔風順俄
頃至尹山以小舫入崇福寺同主僧惟妙訪何氏園
亭園池雖狹種植甚繁海棠盛開聞牡丹多佳品少
休還舟中繞城抵盤門易舟徑赴范至能石湖之招
過橫塘（即賀方回所謂淩波不過者）入般若院長老祖康蜀中士
族也風橫雨逆薄莫方至初吳王築姑蘇前後兩臺

相距半里俗呼拜郊壇爲城三重遺基儼然夫差與西施宴游之地也前有溪越王勾踐由此攻吳今號越來溪溪上築城與吳人夾溪相持至能之園因城基高下而爲臺榭所植多名花別築農圃堂對楞伽山臨石湖蓋太湖之派范蠡所從之五湖者望吳江縣纔二三十里飲酒至夜分留題壁間云吳臺越壘距盤門纔十里而陸沉於荒煙野草者千七百年紫微舍人始創別墅登臨得勝甲于東南豈鴟夷子成功於此扁舟去之天閟絕景須苗裔之賢者然後享其樂

耶乾道壬辰三月上巳東里周某子充侍家兄子上來游紫微方屨桂林組過家寔爲東道主云庚午登舟辛未至靈巖山癸酉陰肩輿二里觀金沙塔其地有金屑雜沙中丁亥歲所未至也甲戌清明節早濃霧既開湖山競秀方快心目俄而大風同大兄至延壽堂再游本禪師塔過偃松堂登琴臺望崑山慧聚寺風動地幾不能立北峯長老師璨相候乙亥與大兄肩輿數里至天平長老欲謁五范畫像而童行持鑰匙出復行數里過天峯禪院俗呼南峯蓋支遁道林別庵也鐵杖重十餘斤云是當時物佛殿前有碧琳泉寺宇頗佳多葉少蘊詩刻門外百餘步有道林放鶴亭基進度石門有馬蹄雙跡其旁卽石室嘗爲孕婦所觸雷震其頂相傳云道林夏居別峯冬居石室別峯卽南峯石室卽此室也又有中峯不暇往焉跡去石室甚近爲觀音院僧限以籬落紆曲半里乃能至焉觀音院方修葺無足觀由南峯又數里乃至天池庵置酒池上觀競渡池心有橋可以徙倚晩策杖登月觀下視空濶蓋華山之頂也丙子至北峯赴

璨老飯遂過元氏菴距天池十里丁丑復還靈巖初過王知縣墳庵次度賀家嶺又數里登靈巖後嶺下視砥村乃鑿石爲器之所地本土山掘之卽石云遠望嶺上積土如塚墓者甚多相傳吳時伏兵其中未知信否過金沙塔乃至寺自天池來約十里與卿老登水陸堂臨池散餅餌候金銀魚久之不出夜同卿老坐勝集堂望湖賞月遂訪明月池乃在柴塲中殊不治戊寅早巾車游穹窿約八九里入山口卽行石衢夾道多丘墓有富人余佐監簿覺華菴雅潔而閣深軒窻

間海棠盛開極可入又二三里乃至福臻禪院古碑云朱買臣捨宅爲之殆不可信或曰吳越忠懿王時德韶國師道場也因山壘基甃壁十餘重登陟雖勞而氣象渟古大兒謂甚類南嶽諸寺元豐八年七月米元章和仲殊詩親題壁間方丈後有法雨泉葉少藴爲之銘又其上有韶師石室雷雨作不果登時諸僧皆出匆匆下山避雨於林奉直振白雲菴稍雨霽遂歸中道復雨衣履盡濕至砥村靈巖遣人來迓己卯欲游杭塢雨大作而止辛巳同鄉老下山行二里

觀韓王墳欲歸登舟過寶華而天氣晴和忽有游杭塢之興遂與大兒呼車往焉約十里度小峴嶺入唐子明侍郎墳菴又二三里至白馬寺窣窿禪寺（景德中寺碑云南梁天監中取梅梁於此因白馬之莫而得唐會昌六年置禪寺）飯訖行數里至墅里又數里過支塢嶺遂至法華院本皆荒山中官利州觀察使李中立造塋於此捐家貲數千萬創精舍十年而成四山環抱宛若化城三門爲閣七間華麗擬宮闕其間棟宇甃砌種植皆稱是門外數百步即太湖極目瀰天之浸裴徊不忍去飯茶於塔院登候

李之丘讀孫仲益所著銘主僧具飯投客館壬午發杭塢約十里入寶相寺風雨交作行近一里至梅舍訪鄉人張氏運屬公之子德遜置酒留宿癸未晴德遜留再飲而別出門僅半里即太湖近岸水纔三四尺稍深者丈餘聞湖心甚不深但水聚而瀰漫耳登舟值西風揚颿極駛望洞庭諸山恨不一往移刻入胥口遂至木瀆平生未有如是之快也行李船尚在靈巖之下即往就之至圓通菴再約范至能會石湖復掛帆而東及國至能未來梨花金林擒緋碧桃盛

開與伯氏徧賞遂游楞伽治平寺主僧房有日觀稍佳門外八角大井覩石欄刻字云隋開皇十年楊素開素初平陳徙吳郡於此近地尚有新郭之名其後吳人不安之復還今城云薄晚至能來望夜月色如晝乘小舟入石湖之心風露浩然登岸杖策度行春橋（石橋極壯大）次度越來溪橋新修歸飯煙波亭飲農圃堂此飲此樂未易得也夜分乃寢甲申大風至能具飯訖同跨馬游橫山寶積寺寺亦唐餘本朝祥符中賜額聞丁謂當國念其貧故畀此名有五代時吳越

國碑稱寶大二年亦足證錢氏嘗改元矣寺旁乃唐致遠先朧五代以來接續葬一山平江世家惟此爲久次登上方教院在山之巔即楞伽塔也望太湖瀰漫石湖僅如斷港有隋大業四年碑字畫類虞書小酌御風而下回望姑蘇前堂周遭城基故在至能畏風不果登登後臺而歸二臺相距甚近但隔楞伽治平寺至能辭還城復侍大兄絕湖入境約十五里游寶華寺未至二里捨舟而徒及門已暮夜宿焉去靈巖止十餘里乙酉早周覽寺宇修廊華屋吳中之名剎按碑志本梁天監中西城僧銅鉢和尚卓錫出泉今在寺左百步深纔數尺大旱不竭寺高泉低爲石槽仰而注之僧有衆寡恃以給用齋前流多齋後差少茲其異也舊號知顯寺紹聖四年樞密林希請爲功德寺遂加慈嚴之額林氏墳在寺後數十步又數十步即葉清臣內翰墓夢得左丞之母亦葬此飯罷命車登堯峯中道有半峯亭蔣堂賦詩今廢雍熙二年乙酉大理評事知縣事羅處約記云昔在帝唐以洪水肆暴吳人族遁於此俗呼免水嶋蘇帥錢傳璙易名堯峯唐天復以後有僧惠齊姓朱氏郡人也結精舍於此山下名魯鳩山蔣堂所居既死葬焉此寺乃舉其香火蔣之奇壬子歲留題數百字尚可辨寺有清輝軒碧玉沼寺左觀音巖石象佳白龍洞俗云通洞庭多景巖寶雲井井在寺左山頂人以爲難皇祐四年長老顯暹所鑿蔣堂有詩偃蓋松二鐵塔妙高峯下視空曠東齋敞甚晚同長老了念徧覽畢由龍洞觀音巖而下蓋寺後路也復至寶華飯寶林軒修竹參天極可人飯罷登車行二里至環谷乃王珏總領之居園亭池沼花竹奇石環繞其屋珏字德全介甫之後乾道元年年五十三失明罷歸相者告以其亭某所而已珏不見也又里餘復登舟觀吳王魚城城在田間當時養魚於此基厚而方其高二丈博倍之中爲田百二十畝今屬練墟趙氏土極細故久而不壞欲訪顧野王墓不果遂自石湖入少府港歸盤門舟中已昏暮自寶華至此三十餘里丙戌黎明別大兄過崑山丁亥夜抵崑山丙申挈家登舟隨潮宿怡亭丁酉早過閶門與大兄同游虎丘夜宿寺里長老希範戊戌登觀音殿几案四壁

皆石也觀試劍石憨憨泉點頭石晚移舟過楓橋四月已亥朔外姑仲賢置酒爲餞壬寅次無錫癸卯次常州訪周德友運幹其子煇示近作一卷乙巳以小舟挈家趣宜興已酉同大兄至臺莊祭外氏墳甲寅挈家登舟過溧陽縣三里宿乙卯行七十里至三塔院院在水中有元豊中劉誼所作記三塔者相傳僧伽過江造塔至此爲第三耳寺宇弊甚有寒光亭可望湖二三年來亦廢又三十里至鄧步（隷溧水縣）有數十家及稅塲又十里至東垻亦數十家丙辰雨意甚濃

時時洒塵程悉之運使先論溧水宰備車乘相待洎疊移時乃登陸天氣稍霽行十五里至銀樹（亦有一二百家若水泛則自此便通舟）又六七里至雙港口復登舟約十餘里至固城湖日猶未晡蓋數百家之聚也登妙知庵晚與庵僧散步固城之上父老謂之楚王城其周數里地勢甚高丁巳同大兄肩輿五六里至禪林山惠照院啓天申節寺僧云相去二十里有游子山儒童院蓋夫子游學之地不記圖志所載云何歸舟解維度湖水纔數尺然亦瀰漫其中多菱葑凡三十里至石橋頭入溪港（地名石橋而無橋）約五十里至太平州河口兩岸多民居溪流不甚濶煙樹如畫稍前即永豐圩（八十四圩共之）夜泊黃池鎮距固城湖已百一十里而商賈輻湊市井繁盛俗諺有三不如謂太平州不如蕪湖不如黃池也已未至小濆淮登岸入棲隱寺弊陋無足觀又十里至郭城登普化寺遣人先往隱靜借人轎遂自別港約行二十里泊新林小商十數皆以船爲家登岸三里至小市有民居酒坊及韋察院祠宇者云與於後唐同光中庚申早隱靜人至挈家行十里

至寺五峯不高而形勢環抱本梁朝杯渡禪師道塲禪師謚慧嚴寺名普惠蓬廡傑閣江東之巨刹隷太平州繁昌縣寺後三百步碧霄峯下有泉出石中流入寺瀕瀕有聲且給烹煮灌溉長老行機台州人頗爲僧徒所推有衆三百飯罷瀹茗泉上聞登山則見巖洞之勝初暑不果往歸寺登禪傳閣徧歷齋舍再飯訖出寺觀卓錫泉夾道林中王孫纍纍然行近里許至夢堂前上藍長老彥岑在焉又半里至杯渡塔乃升車由南陵路行十里落路過趙家步已見星矣

早來先移舟於此辛酉舟行十餘里近南陵縣午時
挐家入行衙為避陸計壬戌風雨顧夫亦未齊為留
一日縣西二十里有工山遠秀拔縣南六十里有呂
山圖經云孔聖曾游置書堂於此見有石室其山南
石縫內泉水湧出流於漳淮（去縣三十五里日孔村落路五里至石室）癸
亥早飯敬亭山（去縣三十里）山在宣城而名在此當考過
孔村（土人無此姓聞專以夫子得名）晚宿隔口何氏酒坊（去縣六十里）甲
子早行十五里路旁有泉甚清尋伏流而去次至燕
見礲上山數十步有石洞刻云劉公巖又二十里飯

水爪塘徐家店又十五里見游人來者憧憧問之云
半月來樵夫新得一洞深數十丈其大如數間屋有
石鐘等而近時人皆不知惜乎行李已過不及一游
晚至青陽望九華如見故人館於妙音禪院乙丑早
發青陽二十里至長橋回望九華甚奇路旁復有泉
自山石中出飯葉氏新店即鐵務路口去縣已三十
五里至齊山從者告疲携家入寺登覽投宿寺中壬
僧智瑞丙寅早入城館司戶廨中報謁程倅同登拱
翠亭望溪山李庚子長改其名曰如剡蓋用李太白

秋浦歌云江山如剡縣風日似長沙也又登九華樓
蓋城東門也丁卯張知彥胡宣叔共置酒常平司初
食鰣魚是日大兄獨游雲光寺江祖石戊辰早發池
陽飯十八里店又十二里過紫巖民居稍聚即產紙
之地有紫巖大王廟又十五里至柯村東流縣境也
凡三十里乃入建德縣界五月己巳朔早行二十里
過白面渡又十餘里飯烏楓潭又四十里宿藍橋張
氏庚午早行二十里飯石潭稍前有仙女井撫掌則
觱沸俗云仙女喜也按圖經去縣三十五里留山頂

有葛仙壇相傳葛真人煉丹得道今丹井尚存而好
事者因有藍橋遂傳雲英事自石潭四十里至建德
縣館於行衙其前石山蒼翠謂之後山以縣治正倚
此山故也山頂有朝峯亭梅聖俞作宰時常賦詩今
廢又有蛻龍巖晚同大兄散步山下有青山文殊東
庵三僧院相連接皆無足觀辛未早行三里過堯城
渡方輿記云堯南巡至此又縣北二十里櫟山下有
舜城古老云舜南巡至此又縣北六里斷崖石壁之
上有印文圓如馬蹄兩兩相對圖經云許旌陽逐蛟

至此所留也邑官送別二十里地飯三十里之楓門嶺晚宿遶山去縣已七十五里地壬申晡時抵石門市爲鄱陽西尉治所乙亥早發石門游道傍南臺院破敝無足觀又二十里飯車陂又三十里過童子渡相望有小山俗號童子塚其說謂九女溺死甚不經又二十里宿觀岡丙子早行二十里飯三口又二十里有居民百餘家謂之四十里店又二十五里落路過薦福禪寺避入城人事之勞也寺葢古刹所謂轟碑者其前即東湖方丈後大竹中有青亭甚佳丁丑

晚登舟壬午至餘干江口距邑尚十五里自此順流而下溪水瀰浸田野皆爲陂池癸未黎明至鄔子寨入湖巨浸稽天非丙戌經從之比未後將入港湍流不可泝復行石磯湖約二十里穿小竇達于港繫舟蘆間四無人煙彌望皆水是日過湖畧無風濤有小蛇昂首引舟抵岸乃回戲作小詩云萬頃湖光似鏡平蜿蜒遂得導舟行從來仕路風波惡却是江山不世情乙酉風雨不止水益漲入池口趨寂照院僧言院與於天祐十五年戊寅舊名資福仁宗治平中改今名丁亥風稍定解舟行數里望大門院在水中椑小舟往游至則破敝將傾一僧出門隔淺水遥語而回稍前涉高機湖菰蘆之塲皆爲水沒野鼠無數被浸灌依聚沫而立晚泊徐汊龔師差小舟來戊子捨鄱陽之舟以小艇乘順風而行晚泊龍沙章江禪院挈家投宿己丑飯罷挈家游秋平酌淺沙泉遂過列岫亭入報恩禪院長老曉林眉山人蘇後有鐵文殊像甚大歸入景德禪院觀銅佛鍾傳所鑄也登閣閱望庚寅移舟滕王閣下挈家登閣上如遷喬木也

丙申大兒先乘舟歸廬陵六月戊戌朔己亥舟行泊蔣家灘庚子早行十里過生米鎮又二十餘里泊曲尺湖辛丑行二十里至市汊又十里泊稈堆步相對即龍霧州癸卯至豐城甲辰早行縣官送別李家坪距樟鎮十餘里宿乙巳夜至臨江軍戊申早移舟慧力寺下携家少休江月亭午後解去晚宿永泰寺己酉宿青泥庚戌早至神頭之龍安寺辛亥早移舟入邑壬子早過江癸丑早發新淦甲寅晚宿硤江灘下乙卯晚宿敖山丙辰晚至元潭登覲觀古劒其長尺

餘頃之地江復行數里丁巳抵白沙戊午至吉水縣晡後解去北風微作猶移時方能上滑石灘宿墨潭庚申早挈家入宅

廬山錄

宋　周必大

丁亥三月乙巳過隆興府丙午晚泊吳城山下廟登望湖亭春水未生汪渚歷歷丁未舟人賽廟畢解去自此入湖掠珠溪神岡左里廟皆不泊湖中多沙山望之如雲廬阜青蒼冀欲招隱耶未後次南康軍僉判趙無悔相訪別適周歲矣借虞兵陳宣前導出西門諸峯橫陳瀑布中瀉寒食節遊人布路約十餘里至開先寺長老不在同西堂元湛上漱玉亭觀石柱

間東坡辛巳四月題名開先舊屋惟有此亭其上即石橋又其上瀑水落焉瀦為龍潭旱歲祈禱頗應回觀僧堂即南唐元宗少年書堂也古碑一空魯直院記偶存耳寺之東山別有小瀑號馬尾泉其餘境物之勝僧徒皆不能言要當按陳令舉之記以次旬搜訪或可得其四五耳飯罷日已落急命車南訪歸宗寺出簡寂觀路口以迂僻不果入行官道約十里將至寺先渡鸞溪橋酌一滴泉躡支徑過水礁循溪源有大池縱廣十丈甃護皆以石又其上則石鏡溪聞

刻魯直三大字曠黑不能視獨題歲月於王龜齡待制詩牌後溪上直紫霄峯鐵塔在焉村民以二三月一往採茶約十里云自此即架石渠導水長至二百丈最爲奇特此外舊物稀矣秉燭入寺寺在金輪峯上霄峯之下上霄者秦皇漢武帝所登也長老名曾樅閩人同謁王右軍塑像觀墨池又有鵝池恐僞南山至此已十八九尚有康王觀谷簾泉在一二十里間遂轉山北入江州界矣兩路別峯號黃龍是爲湯泉有寺幾廢云樅作果供二鼓就寢今日之游雖匆

匆而藍輿中遍觀山面所得爲多恨不能詩以識之戊申聞五更鐘即蓐食以火炬夾軍而歸初甚雨無從假蓋已而稍止至萬杉院天始明頃經焚蕩尤貧乏同長老上散珠亭即舊滴翠亭也雨復作亟過棲賢路稍崎嶇然不妨觀山也約十餘里至三峽橋觀黃門所記殆非誇詞恨不遇積雨怒漲聽耳下觀橋柱余靖元絳皆刻姓名自此行石衢至玉淵亭澗水披石陡落滙爲一湫雪濺雷吼不減三峽又數十步乃至寺山林陰翳棟宇零落如蹈無人之境升其堂長老妙徽方出嘉州人也同至五老亭古碑多燼於火而周無擇愛堂銘獨存堂今在菜圃後僅存階梯按記文唐寶歷初李渤捨宅爲寺云開數里間有楞伽折桂諸小院乃舊屋楞伽即李常公擇山房有其妹墨竹追歸不能徙出棲賢行十里得官道入羅漢院雖免火厄而主者非其人坐觀摧敗略不支補惟藏殿尚如舊內外皆石柱刻龍甚之承平時民財既富濟以國力固應如此又十里入北門江行圖欲登落星寺而泉客在岸應酬移時日已過未遂解去晚

泊女兒港己酉早昏霧辰後方解而北風作過大孤泊黃花洑風止過泊樟汊口頃之風稍息行數里浪勢未平家人輩驚怖復掛颿回漳汊昨日若過此天氣則少留落星再遊廬山矣

廬山後錄

宋　周必大

十月乙未朔壬子次南康軍水殊未落入泊槩中癸丑欲游廬山值大雨乙卯拂旦出西門過開先路口數里由別徑入簡寂觀宋陸靜修故居也其旁有獄廟守者云先生煉丹井已過田步訪之深三尺在田間酌訖乃至觀中陳賢良記云觀在白雲峯下其間一峯獨秀曰紫霄其北又有屏風山其前一里有雞籠山觀門有朝真閣今廢殿前有先生醮石亦名禮斗

石道藏石刻銅天尊像石磬白雲樓西澗懸瀑落於廡前甜苦笋間歲一生相傳先生手種者邂逅章續與之同過度仙橋記云許堅聯衣石澗中間道士則云沙石湮埋久矣進觀連理樹次至先天觀次至祥符觀舊名靈溪記云三武士嘗棲溪側漢武賜名齊朝修創南唐重修今石衢甚廣而屋宇極不振自此數百步即歸宗禪寺縱老來迎飯而後行道中有三將軍別祠即所謂三武士其名曰唐建威李德及宋刀雲正廟自歸宗登山纔里餘又其上八里則紫霄峯峯頂有鐵浮圖九級藏舍利遠望如枯木而晉梵僧耶舍亦有墳在其衢又三里有謝景先草堂乃杏林故地天氣未佳且無向導不果徧游杏林者後漢董奉活人疾不取貲使愈者人植杏五株然奉自有太乙觀在山北或曰杏林在此而上昇太乙觀耳記又言歸宗後峯半右石室中有夏禹刻字僅百餘人無復至者過歸宗望紫霄峯亦有瀑布行官道約三里入小路訪栗里求醉石土人直云此去有陶公無栗里也屈曲行三里遇數道人草菴背有嶐古潤醉

石在焉仰覷飛瀑披大石而下甚爲奇觀石有坳處俗云陶公枕痕也又指若虎跡者其說尤荒唐嘗記前人題詩云五字高吟酒一瓢廬山千古想風標至今門外青青柳不爲東風肯折腰惜乎不記其姓名餘具記中久之復出官道訪謝康樂經臺或云地屬皇甫道人已樊之矣次至黃龍靈湯院敗落特甚而湯泉固自若或題東坡和可遵絶句于壁間又十五里落路數百步至康王景德觀對天柱峯倚凌雲峯兵火後殊草創其西有四庵一院相去不遠而記中

無所取故不往夜宿山月軒下臨大溪簾水所注也終夜如大風聲丙辰早同道士喬大和渡溪入谷五里至舊觀基（記云隋闕皇徙）今爲萊圃又半里至能泉院破屋數間而已又十里至萑氏茅屋蔬食畢望簾而進此陸羽茶經第一水也熙寧元年七月夏倚所記信而有徵言過石磴路甚危蓋鳥道緣崖其下即澗壑叢草木蒙密須盡芟去乃能徐步耳倚所謂平石可坐數人者正與簾對過此則大石散亂不可行予跳躍其間從者皆驚遥簾濺沫噴人如霧雨毛髮凛然

水初東於石硤勢猶未廣既而散布傾瀉雖冬深水縮猶爲十餘派關山後乃開先路豈非與山半之瀑同源耶谷中若用兩壯士挾山轎則可代步然屢涉溪流春夏漲溢亦未易進也今日予皆徒行幸天氣晴和歸路方有微雨囘至山月軒道士喬大和猶未飯且言嘗有雪覆谷中不知也去觀五里至荆林寺是爲山北九州境大風人不能立晡時至侯溪而入圓通崇勝禪院古有侯氏故以名溪長老不在首座祖勝瀘川人可與語同過叟古佛塔謁西堂修誼故

人惟訥之兄也東塔廣福院相去二里寒甚不可往步至磨院風益甚或云寺前山中有風穴故多風飯罷登至樂亭（在法堂后）觀李後主及昭惠后畫像訪清音亭兵火後偶餘此亭乃摧壞弗葺惟石渠二百五十丈尚無恙夜宿寺中丁巳早謁圓通殿（舊但樟木觀音今亡乃設釋迦觀音文殊三像於中而環以二十五圓通）會食於東軒出門望馬耳石耳峯方出昨夜疑大雪今日天氣乃稍開晴過廿泉而至七里舍落路飯廣福庵庵泉水即石門澗也同主僧慧辨行百餘步訪尊勝庵下有大石高數丈長

如之中若剸裁可過二三人謂之石門相傳古有僧誦尊勝呪而石開遂以名庵庵對仙步峯又數十步至保寧庵三面皆出其南石旌峯在焉此三庵皆沿石門澗激水碓茶資其利次度橋上雙龍庵雙龍謂錦綉澗及庵傍小澗過此直上天池凡十五里或云兩旁遍謂之綿綉谷蓋春時山花盛開望之如綿綉云山路峻甚每三四里輒爲亭以憩凡五亭第一亭跨澗頗雄偉行至半山有處州道人草庵在綿綉峯下指其旁以爲竹林隱寺游人或聞鐘鼓聲按山記

云香像毋北名阿那衙內有寺暮時聞鐘梵而寺隱不見其旁半里有羅漢巖亦阿那寺之類而近世誤謂之竹林耳（山南眞有竹林寺）由道人庵而上路愈岐每數十步即回視江淮無遁形者過第四亭有大石麥盧而出可坐數十人百千里畧無障蔽（俗呼四望石以山記攷之亦非是）平視一峯上有巧石（俗呼香爐峯以山記攷之乃在東林化成路）亭午至天池禪院雖鑿二沼其涸可待所謂天池今不可到號曰龍潭在鐵船峯下亦有黑龍潭祈雨則至焉長老不在同首坐道徹登文殊亭下視鐵船峯望石

門澗自山委蛇而出直達於江然則尊勝庵之石門非水源矣院有崇寧間西天僧金總持像及貝多葉梵書數十牌支佛牙觀畢回道徹謁隆禪師塔其旁即定心石也（記中下有望仙臺）道徹指其前一峯爲十八賢臺未知是否新羅巖草深路迷不能至歸院日方斜復度嶺行二里許至王簿塔洞視空澗又非第四亭而上可比東西二林歷歷在眼而江州壘壁巳可辨有九十九峯擲比磬折如城堞然王韶觀文葬其下此登眺最佳處也稍前至佛手巖雪花滿樹磨門尚閉乃知昨日大雪今日驟霽望南山雪氣猶未散賦小詩云十月頑陰不見山山中一夜雪封庵伊予的有尋仙分日照北山雲在南聞每歲自九月便有雪至三四月乃消去巖石空洞不止容百人下有泉水道徹云巖上立峯如指故號佛手近爲野火焚裂矣緣巖後細路數百步東望一峯即舊峯頂院今廢或云其間方是錦綉谷達於平田又下視磐石相傳遠公講經臺也自佛手巖一二里渡小溪乃至大林寺遭野火僅有基址其額爲教練者徙寘墳菴併令一

僧據其田人無知者予按白樂天詩心實慕之物色乃能至其旁小徑即下山南棲賢路也地在山頂而反平衍謝靈運詩云冬夏共霜雪其高可知予作予大林詩云上盡諸峯地轉平天低雲近日多陰古來南北通雙徑此去東西啟二林虞世南禪從泯沒白居易序合推尋康廬第一金仙境忍使如今遂陸沉黃昏歸至天池禮文殊求燈閃爍合離或在淮南或在近嶺高者天半低者掠地又賦小詩云代馬腥膻暗五臺南方世界且襄回傳燈便是眞知識不用犇

波學善才是日雲散日出寒燠適中甚愜素志山中薝蔔花全類蝴蝶又有萬年松羅漢綫菩薩石（卽記中所謂白石英也）戊午早同道微望羅漢巖卽下山山上微雪山半乃爲雨矣由石門澗出官路稍前卽岳家市（岳飛葬母於此故爲市）自此可上化成不惟足力有限又山記止言石盤之美而樓閣已非昔遙睇而去回視文殊亭渺在峯頂王簿塔儼如枯木佛手巖星彷彿可辨始嘆昨日登涉之不易也午時至林口寺（謂二林之口）過杳谷慧永禪師將入西林寺卽慧永道場也流水濺濺

循堦除賞翫不能去寺不經火但不葺耳牛僧孺書寺額佛像獨被冠纓訪水閣院已廢但存浮圖七級次至東林晉慧遠法師道場法師鴈門人於是寺前方與鴈門市虎溪在寺門之外山記云清溪有亭（今廢）牛僧孺太和四年書神運之殿（今殿非其舊）南唐元宗題神運木（今亡）流泉匝寺下入虎溪殿後白蓮池晉輩（或云政和間太守狀之）經藏院白公草堂雙玉澗明皇銅像（今作傳大士裝飾觀其豐下眞明皇也）唐壁畫等（今亡）上方舍利塔（有南唐保大碑在門首）顏魯公題名上方之外虎跑泉（深入九尺）五彩閣甘露

戒壇（今亡）其西石磴三百級（岳飛母拆砌墳）漪翠亭（今亡）殷仲堪聰明泉佛影臺（今亡）晉朝三杉（亦爲岳飛取出）是寺最爲古刹而兵火中巋然獨存入門樓閣華煥宛如仙宮長老本然自號混融師宦族也共飯畢同訪遠公塔次至照覺佛海二塔歸登五伯羅漢閣望諸峯閣下卽內三門也出東林二里至廣福院本大明公廟（保大五年陳元裕撰記）靖國元年封清公眞人記云眞人姓匡名續字君孝出自殷周之際居此山或云受道於仙人共游此山人謂其所止爲神仙之廬因以名山或云匡裕

漢人漢初封越廬君故曰廬山次至太平興國宮街衢門闕氣象清華劉越石高三四尺根植地中在宮門之外仙鄉亭廢矣宮倚聖治峯正殿惟設採訪使者像其後乃太上本命殿兩廊繪使者變相儀衛次以五百靈官又其後有雲無心堂臨流水可愛道士皆星居有劉烈者號虛谷先生嘗進易解云知宮留宿不果登新創鐘樓而行樓名景陽華麗殊甚日落至清虛道人皇甫坦庵飯罷館焉坦被遇太上結庵撥雲峯下自言兗州瑕丘人久在川陝嘗遇朱桃椎

善布氣時時書字决人禍福或云年七十二山中道士言其顏貌已不逮二十年前矣近損足未能步而茅山張椿齡亦被遇太上今年亦得此疾異哉庵側有泉太上題曰神泉又爲閣以藏御書及像設已未早皇甫道人再具飯飯訖行數百步至雲溪庵即蓮花洞也側近云有數廟聞不甚佳自此若出官道則過妙智院及蛇岡即郭亭湖神分風化身之地予欲趨太乙宮或謂小路差近乃過擊牛墩皆茅峽峻嶺亦六七里方至眞宗賜名大中祥符觀董奉上昇之地大梁二十一日已記之其事出葛洪

神仙傳觀在蓮花峯下不經兵火有昇元大年韓王知証記是時猶謂之廟保大十二年記則爲觀矣宣和二年封奉爲昇元眞人觀中猶種杏前殿一株甚大其後又有種杏軒春時不妨宴游也先道士蕭惟憶年七十餘未嘗出門視其貌蓋有所養者自觀五里至禪智院對雙劒峯稍偏正對山之外白小石榴峯以其爲舊屋故游焉記言院後有綠野亭忘記詢問進至雙溪寶嚴禪院再飯同長老世顯步過雲慶庵記言因流泉爲池多畜魴鯉今僅存坳窪耳假世顯之驢令庵僧致康

前導過寶積庵殊不葺治但有程公闢師孟詩刻訪白雲亭已爲王秀才治冢其上拔荆棘尋所謂磬石鳴泉久之訪見泉石誠佳而又北望湓江宜陳舜俞以爲山北最佳之菴此去江州纔二十餘里山北之境盡矣跨驢五里上吳章嶺亂石聱牙頗亦險峻嶺春分江東西兩路界過界便見五老峯是爲山南嶺下有小路至智林淨慧院昭德觀會日斜僕疲乃由官路過大富莊至相辭橋俗云蔡李二眞人相別處也已昏黑秉燭行至尋眞鋪風大作入小路二三里敲觀門道士

疑爲盜久之方出眞誥言廬山乃元辰福地而此觀爲第八詠眞洞天五老峯正在其後而倚香爐峯記言南北山各有香爐峯庚申登採訪使者閣望五老峯記言漢武築羽章館於屏風疊下臨相思澗今五老之峯疊石如屏障蓋其故里自閣而望相去若在百步間廬阜之甲觀也爲題其榜曰雲錦閣李太白屏風九疊雲錦張之句云五老第二峯即獅子峯與九疊屏相連山無草木曉日照之殆如赤城自廊廡望之則奇姿巧勢尤不可狀龍潭在觀後一里水作琉璃色其中

數尺正黑知觀湯善翔云深數十丈盖洞天之門云潭上有龍王祠疑即記中所謂綠淨亭也已初借善翔小驢令四明徐道人前導過永福院舊名雲龍煨燼之餘方稍營葺次至疊石庵盖近世僧德正所創門外大石長數丈復壘一石前眺江湖宛如池庵背即五老峯乃几案間物陳舜俞所未見盖後來庵宇之絶景也次度華嚴石橋華嚴院今廢次至折桂院今名護寂折桂因唐李逢吉得名記言山名幡竿源而土人不知登南唐惠濟禪師石塔有巢雲軒而記

不載不經兵火氣象便可愛前有僧房可望湖而不見山次至解空院其旁聖果院已廢次至谷源庵地形甚高面對重湖記言疊石奇偉豈謂德正之庵耶後有幽泉但屋弊無足觀者自此爲折桂小童指路迂枉忽下峻嶺木葉被霜滑汰幾不能移步至雲臺庵乃得平地庵後石崖如記中所載次至淨妙院記云古名青牛谷即楊衡所謂隨雲步入者儼然如造仙境門外數十步回望五老及他山如圖畫几此寺觀庵宇大抵環繞五老峯每至一處山色峯數輒不同造物之無盡藏也獅子峯尤肖今日但少雲氣飾之次至承天白鶴觀唐混成先生劉玄和故居舊屋偶存獨無廊廡唐杉圍二丈在門内問東北木瓜庵道士不知觀前百餘步出官路過三峽橋遣從者先入棲賢獨與徐道人携二僕復由小路爲卧龍之游初過中興庵（即舊禪靜院）次寶慶庵近各有一道人主西澗即劉凝之庵無知者既過澗徐道人迷路度峻嶺踰棧閣遇炭窑方知路旁得一夫引至上假臺即祖教院亦無僧行自此又盤一嶺至卧龍新庵有江州

蔡道人主之復行半里過舊菴基沿澗乃至其處蒼崖之下怒瀑淙擊高十餘丈與九華山雪潭爭爲長雄凡陳舜俞所記一無誇詞今日不憚崎嶇險阻凡以爲此未至而悔既至則樂以忘勞焉舊庵隔溪巖石層出嶷如百疊之雲中有流泉注于澗亦一佳處也望五老峯甚近香積院在其下業留從者於棲賢遂問歸路數里至出遼庵今爲尼居主者覺殊鄙人壁間舊刻馮宗詩盖嘗讀書於此庵前度溪至上塔記所謂域眼禪師石像如生者屋甚整潔大竹成

林酌飛錫泉登環翠閣望五老峯背自此下山數里即至棲賢徵老不在藏主可昇眉山人與予同庚為占四韻云我比同年百不能只餘霜鬓愧師兄殷勤覓句無言說共撥寒灰聽水聲寺比今春稍葺但殘僧四五輩不稱大刹飰罷同昇上人過五老玉淵二亭山水不辜老眼而足躄矣遣人至軍城招妻孥來早會此辛酉拂曉自寺後渡澗行里許過百藥灘石岸坡陀道人於此曬藥陟山嶺度茅坰約四五里並五老峯至明眞尼院氷霜滿屨扣門久之方開葢舊

屋也同尼師登凌霄巖巖在地奇石如巖古有僧坐禪其間繞洞別過石門謂之喝石其前一石甚大即記中所謂對五老如賓客者傍有石屏亦可愛出門數十步望宮亭湖橫出而揚瀾左里左右相對落星僅如葉舟惟軍城為紫荆山所蔽耳回過百藥灘分路行三四里入楞伽院亦古屋也正倚朱砂峯舊號白石佛殿刱於保大中釋迦像與西林同李公擇尚書藏書閣在東偏元豐以後留題皆存有趙天啓者歷叙公擇作中丞救蔡確故改戶書云云西廡有東

坡作山房碑又刻南唐佛像野夫公擇及黄魯直皆有題字崇德君墨竹高下校在鐘閣蓋公擇妹魯直母也寺門外即上天池大林路至為險峻老僧惠寶生於元豐八年云自此別有捷徑約一二里過澗入棲賢磨院院在石人峯側又里許遂至棲賢骨肉方來同觀玉淵先是澗水犇衝遇大石上侈下歛懸布濺射極其雄壯濤頭潰湧散為玻瓈色記言沙石萬數古今不塞誠下通於海矣相對有寒泉亭泉自山出按記文訪羅漢巖寶陀巖于僧堂之後皆無知者

山上竹樹間多崖石其下有觀音泉疑自寶陀巖而出稍加剃治必得之其南有小徑疑白雲庵路也飯罷遣徐道人乘驢歸詠眞同骨肉再過三峽橋裴徊久之始知過橋之泉為陸子泉其旁有洗錫大書廬山二字行小路望五老峯了然便道入高遥景德院亦舊屋有元豐間無為子題字老僧年八十二云李徵右書堂僅一里今廢但刻其名銜于石洗滌乃可見進至萬杉院上滴翠亭（餘具三月記中）又二里入開先登漱玉亭度橋俯瀾澗中石含雲母如記所載天寒甚太

守適致餽徧飲從者而行澗外招隱橋近爲寺僧徙數十步而招隱泉無人知者物色久之得於二百步外叢條之後石井依然三酌而歸路口有披雲亭稍前卽古楊梅亭基又稍前當四達之衢卽古四會亭而俗子改曰屏翠矣回望山色奇甚倒載而觀之紫霄峯劍立衆峯之間鐵塔僅如一線將至軍城一里有承天院臨溪湖僧嘗被盜殺三人今遂不振入西門日已暮昔白樂天記匡廬奇秀甲天下誠非虛語陳氏山記北起江州盡圓通乃轉山南起康王觀迄

吳章嶺其序如此予今自南而北與之相反故問津多誤然記中指名奇特處十得六七其餘當路者遊迂曲者畧異時再以旬日窮探極覽可使無遺蘊矣初南唐元宗賜田給諸廢巖故所至有產業中經李成焚蕩十存二三又稅重租薄僧道往往逃移寺觀日以摧毀近雖稍修復而廢絕爲多惟舊屋則氣象終可愛舟中賦四韻云南北周廬阜東西徧九華宴安無酖毒痼疾有煙霞淡薄村村酒甘香院院茶馳驅君莫厭此出勝居家壬戌五更雪打蓬平明出別

郡官望廬山已橫白練欲解去南風作章德象游落星詩云來游未盡登臨興且喜南風阻去船殆爲予設飯罷遂携家棹小船往焉寺去軍城僅五里水乾則路通今歲尚深丈餘按圖經石高五丈周回百五十步九江記云尋陽湖內隕星化石上連彭蠡下接潯陽其石圓潔不生草木峭然孤峙獨出水際寺興於唐景福年天祐二年賜額福星龍安院本朝祥符二年例改法安南唐戊辰歲（卽本朝開寶間）宣義郎湯淨撰記云保大中寺僧修葺元宗嘗臨幸僧齋已范文正

公章郇公王介甫平甫程公闢蔣潁叔黃魯直父子郭功甫洪駒父皆嘗留詩文龍圖閣學士吳仲庶（中後）猶酷愛西軒更名曰嵐漪魯直詩云龍閣老人來賦詩謂仲庶也出邑滿眼湖光千里眞世間之絕景又嘗有玉京軒今皆廢但存清暉閣（或云保大中命名）西對廬阜如青天翠屏初至白雲英英起山腰少焉散漫俄復退斂已而山坡絮帽變態不嘗舉酒賞之不覺徑醉午後移坐佛屋之前東南觀巨浸右爲揚瀾左爲左里其中兩山如門是爲鄱陽湖由寺門而望則東

北直宮亭湖西南軒牕對流清山其脊亦有湖汊西北乃軍城也再舉酒而歸晩自舟中望山色不勝眷眷再以小艇入西草湖過東古山下觀釣魚臺鴻雁鷗鷺徧野見人驚飛轉而之流清港上流清庵庵在鳳凰山古殿殘毁慨想承平之遺址回棹巳曛黑過落星閘鐃聲往復殆二十里癸亥早發南康北風微作巳而轉南過左里揚瀾泊珠溪而北風復作去軍城巳八十里有巡檢司及小市登岸北望廬山甲子南風晡時方行四十里至吳城山謁廟畢登望湖亭

猶見廬山也殿左有穴如井異時湖中或損米舟則見於穴中謂之神倉云

九華山録

宋　周必大

九月乙丑朔丙戌入清溪水碧色泊弄水亭入門郎池州州治謁太守同年趙朝散彥博富文提舉常平李承議庚子西通判陳朝散璘同年湯平甫知縣適在此丁亥都統制寧國軍承宣使時四廂俊及其子閤門祗候政貴池宰趙宣教芾司戶袁廸功祖巖趙修武公碩並相候約湯平甫共飯同渡陳公橋淺水橋秀鮮橋遂至齊山山脚揷入清溪石色青蒼可畫

洞穴半出水中泛舟扣其戶而返步登延慶先爲指南環寺巖洞可見者羅漢殿後曰妙空巖在大石中次曰丹砂巖俯僂乃可入片石斜出扣之聲控控然四旁屈曲皆奇石也法堂之下曰蕉筆巖亦名唐公巖有黃大臨諸人題字山之上曰春流泉進窺無底洞歷武功巖遂至觀音巖巖本名上清兩崖對起三面環抱有程正輔蔣穎叔題字右轉登寄隱亭西面皆翠石有小巖刻寄隱巖三字其前有熙寧甲寅重陽日太守劉敞思甫題名東北乃紫微亭故基面淮

南諸山下臨秋浦清溪直接大江眼界豁然又其旁拔起數峯奇甚謂之小九華蒸與上清巖皆齊山最勝處也崎嶇行峽中僅可通人稍前曰大石谷又稍前曰定力窟深不可測又其上即翠微亭是爲山巔杜牧之云江涵秋影鴈初飛此地此時也東望碧峯劒立於遠山之外者九華也南望大山横陳者太婆嶺綠諸峯也北眺州城邑屋可數大槩主山自紫巖蜿蜒西來其左即貴池口輿地志所謂梁昭明太子食貴池湖魚而美者其右即清溪秋浦望之全類臨

安之西湖而一隄隱然屬城亦類蘇公堤此又登臨最勝處也予賦小詩云地占齊山最上頭州城死在水中洲蜿蜒正作長虹噎吸住江河萬里流又天遣江山助牧之詩材猶及杜鈎兒向來稍喜唐風集今悟樊川是父師久之由别徑下九頂洞上有九頂圓如盤覆中頗平廣有磐石可坐嘉祐中因太守王哲易名集僊宮洞後有穴側身可過一小洞也竇穴上穿頗類月巖而其背山上乃唐觀郡樓基王哲易名青霄亭今亦廢其下曰獨秀巖翠壁横峙可愛訪左史洞爲馬軍寨廢限出寺行里許乃至馬實寺之後山也其深數丈可達於外左史謂李方玄景業也杜牧之代景業來守故爲立名而張祐書之又有石燕洞大抵皆石也遊已還寺再登翠微亭置酒時侯趙守致餽平甫賦二詩予次韻云上清别殿舊通明僊聖飛騰戶不扃出谷尚疑窓列岫絶堤始露獄真形奇奇怪怪無非洞下下高高總可亭但把嚔酣酬絶景天風吹面徑須醒相君早日翼天飛晚落江湖事以微好事一時開翠壁佳名千古記黄扉朝遊要及

雅翻樹夕返何妨繁濕衣更得湯休奇絶句後求誰憶謝元暉甲夜歸戊子早至郡齋中和堂登蕭丞相樓復游景德禪寺訪見山堂爲添差路鈐王宗所占排闥造焉見山而已次過天慶觀讀徐鉉碑李煜紫極觀也已後赴提舉司會荷池中有秋浦堂頗幽爽會散出北門二里登貴池亭俗呼望江亭以其見大江可望淮南也亦見九華諸峯亭久廢今方重立歸上南樓南門城樓也正對齊山循城而東有拱翠樓亭隸邑廳又稍前即九華樓三者相望皆下臨清溪

見九華大抵爲太婆嶺所障不能盡見諸峯太婆山極高而其名不典圖志亦不及之已丑赴州會坐中見梅花賦小詞云踏白江梅大都玉斵酥凝就雨肥霜逗癡騃閨房秀莫待冬深雪壓風欺後却嫌伊瘦仍怕伊憐憸嘗妓曹盼頗絜白淳靜或病其訥而不頗臧以况之已夜宿文出家姬小瓊舞袖翩翩往閒范至能云項朝士姝麗有三傑謂韓無咎晁伯如家姬及小瓊也禁中亦聞之又作小詞云秋夜乘槎客星容到天孫處眼波微注將謂牽牛渡見了還非重

理霓裳舞都無誤幾年一遇莫訝周郎顧富文近再醮有所競而設榻於外時候方爲兩解故戲之如此庚寅早欲如九華而雲夢宋宰及歸州助教張掌正相候過午乃能上馬時候差中訓郎趙良弼等同行辭之不可五十里至鐵券山役宿葉薈秀才家薈有子楠登進士第山深夜甚寒辛卯早再赴葉君飯乃行尉亦盡譽二十餘里至青陽縣令成文林寄丞熊從政實褒主簿陳朝立巡檢程大夫同來迓館於驛中尉廨即宋齊丘宅其旁對九華而齊丘之墓在牛

心山下去縣東五里赴陳朝立會以能仁院爲廨傍有妙音院同至縣學登經史閣望九華紫翠千仞造物融結奇巧眞尤物也縣東二十里有潮洞大如卓面而石穴極深日三潮每潮魚蝦輒先出壬辰早同陳薄葉尉趙忠訓出郭十餘里登雙練亭度西拱嶺入龍安院自此徐行歷永安塔虎跑泉過石龍口虎跑嶺此兩處地勢稍高望雙峯九子甚奇遂入廣修院去縣已二十五里院宇頗雅絜寢堂望雙峯憒峯眞人峯蓮花峯是爲五老峯步至上雪潭源高而遠

仰視蓮花峯正如所倚之屏其前即石門水所注也峭壁削成懸瀑十丈怒濤駭浪不減三峽或瀦爲深淵或散爲犇湍雷轟電擊約二百餘步爲下雪潭其間多大石水平布者數丈潭中產石斑魚不常得有瓔珞泉水跳石上如貫珠尤爲奇絕而土人不貴也食罷轉山而行終日觀山面殊不厭約十餘里入無相院有觀音閣對峯巒數重留題而去又二三里至協濟廟神兄弟三人日方晡或謂化城遠不可到遂止陳朝立置酒中坐帥諸人下九華溪踏石涉水以

爲戲葉尉體肥甚獨墮水中溪自龍池來欲訪其源或云路太遠惟禱雨乃至今無識不治不果行終夜如大雨可聽癸巳早遊溪而入至亂山環合處登化城嶺嶺峻窄時時回望諸峯所出殊快心日少休半霄亭巳時至化城寺寺宇甚佳唐時新羅王子金地藏修行之地飯罷謁金地藏塔又在寺後突然一山上常時可望大江是日適爲晴嵐所蒙僧祖瑛獨居塔院獻土產茶味敵北苑陳朝立以翰先歸邑乃同葉旭行二里訪龔泉其傍乃李太白書堂基今爲張

氏墳地自此下嶺過苦竹坑俯視羣山左右對列中有平田氣象極好稍前即寨頭蓋建炎間張遇寇青陽縣官移治於此頗關隘也行近懸橋雙瀑石山對瀉未經名人品題故無聞焉又行至蜃盤嶺而化城峯盡矣化城九華最高處蔣頴叔嘗有悔游之語俗傳十里殆不止此賦小詩云攀蘿度險捷猱猿石角鉤衣屨盡穿莫訝遠尋金地藏也曾徐步玉堦前又數里至龜山一上復數里尤爲險峻有崇壽寺慈寺閣對雙劍峯又賦詩云汪坡綠壁化城中客惱奴嗔我亦慵及至龜山還一上爲憐高閣對雙峯寺僧善修年八十六贈以詩云老僧九十視聽耽二十年來不下山我得九華克法供亦能禁足老山間目尚早愛其景物遂宿焉甲午早下龜山行十餘里入聖泉院泉在院側石巖下號無底泉試之僅二丈蓋游者未嘗測其淺深耳水自巖出甚清駛中有五色石飯罷即行過慕善鎮回望九華橫側高低無一同者又五里至曹溪寺又五里至覺安寺五溪合流於此故地名五溪又五里入大路過鐵券葉元質別去又二

十五里投宿馬牙酒坊二三里有常安寺夜不果往陳朝立自青陽致饋是行自西洪嶺入山蓋西南也終日觀山而既至聖泉蓋自北而出所謂山之東乃山背闕聞有廣福等院甚佳而從者猥衆頗不自由不無遺恨十月乙未朔早自白沙入小路數里遊雲光寺寺亦華煥登閣望六尺圖屏欲少留而提舉常平李察院領客將至留二小詩戲之云來如負弩先去爲乘驄避江祖一片石留伴幽人醉又云作者正七人飲中空八仙長齋詎容醉晉也合逃禪遂同趙

生過江祖與道院主僧行餘置酒訪李白祠堂但有
廢牌在壁角令行餘道至石邊攀緣而下得小舟同
泛清溪水正碧色下淺灘數里至玉鏡潭水自南來
觸岸西折灣環可喜潭深纔二三丈云李白詩云江
祖一片石青天掃畫屏又云溪水正南奔迴作玉鏡
潭皆實錄也塗中占小詩云清溪水色勝於藍祖石
移舟下鏡潭妙絕畫屏并碧玉謫仙不見與誰談晡
回至弄水亭以五盃酌趙生徧飲從者晚趙守在九
華樓上梁就見之

金華游錄

宋　方鳳

己丑歲正月謝翱皐羽方鳳韶卿約遊洞天十一日
辛卯韶卿攜子肖翁入邑與皐羽及陳公凱君用弟
公舉帝臣會韶卿夜賦詩示同遊者十二日壬辰陰
寒韶卿拂曉取道上洛之吳溪過吳似孫續古約俱
行至横溪訪柳時聲父子君用不至帝臣從五路嶺
先過門皐羽繼至會宿時聲居十三日癸巳枕上聞
雨是晚以雨宿柳明府新居各賦一首十四日甲午

陰未曉卽行午度太陽嶺晚泊上坦欲訪雙巖鄭子
有子有聞之先至旅寓邀宿陵雲山房城友葉謹審
言適相遇於陵雲約翌日同至赤松是夕子有出家
藏先資政北山先生遺墨及父近諸賢書帖共觀至
夜分韶卿書北山感雪竹賦後皐羽亦題十五日乙
未曉聞窻外葉聲疑雨起而視之則霽既飯話良父
子有之姪復留飲凝香閣晚抵赤松自源口入一里
許萬松矗翠有亭跨中路扁赤松山舊樞密潛齋王
公埜書今徙觀唐元素易以他書矣沿溪入橋亭扁

金華福地郡人潘纖先篆過橋入三門勑寶積觀額大中祥符元年所賜與殿中四錦旛及獻花四木孩俱今猶存入門而右有堂臨池上爲濯纓堂默成先生潘待制良貴書入而爲松遊亭又入而爲枕流亭觀之前爲臥羊山卽皇初平叱石成羊處也道士王元台謝天與欵宿謁冲應養素二眞祠二眞初起初平兄弟也松下有遇仙石坐其上相傳往年唐公李度有目青寓觀中　嘗憩玆石遇二仙問故采草拂其目遂明且祝曰後　十八年當相見郴州及唐登第授

郴教有二道士過之唐不知者道人曰子亦記松下治眼時語乎既而邀之不知所適方知爲二仙云時部卿病目甚故道士言之爲詳回宿王謝房各賦上元遊赤松詩十六日丙申微陽道士水竹唐元素妙虛王德厚竹泉倪守約房中觀羊石其詳具皐羽觀羊石記中云金華洞爲皇初平叱石處予髫而聞之髮種種乃一至而叱石處復不在金華洞未至洞十五里有山曰赤松今爲寶積觀觀旁祠二仙二仙卽皇初平兄弟是其處也石故在山之巔變怪牴牾宛

然如羊形多爲樵牧及好事者取去道士拾其餘蓄觀中余得借而觀者三處其一在天井東僅十數角嶄然群伏且起狀無抵觸意苔蒙茸若草藉地可近而玩其一並曲池之岸纍石爲山參布伍列犬牙其上臥者十八九伏者十七抵者蹶者十五履險而跂者十三倚而齕跪而乳者十一若觀古藝尊之跡于石形不求全而意自足其一積小坻位置加密跂伏齕乳抵蹶與前變態畧同復有拱而人立者奇崛特甚非前所有道士易以它名使不與群羊伍余曰是

不可易左元放之遇曹瞞其化而爲羊與玆羊之化爲石是或一物也今而後觀玆石焉而遊若脫而休茫乎日與之對而泊不知所求其有不復化爲是物乎道士顧笑衆皆洗寂起立若植以余言爲然故書以啟後之遊者其所觀三處道士曰倪守約唐元素王德厚云石去初平仙後若千年爲樵牧好事所取又若千年爲樵牧好事所取又若干年道士悉能言之於遊者非有繫故不書妙虛石旁有方竹一叢蕭疎可愛堂名蕭間樓有臧筆隸物化二字極佳水竹

留儲王倪各爲煮茗入小桃源路口有小桃源物外洗耳三石刻奇古皆餘杭虞似良仲房八分書未過橋爲物外亭過橋有亭泉上有臺名滄浪溪石皆磊磈水激射爲峭峽爲盤過道士徐南華攜酒肴弁青意王易所書趙元清夢游小桃源四時詩來青意卽故樞密王公之孫名進思官惠院號淳齋善書而好吟以避世立兄子爲子使出贅復分田送其妻歸母家而自爲道士於此南華酌酒滄浪臺榭陰下行至巖扉間新搆小亭名別有天地復酌亭上巖扉有諸

公題墨新種桃梅來道道士周雲巖世昌要會酌樓上石泉之徒王德謙益之携琴鼓再行午從觀右登丹山行窮林巨石間觀丹竈及丹石相傳某年丹光見石上有道人養雞見雞啄丹取之丹卽飛去今立祠與菴祠前舊有老樹並其一中斷倒架上半於其一附着而生下半則偃立不相接狀甚怪奇今爲改祠道士伐去曾遊者以爲言丹山而左稍下有丹井泉極甘冷一徑出小桃源之上抵二仙祠回宿寶積觀中西廡石刻赤松山三大字李陽氷篆偉甚以垂

字從大下作火揭之有火灾故寘不用而存其跡云十七日丁酉雨往欲三洞不可遂入城泊祥符寺待齋取道智者以往十八日戊戌雨留祥符臯羽有塔影霧中深之句韶卿足之十九日巳亥陰入寶婺觀謁星祠登八詠樓寶祐丙辰歲郡守謝奕修改創潛齋王埜書扁今易以他書矣時琴丁夫急所帶奚奴不敢出市獨韶卿自同臯羽訪芙蓉盛太博共談世故晚歸祥符二十日庚子新齋約審言自蘭溪門會于北柵韶卿父子續古審言登七寶寺塔樓拂塔院

至道年碑石遇且庵徐玉汝於盧士安卜肆韶鄉臯羽甚欲留訪諸老以雨餘得齋重於妨衆遂行旣出城遇抑齋劉權院梅居邵深道成齋王玉成於菱塘之東王謝二道士自赤松來西鹿田寺僧懷玉留而相導韶卿賦北山道中衆客皆和晡至智者寺山路有亭扁北山唐乾元二年八月縉雲縣令李陽氷篆書入而爲倚松亭過橋有亭扁靈源小憇亭上又潛齋王公書靈源勝地四大字寘之雲堂後廡寺僧莫之貴也日夕過鳳凰山法清院山形如鳳凰舊爲涂

朗石晉開運二年爲國泰今改法清山西有一怪松
偃蹇如盤龍院僧圓垣云昔潛、齊王公嘗護以闌楯
遊憩其下是夜宿院中二十一日辛丑有徐生館法
清酒狂士也曉起攜詩見贈有鳳凰山上鳳凰翔之
句聯中又以那田鹿化石羊爲對臨别寄謂審言曰
余以鹿比僧羊比道士鳳凰比諸君子寄言途中逃
其語衆皆絶倒從法清而西過故康懿泰國長公主
墳圜未至觀半里有岐徑行五十里至金華觀登山
可至九龍寺上有劉先生講堂劉孝標讀書處也三

洞上爲朝眞中爲氷壺下爲雙龍三石扁皆飛帛書
立下洞口觀有天下名山四大字觀之左爲赦亭所
從入洞路也以山下平地言之此則山巔然而迢遞
寛衍觀之前居民成聚則此乃洞天之趾爾雙龍洞
口石室明淨坐可三二百人仰視石室紺碧其隱約
可名狀者爲雲物爲仙桃爲道人比肩而立龍首見
其左而尾懸右石壁上又懸石至地獨黃色俗呼呂
先生藏身霞衣挂其旁有北斗星窠洞穴如蘿㵎水
淙淙從中出即流入右偏暗出洞外溪㵎衆束炬揭

裳傴僂踏水入内洞凡三數丈首背皆擦石舊臥小
舟而入今敞漏闇水際既入復虛曠如外洞水從右
流莫測其淺深執炬者一一相指告見蜂窠石水蛙
石石鍾手擿之鐘聲仙珠纍纍貫巖上石門限雪山
山前雪山後雪粱之皎然仙笠懸巖石石鼓擿之鼓
聲有形蜿蜒頭角鬚尾凡二屈蟠隱見爪尖皆白石
如玉所謂雙龍也猶一獅子一頭足尾其額有珠大
龜黑色白蛇斜繞其背首入甲下奇甚華格一霜蜓
粲如繁霜有卷石小竅指面大有水正滴竅中名仙

人硯滴候片時纔一滴仰視洞中他無漏泉獨此爾
浴室石榻三足蟾懸鍾寶蓋如名刹講臺上所設而
加高大海角虎蹲立雲霞五色欲飛極裏從暗處俯
伏遠望洞口水中所從入處僅一小隙透明如十五
夜月名仙人望月又大象足二小一仙桂水波石粼
粼然大者如浪轉雪山後而左爲滑臺爲池爲田畦
町高下可數仙人推衣横十數丈衣純素袪褻襞摺
皆天成又仙人眠石方整可臥仙人帽口月二宮復
從㵎口踏水而出凡洞中所見不假一毫鐫鑿而形

狀自然其妙處殆不可言也登山幾半里至中洞洞口視深處乃暗穴但聞瀉瀉水聲東數炬相後先若入井然稍斜向內衆魚貫而下石滑且險約三十丈至水簾自高巖噴出下有巨石盛之即不知水之所往水簾出處前有懸石如鍾又如飛鳳視水簾以下復沉沉深黑人多不敢復入臯羽毅然揚炬而前韶卿續古從之由水簾之右轉而深入巨石無數回視水簾乃在目前愈入愈深下復無水有石筍入空曠中高可三四丈色瑩如玉從石筍而下極底有石室

燥潔曾遊者留題在焉回至水簾漸可望明而上不如入之險也然不能深入則不得盡其奇來遊者率望水簾而止尔又登山二里韶卿父子臯羽續古倩兩山童買竹薪束炬至上洞入洞而右為觀音洞從巖罅越石限而入展轉愈高扳援至觀音前其石像天成垂衣伸一足如土偶者但高入巖罅以炬燭之僅得其半而胷與面莫盡見也旁有潭深不可近名觀音井又名龍潭復路出從大洞正面而入歷三數坡陀其石上雲霞波浪霜雪屋室之類皆不減下洞所見洞口天日之光斜射洞中石崖上淡如月色奇甚內有石梁高挂深可二三十丈白龍護其左蒼龍護其右又入有天池深廣四畔峻壁不可下池之裏有崖如兩扉而啟其一極黑暗中遠望石扉啟處天光下燭蓋洞天漏明而人莫知其處名一線天既隔天池不得復深入也雙龍洞口題名石上韶卿賦三洞云金華北山三洞天垂髮欲往今華顛春風吹衣雨洗屐瘦笻忽甚蒼山煙山高地平走幽澗根絡石上森楠楩步從飛橋瞰石洞厓色閱世知幾年風痕

霧迹化異物龍首昂左尾右旋就中暗穴如墓賬急水瀉碧鳴媧絃邂流束炬照徒涉肩皆擦石行拳挛水窮路夷內景得以炬交燭窮幽玄細紋蹙波湧振接皎彩凝雪飛霜鮮大為獅子虎犀象瑣碎亦復蜂屯然蜿蜒雙蟠角尾具一一玉爪拏蒼堅窮龜負甲色深墨長蛇白質相縈纏鐘能鐘聲鼓能鼓不假縱簴知誰懸直檽斜檻藏洞室短畦長町移原田青雲白霓五色霞咲盡敗努留丹鉛中途經過最深窅伏身低跳洞口泉空明一隙隔遠見秋蟾浴海光嬋娟

左巖袈衣頗橫亘疊摺衆皺番蝙蹮自餘神怪不可
極似鑿非鑿鑄非鑄出登山腰叩中洞外覗石井嶴
潺潺入深踏險思𢱟綆長竿揭炬後且先水簾可俯
心爲掉到此十九歸言端嗜奇不憚屢磊砢足以目
故差輕便翻身却望水簾處銀河天落懸吾前常情
疑復下百尺積水定作神龍淵石乾徑闊却易進玉
筍拔地修而圓宜爲淵處乃爲屋亦或摩挲題新篇
同遊疑我久未出笑謂豈欲井底眠林幽風起日巳
晚猶晛高洞山之巓薪蒸可買樵我導不遠數里仍

攀緣傍從右壁入深圻如鐵戶限瓔爲檐儼然海相
挂珠絡𣋉覗豈信非夸傳左爲朝真正面入便想笙
鶴遨群仙雲霞波濤仙衣裳奇詭豈必下洞專欻然
修梁架巖起左右蒼白龍形全壁中極底勝漆黑雙
扉隱隱起半邊天光一道燭扉內知此明髯從何穿
竇深㵎峭不可往安得揷羽如飛鳶嗟余茲遊尚幸
俗身所驟歷辭難宜但思乞水學拔老洗眼看字消
餘年是夕偕懷玉同歸西鹿田寺止宿寺丈室後有
奇石峭立髣垿間可行林泉幽勝特甚點成先生潘

公大書其處云余往來南北兩山餘二十年獨未曾
至鹿田紹興七年四月十七日同智者長老法銓來
於崎嶇險隘之中得虛曠寬閒之地修篁喬木巨石
瀑泉氣象雄偉此蓋未之見不獨甲於金華也自是
評吾鄉山水以此爲第一云其丈室遂榜第一軒上
爲思賢閣是夜聽雨軒中二十二日壬寅曉霽過東
鹿田寺廊廡列詩石內有葉丞相衡集杜五言四韻
中二聯云水花分塹弱山水抱雲稠更宿招提境還
同惠遠遊又偕舍璧間有郡倅金陵吳琳題詩中一

聯云雲暗雨來疑是夜山深寒在不知春潛齋王公
嘗和其後行數里至潛齋所營山橋穆陵御書山橋
書堂四大字下有懶瓚巖巖上有亭亭之西有石筍
又旁巖臨溪爲亭臺遠望州城城中之塔鑽小雙溪
如篆紋路口有亭扁北山今亭臺皆蕪廢既下山王
謝道士登山取別徑歸赤松至潛岳寺前帝臣審言
同入城部卿皐羽續古肖翁取赤松源口虎頭巖下
道遇雨抵上坦旅宿二十三日癸卯曉霽近午度太
陽嶺晚宿栁畤聲居聖傳之蘭溪留詩以待續古先

歸二十四日甲辰過松巖陳粹翁午與皐羽別晚復
雨二十五日乙巳韶卿父子回抵吳氏書塾客有問
金華勝遊者韶卿以詩叙其槩云赤松上下雨霏微
八詠樓頭重拂衣西港晴來汀草長北巖幽處洞泉
飛風敲定磬鹿春過月滿丹臺鶴夜歸歷覽因知古
詞客盛誇雲夢未全非皐羽歸後作金華洞人物古
蹟記

大嶽志

明 方升

刻志畧之閲四月將訖事升述所以作之意授之工
曰升少時則聞武當奇勝甲天下畏糧走觀之亡一
乘之便卒莫能徃嘉靖癸巳督屯唐鄧間庶幾望見
諸道子之宮而又不敢懸他境以勸邑人乃止甲午
提調 命下升奉以趨曰是命也藉得以指揮其宮
事行有辭矣明年三月既至[illegible] 亭樂曰美哉嶽
乎上通太紫而下壓珹閫也[illegible] 大者三十六[illegible]今

見其一未覩其餘也[illegible]有大焉其又呈
之餘烈乎吾聞之[illegible]觀[illegible]曰
美哉神仙窟宅也其東則[illegible]之所無也其南
則桃源希夷之所[illegible] 南巖曰美哉天作之者
歟地生之者歟人及之者歟觀于紫霄曰美哉傳有
之天下七十二福地此其一也觀于太和曰美哉亭
亭乎吾莫知其幾千萬里矣其去地益遠而去天益
邇也乎日月出沒[illegible]華不足言矣既歸
[illegible]誌讀之曰誠矣[illegible]矣讀之卒篇曰誇

[illegible]爲比[illegible]
十之五增十之三爲之[illegible]四十六處拄迹者
十有九首類爲五卷既脫稿唯災木是懼貿之少監
[illegible]公曰雖然不可無刻也遂刻之嘉靖丙申長至日

太和宮四圖述

宮在天柱峰之上舊有小銅殿一永樂十四年始徹
小殿改治大殿塗以黃金制極工緻其[illegible]
渾成若不假繩削者殿之外爲臺臺外爲[illegible]
城臺下置石梯懸崕間高出木末飛鳥皆俯其下人

行其上若乘空按掌踊趾目不敢旁游舉武則[illegible]
搏乃護以石檻聯以鐵鎖使可憑可引蓋數十[illegible]
横折其磴使稍就平可坐城闕四天門以象天闕儼
然上界五城十二樓也殿上觀日之出如火之發於
足觀灝氣之往來太虛如呼吸之氣之出于口殿旁
諸峰不可盡名其對峙而起遍几案者呼蠟燭峯其
下跪者揖者拜且舞者羅而立者執戟而[illegible]
而侍者冉冉而下如羣仙之擁絳節者源源而來如
[illegible]鼎者[illegible]詭狀蓋天造地設與[illegible]

文皇神道設教之盛心耳宮之制隨地之力不能相
屬其大頂爲殿頂南北縮五之四東西撥者復十之
一益以飛棧爲更衣二小室地既窮右折而下于頽
規山之曲爲朝聖殿爲元君殿爲聖父母殿爲講經
臺爲眞官堂爲龍池龍廟爲鐘鼓之樓廚庫之室地
又窮又左折而踰小崦出右脇之下或山曲四倍之
復規爲方丈爲廊廡爲寮室地又窮隊自故道右折
而度朝聖門繞出天柱峰後下三天門門下昔傳有
尹喜巖絕壁不可尋三門皆連磴千尺從高山直落

或側道鈎出于石苦間下臨不測之壑堦累數十百
級强直如弦投以小石子從欄間一躍便倏然下不
及趾不止行者攀危欄緣長絙仰脇息者數四然後
得望一二其旁負土而爭出者爲巘累石而欲墜者
爲崕山曲無復可寬者地又益窮遂刓蹔碞夷斷齶
以益之爲道房爲齋堂爲靈官祠爲祖師殿爲會星
楹大小五百二十

南巖宮七圖述

宮即天一眞慶故址自大頂東走二十里有丘焉可

屋有泉焉可瀹茗如南巖其旁多重崎曲阜呀呷之竅嵌空之洞訪洙入時坐椰梅祠望北壁下懸崖置屋如棧道飾閣殊奇絕可愛由祠右行南崖百餘步度北崖崖深峭不可測中通一道如横堵行者側足而上既度升自南天門循山左支行數十步折行右支百步復折而左入小天門並崖陡折而行過大巖下山將窮而崖見擘崖之半爲大殿畢諸極山復起突爲小阜復即其上爲圓光殿殿下則黑虎巖也巖大如側鐘口處僅可伏從大殿後左折而東皆循崖

緣石欄屈曲而行俯視欄外數千尺目窮處正黑不得底投之以石無蔽落聲陰風生於谷中若生騎數百弛枚而馳迅突不可當寒蟬瞑禽鳴聲悲切令人毛髮灑淅戰掉不能休既東二十步折而陟崖上方轉西行過元君殿入南薰亭亭窮崖杪爲之大可羅胡床七八其上松風響細而長異他處有禽自呼我師常棲止崖上亭外有石枰從衢十八道類今俗所彈者相傳爲洞賓故物復從元君殿折而下自是直東過磚室一石室一磚室曰獨陽巖石室曰紫霄巖對椰梅祠前所望北壁下者也巖前刻龍頭横出欄外四五尺其奉神謹者則緣龍頭置一瓣香其上以爲敬旁禮斗臺崛起灌莽中莫知所從登崖上片石刻靈官像高五六尺亂置小龕中其數不能遍閲曰五百云又東過風月雙清亭值巖窮處二面皆倚石壁壁下坐可各數人可卧可眺可以觴咏然亂吹不時發亦不能久留也亭外石枰一如南薰所見者復從故道抵大殿後西望捨身崖空懸若垂天之翼狀甚可怖其上爲飛昇臺玄帝改服于此臺下爲試心

石又下爲謝天地巖殿並山爲楮室一爲神厨一爲碑亭二泉二曰甘泉曰甘露泉言形露言色也池二曰太一曰天一太一水生氣天一水生數也殿之前偏右爲方丈其堂曰蓬萊之署從方丈左折行堂後其上分爲二道左出雙杉下爲五師殿右亂穿道院中爲圜堂爲浴堂爲滄水庫池池上有小閣道從之可通鉢堂由鉢堂陟翠微折行山之後則尋鄧真君所謂欻火巖者又轉而前平行山上北折而觀于崇福巖西下而復于南天門南巖之游於是乎始窮矣

紫霄宮五圖述

宮在展旗峰下故宮之側故宮今名香火殿負東小阜始使者入山將新是圖則觀其貌于堂樹于臺者赫如蔚如也於是乃議不毁别治于西大麓殿楹三故宮石屬十之其他建置百之日池一宮前左月池一宮後左七星池一宮前右真一泉宮後右上善泉一東方丈堂北大如盆中石鈎寒者半水從旁竅出日可數千斗宮中皆屬厭焉舊爲池名弗稱今更曰泉從殿後又轉陟山之椒根石壁爲龕者太子巖也

巖前横書太子巖三字其左曰蓬萊第一峰亦横書巖下小闢亭松風四入如敵百道巖上餘瀝颼颸前其散如沫下而出道院左復北上者煉丹巖也下而出道院右復西上者七星巖也又上爲三清巖石頂不可到其下爲椰梅園正德年間令守臣歲取椰梅以貢太監呂憲乃移植數本于園自椰梅園東下又轉而南上爲福地殿殿兩堦下丹井二北爲萬松亭東爲賜劍臺相距不數武左右山斷而復圓起如小兒擘拳狀者大小寶珠峰也諸巖之水合而東流于石脇者金水渠也渠廣八九尺北折過宮前抵小寶珠不得出鑿其項以行爲後渠既出復東趨大寶珠溢于其趾爲禹跡池池大僅一畝湛湛堦戶間尤爲高山勝槩舊傳禹導山至此因名橋一亭一並緣池設池上仰見三公五老竈門福地諸峰矗矗霄漢之表或竪如笏或倚如劍或列如墻或錯如碁鋭者毫攢斜者圭葵止者鵠跱奮者鵬突千態萬狀左右盻而目不暇焉自始釋平地下上五六十里至是凡得三大觀棲危巔憑太虛如承露仙掌擘出數十百

丈日月出沒皆在其下不如太和立神以扶棟宇鑿翠以闢戶牖逞伎巧于懸崖亂石間因險爲奇隨在成趣不如南巖右虎左龍前雀後武雖當廉貞貪狠二宿之下而環抱天成楹石所棲各有次第則非太和南巖之所得而有也故論太和之勝者于其高不于其大論南巖之勝者于其恠不于其麗論紫霄之勝者于其整不于其奇太和在上南巖紫霄並列于下足成三台矣

五龍宮八圖述

宮在靈應峰山曲南巖之游既窮從其中以望五龍諸殿宇在扉履之下去巖而北過滴水巖仙侶巖下青羊澗二十六七里山行多虎逆旅無三戶行者始持兵澗陷大麓下如行簷底巳而南巖五龍皆失所在踰澗而西復尋山行陰磴苔甚滑崎嶇二三里山忽平樹忽壯景物忽佳於是南巖所望青羊所失者始欣然獲一投足焉顧瞻南巖又復如在眉睫之上矣宮東向逆折其門北向就澗道也宮門內爲道九曲十八折繚以崇垣行者前後不相見玄帝啟聖二

殿皆合九重前五重爲級八十一後四重爲級七十二望之如在天上真所謂上帝居也殿前天地池二陷石龍上中而垂其首于池水從龍口出注焉龍井五左三井右二井井痕不及欄者纔二尺寒冽可食碑亭三臺二丈有奇亭倍臺之半右廊之陰日月池碧色微綠月池深緇色字金魚各可數十頭殿之左爲玉像殿紫玉像一披髮跣盤右膝而坐沉香像一披髮跣端坐舊白玉像入供于內今像則當時所易者也蒼玉像一冕而乘紳雲履菜玉像一首飾不可

辨額微起至後如抹帕髦袍圓履碧玉像一項左右結雙鬟素袍銳履諸像皆貌玄帝而大小各不同似非一時所爲者其餘從神二龜蛇二香爐連蓋一皆菜玉製龜蛇大者如蟹小者僅如錢香爐蓋刻獅子爲雙紉繫小毬隆起旁窄不掩爐壓前殿丹墀內掘得之無欵識不知爲何時物也殿之右出山坎大林下六石碑在焉皆元物也一爲崇封真武誥碑一爲揭傒斯所撰宮碑一爲揭傒斯所撰瑞應碑二爲戒臣下碑碑尾書至元三年其下又繫以龍兒年牛兒

年蓋當時制如此一仆于地苔蘚所蝕漫滅不可讀宮門左從曲道北折陟左山爲榔梅臺臺上榔梅一株方盛發臺後有小石碑載賞李素希衣物勑二道其陰則尚書胡濙述上前面領諭素希語也下而折左出大門外盡門下皆爲真官堂爲雲堂自雲堂並山西行下小谷澗水出焉所謂磨針澗也澗上有老姥祠澗出爲嵩口東流入于淄水宮門右從碑亭下南折陟右山爲啟聖臺折而南下行土途數百步側出一小山平聳如臺陳希夷誦經處也直下爲凌虛

巖復從故道折而西上規山微曲處爲自然庵庵前
石作小池而橋其上金魚十數頭聞人咳唾從橋下
羣起噞之庵藏李素希故物數事青袍一斜領博袖
製不甚古衲襲裏各一皆用五綵布裁爲方寸間綴
以成襲衣領直下不交襟不裳袖徑三尺二寸邊皆
緣裏衣促製小袖襟左右交腰以下疊褶而舒其末
不緣呂公縚一五色絲攬結而三令爲緌長寸半皆
文皇時所賜也其頂爲靈應巖其外又有長生巖近
巖數丈皆絶壁百仞下臨大壑横一木于樹上以通

往來歲久木腐不可度

玉虛宮六圖述

宮在展旗峰北遇眞故址爲眞仙張三丰之庵眞仙
嘗語人曰此地他日必大興旣而去之四方聲迹寂
然　文皇遍訪物色不可得遂大其宮以爲祝釐之
所殿之屬三曰大殿玄帝所棲也大殿之陰曰啟聖
殿尊其所自出也左曰元君殿明授受也又左曰小
觀殿初出之制未大也三殿合諸楹得大殿者半之
元君小觀則入隘塢中夷山址以奠石焉亭之屬三
西塢西山下曰仙衣亭眞仙昔嘗授衣者也亭後碑
室一曰張仙洞神所游也室外銅碑一闕之遺也左
聖水池池上室大如斗僅可置几案沐都尉讀書處
也宮之前曰左右碑亭廚之後曰神泉井亭樓之屬
一西塢北山下曰望仙樓眞杖履所及招之以其故
也樓外雪洞一有兩臺洞光臺容相輝映雖亭午如
出月狀堂之屬五石渠北曰齋堂石澗西曰浴堂宮
門左曰鉢堂宮門右曰雲堂西塢北曰圜堂故西塢
則呼小圜以別之齋堂前老桂三其最大者以指叢

之得二十二圍雖柯榦方盛然葉遲如子母錢花枝
間時時綴數點不能多得異香不減他植一本十圍
空中立枯猶屈强如平昔一本十三圍偃蹇墻下若
付是非欣戚于人者蓋皆百餘年物也院之屬二澗
之東曰東道院智者居之山之西曰西道院仁者居
之橋之屬六曰遇眞曰仙源曰游仙曰東萊曰仙都
曰登仙而石渠之所建不與焉門之屬三曰東天曰
西天曰北天而殿中之所關不與焉石渠一宮門之
内廣八尺深四尺夾以石欄而橋焉中爲中橋左爲

西橋右爲東橋渠首起西山之麓水泉不甚大仰盈于驟霤淫潦以成其停蓄之勢延袤數十百武斗折蛇行入于東澗石澗一宮之東九渡之所經也自高山傾瀉而下彭湃數十里出右脇之間與石渠合西北爲梅東會于淵東北入于漢石鼓四南山之陽鼓大徑二尺二寸高殺其一以象四時或曰取其鎮也眞靈祠二祀于門下媚竈之義也天地壇一前左南嚮禮以義起者也太山廟一前右北向時所奔走者也八仙臺一仙桃觀一華陽亭一蓮花池一宮外可

游眺者也曰方丈曰寮室曰書房曰賓所曰倉曰厨曰庫宮室之事不一皆非苟完者也

遇眞宮三圖述

宮在仙關外始入山自草店行二三十里忽兩山阨于澗口口不復可辯循山趾下窮之始得其坎然狀從其上却望若逆流于山因憶桃源小口意其中必有佳境者前數武開朗爽曠可耕之地數百塍皆官壞也故遂爲諸道子所業阡陌相通殆不異桃源今代既非秦諸道子類非避　世者冠蓋相屬于道無復昔日漁人之迷矣按宮先曰會仙館眞仙張三丰所築也眞仙去今百四十年追尋遺跡于山水間無復存者行東廊下得觀所謂銅像西嚮坐戴笠內加小冠左右侍僮二杖一扇一笠徑一尺八寸中外旋攬如椒眼狀寸約二眼平布其裏襄漢間呼爲斗蓬杖刻龍頭左侍者執焉扇鏤蕉葉右侍者執焉皆糜銅以成形而襲之以金蓋三物眞仙平時所御者也宮中道士云故物藏之内府入東方丈得觀所謂遺像身長五六尺面方紫平頰豐頤項腴如瓠自須以上

隱隱中起眉目修而銳其末微鉤而下垂鬓纔二寸半納于冠半披兩耳後髮黑而疏在頷下者握之不盈把在口上者横出磔如戟紫木冠藍袍袍製甚促直領窄袖不緣獨裙飄飄然有乘風上征之意繫呂公縧芒履見踵縛兩袴腰盡露于外右足側半武睨之若短荷笠曳杖行于松下考之圖誌眞仙居菴時常獨棲大樹下猛獸不近鷙鳥不攫想像其人當如野鶴冥鴻臞然物表今觀其狀貌殊不類豈所謂仙者固亦土木其形骸耶

迎恩宫一圖述

宫在石板灘舊有關王廟蓋鄖襄官道也灘合山前諸小澗之水驟爲一川雨甚則潰潦四出行者半陟而水大至則漂溺隨之有司以漲落不常舟楫不時具於是初作石橋成化二年州大水橋齧且絶者百數而茲橋獨完或者謂玄武實相之乃治宫于橋南崖以報神功以祈神庥宫成而諸美畢集焉清泠者日與耳遇飛泳者日與目遇天風弗作煙靄消歇則天柱紫霄諸峰劃見面目遂爲勝地始來游者唯亟

亟山行也過者僅立宫門外伸首一望竟去用是弗大顯宫落成于成化十七年中爲殿十六楹以祀玄帝殿之左爲堂十二楹六以祀啟聖六以祀真官殿之右爲廟十楹以祀關羽外又爲方丈爲書房爲寮室爲倉庫之舍爲庖湢之所百五十楹以居道衆太監韋貴疏其事以額請于朝賜曰迎恩觀

淨樂宫二圖述

宫在均州城北諸宫高或于山于巖下或于谷獨淨樂于市蓋即其所封治宫焉考之圖經均古麇地也傳稱玄帝降生于淨樂之國淨樂治麇按春秋文十一年楚子伐麇注水國近楚左氏敗麇師于防復伐麇至于錫穴應劭曰錫穴今均州鄖縣則入春秋麇固在也與傳所載不合今不可考矣麇君音舊誌作麋麋音麇麋字相近傳寫之誤也宫半于城中居民宏敞不及玉虚而壯麗過之祟其堂我其陛豁其綺疏文其璇題階墀門廡皆石平布旛幄之末綴玉以香宫之爲玄帝啟聖殿者也宫左紫雲亭亭之制八稜其上去梁桷重簷疊拱而璇結于頂如攬囊口圜

起城中狀類香蓋江行者皆見之亭下石堦石欄二級可以環而走修竹長松遍植欄外類村塢亭外舍居者爲道人李大瓢不知何許人年八十餘人問其姓字不答與之錢不受飲之酒醉則起去亦不告也杖上懸方寸木書不語二字可否諸事任首長以瓢自隨因號大瓢宫右香錢庫凡鏹楮輸于山者悉輦以入累朝所賜諸器物金鐘玉磬之屬皆藏焉又折而右爲三方丈爲齋堂爲浴堂爲賓客之所爲道子之室爲案牘之房爲蔬菓之圃宫前亭二以庋

御碑祠一以祀真官進貢廠一歲時上物以貢則董其役于此内臣主之宫外左爲提督之署前左爲提調之署前左爲提調之署前右爲五龍行宫出大東門望江東岸爲巨石立于山麓昂聳如馬首平如九高數十尺其上有亭曰滄浪之亭其狀酷似嚴瀨釣臺然釣臺遠于瀨非百丈不可及又不如此之可以垂綸于亭也下而左行江岍百餘武復上觀音閣閣後有小石洞廣步有半入坐雖盛夏無暑氣與入語不甚了了相與奕其中敲子聲隱壁棊間久不得出

下閣復拏舟順流行六七里抵龍山山横絶水口屹然有一夫當關之勢地理家所謂華表捍門者也山上爲王廟一玉皇閣一臥雲亭一山下三義廟一皆附于宫可游者也

說郛目録

弓第六十五

來南錄

唐　李翱

元和三年十月翱既受嶺南尚書公之命四年正月己丑自旌善第以妻子止船於漕乙未去東都韓退之石濬川假舟送予明日及故洛東吊孟東野遂以東野行濬川以妻疾自漕口先歸黃昏到景雲山居詰朝登上方南望嵩山題姓名記別既食韓孟別予西歸戊戌予病寒飲葱酒以解表暮宿于鞏庚子出洛下河止汴梁口遂泛汴流通河于淮辛丑及河陰

乙巳次汴州疾又加召醫察脉使人入盧又二月丁未朔宿陳留戊申莊人自盧又來宿雍丘乙酉次宋州疾漸瘳壬子至永城甲寅至埇口丙辰次泗州見刺史假舟轉淮上河如楊州庚申下汴渠入淮風帆及盱眙風逆天黑色波水激順潮入新浦壬戌至楚州丁卯至楊州戊辰上棲靈浮圖辛未濟大江至潤州戊辰至常州壬午至蘇州癸未如虎丘之山息足千人石窺劍池宿望梅樓觀走砌石將游報恩水涸舟不通無馬道不果遊乙酉濟松江丁亥官艘隙水溺舟敗戊子至杭州己丑如武林之山即靈隱天竺寺臨曲波觀輪轄登石橋宿高亭晨望平湖孤山江濤窮竹道上新堂周眺群峰聽松風召靈山永吟叫猿山童學反舌聲癸巳駕濤江逆波至富春丙申七里灘至睦州庚子上楊盈川亭辛丑至衢州以妻疾止行居開元佛寺臨江亭後三月丁未朔翱在衢州甲子女某生四月丙子朔翱在衢州與侯高宿石橋丙戌去衢州戊子自常山上嶺至玉山庚寅至信州甲午望君陽山怪峰直聳似華山丙申上于越亭己亥直渡

擔石湖辛丑至洪州遇嶺南使游徐孺亭看荷葉五月壬子至吉州壬戌至虔州己丑與韓泰安平渡江遊靈應山居辛未上大庾嶺明日至湞昌癸酉上靈屯嶺見韶石甲戌宿靈鷲山居六月乙亥朔至韶州丙子至始興公室戊寅入東蔭山看大竹筍如嬰兒過湞陽峽己卯宿清遠峽山癸未至廣州自東京至廣州水道出衢信七千六百里出上元西江七千一百有三十里自洛川下黃河汴梁過淮至淮陰一千八百有三十里順流自淮陰至邵伯三百有五十里

逆流自邵伯至江九十里自潤州至杭州八百里渠有高下水皆不流自杭州至常山六百九十有五里逆流多驚瀨以竹索引船乃可上自常山至玉山八十里陸道謂之玉山嶺自玉山至湖七百有一十里順流謂之高溪自湖至洪州一百有一十八里逆流自洪州至大庾嶺一千有八百里逆流謂之漳江自大庾嶺至湞昌一百有一十里陸道謂之大庾嶺自湞昌至廣州九百有四十里順流謂之湞江出韶州謂之韶江

入蜀記

宋　陸游

六日過荆門十二碚皆高崕絕壁嶄岩突兀則峽中之嶮可知矣過碚望五龍及雞籠山嵯峨正如夏雲之奇峯荆門者當以險固得名碚上有石穴正方高可通人俗謂之荆門則妄也晚至峽州泊至喜亭峽門在唐爲硤州後改爲峽而印文則爲陝州元豐中郎官何洵直建言峽與陝相亂請改鑄印文從山事下少府監而監丞歐陽發言湖北之陝州從阜從夾

夾從兩入陝西之陝州從阜從夾夾從兩入偏旁不同本不相亂恐四方謂少府監官皆不識字當時朝士之議皆是發而卒從洵直言改鑄云至喜亭記歐陽公撰黃魯直書七日見知州葉安行以小舟遊西山甘泉寺竹橋石磴甚有幽趣有靜練洗心二亭下臨江山頗疎豁法堂之右小徑數十步至孝婦泉謂姜詩妻龐氏也泉上有龐氏祠然歐陽公不以爲信故其詩曰叢祠已廢姜祠在事迹難尋楚語訛又此篇首章云江上孤峯蔽綠蘿初謂孤峯蒙藤蘿耳及至此乃知

山下爲緑蘿谿也又至漢景帝廟及東山寺景帝不知何以有廟於此歐陽公爲令時有祈雨文在廟中東山寺亦見歐陽公詩距望京門五里寺外一亭臨小池有山如屏環之頗佳晩郡集於楚塞樓過歷爾雅臺錦障亭亭前海棠二本亦百年物爾雅臺者圖經以爲郭景純註爾雅於此八日過下牢關夾江千峯萬嶂有鋭起者有獨拔者有崩欲壓者有危欲墜者有横裂者有直坼者有凸者有窪者有罅者奇怪不可盡狀初冬草木皆青蒼不彫西望重山如闕江

出其間則所謂下牢谿歐陽公有詩云入峽水漸曲轉灘山更多即此也登三游洞躡石磴二里其嶮處不可著脚洞大如三間屋有一穴通人過然陰黑峻嶮艱山腹傴僂自岩下至洞前差可行然下臨溪潭石壁十餘丈水聲恐人又一穴後有壁可居鍾乳歳久垂地若柱正當穴門上有刻云黄大臨弟庭堅同辛紘子大方紹聖二年三月辛亥來游旁石壁上刻云景祐四年七月十日夷陵歐陽永叔下缺一字又云判官丁下又缺數字丁者寶臣也字元珎今丁字下二字亦髣髴可見殊不類元珍字又永叔但曰夷陵不稱令洞外溪上又有一崩石偃仆刻云黄庭堅弟叔向子相姪㯳同道人唐履來游觀辛亥舊題如夢中事也建中靖國元年三月庚寅按魯直初謫黔南以紹聖三年過此歳在乙亥今云辛亥者誤也泊石牌峽石穴中有石宛如老翁持魚竿狀九日過扇子峽重山相掩正如屏風扇疑以此得名登蝦蟆碚水品所載第四泉是也蝦蟆在山麓臨江頭鼻吻頷絶類而背脊疱處尤逼真造物之巧有如此者自背

上深入得一洞穴石色緑潤泉泠泠有聲自洞出垂蝦蟆口鼻間成水簾入江是日極寒岩嶺有積雪而洞中温然如春碚洞相對稍西有一峯孤起侵雲名天柱峯自此山勢稍平然江岸皆大石堆積彌望正如濬渠土狀晩次黄牛廟山復高峻村人來賣茶菜如柴枝草葉苦不可口廟靈感神封嘉應保安侯皆紹興以來制書也其下即無義灘亂石塞中流望之可畏然舟過乃不甚覺蓋操舟之妙也傳云神佐夏禹治水有功故食于此門左右立小石馬廟後叢木

似冬青而非葉有黑文類符篆然葉各不同歐詩刻石廟中又有張文忠一贊其詞曰壯哉黃牛有大神力犖聚巨石百千萬億劍戟齒牙磥磈江側壅激波濤險不可測威脅舟人駭怖失色刲羊釃酒千載廟食張意似謂神聚石壅流以脅人求祭饗蓋過論也夜舟人來告請無擊更鼓云廟後山中多虎聞鼓則出十日早過鹿角虎頭史君諸灘水縮已三之二然湍險猶可畏泊城下歸州秭歸縣界也與見曹步沙上回望正見黃牛峽廟後山如屏風疊嶂峩插天第

四疊上有若牛狀其色赤黃前有一人如著帽立者昨日及今早雲冒山頂至是始見之因至白沙市慈濟院見主僧志堅問地名城下之由云院後有楚故城今尚在因相與訪之城在一岡阜上甚小南北有門前臨江水對黃牛峽城西北一山蜿蜒回抱山上有伍子胥廟大抵自荊以西子胥廟至多城下多巧石如靈璧湖口之類十一日過達洞灘灘惡乃陸行過灘灘際多奇石五色粲然可愛亦或有文成物象及符書者猶見黃牛峽廟後山太白詩云三朝上黃

牛三暮行太遲三朝又三暮不覺鬢成絲歐陽公云朝朝暮暮見黃牛徒使行人過此愁山高更遠望猶見不是黃牛滯客舟蓋諺謂朝見黃牛暮見黃牛一朝一暮黃牛如故故二公皆及之歐陽公自荊渚赴夷陵而有下牢三游及蝦蟆碚黃牛廟詩者蓋在官時來游也晚泊馬肝峽口兩山對立修聳摩天略如廬山江岸多石頽碡牽百丈十一日過東濡灘入馬肝峽石壁高絕處有石下垂如肝故以名峽其旁有獅子岩岩中有一小石蹲踞張頤碧草被之如青獅

子泉泠泠自岩中出溪上又有一峯孤起秀麗略如小孤舟晚抵新灘十三日舟上新灘南岸曰官漕平聲北曰龍門龍門水湍急多暗石官漕差可行故舟率由南上然石多銳易穿船故為峽中最險處必空舟乃稍往舟人利重載鮮不及也游江瀆比廟廟正臨龍門下溫泉出石隙常不涸一村賴之婦人負木盎汲盎長二尺三足以杓挹水即倒坐旁石束盎於背而去大抵峽中多役婦負物不獨水也有婦負酒沽如負木狀呼買之長跪以獻夫嫁者率戴高二尺同

心髻插銀釵多至六後插牙梳如手大十四日留驛
中晚渡江南登山至江瀆南廟有碑前進士曾華旦
撰言因山崩石壅爲舟害於是著令自十月至二月
禁行舟知歸州趙誠聞于朝禁行舟疏鑿之而灘害
始去皇祐三年也蓋江絕於天聖中至是而復通然
灘害至今未悉去若乘冬春間水落石出時可併力
盡鑱去銳石則灘害可除然灘上居民皆利於敗舟
賤賣板木及滯留貨賣或賂石工以爲石不可去須
斷以必行乃可成又舟之所以敗皆失於重載當以

大字刻石置驛前則過者必自懲創矣十五日過白
狗峽泊舟興山口肩輿遊玉虛洞去江岸五里許隔
百人宏敞壯麗如源出昭君村水味色碧如黛已登
草竹笋仙人龍虎魚洞門小纔袤丈既入則可容數
絕異者東石正圓入大宮殿中有石成幢蓋旛旗芝
岩竇無及者有熊鳥獸之屬千狀萬態莫不逼真其
堯咨所作記叙此如日西石半規如月予平生所見
日到歸州館於報寧中謝師厚岑岩起題名又有陳
纔三四百家負臥洞本末云獵者得之山中云十六

一溪所謂香溪也黑光孝寺距城一里許歸之爲州
載水品過溪又至牛山臨江前即人鮓甕城中無尺
寸上灘聲常如暴風雨至隔江有楚王城亦山谷間
然地比歸州差平或云楚始封於此山海經夏啟封
孟除於丹陽城郭璞注云在秭歸縣南疑即此也然
史記成王封熊繹於丹陽裴駰乃云在枝江縣未詳
孰是十七日郡集於望洋堂玩芳亭亦皆沙石犖确
之地十九日訪宋玉宅在秭歸縣之東今爲酒家舊
有石刻宋玉宅三字近以郡人避太守家諱去之可

惜也二十日早離歸州出巫峽門過天慶觀少留觀
唐天寶元年碑載明皇夢老子事巴東太守劉瑫所
立字畫頗清逸碑側題當時郡官吏胥姓名字亦佳
又有周顯德中荆南判官孫光憲爲知歸州高從讓
所立碑從讓蓋南平王家子弟光憲亦知名國史有
事迹蓋五代時歸峽皆隸荆渚也殿前有栢數百年
物觀下即吒灘亂石無數飯于靈泉寺遂登舟過業
灘亦名灘也水落舟輕俄頃遂過二十一日舟中望
石門關僅通一人行天下至險也晚泊巴東縣江山

雖麗大勝秭歸但井邑極蕭條邑中纔百餘戶自令廨而下皆茅茨謁寇萊公祠堂登秋風亭臨江山遂登雙栢堂下舊有萊公所植栢今已槁死然南山重複秀麗可愛自雲亭則天下幽奇絕境羣山環擁層出間見古木森然往往二三百年物欄外雙瀑瀉石澗中跳珠濺玉冷入肌骨其下是爲慈溪奔流與江會予自吳入楚行五千餘里過十五州亭榭之勝無如白雲者而正在縣廨廳事之後二十二日發巴東山益奇恠有夫子洞者一竇在峭壁絕高處人迹所

不可至然髣髴若有欄楯不知所謂夫子者何也過三分泉自山竇中出止兩派俗云三派有年兩派中熟一派或絕流饑饉泊疲石二十三日過巫山凝真觀謁妙用真人祠真人即世所謂巫山神女也祠正對巫山峯巒上入霄漢山脚直插江中議者謂太華衡廬皆無此奇然十二峯者不可悉見所見八九峯惟神女峯最爲纖麗奇峭宜爲仙真所託祝史云每八月十五夜月明時有絲竹之音往來峯頂上峯頂山猿皆鳴達旦方漸止廟後山半有石壇平曠傳云夏禹見神女授符書於此壇上觀十二峯宛如屏障是日天宇晴霽四顧無纖翳惟神女峯上有白雲數片如鸞鶴翔舞徘徊久之不散亦可異也祠舊有烏數百送迎客舟自唐夔州刺史李貽詩已云羣烏幸胙餘矣近乾道元年忽不至今絕無一烏不知其故泊清水洞洞極深後門自山後出䵝闇水流其中鮮能入者歲旱祈雨頗應二十四日早抵巫山縣在峽中亦壯縣也市井勝歸峽二郡隔江南陵山極高大有路如綫盤屈至絕頂謂之一百八盤蓋施州正路

黃魯直詩云一百八盤攜手上至今歸夢繞羊腸即謂此也縣廨有故鐵盆底銳似半甕狀極堅厚銘在其中蓋漢永平中物也缺處鐵色光黑如佳漆字畫淳質可愛玩有石刻魯直作盆記大略言建中靖國元年予弟叔向自涪陵尉攝縣事予起戎州來寓縣廨此盆舊以種蓮余洗滌乃見字云遊楚故離宮俗謂之細腰宮有一池皆當時宮中燕遊之地今堙沒略盡矣三面皆荒山南望江山奇麗又有將軍墓東晉人也一碑在墓後趺陷入地碑傾前欲壓字纔半

存二十六日入瞿唐峽兩壁對聳上入霄漢其平如
削成仰視天如疋練然水已落峽中平如油盎過聖
姥泉蓋石上一罅人大呼於旁則泉出屢呼則屢出可
惟也晚至瞿唐關唐故夔州與白帝城相連杜詩云
白帝夔州各異城蓋言難辨也關西門正對灩澦堆
堆碎石積成出水數十丈土人云方夏秋水漲時水
又高於堆數十丈入謁白帝廟氣象甚古松栢皆數
百年物有數碑皆孟蜀時立庭中石筍有黃魯直建
中靖國元年題字又有越公堂隋楊素所創少陵爲

賦詩者已毀近所築亦宏壯自關而東即東屯少陵
故居也二十七日早至夔州州在山麓沙上所謂魚
腹永安宮也今爲州倉而州治在宮西北甘夫人墓
西南景德中轉運使丁謂薛顏所徙此白帝頹平曠
然失關險無復形勢在瀼之西故一曰瀼西土人謂
山間之流通江者曰瀼云州東南有八陣磧孔明之
遺迹碎石行列如引繩每歲江漲磧上來數十丈比
退陣石如故

攬轡錄

宋　范成大

乾道六年閏五月戊子成大被命以資政殿大學士
崇信軍節度使爲奉使大金國信使副六月甲子出
國門八月戊午度淮　遣尚書兵部郎中田彥皐行
侍御史完顏德溫爲接伴使副皆帶銀牌　法出使
者必帶牌有金銀木之別上有　書准勑急遞字
及阿骨打花押宣差者所至視三品朝旨差者視五
品庚申過虞姬墓墓在路左雙石門出藂草間往來

觀者成蹊甲子至南京　改爲歸德府過雷萬春墓
環以小牆額曰忠孝雷公之墓西門外南望有宋玉
臺及張巡許遠廟世稱雙廟睢陽人又謂之雙王廟
丙寅過雍丘縣二十里過空桑世傳伊尹生于此一
里過伊尹墓道左有磚堠石刻云湯相伊尹之墓過
陳留縣縣有留侯廟西門外十里孟莊有孟姜女廟
丁卯過東御園即宜春苑也頹垣荒草而已二里至
東京　改爲南京入新宋門即朝陽門也　改曰弘
仁門彌望悉荒墟入舊宋門即麗景門也　改爲賓

曜門過大相國寺傾簷缺壁無復舊觀橫入東御廊門絶北馳道出西御廊門過交鈔所交鈔所者　本無錢惟煬王亮嘗一鑄正隆錢絶不多餘悉用中國舊錢又不欲留錢于河南故倣中國楮幣於汴京置局造官會謂之交鈔擬見錢行使而陰收銅錢悉運而北過河即用見錢不用鈔鈔文曰南京交鈔所准戶部符尚書省批降檢會昨奏南京置局印造一貫至二貫例交鈔許人納錢給鈔河南路官私作見錢流轉若赴庫支給即時給付每貫輸工墨錢五十文

七年納換別給錢以七十爲陌僞造者處斬賞錢三百千前後有戶部管當令史幹當官交鈔庫使副書押四圍畫雲鶴爲飾焉入都亭驛歇洎舊京自城破後創痍不復煬王亮徙居燕山始以爲南都獨崇飾宮闕比舊加壯麗民間荒殘自若新城內大底皆墟至有犂爲田處舊城內市肆皆苟完而已四望時見樓閣崢嶸皆舊宮觀寺宇無不頹毁民亦久習其俗態度嗜好與之俱化最甚者衣裝之制盡爲胡矣自過淮已北皆然而京師尤甚惟婦人之服不甚改而

戴冠者甚少多綰髻貴人家即用珠瓏璁冒之謂之方髻庚午出驛循東御廊百七十餘間有面西欞星門大街直東出舊景靈東宮也過欞星門側望端門舊宣德樓也　改爲承天門五門如畫兩傍左右升龍門東至西角樓轉東逾馳頭街御廊對皇城俱東出廊可二百許間過左掖門至皇城東角樓廊亦如畫出樊樓街轉土市馬行街出舊封門即安遠門也

　改爲元武門門西金水河舊夾城曲江之處河中臥石礧磈皆艮岳所遺過藥市橋街蕃衍宅龍德宮

擷芳擷景二園樓觀俱存擷芳中喜春堂猶巋然所謂八滴水閣者使屬官吏望者皆殞涕不自禁也今以爲上林勝宮過清輝橋出新封丘門舊景陽門也

　改爲柔遠館壬申過伏道有扁鵲墓墓上有幡竿人傳云四傍土可以爲藥或於土中得小圓黑褐色不可以治病伏道艾醫家最貴之十里即湯陰縣也癸卯過河河上有羑里城四垣儼然居民林木滿其中過相州市有秦樓翠樓康樂樓月白風清樓皆旗亭也秦樓有一婦衣金縷鵝黃大油袍金縷紫勒帛

褰簾吳語云是宗室女郡守家也遺黎往往垂涕嗟憤指使人云此中華佛國人也老嫗跪拜者尤多畫錦堂尚存今嘗更修飾之過漳河入曹操講武城周遭十數里城外有操疑塚七十二散在數里間傳云操塚正在古寺中高齦墓在道傍碑云魏侍中黃鉞大尉錄尚書事渤海高公齦墓齦字飛雀事不見于史甲戌過臺城鎮故城延袤數十里城中有靈臺坡陁邯鄲人春時傾城出祭趙王歌舞臺上城傍有廉頗藺相如墓三十里至邯鄲縣牆外居民以長竿磔

白犬懸其首別一竿縛茅浸酒揭於上云女 人用以祭天禱病甲子過河六十里至栢鄉縣縣人云沙河直東有堯山縣古堯山也堯葬焉有放勳廟乙酉過良鄉縣是日大風幾拔木接伴吏云此謂之信風使人遠來此風先報使人入城也丙戌止燕山城外燕賓館燕畢與館伴使副並馬行柳堤緣城過新石橋中以杈子隔絕道左邊過橋入豐宜門即外城門也過石玉橋石色如玉橋上分三道皆以闌楯隔之雕刻極工中爲御路亦闌以杈子兩傍有小亭中有碑

曰龍津橋入宣陽門金書額兩頭有小四角亭即登門路也樓下分三門中門爲御路常闔皆畫龍兩傍門通行皆畫鳳入門北望其闕由西御廊首轉西至會同館戊子早入見上馬出館復循西御廊至橫道至東御廊首轉北循簷行幾二百間廊分三節每節一門路東出第一門通街第二門通毬場第三門通大廟廟中有樓將至宮城廊即東轉又百許間其西亦有三門但不知所通何處望之皆民居東西廊中馳道甚濶兩傍有溝溝上植柳兩廊屋脊皆覆以青

琉璃瓦宮闕門戶即純用之馳道之北即端門十一間曰應天之門舊嘗名通天亦開兩挾有樓如左右昇龍之制東西兩角樓每樓次第攢三簷與挾樓皆極工巧端門之內有左右翔龍門日華月華門前殿曰大安殿使人入左掖門直北循大安殿東廊後壁行入敷德門自側門入又東北行直東有殿宇門曰東宮牆內亭觀甚多直北面南列三門中曰集英門云是故壽康殿母后所居西曰會通門自會通東小門北入承明門又北則昭慶門東則集禧門尚書省

在門外又西則有右嘉會門四門正相對入右嘉會門門有樓與左嘉會門相對即大安殿後門之後至幕次有頃入宣明門即常朝後殿門也門内庭中列衛士二百許人貼金雙鳳幞頭團花紅錦衫散手立入仁政門蓋隔門也至仁政殿下大花氈可半庭中團雙鳳兩傍各有朶殿朶殿之上兩高樓曰東西上閤門兩傍悉有簾幙中有甲士東西御廊循簷各列甲士東立者紅茸甲金纏桿槍黃旗畫青龍西立者碧茸甲金纏桿槍白旗畫黃龍直至殿下皆然惟立

于門下者皂袍持弓矢殿兩階立儀物幢節之屬如道士醮壇威儀之類使人由殿下東行上東階却轉南由露臺北行入殿　主幞頭紅袍玉帶坐七寶榻背有龍水大屏風四壁簾幕皆紅繡龍拱斗皆有繡衣兩楹間各有焚香大金獅蠻地鋪禮佛毯滿一殿兩傍玉帶金魚有金帶金魚者各十四五人相對列立遥望前後大殿屋嶇起處甚多制度不經工巧無遺力所謂窮奢極侈者也

驂鸞錄

宋　范成大

石湖居士以乾道壬辰十二月七日發吳郡帥廣西泊舟姑蘇館十七日至湖州十九日遊卞山石林乘輕舟十里餘登籃輿小憩牛氏歲寒堂自此入山松桂深茂幽絶無塵事過大嶺乃至石林則棟宇頽兩廊盡拆去成菜畦矣正堂無恙亦有舊牀榻在凝塵中堂正面十山高峰層巒空翠照衣袂略似上天竺白雲堂所見而加雄尊自堂西過二小亭佳石錯

立道周至西巖石益奇而多有小堂曰承照葉公自玉堂歸守先隴經始之初剏有此堂後以天官召還受命於此因以爲志焉其旁登高有羅漢巖石狀怪詭皆嵌空裝綴巧過鐫劖自西巖回步至東巖石之高壯礧磈又過西巖小亭亦頽矣葉公好石力剔山骨森然發露若林而開徑於石間亦有自他所移徙置道旁以補缺空者方公著書譯經於堂上四方學士聞風仰之如瓊瑰景星語石林所在又如仙都道山欲至不可得蓋棺未幾而其家不能守委而棄之

灌莽叢薄間遊子相與徘徊歎息不能去或謂此地離人大遠岑蔚荒虚非大官部曲衆多者雖久處又云公没後山鬼搶攘暮夜與人錯行婦子不能安室故諸郎去之云出石林飯旌善寺葉氏墳祠也霅川有兩玲瓏山石林爲大玲瓏又有小玲瓏在長興縣界路口聞其山尤勝小玲瓏今屬沈氏沈氏之父死二子幼芳檢校於官此山石色微黄而更奇古一丘在空中洞穴十數皆旁相通貫故名玲瓏泉聲潺壞嶝中窈如深谷堂前小池石如馬飑蹟其中池後山

屏上洗出之石襞積嵌巖巧怪萬狀鋏蹲清泉渟泓叢桂覆其上亭館既無人居亦漸荒廢霅川特無好事者能損厚貲買之沈氏雖不得仙亦足以豪矣壯牧之所遊玲瓏即石林是也小玲瓏晚出而加勝由沈家步登舟回至城下一鼓後矣二十一日宿德清縣泊舟左顧亭孔愉放龜處也庭前兩大枯木可千年而挺立不朽德清古之餘不也今孔侯墓廟在焉廟居墓前與其夫人像皆盤膝坐二十三日宿餘杭縣苕溪館二十八日宿富陽縣三十日發富陽雪滿千山江色沉碧夜小霽風急寒甚披使虜時所作錦袍戴氊帽坐船頭縱觀不勝清絶釣溪夜泛景物未必過此晚宿嚴州桐廬縣癸巳歲正月一日巳午間至釣臺率家人子登臺講元正禮謁三先生祠登絶頂掃雪平石上諸山縞然凍雲不開境過清矣臧獲亦貪殊景皆忍寒犯滑來登始予自紹興己卯歲以新安戶曹沿檄來始識釣臺題詩壁間後十年以括蒼假守被召復至自和二篇及今又四年蓋三過焉復自和三篇薄宦區區如此豈惟愧羊裘公見嵩師

雛子衡顔亦厚二日至嚴州泊定川館七日至蘭溪泊瀔江館九日至婺州泊金華驛十二日宿龍遊縣龍丘驛十三日至衢州十八日過常山縣十九日宿信州玉山縣玉川驛二十五日過弋陽縣二十六日過貴溪縣二十七日過饒州安仁縣二十八日至餘干縣閏月一日宿鄔子口鄔子者鄱陽湖尾也名爲盜區非便風張帆及有船伴不可過四日至隆興府泊南浦亭五日登滕王閣其故址甚侈今但於城上作大堂耳十一日過豐城縣十二日宿臨江軍十六

日宿新喻縣十七日宿分宜縣十八日至袁州聞仰山之勝久矣去城雖遠特往遊之二十五里先至孚惠廟廟祠兄弟二王不血食其神龍也舊傳二龍昔居仰山中以其地施仰山祖師遷居于此廟有陽氏神稱呉時加封司徒竹冊尚存又稱保太元年余向居鄉得吳江村寺石幢所記亦以保大紀年蓋錢氏有浙時或嘗用楊氏正朔此二證爲甚確也出廟三十里至仰山履喬松之磴甚危嶺阪之間皆田層疊而上至頂名梯田脫出山復入袁州二十六日宿萍

鄉縣萍實驛人以此地爲楚王得萍實之地然去大江遠非是三十日宿潭州醴陵縣二月三日泛湘江七日宿衡山縣十二日至衡州非行岡隴將盡忽一峰特起如大磯淩江中蒸水自邵陽來繞其左瀟湘自桂林零陵來繞其右而皆會於合江亭之前併爲一水以東去石鼓雄踞要會大畧如春秋霸主號令諸侯勤王蒸湘如兄弟同奔來會稟命載書乃同執以朝宗益其形勝如此十五日捨舟遵陸登回鴈峰十八日宿永州祁陽縣十九日遊浯溪浯溪近山石

濶也噴薄有聲流出江中臨石崖數壁纔高尋丈中興頌在壯大一壁碑之上餘石無幾所謂石天齊者說者謂或是天然整齊之義二十日渡湘水即至愚溪二十六日入桂林界有大石表跨官道榜曰廣南西路家人舉頭驚咤以爲何爲至於此也二十八日至靈州縣又六十里至八桂堂桂林北城之外圃也未至桂林二三里有八桂堂旬日三月十日入城交府事郡治前後萬峰環列與天無際按桂林自唐以來以山川奇秀稱韓文公雖不到然在潮熟聞之故

詩有參天帶水翠羽黃柑之語末句乃曰飛鸞不暇驂益歆羨之如此故余行記以驂鸞名之若其風土之詳則有桂海虞衡志焉

吳船錄

宋　范成大

石湖居士以淳熙丁酉歲五月二十九日戊辰離成都泊舟合江亭下合江者乃岷山江别泒自永康流入成都又彭蜀諸郡水皆合於此以下新津綠野平林煙水清遠極似江南風景亭之上曰芳華樓前後植梅甚多蜀人入吳者皆自此登舟其左則萬里橋諸葛孔明送費禕使吳曰萬里之行始於此後人因以名橋杜子美詩曰門泊東吳萬里船正爲吳人設

余在郡時每出東郭過此橋輒爲慨然六月己巳朔發家屬舟下眉州彭山縣泊單騎轉城過東北門又轉而西自侍郎堤西走岷山道中五十里至郫觀者塞途嚴粧盛飾亦幕相望蓋自來無制帥行此路者庚午至永康軍崇德廟在軍城西門外秦太守李陽冰父子廟食處也辛未登城西樓其下岷江對江卽岷山最近者曰青城其尤大者曰大面山大面之後皆西　山矣西門名玉壘關將至青城當再渡繩橋每橋長百二十丈分爲五架橋之廣十二繩相連排連上布竹笆攢立大木數十於江沙中壘石固其根每數木作一架掛橋於半空大風過之掀舉幡幡然大略如魚人曬網染家涼彩帛之狀又須捨輿疾步稍從容則震掉不可行望者皆失色郡人云稍迂數里有白石渡可以船濟然極湍險也晚至青城山曰寶仙九空洞天夜宿丈人觀觀在丈人峯下巑峙如屏觀之臺殿築於巖腹丈人峯自唐以來號五岳丈人儲福定命眞君傳記畧云眞君姓寗名封與黃帝同時帝從之問龍蹻飛行之道本朝賜名會慶建福

宮癸酉自丈人觀西登山五里至上清宮宮在最高峯之巔以板閣插石作堂殿下視丈人峯如牆堵耳岷山數百峯悉在闌檻之下如翠浪起伏勢皆東傾一軒對大面山更上六十里有夷坦道曰芙蓉坪道人於彼種芎非留旬日不可登且涉入　界雖羽衣輩亦罕到此雪山三峯爛銀琢玉闖出大面後雪山在西域去此不知幾萬里而了然可見則其峻極可知上清之游眞天下偉觀哉夜有燈出此山以千百數謂之聖燈聖燈所至多有說者不能決或云古人

所藏丹藥之光或草木之靈者亦有光或有謂神龍山鬼所作其深信者則以爲先聖之所設化也甲戌下五里復至丈人觀二十里早頓長生觀范長生得道處也乙亥十五里發青城縣丙子二十里早頓周家莊十里至蜀州郡圃内西湖極廣蘆花正盛呼湖船泛之繫纜修竹古木間景物甚野爲西州勝處湖中多小菱可食蜀無菱至此始見之丁丑三十里早頓江源縣四十里宿新津縣成都及此郡送客畢會邑中借居僦舍皆滿市人以爲盛成都萬里橋下之

江與岷正派流于此戊寅爲送客住一日飯罷發遣令各歸留者尚十五六己卯以小舟至彭山與挐累船會卽解維午後至眉州城外江卽玻瓈江也冬時水色如此方夏潦怒濤漲皆黃流耳辛巳招送客燕於眉館與叙別壬午發眉州六十里午後至中巖號西川林泉最佳處相傳爲第五羅漢諾矩那道場又爲老慈姥龍所居凡五里至慈姥巖巖前卽寺也甲申早出山至嘉定日未晡自眉至嘉百二十里中巖其半塗也乙酉泊嘉州壬寅食後發嘉州僅行二十

里至王波渡宿蜀中稱尊老者爲波祖及外祖皆曰波又曰有所謂天波日波月波雷波者皆尊之之稱此王波蓋王老或王翁也宋景文嘗辨之謂當作皤字嘗直貶涪州別駕自號涪皤或從其俗云癸卯發王波渡四十里至羅漢鎭百里至犍爲縣過縣三十里至下壩宿甲辰發下壩百里至宣化縣百二十里至叙州纔亭午叙古戎州也山谷嘗謫叙居小寺中號大死菴後人遂作祠堂乙巳發叙州十五里廣南江來合大江通百二十里至南溪縣四十里至江安

縣百二十里至瀘州方申時近城有渡瀘亭不知諸亮孔明的從何處渡或云叙正對馬湖江馬湖入諸

路也當自此渡戊申發瀘州百二十里至合江縣己酉發合江二百四十里至恭州江津縣二十里過漁洞宿泥埣村庚戌發泥埣村六十里至恭州自此入峽路大抵西川至東川風土已不同至峽益陋矣辛亥發恭州嘉陵江自利閬果合等州來合大江百四十里至樂温縣蒲氏墨舊出此縣大部者久矣其族猶賣墨不復能佳亦以價日賤故也七十里至涪

州排亭之前波濤大洶滹如屋不可捎船過州入黔江泊此水自黔來合大江江怒濤水色黃濁黔江乃清泠如玻璃其下悉是石底自成都登舟至此始見清江涪雖不與蕃部雜居舊亦夷俗號爲四種人者謂華人巴人及廩君與盤瓠之種也壬子發涪州百二十里至豐都縣數十里至竹平宿癸丑發竹平七十里至忠州百十里至萬州宿甲寅發萬州六十里至開江口水自開建來合大江四十里至下巖四十里至雲安軍又十餘里風作水湧泊舟宿乙卯行百四十里至夔州余前年入蜀以重午至夔魚復方漲八陣在水中今來水更過六十四蕝不復得見頗有遺恨峽江水性大惡飲輒生癭婦人尤不能免前過此時婢子輩汲江而飲數日後發熱一再宿項壓腫起十餘人悉然至西川月餘方漸消散丙午泊夔州早遣視瞿塘水僅能没灩澦之頂盤渦撇出其上謂之灩澦撒髮人云水勢如馬尚不可下況撒髮邪是夜水忽驟漲渰及排亭及明走視灩澦則已在五丈已下或可以僥倖入峽而夔人尤難之丁巳水復漲

遂決解維十五里至瞿塘口水平如席獨灩澦之頂猶渦文纔瀠舟拂其上以過搖櫓者皆汗手死心面無人色蓋天下至險之地行路極危之時旁觀者莫不神驚余在舟中一切付之自然不暇他問據□床坐招頭處任其盪漾每一舟入峽數里後舟方續水勢急怒恐猝相遇不可解析也帥司遣卒執一旗次第立山下上一舟平安則簸旗以招後舟舊圖經云灩澦大如幞瞿塘不可觸灩澦大如馬瞿塘不可下此俗傳灩澦大如象瞿塘不可上蓋非是也後人立石辨之甚詳峽中兩岸高巖峻壁斧鑿之痕皴皴然而黑石灘最號險惡兩山東江驟起水勢不能平余來水勢適平俗所謂恭槽者又水大漲渰没草木謂之青草齊則諸灘之上水寬少浪可以犯之余之來此未能盡漫草木但多草根齊亦不可涉然犯難而行不可回首也十五里至大溪口水稍濶亦差遠夔峽之險紆矣七十里至巫山縣宿縣人云昨日水大漲灩澦恰在船底故可下夔峽巫峽則不然却須水退十丈乃可是夕水驟退數丈同行者皆有喜色

戊午乘水退下巫峽灘瀧稠險濆淖洄洑其危又過夔峽三十五里至神女廟廟前灘尤洶怒十二峯俱在北岸前後映帶不能足其數十二峯皆有名不甚切事不足錄所謂陽臺高唐觀在來鶴峯上亦未必是神女之事據宋玉賦本以諷襄王後世不察一切以兒女子褻之今廟中石刻引墉城記瑤姬西王母之女稱云華夫人助禹令鬼神斬石疏波有功見紀今封妙用眞人廟額曰凝眞觀廟前有馴鴉客舟將來則迓於數里外舟過亦送數里土人謂之神鴉二

十里至東奔灘高浪大渦巨艑掀舞不當一稿葉或爲渦所使如磨之旋三老挽招竿叫呼力爭以出渦二十里過巴東縣九十里至歸州未至州數里曰吒灘其險又過東奔逹掇新城下大灘曰人鮓甕巳未泊歸州八月戊辰朔發歸州五里至白狗灘三十里至新灘此灘名豪三峽八十里至黃牛峽上有沼川廟黃牛之神也亦云助禹疏川者廟背大峯峻壁有黃跡如牛上一墨跡如人牽之云此其神也顒而下流黃牛峽盡則爲扇子峽過此盡峽中灘矣三十

里得南岸則盡平地曰平善壩舟出峽至是人皆相慶如更生舟師篙工皆有犒賜己巳發平善壩三十里至峽州登至喜亭亭弊甚不稱醉翁之記百四十里至楊木寨宿庚午發楊木寨八十里至江陵之枝江縣四十里至松滋縣二百一十里至荆州南之沙頭乙亥移舟出大江宿江瀆廟前丙子發江瀆廟七十里至公安縣百二十五里至石首縣丁丑發石首百七十里至魯家洑自此至鄂渚有兩塗一路遵大江過岳陽及臨湘嘉魚二縣經岳陽通洞庭波浪連

天有風即不可行故客舟多避之一路自魯家洑入純純者江旁支流如海之神汊其廣僅通舟不畏風浪兩岸皆多蘆荻時時有人家但支港通諸小湖故爲盜區自魯家洑避大江入純月明行三十里宿戊寅巳卯皆行純中庚辰行過所謂百里荒者皆湖濼茭蘆不復有人迹巨盜之所出没也壬午行不止辰出大江午至鄂渚泊鸚鵡洲前巳丑解維小泊漢口午後風息通行百八十里至三江口宿三江口之名所在皆有凡水參會處皆稱之庚寅發三江口辰寅

抵赤壁泊黃州臨臯亭下辛巳發黃州四十里過巴州河通行二百三十里至桐木溝宿壬辰發桐木溝八十里至馬頭宿癸巳發馬頭百二十五里至江州泊琵琶亭前戊戌發江州回望廬山漸東過湖口望大孤如道士冠立碧波萬頃中亦奇觀也九十里至交名夾宿己亥發交石夾東望孤山如艾炷澎浪磯在其南風起浪作食頃通行八十里宿庚子風未止强移舟數里至馬當對岸小港中泊辛丑風少緩移舟五六里至波斯夾中泊癸卯發波斯夾行幾三百

里至長風泆下口宿甲辰發長風泆百里午至池州十數里風作泊清溪口戊申發清溪宿長沙巳酉發長沙入夾行晚泊太平州辛亥發太平州壬子至建康府泊賞心亭下丙辰發建康丁巳泊長蘆禊被宿寺中此爲達磨一葦浮渡處戊午至瓜州巳未至鎮江府壬戌買小舟發鎮江久去江浙奔走川廣乍入舴艋蕭然有漁釣舊想不知其身之自天來歸也甲子至常州丙寅發常州平江親戚故舊來相迎逐者陸續于道恍如隔世焉冬十一月丁卯朔雨中行不

住戊辰未至滸墅十里泊巳巳入盤門

泛舟錄

宋　周必大

三月乙丑乘便風渡湖滃逹宜興婦家來迎方知外舅以二月十九日不祿四月戊辰朔癸酉地理僧淨如來乙亥邑中迎社頗盛云周孝侯生日也癸未早仲寧仲賢過善權設木陸齋約同登舟風水俱逆其行甚緩晡時掠桐渚晚望楊氏墳菴頗壯麗由小港登焉方墳闕角稍侈非度自此至寺纔數里乃肩輿以行過離墨山最高或謂與善權通號離墨云稍前

即董山國碑在焉欲上而日已落徑入善權勑額曰廣教而龍圖閣待制傳楫與化人嘗爲徽宗端邸宮僚既死援王陶例未至執政特賜功德院而不改廣教之額楫墓在寺側其羣從亦有依寺而居者按舊碑寺本齊武帝贖祝英臺莊所置山東北有石壇號九斗壇世傳梁武帝禱雨於此會昌廢寺田產歸鍾離寺咸通八年鳳翔節度使李蠙奏云臣大和中嘗肄業此寺崖洞有白龍之異願以巳俸贖田復舊詔可之其碑并蠙詩尚存仍畫像以祀南唐時嘗爲道

觀後主復爲寺宣政間傳氏予狗時又請爲崇道觀建炎間復舊單氏圖經云殿屋乃廬州刺史張崇造寺多唐人題名今獨乾符以來塑像役人姓名班班可考殿柱上有雷部鬼書曰駱審火者一謝鈞火者二字皆倒書于柱視之不見所謂唐匠姓名及駱審火字其謝鈞火入木寸餘又有詩米等字皆遒勁可愛客館崖石奇秀瀦水爲池頗立亭宇於其上壁間有元豐甲子秋九月彭城劉蕃執中夜宿寺中追懷陳襄述古詩云精識世所稀友道古難有伊人雖云

亡遺德不可朽嘗厭石渠遊是邦爰出守浚河納湖波股泒活畎畝學宮啓城隅塗人或薪樵既富而教之薄俗適忠厚矧予平生時昏弱賴磨揉共願姬孔微肯出臯稷後醇源浩罔涯實行靡容苟猶其老崖阿寂寞待同扣天乎奪大成旅葬宜興臯我未雍荊榛兩淚滴杯酒慟哭起秋風落葉紛林藪永懷三益思語報之瓊玖願子生人間世世篤親友古人於交遊情誼蓋如此述古墓去寺十餘里甲申晴宜與人謂堯時夏雨甲申而致九年之水故甚畏之早同仲

賢仲寧地理僧淨如過丁墅十地去寺約二十里飯於吳寺丞菴回至懷相塢入吳秀才菴少休天氣驟熱將至善權由傅公神道繞寺後訪二洞約行里餘度小嶺乃至焉乾洞在上有大石當戶其四周髣髴數疊墻寶蓋下垂鸞管懸綴有鹽堆米堆惟肖視張公洞差小然亦可容千人水洞在乾洞之下水自山出未至洞口披石斗瀉滙而爲湫細流入洞洞中石田皆成壠畔每丘纔盈尺高高下下水滿其中石文蹙成花草如雕鐫者陳述古詩云陰陽融結此山川

便有鹽堆與石田風俗每來占水旱却疑乾洞有神仙汪謂乾洞中有鹽米堆石田數坵鄉人歲時禱祈以占水旱若田中有水則爲豐年之兆又詩云水洞深無百尺泉白龍騰蟄已多年誰知此物能雲雨常濟山南萬頃田汪謂圖經云水洞中有泉大旱不竭常有雲氣昇騰太和中白龍出於洞中予觀石田在水洞而述古乃言於乾洞不知何故白龍卽李蠙所見者水既入洞卽伏流達寺中昨日所遊崖石亭守正臨其上時有四足鮎魚出遊村夫或擊而食之今日僮僕輩亦有見之者水由寺而出灌溉之利遠矣遊洞畢回視傅公塚乃歸寺在宜興西南陸行四十里舟行六七十里張舜民南遷時過黃州聞東坡云近獲一魚似鮎而有四足能履地而行或云鯢魚也乙酉早肩輿二三里至董山按三國志金陵實錄孫皓因國山有石自立遣司空董朝太常周處封禪刻石埋銀龍銅馬于其下其石如囷故俗呼囷碑山高數十丈與徐宗榮杖同登碑字三面可辨惟東向皆剝裂糢糊葢無屋以芘之也俗呼董山謂董朝也碑

詞載所遣官姓名而無周處史氏誤矣前長老法濟叅齋罷登舟歸邑初行十里四望塵沙漲天既入湖涂西北風大作浪湧舟駛過暮到家庚寅大風而晴早同仲寧仲賢如師再出南門卜地一里許曰書店二三里曰山門葢自此入山地南來諸山聚於陽羨界太湖而止對縣治號銅棺山一曰君山尤雄拔故此邑多富貴之家壬辰早約莊德邁飯訖泛舟數里至言村訪胡茂老松年樞密舊居有堂榜曰萬福平遠邑人第呼橫山堂堂去湖涂纔百餘步湖外峯巒橫陳

又其外遶山如屏方茂老所築時蒔藝花木水植荷蓮死才二十一年皆湮廢不治而第宅湊壞予甲戌歲嘗與外舅具舟欲來大風而止今日亦遇風雨甲午早同仲寧仲賢淨如出南門過橫淵入袁氏菴觀地投宿洞靈觀知觀邵惟道字集虛極有幹才支傾補弊觀遂復興登張公洞中路回望太湖宜築小亭焉山非甚大而洞極廣蓋一山皆空耳其間肖像不一而數柱若擎之者乙未早過湖洑鎮跨溪有橋號侍郎橋或曰謂陸希聲而圖誌頗疑其稱呼不相應

也飯于金沙寺登顧山訪講易臺酌潛虬泉皆希聲遺迹也寺有岳飛己酉歲留題刻石詞甚壯遊李福墳菴即李顯忠斬之者入鎮甲觀潛泉仲寧兄弟同淨如過山中觀地予乃與道士王見志字全隱者遊惠氏南園久之過北園仲寧兄弟至遂買舟泛湖洑而歸兩岸多朱藤故號罨畫溪歷唐貢山淨如云唐貨茶之舍也又過冢山蠡湖甲夜抵邑中

泛舟錄

宋　周必大

乾道丁亥閏七月丙寅朔甲午拂旦同邵方遠出南門過王廷修道人家獻石棋子一副張公洞泥所造也進至香山與仲賢大悅飯芰舍遂過湖洑西行三里至孫仲益墳菴修竹流水門徑幽深自其胸次丘壑也龜潭形如龜淵不盈丈有亭曰酌潦而菴名千息對祠堂創一龕華甚設四几案爲其二室一妾且留自待也又西南行行一里訪玉女潭雖有茅亭而

路皆榛翳賴扶欄表之潭在四山中三面皆石崖有竇上達水浮墨色可畏投以物則盤旋而下唐權德輿李幼卿獨孤及皆有詩自此東行里餘呼羹兒導至佛窟崖崖高一丈五尺闊數倍水出其左或云自玉女潭來流而爲淵石佛數身皆斷軀幹或云像出崖中土人神之多求嗣焉其毁之必以不驗也又西南二三里由王直中知軍家墓道山支徑訪龍潭伐篠剃棘望石崖而進有蔣天威者得其地契以竹木路不可行易樵湫也窺觀毛髮森竦回望蔣菴不遠

會日昃歸飯千息菴投宿洞靈知觀邵惟道置酒秉燭過聖堂觀元豐間劉宜夫誼及元祐辛未五月僧仲殊留題然後寢八月乙未朔早至前知觀應若谷房賞秋香觀中有仁廟時賜度人經一藏今漸散失歸至香山少休遂入莊僖簡公神道長松夾路殆五六里由徑過單蒔中主簿墳菴訪白鴿洞水自中出令從者側入以望云相去二三丈復有洞口濶數尺聞過此則平廣道人輩採石脂於中云復出舊路行里餘乃至僖簡追遠菴主持淨照來迎飯罷留題而

出亭午至横澗折而東二里許抵川步訪所謂洞山者財高二十餘丈周圍三里篠形如張弓其上皆叢篠無他異洞口流水清澈覓輕舠匍匐其中夾以炬火櫂而入崖石色正白中爲裂罅謂之石脊石岸如削玉如砥平如刓刻詭異不一鵝管鍾乳往往可取石燕遇火驚飛撲人行數十丈頂稍高而洞寬俄値深潭邵生懼甚促歸或云自此而進可陸行半里有石橋石磬之屬唐人刻姓名在焉此洞惟冬涸可窮覽若積雨則水與洞平不可入今日僅能入也晡時過長峴嶺入莊刑曹報慈菴賞木犀遂歸是役也崖洞在邑南鄙者十得五六道輩且不知所在況遊客乎尚有大城君陽洞期異日訪之丁酉早謁果利廟（土人爲之西廟）廟神乃後漢袁令玘今封嘉應字人侯廟碑殊可觀正祠本在邑南銅棺山初曰荆南山（謂荆谿之南）相傳袁令將死天下銅棺如王喬玉棺然故曰銅棺又名君山亦謂袁君也庚子早過香山以酒饌犒匠人及役夫飯罷同仲謨自横澗西行四五里訪靜樂寺荆溪尊者湛然此地人後傳天台教建中三年沒

梁肅撰碑是日冒雨行小徑意寺可宿而破落不堪其憂留題而出常日在邑中望銅棺山甚遠今寺後一峯正倚山脚非好事不能至也里餘至莊子上知府菴欲循舊路復出横澗會日向晚問土人得捷徑號使嶺既登峻甚仲謨窘於躋攀從者又畏班寅子不恤也一上約二三里乃得平頂俯視縣郭僅成聚落隔湖及衆滄一一可指眼界廓然雨後下嶺尤險幾不能容足過西石亭梅樹蒲林邑人遊賞處也至山門始出大路暮夜抵郭内甲辰晴未後約致遠過

莊德政同度周橋訪後漢許太尉夫人墓道中有石翁仲龜趺披榛莽至其下漸爲邑人斷掘有碑側立字多磨滅惟其前數百字粗可讀大畧云夫人會稽山陰人劉氏益太尉之婦也丙午外舅之柩登舟未時至川步登陸雨驟作申後至塋所戊申至香山送葬者畢集而地已不用矣與戍觀側（即洞靈觀）百餘步一峯壁立狀若鐫刻紹聖四年有人遁形而入故號會仙崖崖下流水可浮杯今有小亭午後同致遠西南行里餘訪白馬洞將至澗水淙淙有聲其源出洞中

入洞頂如砥平鞠躬而進觀沈遼刻字歸辛亥早同致遠肩輿西南行過黃家橋（此可登舟入邑）入湖洑度侍郎橋再遊惠園其眷眷於此者以古澗碧流也又行十餘里進遊大城洞單氏風土志謂洞門狹隘止容一人行內頗寬曠有鹽米堆白石高峙如雪山狀洞中有四際水流今殊不然入洞纔十步爲村民以土窒之前日遣人開治僅高一二尺以草爲茵魚跳而進又行十餘步大石相倚中有深谷寸步滑磴且恐已而稍寬廣石乳如寶蓋垂於其上傍又有一谷然不若前谷之險稍前即大坑穽乃近歲崩陷者所謂鹽米堆雪山不可至矣炬火欲盡遂出憩村民吳氏以茶果交相遺歸入饒州太守蔣天祐垂裕菴半里至君陽洞陸希聲云在君山之陽故以爲名洞去龍潭甚邇水自洞口出行兩崖間清駛可愛天日下照不必秉燭視他洞爲勝惜乎天祐之兄營墳其上不復爲遊觀之地矣歸過金沙致遠獨遊停車以待同飯洞靈抵暮還邑凡宜興南鄙崖洞搜索殆遍惟圖志中載武陵洞在龍山去湖洑渚南十里中若張公洞

石乳凝結有旌幢羽蓋之狀又有瀑布迸流但榛蔓蒙密人迹罕至不能一往而南嶽山稠錫禪師道場古迹頗多且鄒志完所樂去縣二十里而近反未至焉既迫南歸須俟他年矣

乾道庚寅奏事錄

宋　周必大

乾道庚寅南劒守闕到法當奏事以四月六日丁亥挈家泛舟入浙甲辰次隆興府己酉赴府會於東湖孺子亭按洪芻職方乘云湖在郡東南周廣五里酈元云十里一步二十步今士大夫多倡樓閣以環之城中奇觀也酒三行泛舟過總持院本唐僧子畋所造畋精太乙術能祈雨乞晴今有井祈求不驗雷堂之後有澹臺滅明墓芻云史記雖言滅明居楚又有

渡江斬蛟之事然豫章非眞楚尚可疑也平江亦有澹臺墓院中老僧年七十及從徐師川遊能寫字鼓琴自總持過講武亭復登舟庚戌解維過樵舍鎭宿昌邑山五月辛亥朔抵吳城山謁廟少休看經閣東坡所留石砮尚在近歲過客又捨一矢形稍大而色青不若舊物之古也廟側有聖池池中有小石浮水面壬子抵南康軍癸丑早肩輿過簡寂觀觀門外許堅石初爲沙石所壅前歲大水復出與如觀歐陽脩年對泉石小酌食甜苦笋名不虛得飯罷入棲眞觀卽梁昭明書堂前欲遊而不至者荒蕪殊甚次至開先主僧虛席殊不成叢林而飛橋已爲大水所衝少憩方丈首座川僧又邈粗可語同訪招隱泉有亭覆之日斜歸甲寅赴軍會坐五老亭甚久而晴嵐晻曖殊不滿人意乙卯凌晨冒大雨陸行四十里至延眞招德觀與江州樂順之教授相會飲菖蒲酒五行同登閣而別由間道渡溪入淨慧院主僧淨一此兩處皆前歲所未至者未後出山晚投宿尋眞觀丙辰晴早過白鶴棲賢寺寺愈蕭索獨登五老亭坐玉淵及

三峽橋而行約十里飯羅漢院院不經兵火而住持不得人日就摧毁近長老方葺僧堂又引去今藏殿法堂童行堂之屬氣象猶壯偉未時還軍別太守欲解纜南風太高遂止丁巳拂旦離南康風順而高舟過大孤軒簸可畏泊交石夾戊午過馬當泊波斯夾己未泊懷家渡庚申北風大作移舟十餘里長風沙距舒州一百三十里辛酉北風未止行四十里至蔣家汊夜月佳甚風稍定壬戌至大通鎭癸亥早南風掛颿行近四十里片雲忽在頭上轉爲北風兩舟相

望篙師皆失色無措急令轉柂就驅遊行十餘里入銅陵夾方定午至銅陵縣遊天王禪寺今名護法殘僧敗屋不類叢林寺後山上有富覽亭望江流帆三夾對岸即濡須也五里有寶雲寺李白祠堂十里至銅坑邑在亂山中殊陋甲子北風復作夜來月色如晝波伏不與今乃阻滯如此閻宰送別於石龍磯磯下有洞雖爲三門而淺局無足觀稍前江邊有瑪瑙石晚抵繁昌縣乙丑早風復作行夾中行四十里近月子港而止過此復出大江故也丙寅風定雞再鳴

乘月解維過三山磯入青敦夾望魯江口遂入蕪湖泊吳波亭下丁卯雨畧至吉祥寺戊辰風雨稍止晨發蕪湖過褐山磯未時次太平州己巳赴州會風雨不已天氣如暮秋庚午再赴州飯初約會於凌歊不果飯罷獨往比舊加葺塔後又創懷古堂恨烟雨不見歷陽畧至廣福寺壬申早雨俄晴舟行小河甚駛至采石鎮以風氣駁雜少留已而復行泊慈湖夾癸酉蚤入鵝港泊新河口丙子早乘便風出新河午至長蘆寺江水漲溢去寺才十餘步不暇遊也日欲晡次眞州丁丑蚤欲行會大雨不敢解維赴王守飯於山堂之澄瀾閣同報恩長老妙端登塔兩級望金山及揚州大明寺塔遂同過漕司東園即六一先生爲發運副使許元作記者所謂拂雲之亭澄虛之閣畫舫之舟清讌之堂皆在焉戊寅至鎭江府閏五月庚辰朔早至丹陽館携鄧子長及綸上甘露寺不到已十八年鎭江因北固山以爲城而寺在上東坡詩云古郡山爲城層梯轉朱闌盡之矣觀狠石鐵鑊李衛公像舍利塔所謂陸探微獅子惟有近歲畫本餘皆

亡矣舊多景樓乃行者堂去年太守陳天麟侍郎別卜地起樓甚雄壯金焦二山在左右而面對瓜洲似勝舊基也辛巳冒大風雨登浮玉亭亭在江邊獨山上或謂此即浮玉山故創亭焉後有小石山是爲蒜山又其後有土山號堅土山上紋皆堅固也登舟風益大衝浪至金山龍遊寺長老寶印川人有泉二百棟宇鼎新寺遶山臨水爲屋故諺云金山屋裏山焦山山裏屋蓋寶錄也三門借石牌山爲按乃江中三石峯耳其外小山稍有樹木而鳥雀不棲者世傳爲

郭璞墓或謂石牌山正爲浮玉水漲不能没唐人於此鑄鏡南岸創亭者非也別有鶻山以鶻棲得名寺有雄跨堂頗雄偉洪景伯書額觀音殿下臨龍淵長老云頃年軍士習水戰嘗墜石測之深三十二丈而揚子江心深七十餘丈云會飯於方丈白絲糕黑鹹豉糖豆粥三者山中之精饌也登妙高臺烹茶壁間有坡公畫像初公族成都中和院僧表祥畫公像求贊公題云目若新生之犢心如不繫之舟要問平生功業黃州惠州崖州中不載蜀人傳之茶罷上絕頂

觀坡及晁無咎題字轉至頭陀崖頭陀姓裴唐貞元中獲金於山而得名者聞此崖舊乃蛟窟也巾濡泉在水陸堂中陸羽品江心之水比與同味酌之聞京口城中井水皆鹹濁其泉僅一二云日午觀僧齋畢過歙州門僧榻皆逼江梟潦方至憑欄眩駭大抵寺之軒窻無不臨水而此猶可畏戲投餅餌龜鼉畢集初欲自此下焦山而風雨殊未止復衝巨浪還西津亦危道也謁下元水府廟而歸甲申早大雨舟行屬堤望練湖記云方四十里自離鎮江皆泝流未後次丹陽縣古曲河也乙酉晴早過呂城閘至犇牛鎮晚次常州丁亥未後解維抵暮僅行十三里宿小井戊子次無錫巳丑午攜家遊惠山任持法皡七十八矣同上南北閣酌陸子泉水泉龍淵泉憑水陸池檻觀鼋戲而歸辛卯至平江丁酉早出盤門如崑山以塘路橋低轉湖濼上人謂之皇天蕩正值東南風打頭晡時方抵下芋瀆距府城纔十二里戊戌抵崑山六月庚戌朔過山寺訪老僧法恂步至塔院山之絕頂也丙寅入婁門壬申出婁門晚次吳江縣甲戌早次秀州丁丑至臨

安閘飯後入北關門權寓普惠院

河源志

元 潘昂霄

延祐丁夘春聖天子以四海萬國之繁軫念庶民艱虞罔控告也分使諸外郡諸道宣布德音休戚興替之清溺激揚之畿甸密邇獨不得均其澤越五月詔前翰林學士承旨臣潤潤出翰林院侍讀臣昂霄奉使宣撫京畿西道臣昂霄奉命驚悖罔措唯務罄竭忠赤盡求民瘼而後已潤公一日語昂霄日余嘗從余兄榮祿公都日抵西域窮河源昂霄聞之不覺矍

然駭曰有是乎哉請筆書其語公曰世祖高皇帝至元十七年歲在庚辰余兄欽承聖諭曰黄河之入中國夏后導之知自積石矣漢唐所不能悉其源今爲吾地朕欲極其源之所出營一戍俾蕃賈互市規置航傳凡物貢水達京師古無有也朕爲之以求後來無窮利益蓋難其人多實次日人且實諸國語往圖汝諸受金虎符招討使以行是歲四月至河洲東六十里有寧河驛驛西南五六十里山曰殺馬關林麓穹隘譯言泰石答班啓足浸高一日程至巔西邊愈高四閱月約四五千里殆抵河源冬還圖城傳位置以聞上悅往營之授土蕃等都元帥仍金虎符置寮宷督工師悉資内也造航爲艘六十城傳惜工物完遣潤出驛開適相哥証昆哥藏不廻力阻遂止翌歲兄都實施都河源在吐蕃朶甘思西鄙有泉百餘泓或泉或潦水沮洳散涣方可七八十里且泥淖弱不人跡逼覩弗克傍履高山下視粲若列星以故名火敦腦兒火敦譯言星宿也群流奔輳近五七里滙一臣澤名阿剌腦兒自徂西東連屬吞噬廣西南來名

赤里三四日出合赤程南來名息蘭又水東南來名也里水合流入來賔其流浸大始名黄河安水清人可涉又一二日岐裂八九歧名也孫幹論譯言九度通七五里馬亦可度又四五日程水渾濁士人抱革囊乘騎過之民聚落糾木幹象舟傳毛革以濟僅容兩人維是兩山峽東廣可一二里或半里深叵測矣朶甘思東北鄙有大雪山亦名甘麻不莫剌其山最間譯言騰七里塔卽崑崙也山腹至項皆雪冬夏不消士人言遂年戍兵時六月見之自八九股水至崑

崙行二十日程河行崑崙南半日程地又四五日程至地名闊即提濶是也相屬又三日程至地名哈剌别里赤兒四達之衝也多寇盜有官兵鎮防崑崙迤西人簡小多處山南皆不穹峻水亦散漫獸有髦牛野馬狼狍羱羊之類其東山益高地亦嶄下漸狹隘有狐可一躍越之者行五六日程有水西南來名納隣哈喇譯言細黄河也又兩日程有水南來名乞兒馬出合流二水入河河北行轉西至崑崙兩日程地水過之北流少東又北流約行半月程至貴德州

地名必赤里始有州事官府隸河州州署司吐蕃等處宣慰司所轄又四五日程至積石州即禹貢積石五日程至河州安鄉關一日程至打羅坑東北行一日程洮河水南來入河又一日程至蘭州下過北卜渡至鳴沙州過應吉里州至東行至寧夏府南東行即東行勝州隸西京大同府地面自發源至漢地南北溪澗細流傍貫莫可紀極山皆草石山至積石方林木暢茂世言河九折彼地有二十折蓋乞兒馬出及貴德州必赤里也漢張騫使絕域歷聰拘執難危百

罹歷大宛月氏等數國其傍大國五六皆傳稱之以爲窮河源烏能覩所謂河源哉史稱河有兩源一出于闐一出葱嶺于闐水行合葱嶺河注蒲類海流狀至臨洮出焉今洮水自南來非蒲類明矣詢之士人言于闐葱嶺水其下流散之沙磧又有河與天河通尋源得織女支機石而歸亦妄也崑崙出嵩高五萬里閬風玄圃瑶草華蓋仙人所居又何邪唐史吐蕃傳河上流由洪濟梁上南二十里水益狹春可涉秋天可勝舟其南三百里三山中高而四下曰紫山右

所謂崑崙其言頗類然上稱河源其間云國家蔽天威亘天地所覆幬無間海内外冠帶萬國罔非臣妾視漢唐爲之不足訐故窮河源去萬里若涉閨達嬉盛典也不可不志因志之都實族女真蒲宜蔡氏統烏思藏路暨招討都元帥凡三百里至吐蕃濶出令際甘肅行省參知政事是歲八月初吉謹述

于役志

宋　歐陽修

景祐三年丙子歲五月九日丙戌希文出知饒州

戊子送希文飲于祥源之東園

壬辰安道貶筠州

甲午師魯貶郢州

乙未安道東行不及送余與君貺追之不克還過君謨家遂召穆之公期道滋景純夜飲

丁酉與損之送師魯于固子橋西興教寺余留宿明

日道卿損之公期君貺君謨武平源叔仲輝皆來會飲晚乃歸余貶夷陵

己亥夜過遂卿家話别遂卿病也

庚子夜飲君貺家會者公期君謨武平秀才范鎮道滋飲婦家不來

辛丑舟次宋門夜至公期家飲會者君謨君貺景純穆之道滋飲婦家不來

壬寅出東水門泊舟不得岸水激舟横于河幾敗家人驚走登岸而避遂泊亭子下損之來奕棊飲酒暮乃歸

癸卯君貺公期道滋先來登祥源東園之亭公期烹茶道滋鼓琴余與君貺奕已而君謨來景純穆之武平源叔仲輝損之壽昌天休道卿皆來會飲君謨景純穆之壽昌遂留宿明日子野始來君貺公期道滋復來子野還家餘皆留宿君謨作詩道滋擘方響穆之彈琴秀才韓傑居河上亦來會宿

己巳晨興與宿者别舟既行武平來追及至下鏁見之少頃乃去午次陳留登庚廟

丙午在陳留

丁未次南京明日留守推官石介應天推官謝郛石軍延判官趙衮曹州觀察推官蔣安石來小飲于河亭余疾不飲客皆醉以歸

六月己酉次柳子

庚戌過宿州與張參約泊靈壁鎮游損之園會余有客住宿州參先發檥靈壁待余不至乃行晚次靈壁獨游損之園會舟次失水道敗梳

辛亥次青陽

壬子至于泗州晚與國器小飲州
癸丑始見春卿
甲寅乙卯丙辰獨在泗州始食淮魚
丁巳次洪澤與劉春卿同年黃孝恭相遇始識大理
寺丞李惇裕洪澤巡檢顏懷玉者錢思公在洛時
故吏遂與四人者夜飲五鼓罷明日食畢解舟與
飲者別春卿復相送以前晚入沙河乘月夜行嚮
山陽與春卿聯句二鼓宿闆下黎明元均來遂至
楚州泊舟西倉始見安道于舟中安道會飲于倉

亭始食瓜出倉北門看雨與安道奕
庚申小飲舟中會者元均春卿安道余始飲酒移舟
儀城西門門閉泛月以歸
辛酉安道解舟不果別與春卿奕于倉亭晚別春卿
壬戌與元均小飲倉北門舟中夜宿倉亭
癸亥夕與元均坐水次納涼已而大風雨震雹暴至
乙丑與隱甫及高繼隆焦宗慶小飲水陸院東亭看
雨始見荷花
丙寅與元均隱甫飲于西倉
丁卯隱甫來會登倉北偃上亭納涼遲客至遂及元
均小飲舟中已而大風震雹遂宿舟中
戊辰余生日具酒爲壽于舟中
己巳與元均泛舟北辰會隱甫小飲宿倉亭
庚午同年朱公綽來自京師
辛未子聰來自壽州夜飲倉亭留宿
壬申泛舟飲于北辰
癸酉隱甫來飲別與元均小飲宿倉亭
甲戌知州陳亞小飲魏公亭看荷花與者隱甫朱公

綽晚移舟楚望亭陳從益來自京師見余于舟中
始聞君謨動靜秀才陳策來自京師夜見余于楚
望亭作常州書自泊西倉至于楚望凡十有七日
乙亥次寶應
丙子至于高郵
七月丁丑復見子聰會飲弭節亭
戊寅遂與子聰同舟以前次邵伯
己卯至于楊州遇秀才廖倚夜與倚及子聰飲觀風
亭明日子聰之潤州廖倚之楚州伯起來宿觀風

亭
辛巳與伯起飲邀渚亭會者集賢校理王君玉大理
寺丞許元太常寺太祝唐詔祠部員外郎蘇儀甫
壬午儀甫來小飲觀風亭會者許元唐詔君玉伯起
先歸
癸未與許元小飲邀渚亭會者如壬午伯起不來
甲申與君玉飲壽寧寺寺本徐知誥故第李氏建國
以爲孝先寺太平興國改今名寺甚宏壯畫壁尤
妙問老僧云周世宗入揚州時以爲行宮盡杇墁

之惟經藏院畫玄奘取經一壁獨在尤爲絶筆太
息久之
乙酉小飲秀才呂有家會者如壬午伯起不來余遂
留宿
丙戌至于眞州大熱無水
辛卯飲僧于資福寺移舟溶溶亭處士謝去華援琴
待涼以入客舟
戊戌入客舟泊涵虛亭
庚子次江口

辛丑次長蘆
壬寅夜乘風次清涼寺
癸卯晨至江寧府
八月丙午猶在江寧
丁未小飲君績家
己酉小飲于水閣
庚戌次采石
辛亥阻風與侍禁陳宗顏飲
壬子過太平州夜乘風宿帶星口

癸丑過蕪湖繁昌宿慈母磯
甲辰乘風晝夜行
丙辰禱小姑山神至江州
丁巳在江州約陳侍禁游廬山余病呼醫者不果復
遂行次郭家洲
己未阻風郭家洲與澧陽縣令趙師道飲村市就村
人市羊供膳不得余疾謀還江州召廬山僧以醫
不果
庚申次盤唐港

辛酉至于蘄陽
壬戌小飲瞿珦家會丹稜知縣　郎范酤蘄春
主簿郭公美
癸亥次新冶禱江神得大魚
甲子至于磁湖
乙丑猶在磁湖自丁巳余體不佳至是小間
丙寅至于黄州
丁卯與知州夏屯田飲于竹樓興國寺大約余明年
爲社飲不果夜登江澳次漆磯

戊辰次雙柳夾
己巳次白楊夾
庚午至于鄂州始與令狐修己相識
辛未遣人之黄陂召家兄大風不克渡江而還
壬申小飲修己家遂畱宿明日家兄來見余于修己
家始中酒睡兄家
甲戌飲于兄家
乙亥飲令狐家夜過兄家會宿
九月丙子次沌口
丁丑次昭化港夜大風舟不得泊禱江神
戊寅次穿石磯夜大風擊舟不得寢
己卯至岳州夷陵縣夜來接泊城外
庚辰假舟于邵暖
辛巳壬午入官舟
癸未入荆江次李家洲
甲申次烏沙
乙酉次魯洑
丙戌次塔子口觀魚望五鵝塵角望夫諸山

丁亥次石首夜大風
戊子阻風
壬辰次公安渡
右于役志一卷雖非著述傳流至今則不可畧按
夷陵抵京師一千六百里公與尹師魯書云臨行
臺吏催苛百端始謀陸行以大暑又無馬乃沿汴
絶淮泛大江凡五千里用一百一十程纔至荆南
與此志合自公安後闕而不錄既以十月二十六
日到官則畱荆約旬餘正庭參轉運時也

王愼中曰此公酒肉帳簿也亦見史華

峽程記

唐　韋莊

三峽連山七百里畧無斷處自非亭午不見日月水經云杜宇所鑿以通江水

峽乃三峽之門兩崖並峙中貫一江灔澦當其口真天險也

灔澦堆乃積石所成江心突兀而出水經所載白帝城西有孤石冬月石出二十餘丈夏即没世俗相傳灔澦大如象瞿唐不敢上灔澦大如馬瞿唐不可下是也

六月下瞿唐水高于堆不知其幾至峽口則水洶湧逆流舟人相顧失色

惡水過堆余曾冒險下峽然舟人雖利之責之不敢下也

瞿唐水漲一瀉千里故太白詩云朝辭白帝彩雲間千里江陵一日還

惡流處有濆有漩緩棹隨漩乃得出不與水爭爭即舟埋水矣

三峽多猨故酈道元曰猨啼三聲斷客腸

述異記

梁　任昉

盤古氏

昔盤古氏之死也頭爲四岳目爲日月脂膏爲江海毛髮爲草木秦漢間俗說盤古氏頭爲東岳腹爲中岳左臂爲南岳右臂爲北岳足爲西岳先儒說盤古氏泣爲江河氣爲風聲爲雷目瞳爲電古說盤古氏喜爲晴怒爲陰吳楚間說盤古氏夫妻陰陽之始也今南海有盤古氏墓亘三百餘里俗云後人追葬盤古之魂也桂林有盤古氏廟今人祝祀

鬼母

南海小虞山中有鬼母能產天地鬼一產十鬼朝產之暮食之今蒼梧有鬼姑神是也虎頭龍足蟒目蛟眉（蟒蛇目圓蛟眉連生）今吳越間防風廟土木作其形龍首牛耳連眉一目

防風氏

昔禹會塗山執玉帛者萬國防風氏後至禹誅之其長三丈其骨頭專車今南中民有姓防風氏卽其後

響玉

侯家爾客則鳴響玉

蚳市

揚州有蚳市市人鬻珠玉而雜貨蛟布蛟人即泉先也又名泉客

龍紗

南海出蛟綃紗泉先潛織一名龍紗其價百餘金以爲服入水不濡

龍綃宮

南海有龍綃宮泉先織綃之處綃有白之如霜者

珊瑚市

鬱林郡有珊瑚市海先市珊瑚樹碧色生海底一株十枝枝間無葉大者高五六尺至小者尺餘蛟人云海上有珊瑚宮漢元封二年鬱林郡獻瑞珊瑚

女珊瑚

光武時南海獻珊瑚婦人帝命植於殿前謂之女珊瑚一旦柯葉甚茂至靈帝時樹死咸以謂漢室將亡之徵也

龍珠

凡珠有龍珠龍所吐者蚳珠蚳所吐者南海俗諺云蚳珠千枚不及玫瑰言蚳珠賤也（玫瑰亦是美珠也）越人諺云種千畝木奴不如一龍珠

珠市

越俗以珠爲上寶生女謂之珠娘生男謂之珠兒吳越間俗說明珠一斛貴如玉者合浦有珠市

瑞箭

東海畔有孤竹焉斬而復生中有管周武王時孤竹

之國獻瑞箭一株

空桑

空桑生大野山中爲琴瑟之最者空桑也

古宮

帝舜都郭門古宮存焉宮前有堯臺舜舘銘記古文莫有識者

湘竹

湘水去岸三十里許有相思室望帝臺昔舜南巡而葬於蒼梧之野堯之二女娥皇女英追之不及相與

慟哭淚下沾竹竹文上爲之班班然

懶婦魚

江南有懶婦魚俗云昔楊氏家婦爲姑所溺而死化爲魚焉其脂膏可燃燈燭以之照鳴琴博奕則爛然有光及照紡績則不復明焉

琵琶魚

海魚千歲爲劒魚一名琵琶形如琵琶而善鳴因以名焉

角虎

漢中山有虎生角道家云虎千年則牙蛻而角生

闔閭墓

闔閭夫人墓中周迴八里別館洞房迤邐相屬漆燈照爛如日月焉尤異者金蠶玉燕各千餘雙

姑蘇臺

吳王夫差築姑蘇之臺三年乃成周旋詰屈橫亘五里崇飾土木殫耗人力宮妓數千人上別立春宵宮爲長夜之飲造千石酒鍾夫差作天池池中造青龍舟舟中盛陳妓樂日與西施爲水嬉吳王於宮中作海靈館館娃閣銅溝玉檻宮之楹檻珠玉飾之

文種墓

廣州東界有大夫文種之墓墓下有石爲華表柱石鶴一隻種卽越王勾踐之謀臣也

趙王園

邯鄲有故宮基存焉中有趙王之果園梅李至冬而花春得而食

銅駝石犬

鄴中銅駝鄉魏武帝陵下銅駝石犬各二古詩云石

犬不可吠銅駝徒爾爲

香水

一說香水在并州其水香潔浴之去病吳故宮亦有香水溪俗云西施浴處人呼爲脂粉塘吳王宮人濯粧於此溪上源至今馨香古詩云安得香水泉濯郎衣上塵俗說魏武帝陵中亦有泉謂之香水

磨鏡石

饒州俗傳軒轅氏鑄鏡於湖邊今有軒轅磨鏡石石上常潔不生蔓草

裸人鄉

桂林東南邉海有裸川桓譚新論云呈衣冠於裸川海上有裸人鄉

石麒麟

丹陽大姑陵陵下有石麟二枚不知年代傳曰秦漢間公卿墓則以石麒麟鎮之虞氏縣有盧君古塚塚旁栢二株枝條蔭茂二百餘歩樹文隱起皆如龜甲根勁如銅石

彈箏谷

安定西隴道其谷中有彈箏之聲行人過聞之謂之彈箏谷

粉水

粉水出房陵東清谷取其水以漬粉卽鮮潔有異於常謂之粉水

九井

漢水西山有九井井中常出五色煙高數丈傳云昔人有緈入得數斛空青

却塵犀

却塵犀海獸也然其角辟塵致之於座塵埃不入

燃石

羊山上有燃石其色黃而文理踈以水沃之便如煎沸其上可炊烹稍冷卽復以水沃之

辟寒香

辟寒香丹丹國所出漢武時入貢毎至大寒於室焚之暖氣翕然自外而入人皆減衣

迷穀

迷穀出招搖山亦名鵲山其樹如穀又如楮其花四

照名曰迷穀如佩之令人不迷

蔞口穴

南康雩都縣西沿江有石室名蔞口穴嘗有船人過一人通身黃衣擔兩籠黃瓜求寄載過至岸下此人唾盤上徑下崖直入石穴中船主初甚忿之見其人入石始知異視盤上唾悉是金矣

明月珠

噲參養母至孝曾有玄鶴爲　人所射窮而歸參參收養療治瘡愈放之後鶴夜到門外參秉燭視鶴嶋

雄雙至各銜明月珠以置恭家

風生獸

炎洲在南海中上有風生獸似豹青色大如貍網取之積薪數車燒之不燃鐵鎚鍛頭數十下乃死以口向風須臾便活以石上菖蒲塞鼻卽眞死取其腦和菊花服之可壽五百歲

異鳥

蘭陵山有井異鳥巢其中金翅而身黑此鳥見卽大水井不可窺窺者盈歲輒死

玉女岡

萍鄉西津有玉女岡天當雨輒先涌五色氣於石間俗謂玉女披衣

石鼓

八方之荒有石鼓其徑千里撞之其音卽成雷也天之申威於此

黑蠶

員嶠山名還丘東有雲石廣五百里有蠶長七寸黑色有鱗角以霜雪覆之然後作繭長一尺其色五采織爲文錦入水不濡

妒女泉

并州妒女泉婦人不得靚粧綵服至其地必興雲雨一名是介推妹

俞兒

齊桓公北征孤竹見人長尺具衣冠左袪而走於馬前管仲曰此山之神也名曰俞兒霸王之君興則見也

石室山

信安郡石室山晉時王質伐木至見童子數人棊而歌質因聽之童子以一物與質如棗核質含之不覺饑俄頃童子謂曰何不去質起視斧柯爛盡旣歸無復時人

螺亭

螺亭在南康郡昔有正女採螺爲業曾宿此亭夜聞空中風雨聲乃見衆螺張口而至便亂啄其肉明日惟有骨存焉故號此亭爲螺亭

棗梨

北方有七尺之棗南方有三尺之梨凡人不得見或見而食之即爲地仙

積憂蟲

漢武帝幸甘泉長平阪道中有蟲赤如肝頭目口齒悉具人莫知也時東方朔曰此古秦獄地也積憂所致上使按圖果秦獄地朔曰夫積憂者得酒而解乃取蟲置酒中立消

止雨笛

周穆王時天下連雨三月穆王乃吹笛其雨遂止

述異記　十

報春鳥

顧渚山有報春鳥春至則鳴秋分亦鳴似鸜鵒之類也

返魂樹

聚窟州有返魂樹伐其根心於玉釜中煮取汁又熬之令可丸名曰驚精香或名震靈丸或名反生香或名卻死香死尸在地聞氣即活

獬豸

獬豸者一角之羊也性知人有罪皋陶治獄其罪疑者令羊觸之

黄頭郎

鄧通以櫂船爲黄頭郎曰土勝水其色黄故刺船郎皆著黄帽

化蛾

楚莊王時宮人一旦而化爲野蛾飛去

古諺

漢世古諺曰雖有神藥不如少年雖有珠玉不如金錢

述異記　十一

香市

日南有香市商人交易諸香處

香尉

漢雍仲子進南海香物拜爲涪陽尉時謂之香尉日南有千畝林名香出其中

宮人草

楚中有宮人草狀如金登而甚氛氳花色紅翠俗説楚靈王時宮人數千皆多愁曠有囚死於宮中者葬之後墓上悉生此花

靈楓

南中有楓子鬼楓木之老者爲人形亦呼爲靈楓

甜溪

甜溪水其味如蜜東方朔得以獻武帝帝乃投於陰井中井水遂甜而寒洗浴則肌理柔滑

離合風

列禦寇鄭人御風而行常以立春日歸乎八荒立秋日遊于風穴是風至則草木皆生去則草木皆落謂之離合風

玉燕釵

漢武帝元鼎元年起招靈閣有一神女留一玉釵與帝帝以賜趙婕妤至昭帝元鳳中宮人見此釵光瑩甚異共謀欲碎之明視釵匣唯見白燕直升天去後宮人常作玉釵因名玉燕釵

辟寒金

三國時昆明國貢魏漱金鳥鳥形如雀色常翱翔海上吐金屑如粟至冬此鳥即畏霜雪魏帝乃起温室以處之名曰辟寒臺故謂吐此金爲辟寒金也

石櫛石履

興安縣水邊有平石其上有石櫛石履各一具俗云越王渡溪脫履墮櫛於此

乳窟

荊州清溪秀壁諸山山洞往往有乳窟窟中多玉泉交流中有白蝙蝠大如鴉

水虺

水虺五百年化爲蛟蛟千年化爲龍龍五百年爲角龍千年爲應龍

封使君

漢宜城郡守封邵一旦化爲虎食郡民呼之曰封使君因去不復來故時語曰無作封使君生來治民死食民夫人無德而壽則爲虎虎不食人人化虎則食人蓋耻其類而惡之

獍

獍之爲獸狀如虎豹而雄小始生還食其母故曰梟獍

鵠國人

西海外有鵠國人長七寸日行千里百獸不犯惟畏海鵠鵠見必吞之在鵠腹中不死鵠一舉亦千里

獩貐

獩貐獸中最大者龍頭馬尾虎爪長四百尺善悉以人爲食遇有道君卽隱藏無道君卽出食人

鼠國

西域有鼠國大者如犬中者如兎小者如常鼠頭悉白商賈有經過其國者若不祈之則嚙人衣裳

六角牛

述異記　　十四

周成王時　送六角牛

磅磄山

磅磄山去扶桑五萬里日所不及其地甚寒有桃樹千圍萬年一實一說日本國有金桃其實重一斤

活人草

漢武帝時西方日支國有獻活人草三莖有人死者將草覆面卽活

玉桃

崑崙山有玉桃光明洞澈而堅瑩須以玉井泉洗之便軟可食

虹飲

晉時晉陵薛願家有虹飲其釜中水須臾而竭願因以酒祝而益之虹復飲盡吐金滿釜而去願家遂至大富

眞香茗

巴東有眞香茗其花白色如薔薇煎服令人不眠能誦無忘

伺潮鷄

述異記　　十五

伺潮鷄潮水上則鳴孫綽望海賦曰石鷄清響而應潮是也

龍羹

漢元和元年大雨有一青龍墮於宮中帝命烹之賜羣臣龍羹各一杯故李尤七命曰味兼龍羹七命卽文章名也

青牛

千年木精爲青牛

猿

猿五百歲化爲玃玃千歲化爲老人

鵠

鵠壽三千歲

鷰

鷰之千年生胡髯

虎魚

虎魚老者爲蛟

穆王犬

周穆王之犬日走千里食虎豹

水精宮

闔閭搆水精宮尤極珍怪皆出自水府

雨魚

古說雍州雨魚長八尺寸許

雨金

漢惠帝二年宮中雨黃金黑錫

雨錢

周時成陽雨錢終日而絕

雨鹿

漢成帝末年宮中雨一蒼鹿殺而食之其味甚美

雨石

魏武帝末年鄴中雨五色石

雨棗

魏世河内冬雨棗

禹餘粮

今藥中有禹餘糧者世傳昔禹治水棄其所餘糧於江中生爲藥也

懶婦箴

桂林有睡草見之則令人睡一名醉草亦呼爲懶婦箴又出海南地記

鳴琴川

梧桐園在吳宮本吳王夫差舊園也一名鳴琴川

桄榔麵

西蜀石門山有樹名曰桄榔皮裏出屑如麵用作餅食之如麵相似因謂之桄榔麵焉

蟹奴

璅珪似小蚌有一小蟹在腹中爲珪出求食故淮海

之人呼爲蟹奴

説郛目録

弓第六十六

佛國記

晉　釋法顯

法顯昔在長安慨律藏殘缺於是遂以弘始二年歲在己亥與慧景道整慧應慧嵬等同契至天竺尋求戒律初發跡長安度隴至乾歸國夏坐夏坐訖前行至耨檀國度養樓山至張掖鎮張掖大亂道路不通張掖王慇懃遂留爲作檀越於是與智嚴慧簡僧紹寶雲僧景等相遇欣於同志便共夏坐夏坐訖復進到燉煌有塞東西可八十里南北四十里共停一月

餘日法顯等五人隨使先發復與寶雲等別燉煌太守李浩供給度沙河沙河中多有惡鬼熱風遇則皆死無一全者上無飛鳥下無走獸遍望極目欲求度處則莫知所擬唯以死人枯骨爲標幟耳行十七日計可千五百里得至鄯善國其地崎嶇薄瘠俗人衣服麤與漢地同但以氈褐爲異其國王奉法可有四千餘僧悉小乘學諸國俗人及沙門盡行天竺法但有精麤從此西行所經諸國類皆如是唯國國言語不同然出家人皆習天竺書天竺語住此一月日復西北行十五日到傌　國傌　國僧亦有四千餘人皆小乘學法則齊整秦土沙門至彼都不預其僧例法顯得符行堂公孫經理住二月餘日於是還與寶雲等共爲傌　國人不修禮義遇客甚薄智嚴慧簡慧嵬遂返向高昌欲求行資法顯等蒙符公孫供給遂得直進西南行路中無居民涉行艱難所經之苦人理莫比在道一月五日得到于闐其國豐樂人民殷盛盡皆奉法以法樂相娛衆僧乃數萬人多大乘學皆有衆食彼國人民星居家家門前皆起小塔最

小者可高二丈許作四方僧房供給客僧及餘所須國主安堵法顯等於僧伽藍僧伽藍名瞿摩帝是大乘寺三千僧共犍椎食入食堂時威儀齊肅次第而坐一切寂然器鉢無聲淨人益食不得相喚但以手指麾慧景道整慧達先發向竭叉國法顯等欲觀行像停三月日其國中十四大僧伽藍不數小者從四月一日城裏便掃灑道路莊嚴巷陌其城門上張大幃幕事事嚴飾王及夫人采女皆住其中瞿摩帝僧是大乘學王所敬重最先行像離城三四里作四輪

像車高三丈餘狀如行殿七寶莊校懸繒幡蓋像立車中二菩薩侍作諸天侍從皆金銀彫瑩懸於虛空像去門百步王脫天冠易著新衣徒跣持華香翼從出城迎像頭面禮足散華燒香像入城時門樓上夫人采女搖散衆華紛紛而下如是莊嚴供具車車各異一僧伽藍則一日行像四月一日爲始至十四日行像乃訖行像訖王及夫人乃還宮耳其城西七八里有僧伽藍名王新寺作來八十年經三王方成可高二十五丈彫文刻鏤金銀覆上衆寶合成塔後作

佛堂莊嚴妙好梁柱戶扇窻牖皆以金薄別作僧房亦嚴麗整飾非言可盡嶺東六國諸王所有上價寶物多作供養人用者少既過四月行像僧紹一人隨胡道人向罽賓法顯等進向子合國在道二十五日便到其國國王精進有千餘僧多大乘學住此十五日已於是南行四日入葱嶺山到於麾國安居安居已止行二十五日到竭叉國與慧景等合值其國王作般遮越師般遮越師漢言五年大會也會時請四方沙門皆來雲集已莊嚴衆僧坐處懸繒旛蓋作金

銀蓮華著繒座後鋪淨坐具王及羣臣如法供養或一月二月或三月多在春時王作會已復勸諸羣臣設供供養或一日二日三日五日供養都畢王以所乘馬鞍勒自副使國中貴重臣騎之并諸白氈種種珍寶沙門所須之物共諸羣臣發願布施布施已還從僧贖其地山寒不生餘穀唯熟麥耳衆僧受歲已其晨輒霜故其王每讚衆僧令麥熟然後受歲其國中有佛唾壺以石作色似佛鉢又有佛一齒國人爲佛齒起塔有千餘僧盡小乘學自山以東俗人被服

麤類秦土亦以氈褐爲異沙門法用轉轉勝不可具記其國當葱嶺之中自葱嶺已前草木果實皆異唯竹及安石榴甘蔗三物與漢地同耳從此西行向北天竺在道一月得度葱嶺葱嶺冬夏有雪又有毒龍若失其意則吐毒風雨雪飛沙礫石遇此難者萬無一全彼土人人卽名爲雪山人也度嶺已到北天竺始入其境有一小國名陁歷亦有衆僧皆小乘學其國昔有羅漢以神足力將一巧匠上兜術天觀彌勒菩薩長短色貌還下刻木作像前後三上觀然後乃

成像長八丈足趺八尺齋日常有光明諸國王競興供養今故現在於此順嶺西南行十五日其道艱阻崖岸險絶其山唯石壁立千仞臨之目眩欲進則投足無所下有水名新頭河昔人有鑿石通路施傍梯者凡度七百度梯已躡懸絙過河河兩岸相去減八十步九驛所記漢之張騫甘英皆不至衆僧問法顯佛法東過其始可知耶顯云訪問彼土人皆云古老相傳自立彌勒菩薩像後便有天竺沙門賫經律過此河者像立在佛泥洹後三百許年計於周氏平王

時由茲而言大教宣流始自此像非夫彌勒大士繼軌釋迦孰能令三寶宣通邊人識法固知冥運之開本非人事則漢明之夢有由而然矣渡河便到烏萇國烏萇國是正北天竺也盡作中天竺語中天竺所謂中國俗人衣服飲食亦與中國同佛法甚盛名衆僧住止處爲僧伽藍凡有五百僧伽藍皆小乘學若有客比丘到悉供養三日三日過已乃令自求所安常傳言佛至北天竺即到此國已佛遺足跡於此跡或長或短在人心念至今猶爾及曬衣石度惡龍處亦悉現在石高丈四闊二丈許一邊平慧景道整慧達三人先發向佛影那竭國法顯等住此國夏坐坐訖南下到宿呵多國其國佛法亦盛昔天帝釋試菩薩化作鷹鴿割肉貿鴿處佛即成道與諸弟子遊行語云此本是吾割肉貿鴿處國人由是得知於此處起塔金銀校飾從此東下五日行到犍陀衛國是阿育王子法益所治處佛爲菩薩是亦於此國以眼施人其處亦起大塔金銀校飾此國人多小乘學自此東行七日有國名竺刹尸羅竺刹尸羅漢言截頭也

佛爲菩薩時於此處以頭施人故因以爲名復東行二日至投身餧餓虎處此二處亦起大塔皆衆寶校飾諸國王臣民競興供養散華然燈相繼不絶通上二塔彼方人亦名爲四大塔也從犍陀衛國南行四日到弗樓沙國佛昔將諸弟子遊行此國語阿難云吾般泥洹後當有國王名罽膩伽於此處起塔後膩伽王出世出行遊觀時天帝釋欲開發其意化作牧牛小兒當道起塔王問言汝作何等答曰作佛塔王言大善於是王即於小兒塔上起塔高四十餘丈衆

寶校飾凡所經見塔廟壯麗威嚴都無此比傳云閻浮提塔唯此爲上王作塔成已小塔卽自傍出大塔南高三尺許佛鉢卽在此國昔月氏王大興兵衆來伐此國欲取佛鉢既伏此國已月氏王篤信佛法欲持鉢去故興供養供養三寶畢乃校飾大象置鉢其上象便伏地不能得前更作四輪車載鉢八象共牽復不能進王知與鉢緣未至深自愧歎卽於此處起塔及僧伽藍并留鎭守種種供養可有七百餘僧日將中衆僧則出鉢與白衣等種種供養然後中食至

暮燒香時復爾可容二斗許雜色而黑多四際分明厚可二分瑩徹光澤貧人以少華投中便滿有大富者欲以多華而供養正復百千萬斛終不能滿寶雲僧景只供養佛鉢便還慧景慧達道整先向那竭國供養佛影佛齒及頂骨慧景病道整住看慧達一人還於弗樓沙國相見而慧達寶雲僧景遂還秦土慧景應在佛鉢寺無常由是法顯獨進向佛頂骨所西行十六由延便至那竭國界醯羅城中有佛頂骨精舍盡以金薄七寶校飾國王敬重頂骨慮人抄奪乃

取國中豪姓八人人持一印印封守護清晨八人俱到各視其印然後開戶開戶已以香汁洗手出佛頂骨置精舍外高座上以七寶圓碪碪下琉璃鍾覆上皆珠璣校飾骨黃白色方圓四寸其上隆起每日出後精舍人則登高樓擊大鼓吹螺敲銅鈸王聞已則詣精舍以華香供養供養已次第頂戴而去從東門入西門出王朝朝如是供養禮拜然後聽國政居士長者亦先供養乃修家事日日如是初無懈惓供養都訖乃還頂骨於精舍中有七寶解脫塔或開或閉

高五尺許以盛之精舍門前朝朝恒有賣華香人凡欲供養者種種買焉諸國王亦恒遣使供養精舍處方四十步雖復天震地裂此處不動從此北行一由延到那竭國城是菩薩本以銀錢買五莖華供養定光佛處城中亦有佛齒塔供養如頂骨法城東北一由延到一谷口有佛錫杖亦起精舍供養杖以牛頭栴檀作長丈六七許以木筒盛之正復百千人舉不能移入谷口四日西行有佛僧伽梨精舍供養彼國土亢旱時國人相率出衣禮拜供養天卽大雨那竭

城南半由延有石室博山西南向佛留影此中去十餘步觀之如佛真形金色相好光明炳著轉近轉微髣髴如有諸方國王遣工畫師模寫莫能及彼國人傳云千佛盡當於此留影影西百步許佛在時剃髮翦爪佛自與諸弟子共造塔高七八丈以爲將來塔法今猶在邊有寺寺中有七百餘僧此處有諸羅漢辟支佛塔乃千數住此冬三月法顯等三人南度小雲山雪山冬夏積雪山北陰中過寒暴起人皆噤戰慧景一人不堪復進口出白沫語法顯云我亦不復

活便可時去勿得俱死於是遂終法顯撫之悲號本圖不果命也奈何復自力前得過嶺南到羅　國近有三千僧兼大小乘學住此夏坐坐訖南下行十日到跋那國亦有三千許僧皆小乘學從此東行三日復渡新頭河兩岸皆平地過河有國名毗荼佛法興盛兼大小乘學見秦道人往乃大憐愍作是言如何邊地人能知出家爲道遠求佛法悉供給所須待之如法從此東南行減八十由延經歷諸寺甚多僧衆萬數過是諸處已到一國國名摩頭羅又經捕那河

河邊左右有二十僧伽藍可有三千僧佛法轉盛凡沙河已西天竺諸國國王皆篤信佛法供養衆僧時則脫天冠共諸宗親羣臣手自行食行食已鋪氈於地對上座前坐於衆僧前不敢坐床佛在世時諸王供養法式相傳至今從是以南名爲中國中國寒暑調和無霜雪人民殷樂無戶籍官法唯耕王地者乃輸地利欲去便去欲住便住王治不用刑罔有罪者但罰其錢隨事輕重雖復謀爲惡逆不過截右手而已王之侍衛左右皆有供祿舉國人民悉不殺生不

飲酒不食葱蒜唯除旃荼羅旃荼羅名爲惡人與人別居若入城市則擊木以自異人則識而避之不相搪揬國中不養猪雞不賣生口市無屠行及酤酒者貨易則用貝齒唯旃荼羅獵師賣肉耳自佛般泥洹後諸國王長者居士爲衆僧起精舍供養供給田宅園圃民戶牛犢鐵券書錄後王王相傳無敢廢者至今不絕衆僧住止房舍牀褥飲食衣服都無缺乏處處皆爾衆僧常以作功德爲業及誦經坐禪客僧往到舊僧迎逆代擔衣鉢給洗足水塗足油與非時漿

須臾息已復問其臘數次第得房舍臥具種種如法
衆僧住處作舍利佛塔目連阿難塔并阿毗曇律經
塔安居後一月諸希福之家勸化供養僧作非時漿
衆僧大會說法說法已供養舍利弗塔種種香華通
夜然燈使彼人作舍利弗本婆羅門時詣佛求出家
大目連大迦葉亦如是諸比丘尼多供養阿難塔以
阿難請世尊聽女人出家故諸沙彌多供養羅云阿
毗曇師者供養阿毗曇律師者供養律年年一供養
各自有日摩訶衍人則供養般若波羅蜜文殊師利

觀世音等衆僧受歲竟長者居士婆羅門等各持種
種衣物沙門所須以布施僧衆僧亦自各各布施佛
泥洹已來聖衆所行威儀法則相承不絕自渡新頭
河至南天竺迄于南海四五萬里皆平坦無大山川
正有河水從此東南行十八由延有國名僧伽施佛
上忉利天三月爲母說法來下處佛上忉利天以神
通力都不使諸弟子知未滿七日乃放神足阿那律
以天眼遥見世尊卽語尊者大目連汝可往問訊世
尊目連卽往頭面禮足共相問訊問訊已佛語目連

吾却後七日當下閻浮提目連既還于時八國大王
及諸臣民不見佛久咸皆渴仰雲集此國以待世尊
時優鉢羅比丘尼卽自心念今日國王臣民皆當奉
迎佛我是女人何由得先見佛卽以神足化作轉輪
聖王最前禮佛佛從忉利天上來向下下時化作三
道寶階佛在中道七寶階上行梵天王亦化作白銀
階在右邊執白拂而侍天帝釋化作紫金階在左邊
執七寶蓋而侍諸天無數從佛下佛既下三階俱沒
於地餘有七級現後阿育王欲知其根際遣人掘看

下至黃泉根猶不盡王益信敬卽於階上起精舍當
中階作丈六立像精舍後立石柱高三十肘上作師
子柱內四邊有佛像內外映徹淨若琉璃有外道論
師與沙門諍此住處時沙門理屈於是共立誓言此
處若是沙門住處者今當有靈驗作是言已柱頭師
子乃大鳴吼見證於是外道懼怖心伏而退佛以受
大食三月故身作天香不同世人卽便浴身後人於
此處起浴室浴室猶在優鉢羅比丘尼初禮佛處今
亦起塔佛在世時有翦髮爪作塔及過去三佛并釋

迦文佛坐處經行處及作諸佛形像處盡有塔今悉在天帝釋梵天王從佛下處亦起塔此處僧及尼可有千人皆同衆食雜大小乘學住處一白耳龍與此衆僧作檀越令國內豐熟雨澤以時無諸災害使衆僧得安衆僧感其惠故爲作龍舍敷置坐處又爲龍設福食供養衆僧日日衆中別差三人到龍舍中食每至夏坐訖龍輒化形作一小蛇兩耳邊白衆僧識之銅盂盛酪以龍置中從上座至下座行之似若問訊遍便化去年年一出其國豐饒人民熾盛最樂無

比諸國人來無不經理供給所須寺北五十由延有一寺名火境火境者惡鬼名也佛本化是惡鬼後人於此處起精舍以精舍布施阿羅漢以水灌手水瀝滴地其處故在正復掃除常現不滅此處別有佛塔善鬼神常掃灑初不須人工有邪見國王言汝能如是者我當多將兵衆住此益積糞穢汝復能除不鬼神即起大風吹之令淨此處有百枚小塔人終日數之不能得知若至意欲知者便一塔邊置一人已復計數人人或多或少其不可得知有一僧伽藍可六七百僧此中有辟支佛食處泥洹地大如車輪餘處生草此處獨不生乃曬衣地處亦不生草衣條著地跡今故現在法顯住龍精舍夏坐坐訖東南行七由延到罽饒　城城接恒水有二僧伽藍盡小乘學去城西六七里恒水北岸佛爲諸弟子說法處傳云說無常苦說身如泡沫等此處起塔猶在度恒水南行三由延到一林名呵梨佛於此中說法經行坐處盡起塔從此東南行十由延到沙祇大國出沙祇城南門道東佛本在此嚼楊枝刺土中卽生長七尺不增

不減諸外道婆羅門嫉妬或斫或拔遠棄之其處續生如故此中亦有四佛經行坐處起塔故在從此南行八由延到拘薩羅國舍衛城城內人民稀曠都有二百餘家卽波斯匿王所治城也大愛道故精舍處須達長者井壁及鴦掘魔得道般泥洹燒身處後人起塔皆在此城中諸外道婆羅門生嫉妬心欲毀壞之天卽雷電霹靂終不能得壞出城南門千二百步道西長者須達起精舍精舍東向開門戶兩廂有二石柱左柱上作輪形右柱上作牛形池流清淨林木

尚茂衆華異色蔚然可觀即所謂祇洹精舍也佛上忉利天爲母說法九十日波斯匿王思見佛即刻牛頭栴檀作佛像置佛坐處佛後還入精舍像即避出迎佛佛言還坐吾般泥洹後可爲四部衆作法式像即還坐此像最是衆像之始後人所法者也佛於是移住南邊小精舍與像異處相去二十步祇洹精舍本有七層諸國王人民競興供養懸繒旛蓋散華燒香然燈續明日日不絕鼠銜燈炷燒花旛蓋遂及精舍七重都盡諸國王人民皆大悲惱謂栴檀像已燒

却後四五日開東小精舍戶忽見本像皆大歡喜共治精舍得作兩重還移像本處法顯道整初到祇洹精舍念昔世尊住此二十五年自傷生在邊地共諸同志遊歷諸國而或有還者或有無常者今日乃見佛空處愴然心悲彼衆僧出問顯等言汝從何國來答云從漢地來彼衆僧歎曰奇哉邊地之人乃能求法至此自相謂言我等諸師和尚相承已來未見漢道人來到此也精舍西北四里有榛名曰得眼本有五百盲人依精舍住此佛爲說法盡還得眼盲人歡喜刺杖著地頭面作禮杖遂生長大世人重之無敢伐者遂成爲榛是故以得眼爲名祇洹衆僧中食後多往彼榛中坐禪祇洹精舍東北六七里毗舍佉母作精舍請佛及僧此處故在祇洹精舍大援落有二門一門東向一門北向此園即須達長者布金錢買地處也精舍當中央佛住此處最久說法度人經行坐處亦盡起塔皆有名字乃孫陀利殺身謗佛處出祇洹東門北行七十步道西佛昔共九十六種外道論議國王大臣居士人民皆雲集而聽時外道女名

旃遮摩那起嫉妬心及懷衣著腹前似若妊身於衆會中謗佛以非法於是天帝釋即化作白鼠齧其腰帶斷所懷衣墮地地即劈裂生入地獄及調達毒爪欲害佛生入地獄處後人皆標識之又於論議處起精舍精舍高六丈許裏有坐佛其道東有外道天寺名曰影覆與論議處精舍夾道相對亦高六丈許所以名影覆者日在西時世尊精舍影則映外道天寺日在東時外道天寺影則北映終不得映佛精舍也外道常遣人守其天寺掃灑燒香然燈供養至明旦

其燈輒移在佛精舍中婆羅門恚言諸沙門取我燈
自供養佛爲爾不止婆羅門於是夜自伺候見其所
事天神持燈繞佛精舍三帀供養佛已忽然不見婆
羅門乃知佛神大即捨家入道傳云近有此事繞祇
洹精舍有九十八僧伽藍盡有僧住處唯一處空此
中國有九十六種外道皆知今世各有徒衆亦皆乞
食但不持鉢亦復求福於曠路側立福德舍屋宇床
臥飲食供給行路人及出家人來去客但所期異耳
調達亦有衆在供養過去三佛唯不供養釋迦文佛

舍衛城東南四里瑠璃王欲伐舍　國世尊當道側
立立處起塔城西五十里到一邑名都維是迦葉佛
本生處父子相見處般泥洹處皆悉起塔迦葉如來
全身舍利亦起大塔從舍衛城東南行十二由延到
一邑名那毗伽是拘樓秦佛所生處父子相見處般
泥洹處亦有僧伽藍起塔從此北行減一由延到一
邑是拘那含牟尼佛所生處父子相見處般泥洹處
亦皆起塔從此東行減一由延到迦維羅衛城城中
都無王民甚如坵荒只有衆僧民戶數十家而已白
淨王故宮處作太子母形像乃太子乘白象入母胎
時太子出城東門見病人迴車還處皆起塔阿　相
太子處與難陀等撲象捔射處箭東南去三十里入
地令泉水出後世人治作井令行人飲之佛得道還
見父王處五百釋子出家向優波離作禮地六種震
動處佛爲諸天說法四天王守四門父王不得入處
佛在尼拘律樹下東向坐大愛道布施佛僧伽梨處
此樹猶在瑠璃王殺釋種子釋種子先盡得須陀洹
立塔今亦在城東北數里有王田太子樹下觀耕者

處城東五十里有王園園名論民夫人入池洗浴出
池北岸二十步舉手攀樹枝東向生太子太子墮地
行七步二龍王浴太子身浴處遂作井及上洗浴池
今衆僧常取飲之凡諸佛有四處常定一者成道處
二者轉法輪處三者說法論議伏外道處四者上忉
利天爲母說法來下處餘則隨時示現焉迦維羅衛
國大空荒人民稀疏道路怖畏白象師子不可妄行
從佛生處東行五由延有國名藍莫此國王得佛一
分舍利還歸起塔即名藍莫塔塔邊有池池中有龍

常守護此塔晝夜供養阿育王出世欲破八塔作八
萬四千塔破七塔已次欲破此塔龍便現身持阿育
王入其宮中觀諸供養具已語王言汝供若能勝是
便可壞之持去吾不與汝爭阿育王知其供養具非
世之有於是便還此中荒蕪無人灑掃常有羣象以
鼻取水灑地取雜華香而供養塔諸國有道人來欲
禮拜塔遇象大怖依樹自翳見象如法供養道人大
自悲感此中無有僧伽藍可供養此塔乃令家灑掃
道人即捨大戒還作沙彌自挽草木平治處所使得

淨潔勸化國王作僧住處已爲寺今現有僧住此事
在近自爾相承至今恒以沙彌爲寺主從此東行三
由延太子遣車匿白馬還處亦起塔從此東行四由
延到炭塔亦有僧伽藍復東行十二由延到拘　那
竭城城北雙樹間希連河邊世尊於此北首而般泥
洹及須跋最後得道處以金棺供養世尊七日處金
剛力士放金杵處八王分舍利處諸處皆起塔有僧
伽藍今悉現在其城中人民亦稀曠止有衆僧民戶
從此東南行十二由延到諸梨車欲逐佛般泥洹處

而佛不聽戀佛不肯去佛化作大深塹不得渡佛與
鉢作信遣還其家立石柱上有銘題自此東行五由
延到毗舍離國毗舍離城北大林重閣精舍佛住處
及阿難半身塔其城裏本菴婆羅女家爲佛起塔今
故現在城南三里道西菴婆羅女以園施佛作佛住
處佛將般泥洹與諸弟子出毗舍離城西門迴身右
轉顧看毗舍離城告諸弟子是吾最後所行處後人
於此處起塔城西北三里有塔名放弓仗以名此者
恒水上流有一國王王小夫人生一肉胎大夫人妬

之言汝生不祥之徵即盛以木函擲恒水中不流有
國王遊觀見水上木函開看見千小兒端正殊特王
即取養之遂便長大甚勇健所往征伐無不摧伏次
伐父王本國王大愁憂小夫人問王何故愁憂王曰
彼國王有千子勇健無比欲來伐吾國是以愁耳小
夫人言王勿愁憂但於城東作高樓賊來時置我樓
上則我能却之王如其言至賊到時小夫人於樓上
語賊言汝是我子何故作反逆事賊曰汝是何人云
是我母小夫人曰汝等若不信者盡仰向張口小夫

人即以兩手捧兩乳乳各作五百道墮千子口中賊知是我母即放弓仗二父王於是思惟皆得辟支佛二辟支佛塔猶在後世尊成道告諸弟子是吾昔時放弓仗處後人得知於此立塔故以名焉千小兒者即賢劫千佛是也佛於放弓仗塔邊告阿難言我却後三月當般泥洹魔王嬈固阿難使不得請佛住世從此東行三四里有塔佛般泥洹後百年有毗舍離比丘錯行戒律十事證言佛說如是爾時諸羅漢及持戒律比丘凡夫者有七百僧更檢校律藏後人於

此處起塔今亦在從此東行四由延到五河合口阿難從摩竭國向毗舍離欲般涅槃諸天告阿闍世王即自嚴駕將士衆追到河上毗舍離諸梨車聞阿難來亦復來迎俱到河上阿難思惟前則阿闍世王致恨還則梨車復怨則於河中央入火光三昧燒身而般泥洹分身作二分一分在一岸邊於是二王各得半身舍利還歸起塔度河南下一由延到摩竭提國巴連弗邑巴連弗邑是阿育王所治城中王宮殿皆使鬼神作累石起墻闕雕文刻鏤非世所造今故現

在阿育王弟得羅漢道常住耆闍崛山志樂閑靜王敬心請於家供養以樂山靜不肯受請王語弟言但受我請當爲汝於城裏作山王乃具飲食召諸鬼神而告之曰明日悉受我請無坐席各自賫來明日諸大鬼神各持大石來辟方四五步坐訖即使鬼神累作大石山又於山底以五大方石作石室可長三丈廣二丈高丈餘有一大乘婆羅門子名羅汰私婆迷住此城裏爽悟多智事無不達以清淨自居國王宗敬師事若往問訊不敢並坐王設以愛敬心執手執

手已婆羅門輒自灌洗年可五十餘舉國瞻仰賴此一人弘宣佛法外道不能得加陵衆僧於阿育王塔邊造摩訶衍僧伽藍甚嚴麗亦有小乘寺都合六七百僧衆威儀庠序可觀四方高德沙門及學問人欲求義理皆詣此寺婆羅門子師亦名文殊師利國內大德沙門諸大乘比丘皆宗仰焉亦住此僧伽藍凡諸中國唯此國城邑爲大民人富盛競行仁義年年常以建卯月八日行像作四輪車縛竹作五層有承櫨揠戟高二丈餘許其狀如塔以白氎纏上然後彩

畫作諸天形像以金銀琉璃莊校其上懸繒幡蓋四邊作龕皆有坐佛菩薩立侍可有二十車車車莊嚴各異當此日境內道俗皆集作倡伎樂華香供養婆羅門子來請佛佛次第入城入城內再宿通夜然燈伎樂供養國國皆爾其國長者居士各於城中立福德醫藥舍凡國中貧窮孤獨殘跛一切病人皆詣此舍種種供給醫師看病隨宜飲食及湯藥皆令得安差者自去阿育王壞七塔作八萬四千塔最初所作大塔在城南三里餘此塔前有佛腳跡起精舍戶北

向塔塔南有一石柱圍丈四五高三丈餘上有銘題云阿育王以閻浮提布施四方僧還以錢贖如是三反塔北三四百步阿育王本於此作泥犁城中央有石柱亦高三丈餘上有師子柱上有銘記作泥犁城因緣及年數日月從此東南行九由延至一小孤石山山頭有石室石室南向佛坐其中天帝釋將天樂般遮彈琴樂佛處帝釋以四十二事問佛一一以指畫石畫跡故在此中亦有僧伽藍從此西南行一由延到那羅聚落是舍利弗本生村舍利弗還於此村

中般泥洹即此處起塔今亦現在從此西行一由延到王舍新城新城者是阿闍世王所造中有二僧伽藍出城西門三百步阿闍世王得佛一分舍利起塔高大嚴麗出城南四里南向入谷至五山裏五山周圍狀若城郭即是蓱沙王舊城城東西可五六里南北七八里舍利弗目連初見頞鞞處尼犍子作火坑毒飯請佛處阿闍世王酒飲黑象欲害佛處城東北角曲中耆舊於菴婆羅園中起精舍請佛及千二百五十弟子供養處今故在其城中空荒無人住入谷

搏山東南上十五里到耆闍崛山未至頭三里有石窟南向佛本於此坐禪西北三十步復有一石窟阿難於中坐禪天魔波旬化作鵰鷲住窟前恐阿難佛以神足力隔石舒手摩阿難肩怖即得止鳥跡手孔今悉存故曰鵰鷲窟山窟前有四佛坐處又諸羅漢各各有石窟坐禪處動有數百佛在石室前東西經行調達於山北嶮巇間橫擲其石傷佛足指處石猶在佛說法堂已毀壞止有磚壁基在其山峰秀端嚴是五山中最高顯於新城中買香華油燈倩二舊比

丘送法顯上耆闍崛山華香供養然燈續明慨然悲傷收淚而言佛昔於此住說首楞嚴法顯生不值佛但見遺跡處所而已即於石窟前誦首楞嚴停止一宿還向新城出舊城北行三百餘步道西迦蘭陀竹園精舍今現在衆僧掃灑精舍北二三里有尸摩賒那尸摩賒那者漢言棄死人墓田搏南山西行三百步有一石室名賓波羅窟佛食後常於此坐禪又西行五六里山北陰中有一石室名車帝佛泥洹後五百阿羅漢結集經處出經時鋪三空座莊嚴校飾舍

利弗在左目連在右五百數中少一阿羅漢大迦葉爲上座時阿難在門外不得入其處起塔今亦在搏山亦有諸羅漢坐禪石窟甚多出舊城北東下三里有調達石窟離此五十步有大方黑石昔有比丘在上經行思惟是身無常苦空不得淨觀厭患是身即捉刀欲自殺復念世尊制戒不得自殺又念雖爾我今但欲殺三毒賊便以刀自刎始傷再得須陀洹既半得阿那含斷已成阿羅漢果般泥洹從此西行四由延到伽耶城城內亦空荒復南行二十里到菩薩本苦行六年處處有林木從此西行三里到佛入水洗浴天按樹枝得攀出池處又北行二里得彌家女奉佛乳糜處從此北行二里佛於一大樹下石上東向坐食糜樹石今悉在石可廣長六尺高二尺許中國寒暑均調樹木或數千歲乃至萬歲從此東北行半由延到一石窟菩薩入中西向結跏趺坐心念若我成道當有神驗石壁上即有佛影現長三尺許今猶明亮時天地大動諸天在空中白言此非過去當來諸佛成道處去此西南行減半由延貝多樹下是

過去當來諸佛成道處諸天說是語已即便在前唱導導引而去菩薩起行離樹三十步天授吉祥草菩薩受之復行十五步五百青雀飛來繞菩薩三帀而去菩薩前到貝多樹下敷吉祥草東向而坐時魔王遣三玉女從北來試魔王自從南來試菩薩以足指按地魔兵退散三女變老自上苦行六年處及此諸處後人皆於中起塔立像今皆在佛成道已七日觀樹受解脫樂處佛於貝多樹下東西經行七日處諸天化作七寶屋供養佛七日處文鱗盲龍七日繞佛

處佛於尼拘律樹下方石上東向坐梵天來請佛處四天王奉鉢處五百賈客授麨蜜處度迦葉兄弟師徒千人處此諸處亦起塔佛得道處有三僧伽藍皆有僧住衆僧民戶供給饒足無所乏少戒律嚴峻威儀坐起入衆之法佛在世時聖衆所行以至于今佛泥洹已來四大塔處相承不絶四大塔者佛生處得道處轉法輪處般泥洹處阿育王昔作小兒時當道戲遇釋迦佛行乞食小兒歡喜即以一掬土施佛佛持還泥經行地因此果報作鐵輪王王閻浮提乘鐵

輪案行閻浮提見鐵圍兩山間地獄治罪人即問羣臣此是何等答言是鬼王閻羅治罪人王自念言鬼王尚能作地獄治罪人我是人主何不作地獄治罪人耶即問臣等誰能爲我作地獄主治罪人者臣答言唯有極惡人能作耳王即遣臣遍求惡人見泄水邊有一長壯黑色髮黃眼青以脚鉤兼魚口呼禽獸禽獸來便射殺無得脫者得此人已將來與王王密勑之汝作四方高墻內殖種種華果并好浴池莊嚴校飾令人渴仰牢作門戶有人入者輒捉種種治罪

莫使得出設使我入亦治罪莫放今拜汝作地獄王有比丘次第乞食入其門獄卒見之便欲治罪比丘惶怖求請須臾聽我中食俄頃得有人入獄卒內置碓臼中擣之赤沫出比丘見已思惟此身無常苦空如泡如沫即得阿羅漢既而獄卒捉內鑊湯中比丘心顏欣悅火滅湯冷中生蓮華比丘坐上獄卒即往白王獄中奇怪願王往看王言我前有要今不敢往獄卒言此非小事王宜疾往更改先要王即隨入比丘爲說法王得信解即壞地獄悔前所作衆惡由是

信重三寶常至貝多樹下悔過自責受八齋王夫人問王常遊何處羣臣答言恒在貝多樹下夫人伺王不在時遣人伐其樹倒王來見之迷悶躃地諸臣以水灑面良久乃蘇王即以塼累四邊以百甖牛乳灌樹根身四布地作是誓言若樹不生我終不起誓已樹便即根上而生以至于今今高減十丈從北南三里行到一山名雞足大迦葉今在此山中劈山下人入處不容人下入極遠有旁孔迦葉全身在此中住孔外有迦葉本洗手土彼方人若頭痛者以此土塗

之即差此山中即日故有諸羅漢住彼方諸國道人年年往供養迦葉心濃至者夜即有羅漢來共言論釋其疑已忽然不現此山榛木茂盛又多師子虎狼不可妄行法顯還向巴連弗邑順恒水西下十由延得一精舍名曠野佛所住處今現有僧復順恒水西行十二由延到迦尸國波羅㮈城城東北十里許得仙人鹿野苑精舍此苑本有辟支佛住常有野鹿棲宿世尊將成道諸天於空中唱言白淨王子出家學道却後七日當成佛辟支佛聞已即取泥洹故名此

處爲仙人鹿野苑世尊成道已後人於此處起精舍佛欲度拘驎等五人五人相謂言此瞿曇沙門本六年苦行日食一麻一米尚不得道况入人間恣身口意何道之有今日來者愼勿與語佛到五人皆起作禮處復北行六十步佛於此東向坐始轉法輪度拘驎等五人處其北二十步佛爲彌勒授記處其南五十步翳羅鉢龍問佛我何時當得免此龍身此處皆起塔見在中有二僧伽藍悉有僧住自鹿野苑精舍西北行十三由延有國名拘睒彌其精舍名瞿師羅

園佛昔住處今故有衆僧多小乘學從東行八由延佛本於此度惡鬼處亦嘗在此住經行坐處皆起塔亦有僧伽藍可百餘僧從此南行二百由延有國名達嚫是過去迦葉佛僧伽藍穿大石山作之凡有五重最下重作象形有五百間石室第二層作師子形有四百間第三層作馬形有三百間第四層作牛形有二百間第五層作鴿形有百間最上有泉水循石室前繞房而流周圍迴曲如是乃至下重順房流從戶而出諸層室中處處穿石作窻牖通明室中朗然

都無幽暗其室四角頭穿石作梯磴上處今人形小緣梯上正得至昔人一脚所躡處因名此寺爲波羅越波羅越者天竺名鴿也其寺中常有羅漢住此土丘荒無人民居去山極遠方有村皆是邪見不識佛法沙門婆羅門及諸異學彼國人民常見人飛來入此寺於時諸國道人欲來禮此寺者彼村人則言汝何以不飛耶我見此間道人皆飛道人方便答言翅未成耳達嚫國嶮道路艱難而知處欲往者要當賫錢貨施彼國王王然後遣人送展轉相付示其還路

法顯竟不得往承彼土人言故說之耳從波羅㮈國東行還到巴連弗邑法顯本求戒律而北天竺諸國皆師師口傳無本可寫是以遠步乃至中天竺於此摩訶衍僧伽藍得一部律是摩訶僧祇衆律佛在世時最初大衆所行也於祇洹精舍傳其本自餘十八部各有師資大歸不異於小小不同或用開塞但此最是廣說備悉者復得一部抄律可七千偈是薩婆多衆律即此秦地衆僧所行者也亦皆師師口相傳授不書之於文字復於此衆中得雜阿毗曇心可六

千偈又得一部綖經二千五百偈又得一卷方等般泥洹經可五千偈又得摩訶僧祇阿毗曇故法顯住此三年學梵書梵語寫律道整既到中國見沙門法則衆僧威儀觸事可觀乃追歎秦土邊地衆僧戒律殘缺誓言自今已去至得佛願不生邊地故遂停不歸法顯本心欲令戒律流通漢地於是獨還順恒水東下十八由延其南岸有瞻波大國佛精舍經行處及四佛坐處悉起塔現有僧住從此東行近五十由延到多摩梨帝國即是海口其國有二十四僧伽藍

盡有僧住佛法亦興法顯住此二年寫經及畫像於是載商人大舶汎海西南行得冬初信風晝夜十四日到師子國彼國人云相去可七百由延其國大在洲上東西五十由延南北三十由延左右小洲乃有百數其間相去或十里二十里或二百里皆統屬大洲多出珍寶珠璣有出摩尼珠地方可十里王使人守護若有採者十分取三其國本無人民正有鬼神及龍居之諸國商人共市易市易時鬼神不自現身但出寶物題其價直商人則依價直直取物因商人

來往住故諸國人聞其土樂悉亦復來於是遂成大國其國和適無冬夏之異草木常茂田種隨人無有時節佛至其國欲化惡龍以神足力一足躡王城北一足躡山頂兩跡相去十五由延於王城北跡上起大塔高四十丈金銀莊校衆寶合成塔邊復起一僧伽藍名無畏山有五千僧起一佛殿金銀刻鏤悉以衆寶中有一青玉像高二丈許通身七寶炎光威相嚴顯非言所載右掌中有一無價寶珠法顯去漢地積年所與交接悉異域人山川草木舉目無舊又同

行分析或留或亡顧影唯已心常懷悲忽於此玉像邊見商人以晉地一白絹扇供養不覺悽然淚下滿目其國前王遣使中國取貝多樹子於佛殿旁種之高可二十丈其樹東南傾王恐倒故以八九圍柱拄樹樹當拄處心生遂穿柱而下入地成根大可四圍許柱雖中裂猶裹在其外人亦不去樹下起精舍中有坐像道俗敬仰無倦城中又起佛齒精舍皆七寶作王淨修梵行城內人信敬之情亦篤其國立治已來無有飢荒喪亂衆僧庫藏多有珍寶無價摩尼其

王入僧庫遊觀見摩尼珠卽生貪心欲奪取之三日乃悟卽詣僧中稽首悔前罪心告白僧言願僧立制自今已後勿聽王入其庫看比丘滿四十臘然後得入其城中多居士長者薩薄商人屋宇嚴麗巷陌平整四衢道頭皆作說法堂月八日十四日十五日鋪施高座道俗四衆皆集聽法其國人云都可五六萬僧悉有衆食王別於城內供五六千人衆食須者則持本鉢往取隨器所容皆滿而還佛齒常以三月中出之未出十日王莊校大象使一辯說人著王衣服騎象上擊鼓唱言菩薩從三阿僧祇劫苦行不惜身命以國妻子及挑眼與人割肉貿鴿截頭布施投身餓虎不悋髓腦如是種種苦行爲衆生故成佛在世四十九年說法教化令不安者安不度者度衆生緣盡乃般泥洹泥洹已來一千四百九十七年世間眼滅衆生長悲却後十日佛齒當出至無畏山精舍國內道俗欲植福者各各平治道路嚴飾巷陌辦衆華香供養之具如是唱已王便夾道兩邊作菩薩五百身已來種種變現或作須大拏或作睒變或作象王

或作鹿馬如是形像皆彩畫莊校狀若生人然後佛齒乃出中道而行隨路供養到無畏精舍佛堂上道俗雲集燒香然燈種種法事晝夜不息滿九十日乃還城內精舍城內精舍至齋日則開門戶禮敬如法無畏精舍東四十里有一山山中有精舍名跋提可有二千僧僧中有一大德沙門名達摩瞿諦其國人民皆共宗仰住一石室中四十許年常行慈心能感蛇鼠使同止一室而不相害城南七里有一精舍名摩訶毗訶羅有三千僧住有一高德沙門戒行清潔

國人或疑是羅漢臨終之時王來省視依法集僧而問比丘得道耶其便以實答言是羅漢既終王即案經律以羅漢法葬之於精舍東四五里積好大薪縱廣可三丈餘高亦爾近上著栴檀沈水諸香木四邊作階上持淨好白氍周帀蒙積上作大轝床似此間轜車但無龍魚耳當闍維時王及國人四衆咸集以華香供養從轝至墓所王自華香供養供養訖轝著積上蘇油遍灌然後燒之火然之時人人敬心各脫上服及羽儀傘蓋遥擲火中以助闍維闍維已即檢

取骨即以起塔法顯至不及其生存唯見葬時王篤信佛法欲爲衆僧作新精舍先設大會飯食僧供養已乃選好上牛一雙金銀寶物莊校角上作好金犁王自耕頃四邊然後割給民戸田宅書以鐵券自是已後代代相承無敢廢易法顯在此國聞天竺道人於高座上誦經云佛鉢本在毗舍離今在揵陀衛竟若干百年（法顯聞誦之唯有定歲數但今忘耳）當復至西月氏國若干百年當至于闐國住若干百年當至屈茨國若千百年當復來到漢地住若干百年當復至師子國若干

百年當還中天竺到中天已當上兜術天上彌勒菩薩見而歎曰釋迦文佛鉢至即共諸天華香供養七日七日已還閻浮提海龍王持入龍宮至彌勒將成道時鉢還分爲四復本頞那山上彌勒成道已四天王當復應念佛如先佛法賢劫千佛共用此鉢鉢去已佛法漸滅佛法滅後人壽轉短乃至五歲十歲之時糯米酥油皆悉化滅人民極惡捉木則變成刀杖共相傷割殺其中有福者逃避入山惡人相殺盡已還復來出共相謂言昔人壽極長但爲惡甚作諸非

法故我等壽命遂爾短促乃至十歲我今共行諸善起慈悲心修行仁義如是各行信義展轉壽倍乃至八萬歲彌勒出世初轉法輪時先度釋迦遺法弟子出家人及受三歸五戒齋法供養三寶者第二第三次度有緣者法顯爾時欲寫此經其人云此無經本我止口誦耳法顯住此國二年更求得彌沙塞律藏又得長阿含雜阿含復得一部雜藏此悉漢土所無又得此梵本已即載商人大船上可有二百餘人後係一小船海行艱險以備大船毀壞得好信風東下

二日便值大風船漏水入商人欲趣小船小船上人
恐人來多卽斫絙斷商人大怖命在須臾恐船水漏
卽取麤財貨擲著水中法顯亦以軍持及澡灌并餘
物棄擲海中但恐商人擲去經像唯一心念觀世音
及歸命漢地衆僧我遠行求法願威神歸流得到所
止如是大風晝夜十三日到一島邊潮退之後見船
漏處卽補塞之於是復前海中多有抄賊遇輒無全
大海瀰漫無邊不識東西唯望日月星宿而進若陰
雨時爲逐風去亦無准當夜闇時但見大浪相搏晃

然火色黿鼉水性怪異之屬商人荒遽不知那向海
深無底又無下石住處至天晴已乃知東西還復望
正而進若值伏石則無活路如是九十日許乃到一
國名耶婆提其國外道婆羅門興盛佛法不足言停
此國五月日復隨他商人大船上亦二百許人賫五
十日糧以四月十六日發法顯於船上安居東北行
趣廣州一月餘日夜鼓二時遇黑風暴雨商人賈客
皆悉惶怖法顯爾時亦一心念觀世音及漢地衆僧
蒙威神佑得至天曉曉已諸婆羅門議言坐載此沙

門使我不利遭此大苦當下比丘置海島邊不可爲
一人令我等危嶮法顯本檀越言汝若下此比丘亦
并下我不爾便當殺我汝其下此沙門吾到漢地當
向國王言汝也漢地王亦敬信佛法重比丘僧諸商
人躊躇不敢便下於時天多連陰海師相望僻誤遂
經七十餘日糧食水漿欲盡取海鹹水作食分好水
人可得二升遂便欲盡商人議言常行時正可五十
日便到廣州爾今已過其多日將無僻耶卽便西北
行求岸晝夜十二日長廣郡界牢山南岸便得好水

菜但經涉險難憂懼積日忽得至此岸見藜藿菜依
然知是漢地然不見人民及形跡未知是何許或言
未至廣州或言已過莫知所定卽乘小船入浦覓人
欲問其處得兩獵人卽將歸令法顯譯語問之法顯
先安慰之徐問汝是何人答言我是佛弟子又問汝
入山何所求其便詭言明當七月十五日欲取桃臘
佛又問此是何國答言此青州長廣郡界統屬劉家
聞已商人歡喜卽乞其財物遣人往長廣太守李嶷
敬信佛法問有沙門持經像乘船汎海而至卽將人

從至海邊迎接經像歸至郡治商人於是還向楊州劉法青州請法顯一冬一夏夏坐訖法顯遠離諸師久欲趣長安但所營事重遂便南下向都就諸師出經律法顯發長安六年到中國停六年還三年達青州凡所遊歷減三十國沙河已西迄于天竺衆僧威儀法化之美不可詳說竊唯諸師未得備聞是以不顧微命浮海而還艱難具更幸蒙三尊威靈危而得濟故竹帛疏所經歷欲令賢者同其聞見

是歲甲寅晉義熙十二年歲在壽星夏安居末迎

法顯道人既至留共冬齋因講集之際重問遊歷其人恭順言輒依實由是先所略者勸令詳載顯復具叙始末自云顧尋所經不覺心動汗流所以乘危履險不惜此形者蓋是志有所存專其愚直故投命於不必全之地以達萬一之冀於是感歎斯人以爲古今罕有自大教東流未有忘身求法如顯之比然後知誠之所感無窮否而不通志之所獎無功業而不成成夫功業者豈不由忘失所重重夫所忘者哉

神異經

漢　東方朔

東荒經

東荒山中有大石室東王公居焉長一丈頭髮皓白人形鳥面而虎尾載一黑熊左右顧望恒與一玉女投壺每投千二百矯（煒按仙傳拾遺矯字作梟）設有入不出者天爲之噓（華曰嘆也）矯出而脫悞不接者（言失之）天爲之笑（華云言笑者天口流火炤灼今天下不雨而有電光是天笑也）

東方有人焉男皆朱衣縞帶玄冠女皆采衣男女便

轉可愛恒恭坐而不相犯相譽而不相毀見人有患投死救之名曰善人（俗云士人）一名敬（俗云敬謹）一名美（俗云美人）不妄言喋喋然而笑倉卒見之如癡（俗云善人如癡此之謂也）

東方荒外有豫章焉此樹主九州其高千丈圍百尺本上三百丈本如有條枝敷張如帳上有玄狐黑猿枝主一州南北並列面向西南有九力士操斧伐之以占九州吉凶斫之復生其州有福創者州伯有病積歲不復者其州滅亡（古者州伯死復老木創復也）

東方有桑樹焉高八十丈敷張自輔其葉長一丈廣

六七尺其上自有蠶作繭長三尺繰一繭得絲一斤
有椹焉長三尺五寸圍如長

東方有樹焉高百丈敷張自輔葉長一丈廣六尺其名曰梨如今之楂梨但樹大耳其子徑三尺剖之少瓤白如素和羹食之爲地仙衣服不敗辟穀可以入水火一名木梨

東方有樹高五十丈葉長八尺名曰桃其子徑三尺二寸和核羹食之令人益壽墠按別本作壽短誤食核中仁可以治嗽小桃溫潤嘅嗽人食之即止墠按別本作嘅嗽人肉滑者誤

神異經　二

東海之外荒海中有山焦炎而峙高深莫測蓋稟至陽之爲質也海中激浪投其上噏然而盡計其晝夜噏攝無極若熬鼎受其洒汁耳

大荒之東極至鬼府山臂沃椒山墠按玄中記云天下之彊者東海之惡燋焉水灌而不已惡燋山名在東海南方三萬里海水灌之即消即沃椒也脚巨洋海中昇載海日蓋扶桑山有玉雞玉雞鳴則金雞鳴金雞鳴則石雞鳴石雞鳴則天下之雞悉鳴潮水應之矣

東海滄浪之洲生彊木焉洲人多用作舟楫其上多以珠玉爲戲物終無所負其木方一寸可載百許斤縱石鎮之不能沒

東方荒中有木名曰栗其殼徑三尺三寸殼刺長丈餘實徑三尺殼亦黃其味甜食之多令人短氣而渴墠按太平御覽引此去東荒北有栗樹高三十丈栗徑三尺其殼赤其肉黃白味甘食之令人短氣而渴廣記所引出酉陽記

東方裔外有建山其上多橘柚

東南荒經

東南方有人焉周行天下身長七丈墠按荒邪所引作七尺誤腹圍如其長頭戴雞父魌頭華曰髮頌亂也墠曰雞父未詳朱衣縞帶

神異經　三

以赤蛇繞額一作惡蛇遶項尾合於頭不飲不食朝吞惡鬼三千暮吞三百此人以鬼爲飯墠按廣記飯作食別本作飲誤以露爲漿廣記作霧名曰尺郭一名食邪道師云吞邪鬼一名赤黃父今世有黃父鬼

東南荒中有邪木高三千丈或十餘圍或七八尺其枝喬直上不可那也墠云那猶何也葉如甘瓜二百歲葉落而生花花形如甘瓜花復二百歲落盡而生萼萼下生子三歲而成熟成熟之後不長不減子形如寒瓜長七八寸徑四五寸萼復覆生頂言發萼而得成實此不取

萬世如故若取子而留蔓蔓復生子如初年月復成
熟復二年則成蔓而復生子其子形如甘瓠少覩音練
甘美食之令人身澤不可過三升令人寘醉半日乃
醒木高人取不能得唯木下有多羅之人緣能得之
多羅國名一名無葉世人後生不見葉故謂之無葉也一
名倚驕
東南隅太荒之中有樸父焉夫婦並高千里腹圍自
輔天初立時使其夫妻導開百川嬾不用意說郛作用力
謫之並立東南男露其勢女露其牝勢牝謂男女之陰陽御覽作發

不飲不食不畏寒暑唯飲天露須黃河清當復使其
夫婦導護百川古者初立此人開導河河或深或淺
或監或塞故禹更治使其水不壅天責其夫妻倚而
立之若黃河清者則河海絕流水自清矣
東南海中有烜洲洲有溫湖鰂魚生焉其長八尺食
之宜暑而辟風寒
東南有石井其方百丈上有二石闕俠東南面上有
蹲熊有榜著闕曰地戶

南荒經

南方有人人面鳥喙而有翼手足扶翼而行食海中
魚有翼不足以飛一名鴅兜書曰放鴅兜于崇山按古
文尚書作鴅吺一名驩兜為人狠惡不畏風雨禽獸犯死乃
休耳
南方有人長二三尺袒身而目在頂上走行如風名
曰魃所之國大旱俗曰旱魃一名格子善行市朝眾中遇
之者投著廁中乃死旱災消詩曰旱魃為虐或曰生
捕得殺之禍去福來
南荒外有火山其中生不盡之木墇按別本作不晝之木晝夜

火燃得暴風不猛猛雨不滅墇按玄中記南方有炎火山四月生火其木皮
為火浣布
南方大荒之中有樹焉名曰柤稼櫃柤者柤梨也稼
者株稼也櫃親睚也三千歲作華九千歲作實其華
蘂紫色其實赤色其高百丈或千丈也敷張自輔東
西南北方枝各近五十丈葉長七尺廣五尺色如綠
青木皮如梓樹理如甘草味飴實長九尺圍如其長
而無瓤核以竹刀剖之如凝蜜一作如酥得食復見實即
滅矣言復見後實熟者壽一萬二千歲墇按言復見以下十三字

乃茂先註

南方大荒有樹焉名曰如何三百歲作華九百歲作實華色朱其實正黄高五十丈敷張如蓋葉長一丈廣二尺餘似菅苧色青厚五分可以絮如厚朴材理如支九子味如飴實有核形如棗子或作林子長五尺圍如長金刀剖之則酸蘆刀剖之則辛食之者地仙不畏水火不畏白刃

南方荒中有涕竹長數百丈圍三丈六尺厚八九寸可以爲船其笋甚美食之可以止瘡癘張茂先註曰子笋也

南方有肝𦢊之林其高百丈圍三尺八寸促節多汁甜如蜜咋嚙其汁令人潤澤可以節蚘蟲廣記引作蚘蟲人腹中蚘蟲其狀如蚓此消穀蟲也多則傷人少則穀不消是甘蔗能減多益少凡蔗亦然

不盡木火中有鼠重千斤毛長二尺餘細如絲但居火中洞赤時時出外而毛白以水逐而沃之即死取其毛績紡織以爲布用之若有垢涴以火燒之則淨

南方蚊翼下有小蜚蟲焉目明者見之每生九卵復未嘗有毈復成九子蜚而復去蚊遂不知亦食人及百獸食者知言蟲小食人不去也此蟲既細且小因曰細蠛陳章對齊桓公小蟲是也煒按陳章鷦螟巢於蚊睫事見晏子春秋此蟲常春生以季夏藏于鹿耳中名嬰蜆

南方有獸似鹿而豕首有牙善依人求五穀名無損之獸人割取其肉不病肉復自復其肉惟可作鮓使糝肥美而咋肉不壞吞之不入糝盡更添肉復作鮓如初愈美名曰不盡鮓是也御覽獸部引此糝字作潘鮓字作鮮

南荒之外有火山長四十里廣五十里其中皆生不燼之木火鼠生其中

南方有銀山長五十里高百餘丈悉是白銀

西南荒經

西南大荒中有人長一丈腹圍九尺踐龜蛇戴朱鳥左手憑白虎知河海水斗斛識山石多少知天下鳥獸言語土地上人民所道知百穀可食識草木鹹苦名曰聖一名哲一名賢徐曰先知一名無不達凡人見而拜之令人神智此人爲天下聖人也一名先通

西南方有人焉身多毛頭上戴豕貪如狼惡好自積財而不食人穀彊者奪老弱者畏羣而擊单名曰饕

饕春秋言饕餮者縉雲氏之不才子也一名貪惏一名彊奪一名凌弱此國之人皆如此也

西南荒中出訛獸其狀若菟人面能言常欺人言東而西言惡而善其肉美食之言不真矣言食其肉則其人言不誠一名誕

西荒經

崑崙西有獸焉其狀如犬長毛四足似羆而無爪有目而不見行不開有兩耳而不聞有人知往有腹無五臟有腸直而不旋食物徑過人有德行而往牴觸

之有凶德則往依憑之天使其然名爲渾沌春秋云渾沌帝鴻氏不才子也空居無爲常咋其尾迴轉仰天而笑以史記正義校

西方荒中有獸焉其狀如虎而犬毛長二尺人面虎足猪口牙尾長一丈八尺攪亂荒中名檮杌一名傲狠一名難訓春秋云顓頊氏有不才子名檮杌是也

有人而目手足皆人形而胳下有翼不能飛爲人饕餮淫逸無理名曰苗民春秋所謂三苗書云竄三苗于三危

西荒之中有人焉長短如人著百結敗衣手虎爪名曰獏猲伺人獨行輙食人腦或舌出盤地丈餘人先聞其聲燒大石以投其舌乃氣絕而死不然食人腦矣

西方日宮之外廣記引作月宮有山焉其長十餘里廣二三里高百餘丈皆大黃之金其色殊美不雜土石不生草木上有金人高五丈餘皆純金名曰金犀入山下一丈有銀又一丈有錫又入一丈有鉛又入一丈有丹陽銅似金可鍛以作錯塗之器淮南子術曰餌丹

陽之爲金是也

西荒中有獸如虎豪長三尺人面虎足口牙一丈八尺人或食之獸鬭終不退却唯死而已荒中人張捕之復黠逆知一名倒壽

西方深山中有人焉身長尺餘袒身捕蝦蟹性不畏人見人止宿暮依其火以炙蝦蟹伺人不在而盜人鹽以食蝦蟹名曰山臊其音自叫人嘗以竹著火中爆烞而出臊皆驚憚犯之令人寒熱此雖人形而變化然亦鬼魅之類今所在山中皆有之

西海水上有人乘白馬朱鬣白衣玄冠從十二童子馳馬西海水上如飛如風名曰河伯使者或時上岸馬跡所及水至其處所之之國雨水滂沱暮則還河

西海之外有鵠國焉男女皆長七寸爲人自然有禮好經綸拜跪其人皆壽三百歲其行如飛日行千里百物不敢犯之唯畏海鵠過輒吞之亦壽三百歲此人在鵠腹中不死而鵠一舉千里

西方山中有蛇頭尾差大有色五彩人物觸之者中頭則尾至中尾則頭至中腰則頭尾竝至名曰率然

茂先註云會稽常山最多此蛇孫子兵法三軍勢如率然者是也

西北荒經

西北有獸焉狀似虎有翼能飛便勦食人知人言語聞人鬭輒食直者聞人忠信輒食其鼻聞人惡逆不善輒殺獸往饋之名曰窮奇亦食諸禽獸也墀按別本云窮奇似牛而狸尾尾長曳地其聲似狗狗頭人形鉤爪鋸牙逢忠信之人齧而食之逢姦邪者則禽禽獸而伺之

西北荒有人焉人面朱髮蛇身人手足而食五穀禽獸貪惡愚頑名曰共工書流共工於幽州幽州北裔也而此言西北方相近也皆西裔之族耳

西北荒中有玉饋之酒酒泉注焉廣一丈長深三丈酒美如肉澄清如鏡上有玉尊玉籩取一尊一尊復生焉與天同休無乾時石邊有脯焉味如麞鹿脯飲此酒人不生死一名遺酒其脯名曰追復食一片復一片或作一斤

西北荒中有二金闕高百丈金闕銀盤圓五十丈二闕相去百丈上有明月珠徑三丈光照千里中有金

階西北入兩闕中名曰天門墀按陸公佐新關銘云北荒明月即此事

西北荒中有小人長一分其君朱衣玄冠乘輅車馬引爲威儀居人遇其乘車抓而食之其味辛終年不爲物所咋并識萬物名字又殺腹中三蟲三蟲死便可食僊藥也

西北海外有人長二千里兩腳中間相去千里腹圍一千六百里但日飲天酒五斗張華云天酒甘露也不食五穀魚肉唯飲天酒忽有饑時向天仍飲好遊山海間不犯百姓不干萬物與天地同生名曰無路之人一名

仁一名信一名神

北荒經

北方荒中有棗林其高五十丈敷張枝條數里餘疾風不能偃雷電不能摧其子長六七寸圍過其長熟赤如朱乾之不縮氣味潤澤殊於常棗食之可以安軀益於氣力故方書稱之赤松子云北方大棗味有殊既可益氣又安軀北方荒中有石湖方千里岸深五丈餘恒冰唯夏至左右五六十日解耳湖有橫公魚長七八尺形如鯉而赤晝在水中夜化爲人刺之

不入煑之不死以烏梅二枚煑之則死食之可止邪病其湖無凸凹平滿無高下

北方層冰萬里厚百丈有磎鼠在冰下（瑋按御覽磎作鼷鼠）土中焉形如鼠食草木肉重千斤可以作脯食之已熱其毛八尺可以爲褥臥之却寒其皮可以蒙鼓聞千里其毛可以來鼠此毛所在鼠輒聚焉

北海有大鳥其高千尺頭文曰天䏧又曰候左翼文曰鷺右翼文曰勒頭向東正海中央捕魚或時舉翼而飛其羽相切如風雷也

東北荒經

東北荒中有木高四十丈葉長五尺廣三尺名曰栗其實徑三尺二寸其殼赤其肉黃白味甜食之令人短氣而渴

中荒經

崑崙之山有銅柱焉其高入天所謂天柱也圍三千里周圓如削下有回屋方百丈仙人九府治之上有大鳥名曰希有南向張左翼覆東王公右翼覆西王母背上小處無羽一萬九千里西王母歲登翼上之

東王公也故其柱銘曰崑崙銅柱其高入天員周如削膚體美焉其鳥銘曰有鳥希有碌赤煌煌不鳴不食東覆東王公西覆西王母王母欲東登之自通陰陽相須唯會益工

九府玉童玉女與天地同休息男女無爲匹配而仙道自成張茂先曰言不爲夫妻也男女名曰玉人

東方有宮青石爲墻高三仞左右闕高百尺畫以五色門有銀牓以青石碧鏤題曰天地長男之宮西方有宮白石爲墻五色玄黃門有金牓而銀鏤題曰天

地少女之宮中央有宮以金爲墻門有金牓以銀鏤題曰天皇之宮南方有宮以赤石爲墻赤銅爲門闕有銀牓曰天皇中女之宮北方有宮以黑石爲墻題曰天地中男之宮東南有宮黃石爲墻黃牓碧鏤題曰天地少男之宮西北有宮黃銅爲墻題曰地皇之宮

東方裔外有東明山以青石爲墻西方裔外有大夏山以金爲墻南方裔外有冏明山以赤石爲墻西南裔外老壽山以黃銅爲墻東南裔外闔清山以青石

爲墻西北裔外西明山以白石爲墻皆有宮蓋神仙之宅也

東北有鬼星石室三百戶共一門石牓題曰鬼門西南銅闕夾牓題曰人往門東北銅闕夾門牓題曰人來門

南方有獸焉角足大小形狀如水牛皮毛黑如漆食鐵飲水其糞可爲兵器其利如剛名曰齧鐵玄黃經云南方齧鐵糞利爲剛食鐵飲水腸中不傷摔按今蜀中深山亦有齧鐵獸

鬼門晝日不開至暮即有人語有青火色

西南大荒有馬其大二丈髯至膝尾委地蹄如丹跪可握日行千里至日中而汗血乘者當以絮纏頭以辟風病彼國人不纏

北方有獸焉其狀如獅子食人吹人則病名曰獇音恙恒近人村里入人居室百姓患苦天帝徙之北方荒中

西方深山有獸焉面目手足毛色如猴體大如驢善緣高木皆雌無雄名綢順人三合而有子要路彊牽男人將上絕家之上取菓并竊五穀食更合三畢而定十月乃生

不孝鳥狀如人身犬毛有齒猪牙額上有文曰不孝口下有文曰不慈鳥上有文曰不道左脅有文曰愛夫右脅有文曰憐婦故天立此異畀以顯忠孝也

拾遺名山記

晋　王嘉

崑崙山

崑崙山有崑陵之地其高出日月之上山有九層每層相去萬里有雲色從下望之如城闕之象四面有風羣仙常駕龍乘鶴遊戲其間四面風者言東南西北一時俱起也又有袪塵之風若衣服塵污者風至吹之衣則淨如浣濯甘露濛濛似霧著草木則滴瀝如珠亦有朱露望之色如丹著木石赭然如朱雪灑

焉以瑶器承之如粘崑崙山者西方曰須彌山對七星之下出碧海之中上有九層第六層有五色玉樹蔭翳五百里夜至水上其光如燭第三層有禾穟二株滿車有瓜如桂有柰冬生如碧色以玉井水洗食之骨輕柔能騰虛也第五層有神龜長一尺九寸有四翼萬歲則升木而居亦能言第九層山形漸小狹下有芝出蕙圃皆數百頃羣仙種耨焉旁有瑶臺十二各廣千步皆五色玉爲臺基最下層有流精霄闕直上四十丈東有風雲雨師闕南有丹密雲望之如丹色丹雲四垂周密西有螭潭多龍螭皆白色千歲一蛻有五臟此潭左側有五色石皆云是白螭腸化成此石有琅玕璆琳之玉煎可以爲脂北有珍林別出折枝相扣音聲和韻九河分流南有赤陂紅波千劫一竭千劫水乃更生也

蓬萊山

蓬萊山亦名防丘亦名雲來高二萬里廣七萬里水淺有細石如金玉得之不加陶冶自然光淨仙者服之東有鬱　國時有金霧諸仙説此上常浮轉低昂

有如山上架樓室常向明以開戶牖及霧滅歇戶皆向北其西有含明之國綴鳥毛以爲衣承露而飲終天高登取水亦以金銀倉環水精火藻爲階有冰水沸水飲者千歲有大螺名躶步負其殼露行冷則復入其殼生卵著石則軟取之則堅明王出世則浮于海際焉有葭紅色可編爲席溫柔如罽毳焉有鳥名鴻鵝色似鴻行如禿鶖腹內無腸羽翮附骨而生無皮肉也雄雌相眄則生產南有鳥名鴛鴦形似鴈徘徊雲間棲息高岫足不踐地生於石穴中萬歲一交

則生雛千歲銜毛學飛以千萬爲羣推其毛長者高翥萬里聖君之世來入國郊有浮筠之簳葉青莖紫子大如珠有青鸞集其上下有沙礰細如粉柔風至葉條翻起拂細沙如雲霧仙者來觀而戲焉吹風竹葉聲如鐘磬之音

方丈山

方丈之山一名巒雉東方龍場地方千里玉瑤爲林雲色皆紫有龍皮骨如山阜散百頃遇其蛻骨之時如生龍或云龍常鬭此處膏血如水流膏色黑者著

草木及諸物如淳漆也膏色紫先者地凝堅可爲寶器燕昭王二年海人乘霞舟以雕壺盛數斗膏以獻昭王王坐通雲之臺亦曰通霞臺以龍膏爲燈光耀百里烟色丹紫國人望之咸言瑞光世人遥拜之燈以火浣布爲纏山西有照石去石十里視人物之影如鏡焉碎石片片皆能照人而質方一丈則重一兩昭王舂此石爲泥泥通霞之臺與西王母常遊居此臺上常有衆鸞鳳鼓舞如琴瑟和鳴神光照耀如日月之出臺左右種恒春之樹葉如蓮花芬芳如桂花隨四時之色昭王之末仙人貢焉列國咸賀王曰寡人得恒春矣何憂太清不至恒春一名沉生如今之沉香也有草名濡奸葉色如紺莖色如漆細軟可縈海人織以爲席薦卷之不盈一手舒之則列坐方國之賓莎羅爲經莎蘿草細大如髮一莖百尋柔軟香滑羣仙以爲龍鵠之轡有池方百里水淺可涉泥色若金而味辛以泥爲器可作舟矣百鍊可爲金色青照鬼魅猶如石鏡魑魅不能藏形矣

瀛洲

瀛洲一名魂洲亦曰環洲東有淵洞有魚長千丈色斑鼻端有角時鼓舞羣戲遠望水間有五色雲就視乃此魚噴水爲雲如慶雲之麗無以加也有樹名影木日中視之如列星萬歲一實實如瓜青皮黑瓤食之骨輕上如華蓋羣仙以避風雨有金巒之觀飾以衆環直上干雲中有青瑤瓦覆以雲紈之素刻碧玉爲倒龍之狀懸火精爲日刻黑玉爲烏以水精爲月青瑤爲蟾兔於地下爲機棙以測昬明不虧弦望時時有香風泠然而至張袖受之則歷年不歇有獸名

嗅石其狀如麒麟不食生卉不飲濁水嗅石則知有金玉吹石則開金沙寶璞粲然而可用有草名芸苗狀如菖蒲食葉則醉餌根則醒有鳥如鳳身紺翼丹名曰藏珠每鳴翔而吐珠累斛仙人嘗以其珠飾仙裳葢輕而燿于日月也

員嶠山

員嶠山一名環丘山有方湖周廻千里多大鵲高一丈銜不周之粟粟穗高三丈粒皎如玉鵲銜粟飛於中國故世俗間往往有之其粟食之歷月不饑故呂

氏春秋云粟之美者有不周之粟焉東有雲石廣五百里駮駱如錦扣之片片則蓊然雲出有木名猗桑煎椹以為蜜有冰蠶長七尺黑色有角有鱗以霜雪覆之然後作繭長一尺其色五彩織為文錦入水不濡以之投火經宿不燎唐堯之世海人獻之堯以為黼黻西有星池千里其中有神龜八足六眼背負七星日月八方之圖腹有五岳四瀆之象時出石上望之煌煌如列星矣有草名芸蓬色白如雪一枝二丈夜視有白光可以為杖南有移池國人長三尺壽萬歲以茅為衣服皆長裾大袖因風以昇烟霞若鳥用羽毛也人皆雙瞳修眉長耳餐九天之正氣死而復生於億刼之内見五岳再成塵扶桑萬歲一枯其人視之如旦暮也北有浣腸之國甜水繞之味甜如蜜而水强流迅急千鈞投之久久乃没其國人常行於水上逍遙於絶岳之嶺度天下廣狹繞八柱為一息經四軸而暫寢拾塵吐霧以算歷刼之數而成丘阜亦不盡也

岱輿山

岱輿山有員淵千里常沸騰以金石投之則爛如土矣孟冬水涸中有黃烟從地出起數丈烟色萬變山人掘之入數尺得燋石如炭滅有碎火以蒸燭投之則然而青色深掘則火轉盛有草名莽煌葉圓如荷去之十步炙人衣則燋刈之為席方冬彌温以枝相摩則火出矣南有平沙千里色如金若粉屑靡靡常流鳥獸行則没足風吹沙起若霧亦名金霧亦曰金塵沙著樹粲然如黃金塗矣和之以泥塗仙宫則晃昱明粲也西有白玉山其石五色而輕或似履舃之

狀光澤可愛有類人工其黑色者爲勝衆仙所用焉北有玉梁千丈駕玄流之上紫苔覆漫味甘而柔滑食者千歲不飢玉梁之側有斑瓣自然雲霞龍鳳之狀梁去玄流千餘丈雲氣生其下傍有丹桂紫桂白桂皆直上百尋可爲舟航謂之文桂之舟亦有沙棠豫章之木長千尋細枝爲舟猶長十丈有七色芝生梁下其色青光輝耀謂之蒼芝熒火大如蜂聲如雀八翅六足梁有五色蝙蝠黄者無腸倒飛腹向天白者腦重頭垂自挂黑者如烏至千歲形變如小燕青

者毫毛長二寸色如翠赤者止于石穴穴上入天視日出入恒在其上有獸名嗽月形似豹飲金泉之液食銀石之髓此獸夜噴白氣其光如月可照數十畝軒轅之世獲焉有遙香草其花如丹光耀入月葉細長而白如忘憂之草其花葉俱香扇馥數里故名遙香草其子如薏中實甘香食之累月不饑渴體如草之香久食延齡萬歲仙人常采食之

崑吾山

崑吾山其下多赤金色如火昔黄帝伐蚩尤陳兵於此地掘深百丈猶未及泉惟見火光如星地中多丹鍊石爲銅銅色青而利泉色赤山草木皆劒利土亦鋼而精至越王句踐使工人以白馬白牛祠昆吾之神採金鑄之以成八劒之精一名揜日以之指日則光晝暗金陰也陰盛則陽滅二名斷水以之劃水開卽不合三名轉魄以之指月蟾兔爲之倒轉四名懸翦飛鳥遊過觸其刃如斬截焉五名驚鯢以之泛海鯨鯢爲之深入六曰滅魂挾之夜行不逢魑魅七名卻邪有妖魅者見之則伏八名眞剛以切玉斷金如

削土木矣以應八方之氣鑄之也其山有獸大如兔毛色如金食土下之丹石深穴地以爲窟亦食銅鐵膽腎皆如鐵其雌者色白如銀昔吳國武庫之中兵刃鐵器俱被食盡而封署依然王令檢其庫穴獵得雙兔一白一黄殺之開其腹而有鐵膽腎方知兵刃之鐵爲兔所食王乃召其劒工令鑄其膽腎以爲劒一雌一雄號干將者雄號鏌鋣者雌其劒可以切玉斷犀王深寶之遂霸其國後以石匣埋藏及晉之中興夜有紫色衝斗牛張華使雷煥爲豐城縣令掘而

得之華與煥各寶其一拭以華陰之土光耀射人後華遇害失劍所在煥子佩其一劍過延平津劍鳴飛入水及入水尋之但見雙龍纒屈於潭下目光如電遂不敢前取矣

洞庭山

洞庭山浮於水上其下有金堂數百間玉女居之四時聞金石絲竹之聲徹於山頂楚懷王之時舉羣才賦詩於水湄故云瀟湘洞庭之樂聽者令人難老雖咸池九韶不得比焉每四仲之節王常繞山以遊宴

舉四仲之氣以爲樂章仲春律中夾鍾乃作輕風流水之詩醼於山南時中蕤賓乃作皓露秋霜之曲後懷王好進姦雄羣賢逃越屈原以忠見斥隱於沅湘披蓁茹草混同禽獸不交世務採柏實以和桂膏用養心神被王逼逐乃赴清泠之水楚人思慕謂之水仙其神遊於天河精靈時降湘浦楚人爲之立祠漢末猶在其山又有靈洞入中常如有燭於前中有異香芬馥泉石明朗采藥石之人入中如行十里廻然天清霞耀花芳柳暗丹樓瓊宇宮觀異常乃見衆女霓裳氷顔艶質與世人殊別來邀采藥之人飲以瓊漿金液延入璇室奏以簫管絲桐餞令還家贈之丹醴之訣雖懷慕戀且思其子息卻還洞穴還若燈燭導前便絶饑渴而達舊鄉已見邑里人戶各非故鄉鄰唯尋得九代孫問之云遠祖入洞庭山采藥不還今經三百年也其人說于鄰里亦失所之

錄曰按禹貢山海正史說名山大澤或不列書圖著於編雜之部或有乍無或同乍異故使覽者廻惑而疑焉至如列子所說員嶠岱輿瑰奇是聚先

墳莫記蓬萊瀛洲方丈各有別名昆吾神異張騫亦云焉觀華夷不同寒暑律人獸禽至其異氣雲水草木怪麗殊形考之載籍同其生類非夫貴遠體大則笑其虛誕俟諸宏博驗斯靈異焉

海内十洲記

漢 東方朔

祖洲在東海 瀛洲在東海
炎洲在南海 玄洲在北海
長洲在東海 元洲在北海
流洲在南海 生洲在東海
鳳麟洲在東海 聚窟洲在西海

漢武帝既聞王母說八方巨海之中有祖洲瀛洲玄洲炎洲長洲元洲流洲生洲鳳麟洲聚窟洲有此十

洲乃人跡所稀絶處又始知東方朔非世常人是以延之曲室而親問十洲所在所有之物名故書記之方朔云臣學仙者耳非得道之人以國家之盛美將招名儒墨於文教之内抑絶俗之道於虛詭之迹臣故韜隱逸而赴王庭藏養生而侍朱闕矣亦由尊上好道且復欲抑絶其威儀也曾隨師主履行比至朱陵扶桑蜃海冥夜之丘純陽之陵始青之下月宫之間内遊七丘中旋十洲踐赤縣而遨五岳行陂澤而息名山臣自少及今周流六天廣陟天光極於是矣未若凌虛之子飛真之宫上下九天洞視百萬北極勾陳而并華蓋南翔太丹而棲火夏東之通陽之霞西薄寒穴之野日月所不逮星漢所不與其上無復物其下無復底臣所識乃及於是愧不足以酬廣訪矣

祖洲近在東海之中地方五百里去西岸七萬里上有不死之草草形如菰苗長三四尺人已死三日者以草覆之皆當時活也服之令人長生昔秦始皇大苑中多枉死者橫道有鳥如烏狀銜此草覆死人面

當時起坐而自活也有司聞奏始皇遣使者齎草以問北郭鬼谷先生鬼谷先生云此草是東海祖洲上有不死之草生瓊田中或名爲養神芝其葉似菰苗叢生一株可活二人始皇於是慨然言曰可採得否乃使使者徐福發童男童女五百人率攝樓船等入海尋祖洲遂不返福道士也字君房後亦得道也

瀛洲在東海中地方四十里大抵是對會稽去西岸七十萬里上生神芝仙草又有玉石高且千丈出泉如酒味甘名之爲玉醴泉飲之數升輒醉令人長生

洲上多仙家風俗似吳人山川如中國也
玄洲在北海之中戌亥之地方七千二百里去南岸三十六萬里上有太玄都仙伯眞公所治多丘山又有風山聲響如雷電對天西北門上多太玄仙官宮室宮室各異饒金芝玉草乃是三天君下治之處甚肅肅也
炎洲在南海中地方二千里去北岸九萬里上有風生獸似豹青色大如貍張網取之積薪數車以燒之薪盡而獸不然灰中而立毛亦不燋斫刺不入打之

如灰囊以鐵鎚鍛其頭數十下乃死而張口向風須臾復活以石上菖蒲塞其鼻即死取其腦和菊花服之盡十斤得壽五百年又有火林山山中有火光獸大如鼠毛長三四寸或赤或白山可三百里許晦夜即見此山林乃是此獸光照狀如火光相似取其獸毛以緝為布時人號為火浣布此是也國人衣服垢污以灰汁浣之終無潔淨唯火燒此衣服兩盤飯間振擺其垢自落潔白如雪亦多仙家
長洲一名青丘在南海辰巳之地地方各五千里去岸二十五萬里上饒山川及多大樹樹乃有二千圍者一洲之上專是林木故一名青丘又有仙草靈藥甘液玉英靡所不有又有風山山恒震聲有紫府宮天眞仙女遊於此地
元洲在北海中地方三千里去南岸十萬里上有五芝玄澗澗水如蜜漿飲之長生與天地相畢服此五芝亦得長生不死亦多仙家
流洲在西海中地方三千里去東岸十九萬里上多山川積石名為昆吾冶其石成鐵作劍光明洞照如

水晶狀割玉物如割泥亦饒仙家
生洲在東海丑寅之間接蓬萊十七萬里地方二千五百里去西岸二十三萬里上有仙家數萬天氣安和芝草常生地無寒暑安養萬物亦多山川仙草衆芝一洲之水味如飴酪至良洲者也
鳳麟洲在西海之中央地方一千五百里洲四面有弱水繞之鴻毛不浮不可越也洲上多鳳麟數萬各為群又有山川池澤及神藥百種亦多仙家煮鳳喙及麟角合煎作膏名之為續弦膠或名連金泥此膠

能續弓弩已斷之弦刀劍斷折之金更以膠連續之使力士掣之它處乃斷所續之際終無斷也武帝天漢三年帝幸北海祠恒山四月西國王使至獻此膠四兩吉光毛裘武帝受以付外庫不知膠裘二物之妙用也以爲西國雖遠而上貢者不奇稽留使者未遣又時武帝幸華林園射虎而弩弦斷使者時從駕又上膠一分使口濡以續弩弦帝驚曰異物也乃使武士數人共對掣引之終日不脫如未續時也膠色青如碧玉吉光毛裘黄色蓋神馬之類也裘入水數

日不沉入火不燋帝於是乃悟厚謝使者而遣去賜以牡桂乾姜等諸物是西方國之所無者又益思東方朔之遠見周穆王時西 獻昆吾割玉刀及夜光常滿杯刀長一尺盃受三升刀切玉如切泥盃是白玉之精光明夜照冥夕出盃於中庭以向天比明而水汁已滿於盃中也汁甘而香美斯實靈人之器秦始皇時西胡獻切玉刀無復常滿盃耳如此膠之所出從鳳麟洲來劍之所出必從流洲來並是西海中所有也

聚窟洲在西海中申未之地地方三千里北接崑崙二十六萬里去東岸二十四萬里上多眞仙靈官宮第比門不可勝數及有獅子辟邪鑿齒天鹿長牙銅頭鐵額之獸洲上有大山形似人鳥之象因名之爲人鳥山山多大樹與楓木相類而花葉香聞數百里名爲反魂樹扣其樹亦能自作聲聲如群牛吼聞之者皆心驚神駭伐其木根心於玉釜中煮取汁更微火煎如黑餳狀令可丸之名曰驚精香或名之爲震靈丸或名之爲反生香或名之爲震檀香或名之爲

人鳥精或名之爲却死香一種六名斯靈物也香氣聞數百里死者在地聞香氣乃却活不復亡也以香薰死人更加神驗征和三年武帝幸安定西 月支國王遣使獻香四兩大如雀卵黑如桑椹帝以香非中國所有以付外庫又獻猛獸一頭形如五六十日犬子大如貍而色黄命國使將入呈帝見之使者抱之似犬羸細禿悴尤怪其之非也問使者此小物可弄何謂猛獸使者對曰夫威加百禽者不必繫之以大小是以神麟故爲巨象之王鸞鳳必爲大鵬之宗

百足之蟲制於螣蛇亦不在於巨細也臣去國此三十萬里國有常占東風入律百旬不休青雲干呂連月不散者當知中國時有好道之君我王固將賤百家而貴道儒薄金玉而厚靈物也故搜奇蘊而貢神香步天林而請猛獸乘毳車而濟弱淵策驥足以度飛沙契闊途遥辛苦蹊路于今已十三年矣神香起天殘之死疾猛獸却百邪之魅鬼夫此二物實濟衆生之至要助政化之昇平豈圖陛下反不知真乎是臣國占風之謬矣今日仰鑒天姿亦乃非有道之君

也眼多視則貪色口多言則犯難身多動則淫賊心多飾則奢侈未有用此四者而成天下之治也武帝恧然不平又問使者猛獸何方而伏百禽食噉何物膂力何比其所生何鄉耶使者曰猛獸所出或生崐崘或生玄圃或生聚窟或生天路其壽不窮食氣飲露解人言語仁慧忠恕當其仁也愛護蠢動不犯虎豹當其威也一聲叫發千人伏息牛馬百物驚斷絙繫武士奄忽失其勢力當其神也立興風雲吐嗽雨露百邪迸走蛟龍騰騖處于太上之廐役御獅子名

曰猛獸盖神光無常能爲大禽之宗主乃獲天之元王辟邪之長帥者也靈香雖少斯更生之神丸也疫病災死者將能起之及聞氣者即活也芳又特甚故難歇也於是帝使使者令猛獸發聲試聽之使者乃指獸命喚一聲獸舐脣良久忽叫如天大雷霹靂又兩目如礦磹之交光光朗衝天良久乃止帝登時顛蹶掩耳震動不能自止侍者及武士虎賁皆失仗伏地諸内外牛馬豕犬之屬皆絶絆離繫驚駭放蕩久許咸定帝忌之因以此獸付上林苑令虎食之於是

虎聞獸來乃相聚屈積如死虎伏獸入苑徑上虎頭溺虎口去十步已來顧視虎虎輒閉目帝恨使者言不遜欲收之明日失使者及猛獸所在遣四出尋討不知所止到後元元年長安城内病者數百亡者太半帝試取月支神香燒之於城内其死未三月者皆活芳氣經三月不歇於是信知其神物也乃更秘錄餘香後一旦又失之檢函封印如故無復香也帝愈懊恨恨不禮待於使者益貴方朔之遺語自愧求李君之不勤慙衛叔卿於指庭矣明年帝崩于五柞宮

已七月支國人鳥山震檀却死等香也向使厚待使者帝崩之時何緣不得靈香之用耶自合命殞矣

滄海島在北海中地方三千里去岸二十一萬里海四面繞島各廣五千里水皆蒼色仙人謂之滄海也島上俱是大山積石至多石象八石石腦石桂英流丹黄子石膽之輩百餘種皆生於島石服之神仙長生島中有紫石宫室九老仙都所治仙官數萬人居焉

方丈洲在東海中心西南東北岸正等方丈方面各

五千里上專是群龍所聚有金玉琉璃之宫三天司命所治之處群仙不欲昇天者皆往來此洲受太玄生籙仙家數十萬耕田種芝草課計頃畝如種稻狀亦有玉石泉上有九源丈人宫主領天下水神及龍蛇巨鯨陰精水獸之輩

扶桑在東海之東岸岸直陸行登岸一萬里東復有碧海海廣狹浩汗與東海等水既不鹹苦正作碧色甘味香美扶桑在碧海之中地方萬里上有太帝宫太眞東王父所治處地多林木葉皆如桑又有椹樹長者數千丈大二千餘圍樹兩兩同根偶生更相依倚是以名爲扶桑仙人食其椹而一體皆作金光色飛翔空玄其樹雖大其葉椹故如中夏之桑也但椹稀而色赤九千歲一生實耳味絶甘香美地生紫金丸玉如中夏之瓦石狀眞仙靈官變化萬端蓋無常形亦有能分形爲百身十丈者也

蓬丘蓬萊山是也對東海之東北岸周廻五千里外别有圓海繞山圓海水正黑而謂之冥海也無風而洪波百丈不可得往來上有九老丈人九天眞王宫

蓋太上眞人所居唯飛仙有能到其處耳

崐崘號曰崐崚在海西之戌地北海之亥地去岸十三萬里又有弱水周廻繞帀山東南接積石圃西北接北戶之室東北臨大活之井西南至承淵之谷此四角大山寔崐崘之支輔也積石圃南頭是王母告周穆王云咸陽去此四十六萬里山高平地三萬六千里上有三角方廣萬里形如偃盆下狹上廣故名曰崐崘山三角其一角正北干辰之輝名曰閬風巔其一角正西名曰玄圃堂其一角正東名曰崐崘宫

其一角有積金爲天墉城而方千里城上安金臺五所玉樓十二所其北戶山承淵山又有墉城金臺玉樓相鮮如流精之闕光碧玉之堂瓊華之室紫翠丹房錦雲燭日珠霞九光西王母之所治也眞官仙靈之所宗上通璿璣元氣流布五常玉衡理九天而調陰陽品物群生希奇特出皆在於此天人濟濟不可具記此乃天地之根紐萬度之綱柄矣是以太上名山鼎於五方鎭地理也號天柱於珉城象綱輔也諸百川極深水靈居之其陰難到故治無常處非如丘

陵而可得論爾乃天地設位物象之宜上聖觀方緣形而著爾乃處玄風於西極坐王母於坤鄉昆吾鎭於流澤扶桑植於碧津離合火生而光獸生於炎野坎總衆陰是以仙都宅於海島艮位名山蓬山鎭於寅丑與體元女養巨木於長洲高風鼓於群龍之位暢靈符於瑕丘至妙玄深幽神難盡眞人隱宅靈陵所在六合之內豈唯數處而已哉此蓋舉其摽末爾臣朔所見不博未能宣通王母及上元夫人聖旨昔曾聞之於得道者說此十洲大丘靈阜皆是眞仙隩

墟神官所治其餘山川萬端並無覩者矣其北海外又有鍾山在北海之子地隔弱水之北一萬九千里高一萬三千里上方七千里周旋三萬里自生玉芝及神草四十餘種上有金臺玉闕亦元氣之所舍天帝居治處也鍾山之南有平邪山北有蛟龍山西有勁草山東有東木山四山並鍾山之枝幹也四山高鍾山三萬里官城五所如一登四面山下望乃見鍾山爾四面山乃天帝君之城域也仙眞之人出入道經自一路從平邪山東南入穴中乃到鍾山北阿門

外也天帝君總九天之維貴無比焉山源周廻具有四城之高但當心有觀於崐崘也昔禹治洪水旣畢乃乘蹻車度弱水而到此山祠上帝於北阿歸大功於九天又禹經諸五岳使工刻石識其里數高下其字科斗書非漢人所書今丈尺里數皆禹時書也不但刻劇五岳諸名山亦然刻山之獨高處爾今書是臣朔所具見其王母所道諸靈藪禹所不履唯書中夏之名山爾臣先師谷希子者太上眞官也昔授臣崐崘鍾山蓬萊山及神洲眞形圖昔來入漢留以寄

知故人此書又尤重於岳形圖矣昔也傳授年限正同𡮢陛下好道思徼甄心内向天尊下降並傳授實秘臣朔區區亦何嫌惜而不止所有哉然術家幽其事道法秘其師術泄則事多疑師顯則妙理散願且勿宣臣之意也

武帝欣聞至説明年遂復從受諸眞形圖常帶之肘後八節常朝拜靈書以書求度脱焉朔詼諧滑稽逆知預覩帝心故弄萬乘傲公矦不可得而師友不可得而喜怒故武帝不能盡至理於此人

海内十洲記　十三

洞天福地記

唐　杜光庭

國家保安宗社修金籙齋設羅天醮祈恩請福謝過消災投金龍玉簡於天下名山洞府謹按本教龜山白玉上經具列所在去處云爾

第一王屋洞周廻一萬里名小有淸虚之天在東都

第二委羽洞周廻一萬里名大有虚明之天在兖州東嶽

第三西城洞周廻三千里名太玄總眞之天在梁州

洞天福地　一

第四西玄洞周廻一千里名三玄極眞之天在華州西王母所居崑崙之别宫

第五青城洞周廻二千里名寶僊九室之天在蜀青城縣

第六赤城洞周廻三百里名上玉淸平之天在台州唐興縣

第七羅浮洞周廻五百里名珠明耀眞之天在惠州博羅縣八十里

第八句曲洞周廻一百五十里名金壇華陽之天在

潤州金壇縣界屬茅山
第九林屋洞周廻四百里名佐神幽墟之天在蘇州
洞庭湖中
第十括蒼洞周廻三百里名成德隱玄之天在台州
樂安縣界有宮一所
右十洞天大小悉皆相通光明景耀妙異不可備
陳大上列上真之封掌之
第一洞霍童山周廻三千里名霍林之天在福州長
溪縣有三所觀及遊僊湖

第二洞東嶽太山周廻一千里名蓬玄之天在兖州
第三洞南嶽衡山周廻七百里名朱陵之天在衡州
衡山縣
第四洞西嶽華山周廻三百里名總僊之天在華州
第五洞北嶽鎮山周廻一百三十里名總玄之天在
鎮州
第六洞中嶽嵩山周廻三千里名思真之天在洛州
第七洞峨嵋山周廻三百里名靈陵太妙之天在蜀
嘉州

第八洞廬山周廻二百六十里名洞靈詠真之天在
江州
第九洞四明山周廻一百八十里名丹山赤水之天
在明州
第十洞會稽山周廻三百五十里名陽明洞天一名
極玄太元之天在越州
第十一洞太白山周廻五百里名玄德之天在明州
第十二洞西山周廻三百里名天實極玄之天在洪
州

第十三洞大圍山周廻三百里名好生玄上之天在
潭州醴陵縣
第十四洞潛山周廻八十里名天柱司玄之天在舒
州懷寧縣
第十五洞鬼谷山周廻七十里名玄思之天在信州
貴溪縣
第十六洞武夷山周廻一百二十里名昇真化玄之
天在建寧府
第十七洞玉笥山周廻一百二十里名太秀法樂之

天在臨江軍
第十八洞華蓋山周廻三十里名容成太玉之天在
温州永嘉縣
第十九洞蓋竹山周廻八十里名長耀寶元之天在
台州臨海縣
第二十洞都嶠山周廻一百八十里名寶玄之天在
容州
第二十一洞白石山周廻七十里名瓊秀長真之天
在和州

第二十二洞句漏山周廻四十里名玉闕寶圭之天
在容州流陽縣
第二十三洞九疑山周廻三十里名相真太虛之天
在道州
第二十四洞洞陽山周廻一百十里名洞陽隱觀之
天在潭州
第二十五洞幕阜山周廻一百里名玄真太元之天
在鄂州唐年縣
第二十六洞大酉山周廻一百里名大酉華妙之天

在辰州
第二十七洞金庭山周廻三百里名金庭崇妙之天
在剡縣
第二十八洞麻姑山周廻一百五十里名丹霞之天
在撫州南城縣
第二十九洞僊都山周廻三百里名祈僊之天在處
州縉雲縣
第三十洞青田山周廻四十里名青田太鶴之天在
處州青田縣

第三十一洞鍾山周廻一百里名朱湖太生之天在
潤州上元縣
第三十二洞良常山周廻三十里名方會之天在茅
山東北
第三十三洞紫蓋山周廻八十里名紫玄洞照之天
第三十四洞天目山周廻二百里名太微玄蓋之天
在杭州餘杭縣
第三十五洞桃源山周廻七十里名白馬玄光之天
在朗州武陵縣

之天在婺州金華縣
右三十六小洞天出本教龜山白玉山經
地肺山在潤州茅山
蓋竹山在台州臨海縣
石礚山在台州黄巖縣
東僊源在台州樂安縣
青嶼山在西海
赤水山在真誥巖
洞天福地
郁木坑在臨江軍新淦縣
丹霞洞在撫州南城縣
君山在洞庭湖中
桂源山在桂州桂陽縣
靈墟在天台山
沃州在剡縣南
天姥岑在唐興縣
若耶溪在會稽縣
金庭山在剡縣

清遠山浦在陽縣
安山在交州
馬嶺山在郴州
鵞羊山在潭州長沙縣
洞真墟在長沙縣西
青玉壇在衡山祝融峯西
洞靈源在南嶽招僊觀西
光天壇在南嶽
洞宫在長溪縣
洞天福地
陶山在温州安固縣
三皇井在温州永嘉縣
爛柯山在衢州西安縣
芹溪在建寧府建陽縣
龍虎山在信州貴溪縣
靈山在饒州
泉水源在龍川界
金精山在虔州虔化縣
閤皂山在臨江軍新淦縣

始豐山在豐城縣

逍遥山在洪州南昌縣

東白源在洪州新吳縣

鉢池在楚山

論山在潤州丹徒縣

毛公壇在洞庭湖中

雞籠山在和州歷陽縣

桐柏山在台州唐興縣

平都山在忠州

綠羅山在武陵縣

彰龍山在澧陽縣

抱福山在連州

大面山在鄂州

虎溪在江州

元辰山在都昌縣

馬蹄山在饒州鄱陽縣

德山在武陵縣

藍水在河中

玉峰在河中

天柱山在杭州於潛縣

商谷山在商州

張公洞在常州宜興縣

潮魚洞在姚州西

白山中條山在河中

司馬悔山在天台山北面

綿竹山在蜀西川

甘山在黔中

瑰山在溪山

金城山在古限戍

雲山在勛州武陵縣

北邙山在東都

武當山在均州

女几山在洛州福昌縣

少室山在東都

麗山在江州

西僊源在台州嶠嶺

南田山在東海
玉瑠山在樂城縣
抱犢山在鎮州
右七十二福地

別國洞冥記

漢 郭憲

漢武帝未誕之時景帝夢一赤彘從雲中直下入崇蘭閣帝覺而坐于閣上果見赤氣如煙霧來蔽戶牖望上有丹霞蓊鬱而起乃改崇蘭閣爲猗蘭殿後王夫人誕武帝于此殿有青雀羣飛于霸城門乃改爲青雀門乃更修飾刻木爲綺橑雀去因名青綺門

建元二年帝起騰光臺以望四遠于臺上撞碧玉之鍾挂懸黎之磬吹霜條之篪唱來雲依日之曲方朔

再拜于帝前曰臣東遊萬林之野獲九色鳳雛滲源丹瀨之水赤色西過洞壑得滄淵虬子靜海遊珠洞壑在虞淵西虬泉池在五柞宮北中有追雲舟起風舟侍仙舟含煙舟或以沙棠爲枻檝或以木蘭文柘爲櫓棹又起五層臺于月下

甘泉宮南昆明池中有靈波殿七間皆以桂爲柱風來自香帝既耽于靈怪常得丹豹之髓白鳳之膏磨青錫爲屑以蘇油和之照于神壇夜暴雨光不滅有霜蛾如蜂赴火侍者舉麟鬚拂拂之

元光中帝起青靈壇壇上列植垂龍之木似青梧高十丈有朱露色如丹汁灑其葉地皆成珠其枝似龍之倒垂亦曰珍枝樹此壇高八丈帝使董謁乘雲霞之輦以昇壇至夜三更聞野鷄鳴忽如曙西王母駕玄鸞歌春歸樂謁乃聞王母歌聲而不見其形歌聲遶梁三市乃止壇傍草樹枝葉或翻或動歌之感也四面列種軟棗條如青桂風至自拂堦上遊塵

董謁字仲玄武都郁邑人也少好學嘗遊山澤負挾圖書患其繁重家貧拾樹葉以代書簡言其易卷懷也編荆爲牀聚鳥獸毛以寢其上

波祇國亦名波弋國獻神精香草亦名荃蘼一名春蕪一根百條其間如竹節柔軟其皮如絲可爲布所謂春蕪布亦名香荃布堅密如紈氷也握一片滿室皆香婦人帶之彌月芬馥

翕韓國獻飛骸獸狀如鹿青色以寒青之絲爲繩繫之及死帝惜之而不瘞掛于苑門皮毛皆爛朽惟骨色猶青時人咸知其神異更以繩繫其足往視之唯見所繫處存而頭尾及骨皆飛去

旦露池西有靈池方四百步有連錢荇浮根菱倒枝藻連前荇荇如錢文浮根菱根出水上葉沉波下實細薄皮甘香葉半青半白霜降彌美因名青冰菱也倒枝藻者枝横倒水中長九尺餘如結網有野鴨秋鳧及鷗鷺來翔水上入此草中皆不得出如縮網也亦名水網藻中有轉羽舫凌龍舫凌波舫帝嘗遊宴于此

瑶琨去玉門九萬里有碧草如麥割之以釀酒則味如醇酎飲一合三旬不醒但飲甜水隨飲而醒

琳國去長安九千里生玉葉李色如碧玉數十年一熟味酸昔韓終常餌此李因名韓終李

元封三年大秦國貢花蹄牛其色駮高六尺尾環繞其身角端有肉蹄如蓮花善走多力帝使輦銅石以起望仙宮跡在石上皆如花形故陽關之外花牛津時得異石長十丈高三丈立于望仙宮因名龍鍾石武帝末此石自陷入地唯尾出土上今人謂龍尾墩也

帝好微行于長安城西夜見一螭遊于路董謁曰昔

桀媚末喜于膝上以金簪貫玉螭腹爲戲令螭腹餘
金簪穿痕安非此耶曰白龍魚鱗綱者食之帝曰試
我也

元封四年脩彌國獻駮騾高十尺毛色赤斑皆有日
月之象帝以金埏爲鏁絆以寳器盛芻以飼之

勒畢國人長三十有翼善言語戲笑因名善語國常
羣飛往日下自曝身熱乃歸飲丹露爲漿丹露者日
初出有露汁如珠也

太初三年起甘泉望風臺臺上得白珠如花一枝帝

洞冥記　四

以錦盝覆之如照月矣因名照月珠以賜董偃盛以
琉璃之筐

李克馮翊人也自言三百歲荷草畚負五岳真圖而
至帝禮待之亦號負圖先生也

孟岐河清之逸人也年可七百歲語及周初事了然
如目前岐侍周公昇壇上岐以手摩成王足周公以
玉笏與之岐嘗寳執每以衣袂拂拭之笏厚七分今
銳斷恒切桂葉食之聞帝好仙時披草蕬而來謁帝
焉

郭瓊東郡人也形貌醜劣而意度過人曾宿人家輒
乞薪自照讀書晝眠眼不閉行地無迹帝聞其異徵
焉

黄安代郡人也爲代郡卒自云卑猥不獲處人間執
鞭懷荆而讀書晝地以記數者夕地成池矣時人謂
黄安年可八十餘視如童子常服朱砂舉體皆赤冬
不着裘坐一神龜廣二尺人問子坐此龜幾年矣對
曰昔伏羲始造綱罟獲此龜以授吾吾坐龜背已平
矣此蟲畏日月之光二千歲即一出頭吾坐此龜已

洞冥記　五

見五出頭矣行即負龜以趨世人因而謂黄安萬歲
矣

帝所幸宮人名麗娟年十四玉膚柔軟吹氣勝蘭不
欲衣纓拂之恐體痕也每歌李延年和之于芝生殿
唱迴風之曲庭中花皆翻落置麗娟于明離之帳恐
塵垢汚其體也帝常以衣帶縛麗娟之袂閉于重幕
之中恐隨風而去也麗娟以琥珀爲佩置衣裾裏不
使人知乃言骨節自鳴相與爲神怪也

西域獻龍虎高七尺映日看之光如聚炬火有童子

遥見有黃鵠白首鼓翅于帝前郎方朔着黃綾單衣頭已班白漢朝皆異其神化而不測其年矣

西京雜記序

漢之西京惟固書爲該練非固之能爾亦其所資者緒也仲尼約之實書馬遷娼諸國史因本而成在古皆然也暇得葛洪氏西京雜記讀之云爲劉子駿所撰以甲乙第次百卷考比固作殆是全取劉書有小異同耳洪又抄集固所不錄者二萬許言命曰西京雜記予於是始知罔之漢書蓋根起於子駿也乃遡憶其所不錄之故大約有四則猥瑣可畧閑漫無歸與夫杳眛而難憑觸忌而須諱者也其猥瑣者則霍妻遺衍之類是也其閑漫者則上林異植之類是也其杳眛者則宣獄佩鏡秦庫玉燈之類是也而其觸忌者則慶郎趙后之類是也凡若此者披金置沙法所刪棄矣至於乘輿大駕儀在典章鮑董問對言關理奥亦皆擯落而無採宜書而不書者何也豈不幸存於雜記歟但今所傳且失其半又非洪之故簡矣嗚呼後之代儒安得如子駿者遐收彙集以待班固者出歟誠爲史家之一慨也吳郡黃省曾撰

西京雜記

漢　劉歆

天子筆

天子筆管以錯寶爲跗毛皆以秋兎之毫官師路扈爲之以雜寶爲匣厠以玉璧翠羽皆直百金

吉光裘

武帝時西域獻吉光裘入水不濡上時服此裘以聽朝

戚夫人

高帝戚夫人善鼓瑟擊筑帝常擁夫人倚瑟而弦歌畢每泣下流漣夫人善爲翹袖折腰之舞歌出塞入塞望歸之曲侍婢數百皆習之後宮齊首高唱聲入雲霄

彄環

戚姬以百鍊金爲彄環照見指骨上惡之以賜侍兒鳴玉燿光等各四枚

斬蛇劍

漢帝相傳以秦王子嬰所奏白玉璽高祖斬白蛇劍劍上有七采珠九華玉以爲飾雜厠五色琉璃爲劍匣劍在室中光景猶照於外與挺劍不殊十二年一加磨瑩刃上常若霜雪開匣拔鞘輒有風氣光彩射人

七孔鍼

漢綵女常以七月七日穿七孔鍼於開襟樓俱以習之

寶鏡

宣帝被收繫郡邸獄臂上猶帶史良娣合采婉轉絲

繩繫身毒國寶鏡一枚大如八銖錢舊傳此鏡見妖魅得佩之者爲天神所福故宣帝從危獲濟及即大位每持此鏡感咽移辰常以琥珀笥盛之緘以戚里織成錦一曰斜文錦帝崩不知所在

蒲桃錦

霍光妻遺淳于衍蒲桃錦二十四匹散花綾二十五匹綾出鉅鹿陳寶光家寶光妻傳其法霍顯召入其第使作之機用一百二十鑷六十日成一匹匹直萬錢又與走珠一琲綠綾百端錢百萬黃金百兩爲起

第宅奴婢不可勝數衍猶怨曰吾爲爾成何功而報我若是哉

昭陽殿

趙飛燕女弟居昭陽殿中庭彤朱而殿上丹漆砌皆銅沓黄金塗白玉階壁帶往往爲黄金釭含藍田璧明珠翠羽飾之上設九金龍皆銜九子金鈴五色流蘇帶以緑文紫綬金銀花鑷每好風日幡旄光影照耀一殿鈴鑷之聲驚動左右中設木畫屏風文如蜘蛛絲縷玉几玉牀白象牙簟緑熊席席毛長二尺餘

人眠而擁毛自蔽望之不能見坐則没膝其中雜熏諸香一坐此席餘香百日不歇有四玉鎮皆達照無瑕缺窗扉多是緑琉璃亦皆達照毛髮不得藏焉椽桷皆刻作龍蛇縈繞其間鱗甲分明見者莫不兢慄匠人丁緩李菊巧爲天下第一締構既成向其姊子樊延年説之而外人稀知莫能傳者

昆明池

昆明池刻玉石爲魚每至雷雨魚常鳴吼鬐尾皆動漢世祭之以祈雨往往有驗

長安巧工

長安巧工丁緩者爲常滿燈七龍五鳳雜以芙蓉蓮藕之奇又作臥褥香鑪一名被中香鑪本出房風其法後絶至緩始更爲之爲機環轉運四周而鑪體常平可置之被褥故以爲名又作九層博山香鑪鏤爲奇禽怪獸窮諸靈異皆自然運動

七輪扇

又作七輪扇連七輪大皆徑丈相連續一人運之滿堂寒顫

趙后

趙后體輕腰弱善行步進退女弟昭儀不能及也但昭儀弱骨豐肌尤工笑語二人並色如紅玉爲當時第一皆擅寵後宫

王嬙

元帝後宫既多不得常見乃使畫工圖形案圖召幸之諸宫人皆賂畫工多者十萬少者亦不減五萬獨王嬙不肯遂不得見匈奴入朝求美人爲閼氏於是上案圖以昭君行及去召見貌爲後宫第一善應對

學止閑雅帝悔之而名籍已定帝重信於外國故不復更人乃窮案其事畫工皆棄市籍其家貲皆巨萬畫工有杜陵毛延壽爲人形醜好老少必得其眞安陵陳敞新豐劉白龔寬並工爲牛馬飛鳥衆勢人形好醜不逮延壽下杜陽望亦善畫尤善布色樊育亦善布色同日棄市名畫工於是差稀

五侯鯖

五侯不相能賓客不得來往婁護豐辯傳食五侯間各得其懽心競致奇膳護乃合以爲鯖世稱五侯鯖

以爲奇味焉

鷫鷞裘

司馬相如初與卓文君還成都居貧愁懣以所着鷫鷞裘就市人陽昌貰酒與文君爲懽既而文君抱頸而泣曰我平生富足今乃以衣裘貰酒遂相與謀於成都賣酒相如親著犢鼻褌滌器以耻王孫王孫果以爲病乃厚給文君文君遂爲富人文君姣好眉色如望遠山臉際常若芙蓉肌膚柔滑如脂十七而寡爲人放誕風流故悅長卿之才而越禮焉長卿素有消渴疾及還成都悅文君之色遂以發痼疾乃作美人賦欲以自刺而終不能改卒以此疾至死文君爲誄傳於世

新豐

太上皇徙長安居深宮悽愴不樂高祖竊因左右問其故以平生所好皆屠販少年酤酒賣餅鬬鷄蹴踘以此爲懽今皆無此故以不樂高祖乃作新豐移諸故人實之太上皇乃悅故新豐多無賴無衣冠子弟故也高祖少時常祭枌榆之社及移新豐亦還立焉

高祖既作新豐并移舊社衢巷棟宇物色惟舊士女老幼相攜路首各知其室放犬羊鷄鴨於通塗亦競識其家其匠人胡寬所營也移者皆悅其似而德之故競加賞贈月餘致累百金

珠簾

漢諸陵寢皆以竹爲簾簾皆爲水紋及龍鳳之像昭陽殿織珠爲簾風至則鳴如珩之聲

子虛賦

司馬相如爲上林子虛賦意思蕭散不復與外事相

關控引天地錯綜古今忽然如睡煥然而興幾百日而後成其友人盛覽字長通牂牁名士嘗問以作賦相如曰合綦組以成文列錦繡而爲質一經一緯一宮一商此賦之迹也賦家之心苞括宇宙總覽人物斯乃得之於内不可得而傳覽乃作合組歌列錦賦而退終身不復敢言作賦之心矣

思賢苑

文帝爲太子立思賢苑以招賓客苑中有堂隍六所客館皆廣廡高軒屏風幃褥甚麗

西京雜記　八　七

王胥

廣陵王胥有勇力常於别囿學格熊後遂能空手搏之莫不絶脰後爲獸所傷陷腦而死

賈佩蘭

戚夫人侍兒賈佩蘭後出爲扶風人段儒妻説在宮内時見戚夫人侍高帝嘗以趙王如意爲言而高祖思之幾半日不言歎息悽愴而未知其術輒使夫人擊筑高祖歌大風詩以和之又説在宮内時嘗以絃管歌舞相歡娛競爲妖服以趣良時十月十五日共入靈女廟以豚黍樂神吹笛擊筑歌上靈之曲既而相與連臂踏地爲節歌赤鳳凰來至七月七日臨百子池作于闐樂樂畢以五色縷相羈謂爲相連愛八月四日出雕房北户竹下圍碁勝者終年有福負者終年疾病取絲縷就北辰星求長命乃免九月九日佩茱萸食蓬餌飲菊華酒令人長壽菊華舒時并採莖葉雜黍米釀之至來年九月九日始熟就飲焉故謂之菊華酒正月上辰出池邊盥濯食蓬餌以祓妖邪三月上巳張樂於流水如此終歲焉戚夫人死侍兒皆復爲民妻也

西京雜記　八　八

白頭吟

相如將聘茂陵人女爲妾卓文君作白頭吟以自絶相如乃止

枚皋長卿

枚皋文章敏疾長卿制作淹遲皆盡一時之譽而長卿首尾温麗枚皋時有累句故知疾行無善迹矣楊子雲曰軍旅之際戎馬之間飛書馳檄用枚皋廟廊之下朝廷之中高文典册用相如

董賢第

哀帝爲董賢起大第於北闕下重五殿洞六門柱壁皆畫雲氣華蘤山靈水怪或衣以綈錦或飾以金玉南門三重署曰南中門南上門南更門東西各三門隨方面題署亦如之樓閣臺榭轉相連注山池玩好窮盡雕麗

平津侯

平津侯自以布衣爲宰相乃開東閣營客館以招天下之士其一曰欽賢館以待大賢次曰翹材館以待

大才次曰接士館以待國士其有德任毗贊佐理陰陽者處欽賢之館其有才堪九烈將軍二千石者居翹材之館其有一介之善一方之藝居接士之館而躬自菲薄所得俸祿以奉待之

閩越王

閩越王獻高帝石蜜五斛蜜燭二百枚白鷴黑鷴各一雙高帝大悅厚報遣其使

江都王

江都王勁捷能超七尺屏風

天璽

元后在家嘗有白鷰銜白石大如指墜后績筐中后取之石自剖爲二其中有文曰母天地后乃合之遂復還合乃寳錄焉後爲皇后常并置璽笥中謂爲天璽也

虎子

漢朝以玉爲虎子以爲便器使侍中執之行幸以從

紫泥璽室

中書以武都紫泥爲璽室加綠綈其上

文固陽

茂陵文固陽本瑯琊人善馴野雉爲媒用以射雉每以三春之月爲茅障以自翳用觟矢以射之日連百數茂陵輕薄者化之皆以雜寳錯廁翳障以青州蘆葦爲弩矢輕騎妖服追隨於道路以爲懽娛也陽死其子亦善其事董司馬好之以爲上客

李亨

茂陵少年李亨好馳駿狗逐狡獸或以鷹鷂逐雉兔皆爲之佳名狗則有修毫釐睫白望青曹之名鷹則

有青翅黃䏶青冥金距之屬鷄則有從風鷄孤飛鷄

楊萬年有猛犬名青駮買之百金

東方生

東方生善嘯每曼聲長嘯輒塵落帽

劉道

齊人劉道强善彈琴能作單鵠寡鳬之弄聽者皆悲不能自攝

趙后

趙后有寶琴曰鳳凰皆以金玉隱起爲龍鳳螭鸞古

賢列女之象亦善爲歸風送遠之操

郭舍人

武帝昔郭舍人善投壺以竹爲矢不鈎棘也古之投壺取中而不求還故實小豆惡其矢躍而出也郭舍人則激矢令還一矢百餘反謂之爲驍言如博之竪棊於輩中爲驍傑也每爲武帝投壺輒賜金帛

象牙簟

武帝以象牙爲簟賜李夫人

李廣

李廣與兄弟共獵於冥山之北見臥虎焉射之一矢即斃斷其髑髏以爲枕示服猛也鑄銅爲其形爲溲器示厭辱之也他日復獵於冥山之陽又見臥虎射之没矢飲羽進而視之乃石也其形類虎退而射更鏃破幹折而石不傷

魏王冢

魏襄王冢皆以文石爲槨高八尺許廣狹容四十人以手捫槨滑液如新中有石牀石屏風宛然周正不見棺柩明器蹤跡但牀上有玉唾壺一枚銅劍二枚

金玉雜具皆如新物王取服之

哀王冢

哀王冢以鐵灌其上穿鑿三日乃開有黃氣如霧觸人鼻目皆辛苦不可入以兵守之七日乃歇初至一戶無扃鑰石牀方四尺牀上有石几左右各三石人立侍皆武冠帶劍復入一戶石扉有關鑰叩開見棺柩黑光照人刀斫不入燒鋸截之乃漆雜兕革爲棺厚數寸累積十餘重力不能開乃止復入一戶亦石扉開鑰得石牀方七尺石屏風銅帳鐻一具或在牀

上或在地下似是帳𢊍朽而銅鐏墮落牀上石枕一枚塵埃朏朏甚高似是衣服牀左右石婦人各二十悉皆立侍或有執巾櫛鏡鑷之象或有執盤奉食之形無餘異物但有鐵鏡數百枚

袁盎冢

袁盎冢以瓦爲棺槨器物都無唯有銅鏡一枚

漢制

漢制天子玉几冬則加綈錦其上謂之綈几以象牙爲火籠籠上皆散華文後宮則五色綾文以酒爲書

滴取其不冰以玉爲硯亦取其不冰夏則羽扇冬設繒扇公侯皆以竹木爲几冬則以細罽爲橐以憑之不得加綈錦

魚藻宮

趙王如意年幼未能親外傳戚姬使舊趙王内傳趙媪傳之號其室曰養德宮後改爲魚藻宮

趙王

惠帝嘗與趙王同寢處呂后欲殺之而未得後帝早獵王不能夙興呂后命力士於被中縊殺之及死呂后不之信以緑囊盛之載以小輧車入見乃厚賜力士力士是東郭門外宮奴帝後知腰斬之后不知也

日華宮

河間王德築日華宮置客館二十餘區以待學士自奉養不踰賓

太液池

太液池邊皆是彫胡紫蘀緑節之類菰之有米者長安人謂爲彫胡葭蘆之未解葉者謂之紫蘀菰之有首者謂之緑節其間鳧雛鴈子布滿充積又多紫龜

緑鼈池邊多平沙沙上鵜鶘鷓鴣鵁鶄鴻鶂動輒成群

丹青樹

終南山多離合草葉似江蘺而紅緑相雜莖皆紫色氣如蘿勒有樹直上百尺無枝上結叢條如車蓋葉一青一赤望之班駮如錦繡長安謂之丹青樹亦云華蓋樹亦生熊耳山

蛟龍玉匣

漢帝送死皆珠襦玉匣匣形如鎧甲連以金縷武帝

匣上皆鏤爲蛟龍鸞鳳龜麟之象世謂爲蛟龍玉匣

成帝

成帝設雲帳雲幄雲幕於甘泉紫殿世謂三雲殿漢披庭有月影臺雲光殿九華殿鳴鸞殿開襟閣臨池觀不在簿籍皆繁華窈窕之所棲宿焉

長鳴鷄

成帝昔交趾越巂獻長鳴鷄伺晨鷄即下漏驗之晷刻無差長鳴鷄則一食頃不絶長距善鬭

盛飾鞍馬

武帝時身毒國獻連環羈皆以白玉作之馬瑙石爲勒白光琉璃爲鞍鞍在闇室中常照十餘丈如晝日自是長安始盛飾鞍馬競加雕鏤或一馬之飾直百金皆以南海白蜃爲珂紫金爲華以飾其上猶以不鳴爲患或加以鈴鑷飾以流蘇走則如撞鐘磬若飛幡葆後得貳師天馬帝以玫瑰石爲鞍鏤以金銀鍮石以綠地五色錦爲蔽泥後稍以熊羆皮爲之熊羆毛有綠光皆長二尺者直百金卓王孫有百餘雙詔使獻二十枚

劒銘

昭帝時茂陵家人獻寶劒上銘曰直千金壽萬歲

彈棊

成帝好蹴踘羣臣以蹴踘爲勞體非至尊所宜帝曰朕好之可擇似而不勞者奏之家君作彈棊以獻帝大悅賜青羔裘紫絲履服以朝覲

四寶宮

武帝爲七寶牀雜寶桉廁寶屏風列寶帳設於桂宮昔人謂之四寶宮

魯恭王

魯恭王好鬬雞鴨及鵝鴈養孔雀鵁鶄俸穀一年費二千石

袁廣漢

茂陵富人袁廣漢藏鏹巨萬家僮八九百人於北邙山下築園東西四里南北五里激流水注其内構石爲山高十餘丈連延數里養白鸚鵡紫鴛鴦犛牛青兕奇獸怪禽委積其間積沙爲洲嶼激水爲波潮其中致江鷗海鶴孕雛産鷇延漫林池奇樹異草靡不

具植屋皆徘徊連屬重閣修廊行之移晷不能徧也廣漢後有罪誅没入爲官園鳥獸草木皆移植上林苑中

蒲桃錦

尉佗獻高祖鮫魚荔枝高祖報以蒲桃錦四匹

樂遊苑

樂遊苑自生玫瑰樹樹下多苜蓿苜蓿一名懷風旹人或謂之光風風在其間常蕭蕭然日照其花有光采故名苜蓿爲懷風茂陵人謂之連枝草

遺飛鷰書

趙飛鷰爲皇后其女弟在昭陽殿遺飛鷰書曰今日嘉辰貴姊懋膺洪冊謹上襚三十五條以陳踊躍之心

金華紫輪帽　金華紫輪面衣　織成上襦　織成下裳　五色文綬　鴛鴦襦　鴛鴦被　鴛鴦褥　金錯繡襠　七寶綦履　五色文玉環　同心七寶釵　黃金步搖　合懽圓璫　琥珀枕　龜文枕　珊瑚玦　馬腦彄　雲母扇　孔雀扇　翠羽扇　九華扇　五明扇　雲母屏風　琉璃屏風　五層金博山香鑪　迴風扇　椰葉席　同心梅　含枝李　青木香　沈水香　香螺巵出南海一名丹螺　九真雄麝香　七枝鐙

南部烟花記

唐　馮贄

桂宮

陳後主爲張貴妃麗華造桂宮于光昭殿後作圓門如月障以水晶後庭設素粉罘罳庭中空洞無他物惟植一桂樹樹下置藥杵臼使麗華恒馴一白兎麗華被素袿裳梳凌雲髻插白通草蘇孕子靸玉華飛頭履時獨步于中謂之月宮帝每入宴樂呼麗華爲張嫦娥

綠綺窻

隋文帝爲蔡容華作瀟湘綠綺窻上飾黃金芙蓉花琉璃網戸文杏爲梁雕刻飛走動値千金

金虀玉膾

吳都獻松江鱸魚煬帝曰所謂金虀玉膾東南佳味也

閃電窻

帝觀書處窻戸玲瓏相望金鋪玉觀輝映溢目號爲閃電窻

帳中香

江南李主帳中香法以鵞梨蒸沉香用之

五方香床

隋煬帝觀文殿前兩廂爲堂各十二間堂中每間十二寶厨前設五方香床綴貼金玉珠翠每駕至則宮中擎香爐在輦前行

螺子黛

煬帝宮中爭畫長蛾司宮吏日給螺子黛五斛出波斯國

司花女

迎輦花外殷紫内素膩菲芬粉蕊心深紅跗爭兩花枝幹烘翠類通草無刺葉圓長薄其香氣穠芬馥或惹襟袖移日不散嗅之令人不多睡帝令寶兒持之號曰司花女

玉撥

隋煬帝朱貴兒插崑山潤毛之玉撥不用蘭膏而鬢鬟鮮潤

帳各異名

煬帝迷樓上張四寶帳帳各異名一名散春愁二名醉忘歸三名夜酣香四名延秋月

金螭屏風

吳主亮命工人潘芳作金螭屏風鏤祥物一百三十種種種有生氣遠視若真一日與夫人戲觸屏墜其一鳳頂之飛去

響玉

臨池觀竹既枯后每思其響夜不能寢帝為作薄玉龍數十枚以縷線懸于簷外夜中因風相擊聽之與

竹無異民間效之不敢用龍以什駮代

琵琶

陳後主孔貴嬪琵琶名懷風

宮燭

煬帝香宝宮中燭心至跋皆用異屑燃之有異彩數里

柘彈

陳宮人喜於春林放柘彈

壺畫鸞鳳

陳宮人佩玉壺畫鸞鳳

塵香

陳宮人臥履皆以薄玉花為飾內散以龍腦諸香屑謂之塵香

思玄曲

煬帝在揚州每集童女鳴鼓吹簫歌龍女思玄之曲

樂器名

簫一名石弦鼓一名吹雲箏一名東苑鐘一名長嘯一名棃谷

沉香履箱

陳宮人有沉香履箱金屈膝

跋扈將軍

隋煬帝泛舟忽陰風頻緊歎曰此風可謂跋扈將軍

北苑妝

建陽進茶油花子大小形製各別極可愛宮嬪縷金于面皆以淡妝以此花餅施于鬢上時號北苑妝

金剛舞夜叉歌

隋諸葛昂高瓚爭為豪侈昂屈瓚串長八赤餅濶丈

餘饌龕如柱酒行自作金剛舞以送之瓚復屈昂以
車行酒馬行肉碓斬鱠碾蒜虀自唱夜丫歌以送之

迷樓

迷樓凡役夫數萬經歲而成樓閣高下軒窗掩映幽
房曲室玉欄朱楯互相連屬帝大喜顧左右曰使真
仙遊其中亦當自迷也故云

烏銅屏

上官自江外得替回鑄烏銅屏數十面磨以成鑑爲
屏可環於寢所帝御女纖毫皆入於鑑中以千金賜

之

色如桃花

侯夫人一日自經於棟下臂懸錦囊中有文左右取
以進帝反覆傷感撫其尸曰此已死顏色猶美如桃
花

夜珠

一士人娶得陳宮人夜注火則惡煤氣士人易以蠟
後惡其影蕩人士人因詰之汝後宮何以照夜宮人
曰唯室中懸珠一顆耳

隄柳

煬帝樹隄詔民間有柳一株賞一縑

錦帆

帝錦帆過處香聞百里

十六院

煬帝十六院皆自製名擇宮中佳麗謹厚有容色美
人實之

湖上曲

帝既作龍鳳舸因製湖上曲望江南八闋多令宮中

美人歌唱之

夾道宿

帝多幸苑中去來無時侍御多夾道而宿帝往往中
夜即幸焉

繡裙

梁武帝造五色繡裙加朱繩真珠爲飾隋煬帝作長
裙十二破名仙裙

來夢兒

煬帝沉湎失度每睡須搖頓勞動方就一夢侍兒韓

俊娥尤得意每就枕必令振聳支節常得美睡因呼
爲來夢兒

女相如

煬帝以合歡水果賜吳降仙降仙以紅牋進詩謝帝
日降仙才調女相如也

說郛目録

弓第六十七

豫章古今記

雷次宗

郡城縣部

豫章之地南接五嶺北帶九江春秋時以爲楚之東境然據天文則吳之分野至漢高五年潁陰侯灌嬰追滅項羽遂定江南是年始立爲郡郡城卽灌嬰所築舊領一十八縣南昌廬陵彭澤鄱陽歷陽餘干柴桑艾縣今分寧縣新淦南城建昌宜春海昏雩都鄡陽屬古鄱陽南野安平贛縣等縣漢高祖十一年又以豫章會

稽贛縣等三郡立兄仲子濞爲吳王四十七年與七國謀反爲周亞夫殺於丹徒其國依舊爲郡王莽攝政爲九江郡後漢還復爲豫章焉至和帝永元中更置臨安今杭州石陽屬吉州建昌等三縣桓帝元嘉中復立上饒縣後改弋陽縣屬饒州靈帝元和中又立樂安縣復改樂平屬饒州順帝中平中又立永脩縣今屬建昌縣上蔡今屬高安新吳縣等四縣初平中又立騟脩縣今屬遠州南安縣今屬麥州獻帝建安中又立宜黃富城今豐城西安後改豫章等三縣自後漢分置諸縣後更立宜豐永興中陵南豐永城

安涌西寧今入豐城陽安今屬高安新建廣晉南康平固揭陽葛郡以上屬麥州西昌東昌南昌巴丘興平陽豐遂興吉陽以上屬吉州以前二十四縣並無是豫章境內地也漢靈帝末揚州刺史東採劉遵行部以豫章地廣遠奏請分置廬陵鄱陽二郡至獻帝初平二年始分置廬陵石陽平都贛縣南野雩都等六縣爲廬陵郡今吉州漢末建安十五年漢祚已季三分天下孫權又分鄱陽歷陽餘干樂安石陽等五縣及廬江共爲鄱陽郡今饒州其年又以柴桑縣入武昌郡吳少帝太平二年

又分南城臨安宜黃等三縣爲臨川郡今屬杭州寶鼎二年分宜陽平都新淦等三縣及長沙安城共爲安城郡今吉州安福縣晉永嘉七年分柴桑廬江九江爲潯陽郡今江州其年又以彭澤益陽潯陽太康五年割廬陵郡之南野雩都贛縣及南康平固等縣爲康郡今虔州太康十一年以豫章潯陽武昌鄱陽臨川廬陵安城南康建安進安等十郡置江州授陳留高誕爲刺史在豫章郡太興元年以王敦爲刺史在武昌郡太寧元年以王彬爲刺史亦在武昌郡二年以應贍爲刺史在武昌郡成帝

咸和元年以溫嶠爲刺史在盆城五年陶侃以荆州領
江州置在江陵九年庾亮以豫州領江州鎮蕪湖成
康元年王凝之爲刺史在豫章郡其年又王允爲刺史在盆
城建元二年以褚裒爲刺史在半洲江州側其年又庾翼爲
刺史在武昌郡大寧九年桓秀爲刺史在潯陽郡太元二年桓
嗣爲刺史在江州六年桓冲以荆州領江州鎮江陵九
年桓伊爲刺史在潯陽郡元興元年郭昶爲刺史在江州又移潯
陽安帝義熙六年庾悦爲刺史在豫章郡八年孟玉爲刺
史在潯陽自置江州以來刺史三政在豫章餘皆在屯

郡晉武帝析江州南昌東界立鍾陵縣至太康元年
入南康至永定三年分南昌立西昌至陳滅猶屬江
州至隋文帝開皇九年己酉歲滅陳之日改郡爲總
管府以西有山洪崖先生所居之處其年因以洪爲
州名至大業二年又改爲豫章郡復爲南昌縣十三
年爲饒州師操師乞林士弘等破廢割豫章以西置
三府縣入縣州南昌至唐朝武德五年平定復爲洪
州總管以歸首賊張善安爲總管至六年復翻版其
年總管崔順討之至七年改爲都督領洪鄂袁虔吉
饒撫等八州諸軍事至唐高祖顯慶四年除饒鄂江
等三州

城闕部

郡城灌嬰所築周廻十里八十四步六門一曰南門
二曰松陽門西二門一曰昌門二曰臯門東北各一
門門以東北爲名晉大康中太守范甯更開東之北
以爲東北門以對臯門又開西之北爲西北門以對
松陽門今八門也

郡墻東南雙欵吳鳳凰二年太守維陽府君張俊字

子彥所造

昌邑王城在海昏縣今建昌也

太史慈城在海昏縣西三百里

東丘城在郡下流一百四十里臨江

孫奮城在郡北二里

劉繇城在豫章縣北四十里

脩城在豐城北三十里

古情城在豐城東一里

孫盧城在建昌縣南一百里盧孫權第二子

余孝頃城在建昌南湖井村

山石部

西山在豫章縣四十二里高四十丈周廻三百里

逍遥山在高安天寶鄉其山高峻

象山在高安縣西南

馬鞍山在豫章西山遥看如馬鞍也

松門在豫章北二百里江水遶山上有松栢則江西第五六重水口也

吉州山江西與松門山相對上有千戸

擔石湖江西東北如石堆湖心遂成小山

箪山在建昌北

幕府山在建昌西

雲居山在建昌西四十里

洪泙山有僧居號汸潭寺

盆山在豐城山形如覆盆

兆洲山在建昌西南

石門山在建昌下流有石梁如門

尭山在豐城東尭時泉水不没

羅山在豐城南上有池水晉羅文於此得仙

澄嶺在豐城南

河山在高安南晉丁遥二子於此脩道

米山在高安北山有石穴兵冦生靈避難

石山在高安西南有石燒爲灰

遠山今入高安

藥王山在新吴西北五十里晉吴猛騎虎入山處

華林山在新吴西五十里浮丘公李八百隱遁此山

古浮雲山唐封今名百丈山在新吴縣源上流又名

大雄山

黄龍山在分寧縣西二百里

星子石今星子縣是也在廬山南

水沙部

龍沙在城北十里帶沙微白

豫章川章江縣三里源出東北樓處吉撫袁也

蜀水高安縣南江是也

瀫口在昌邑東十三里水入豫章大江

掘土江在建昌縣西北十九里

巾口在建昌縣
新韶江在建昌縣西北
鍾口江在高安縣西南
樂康江在高安縣西
脩江在建昌縣南

津濟部

上遼津在海昏縣東二十里
谷鹿州在州城西南百步有一大橋
石頭津在郡江之西岸一名沉書浦殷羨字洪喬爲豫章太守臨去因附書百封羨將至石頭啓之內有囑托事擲於水中曰有事者沉無事者浮故名焉
楊子州在州北九里
鱣州在城北九十里

泉池部

輔山今廬山也有泉二其一常熱可燖雞豘之類今爲湯院源之西洪井洪崖隱處
東湖郡城東周四十里與江通
風雷池在東湖側亢旱禱於此

寺觀部

宣明寺龍興寺兩寺晉安侯世高所立也高是西域胡安西王太子讓位於弟避而來也
太一觀豫章縣東舊是梅福宅
女道觀高安縣東南一里
洞真觀
祚仙觀高安縣東北二十五里黃輔仙人宅
三皇觀高安縣西南四十五里
元陽觀高安縣西二里
玄元觀高安縣東南二百一十六里
玄風觀高安縣北五十五里
崇玄觀高安縣東一里
許真觀高安縣西北
許仙觀高安縣西北
飛皇觀豐城縣南一里甘仙人住場也
丹陵觀象牙湖岸鍾離住宅
龍岡寺高安縣東一里
方等寺

葛仙人壇高安縣東北三十里西山小峯
王喬壇西山高峯
凌雲觀
眞一觀縣西南三十里
至海觀縣西三里
翊眞觀州西北三十八里
丁仙觀武寧縣東十里
建業觀在高安縣豐安鄉
太清觀在分寧縣西一百八十里

開元寺在府下去州一里
觀音院葛鱓嵩宅
吳仙人壇在縣南二百里
東林寺當廬山北
九天使者廟在建昌南六十里
應聖宮在西山去府四十里
翠岩寺在西山去州六十里
天寶觀在西山去州府七十里
淨貞觀

雲臺觀去州西北四十二里

神祠部

賈廟在郡北津河東人漢更始二年爲郡太守謀王莽師敗死卽亡日顯靈于津立祠
張華廟在豐城劍光
伍相廟在豐城北
浮槎神祠在豐城東
石人祠廟在豐城南
石侯廟在建昌

第宅部

石姑宮在上遼西五里漢昌邑王勝所居處
尉廨在王步北二里漢梅福所居處福嘗爲南昌尉
徐孺宅在梅福宅東又云孺宅去城一里亦曰書臺
度支步在郡城西臨江晉度支校尉所立也府舍之處領戶三千五百余福向釣磯也在叔丘城下流一百六里有鄉村閣度支尉所居之處太尉陶侃置也晉陶侃字士衡潯陽人少喪父母孤貧濟於澤嘗坐此石而釣累年不移其石膝磨今有痕在釣磯後仕晉爲

太尉

滕王閣近章江而眺西山王諱元嬰唐高祖之二孫節度洪州時立之

郡西學堂晉元康六年太守胡淵字世源造

塚墓部

郡東一十里有大冢曰丹陽墩古老相傳爲丹陽太守聶孜墓

徐孺子墓在郡西十里

鄧粲墓撰晉書十卷者

魏俊部

後漢徐孺子名穉豫章南昌人也

劉陵字孟高豫章人也爲侍中

程曾字季豫章人也建初三年舉孝廉遷西海令

鄧通字子淵豫章人有學行爲太守疑然怙默京師號鄧獨坐

羊茂字季寶豫章人東郡太守

張載字仲宗豫章人廣陵太守

陳重字景公豫章宜春人與同郡雷義爲友舉孝廉讓於義

雷義字仲公豫章鄱陽人舉茂才讓於重刺史曰膠漆雖堅然不如陳雷

宋度字文叔豫章人爲定陵令

昔向豫章人路中拾珠一函訪主還之

徐崇豫章人有聲望爲吳侍中

聶友字悌豫章新淦人吳封丹陽太守

陶侃母湛氏豫章新淦人范逵甞歎曰非此母不生侃非侃不有此母墓在撫州五十里

胡蕃豫章人爲宋相府參軍

胡諧字士會豫章南昌人爲齊侍中

吳相休字吉甫一名列爲江東太守

胡勃字欽宗仕晉爲郡功曹

王琮豫章人爲兗州刺史

施陽字倫豫章人遷尚書令道遇賊刼財物去尚餘錢五千文遣人追賊與之

熊行字欽明爲吳大將軍長義都尉

鄧粲字文艷爲堂巴太守撰晉史十卷

熊鴻晉初七辟不就

鄧中岳著交州記三卷

雷次宗字仲倫入廬山侍沙門恵遠篤志好學屢徵不起卒有文集註禮記周易元嘉六年撰豫章記

諶仲文字賁有孝行漢荆州刺史

徐雅確博覽經傳仕晉至南平太守

陸遜字伯言吳郡人吳黄龍四年任荆州及豫章三郡事

吳愛字子重濮陽人仕唐蓬郡刺史

李思玄字文成高安邑人滕王請爲師友

滕王字元嬰高祖弟二十三子顯慶元年除洪州三十年築閣

應智頊高安萬載鳳嶺人起義師佐大唐仕端州刺史

睦州古蹟記

宋　謝翺

金華洞去縣三十里洞有三道赤松東西鹿田上而下遠望若建瓴水及至復平夷無他險道北山由上下氣喘喘不暇息然亦不覺勞苦下洞之右爲椒亭亭上望洞口若鐵甕石正青黑洞内外分爲兩出鐵甕入可坐數百人有穴如蓁頎水出自頤入地中下山復不知何處由頤入卧小舟童僕篝火傳舟進至岸寥泬空廓行颯颯有聲由右轉左復從頤出洞外

洞外二百步至中洞口自洞口東炬回旋入地底一出出良久有二里至上洞上洞分左右爲兩變怪開闔爲體各不同而天地山海人物之類最多歸而以其類識之總六十有四併十二而五得五十七爲仙人藏身處一石黄色亘地在外洞右爲道人比肩而立各一在外洞上頂旁爲大士垂珠纓絡箕踞而坐者一在石之右凡爲人之類四而形影小大有不犯焉爲碧桃枝實纍纍垂下者一處在於外洞頂右爲石筍拔地而玉立者一斜上蒼紫而迸于地者一在

洞中水簾後凡爲植物之類三而芭萌蕡蕡有不犯焉爲蒼龍首尾相應者一在外洞左右對爲龍頭角鬣尾及爪痕如王者各一在内洞右爲蒼白兩龍鱗鬣欲夾石梁飛度者一在上洞左角爲右黑龍而白蛇自背繞其脇者一爲蟾蜍三足一在石門限北爲游魚布影于石者一在外洞頂西北爲蝦蟇匝地者一在蟇頤蓄水旁爲石蜂窠房牖如紋者一在蝦蟇石上頂爲石獅子而石虎者而虎者各一在雪山前爲大小象脚大二小一在内右轉左凡爲山海奇怪

之物總十有四離而爲二十有一而鱗介羽毛飛走有不犯焉前後雪山一在上洞爲雲霞五色二在霜石上稍西及上洞右爲仙人望月者一在蟇頤受日處正圓如三五夜爲日影射石壁類月光在地者一處在上洞石之左爲北斗七星窠一在外洞外之左凡爲在天垂象之類九不犯二三焉爲天涯海角各一在下洞内右滑臺一在内之左爲石紋細湧如水波浪痕者一在下石上左爲仙人種玉田者一在下左丘畝步角可數爲天地一在上洞天扉下石井一

在上右角下皆深黑莫測所窮凡爲在地之類八不犯一二焉爲石門限溜室窓櫺名一在石限内爲石柱一在大小象脚外石室一在水簾右箭後水落沙石盛之輒滲下不溢簾後束炬可立先出者視互出入者與束炬立簾後者若神人然爲石梁一在天池左可數十丈爲天扉中折日光射其内者一從洞背尋折處復不可見凡爲棟宇之類七而求其犯者無一焉爲石鍾鼓自洞頂懸而虛其下而聲各如其所名者一在倦笠東爲倦笠一在鼓西爲筆格而山立

者一爲硯滴石穿溜若一蟻鑽珠而洞頂滴泉正當其處一與筆格自爲左右爲懸鍾寶蓋類雲氣結而天花雨者一在鍾鼓南爲天人掛衣痕蹙蹙如新者一在石床右石床一在衣左爲小掛衣一在外洞黄石上側爲水簾飛空而下類珠碧綴成者一在中洞旋石中爲小懸鍾二在中洞及上左凡爲器玩之物十有二而求其犯者無一焉余嘗喜獨行山水間遇古蹟奇玩見于外有過此無不及者至内觀若神犀寶鼎燭影圖物夔龍鬭兩天地山海之藏皆莫得逃

其狀此爲尤絶友人方君鳳旣集爲行紀志所變怪先後有差余嘗欲與善畫者日夜相對盤礴其下寫爲圖分合數而求書尾于山林畸人靜者傳之後數百年以爲希世之寶而力有未能輒叙其槩而爲之記凡以昔之得游而觀者數千百年旣不可知其人而往矣後之欲圖而觀者數千百年豈無有與我同志者其于此庶乎其有考也

南海古蹟記

元　吳萊

南海蓋禹貢楊州之南境春秋戰國時地本百越至秦始通而尉佗王者五世漢元鼎中南越平立南海等郡屬交州治蒼梧建安中徙治南海吳孫權初割交州立廣州而南海郡屬廣晉因之宋以後江左州郡析置不一至唐即以南海郡立廣州永徽後嶺南五管悉隸廣府咸通中復分嶺南爲東西道廣爲東道唐末迄五代南漢劉氏據之及宋初而後平今廣

州上路領縣七番禺秦縣南海增城漢縣新會淸遠隋縣東莞唐縣香山宋縣廣大府也山水人物古蹟之灼然可記者夥矣粗載其大略于篇

番禺山在番禺東近城兩山相屬高丈餘山海經黃帝生禺號禺號生禺京處南海一曰二禺山或云黃帝二庶子善音律南採崑崙竹制黃鐘宮遂隱此山

五仙觀山在子城内楚高古時有五仙人人持穀穗一莖六出乘羊衣羊具五方色遺穗州人羊化石仙人騰空去

南海廣利王廟在番禺南廟有唐韓文公碑玉簫玉硯象鞭精緻鄭絪出鎮時林靄守高州獻銅鼓面闊五尺臍隱起海魚蝦蟆周匝今藏廟中宋眞宗賜南海玉帶蕃國刻金書表龍牙火浣布並存

浮丘山在海南西木羅山朱明之門戶浮在水中篙痕宛然今去海四里有葛洪珊瑚井洪煉丹海神獻珊瑚

中宿峽一曰峽山在清遠東山對峙江中秦趙胡曾釣得金鯉可重百斤貢之秦王有釣鯉臺東有尉佗

萬人城南有煙幡嶺唐大曆間哥舒晃叛廣州討晃夢神人謂曰見幡即回及晃平回師山頂有掛幡

白雲山在番禺東山高無泉有龍化爲九童子泉遂湧時有五色小蛇蜿蜒下爲大小水簾洞秦安期生隱處始皇嘗遣人訪安期生或云子城東有安期生

菖蒲磵溪磵中産菖蒲一寸九節食之仙

任囂墓山在西城內囂秦二世時南海尉病召龍川令趙陀使行尉事囂死秦亂佗竟自王

越王臺在太城北尉佗築西有越王朝漢臺歲時望漢拜兩臺踞山巔屹然山有達磨泉達磨自天竺航海至指其地曰地有黃金萬餘兩貪者力鑿得泉達磨曰是可銖兩計哉今海水鹵鹹泉最冽

越王趙佗墓山在南海南自雞籠岡北至天井連岡接嶺佗葬輀車四出棺塚無定處吳黃武中交州從事吳瑜訪佗墓莫能得獨得王嬰齊墓珠襦玉匣玉璽金印三十六銅劍三爛若龍文悉璃玉匣金飾後瑜携劍經贛上飛入江水

南越王弟建德故宅在西城內吳虞翻移交州時有園池唐六祖慧能剃髮受戒寺有壇壇有菩提樹房相國融譚楞嚴經有筆授軒大硯融自刻大唐神龍改元七月七日天竺僧般剌密諦自廣譯經出此硯堅潤可愛藏殿內有屈眴布西天衣繡內相大如兩指

越井岡在南海南一曰趙佗井一曰鮑姑井鮑姑葛稚川妻嘗行灸南海善灸贅疣唐崔偉遇姑得越井岡艾南漢劉龑號玉龍泉禁民不得汲

石門在南海北山夾江對峙如門漢樓船將軍楊僕

討南越先將精卒陷尋峽破石門東有貪泉晉吴隱
之刺廣州酌泉賦詩處隱之北歸家人攜沈香一斤
覺投香江中
漢徵士董正墓山在番禺東正州人清白不羣晉隆
和中太守袁彦伯求其後旌之
馬援山在番禺北秦時望氣者言南海有王氣發卒
千人鑿山狀如馬鞍漢伏波將軍馬援嘗駐兵山岡
每風雨晦冥聽之若有軍聲殷然
盧循故城在番禺南城南小洲狀如方壺盖循故居

處金盧亭夷人男女椎髻洛採魚蛎藤竹又有龍戸
一曰蜑戸舊傳循字元龍此恐循遺種五月一日禁
水蜑戸舊不設網罟
石鼓山在東莞南山有石如鼓鼓鳴世亂兵起盧循
東寇隱隱有聲
金牛潭在增城南本增江水潭有金牛晉羅公釣得
金䋲牛從䋲出見人復投斷其䋲得一尺義熙中周
霧甫勇掣得三尺唐韓文公宿增江口有詩示姪湘
甘溪在南海東晉廣州刺史陸胤西北百餘里築堤

瀦水給城南漢劉氏闢甘泉苑泛杯池南有陸公亭
故基溪夾種刺桐木綿花開殷艷如畫
博大山在番禺東山有盧循母檀氏墓東南有盧堠
循浮海與吴隱之戰立烽堠處山下溪有神與唐劉
道錫刺廣州遣人係與出與耳斷與没執鄉者耳
盡痛焉盎墓山在新會北盎世為南越首領祖父寶
守高凉聘譙國夫人冼氏寶死冼懷集百越斬歐陽
紇陳給冼鼓吹麾幢至盎三世武德中盎將南越衆
附唐赤石岡在番禺西南山色赤如火燃唐有扶南

人請以黄金萬鎰市山發寶藏刺史韋明曰南州鎮
山也弗許
景泰山在番禺東北山巍然聳拔下為越溪唐景泰
禪師卓錫處古有七仙人守山後發得石履二古鏡
一鏡與開風雨山裂又得唐天寶時銅鐘並藏寺中
黄雲山在新會北唐一行禪師來游此山黄雲自山
内輝映衣袖遂卓菴山巔弟子至者餘五百人
寶莊嚴舍利塔在西城内梁大同間曇俗法師奉武
帝命求釋迦舍利創千佛塔唐高宗時廣州都督李

重建王勃記有古井九繞塔内有古禺藏劍一鏡一
鍤瑩下發得佛牙舍利似是梁代故物
金芝巖在清遠北唐天寶間望氣者言南海東南内
有靈山發金草遣使得金芝二十四莖鏘然作金鐵
聲
黄巢磯在清遠南黄巢寇廣州殺李佋覆舟處
西樵巖在南海西南巖有石室石珠飛瀑如瀉下爲
玉女洵沙灘漉梨泉龍泓九眞洞歲時恒禱龍泓
占風雨雲氣南漢時有烏利仙迹

鎮象塔在東莞西南漢禹餘宮使邵庭琄造廷琄劉
氏愛將嘗告劉鋹曰漢承唐亂幸天下有故干戈弗
及漢寖驕今諸國悉珎實奉中國漢不可後否則宜
歛兵自守已而宋師至廷琄將舟師出洸口鋹疑廷
琄必叛殺廷琄禹餘宮漢離宮九曜石在西城内城
有湖長百餘丈水疑緑列石嵌奇突兀類大湖靈壁
者九南漢劉氏集方士煉丹處
蘇文忠公古舍利塔在東莞西資福寺羅漢閣狀若
覆盂文理類芭蕉五色備具蓋古佛腦骨也比丘祖
堂夜夢赤蛇吐珠白壁上旦果得舍利建塔公自作
銘以實之
東坡泉在西城内天慶觀蘇文忠公初鑿得一石狀
如龜泉涌出號龜泉清冽亞達磨泉淳祐間經略使
方大琮浚泉護以定林廢寺鐵井欄大琮有鐵井欄
銘
仙女灣在香山南海中宋益王昰南遷泊仙女灣丞
相陳宜中欲奉昰犇占城颶作昰殂葬香山宜中遁
殿帥蘇劉義追宜中不及夜有火燒仙女灣舟艫幾
盡

崖山在新會南山有兩崖對峙海潮出入宋紹興間
嘗置戍衛王昺南遷結營崖山海中海水鹹汲道斷
天狗墮海聲隆隆如雷丞相陸秀夫朝服抱衛王沉
海文武嬪御從死者萬數
大奚山在東莞南大海中一曰碙州山有三十六嶼
山民業魚塩不農宋紹興間招其少壯置水軍嘯聚
遂墟其地今有數百家徙米種藷芋射麋鹿時載所
有至城易醯米去

爲説者曰東陽李生自海上同爲言南越事山川風土悉有可考者夫南越本一州地自秦漢以來始通尉佗之自王劉龔之專制亦嘗自同中州崛强數代至於天下盡一而後能有定豈不以其山海之險遠故哉當今廣爲大府自江嶺而上經大庾關隘之高峻自閩徼而入過潮陽嵐路之稀遠自牂牁而下則又將歷灘江湟水瀧石之嵒崿黄茅青草炎瘴襲人毒蛇猛虎山谷盤踞是故世之仕者恒未嘗願至至則常數期日而或不足以償其苟且塞責之心然而

晴天勝景山靄開而海氣伏亦禽嚶鳴異草叢生花有素馨朱槿果有荔枝龍眼檳榔蒟醬之屬芬香豔冶鮮甜爽脆魚雞蜆萊堆積於市酒支數年苟能順其風氣時其調適宜若無間於中州至於控制山獠厭服海外大蠻其歲時蕃舶金珠犀象香藥雜產之富充溢耳目抽賦帑藏盈不下鉅萬計必又賴矣夫涕泣還金之吏而後有以愧夫輕生好貨之俗厥任至重故常劇於他郡而必欲其稱職是又豈得以其險遠之故毒瘴乘之而或略於民事者哉然則世之仕者勿以其險遠可忌必圖其政山海之氓勿以其險遠自恃必奉其法度此則天子堂陛之間即爲廣府誠不可以不慎也雖然自秦漢以還南越幅員數千里莫不自歸於經理撫綏之中至唐而後列爲五府廣府寔大藩山深峒惡民頑俗獷草搖風動常必德懷而威懾之然後自已間者一時山峒顓顓無所覺知之氓弄兵潢池假息湯釜至使父兄子弟修城柵繕壕塹晝夜鉦鼓凜焉若鉅敵之壓境訛言相驚繼之朝廷以是而厲法令儆盜賊修馬政禁兵器是

雖一指疥瘍之微而徧身猶或謂之不寧者蓋久而後免有定此豈可以輕視南越一區之地而不深戒其山海之險遠者哉嗚呼今之所紀者山川故在人物則悉已往而不可復追矣遂因及其風土政事之槩者著于末節苟有觀者會可謂爲晉宗少文之卧游云爾哉予故得以具論之

遊甬東山水古蹟記

元　吴萊

昌國古會稽海東洲也東控三韓日本北抵登萊海泗南到今慶元城三五百里泰定元年夏六月自慶元桃華渡覔舟而東海際山童無草木或小僅如筋輒刈以鬻鹽東偏海有招寶山或云他處見山有異氣疑下有寳或云東　以海貨來互市必泊此山山故有砲臺曾就臺㬆弩射　人矢洞船猶入地尺又别作大筒曳鐵鏁江水夷舟猝不得入前至洨口怪

石嵌險離立南曰金雞北曰虎蹲又前則爲蛟門峽東浪激或大如五石斗甕躍入空中却墮下碎爲雰雨或遠如雪山氷岸挾風力作聲勢崩擁舟蕩蕩與上下一僧云此特其小小者耳秋風一作海水又壯排空觸岸杳不辨舟楫所在獨帆檣上指潮東上風西來水相鬭舟不能尺咫一撞嶕石且靡解不可支持又前則爲三山大洋山多磁石舟板釘鐵或近山則膠制不動昌國境也昌國中多大山四面皆海人家頗居篁竹蘆葦間或散在沙墺非舟不相往來田種少類人海中捕魚蝤蛑蛇毋殫塗傑步腥涎襲味逆人鼻口歲或仰穀他郡東從舟山過赤峙傳入外洋望岸客山山出白艾地多蛇東到梅岑山梅子眞煉藥處山梵書所謂補怛洛迦山也唐言小白花山自山東行西折爲觀音洞洞瞰海外巉中裂大石䃭紫黑旁罅而兩岐亂石如斷圭積伏蟠結怒潮擬擊晝夜作魚龍嘯吼聲又西則爲善財洞峭石嚙足泉流滲滴懸綴不斷前入海數百步有嶕土人云曾有老僧秉燭行洞穴且半里山石合一竅有光大如盤

盂側首覗之寬弘潔白非水非土遠不辨厓際又自山北轉得盤陀石山粗怪益高壘石如埕東望窅窅想像高麗日本界如在雲霧蒼莽中日初出大如米蓰海盡赤跳踊出天末六合赩然鮮明及日光照海薄雲掩蔽空水弄影怳頹鋪僧伽黎衣或現或滅南望桃花望秦諸山嵌空刻露屹立巨浸如世叠太湖靈璧不著寸土尺樹天然可愛東南望東霍山山多大樹徐市嘗駐舟於此土人云自東霍轉而北行盡昌國北界有蓬萊山衆山四圍峙立旋繞小嶼屹如

千尺樓臺而中又有紫霞洞與山爲鄰中畔明通方如大車之輿潮水一退人可或入或云人不可到隱隱有神仙題墨漫不能辨又有沙山細沙所積海日照之有芒手攬則霏霄下漸成窪穴潮過又補終不少損旁有石龍蒼白角爪鱗鬣具蜿蜒跨空亘三十里舟徑其下西轉别爲洋山中多大魚又北則爲朐山岱山石蘭山魚鹽者所聚又自北而南則爲徐偃王戰洋世傳王既敗不之彭城而之越葉王几硯會稽之木又南則爲黄公墓黄公赤刀厭虎厭不行爲

虎所食者也夫昌國本禹貢島夷後乃屬越曰甬句東越王勾踐欲使故吳王夫差居之然不至也海中三山安期羨門之屬或避秦亂至此方士特未始深入或云三山在水底或云山近則風引舟去蓋妄説也東土人士毎愛會稽山水故稱入會稽者爲入東抱朴子亦云古仙者之樂登名山爲上海中大島嶼如會稽之東翁洲者次之今昌國也是年秋八月自昌國囘姑蘇山海奇絶處明昔人之不妄時一展翫宗少文卧遊不是過矣

終

洛陽伽藍記

魏　楊衒之

城内

永寧寺熙平元年靈太后胡氏所立也中有九層浮圖一所架木爲之擧高九十丈有刹復高十丈合去地一千尺去京師百里遥巳見之僧房樓觀一千餘間雕梁粉壁青璅綺疏難得而言栝椿松柏扶疎拂檐翠竹香草布濩堦墀是以常景碑云須彌寶殿兜率淨宫莫尚於斯也外國所獻經像皆在此寺永熙

三年二月浮圖爲火所燒帝登臨雲臺望火遣羽林一千救赴火所莫不悲惜垂淚而去五月中有人從象郡來云見浮圖於海中光明照耀儼然如新十月而京師遷鄴

建中寺普泰元年尚書令樂平王爾朱世隆所立也本是閹官司空劉騰宅屋宇奢侈梁棟踰制一里之間廊廡充溢堂比宣光殿門匹乾明門博敞弘麗諸王莫及也騰誅以宅賜王雍建義元年朱世隆爲榮追福題以爲寺金花寶葢遍滿其中有一涼風堂本

騰避暑之處淒涼常冷經夏無蠅有萬年千歲之樹也。

長秋寺劉騰所立也騰初爲長秋令卿因以爲名中有三層浮圖一所金盤靈刹耀諸城内作六牙白象負什迦在虚中莊嚴佛事悉用金玉作工之異難可具陳四月四日此像常出辟邪師子導引其前吞刀吐火騰驤一面綵童上索詭譎不常奇伎異服冠於都市像停之處觀者如堵迭相踐躍常有死人

瑶光寺世宗宣武皇帝所立講堂尼房五百餘間綺

疏連亘戶牖相通珍木香草不可勝言牛筋狗骨之木鷄頭鴨腳之艸亦悉備焉椒房嬪御學道之所掖庭美人並在其中亦有名族處女性愛道場落髮辭親來依此寺屏珍麗之飾服修道之衣投心八正歸誠一乘永安三年中爾朱兆入洛陽縱兵大掠時有秀容胡騎數十人入寺淫穢自此後頗獲譏訕京師語曰汝陽女兒急作髻瑶光寺尼奪女壻寺北有金墉城城門作重樓飛閣遍城上下從地望之有如雲也

景樂寺太傅清河文獻王懌所立也門外有叢樹數株枝條繁茂下有甘井一所石槽鐵罐供給行人飲木庇蔭多有憩者有佛殿一所像輦在焉雕刻巧妙冠絕一時堂廡周環曲房連接輕條拂戶花蕊被庭至於六齋常設女樂歌聲遶梁舞袖徐轉絲管寥亮諧妙入神

昭儀尼寺閹官等所立也太后臨朝閽寺專寵宦者之家積金滿堂是以蕭忻云高軒斗升者閹官嫠婦馬鳴呵者莫非黄門之養息也寺有一佛二菩薩

塑工精絕京師所無寺南有宜壽里段暉宅地下常聞鐘聲時見五色光明照於堂宇暉甚異之遂掘光所得金像一軀可高三尺有二菩薩趺坐暉遂捨宅爲光明寺其後盜者欲竊此像與菩薩合聲喝賊盜者驚怖應即殞倒衆僧聞像叫聲遂來捉得賊

胡統寺太后從姑所立也入道爲尼遂居此寺在永寧南一里許寶塔五重金刹高聳洞房周匝對戶交窻朱柱素壁甚爲佳麗其寺諸尼帝城名德善於開道工談義理常入宮與太后說法其資養緇流從無

此也

修梵寺在青陽門內御道北嵩明寺復在修梵寺西並墁墻峻宇比屋連甍亦是名寺也修梵寺有金剛鳩鴿不入鳥雀不棲菩提達摩云得其真相也寺北有永和里里中皆高門華屋齋館敞麗楸槐蔭途桐楊夾植當世名爲貴里掘此地者輒得金玉寶玩之物無算

景林寺講殿疊起房廡連屬丹檻炫日繡桷迎風實爲勝地寺西有園多饒奇果春鳥秋蟬鳴聲相續加

以禪閣虛靜隱室凝邃嘉樹夾牖芳杜匝堦雖云朝市想同巖谷

城東

明懸尼寺彭城武宣王勰所立也有三層塔一所未加莊嚴寺東有中朝時常滿倉高祖令爲租場天下貢賦所聚蓄也

龍華寺宿衛羽林虎賁所立也里有土臺高三丈上作二精舍趙逸云此臺是中朝旗亭也上有二層樓懸鼓擊之以罷市

瓔珞寺卽中朝時白社地董威輦所居處里內有瓔珞慈善暉和通覺暉玄宗聖魏昌熙平崇眞因果等十寺里內士庶二千餘戶信崇三寶衆僧利養百姓所供也

宗聖寺有像一軀高三丈八尺端嚴殊特相好畢備士庶瞻仰目不暫瞬此像一出市井皆空炎光輝赫獨絕世表妙伎雜樂亞於劉騰城東士女多來此寺觀看也

石橋南道有景興尼寺亦閹官等所共立也有金像

輦去地三尺施寶蓋四面垂金鈴七寶珠飛天伎樂望之雲表作工甚精難可揚確像出之日常詔羽林一百人舉此像絲竹雜伎皆由旨給

正始寺正始中立因以爲名里內有典虞簷宇清淨美於景林衆僧房前高林對牖青松青檉連枝交映多有枳樹而不中食

平等寺廣平武穆捨宅所立堂宇宏美林木蕭森平臺複道獨顯當世寺門外金像一軀孝昌三年十二年中此像面有悲容兩目垂淚遍體皆濕時人號曰

佛汗京師士女空市里往而觀之有比丘以淨綿拭其淚須臾之間綿濕都盡更以他綿換俄然復濕如此三日乃止

景寧寺太保司徒公楊椿所立也高祖遷都洛邑椿創居此里遂分宅爲寺因以名之制飾甚美綺柱珠簾

城南

景明寺宣武皇帝所立景明年中立因以爲名在宣陽門外一里御道東其寺東西南北方五百步前望

嵩山少室却負帝城青林垂影綠水爲文形勝之地爽塏獨美山縣臺觀光盛一千餘間復殿重房交疏對霤青臺紫閣浮道相通雖外有四時而內無寒暑房簷之外皆是山池松竹蘭芷垂列堦墀含風團露流香吐馥

報德寺高祖孝文皇帝所立也爲馮太后追福在開陽門外三里開道門御道東有漢國子學堂堂前有三種字石經二十五碑表裏刻之寫春秋尚書二部作篆科斗隸三種字漢右中郎蔡邕筆之遺跡也武定四年大將軍遷石經於鄴周圍有園珍果出焉有梨如承光寺亦多果木柰味甚美冠於京師

龍華寺廣陵王所立也追聖寺北海王所立也並在報德寺之東法事僧房比秦太上公京師寺皆種雜果而此三寺園林茂盛莫與之爭

菩提寺西域　人所立也在慕義里沙門達多發塚取甎得一人以進時太后與明帝在華林都堂以爲妖異謂黃門侍郎徐紇曰上古以來頗有此事否紇曰昔魏時發冢得霍光女壻范明友家奴說漢朝廢

立與史書相符此不足爲異也

高陽王寺高陽王雍之宅也在津陽門外三里御道西傍雍爲爾朱榮所害也捨宅以爲寺正光中雍爲丞相給羽葆鼓吹虎賁班劍百人貴極人臣富兼山海居止第宅匹於帝宮白殿丹楹窈窕連亘飛簷峻宇轇轕周通僮僕六千妓女五百隨珠照日羅衣從風自漢晉以來諸王豪侈未有也

崇虛寺在城西卽漢之躍龍園也延熹九年桓帝祠老子於躍龍園設華蓋之坐用郊天之樂此其地也

高祖遷京之始以地給民憩者多見妖怪是以人皆去之遂立寺焉

城西

宣忠寺東王典御寺閹官王桃湯所立也時閹官伽藍皆爲尼寺惟桃湯獨造僧寺世人稱之英雄門有三層浮圖一所工踰昭義宦者招提最爲入寶至於六齋常擊鼓歌舞也

白馬寺漢明帝所立也明帝崩起祇洹於陵上自此以後百姓冢上或作浮圖焉寺上經函至今猶存常

燒香供養之經函時放光明耀於堂宇是以道俗禮敬之如仰真容浮圖前柰林蒲萄異於餘處枝葉繁衍子實甚大柰林實重七斤蒲萄實偉於棗味並殊美冠於中京帝至熟時常詣取之或復賜宮人宮人得之轉餉親戚以爲奇味得者不敢輒食

光寶寺在西陽門外御道北京邑士子至於良辰美日休浴告歸徵友命朋來遊此寺雲車接軫羽蓋成陰或置酒林泉題詩花圃折藕浮瓜以爲興適

法雲寺西域烏場國胡沙門曇摩羅所立也在光寶寺西隔墻並門摩羅聰慧利根學窮釋氏至中國即曉魏言隷書凡所聞見無不通解是以道俗貴賤同歸仰之作祇洹一所工制甚精佛殿僧房皆爲塗飾丹素發彩金碧垂輝摹寫真容似丈六之見鹿苑神光壯麗若金剛之在雙林伽藍之內珍果蔚茂芳草蔓合嘉木被庭京師沙門好胡法者皆就摩羅受持之

準財里內有開善寺京兆人韋英宅也諸元殲盡王侯第宅多題爲寺壽丘里閭列刹相望祇洹鬱起寶

塔高臨四月八日京師士女多至河間寺觀其殿廡綺麗無不歎息以爲蓬萊仙室亦不足過入其後園見溝瀆蹇產石磴嶕嶢朱荷出地綠萍浮水飛梁跨樹層閣出雲咸皆唧唧

大覺寺廣平王環捨宅在融覺寺西一里許北瞻芒嶺南眺洛汭東望宮闕西顧旗亭神阜顯敞實爲勝地是以溫子昇碑云面水背山左朝右市是也環所居之堂上置七佛林池飛閣比之景明至於春風動樹則蘭開紫葉秋霜降草則菊吐黃華名僧大德寂

以遺頌

永明寺宣武皇帝所立也在大覺寺東時佛法經像盛於洛陽異國沙門咸來輻輳負錫持經適茲洛土宣武故立此寺俾以憩之房廡連亘一千餘間庭列脩竹簷拂高櫶奇花異草駢闐堦砌

城北

禪虛寺在大夏門御道西寺前有閱武場歲終農隙甲士習戰千乘萬騎常在於此羽林馬僧相善觝角戲擲戟與百尺樹齊等虎賁張車渠擲刀出樓一丈

帝亦觀戲在樓恒令二人對爲角戲中朝時宣武場在大夏門東北今爲光風園苜蓿在焉

凝玄寺閹官濟州刺史賈𤇆所立也在廣門外一里御道東所謂永平里也注即漢太上王廣處遷京之初創居北里直毋亾捨以爲寺地形高顯下臨城闕房廡麗精竹柏成林實是淨行息心之所也王公卿來遊觀爲五言者不可勝數

洛陽餘寺四百二十一所北芒山上有馮王寺齊獻武王寺京東石關有元領軍寺劉長秋寺嵩高中有閑居寺京南關口有石窟寺靈巖寺京西瀍澗有白馬寺照樂寺

寺塔記

唐　段成式

武宗癸亥三年夏予與張君希復善繼同官秘丘鄭君符夢復連職仙署會暇日遊大興善寺因問兩京新記及遊目記多所遺略乃約一旬尋兩街寺以街東興善爲首二記所不具則别錄之遊及慈恩初知官將併寺僧衆草草乃泛問一二上人及記塔下畫跡遊於此遂絶後三年予職于京洛及刺安成至大中七年歸京在外六甲子所留書籍揃壞居半於故

簡中覩與二亾友遊寺瀝血淚交當時造適樂事邈不可追復方刊整纔足續穿蠹然十亾五六矣次成兩卷傳諸釋子東牟人段成式字柯古

靖恭坊大興善寺寺取大興兩字坊名一字爲名新記云優塡像總章初爲火所燒據梁時西域優塡在荆州言隋自臺城移來此寺非也今又有旃檀像開目其工頗拙猶差謬矣

不空三藏塔前多老松歲旱則官伐其枝爲龍骨以祈雨蓋三藏役龍意其樹必有靈也

行香院堂後壁上元和中畫人梁洽畫雙松稍脱俗格曼殊堂工塑極精妙外壁有泥金幀不空自西域賫來者

旃檀像堂中有時非時經界朱寫之盛以漆龕僧云隋朝舊物

寺後先有曲池不空臨終時忽然涸竭至惟寬禪師止住因潦通泉白蓮藻自生今復成陸矣

東廊之南素和尚院庭有青桐四株素之手植元和中卿相多遊此院桐至夏有汗汚人衣如輠脂不可

浣

左顧蛤像舊傳云隋帝嗜蛤所食必兼蛤味數逾數千萬矣忽有一蛤推擊如舊帝異之寘諸几上一夜有光及明肉自脱中有一佛二菩薩像帝悲悔誓不食蛤非陳宣帝有于闐玉像高一尺七寸闊寸餘一佛四菩薩一飛仙一段玉成截肪無玷膩彩若滴

天王閣長慶中造本在春明門内與南内連牆其形大爲天下之最太和二年勑移就此寺折時腹中得布五百端漆數十筩今部落鬼神形像隳壞唯天王

不損
長樂坊安國寺紅樓睿宗在藩時舞榭
東禪院亦曰木塔院院門北西廊五壁吳道玄弟子
釋思道畫釋梵八部不施彩色尚有典刑
光明寺中鬼子母及文惠太子塑像舉止態度如生
工名李岫
山庭院古木崇阜幽若山谷當時輦土營之
上座璘公院有穗柏一株衢柯偃覆下坐十餘人
常樂坊趙景公寺隋開皇三年置本曰弘善寺十八

年改焉南中三門裏東壁上吳道玄白畫地獄變筆
力勁怒變狀陰怪覩之不覺毛戴吳畫中得意處
三階院西廊下范長壽畫西方變及十六對事寶池
池尤妙絕諦視之覺水入深壁院門上白畫樹石頗
似閻立德予攜立德行天詞粉本驗之無異
西中三門裡門南吳生畫龍及刷天王鬚筆蹟如鐵
有執爐天女竊眸欲語
華嚴院中鍮石盧舍立像高六尺古樣精巧
塔下有舍利三斗四升移塔之時僧守行建道場出

舍利俾士庶觀之唄讚未畢滿地現舍利士女不敢
踐之悉出寺外守公乃造小泥塔及木塔近十萬枚
葬之今尚有數萬存焉
寺有小銀象六百餘軀金佛一軀長數尺大銀象高
六尺餘古樣精巧又有嵌七寶字多心經小屏風盛
以寶函上有雜色珠及白珠駢甃亂目祿山亂宮人
藏於此寺屏風十五牒三十行經後云發心主司馬
恒存願成主上柱國索伏寶息上柱國眞德爲法界
衆生造黃金牒善繼疑外國物

遊目記所說刺柏太和中伐爲殿材
道政坊寶應寺　韓幹藍田人少時常爲貰酒家送
酒王右丞兄弟未遇每一貰酒漫遊幹常徵債於王
家戲畫地爲人馬右丞精思丹青奇其意趣乃成與
錢二萬令學畫十餘年今寺中釋梵天女悉齊公妓
小小等寫眞也寺有韓幹畫下生幀彌勒衣紫袈裟
右邊仰面菩薩及二獅子猶入神
西北角院內有懷素書顏魯公序張渭侍郎錢起郎
中讚

平康坊菩薩寺　食堂東壁上吳道玄畫智度論色偈變偈是吳自題筆跡遒勁如磔鬼神毛髮次堵畫禮骨仙人天衣飛揚滿壁風動

佛殿內槽後壁面吳道玄畫消災經事樹石古嶮元和中上欲令移之慮其摧壞乃下詔擇畫手寫進

佛殿內槽東壁維摩變舍利佛角而轉膝元和末俗講僧文淑裝之筆蹟盡矣

寺之制度鍾樓在東唯此寺緣李右座林甫宅在東故建鍾樓於西寺內有郭令玳瑁鞭及郭令王夫人

七寶帳寺主元竟多識釋門故事云李右座每至生日常轉請此寺僧就宅設齋有僧乙嘗嘆佛施鞍一具賣之材直七萬又僧廣有聲名口經數年次當嘆佛因極祝右座功德與獲厚襯齋畢簾下出彩篚香羅帕籍一物如朽釘長數寸僧歸失望慚惋數日且意大臣不容欺已遂携至西市示於商胡商胡見之驚曰上人安得此物必貨此不違價僧試求百千胡人大笑曰未也更極意言之加至五百千胡人曰此直一千萬遂與之僧訪其名曰此寶骨也

又寺先有僧不言姓名常負束藁坐臥於寺兩廊下不肯住院經數年寺綱維或勸其住房曰爾厭我耶其夕遂以束藁焚身至明唯灰燼耳無血膋之臭衆方知異人遂塑灰爲像今在佛殿上世號束草師

光宅坊光宅寺　普賢堂本天后梳洗堂蒲萄垂實則幸此堂今堂中尉遲畫頗有奇處四壁畫像及脫皮白骨匠意極嶮又變形三魔女身若出壁又佛圓光均彩相錯亂目成講東壁佛座前錦如斷古標西壁逼之摽摽然

宣陽坊靜域寺　本太穆皇后宅寺僧云三階院門外是神堯皇帝射孔雀處上蟠虵汗烟可懼東廊樹石嶮怪高僧亦怪

招國坊崇濟寺　寺後有天后織成蛟龍披襖子及繡衣六事又東廊從南第二院有宣律師製袈裟堂曼殊堂有松數株甚奇

崇聖坊資聖寺　淨土院門外相傳吳生一夕秉燭醉畫就中戟手視之惡駭院門裏盧楞伽常學吳勢吳亦授以手訣乃畫總持三門寺方半吳大賞之謂

人曰楞伽不得心訣用思太苦其能久乎畫畢而卒

慈恩寺　寺不淨覺故伽藍因而營建焉凡十餘院捴一千八百九十七間敕度三百僧初三藏自西域廻詔太常卿江夏王道宗設九部樂迎經像入寺綵車凡千餘輛上御安福門觀之太宗常賜三藏衲約直百餘金其工無鍼綖之迹

寺中柿樹白牡丹是法力上人手植

益部方物畧記

宋　宋祁

海椶

大抵椶類然不皮而幹葉叢于杪至秋乃實似楝子今城中有四株杜子美左綿海椶行理緻幹堅風雨不能撼云

椶皆麄皮此獨自幹攢葉于顛藂首披散秋華而實其值則罕

楠

蜀地最宜者生童童若幢蓋然枝葉不相礙茂葉美陰人多植之樹甚端偉葉經歲不彫至春陳新相換有花實似母丁香云

在土所宜亭擢而上枝枝相避葉葉相讓繁陰可庇美幹斯仰

榿

亦得所宜民家蒔之不三年材可倍常斧而薪之疾種亟取里人以爲利杜子美有覓榿栽詩

厥植易安數歲輒林民賴其用實代其薪不棟不梁

亦被斧斤

竹栢

生峨眉山中葉繁長而箨似竹然其幹大抵類栢而亭直

葉與竹類緻理如栢以狀得名亭亭修直

海芋

生不高四五尺葉似芋而有幹根皮不可食方家號隔河仙云可用變金或云能止瘧

木幹芋葉擁踵盤戾農經弗載不用治厲

紅豆

花白色實若大紅豆以似得名葉如冬青蜀人以爲果飣

葉圓以澤素蘤春敷子生莢間纍纍綴珠

紫竹

蜀諸山中尤多園池亦種爲玩然生二年色乃變三年而紫

竹生三歲色乃變紫伐幹以用西南之美

慈竹

性叢產根不外引其容間不容笱笋生夏秋閱歲枝葉乃茂別有數種節間容八九寸者曰龍竹一尺者曰苦竹弱稍垂地者曰釣絲竹或取節修膚緻者用爲簞笙

根不它引是得慈名中實外堅筍不時萌末或下垂苒弱緣縈

椶竹

性亦叢產葉似椶有刺徑不二三寸或曰桃竹未得其詳

葉椶身竹族生不蔓有皮無枝實中而幹

方竹

圓象方寡取貴方者差小

竹箇皆圓此獨方形厚倍於竅纈節稜稜

柑

生果渠嘉等州結實埒於江南味亦差爲薄云

碧葉素葩厥包之珍丹裏旣披香液飴津

赤鸖芋

蜀芋多種鸖芋爲最美俗號赤鸖頭芋形長而圓但

子不繁衍又有蠻芋亦美其形則圓子繁衍人多蒔之最下為博果芋博接也言可接果山中人多食之惟野芋人不食本艸有六種曰青芋紫芋白芋眞芋蓮禪芋野芋

芋種不一鶮芋則貴民備於田可用終歲

綠蒲萄

北方蒲萄熟則色紫今此色正綠云

西南所宜柔蔓紛衍纓穗綠實其甘可薦

天師栗

生靑城山中他處無有也似栗味美惟獨房為異久食已風攣

栗類尤衆此特殊味專蓬若橡託神以貴

天仙果

樹高八九尺無花其葉似荔枝而小子如櫻桃纍纍綴枝間六七月熟味至甘

有子孫枝不藹而實薄言采之味埒蜂蜜

隈枝

生邛州山谷中樹高丈餘枝修弱花白實似荔枝肉黃膚甘味可食大若爵卵

挺榦既修結蘤茲白戟外澤中甘可以食

錦被堆

花出彭州其色一似薔薇有刺不可玩俗謂薔薇為錦被堆花

花跗芬侈菲刺於梗不可把玩艷以姸整

錦帶花

蜀山中處處有之長蔓柔纖花葉間側如藻帶然因象作名花開者形似飛鳥里人亦號髻邊嬌

苒苒其條若不自持綠葉丹英蔓衍紛垂

石蟬花

始生其苕森擢長二三尺葉如菖蒲紫萼五出與蟬甚類綠碧相側蜀人因名之又白者號玉蟬花

有苕頴然有萼敷然取其肖象莫類於蟬

長生草

山陰巖地多有之修莖茸葉色似檜栢而澤經冬不凋損故號長生

色與栢類苒苒其莖冬冬不甚黃故謂長生

瑞草

蜀人多種之庭檻蔓延長三四尺珍而愛之故謂之瑞草

翠蔓紺葩回條可喜蒔之庭堂珍以爲瑞

紅蕉花

於芭蕉蓋自一種葉小而花鮮明可喜蜀人語染深紅者謂之蕉紅蓋倣其殷麗云

蕉無中榦花產葉間綠葉外敷絳質凝殷

重葉海棠

海棠大抵數種又時小異惟其盛者則重葩疊萼可喜非有定種也始濃稍淺爛若錦章北方所植率枝强花瘠殊不可玩故蜀之海棠誠爲天下所奇艷云

修柯柔蔓濃淺繁總盛則重蘤不常厥種

月季花

此花即東方所謂四季花者翠蔓紅蘤蜀少霜雪此花得終歲十二月輒一開

花亘四時月一披秀寒暑不改似固常守

佛豆

豆粒甚大而堅農夫不甚種唯圃中蒔以爲利以鹽漬食之小兒所嗜

豐粒茂苗豆别一類秌種春斂農不常蒔

添色拒霜花

生彭漢蜀州花常多葉始開白色明日稍紅又明日則若桃花然

自濃而淺花則常態今顧反之亦反之怪

黄荼蘼

蜀荼蘼多白而黄者時時有之但香減于白花

人情尚奇賤白貴黄厥英畧同實寡于香

艾子

艾子大抵茱萸類也實正綠味辛蜀人每進羹臛以二三粒投之少選香滿盂醆或曰作爲膏尤良按揚雄蜀都賦當作蔱蔱艾字同云

綠實若萸味辛香苾椒粒羹臛椒桂之匹

鸂鶒草

春葉晚生其稚蘤在葉中兩兩相向如飛鳥對翔

翠蘤對生甚似匹鳥遹而覩之勢若偕矯

仙人縚

生大山中與苔同種但巖陰石隈多鮮翠長二三尺叢垂若縚或言深谷有長丈餘者

附陽而生垂若文縚大槩苔類土石所交

娛美人草

蜀中傳虞美人草予以虞作娛意其草柔纖爲歌氣所動故其葉至小者或動揺美人以爲娛樂耳

翠莖纖柔稚葉相當逼而歌之或合或張

羞寒花

益部方物記　八

蜀地處處有之不爲人所愛根莖綴花蔽葉自隱俗曰羞天花予易爲羞寒花按本草名曰鬼臼

冒寒而茂莖修葉廣附莖作花葉蔽其上以其自蔽若有羞狀

瑞聖花

出青城山中榦不條高者乃尋丈花率秋開四出與桃花類然數十跗共爲一花繁密若綴先後相繼新蘂開而舊未萎也蜀人號豐瑞花故程相剌史益州之日繪圖以聞更號瑞聖花然有數種其小者號寶仙淺紅者爲醉太平白者名玉眞成都人競移蒔園中以爲尤玩云

衆跗聚英爛若一房有守繪圖厥名乃章繁而不豔是異衆芳

七寶花

條葉大抵玉蟬花類也其生叢蔚花紫質蔚云

擢穎挺挺盛夏則榮丹紫合英以寶見名

旗節花

修修華碧皆層層而擢正類使所持節然故以名見

益部方物記　九

益州圖經

擢條亭亭層層紫丹狀若使節方圖實刋

娑羅花

生峨眉山中類枇杷數葩合房春開葉在表花在中或言根不可移故俗人不得爲玩

聚葩共房葉附花外根不得徙見偉茲世

木蓮花

生峨眉山中諸谷狀若芙蓉香亦類之木榦花夏開枝條茂蔚不爲園圃所蒔

葩秀木蘋狀若芙渠不實而榮馥馥其敷

鵞毛玉鳳花

本至卑纖莖如釵股烁開不蘤而鬚狀似禽故曰鳳色白故曰玉以其分輕故曰毛

華而無釆狀類翔鳳么質毛輕翩欲飛動

蒟

出渝瀘茂威等州即漢唐蒙所得者葉如王瓜厚而澤實若桑椹緣木而蔓子熟時外黑中白長三四寸以蜜藏而食之辛香能温五臟或用作醬善和食味

或言即南方所謂浮留藤取葉合檳榔食之

蔓附木生實若椹纍或曰浮留南人謂之和以爲醬五味告宜

真珠菜

戎瀘等州有之生水中石上翠縷纖蔓若貫珠蜀人以蜜熬食之或以醯煮可行數千里不腐也

櫨根水中端若串珠皿而瀹之可代蔬茹

朝日蓮

花色或黄或白葉浮水上翠厚而澤形如菱花差大開則隨日所在日入輒斂而自藏於葉下若葵藿傾太陽之比

素花碧葉浮秀波面日中則向日入還歛

蟬花

二川山林中皆有之蟬之不蜕者至烁則花其頭長一二寸黄碧色治小兒瘈瘲又能已瘡

蟬不能蜕委於林下花生厥首茲謂物化

㷡麻

自劍以南處處有之或觸其葉如蜂螫人以溺濯之

即解莖有刺葉似花葉或青或紫善治風腫按杜詩當作㷡

葉能螫人有花無實冒冬弗悴可以袪疾

水硫黄

出資榮州山磵中烁潦已收里人布茅水上流沫擁聚取而熬之復投於水則成號真珠黄以淺黄色者爲上其用次海舶所來者

厥生在石水蕩其液觸梗凝體品亞南舶

附子

生綿州彰明縣者最良有一子重及一兩者花色紫
本艸言附子無正種附烏頭而生然則與烏頭天雄
附子共一物耳陶弘景以天雄烏頭附子皆出建平
謂之三建唐人非之以綿龍二州所生爲良今則彰
明者佳
附堇而生翠莖紫蘂生蜀者良三建則非

石瓜

生峨眉山中樹端挺葉肥滑如冬青甚似桑花色淺
黃實長不圓殼解而子見以其形似瓜里人名之賁

爲液黃善能治痺
修幹澤葉結實如綴膚解核零可用治痺

芎

蜀中處處有之葉爲蘼蕪楚辭謂江籬者根爲芎似
雀腦者善成都九月九日藥市芎與大黃如積香溢
於廛或言其大若胡桃者不可用人多蒔於園檻葉
落時可用作羹蜀少寒莖葉不萎今醫家最貴川芎
川大黃云
柔葉美根冬不殞零采而掇之可糝於羹

大黄

蜀大山中多有之尤爲東方所貴苗根皆長盈二尺
本艸言之尤詳藥市所見大者治之爲枕紫地錦文
唐人以爲産蜀者性和厚沈泱可以治病形似牛舌
緊緻者善蜀所生藥尚多如川之巴豆峽之椒梓之
厚朴尚數十輩
葉大莖赤根若巨皿治疾則多方家所詺音瞑

餘甘子

生戎瀘等州山樹大葉細似槐實若李而小咀之前

苦後歆歆有味故號爲餘甘核有稜或六或七解硫
黃毒即本艸所謂菴摩勒者
黃葩翠葉圓實而澤咀久還甘或號菴勒

金星草

生峨眉青城山葉似萱艸其背有雙黙行相偶黃澤
類金星人號金星艸亦云金釧艸皆以肖似取之今
醫家以傅疽創甚良
長葉叢生背黙星布高醫近識傅疽可愈

桐花鳳

二月桃花始開是鳥翔翔其間丹碧成文纖觜長尾仰露以飲至花落輒去蜀人珍之故號爲鳳或爲人捕置樊間飲以蜜漿哺以炊粟可以閲歲蜀士以繪扇唐李衛公嘗爲賦

飲花之露俗曰鳳類綠羽纖爪藻背翠尾花落則隱以是見貴

紅桐觜

出永康軍山谷中絳體若赭惟羽間差黑人亦畜之然不能久也

絳質剛咮屑黑於衿因網就羈亦馴厥心

荏雀

每歲荏且熟是則羣至食其實性好鬬人捕之裒錢使决勝負閭里嘈覩至一雀直數千錢官司惡民賚聚每下符禁止之

緇綠厠釆喜荏充軀奮頸陪顋矜健於咮里人裒貲以佐其鬬

護花鳥

青城峨眉間往往有之至春則啼其音若云無偷花果鳥歸人言云

茜首黑裳黄駁其羽厥鳴嚶嚶若禁若護名而不情盜者猶懼

百舌鳥

出卭蜀山谷間毛釆翠碧蜀人多畜之一云翠碧鳥善效他禽語凡數十種非東方所謂反舌無聲者往往亦矜鬬至死不解然捕者告罕故惜之不使極其擊云

綠衣紺尾一啼百轉可樊而畜爲世嘉玩

狨

威茂等州南詔夷多有之大小正類猿惟毛爲異朝制内外省以上官乘馬者得以狨爲藉武官則内客省使宣徽使乃得用

狀實猿類體被金毳皮以藉焉中國之貴

龍羊

出吐蕃及威茂州形似畜羊而大其角繚繚重八九兩黑質而白文可以爲帶胯其用亂犀

羊質而大角繚於首以角之珍軀殘獵手

獲

出邛蜀間與猿猱無異但性不躁動肌質豐腴蜀人炮蒸以爲美味

獲與猿猱同類異種彼美豐肌登爼見用

魶魚

出西山溪谷及雅江狀似鯢有足能緣木其聲如兒啼蜀人養之

有足若鯢大首長尾其啼如嬰緣木弗墜

嘉魚

丙穴在興州有大丙小丙山魚出石穴中今雅州亦有之蜀人甚珍其味左思所謂嘉魚出於丙穴中

二丙之穴厥產嘉魚鯉質鱒鱗爲味珍腴

⿰魚永魚

出蜀江皆鱗黑而膚理似玉蜀人以爲鱠味美

比鯽則大膚縷玉瑩以鱠諸庖無異雋永

黑頭魚

形若鯔長者及尺出嘉州歲二月則至惟郭璞臺前有之里人欲怪其說則言璞著書臺魚吞其墨故首黑云

黑首白腹修體短頷春則羣泳促罟斯獲

沙綠魚

魚之細者生隈瀨中狀若鰌大不五寸美味蜀人珍之

長不數寸有駁其文淺瀨曲隈惟泳而羣

石鱉魚

狀似鯁⿰魚乚而小上春時出石間庖人取爲奇味

鮍鱗么質本不登爼以味見錄雖細猶捕

金蟲

出利州山中蜂體綠色光若金里人取以佐婦釵鐶之飾云

蟲質甚微翠體金光取而橋之參飾釵梁

嶺表錄異記

唐　劉恂

綠珠井在白州雙角山下昔梁氏之女有容質石季倫爲交趾采訪使以眞珠三斛買之梁氏之居舊井存焉耆老云汲此井者誕女必多美麗里閭有識者以美色無益于時因以巨石塡之迨後雖有產女美者而七竅四支多不完具異哉

廉州海水之中有洲島島上有大池謂之珠海每年刺史修貢自監珠戶入池采珠以充貢賦者舊傳云

太守貪珠即逃去孟嘗還珠之池皆生老蚌剖而取珠池在海上其底與海通又池水至深無可測也取小蚌肉貫之篾曝乾謂之珠母容桂人率如脯燒之以薦酒肉有細珠如粱粟乃知珠池之蚌隨其大小悉胎中有珠矣

犀牛大約似牛形而蹄脚似象蹄有二甲二角一在額上爲兕犀一在鼻上校小爲　潤犀鼻上皆裙口東而花點小多有奇文牯犀亦有二角皆謂毛犀俱有粟文堪爲腰帶千百犀中或有通者尖花大而振花小者謂之倒揷通此二種亦玉巵無當矣若通無處白黑花分差奇則計價巨萬舉世之寶也余此居番禺謂犀角曾經閱又有墮羅犀犀中最大株有重七斤者云是牯犀額上有心花多是撒豆斑色深者堪爲胯具斑散而淺者即治爲杯盤器皿之類又有駭雞犀有白縷如絲以置米中雞輒駭也辟塵犀爲婦人簪梳塵埃不著髮也辟水犀此犀入江海水爲之開置角于霧露中經夕不濕也光明犀此犀置暗室中自有光明也此數犀但聞其說不可得而見也

廣之屬郡潮循州多野象牙小而紅最堪爲笏潮循人或捕其象爭食其鼻云肥脆偏堪作炙或云象肉肩十二膽不附于肝每月轉在諸肉假令比月建寅即膽在尻肉上楚越之間象皆青黑惟南方弗林大食國即多白象余有親舊曾奉使雲南見彼中豪族各家養象負重致遠若中夏之畜牛馬也

兩頭蛇嶺外多有此類時有見者如小指大長尺許腹下鱗紅背錯錦文一頭有口眼一頭似有口眼兩頭俱能進退亦謬也昔孫叔敖見之爲不祥乃殺而

瘥之處後人見之必受其禍而南人見之以爲常其禍安在

海鏡廣人呼爲蠔莢盤兩片合以成形殼圓口中産滑日照如雲母內光有小肉如蚌胎腹中有小紅蟹子其小如豆黃而螯足俱備海鏡饑卽蟹子走出離腹卽蟨出食蟹飽歸腹海鏡亦飽余曾市得數箇驗之或迫以火卽蟹子走出離腹立斃或生剖也有蟹子活在腹中逡巡亦死

水母廣州謂之水母閩人謂之蛇（尹駕切）其形乃渾然

一物有淡紫色大者如覆帽小者如碗下有物如懸絮俗謂之足而無口眼常數十蝦寄腹下咂食其涎浮泛水上捕之者或過之則歘然而沒以其蝦有所見越絕書云海鏡蟹爲腹水母蝦爲目南中人好食之云性溫能已冷熱之疾其理未詳

彭蜞（音越）吳人呼爲彭螆語訛也足上無毛堪食

章舉形如烏賊閩越間多釆鮮者燁如水母以姜醋食之

石距乃章舉之類也身小而足長入鹽乾燒食極美

瓦屋子蓋蚌蛤之類也南中舊呼爲空慈子頃因盧鈞尚書作鎮遂改呼爲瓦屋子以其殼上有稜如瓦故以名焉殼中有肉紫色而滿腹廣人尤重之多燒以薦酒俗呼爲天臠炙吃多卽壅氣背膊煩疼苦則其本性也

蟻卵醬交廣溪洞間酋長收蟻卵淘澤令淨鹵以爲醬或云其味酷似肉醬非官客親友不可知其味也

聖虀容南土風好食水牛肉旣飽卽下聖虀以消之虀如青苔云是牛腸胃中未化草欲結爲糞者旣飽

則以鹽酪姜桂調而啜之遂不飽也

蚺蛇膽普安州有養蛇戶每年五月五日卽擔蚺蛇入府祗候取膽余曾親見皆于大籠中籍以軟草盤屈其上兩人舁一條在地上卽以十數拐子從頭翻其身旋以拐子按之不得轉側卽于腹上約其尺寸用利刃決之肝膽突出卽割下其膽皆如鴨子大曝乾以備上貢却合內肝以線合其瘡口却收入籠或云舁歸放川澤

舂堂者以渾木刳而爲槽一槽兩邊約排十杵男女

閭丘以春稻粱敲磕槽舷皆有遍拍槽聲敲聞于數里雖思婦之巧秋砧之悽不能比其瀏亮也

鵝毛被者南蠻之酋豪多選鵝之細毛夾以布帛絮而爲被復縱橫納之其溫柔不下於挾纊也俗云鵝毛被柔暖而性不偏冷宜覆嬰兒兼辟驚癇

番禺地無狐兎用鹿毛野貍毛爲筆又昭富春勤等州則擇雞毛爲筆其爲用與兎毫不異但恨鼠鬚之名未得見也

沓潮者廣州去大海不遠二百里每年八月潮水最大秋中復多颶風當其潮水退之間颶風作而潮又至遂至波濤溢岸淹没人廬舍蕩失苗稼沉溺舟船南中謂之沓潮或十數年上有之亦繫時之失數耳俗呼爲海翻爲漫天

沙箸生于海岸沙中春吐苗其心若骨白而且勁可爲酒籌凡欲采者輕步向前及手急掇之不然聞行者聲遽縮入沙中掘尋之終不可得也

嶺表山川盤鬱氣聚不易疎洩故多嵐霧作瘴人感之多病臚脹成蠱俗傳有萃百虫爲蠱以毒人蓋溫熱之地毒虫生之非第嶺表之家性慘害也

溪蠻叢笑序

五溪之蠻皆盤瓠種也聚落區分名亦隨異沅其故壤環四封而居者今有五曰猫曰猺曰獠曰獞曰犵狫風聲氣習大略相似不巾不履語言服食率異乎人由中州官于此者其始見也皆訝之既乃笑之乆則恬不知怪通守朱公灊山先生之季子風流博雅手錄溪蠻事識其所產所習之異目曰叢笑誠可笑也士大夫來是方者其可闕諸慶元乙卯葉錢序

溪蠻叢笑

宋　朱輔

木契刻木爲符契長短大小不等冘其傍多至十數各志其事持以出驗名木契

仡黨出入坐臥必以刀自隨小者尤銛利名仡黨

釣藤酒酒以火成不醡不篘兩缶東西以藤吸取名釣藤酒

金鷄羽族似雉者金項火背斑尾揚翹志意揭驕籠之不能馴

茅花被犵狫無綿絮捺茅花絮布被一被數幅聯貫以成山猺皆臥板夜然以火犵狫覘猺則爲富矣

辰砂辰錦砂最良麻陽卽古錦州舊隸辰郡砂自折二至折十皆顆塊佳者爲箭鏃結不實者爲肺砂碎則有趨趒末則有藥砂砂出萬山之崖爲最犵狫以火攻取

犵狫裙襦幅兩頭縫斷自足而入闌斑厚重下一段純以紅范史所謂獨力衣恐是也盜裸袒以裙代袴雖盛服不去去則犯鬼

金繫帶硯石出黎溪今大溪深溪竹寨溪木杄岡石皆可亂眞紫石勝褐石熟猺亦能礪砥黎溪爲最盖於陶金井中取之近亦艱得有紫綠二色間黃線者名金繫帶

粉紅水銀水銀出於朱砂因火而就或謂砂腹生水銀非也名粉紅水銀

砂牀石之不碎而砂附著其上者名砂牀

水秀鐵鐵之精英在水數十年者名水秀

順水班蠶事少桑多柘繭薄小不可繅可緝爲紬或

以五色間染布爲僞名順水班

葫蘆笙潘安仁笙賦曲沃懸匏汶陽匏篠皆笙之材蠻所吹葫蘆笙亦匏瓠餘意但列管六與說文十三簧不同耳名葫蘆笙

燕子花紫花全類燕子生於藤一枝數葩

不闌帶蠻女以織帶束髮狀如經帶不闌者斑也盖反切語俚俗謂團爲突欒孔爲窟籠亦此意也

野鷄斑枋板皆杉也木身爲枋枝梢爲板又分等則曰出等甲頭曰長行曰刀斧皆枋也曰水路曰笏削曰中杠皆板也臘子香以文如雉者爲最佳名野鷄斑

娘子布漢傳載闌干闌干獠言紵金有績織細白苧麻以旬月而成名娘子布

點蠟幔溪洞愛銅鼓甚於金玉模取鼓文以蠟刻板印布入靛缸漬染名點蠟幔

綵金沙中揀金又出于石碎石而取者色視沙金爲勝金有苗路夫匠識之名綵金

馬王菜葉似蔓青味苦多刺卽諸葛菜也

三脊茅麻陽苞茅山茅生三脊孟康曰零茅楊雄曰璚茅皆三脊也齊桓責楚苞茅不入者卽此

鴉銜草紫草爾雅謂之藐廣雅謂之茈萸本草云生楚地三月采根陰乾猺人以社前者爲佳名鴉銜草

鷄骨香降眞本出南海今溪洞山僻處亦有似是而非勁瘦不甚香名鷄骨香

出山銀西溪接靖州境出鉛鉛中有銀銀體差黑木經坯銷名出山銀

鷄末子古有細蟲曰焦螟集于蚊睫蠻地有蟲極細

拭目難覩黒點著身抓搔不可耐名鷄末子
九肋鼈沙鼈似馬蹄者佳九肋出沅江
銅鼓蠻地多古銅有銅柱馬希範所立麻陽有銅鼓
葢江水中掘得如大鐘長筩三十六孔重百餘斤今
入天慶觀并有銅像二相傳唐明皇像餘散他處鼓
尤多其文環以甲士中空無底名銅鼓
不乃羹牛羊腸臓畧擺洗羹以饗客臭不可近食之
旣則大喜嶺表錄異曰交趾重不乃羹先鼻引其汁
不乃者反切擺也

圈布桑味苦葉小分三叉蠶所不食犵狫取皮績布
繫之于腰以代機紅緯回環通不過丈餘名圈布
竪眼犵狫犵狫蠻之尤怪者兩目直生惡青衣人過
之則有禍去麻陽百餘里不常見
獨木船蠻地多楠有極大者刳以爲舟
芷香草見離騷有一穗數花與蕙葩不同開亦先後
皆蘭類也
黄猫頭蠻類不巾髮拳曲照日金色故名
光面蠟蠍出山不經傷者名光面作僞者雜以栗

飛紽土俗歲節數日野外男女分兩朋各以五色綵
囊豆粟往來抛接名飛紽
客鼓鼓之節不一有腤箭鼓集人鼓犒設鼓饗客亦
以此遠近聽以爲準酒酣少有參商則鼓聲隨變終
席無他者名客鼓
固項朱漆牛皮以護頭頸名固項
銀鵓鴣犵狫之富者多以白金象鳥獸形爲酒藤或
爲牛角鵓鴣之狀尤多弃聚飲盛列以誇客
筒環犵狫妻女年十五六敲去右邊上一齒以竹圍

五寸長三寸裹錫穿之兩耳名筒環
門欵彼此歃血誓約緩急相援名門欵
大設富洞以九月燕及三年一犒爲大設
入地犵狫自別洞奔來此地居止名入地
鸕鷀號戰鬭出入羣聚發喊以張聲勢也
羊棲犵狫以鬼禁所居不著地雖酋長之富屋宇之
多亦皆去地數尺以巨木排比如省民羊栅杉葉覆
屋名羊棲
左右押衙犵狫比獦猫則妄自尊大歲時旦望或客

至皆排衙主盟其事者爲隊公又其次名左右押衙
坐草山猺濳出省地茅葦中射弩奪物機不虛發名
坐草
客語能省民之言者名客語
準把互市踰約價償未足則劫去省民或甲以乙代
名準把
踏歌習俗死亡羣聚歌舞輒聯手蹋地爲節喪家椎
牛多釀以待名踏歌
讐殺俗性好殺一語不合便刺以刃百十年必報乃
已名讐殺
專事溪洞文移他人不能特選往來之熟者名專事
骨債或爲傭而亡或以煙而死約牛牲若干償還名
骨債
走鬼初夏徙居數日以舍祖居否則有禍名走鬼
鼻飲仡㺜飲不以口而以鼻名曰鼻飲
喫鄉秋冬之交聚飲以樂名喫鄉
㩮魚山猺無魚具上下斷其水揉蓼葉困魚魚以辣
出名㩮魚

賣首仡㺜之受犒者如熟戶之猺旣納欵聽命縱其
出入省地州縣差人管轄或許自推首名賣首
打寮山猺穴居野處雖有屋以庇風雨不過剪茅叉
木而已名打寮
生界去州縣堡寨遠不屬王化者名生界
呈生祭祀必先以生物呈獻神許則殺以血和酒名
呈生
㧞親山猺婚娶聘物以銅與鹽至端午約于山上相
擕而歸名㧞親
骨浪猺獠睡不以牀冬不覆被用三叉木支闊板旁
燃火炙背板隻則易蓋以板之易得也以展轉之意
名骨浪
隊小仡㺜之隨從者如軍中行伍名隊小
舞杴醉後以長柄木杴跳舞亦有音節也
平坦巢穴外雖崎嶮中極寬廣且以一處言之仡㺜
有鳥落平言鳥飛不能盡也周數十里皆腴田凡平
地曰平坦
倒牛牛客多行桃源路洞中占軍事勝負及疾病祈

禳皆以牛用名倒牛

跳雞模藝精者擲刀空中接之名雞模

洗面借人助相讐殺以牛酒往謝名洗面

奴狗狑狫之爲傭者名奴狗

背籠負物不以肩用木爲半枷之狀箍其項以布帶或皮繫之額上名背籠

葬堂死者諸子照水内一人背屍以箭射地箭落處定穴穴中藉以木貧則已富者不問歲月釀酒屠牛呼團洞發骨而出易以小函或枷崖屋或掛大木風

霜剝落皆置不問名葬堂

爬船蠻鄉最重重午不論生熟界出觀競渡三日而歸既望復出謂之大十五船分五色皂船之神尤惡去一必有風雨一月前衆船下水飲食男女不敢共處躬屈原正楚俗也名爬船

隘口凡衆山環鎖盤紆岪鬱絶頂貫大木數十百穴一門來去此古人因谷爲寨因山爲嶂之意名隘口

十莊院數十年前猺獠侵占蝦蟇行寨省地土人申請招致請州犵狫防托借田買屋以居名十莊院

漚榔牛榔木多蘗猫猺歲饑掘食則先以火窖地搗根置窖中壓以石又用火漚熟（漚漬也）搗作餅餌名漚榔

椎結胎髮不薙除長大而無梳篦不裹巾蓬垢髮鬡自古以然莫可化也名椎結

富貴坊競渡預以四月八日下船俗聚飲江岸舟子名招他客盛列飲饌以相誇大或獨酌食前方丈羣蠻環觀如雲一年盛事名富貴坊

對刀甲與乙有隙兩相鬭敵背牌護身遠以標鎗鎗

盡挺刃而前名對刀

出面花親之後年生子引妻攜酒歸見婦家名出面

函潼關要志

宋 程大昌

自華至陝凡三關

河南府永寧縣西至京兆府二百里三崤山在縣北二十八里

河南府新安縣西至府界七十里漢函谷關在縣東一里虢州閿鄉桃原在縣東南十里

陝府靈寶縣在府西南七十五里秦函谷關在縣南十里

華州在長安東一百八十里治鄭縣少華山在縣東南十里

華陰縣在華州東六十五里太華山在縣南八十里渭口在縣東北三十五里潼關在縣東北三十九里

自華而虢自虢而陝自陝而河南中間千來里地古嘗立關塞者凡三所由長安東一百八十里出華州華陰縣外則唐潼關也自潼關東一百里至陝州靈寶縣則秦函谷關也自靈寶縣三百餘里至河南府新安縣則漢函谷關也凡云關者明有門扉晨夜啓閉禁束道路而於關之間別有古來嘗爲阨塞者二桃林之塞一也殽山二也世遠事重複難以一見遽曉今祓別其地貴於可攷

秦函谷關

秦函谷關在唐陝州靈寶縣南十里靈寶縣者漢洪農縣也路在谷中深險如函故以爲名其中劣通行路東西四十里絶岸壁立巖上柏林陰蔭谷中常不見日關去長安四百里日入則閉雞鳴則開東自殽山西至潼津通名函谷實爲天險

漢函谷關

漢函谷關在唐河南府新安縣之東一里蓋漢世楊僕移秦函谷關而立之於此也以比秦舊則移東二百七十八里楊僕者宜陽縣人也漢武帝時數立大功以其家居宜陽宜陽者靈寶縣東其地卽在秦函關之外矣僕恥其家不在關内乞移秦關而東之使關反在外武帝允焉僕自以其家僮築立關監是爲漢世函關自此關移在河南府新安縣而秦關之在靈寶者廢矣縣東有南北塞垣卽僕所築郭緣生云

至今爲之新關

唐潼關

潼關在華州華陰縣東北而太華山之北也太華在縣南八里通典曰本名衝關言河自龍門向南而流衝激華山之東故以爲名後因關西一里有潼水因以名關哥舒翰軍敗引騎絶河還營至潼津收散卒卽關西之潼水也元和志謂因潼水名關者是也曹大家賦亦曰涉黄巷以濟潼則潼名古故有之至唐始於其地立關耳

桃林　華陽

春秋時晉侯使詹嘉處瑕守桃林之塞杜預曰桃林塞潼關是也三秦記曰塞在長安東四百里案元和志潼關在長安東正二百里若更增百里卽爲虢之閿鄉矣不得云在潼關也志於閿鄉縣曰縣東南十里有桃原焉古之桃林周武王放牛之地也以此言之桃原爲桃林雖去長安不啻四百里而方鄉爲順可云應古矣而元和志於陝州靈寶縣則又有所謂桃林塞者焉葢元和一書其於桃林之名自始至此凡三變其地也一以爲潼關一以爲閿鄉一以爲靈寶則三者竟孰是也志於靈寶又該爲之說曰靈寶縣西至潼皆是桃林塞此其爲説雖若泛漫而實有理也書著武王之事曰歸馬於華山之陽放牛於桃林之野葢桃林者武王嘗著放牛之迹後人展轉攀慕故一名而該地如此其多也旣有此名後人因而傳疑不敢改定故三地同分一名者不云羨溢也若夫華山之陽則在華州華陰縣南爲甚明矣其於潼關不甚相遠然嘗思而求之塞以阨塞爲義野以平曠爲義函關之間凡數百里其中行路皆阨束河山

狀皆數函故名之爲塞如元和志所著桃原之地則在閿鄉縣南正在河山阨束之内則安得夷曠之地而名之爲野也孔穎達引杜預語亦以桃林塞爲在關矣且曰華山之旁尤乏水草非長養牛馬之地欲使自生自死以示戰時牛馬不復服乘耳孔之此言深得事情之衷則雖桃林無野理亦長也

崤

二崤山又名嶔崟山春秋時秦將襲鄭蹇叔哭送其

子曰晉人禦師必於崤崤有二陵其南陵夏后皋之墓也北陵文王之所避風雨也必死是元和志曰自東崤至西崤三十五里東崤長阪數里峻阜絕澗車不得方軌西崤全是石坂十二里險不異東崤此之二崤皆在秦關之東漢關之西

駱谷關

在盩厔縣西南一百二十里有路可通梁州漢世名爲駱谷道魏少帝正始二年曹爽伐蜀自此道入甘露三年蜀將姜維圍長城由此路出武德四年高祖

於此立關通梁州名駱谷關西抵興元府一百二十里德宗在奉天將幸梁州若由褒斜最爲近便綠李楚琳方叛張鎰于鳳翔不敢由鳳翔入故東自駱谷入而轉西以達梁州也及還京即於褒斜取徑而出是駱谷路迂也

大震關

在隴州西漢武至此遇雷震因以爲名代宗時吐蕃自此入寇帝遂倉卒幸陝以其逼近也

蕭關

在原州高平縣東南三十里漢文帝時　入蕭關即此也神龍三年於隋宅樓縣置蕭關縣特取古關名之非漢蕭關地也

瓦亭關

在原州高平縣南即壠山北垂隗囂使牛邯守瓦亭即此也

青泥嶺　嶢關　嶢柳城

藍田縣即嶢柳城也嶢山在前又名嶢關亦名藍田關也杜甫漢陂詩曰水面月出藍田關也水經曰嶢

柳城俗謂之青泥城

以簡質志險要倍見雄高

南宋故都宮殿

泗水潛夫輯

門

麗正南門　和寧北門　東華東門
西華西門　苑東　苑西
北宮　南宮　南水門
東水門　會通　上閣
宣德　隔門　斜門
闕門　玉華閣　含和
貽謨天章閣二門係

殿

垂拱常朝四參　文德六參宣布　大慶明堂朝賀
紫宸生壽　集英策士
以上謂之正朝亦有隨事更名者

後殿

延和宿齋避殿　崇政即祥曦　福寧寢殿
復古高宗建　選德孝宗建御屏有監司郡守姓名
緝熙理宗建　熙明即慵政度宗建　明華

清燕　膺福　慶瑞即順慶理宗改
射殿　需雲大燕　符寶貯恭膺天命之寶
嘉明度宗以繹己堂改　明堂即文德合祭改　坤寧皇后
穠華皇后　慈明楊太后累朝母后皆旋更名
慈元謝太后　仁明全太后　進食即勤政
欽先神御　孝思神御　清華

堂

翠寒高宗以日本羅木建古松數十株　澄碧觀堂
芳春　凌寒　鍾美牡丹

燦錦海棠　燕喜　靜華
清賞　稽古御書院　清遠
清徹　澄碧水堂　蘂淵
環秀山堂　文囿御書院　書林御書院
華館　衍秀　披香
德勤　雲錦荷堂　清霽
蕚綠華梅堂度宗易名瓊姿　碧琳　凝光
澄輝　繡香　呈秀
會景青花石柱香楠袱額瑪瑙石砌　正始后殿謝后改壽寧殿

怡然惠順位　信美婉容位

齋

損齋高宗建　葵齋　謹習齋

燕申齋

樓

博雅書樓　觀德　萬景

清暑　清美　明遠

倚香

閣

龍圖太祖太宗　天章真宗並祀祖宗神御　寶文仁宗

穠香　暗香　晚節香菊

巖香桂　雲岫山亭　映波

含暉　達觀　秀野

凌寒梅竹　涵虛　平津

真賞　方遠　垂綸近池

魚樂池上　噴雪放水　流芳

芳嶼山子　玉質　此君竹

聚芳　延芳　蘭亭

激湍　崇峻　惠和

浮醴　泛羽並流杯亭　凌穹山頂

迎熏　會英　正巳射亭

丹暉　凝光　雪遲梅

參月　共樂　迎祥

瑩姸　植杖村莊　可樂

文杏　壺中天

別是一家春度宗初飭或謂此非佳讖也未幾果驗　顯謨神宗

徽猷哲宗　敷文徽宗　煥章高宗

華文孝宗　寶謨光宗　寶章寧宗

顯文理宗　雲章度宗御書　清華

凌虛　清漪　倚桂

來鳳　觀音　芙蓉

萬春太后殿

臺

欽天奉天　宴春　秋芳

天開圖畫　舒嘯　跲臺

軒

晚清

閣

清華　睿思　怡眞

容膝　受釐　綠綺

觀

雲濤

亭

淸沫　淸趣　淸暉

淸顥　淸廻　淸隱

淸寒　淸激（放水）　淸歡

清與　靜香　靜華

春妍　春華　春陽

春信（梅）　融春　尋春

映春　餘春　留春

皆春　寒碧　寒香

香瓊　香玉（梅）　香界

碧岑　灩碧（魚池）　瓊英

瓊秀　明秀　深秀（假山）

衍秀　濯秀　錦煙

錦浪（桃花）　繡錦　萬錦

麗錦　叢錦　照粧（海棠）

浣綺　綴金（檐蔔）　綴瓊（梨花）

園

小桃源　杏塢　梅岡

瑤圃　村莊　桐木園

菴

寂然　怡眞

坡

瑪瑙　洗馬

橋

萬歲　淸平　春波

玉虹

泉

穗泉

舟

御舟

蘭橈　荃橈　旱船

教場

南教場　北教場

禁中及德壽宮皆有大龍池萬歲山擬西湖冷泉飛來峯若亭榭之盛御舟之華則非外間可擬春時競渡及買賣諸色小舟並如西湖駕幸宣喚錫賚鉅萬大意不欲數蹕勞民故以此爲奉親之娛耳

御園

聚景園

故都宮殿　七

清波門外孝宗致養之地堂扁皆孝宗御書淳熙中屢經臨幸嘉泰間寧宗奉成肅太后臨幸其後並皆危廡不脩高疎寮詩云翠華不向苑中來可是年年惜露臺水際春風寒漠漠官梅却作野梅開

會芳殿　瀛春堂　攬遠堂

芳華堂　花光亭八角　瑤津

翠光　桂景　灔碧

涼觀　瓊芳　彩霞

寒碧　柳浪橋　學士橋

玉津園

嘉會門外紹興間北使燕射于此淳熙中孝宗兩幸紹熙中光宗臨幸

富景園

新門外孝宗奉太后臨幸不一俗呼東花園

屏山園

錢湖門外以對南屏山故名理宗朝改名翠芳園

餘見西湖門

故都宮殿　八

玉壺園

錢塘門外本劉鄜王園有明秀堂

集芳園

葛嶺元係張婉儀園後歸太后殿內有古梅老松甚多理宗賜賈平章舊有清勝堂望江亭雪香亭等

瓊華園　小隱園

延祥園

西依孤山爲林和靖故居花寒水潔氣象幽古三

朝臨幸

瀛嶼在孤山之椒舊名凉堂四壁蕭照畫山水理宗易今名今爲太一宫黄庭殿

挹翠堂舊名異淥堂理宗御書

清新舊六椽堂　香月倚襄湖書名水堂理宗御書

香遠舊秀蓮亭　白蓮堂　六一泉堂

檜亭　梅亭　上船亭

東西車馬門　西村水閣　御舟港

林逋墓　陳朝檜有御書詩　金沙井

瑪瑙坡

六一泉

高䟽寮詩云水明一色抱神州雨壓輕塵不敢浮山北山南人喚酒春前春後客凭樓射熊館暗花扶辰下鵠池深柳拂舟白髮邦人能道舊君王曾奉上皇遊

聚遠樓

高宗雅愛湖山之勝恐數蹕煩民乃於宫内鑿大池引水注之以象西湖冷泉疊石爲山作飛來峯因取坡詩賴有高樓能聚遠一時收拾與人間名之周益公進端午帖子云聚遠樓高面面風冷泉亭下水溶溶人間炎熱何由到眞是瑶臺第一重孝宗御製冷泉堂詩以進高宗和韻眞盛事也

香遠堂荷　清深堂竹　松菊三徑菊芙蓉竹

梅坡　月榭　清妍荼蘼

清新桂　芙蓉閣已上並東地分　射廳

載忻堂御宴之所　臨賦荷池　粲錦金林檎

至樂池上　清曠桂　半繚紅郁李

瀉碧金魚池已上並南地分　冷泉堂古梅　文杏館

宫

德壽宫孝宗奉親之所

重華宫孝宗內禪所居

慈福宫宫聖壽成二太后所居

壽慈宫即慈福宫改

東宮

資善堂　鳳山樓　榮觀堂

玉淵堂　清賞堂　新益堂

繹巳堂　射圃

說郛目錄

弓第六十八

東京夢華錄

宋　孟元老

御街

坊巷御街自宣德樓一直南去約濶二百餘步兩邊乃御廊舊許市人買賣於其間自政和間官司禁止各安立黑漆杈子路心又安朱漆杈子兩行中心御道不得人馬行往行人皆在廊下朱杈子之外杈子裏有磚石甃砌御溝水兩道宣和間盡植蓮荷近岸植桃李梨杏雜花相間春夏之間望之如繡

州橋夜市

出朱雀門直至龍津橋自州橋南去當街水飯爊肉乾脯王樓前貛兒野狐肉脯雞梅家鹿家鵝鴨雞兔肚肺鱔魚包子雞皮腰腎雞碎每箇不過十五文曹家從食至朱雀門旋煎羊白腸鮓脯𤎅凍魚頭薑豉剿子抹臟紅絲批切羊頭辣脚子姜辣蘿蔔夏月麻腐雞皮麻飲細粉素簽沙糖冰雪冷元子水晶皂兒生淹水木瓜藥木瓜雞頭穰沙糖菉豆甘草冰雪涼水荔枝膏廣芥瓜兒鹹菜杏片梅子薑萵苣笋芥辣瓜兒細料餶飿兒香糖果子間道糖荔枝越梅鋸刀紫蘇膏金絲黨梅香棖元皆用梅紅匣兒盛貯冬月盤兔旋炙猪皮肉野鴨肉滴酥水晶鱠煎夾子猪臟之類直至龍津橋須腦子肉止謂之雜嚼直至三更

酒樓

凡京師酒店門首皆縛綵樓歡門唯任店入其門一直主廊約百餘步南北天井兩廊皆小閤子向晚燈燭熒煌上下相照濃粧妓女數百聚於主廊櫋面上以待酒客呼喚望之宛若神仙北去楊樓以北穿馬行街東西兩巷謂之大小貨行皆工作伎巧所居小

貨行通雞兒巷妓館大貨行通牋紙店白礬樓後改爲豐樂樓宣和間更修三層相高五樓相向各有飛橋欄檻明暗相通珠簾繡額燈燭晃耀初開數日每先到者賞金旗過一兩夜則已元夜則每一瓦隴中皆置蓮燈一盞內西樓後來禁人登眺以第一層下視禁中大抵諸酒肆瓦市不以風雨寒暑白晝通夜駢闐如此州東宋門外仁和店姜店州西宜城樓藥張四店班樓金梁橋下劉樓曹門蠻王家乳酪張家

州北八仙樓戴樓門張八家園宅正店鄭門河王家李七家正店景靈宮東墻長慶樓在京正店七十二戶此外不能遍數其餘皆謂之脚店賣貴細下酒迎接中貴飲食則第一白厨州西安州巷張秀以次保康門李慶家東鷄兒巷郭厨鄭皇后宅後宋厨曹門塼筒李家寺東骰子李家黄胖家九橋門街市酒店綵樓相對繡旆相招掩翳天日政和後來景靈宮東墻下長慶樓尤盛

飲食果子

凡店內賣下酒厨子謂之茶飯量酒博士至店中小兒子皆通謂之大伯更有街坊婦人腰繫青花布手巾綰危髻爲酒客換湯斟酒俗謂之焌糟更有百姓入酒肆見子弟少年輩飲酒近前小心供過使令買物命妓取送錢物之類謂之閑漢又有向前換湯斟酒歌唱或獻菓子香藥之類客散得錢謂之厮波又有下等妓女不呼自來筵前歌唱臨時以些小錢物贈之而去謂之劄客亦謂之打酒坐又有賣藥或果實蘿蔔之類不問酒客買與不買散與坐客然後得錢謂之撒暫如此處處有之唯州橋炭張家乳酪張家不放前項人入店亦不賣下酒唯以好淹藏菜蔬賣一色好酒所謂茶飯者乃百味羹新法鵪子羹三脆羹二色腰子蝦蕈鷄蕈渾砲等羹旋索粉玉棊子群仙羹假河魨白渫虀貨鱖魚假元魚決明兜子決明湯虀肉醋托胎襯腸沙魚兩熟紫蘇魚假蛤蜊白肉夾面子茸割肉胡餅湯骨頭乳炊羊鬧廳羊角炙腰子鵝鴨排蒸荔枝腰子還元腰子燒臆子入爐細項蓮花鴨簽酒炙肚胘虚汁垂絲羊頭入爐羊羊頭簽鵝鴨簽鷄簽盤兔炒兔葱潑兔假野狐金絲肚羹

石肚羹假炙獐煎鵪子生炒肺炒蛤蜊炒蟹渫蟹洗手蟹之類逐時旋行索喚不許一味有闕或别呼索變造下酒亦即時供應又有外來托賣炙鷄燠鴨羊脚子點羊頭脆筋巴子薑蝦酒蟹獐巴鹿脯從食蒸作海鮮時果旋切萵苣生菜西京笋又有小兒子着白虔布衫青花手巾挾白磁缸子賣辣菜又有托小盤賣乾果子乃旋炒銀杏栗子河北鵝梨梨條梨乾梨肉膠棗棗圈梨圈桃圈核桃肉牙棗海紅嘉慶子

林檎旋烏李李子旋櫻桃煎西京雨梨尖梨甘棠梨鳳棲梨鎮府濁梨河陰石榴河陽查子查條沙苑榅桲回馬孛萄西川乳糖獅子糖霜蜂兒橄欖温柑綿棖金橘龍眼荔枝召白藕甘蔗漉梨林檎乾枝頭乾芭蕉乾人面子巴覽子榛子榧子蝦具之類諸般蜜煎香藥菓子罐子黨梅柿膏兒香藥小元兒小臘茶鵬沙元之類更外賣軟羊諸色包子猪羊荷包燒肉乾脯玉板鮓把鮓片醬之類其餘小酒店亦賣下酒如煎魚鴨子炒鷄兔煎燠肉梅汁血羹粉羹之類每

分不過十五錢諸酒店必有廳院廊廡掩映排列小閤子吊窗花竹各垂簾幙命妓歌笑各得穩便

萬姓交易

相國寺每月五次開放萬姓交易大三門上皆是飛禽猫犬之類珍禽奇獸無所不有第三門皆動用什物庭中設綵幙露屋義鋪賣蒲合簟席屏幃洗漱鞍轡弓劍時果脯腊之類近佛殿孟家道冠王道人蜜煎趙文秀筆及潘谷墨占定兩廊皆諸寺師姑賣繡作領抹花朵珠翠頭面生色銷金花樣幞頭帽子特髻冠子絛線之類殿後資聖門前皆書籍玩好圖畫及諸路罷任官員土物香藥之類後廊皆日者貨術傳神之類寺三門閣上并資聖門各有金銅鑄羅漢五百尊佛牙等凡有齋供皆取旨方開三門左右有兩缾琉璃塔寺內有智海惠林寶梵河沙東西塔院乃出角院舍各有住持僧官每遇齋會凡飲食茶菓動使器皿雖三五百分莫不咄嗟而辦大殿兩廊皆國朝名公筆跡左壁畫熾盛光佛降九曜鬼百戲右壁佛降鬼子母建立殿庭供獻樂部馬隊之類大殿

朶廊皆壁隱樓殿人物莫非精妙

天曉諸人入市

每日交五更諸寺院行者打鐵牌子或木魚循門報曉亦各分地分日間求化諸趨朝入市之人聞此而起諸門橋市井已開如瓠羹店門首坐一小兒叫饒骨頭間有灌肺及炒肺酒店多點燈燭沽賣每分不過二十文并粥飯點心亦開或有賣洗面水煎點湯藥者直至天明其殺猪羊作坊每人擔猪羊及車子上市動即百數如果木亦集於朱雀門外及州橋之

西諸之果子行紙畫兒亦在彼處行販不絕其麥麵每秤作一布袋謂之一宛或三五秤作一宛用太平車或驢馬馱之從城外守門入城貨賣至天色明不絕更有御街州橋至南内前趂朝賣藥及飲食者吟叫百端

京瓦伎藝

崇觀以來在京瓦肆伎藝張廷叟孟子書主張小唱李師師徐婆惜封宜奴孫三四等誠其角者爲王子青張七七王京奴左小四安娘毛團等教坊減罷并

溫習張翠蓋張成弟子薛子大薛子小俏枝兒楊總惜周壽奴稱心等般雜劇枝頭傀儡任小三每日五更頭回小雜劇差晚看不及矣懸絲傀儡張金線李外寧藥發傀儡張臻妙溫奴哥眞個强沒勃臍小掉刀筋骨上索雜手伎渾身眼李宗正張哥毬杖錫弄孫寬孫十五曾無黨高恕李孝詳講史李慥楊中立張十一徐明趙世亨等九小說王顏喜蓋中寶劉名廣散樂張眞奴舞旋楊望京小兒相撲雜劇掉刀蠻牌董十五趙七曹保義朱婆兒沒困駝風僧哥俎六姐影戲丁儀瘦吉等弄喬影戲劉百禽弄蟲蟻孔三傳耍秀才諸宮調毛詳霍伯醜商謎吳八兒合生張山人說渾話劉喬河北子帛遂吳牛兒達眼五重明喬駱駝李敦等雜班外入孫三神鬼霍四究說三分尹常賣五代史文八娘叫果子其餘不可勝數不以風雨寒暑諸棚看人日日如是教坊鈞容直每遇旬休按樂亦許人觀看每遇内宴前一月教坊内勾集弟子小兒習隊舞作樂雜劇節次

立春

立春前一日開封府進春牛入禁中鞭春開封祥符兩縣置春牛於府前至日絕早府僚打春如方州儀府前左右百姓賣小春牛往往花裝欄坐上列百戲人物春幡雪柳各相獻遺春日宰執親王百官皆賜金銀幡勝入賀訖戴歸私第

元宵

正月十五日元宵大内前自歲前冬至後開封府絞縛山棚立木正對宣德樓游人已集御街兩廊下奇術異能歌舞百戲鱗鱗相切樂聲嘈雜十餘里擊丸

蹴踘踏索上竿趙野人倒喫冷淘張九歌吞鐵劍李
外寧藥法傀儡小健兒吐五色水旋澆泥丸子大特
落灰藥榾柮兒雜劇温大頭小曹稽琴党千簫管孫
四燒煉藥方王十二作劇術鄒遇田地廣雜扮蘇十
孟宣築毬尹常賣五代史劉百禽蟲蟻楊文秀鼓笛
更有猴呈百戲魚跳刀門使喚蜂蝶追呼螻蟻其餘
賣藥賣卦沙書地謎奇巧百端日新耳目至正月七
日人使朝辭出門登山上綵金碧相射錦繡交輝面
北悉以綵結山沓上皆畫神仙故事或坊市間賣藥

賣卦之人橫列三門各有綵結金書木牌中曰都門
道左右曰左右禁衛之門上有大牌曰宣和與民同
樂綵山左右以綵結文殊普賢跨獅子白象各於手
指出水五道其手搖動用轆轤絞水上登山尖高處
用木櫃貯之逐時放下如瀑布狀又於左右門上各
以草把縛成戲龍之狀用青幕遮籠草上密置燈燭
數萬盞望之蜿蜒如雙龍飛走自燈山至宣德門樓
橫大街約百餘丈用棘刺圍遶謂之棘盆內設兩長
竿高數十丈以繒綵結束紙糊百戲人物懸於竿上

風動宛若飛仙內設樂棚差衙前樂人作樂雜戲并
左右軍百戲在其中駕坐一時呈拽宣德樓上皆垂
黃緣簾中一位乃御座用黃羅設一綵棚御龍直執
黃蓋掌扇列於簾外兩朶樓各掛燈毬一枚約方圓
丈餘內燃椽燭簾內亦作樂宮嬪嬉笑之聲下聞於
外樓下用枋木壘成露臺一所綵結欄檻兩邊皆禁
衛排立錦袍幞頭簪賜花執骨朶子面此樂棚教坊
鈞容直露臺弟子更互雜劇近門亦有內等子班直
排立萬姓皆在露臺下觀看樂人時引萬姓山呼

收燈都人出城探春

收燈畢都人爭先出城探春州南則玉津園外學方
池亭榭玉仙觀轉龍灣西去一丈佛園子王太尉園
奉聖寺孟景初園四里橋望牛岡劍客廟皆自轉龍
灣東去陳州門外園館尤多州東宋門外快活林勃
臍陂獨樂臺硯臺蜘蛛樓麥家園虹橋王家園曹宋
門之間東御苑乾明崇夏尼寺州北李駙馬園州西
新鄭門大路直過金明池西道者院院前皆妓館以
西宴賓樓有亭榭曲折池塘鞦韆畫舫酒客稅小舟

帳設遊賞相對祥祺觀直至板橋有集賢樓蓮花樓乃之官河東陝西五路之別館尋常餞送置酒於此過板橋有下松園王太宰園杏花岡金明池角南去水虎翼巷水磨下蔡太師園南洗馬橋西巷內華嚴尼寺王小姑酒店北金水河兩浙尼寺巴婁寺養種園四時花木繁盛可觀南去藥梁園童太師園南去鐵佛寺鴻福寺東西栢榆村州北模天坡角猗至倉王廟十八壽聖尼寺孟四翁酒店州西北元有庶人園有剏臺流盃亭榭數處放人春賞大抵都城左近

皆是園圃百里之內並無閒地次第春容滿野暖律暄晴萬花爭出粉墻細柳斜籠綺陌香輪暖輾芳草如茵駿騎驕嘶杏花如繡鶯啼芳樹燕舞晴空紅粧按樂於寶榭層樓白面行歌近畫橋流水舉目則鞦韆巧笑觸處則蹴踘踈狂選勝尋芳花絮時墜金樽折翠簪紅蜂蝶暗隨歸騎於是相繼清明節矣

清明節

清明節尋常京師以冬至後一百五日爲大寒食前一日謂之炊熟用麵造棗錮飛燕柳條串之插於門楣謂之子推燕子女及笄者多以是日上頭寒食第三節即清明日矣凡新墳皆用此日拜掃都城人出郊禁中前半月發宮人車馬朝陵宗室南班近親亦分遣詣諸陵墳享祀從人皆紫衫白絹三角子青行纏皆係官給節日亦禁中出車馬詣奉先寺道者院祀諸宮人墳莫非金裝紺幰錦額珠簾繡扇雙遮紗籠前導士庶闐塞諸門紙馬鋪皆於當街用紙衮疊成樓閣之狀四野如市往往就芳樹之下或園囿之間羅列盃盤互相勸酬都城之歌兒舞女遍滿園亭

抵暮而歸各携棗錮炊餅黃胖掉刀名花異果山亭戲具鴨卵鷄雛謂之門外土儀轎子即以楊柳雜花裝簇頂上四垂遮映自此三日皆出城上墳但一百五日最盛節日坊市賣稠餳麥糕乳酪乳餅之類緩入都門斜陽御柳醉歸院落明月梨花諸軍禁衛各成隊伍跨馬作樂四出謂之摔脚其旌旗鮮明軍容雄壯人馬精銳又別爲一景也

駕回儀衛

是月季春萬花爛熳牡丹芍藥棣棠木香種種上市

賣花者以馬頭竹籃鋪排歌叫之聲清奇可聽晴簾靜院曉幕高樓宿酒未醒好夢初覺聞之莫不新愁易感幽恨懸生最一時之佳況諸軍出郊合教陣隊

端午

端午節物百索艾花銀樣鼓兒花花巧畫扇香糖菓子糭子白團紫蘇菖蒲木瓜並皆茸切以香藥相和用梅紅匣子盛裹自五月一日及端午前一日賣桃柳葵花蒲葉佛道艾次日家家鋪陳於門首與糭子五色水團茶酒供養又釘艾人於門上士庶迎相宴

賞

七夕

七月七夕潘樓街東宋門外瓦子州西梁門外瓦子北門外南朱雀門外街及馬行街内皆賣磨喝樂乃小塑土偶耳悉以雕木彩裝欄座或用紅紗碧籠或飾以金珠牙翠有一對直數千者禁中及貴家與士庶爲時物追陪又以黄蠟鑄爲鳧鴈鴛鴦鸂鶒龜魚之類彩畫金縷謂之水上浮又以小板上傅土旋種粟令生苗置小茅屋花木作田舍家小人物皆村落之態謂之穀板又以瓜雕刻成花樣謂之花瓜又以油麪糖蜜造爲笑靨兒謂之果食花樣奇巧百端如捺香方勝之類若買一斤數内有一對被介冑者如門神之像蓋自來風流不知其從謂之果食將軍又以菉豆小豆小麥於磁器内以水浸之生芽數寸以紅藍綵縷束之謂之種生皆於街心綵幕帳設出絡貨賣七夕前三五日車馬盈市羅綺滿街旋折未開荷花都人善假做雙頭蓮取玩一時提携而歸路人往往嗟愛又小兒須買新荷葉執之蓋効顰磨喝樂

兒童輩特地新粧競誇鮮麗至初六日七日晚貴家多結綵樓於庭謂之乞巧樓鋪陳磨喝樂花瓜酒炙筆硯針線或兒童裁詩女郎呈巧焚香列拜謂之乞巧婦女望月穿針或以小蜘蛛安盒子内次日看之若網圓正謂之得巧里巷與妓館往往列之門首爭以侈靡相向

立秋

立秋日滿街賣楸葉婦女兒童輩皆剪成花樣戴之是月瓜果梨棗方盛京師棗有數品靈棗牙棗青州

東亳州東鷄頭上市則梁門裏李和家最盛中貴戚里取索供賣內中泛索金合絡繹士庶買之一裹十文用小新荷葉包糝以麝香紅小索兒繫之賣者雖多不及李和一色揀銀皮子嫩者貨之

中秋

中秋節前諸店皆賣新酒重新結絡門面綵樓花頭畫竿醉仙錦旆市人爭飲至午未間家家無酒拽下望子是時螯蟹新出石榴榅勃梨棗栗孛萄弄色棖橘皆新上市中秋夜貴家結飾臺榭民間爭占酒樓

翫月絲篁鼎沸近內庭居民夜深遙聞笙竽之聲宛若雲外閭里兒童連宵嬉戲夜市駢闐至於通曉

重陽

九月重陽都下賞菊有數種其黃白色蘂若蓮房曰萬齡菊粉紅色曰桃花菊白而檀心曰木香菊黃色而圓者曰金鈴菊純白而大者曰喜容菊無處無之酒家皆以菊花縛成洞戶都人多出郊外登高如倉王廟四里橋愁臺梁王城硯臺毛駝岡獨樂岡等處宴聚前一二日各以粉麵蒸糕遺送上插剪綵小旗摻釘果實如石榴子栗黃銀杏松子肉之類又以粉作獅子蠻王之狀置於糕上謂之獅蠻諸禪寺各有齋會惟開寶寺仁王寺有獅子會諸僧皆坐獅子上作法事講說遊人最盛下旬即賣冥衣靴鞋席帽衣段以十月朔日燒獻故也

立冬

是月立冬前五日西御園進冬菜京師地寒冬月無蔬菜上至宮禁下及民間一時收藏以充一冬食用於是車載馬駝充塞道路時物薑豉剌子紅絲末臟

鵝梨榅桲蛤蜊螃蟹

冬至

十一月冬至京師最重此節雖至貧者一年之間積累假借至此日更易新衣備辦飲食享祀先祖官放關撲慶賀往來一如年節

除夕

至除日禁中呈大儺儀並用皇城親事官諸班直戴假面繡畫色衣執金鎗龍旗教坊使孟景初身品魁偉貫全副金鍍銅甲裝將軍用鎮殿將軍二人亦介

胄裝門神教坊南河炭醜惡魁肥裝判官又裝鍾馗小妹土地竈神之類共千餘人自禁中驅祟出南薰門外轉龍彎謂之埋祟而能是夜禁中爆竹山呼聲聞于外士庶之家圍爐團坐達旦不寐謂之守歲

古杭夢遊録

宋　耐得翁

自大内和寧門外新路南北寶玉珍異及花果時新海鮮野味奇器下所無者悉集於此以至朝天門清河坊中瓦洋壩頭官巷口相心衆安橋食物店鋪人烟浩穰其夜市除大内前後諸處亦然惟中瓦前最勝撲賣奇巧器皿百色物件與日間無異其餘坊巷市井買賣榷關酒樓歌館直至四鼓後方靜而五鼓朝馬將動其有趁賣早市者復起開張無論四時皆然如遇元宵尤盛排門私貨民居作肆觀玩鱗次不可勝紀

市肆謂之行者因官科索而得此名以其物小大但合充用者皆置爲行雖醫卜亦有職業赴擇之差占則與市肆當行同也内亦有不當行而借名之者如酒行食飯行是也又有名爲團者如城南之花團泥路之青果團江下之鮝魚團後市街之柑團是也其他工技之人或爲作如名篦刀作腰帶作金銀鍍作鈒作是也

酒肆店宅子酒店花園酒店直賣店散酒店菴酒店
羅酒店除官庫子脚店之外其餘皆謂之拍戶有茶
飯店包子店所云菴酒店者謂娼妓内可以就覯而
於酒閣暗藏臥床也門前懸紅子燈上不以晴雨必
用若靈蓋之以爲記認其他大酒店娼妓只伴坐客
而已欲買歡則多往其居
大茶坊張掛名人書畫在京師只熟食店掛書所以
消遣久時也今茶坊皆然人情茶坊本作大茶坊爲
正但將此爲由多下茶錢也又有一等專是娼妓夂

兄打聚處又有一等專是諸行借工買伎人會聚打
老處謂之市頭水茶坊乃娼家聊設桌凳以茶爲由
後生輩甘於戲錢謂之乾茶錢官府貴家置四司六
局各有所業故筵席排當凡事整齊都下街市亦有
之常時人戶每遇禮席以錢倩之皆可辦也四司者
帳設司庖厨司茶酒司臺盤司也排辦局也凡四司
六局人祗應慣熟便省賓主一半力
凡者野人戶易散之意也散樂傳樂坊十三部唯以
雜劇爲正色舊教坊有咸用策部大鼓部杖鼓部拍
板色笛色琵琶色箏色方響色笙色舞施色歌板色
雜劇色參軍色有色長部有部頭上有教坊使副鈐
轄都掌儀範者皆是命官紹興十一年省廢教坊之
後遇大宴則差撥臨安府衙前樂等人充應屬修内
司教樂所掌雜管劇中末泥爲長每四人或五人爲
一場先做尋常熟事一段名曰艷段次做正雜劇通
名爲兩段末泥色主張引戲色分付副净色發喬副
末色打諢又或添一人妝孤老其次曲破斷送者謂
之把也

諸宮調本京師孔三傳撰傳奇靈怪入曲說唱
細樂以簫管笙箏方響笙笛用小提鼓之類合動小
樂器只一二人合動清樂北馬後樂加方響笙笛用
小提鼓
唱叫小唱執板唱慢曲曲破大率重起輕殺嘌唱謂
上鼓面唱令曲小謳驅駕虛聲縱弄宮調與叫果子
唱耍曲兒爲一體叫聲自京師起撰鄉國市井諸色
歌吟賣物之聲採合宮調而成也嘌在京只有纏令
纏達中與後張五牛大夫遂撰爲賺賺者悞賺之意

也

雜扮或分雜班義名扭元子又名拔和乃雜劇之散段在京師時村人罕得入城遂撰此端

百戲相撲踢弄雜手熱弄懸絲傀儡影戲

說話有四家一曰小說謂之銀字兒如烟粉靈怪傳奇公說案皆是搏拳提刀趕捧及發跡變態之事說鐵騎兒謂士馬金鼓之事說經謂演說佛書說叅謂叅禪說史謂說前代興廢戰爭之事合生與起令隨令相似

商謎舊用鼓板吹負聖朝聚人猜詩謎字謎之類本是隱語有道謎來客念引語說謎又名打謎正猜來客索語下套商者以物類相似者譏之又名對智貼奪貼智思索云智改物類以困猜者橫下許旁人猜門囚商者爲喝問句頭調爽假作難猜以定其智都城天街舊自清河坊南則呼瓦北謂之界北中瓦謂之語化兒中心自五間樓北至官巷南到都街兩行多是土戶金銀錢鈔交易鋪僅百餘家內列金銀見銀謂看垜錢自融和坊北至市坊謂之珠子市頭如遏買賣動以萬數間有富第府富室質庫十餘數皆不以萬貫收質其他如名家綵帛鋪堆上細疋段錦綺縑素皆諸處所無者

錢塘瑣記

宋　于肇

錢塘遊手數萬以騙局爲業初願納交或稱契家言鄉里族屬吻合稍稔遂至其家妻妾羅侍寶玩玄案屋宇華麗好飲者與之沉酗同席或王府或朝士親屬或太學生狎戲喧呼或詐失錢物誣之倍償好遊者與之放恣衢陌或入豪家與有勢者共騙之好呼者或使之旁觀以金玉資確遂易瓦礫訪之則封門矣或詐敗以誘之少則合謀傾其囊或竊彼物爲證

索鏹其家變化如神如淨慈寺前瞽嫗揣骨聽聲知貴賤忽有虞候一人荷轎八人訪嫗曰某府娘子令請登轎至清河坊張家疋帛鋪前少駐虞候謂鋪中曰娘子親買疋帛數十端虞候隨一卒荷歸取鏹七卒列坐鋪前候久不至二卒促之又不至二卒繼之少焉棄轎皆遁矣有詬者揖一丐曰幼別尊叔二十年何以在此引歸沐浴更衣以叔事之丐者亦因以爲然久之同買疋帛數十端曰叔留此我歸請償其直店翁詬其不來挾丐者物色之至其所則其人姓

矣有華衣冠者買疋帛令僕荷歸授鑰開篋取鏹坐鋪候久晚不來店翁隨歸入明慶寺如廁易僧帽巽僧衣以遯戴生貨藥觀者如堵有青囊腰纏者雖金足引領而兩手捧護甚至白衫者拾地芥御刺其頭方引手抓則腰纏失矣有術士染銀爲藥先以水銀置鍋內雜投此藥水銀化烟去銀在其中或者欲傳之欺以藥盡重需市藥則竄其計矣殿步軍多貸鏹出戍令母氏妻代領衣賜出庫卽貨以償債有少年高價買老嫗絹引令坐茶肆內曰候吾母交易少焉

復高價買一嫗絹引坐茶肆外指曰內吾母也錢在母處取其絹又入附耳謂內嫗曰外吾母也錢在母處又取其絹出門莫知所之嗚呼盜賊姦宄皐陶明刑則治晉用士會盜奔于秦治之之法在上不在下

六朝事迹

宋　張敦頤

六朝宫殿

吳孫權遷都建鄴徙武昌宫備材瓦繕治太初宫晉琅琊王渡江鎮建鄴因吳舊都修而居之卽太初宫爲府舍及卽帝位稱爲建鄴宫更明帝不改至成帝繕苑城作新宫窮極伎巧後靡殆甚宋齊而下因之稱爲建康宫以此攷之六代宫室門墻雖時有改築然皆因吳舊址也

石城

吳孫權沿淮立柵又於江岸必爭之地築城名曰石頭諸葛亮論金陵地形云鍾阜龍盤石城虎踞眞帝王之宅

冶城

今天慶觀卽其地也本吳冶鑄之所因以爲名晉元帝大興初以王導疾久方士戴洋云君本命在申而申地有冶金火相鑠不利遂移冶城于石頭城東以其地爲園

金城

金城吳築晉桓溫咸康七年出鎮江乘之金城後溫北伐經金城見爲琅琊時所種柳皆十圍因歎曰木猶如此人何以堪因攀枝執條泫然流涕

臺城

晉成帝咸和七年新宫成名建康宫注卽今之所謂臺城也

白下

本江乘之白石壘也齊武帝以其地帶江山移琅琊

居之唐武德元年罷金陵縣築城于此因其舊名曰白下

朱雀門

晉咸康二年作朱雀門新立朱雀浮航南渡淮水亦名朱雀橋對吳都城相去六里爲御道夾御溝植柳其上

眞武湖

吳後主皓寶鼎元年開城北渠引後湖水流入新宫巡遶殿堂窮極伎巧本朝天禧四年改爲放生池今

城北十三里有古池俗呼爲後湖見作大軍教場處是也

景陽樓

宋元嘉二十二年築至孝武大明中紫雲出景陽樓因名之今法寳寺西南遺址尚存

新亭

宋孝武即位于新亭城南十五里俯近江渚

白下亭

李白金陵白下亭留别詩云驛亭三楊樹正當白下

門

雨花臺

梁武帝時有雲光法師講經于此感得天雨賜花天厨獻食

聽箏堂

晉元帝幸謝安宅命謝安侍坐使桓伊吹笛爲一弄畢又撫箏按歌金縢曲聲伊慷慨俯仰可觀安淚下霑襟

馳道

宋孝武帝作馳道自閶闔北出承明抵玄武湖十餘里爲調馬之所也

大江

西接江寧界東接句容界北接真州六合縣界沿流一百二十里周世宗問孫忌江南虚實忌曰長江千里險過湯池可敵十萬之師

秦淮

秦始皇東巡會稽經秣陵因鑿鍾山斷金陵長隴以疏淮

横塘

吳大帝時自江口沿淮築堤謂之横塘

霹靂溝

王荆公詩云霹靂溝西路柴荆四五家憶曾騎欵段隨意入桃花在城東五里

青溪

今縣東有渠北接覆舟山近後湖里俗相傳此青溪也其水迤邐西出京都記云京師鼎族多在青溪埭北有江總宅

邀笛步

在城東南青溪橋之右今上水閘是也晉書云桓伊善樂盡一時之妙爲江左第一有蔡邕柯亭笛常自吹之

桃葉渡

在縣南一里秦淮口桃葉者晉王獻之愛妾名也其妹曰桃根獻之詩曰桃葉復桃葉渡江不用楫不用楫者謂横波急也嘗臨此渡歌送之

白鷺洲

在城西南八里對江寧之新林浦唐李白詩云三山半落青天外二水中分白鷺洲

景陽井

臺城中景陽宫井也按南史隋克臺城陳後主與張麗華孔貴妃俱入井隋軍出之故杜牧之詩云三人出眢井謂此也其井有石欄上多題字舊傳云欄有石脉以帛拭之作胭脂痕

白楊路

縣南十二里石山岡之横道是也宋袁粲常酌于此忽逢村父便留連笑語人怪而問之荅曰吾侶偶遊非知音也

謝安墩

在半山報寧寺之後基址尚存謝安與王羲之嘗登此超然有高世之志

桃花塢

在蔣山寶公塔之西北舊有桃花甚盛今不復存

射雉場

在縣東二十里齊東昏侯置射雉場五百所皆以七

寶裝翳

烏衣巷

在縣東南四里晉書王導紀瞻宅皆在此巷劉禹錫詩曰朱雀橋邊野艸花烏衣巷口夕陽斜舊時王謝堂前燕飛入尋常百姓家

長干

長干是秣陵縣東里巷名江東謂山隴之間曰干建康南五里有山岡其間平地庶民雜居有大長干小長干東長干並是地名小長干在瓦棺寺南巷西頭

出大江

藏氷井

覆舟山上有淩室乃六朝每歲藏氷于此也

汴故宫記

元 楊奐

己亥春三月按部至于汴汴長吏宴于廢宫之長生殿懼後世無以考爲纂其大槩云皇城南外門曰南薰南薰之北新城門曰豐宜橋曰龍津橋北曰丹鳳而其門三丹鳳北曰州橋橋少北曰文武樓遵御路而北横街也東曰太廟西曰郊社正北曰承天門而其門五雙闕前引東曰登聞檢院西曰登聞鼓院檢院之東曰左掖門門之南曰待漏院鼓院之西曰右掖門門之南曰都堂承天之北曰大慶門而日精門左昇平門居其東月華門右昇平門居其西正殿曰大慶殿東廡曰嘉福樓西廡曰嘉瑞樓大慶之後曰德儀殿德儀之東曰左昇龍門西曰右昇龍門正門曰隆德曰蕭墻曰丹墀曰龍德殿龍德之左曰東上閤門右曰西上閤門皆南嚮東西二樓鐘鼓之所在鼓在東鐘在西隆德之次曰仁安門仁安殿東則内侍局内侍之東曰近侍局近侍之東曰嚴祇門宫中則曰撒合門少南曰東樓卽授除樓也西曰西樓仁

安之次曰純和殿正寢也純和西曰雪香亭雪香之北后妃位也有樓樓西曰瓊香亭亭西曰凉位有樓樓北少西曰玉清殿純和之次曰寧福殿寧福之後曰苑門由苑門而北曰仁智殿有二大石左曰敷錫神運萬歲峯右曰玉京獨秀太平巖殿曰山莊莊之西南曰翠微閣苑門東曰僊韶院院北曰湧翠峯峯之洞曰大滌湧翠東連長生殿殿東曰湧金殿湧金之東曰蓬萊殿長生西曰浮玉殿浮玉之西曰瀛洲殿長生之南曰閱武殿閱武南曰内藏庫由嚴祗門

東曰尚食局尚食東曰宣徽院宣徽北曰御藥院御藥北曰右藏庫右藏之東曰左藏宣徽東曰點檢司點檢北曰祕書監祕書北曰學士院學士之北曰諫院檢院之北曰武器署點檢之南曰儀鸞局儀鸞之南曰尚輦局宣徽之南曰拱衛司拱衛之南曰尚衣局尚衣之南曰繁禧門繁禧南曰安泰門安泰西與左升龍門直東則壽聖宫兩宫太后位本明俊殿試進士之所宫北曰徽音殿徽音之北曰燕壽殿燕壽殿垣後少西曰震肅衛司東曰中衛尉司儀鸞之東曰小東華門更漏在焉中衛尉司東曰祗肅門祗肅門東少南曰將軍司徽音壽聖之東曰太后苑苑之殿曰慶春慶春與燕壽並小東華與正東華對東華門内正北尚廐局尚廐西北曰臨武殿左掖門正北尚食局局南曰宫苑司宫苑司西北曰尚醞局湯藥局侍儀司少西曰符寶局器物局西則撒合門嘉瑞樓西曰三廟正殿曰德昌東曰文昭殿西曰光興殿並南嚮德昌之後宣宗廟也宫西門曰西華與東華直其北門曰安貞二大石外凡花石臺榭池亭之細

並不錄覩其制度簡素比土堦茅茨則過矣視漢之所謂千門萬戶珠壁華麗之飾則無有也然後之人因其制度而損益之以求其稱斯可矣

汴都平康記

宋　張邦基

晁無咎和李秬雙頭牡丹有云二喬新獲吳宮怯雙隗初臨晉帳羞月地故應相伴語風前各是一般愁政和間汴都平康之盛而李師師崔念月二妓名著一時晁冲之叔用每會飲多召侑席其後十許年再來京師二人尚在而聲名溢于中國李生者門第尤峻叔用追往昔成二詩以示江子之其一云少年使酒來京華縱步曾遊小小家看舞霓裳羽衣曲聽歌

玉樹後庭花門侵楊柳垂珠箔窓對櫻桃捲碧紗坐客半驚隨逝水吾人星散落天涯其二云春風踏月過章華青鳥雙邀阿母家繫馬柳低當戸葉迎人桃出隔墻花鬢深釵暖雲侵臉臂薄衫寒玉照紗莫作一生惆悵事鄰州不在海西涯靖康中李生與同輩趙元奴及築毬吹笛袁陶武震輩例籍其家李生流落來浙中士大夫猶邀之以聽其歌然憔悴無復向來之態矣

一云李生慷慨飛揚有丈夫氣以俠名傾一時號飛將軍每客退焚香啜茗蕭然自如人靡得而窺之也邦基又識

艮嶽記

宋　張淏

徽宗登極之初皇嗣未廣有方士言京城東北隅地協堪輿但形勢稍下儻少增高之則皇嗣繁衍矣上遂命土培其岡阜使稍加于舊矣而果有多男之應自後海内乂安朝廷無事上頗留意苑囿政和間遂即其地大興工役築山號壽山艮嶽命宦者梁師成專董其事時有朱勔者取浙中珍異花木竹石以進號曰花石綱專置應奉局於平江所費動以億萬計調民搜巖剔藪幽隱不置一花一木曾經黄封護視

稍不謹則加之以罪斵山輦石雖江湖不測之淵力不可致者百計以出之至名曰神運舟楫相繼日夜不絶廣濟四指揮盡以充輓士猶不給時東南監司郡守二廣市舶率有應奉又有不待旨但進物至都計會宦者以獻者大率靈璧太湖諸石二浙奇竹異花登萊文石湖湘文竹四川佳果異木之屬皆越海度江鑿城郭而至後上亦知其擾稍加禁戢獨許朱勔及蔡攸入貢竭府庫之積聚萃天下之伎藝凡六載而始成亦呼爲萬歲山奇花美木珍禽異獸莫不畢集飛樓傑觀雄偉瓌麗極于此矣越十年金人犯闕大雪盈尺詔令民任便斫伐爲薪是日百姓奔往無慮十萬人臺榭宫室悉皆拆毁官不能禁也予頃讀國史及諸傳記得其始末如此每恨其他不得而詳後得徽宗御製記文及蜀僧祖秀所作華陽宫記讀之所謂壽山艮嶽者森然在目也因各摭其畧以傳遺忘云御製艮嶽記畧曰於是按圖度地庀徒僝工累土積石設洞庭湖口絲谿仇池之深淵與泗濵

林慮靈璧芙蓉之諸山最瓌奇特異瑶琨之石即姑蘇武林明越之壤荆楚江湘南粵之野移枇杷橙柚橘柑榔栝荔枝之木金蛾玉羞虎耳鳳尾素馨渠那茉莉含笑之草不以土地之殊風氣之異悉生成長養于雕闌曲檻而穿石出罅岡連阜屬東西相望前後相續左山而右水　而傍隴連綿而彌滿吞山懷谷其東則高　立其下植梅以萬數綠蕚承趺芬芳馥郁結構山根號綠蕚華堂又旁有承嵐崑雲之亭有屋内方外圓如半月是名書舘又有八仙舘

屋圓如規又有紫石之巖祈真之磴攬秀之軒龍吟之堂其南則壽山嵯峨兩峯並峙列嶂如屏瀑布下入雁池池水清泚漣漪鳧鴈浮泳水面棲息石間不可勝計其上亭曰噰噰北直絳霄樓峯巒崛起千疊萬複不知其幾十里而方廣兼數十里其西則參术杞菊黄精芎藭被山彌塢中號藥寮又禾麻菽麥黍豆秔秫築室若農家故名西莊上有亭曰巢雲高出峯岫下視羣嶺若在掌上自南徂北行岡脊兩石間綿亘數里與東山相望水出石口噴薄飛注如獸面

名之曰由龍淵濯龍峽蟠秀練光跨雲亭羅漢巖又西半山間樓曰倚翠青松蔽密布于前後號萬松嶺上下設兩關出關下平地有大方沼中有兩洲東爲蘆渚亭曰浮陽西爲梅渚亭曰雲浪沼水西流爲鳳池東出爲研池中分二館東曰流碧西曰環山館有閣曰巢鳳堂曰三秀以奉九華玉真安妃聖像東池後結棟山下曰揮雲廳復由磴道盤行縈曲捫石而上既而山絶路隔繼之以木棧倚石排空周環曲折有蜀道之難躋攀至介亭此最高于諸山前列巨石凡三丈許號排衙巧怪巉巖藤蘿蔓衍若龍若鳳不可殫窮麓雲半山居右極目蕭森居左北俯景龍江長波遠岸彌十餘里其上流注山間西行潺湲爲漱玉軒又行石間爲煉丹亭凝觀圖山亭下視水際見高陽酒肆清斯閣北岸萬竹蒼翠蓊鬱仰不見天有勝雲菴躡雲臺消閒館飛岑亭無雜花異木四面皆竹也又支流爲山莊爲回溪自山蹊石罅搴條下平陸中立而四顧則巖峽洞穴亭閣樓觀喬木茂草或高或下或遠或近一出一入一榮一彫四面周匝徘

徊而仰顧若在重山大壑深谷幽巖之底不知京邑空曠坦蕩而平也又不知郛郭寰會紛萃而填委也真天造地設神謀化力非人所能爲者此舉其梗槩焉祖秀華陽宮記曰政和初天子命作壽山艮嶽於禁城之東陬詔閹人董其役舟以載石輿以輦土驅散軍萬人築岡阜高十餘仞增以太湖靈璧之石雄拔峭峙功奪天造石皆激怒觝觸若踶若齧牙角口鼻首尾爪距千態萬狀殫奇盡怪輔以蟠木瘿藤雜以黄楊對青竹蔭其上又隨其榦旋之勢斬石開

徑憑險則設磴道飛空則架棧閣仍于絕頂增高樹以冠之搜遠方珍材盡天下蠹工絕伎而經始焉山之上下致四方珍禽奇獸動以億計猶以爲未也鑿池爲溪澗疊石爲隄捍任其石之怪不加斧鑿因其餘土積而爲山山骨暴露峯稜如削飄然有雲姿鶴態曰飛來峯高於雉堞翻若長鯨腰徑百尺植梅萬本曰梅嶺接其餘岡種丹杏鴨脚曰杏岫又增土疊石間留隙穴以栽黃楊曰黃楊巘築修岡以植丁香積石其間從而設險曰丁嶂又得賴石任其自然增

而成山以椒蘭雜植于其下曰椒崖接水之末增土爲大陂從東南側柘枝幹柔密揉之不斷葉葉爲幢蓋鸞鶴蛟龍之狀動以萬數曰龍柏坡循青山而西移竹成林復開小徑至百數步竹有同本而異幹者不可紀極皆四方珍貢又雜以對青竹十居八九曰斑竹麓又得紫石滑淨如削面徑數仞因而爲山貼山車立山陰置木櫃絕頂開深池車駕臨幸則驅水工登其頂開閘注水而爲瀑布曰紫石壁又名瀑布屏從艮嶽之麓琢石爲梯石皆溫潤淨滑曰朝真磴

又于洲上植芳木以海棠冠之曰海棠川壽山之西別治園囿曰藥寮其宮室臺榭卓然著聞者曰瓊津殿降霄樓綠萼華堂築臺高千仞周覽都城近若指顧造碧虛洞天萬山環之開三洞爲品字門以通前後苑建八閣亭于其中央榱橑窗楹皆以瑪瑙石間之其地琢爲龍礎導景龍江東出安遠門以備龍舟行幸東西擷景二園西則溯舟造景龍門以幸曲江池亭復自瀟湘江亭開閘通金波門北幸擷　提外築壘衛之瀕水蒔絳桃海棠芙蓉垂楊略無隙地

又于舊地作野店麓治農圃開東西二關夾懸巖磴道隘迫石多峯稜過者膽戰股栗凡自苑中登舉峯所出入者此二關而已又爲勝遊六七曰躍龍澗漾春陂桃花閘鴈池迷真洞其餘勝跡不可殫紀工已落成上名之曰華陽宮然華陽大抵衆山環列于其中得平蕪數十頃以治園囿以闢宮門於西入徑廣于馳道左右大石皆林立僅百餘株以神運昭功敷慶萬壽峯而名之獨神運峯廣百圍高六仞錫爵盤固侯居道之中束石爲亭以庇之高五十尺御製記

文親書建三丈碑附于石之東南陬其餘石或若孥臣入侍帷幄正容凜若不可犯或戰栗若敬天威或奮然而趨又若傴僂趨進其怪狀餘態娛人者多矣上既悅之悉與賜號守吏以奎章畫列于石之陽其他軒榭庭徑各有巨石棋列星布竝與賜名惟神運峯前巨石以金飾其字餘皆青黛而已此所以第其甲乙者乃命羣峯其略曰朝日昇龍望雲坐龍矯首玉龍萬壽老松棲霞捫參銜日吐月排雲衝斗雷門月窟蟠螭坐獅推青凝碧金鼇玉龜疊翠獨秀棲煙

、嚲雲風門雷穴玉秀玉竇銳雲巢鳳雕琢渾成登封日觀蓬瀛須彌老人壽星卿雲瑞靄溜玉噴玉藴玉琢玉積玉疊玉叢秀而在于渚者曰翔鱗立于渙者曰舞仙獨踞洲中者曰玉麒麟冠于壽山者曰南屏小峯而附于池上者曰伏犀怒猊儀鳳烏龍立于沃泉者曰留雲宿霧又爲藏煙谷滴翠巖搏雲屏積雪嶺其間黄石仆于亭際者曰抱犢天門又有大石二枚配神運峯異其居以壓衆石作亭庇之寘于寰春堂者曰玉京獨秀太平巖寘于綠萼華堂者曰卿雲萬態奇峯括天下之美藏古今之勝于斯盡矣靖康元年閏十一月大梁陷都人相與排墻避 于壽山艮嶽之巔時大雪新霽丘壑林塘傑若畫本凡天下之美古今之勝在焉祖秀周覽累日咨嗟驚愕信天下之傑觀而天造有所未盡也明年春復遊華陽宮而民廢之矣

洛陽名園記

宋　李廌

富鄭公園

洛陽園池多因隋唐之舊獨富鄭公園最爲近闢而景物最勝游者自其第東出探春亭登四景堂則一園之景勝可顧覽而得南渡通津橋上方流亭望紫筠堂而還右旋花木中有百餘步走蔭樾亭賞幽臺抵重波軒而止直北走土筠洞自此入大竹中凡謂之洞者皆斬竹丈許引流穿之而徑其上橫爲洞一

曰土筠縱爲洞三曰水筠曰石筠曰榭筠歷四洞之北有亭五錯列竹中曰叢玉曰披風曰漪嵐曰夾竹曰兼山稍南有梅臺又南有天光臺臺出竹木之杪遵洞之南而東還有臥雲堂堂與四景堂並南北左右二山背壓通流凡坐此則一園之勝可擁而有也鄭公自還政事歸第一切謝賓客燕息此園幾二十年亭臺花木皆出其目營心匠故逶迤衡直闓爽深密皆曲有奧思

董氏西園

董氏西園亭臺花木不爲行列區處周旋景物歲增月葺所成自南門入有堂相望者三稍西一堂在大池間逾小橋有高臺一又西一堂竹環之中有石芙蓉水自其花間湧出開軒窗四面甚敞盛夏燠暑不見畏日清風忽來留而不去幽禽靜鳴各誇得意此山林之景而洛陽城中遂得之於此小路抵池池南有堂面高亭堂雖不宏大而屈曲甚邃游者至此往往相失豈前世所謂迷樓者類也元祐中有留守喜宴集于此

董氏東園

董氏以財雄洛陽元豐中少縣官錢糧盡籍入田宅城中二園因蕪壞不治然其規模尚足稱賞東園北鄉入門有栝可十圍實小如松實而甘香過之有堂可居董氏盛時載歌舞游之醉不可歸則宿此數十日南有敗屋遺址獨流盃寸碧二亭尚完西有大池中爲堂傍之曰含碧水四面噴瀉池中而陰出之故朝夕如飛瀑而池不溢洛人盛醉者走登其堂輒醒故俗目曰醒酒池

環谿

環谿王開府宅園甚潔華亭者南臨池池左右翼而北過涼榭復匯爲大池周圍如環故云然也榭南有多景樓以南望則嵩高少室龍門大谷層峯翠巘畢效奇於前榭北有風月臺以北望則隋唐宫闕樓殿千門萬戶岧嶤璀璨延亘十餘里凡左太沖十餘年極力而賦者可瞥目而盡也又西有錦廳秀野臺園中樹松檜花木千株皆品別種列除其中爲島塢使可張幄次各待其盛而賞之涼榭錦廳其下可坐數

百人宏大壯麗洛中無逾者

劉氏園

劉給事園涼堂高卑制度適愜可人意有知木經者見之且云近世建造率務峻立故居者不便而易壞唯此堂正與法合西南有臺一區尤工緻方十許丈地而樓橫堂列廊廡迴繚闌楯周接木暎花承無不妍穩洛人目爲劉氏小景今析爲二不能與他園爭矣

叢春園

今門下侍郎安公買於尹氏岑寂而喬木森然桐梓檜柏皆就行列其大亭有叢春亭高亭有先春亭叢春亭出荼蘼架上北可望洛水蓋洛水自西洶湧奔激而東天津橋者疊石爲之直力滀其怒而納之于洪下洪下皆大石底與水爭噴薄成霜雪聲聞數十里予嘗窮冬月夜登是亭聽洛水聲久之覺清冽侵人肌骨不可留乃去

天王院花園子

洛中花甚多種而獨名牡丹曰花王凡園皆植牡丹

而獨名此曰花園子蓋無他池亭獨有牡丹數十萬本凡城中賴花以生者畢家于此至花時張幙幄列市肆管絃其中城中士女絶烟火游之過花時則復爲丘墟破垣遺竈相望矣今牡丹歲益滋而姚黄魏紫一枝千錢姚黄無賣者

歸仁園

歸仁其坊名也園盡此一坊廣輪皆里餘北有牡丹芍藥千株中有竹百畝南有桃李彌望唐丞相牛僧孺園七里檜其故木也今屬中書李侍郎方剏亭其

中河南城方五十餘里中多大園池而此爲冠

苗帥園

節度使苗侯既貴欲極天下佳處卜居得河南河南園宅又號最佳處得開寶宰相王溥園遂搆之園既古景物皆蒼老復得完力藻飾出之於是有欲憑陵諸園之意矣園故有七葉二樹對峙高百尺春夏望之如山然今剏堂其北竹萬餘竿皆大滿二三圍踈筠琅玕如碧玉椽今剏亭其南東有水自伊水派來可浮十石舟今剏亭壓其溪有大松七今引水繞之

有池宜蓮荇今剏水軒板出水上對軒有橋亭制度甚雄侈然此猶未盡得王丞相故園水東爲直龍圖閣趙氏所得亦大剏第宅園池其間稍北曰郏鄏陌陌列七丞相之第文潞公程丞相宅傍皆有池亭而趙韓王園獨可與諸園列

趙韓王園

趙韓王宅園國初詔將作營治故其經畫制作殆侔禁省韓王以太師歸是第百日而薨子孫皆家京師罕居之故園池亦以扃鑰爲常高亭大榭花木之淵數歲時獨厮養擁篲負畚鍤者於其間而已蓋入之於宴閒每自吝惜宜甚於聲名爵位

李氏仁豐園

李衛公有平泉花木記百餘種耳今洛陽良工巧匠批紅判白接以它木與造化爭妙故歲歲益奇且廣桃李梅杏蓮菊各數十種牡丹芍藥至百餘種而又遠方奇卉如紫蘭茉莉瓊花山茶之儔號爲難植獨植之洛陽輒與其土產無異故洛中園圃花木有至千種者甘露院東李氏園人方甚治而洛中花木無

不有中有四并迎翠濯纓觀德超然五亭

松島

松柏樅杉檜栝皆美木洛陽獨愛栝而敬松松島數百年松也其東南隅雙松尤奇在唐爲袁象先園本朝屬李文定公丞相今爲吳氏園傳三世矣頗葺亭榭池沼植竹木其傍南築臺北搆堂東北曰道院又東有池池前後爲亭臨之自東大渠引水注園中清泉細流涓涓無不通處在他郡尚無有而洛陽獨以其松名

東園

文潞公東園本藥圃地薄東城水渺瀰甚廣汎舟游者如在江湖間也淵映瀍水二堂宛宛在水中湘膚藥圃二堂間列水石西去其第里餘今潞公官太師年九十尚時杖屨游之

紫金臺張氏園

自東園並城而北張氏園亦繞水而富竹木有亭四河圖志云黃帝坐玄扈臺郭璞云在洛汭或曰此其處也

水北胡氏園

水北胡氏二園相距十許步在邙山之麓瀍水經其旁因岸穿二土室深百餘尺堅完如埏埴開軒窗其前以臨水上水清淺則鳴漱湍瀑則奔駛皆可喜也有亭榭花木率在二室之東凡登覽徜徉俯瞰而峭絕天授地設不待人力而巧者洛陽獨有此園耳但其亭臺之名皆不足載載之且亂實如其臺四望盡百餘里而縈伊繚洛乎其間林木薈蔚烟雲掩映高樓曲榭時隱時見使畫工極思不可圖而名之曰玩月臺有庵在松檜藤葛之中闢旁牖則臺之所見亦畢陳於前避松檜褰藤葛的然與人目相會而名之曰學古菴其實皆此類

大字寺園

大字寺園唐白樂天園也樂天云吾有第在履道坊五畝之宅十畝之園有水一池有竹千竿是也今張氏得其半爲會隱園水竹尚甲洛陽但以其圖攷之則某堂有某木某亭有某木其水其木至今猶存而曰堂曰亭者無復彷彿矣豈因於天理者可久而成於人力者不可恃邪寺中樂天石刻存者尚多

獨樂園

司馬溫公在洛陽自號迂叟謂其園曰獨樂園園卑小不可與它園班其曰讀書堂者數十椽屋澆花亭者益小弄水種竹軒者尤小曰見山臺者高不過尋丈曰釣魚菴曰採藥圃者又特結竹杪落蕃蔓草爲之爾溫公自爲之序諸亭臺詩頗行於世所以爲人欣慕者不在於園耳

湖園

洛人云園圃之勝不能相兼者六務宏大者少幽邃人力勝者少蒼古多水泉者艱眺望兼此六者惟湖園而已予嘗游之信然在唐爲裴晉公宅園園中有湖湖中有堂曰百花洲名蓋舊堂蓋新也湖北之大堂曰四并堂名蓋不足勝蓋有餘也其四達而當東西之蹊者桂堂也截然出於湖之右者迎暉亭也過横地披林莽循曲徑而後得者梅臺知止菴也自竹逕望之超然登之修然者環翠亭也渺渺重邃猶擅花卉之盛而前據池亭之勝者翠樾軒也其大略如

此若夫百花酣而白晝眩青蘋動而林陰合水靜而跳魚鳴木落而羣峯出雖四時不同而景物皆好則又其不可殫記者也

呂文穆園

伊洛二水自東南分注河南城中而伊水尤清徹園亭喜得之若又當其上流則春夏無枯涸之病呂文穆園在伊水上流木茂而竹盛有亭三一在池中二在池外橋跨池上相屬也洛陽又有園池中有一物特可稱者如大隱莊梅楊侍郎園流杯師子園師子是也梅蓋早梅香甚烈而大説者云自大庾嶺移其本至此流杯水雖急不旁觸爲異師子非石也入地數十尺或以地考之蓋武后天樞銷鑠不盡者也舍此又有嘉猷會節恭安溪園等皆隋唐官園雖已犂爲良田樹爲桑麻矣然宮殿池沼與夫一時會集之盛今遺俗故老猶有識其所在而道其廢興之端者游之亦可以觀萬物之無常覽時之倏來而忽逝也

論曰洛陽處天下之中挾殽澠之阻當秦隴之襟喉而趙魏之走集蓋四方必爭之地也天下常無事則

已有事則洛陽先受兵予故嘗曰洛陽之盛衰者天下治亂之候也方唐貞觀開元之間公卿貴戚開館列第於東都者號千有餘邸及其亂離繼以五季之酷其池塘竹樹兵車蹂踐廢而爲丘墟高亭大榭煙火焚燎化而爲灰燼與唐共滅而俱亡者無餘處矣予故嘗曰園圃之廢興洛陽盛衰之候也且天下之治亂候於洛陽之盛衰而知洛陽之盛衰候於園圃之廢興而得則名園記之作予豈徒然哉嗚呼公卿大夫方進於朝放乎以一己之私自爲而忘天下之

治忽欲退享此樂得乎唐之末路是矣

洛陽名公卿園林爲天下第一靖康後祝融回祿盡取以去矣予得李格非文叔洛陽名園記讀之至流涕文叔出東坡之門其文亦可觀如論天下之治亂候於洛陽之盛衰洛陽之盛衰候於園圃之廢興其知言哉河南邵博記

晉王右軍聞成都有漢時講堂秦時城池門屋樓觀慨然遠想欲一游目其與周益州帖蓋所致意焉近時呂太史有宗少文臥游之語凡昔人紀載人境之

勝爲一編其奉祠亳社也自以爲譙沛眞源恍然在目觀兖之太極嵩之崇福華之雲臺皆將臥遊之噫嘻孤矣四方之志高人達士之懷古今一也顧南北分裂蜀在境内惟遠患不往爾往則至矣亳兖嵩華視蜀猶爾封也欲往其可得乎然則太史之情其可悲也已予近得此記手爲一通與東京記長安河南志夢華錄諸書並藏而時自覽焉是亦臥遊之意云爾永嘉陳瑗伯玉書

吳興園林記

宋 周密

吳興山水清遠昇平日士大夫多居之其俊秀安僖王府第在焉尤爲盛觀麓中二溪横貫此天下之所無故好事者多園池之勝倪文節經鉏堂雜志嘗紀當特園圃之盛余生晚不及盡見而所見者亦有出於文節之後今摭城之内外常所經遊者列於後亦可想像作夢也

南沈尚書園

沈德和尚書園依南城近百餘畝果樹甚多林檎尤盛内有聚芝堂藏書堂前鑿大池幾十畝中有小山謂之蓬萊池南竪太湖三大石各高數丈秀潤奇峭有名於時其後賈師憲欲得之募力夫數百人以大木構大架懸巨絙縋城而出載以連舫涉溪絕江致之越第凡價數夫其後賈敗官斥賣其家諸物獨此石臥泥沙中適王子才好之請買于官募工移植其費不貲未幾有指爲盜賣者省府追逮半歲所費十倍於石遂復昇還之可謂石妖矣

北沈尚書園

沈賓王尚書園正依城北奉勝門外城號北村葉水心作記園中鑿五池三面皆水極有野意後又名之曰自足有靈壽書院怡老堂溪山亭對湖臺盡見太湖諸山水心嘗評天下山水之美而吳興特爲第一誠非過許也

章參政嘉林園

外祖文莊公居城南後有地數十畝元有潛溪閣昔沈晦嵓清臣故園也有嘉林堂懷蘇書院相傳坡翁作守多游于此城之外別業可二頃桑林果樹甚盛瀠濼横截車馬至者數返復有城南書院然其地本郡志之南園廢出售于民與李寶謨者各得其半李氏者後歸牟存齋

牟端明園

本郡志南園後歸李寶謨其後又歸牟存齋園中有碩果軒（大梨一株）元祐學堂芳菲二亭荼蘼雙杏亭浮舫齋岷峨一畝宮宅前枕大溪曰南漪小隱

趙府北園

舊爲安僖故物後歸趙德勤觀文其子春谷文曜葺而居之東浦書院桃花流水薰風池閣東風第一梅等亭正依臨湖門之内後依城城上一眺盡見具區之勝

丁氏園

丁總領園在奉勝門内後依城前臨溪葢萬元亨之南園楊氏之水雲鄉合二園而爲一後有假山及砌臺春時縱郡人遊樂郡守每歲勸農還必於此艤舟宴焉

蓮花庄

在月河之西四面成水荷花盛開時錦雲百頃亦城中之所無也昔爲莫氏產今爲趙氏

趙氏菊坡園

新安郡王之園也昔爲趙氏蓮庄分其半爲之前面大溪爲脩堤畫橋蓉柳夾岸數百株照影水中如鋪錦繡其中亭宇甚多中島植菊至百種爲菊坡中甫二卿自命也相望一水則其宅在焉舊爲曾氏極目亭最得觀覽之勝人稱曰八面曾家今名天開圖畫

程氏園

程文簡尚書園在城東宅之後依東城水濠有至游堂鷗鷺堂芙蓉徑

丁氏西園

丁葆光之故居在清源門之內前臨苕水築山鑿池號寒岩一時名士洪慶善王元渤俞居易芮國器劉行簡曾天隱諸名士皆有詩臨沼有茅亭或稱爲丁家菴

倪氏園

倪文節尚書所居月河即其處爲園池蓋四至傍水易於成趣也

趙氏南園

趙府三園在南城下與其第相連處勢寬閒氣象宏大後有射圃崇樓之類甚壯

葉氏園

石林右丞相族孫溥號克齋者所創在城之東多竹石之勝

李氏南園

李鳳山參政本蜀人後居霅因創此爲游遨之地中有傑閣曰懷岷穆陵御書也

王氏園

王子壽使君家於所居之中規模雖小然回折可喜有南山堂臨流有三角亭苕霅二水之所匯苕清霅濁水行其間畧不相混物理有不可曉者

趙氏園

端肅和王之家後臨顏魯公池依城曲折亂植拒霜號芙蓉城有善慶堂最勝

趙氏清華園

新安郡王之家後依北城有林田二頃有清華堂前有大池靜深可愛

俞氏園

俞子清侍郎臨湖門所居謂之俞氏自退翁四世皆未及年告老各享高壽晚年有園池之樂蓋吾鄉衣冠之盛事也假山之奇甲於天下

趙氏瑤阜

蘭坡郡城之別業去城既近景物頗幽後有石洞常

華其家法書刊石爲瘞身帖

趙氏蘭澤園

園亦近世所葺頗宏大其間規爲瘞地作矢寺牡丹特盛未幾寺爲有力撤去

趙氏繡谷園

舊爲秀邱今屬趙忠惠家一堂據山椒曰霅川圖畫盡見一城之景亦奇觀也

趙氏小隱園

在北山法華寺後有流杯亭引澗泉爲之有古意梅

竹殊勝

趙氏蜃洞

近爲趙忠惠所有一洞窅然而深不可測聞昔有蜃居焉

趙氏蘇灣園

菊坡所刱去南關三里而近碧浪湖浮玉山在其前景物殊勝山椒有雄跨亭盡見太湖諸山

畢氏園

畢最遇承宣所葺正依迎禧門城三面皆溪其南則丘山在焉亦歸之趙忠惠家

倪氏玉湖園

倪文節別墅在峴山之傍取浮玉山碧浪湖合而爲名中有藏書樓極有野趣

章氏水竹塢

章農卿北山別業也有水竹之勝

韓氏園

距南關無二里昔屬平原從後歸余家名之曰南郭隱城南讀書堂萬松關太湖三峯各高數十尺當韓

氏全盛時役三百壯夫移致於此

葉氏石林

左丞葉少蘊之故居在卞山之陽萬石環之故名且以自號正堂曰兼山傍曰石林精舍有承詔求志從好等堂及靜樂菴愛日軒躋雲軒碧琳池又有嵓居眞意知止等亭其隣有朱氏怡雲庵涵空橋玉瀾故公復以玉瀾名書大抵一徑產楊梅盛夏之際十餘里間朱實離離不減閩中荔枝也此園在霅最古今皆沒於蔓草影響不復存矣

黄龍洞

與卞山佑聖宮相隣一穴幽深眞蜿蜒之所宅居入於雲氣中每見頭角但歲旱禱之輒應眞宗朝金字牌在焉在唐謂之金井洞亦福地名山之一也

玲瓏山

在卞山之陰嵌空竒峻略如錢塘之南屏及靈隱薌林皆竒石也有洞曰歸雲張有謙中篆書于石梁闊三尺許横繞兩石間名定心石傍有唐杜牧題名云前湖州刺史杜牧大中五年八月八日來及紹興癸

卯葛曾卿林彦政劉無言莫彦平葉少藴題名章文莊公有詩云短鎚長鑱出萬峯鑿開混沌作玲瓏市朝可是無巉嶮更向山林巧用工玲瓏山近在一二里許近歲沈氏抉剔爲之大率此山十里中間皆竒石也今亦皆蕪没於空山矣

劉氏園

在北山德本村富民劉思所葺後亦歸之趙忠惠

錢氏園

在毗山去城五里因山爲之岩洞秀竒亦可喜下瞰太湖手可攬也錢氏所居在焉有堂曰石居

程氏園

文簡公别業也去城數里曰河口藏書數萬卷作樓貯之

孟氏園

在河口孟無庵第二子既爲趙忠惠婿居霅遂創業於此有極高明樓亭宇凡十餘所

廬山草堂記

唐　白居易

匡廬奇秀甲天下山山北峰曰香爐峰北寺曰遺愛寺介峰寺間有境勝絶又甲廬山元和十一年秋太原人白樂天見而愛之若遠行客過故鄉戀戀不能去因面峰腋寺作爲草堂明年春草堂成三間兩柱二室四牖廣袤豐殺一稱心力洞北戸來陰風防徂暑也敞南甍納陽日虞祁寒也木斵而已不加丹墻圬而已不加白墄階用石冪牎用紙竹簾紵幃率稱

是焉堂中設木榻四素屏二漆琴一張儒道佛書各三兩卷樂天既來爲主仰觀山俯聽泉傍睨竹樹雲石自辰至酉應接不暇俄而物誘氣隨外適内和一宿體寧再宿心恬三宿後頹然嗒然不知其然而然自問其故答曰是居也前有平地輪廣十丈中有平臺半平地臺南有方池倍平臺環池多山竹野卉池中生白蓮白魚又南抵石澗夾澗有古松老杉大僅十人圍高不知幾百尺脩柯戛雲低枝拂潭如幢竪如張蓋如龍蛇走松下多灌叢蘿蔦葉蔓駢織承翳

日月光不到地盛夏風氣如八九月時下鋪白石爲出入道堂北五步據層崖積石嵌空垤塊雜木異草蓋覆其上綠陰濛濛朱實離離不識其名四時一色又有飛泉植茗就以烹燀好事者見可以永日堂東有瀑布水懸三尺瀉階隅落石渠昏曉如練色夜中如環珮琴筑聲堂西倚北崖右趾以剖竹架空引崖上泉脉分綫懸自簷注砌纍纍如貫珠霏微如雨露滴瀝飄灑隨風遠去其四傍耳目杖屨可及者春有錦繡谷花夏有石門澗雲秋有虎谿月冬有鑪峰雪

陰晴顯晦昏旦含吐千變萬狀不可殫紀覶縷而言故云甲廬山者噫凡人豐一屋華一簀而起居其間尚不免有驕穩之態今我爲是物主物至致知各以類至又安得不外適内和體寧心恬哉昔永遠宗雷輩十八人同入此山老死不反去我千載我知其心以是哉矧予自思從幼迨老若白屋若朱門凡所止雖一日二日輒覆簣土爲臺聚拳石爲山環斗水爲池其喜山水病癖如此一旦蹇剝來佐江郡郡守以優容而撫我廬山以靈勝待我是天與我時地與我

所卒獲所好又何以求焉尚以冗員所羈餘累未盡或往或來未遑寧處待予異時弟妹婚嫁畢司馬歲秩滿出處行止得以自遂則必左手引妻子右手抱琴書終老於斯以成就我平生之志清泉白石實聞此言時三月二十七日始居新堂四月九日與河南元集虛范陽張允中南陽張深之東西二林寺長老湊朗滿晦堅等凡二十有二人具齋施茶果以落之因爲草堂記

祭廬山文

維元和十二年歲次丁酉二月二十五日乙酉將仕郎守江州司馬白居易以香火酒脯告于廬山遺愛寺四旁上下大小諸神居易夙聞匡廬天下神秀幸因佐宦得造茲山又聞永遠宗雷同居於是道俗並處古之遺風而遺愛西偏鄭氏舊隱二寺長老招予此居創新堂宇疏舊泉沼或來或往棲遲其間不惟耽翫水石以樂野性亦欲擺去煩惱漸歸空門儻秩滿以來得以自遂餘生終老願託於斯今葺構既成遊息方始爰以潔敬薦茲馨香不敢媚神不敢禳福但使疫癘不作魍魎不逢猛獸毒蟲各安其所苟人居之靜謐則神道之光明齋心露誠庶幾有答

香鑪峰下新置草堂即事詠懷題于石上

香鑪峰北面遺愛寺西偏白石何鑿鑿清流亦潺潺有松數十株有竹千餘竿松張翠傘蓋竹倚青琅玕其下無人居惜哉多歲年有時聚猿鳥終日空風煙時有沉冥子姓白字樂天平生無所好見此心依然如獲終老地忽乎不知還架巖結茅宇斵壑開茶園何以洗我耳屋頭飛落泉何以洗我眼砌下生白蓮左手挈一壺右手挈五絃傲然意自足箕踞於其間興酣仰天歌歌中聊寄言言我本野夫誤爲世網牽時來昔捧日老去今歸山倦鳥得茂樹涸魚反清源捨此欲焉往人間多險難

草堂三謡

唐　白居易

予廬山草堂中有朱藤杖一蟠木几一素屏風二時多杖藤而行隱几而坐掩屏而卧宴息之暇筆硯在前偶爲三謡各導其意亦猶座右陋室銘之類爾

蟠木謡

蟠木蟠木有似我身不中乎器無用於人下擁腫而上轔菌桷不桷兮輪不輪天子建明堂兮既非梁棟諸侯斵大輅兮材又不中唯我病夫或有所用用爾爲几承吾臂支吾頤而已矣不傷爾性不枉爾理爾怏怏爲几之外無所用爾爾既不材吾亦不材胡爲乎人間徘徊蟠木蟠木吾與汝歸草堂去來

素屏謡

素屏素屏胡爲乎不文不飾不丹不青當世豈無李陽氷之篆字張旭之筆迹邊鸞之花鳥張藻之松石吾不令加一點一畫於其上欲爾保眞而全白吾於香爐峯下置草堂二屏倚在東西墻夜如明月入我

室懷□□曉如白雲圍我衆我心久養浩然氣亦欲與爾表裏相輝光爾不見當今甲第與王宮織成步障錦屏風綴珠陷鈿貼雲母五金七寶相玲瓏貴豪待此方悦目然肯寢卧乎其中素屏素屏物各有所宜用各有所施爾今木爲骨兮紙爲面捨我草堂欲何之

朱藤謡

朱藤朱藤溫如紅玉直如朱繩自我得爾以爲杖大有裨於股肱前年左遷東南萬里交游別我于國門親友送我于滻水登高山兮車倒輪摧渡漢水兮馬跙蹄開中途不進部曲多廻唯此朱藤實隨我來瘴癘之鄉無人之地扶衛衰病驅呵魍魅吾獨一身賴爾爲二或水或陸自北徂南泥黏（泥占反）雪滑足力不堪我本兩足得爾爲三紫霄峯頭黄石岩下松門石磴不□□焉吾與爾披雲撥水環山繞野二年蹋遍匡廬□□嘗一步而相捨雖有佳子弟良友朋扶危助蹇不如朱藤嗟乎窮既若是通復何如吾不以常杖待爾爾勿與常人望吾朱藤朱藤吾雖青雲之上

黄泥之下誓不棄爾於斯須

終南十志　　唐 盧鴻

草堂第一

草堂者蓋因自然之溪阜以當墉洫資人力之締架後加茅茨將以避燥濕成棟宇之用昭簡易叶乾坤可容膝休閑谷神全道此其所以貴也及靡者居之則妄爲翦飾失天理矣歌曰山爲宅草爲堂芝室兮葯房羅蘼蕪拍薜荔荃壁兮蘭砌蘼蕪薜荔成草堂中有人兮信宜常讀金書飲玉液童顏幽操長不易

樾館第二

樾館者蓋即林取材基巔柘架以加茅茨居不期逸爲不至勞清淡娛賓斯爲尚矣及蕩者鄙其隘闃苟事宏麗乖其實矣歌曰紫岩隈清溪側雲松烟蔦兮千古色芳靃蘼陰蒙籠幽人架館在其中臥風霄坐霞旦蘿蘼蒙籠依樾館粤有賓兮時戾止樵蘇不爨清談而已永歲終朝常若此

羃翠庭第三

羃翠庭者蓋崢嶸積陰林蘿沓擊其上綠羃其下

湛可以王神可以寘道矣及喧者游之則酣謔永日汩其清而薄其垢矣歌曰青厓嶮丹礀曲重幽叠邃隱淪躅草蔚緜纍翠蒙籠嘗其無在庭中嘗其有羃翠庭神可谷道可寘幽有人兮張素琴白玉徽兮高山流水之清音聽之愔澹兮寘是心

洞元室第四

洞元室者蓋因喦即室即理談元室成自然元斯洞矣及邪者居之則假容竊次妄作虛誕竟生異言歌曰嵐氣肅兮喦翠寘室陰戶虛矣芳迎披蕙帳促蘿

筵談空空兮褧元元蕙帳蘿筵洞元室秘而幽直且吉道於斯兮可寘繹妙思洞兮草元經結幽門兮在黃庭

倒景臺第五

倒景臺者蓋太室南麓天門右厓傑峯如臺氣凌倒景登路有三皆可少憩或曰三休臺可以會馭風之客邀絕塵之子超越真神蕩滌塵襟此其所以絕勝也及世人登焉則寬散神越目極心傷矣歌曰天門豁仙臺聳傑屹崒兮雲傾湧窮三休曠一觀忽若登崑崙兮終期汗漫山聳雲間倒景臺舒灝氣軼囂埃皎皎之子兮自獨立雲可朋霞可友曾有榮辱之可

桃烟廷第六

桃烟廷者蓋特峯秀起意若桃烟秘廷窅如仙會即揚雄所謂爰清爰靜遊神之廷是也可以超絕世紛永潔精神矣及機士登焉則寥闐憔悅裴懷情累矣歌曰臨泱漭背青熒吐雲烟兮合窅冥悅欽翕兮沓幽靄意漂渺兮群仙會窅冥仙會桃烟廷埭魂形凝

視聽聞夫至誠必感兮祈此巔潔顥氣養丹田終紡像兮覲群仙

期仙磴第七

期仙磴者蓋危磴穹窿迴接雲路靈仙彷彿想若可期及儒者毀所不見則黜之矣歌曰霏微陰壑兮氣騰虹迤邐危磴兮上凌空咫尺雲路期仙磴虛可憑道可證青霞杪紫烟垂鸞歌鳳舞吹參差迎鴻駕揖瑶軒山中人好神仙想像於此欲升烟鑄丹鍊液佇還年

滌煩磯第八

滌煩磯者葢穹谷峻厓發地盤石飛流噴激積瀨成渠滌性滌煩廻有幽致可爲智者說難與俗人言歌曰靈磯盤薄兮噴舀䃎漱靈風兮鎮寘堅研苦滋泉珠潔一憩一飲塵鞅滅䃁䃁瀉漣漪兮滌煩磯靈仙境兮仁智歸中有琴徽似玉峩峩湯湯彈此曲寄聲知音同所欲

雲錦淙第九

雲錦淙者葢激溜攢衝傾石叢倚鳴湍疊濯噴若風雷詭輝分麗煥若雲錦可瑩徹靈矚幽翫忘歸及匪士覩之則反曰寒泉傷玉趾矣歌曰水攢聳石叢聳煥雲錦兮噴洒湧苔駁犖草夤緣芳羃羃兮瀨濺濺水石攢衝雲錦淙波跳珠泉結流有潔寘者媚此幽漱靈液樂天休實獲我心夫何求

金碧潭第十

金碧潭者葢水潔石鮮光涵金碧嵓葩林蔦有助芳陰空洞虛徹道斯勝矣而世士纏乎利害者則未暇遊之歌曰水碧色石金光灔熠熠兮淡湟湟泉葩映烟蔦臨嵓霏林翠積芳陰霜月洞烱景涵水色石光金碧潭幽有人兮好寘絶炳其煥凝其潔悠悠終古長不滅

盧鴻草堂圖眞蹟尚在京口張氏安得一見以當卧遊

平泉山居雜記

唐　李德裕

經始平泉追先志也吾隨侍先太師忠公在外十四年上會稽探禹穴歷楚澤登巫山游沅湘望衡嶠先公每維舟清眺意有所感必凄然遐想屬目伊川嘗賦詩曰龍門南岳盡伊源草樹人烟目所存正是北州梨棗熟夢魂秋日到郊園吾心感是詩有退居伊洛之志前守金陵于龍門之西得喬處士天寶末避地遠游爲荒榛首陽翠微尚有薇蕨山陽舊徑唯餘

竹木吾乃翦荊莽驅狐狸如立班生之宅漸成應叟之地又得他州珍木奇石列于庭際平生素懷于此足矣吾嘗以出處者貴得其道進退者貴不失時古來賢達多有遺恨至于玄祖潛身于柱史柳惠養德於士師漢代丙曼容官不過六百石終無辱殆邈難及矣越蠡激牛以肥遁留侯託黃老以辭世亦其次焉范雎感蔡澤一言超然高謝鄧禹見功臣多敗委遠名勢又其次也矧吾者刈葵無衛足之知處鴈有不鳴之患雖有泉石杳無歸期留此林居貽厥後代鬻平泉者非吾子孫也以平泉一樹一石與人者非佳子弟也吾百歲後爲權勢所奪則以先人所命泣而告之此吾志也詩曰維桑與梓必恭敬止言其父所植也昔周人之思召伯愛其所憩之樹近代薛令君于禁省中見先祖所據之石必泫然流涕汝曹可不慕之唯岸爲谷谷爲陵然後已焉可也

平泉山居草木記

唐　李德裕

余嘗覽想石泉公家藏藏書目有園庭草木疏則知先哲所尚必有意焉余二十年間三守吳門一蒞淮服嘉樹芳草性之所耽或致自同人或得于樵客始則盈尺今已豐尋因感學詩者多識草木之名爲騷者必盡蓀荃之美乃記所出山澤庶資博聞木之奇者有天台之金松琪樹稽山之海棠榧檜剡溪之紅桂厚朴海嶠之香檉木蘭天目之青神鳳集鍾山之

月桂青颷楊梅曲房之山桂溫樹金陵之珠柏欒荊杜鵑茆山之山桃側栢南燭宜春之柳栢紅豆山櫻藍田之栗梨龍柏其水物之美者荷有蘋洲之重臺蓮芙蓉湖之白蓮茅山東溪之芳蓀復有日觀震澤巫嶺羅浮桂水嚴湍廬阜漏澤之石在焉其伊洛名園所有今並不載豈若潘賦閒居稱郁棣之藻麗陶歸衡宇喜松菊之猶存爰列嘉名書之于石巳未歲又得番禺之山茶宛陵之紫丁香會稽之百葉木芙蓉百葉薔薇永嘉之紫桂簇蝶天台之海石楠桂林之俱那衛台嶺八公之怪石巫峽之巖湍琅琊臺之水石布于清渠之側仙人跡鹿跡之石列于佛榻之前是歲又得鍾陵之同心木芙蓉剡中之眞紅桂稽山之四時杜鵑相思紫苑貞桐山茗重臺薔薇黃槿東陽之牡桂紫石楠九華山藥樹天蓼青櫪黃心杭子朱山龍骨　庚申歲復得宜春之筆樹楠稚子金荆紅筆密蒙勾栗木其草藥又得山薑碧百合

憶平泉樹石雜詠

潭上紫藤

故鄉春欲盡一歲芳難再巖樹已青葱吾廬日堪愛
幽溪人未去芳草行應礙遥憶紫藤垂繁英照潭黛

紅桂樹 此樹白花紅心因以為號

欲求塵外物此樹是瑶林後素合餘絢如丹見本心
妍姿無點辱芳意託幽深願以鮮葩色凌霜照碧潯

金松 出天台山

台嶺生奇樹佳名世未知纖纖疑大菊落落是松枝

照日含金晰籠烟淡翠滋勿言人去晚猶有歲寒期

月桂 出蔣山淺黃色

何年霜夜月桂子落寒山翠幹生巖下金英在世間
幽崖空自老清漢未知還惟有涼秋夜嫦娥來暫攀

山桂 此花紫色英蘂繁

吾愛山中樹繁英滿目鮮臨風飄碎錦映日亂非烟
影入春潭底香凝月榭前豈知幽獨客賴此當朱絃

栢 別樹經霜枝葉盡丹

聞有三株樹惟應秘閬風珊瑚不生葉朱草又無叢
未若凌霄栢常能終歲紅晨霞與落日相照在巖中

蓀 生茅山東溪溪蓀花紫色

楚客重蘭蓀遺芳今未歇葉抽清淺水花照暄妍節
紫艷映渠鮮輕香含露結離君若有贈暫與幽人折

花藥欄 花藥四時相續常可留翫

蕙草春已碧蘭花秋更紅四時發英艷三徑滿芳叢
秀色濯清露鮮輝摇惠風王孫未知返幽賞竟誰同

重臺芙蓉

芙蓉含露時秀色波中溢五女襲朱裳重重映皓質

數枝耀晨霞一片明秋日蘭澤多衆芳妍姿不相匹

辛夷

昔年將出谷幾日對辛夷倚樹憐芳意攀條惜歲滋
清陰須暫憩秀色正堪思只待揮金日慇懃泛羽巵

平泉草木記跋

劇談錄李德裕東都平泉莊去洛城三十里卉木臺榭若造仙府有虛檻對引泉水縈回疏鑿像巫峽洞庭十二峯九派迄于海門江山景物之狀以間行徑有平石以手磨之皆隱隱見雲霞龍鳳草樹之形初德裕嘗平泉遠方之人多以異物奉之有題平泉詩曰隴右諸侯供語鳥日南太守送名花

賈氏談錄贊皇公平泉莊周圍十里構臺榭百餘所今基址猶存天下奇花異草珍松怪石靡不畢致其間故德裕自製平泉草木記今悉蕪絕唯鴈翅檜珠子柏蓮房玉藻等猶僅有存焉怪石名品甚衆多爲洛城有力者取去唯禮星石及獅子石今爲陶學士徙置梨園別墅

河南志河南長殿南有婆娑亭貯奇石處世傳李德裕醒酒石以水沃之有林木自然之狀今謂婆娑石葢以樹名

五代史張全義字國維監軍嘗得李德裕平泉醒酒石德裕孫延古因託全義復求之監軍忿然曰自黃巢亂後洛陽園池無復能守豈獨平泉一石哉全義嘗在巢賊中以爲譏已因大怒奏笞殺監軍者

平泉草木記跋

李文饒平泉草木記云以吾平泉一草一木與人者非吾子孫也歐陽永叔嘗笑之余謂文饒之惑何止平泉草木而已哉後讀五代史至張全義監軍與其孫延古爭醒酒石事全義殺之延古可謂克家之子矣然以與監軍則違其戒守其戒則或因之以至于殺身一石亦何足言使文饒而先悟此豈直無以累後人亦當自免其身矣好石良是一癖古今文士每見于詩詠者未必眞好也其好者正自不能解余紹

聖間春試下第歸道靈壁縣世以爲出奇石余時病卧舟中行槖蕭然聞茶肆多有求售公私未乏貴人亦不甚重亟得其一長四尺許價當八百取之以歸探所有僅得七百錢假之同舍而足不覺病頓愈夜抱之以眠知余之好石不特其言也自此行鑿劖剔巖洞與藏于土中者愈得愈奇今巖洞殆十餘處而奇石林立左右不可以數計心猶愛之不已豈非余之癖哉賴晚粗知道文饒之病則無復有客欲得者皆聽其自取以去未嘗較嘗戲謂爾輩云此不但吾無所累汝亦可以免矣天下事何嘗不類爾每以文饒之言觀之世間安得更有一物也葉夢得跋

說郛目録

歲華紀麗譜

元 費著

成都遊賞之盛甲於西蜀蓋地大物繁而俗好娛樂凡太守歲時宴集騎從雜沓車服鮮華倡優鼓吹出入擁導四方奇技幻怪百變序進於前以從民樂歲率有期謂之故事及期則士女櫛比輕裘袨服扶老携幼闐道嬉游或以坐具列于廣庭以待觀者謂之遨床而謂太守爲遨頭宋朝以益州重地嘗謀帥以命宋公祁宰相對曰蜀風奢侈祁喜遊宴恐非所宜宋朝不從卒遣之公先奉詔修唐書因以書局自隨自成都每宴罷盥漱闢寢門垂簾燃二椽燭媵婢夾侍和墨伸紙望之者知公修唐書若神仙焉嘗宴於錦江偶微寒命索半臂諸婢各送一枚公視之慮有厚薄之嫌訖不服忍冷以歸舊俗傳誇以爲談本因公況賞爲成都遨樂詩二十一章以紀其實而薛公奎亦作何處春游好詩一十章自號薛春游以從其俗且欲以易尹京之舊稱（公知開府專以嚴治人謂之薛出油）此皆可以想承平之遺風也至清獻公爲記乃曰曩時宴會

皆牙校掌之蓋榷酤之利有餘人樂於爲役公帑歲入亡慮千萬貫有奇自新法頒行酒坊爲官所鬻牙校雖得券錢不足自贍乃者議罷成都市易務方游觀時人情懼然減常歲之半及浣花後始聞罷去乃復朋聚游江令公使錢歲給三萬貫常禀禀慮不足譬之巨人以狹衾寢覆趾則露肩擁左則闕右甚可笑也今盤餕比舊從省樂優之給亦復過殺設遂廢之則非天子所以付畀一閫惠保遠人之意而小民之鬻肴果者但營慕供藉以爲養此游宴之不可廢

也觀公此言則蜀人之貧富欣戚可以知政矣今以元日爲始而第其事

正月元日郡人曉持小綵幡遊安福寺塔粘之盈柱若鱗次然以爲厭禳徼咸平之亂也塔上燃燈梵唄交作僧徒駢集太守詣塔前張宴晚登塔眺望焉

二日出東郊早宴移忠寺（舊名碑樓院）晚宴大慈寺清獻公記云宴罷妓以新詞送茶自宋公祁始蓋臨卭周之純善爲歌詞嘗作茶詞授妓首度之以奉公後因之

五日五門蠶市蓋蠶叢氏始爲之俗往往呼爲蠶叢太守即門外張宴

上元節放燈舊記稱唐明皇上元京師放燈燈甚盛葉法善奏曰成都燈亦盛遂引帝至成都市酒于富春坊此方外之言存而勿論咸通十年正月二日街坊點燈張樂晝夜喧闐蓋大中承平之餘風由此言之則唐時放燈不獨上元也蜀王孟昶時間亦放燈率無定日宋開寶二年命明年上元放燈三夜自是歲以爲常十四十五十六三日皆早宴大慈寺晚宴

五門樓甲夜觀山棚變燈其歛散之遲速惟太守意也如繁雜綺羅街道燈火之盛以昭覺寺爲最又爲錢燈會會始於張公詠蓋燈夕二都監戎服分巡以察姦盜既罷故作宴以勞焉通判主之就宣詔亭或涵虛亭舊以十七日今無定日仍就府治專以宴監司也

二十三日聖壽寺前蠶市張公詠始即寺爲會使民鬻農器太守先詣寺之都安王祠奠獻然後就宴舊出萬里橋登樂俗園亭今則早宴祥符寺晚宴信相

院
二十八日俗傳爲保壽侯誕日出笮橋門即侯祠奠拜次詣淨衆寺邠國杜丞相祠奠拜畢事會食晚宴大智院
二月二日踏青節初郡人遊賞散在四郊張公詠以爲不若聚之爲樂乃以是日出萬里橋爲綵舫數十艘與賓僚分乘之歌吹前導號小游江蓋指浣花爲大游江也士女駢集觀者如堵晚宴於寶曆寺公爲詩有曰春游千萬家美人顏如花三三兩兩映花立

飄飄似欲乘烟霞公鐵心石腸乃賦此麗詞哉後以爲故事清獻公爲記時綵舫至增數倍今不然矣八日觀街藥市早宴大慈寺之設廳晚宴金繩院
三月三日出北門宴學射山既罷後射弓蓋張伯子以是日即此地上升巫覡賣符於道遊者佩之以宜蠶辟災輕裾小蓋照爛山阜晚宴于萬歲池亭泛舟池中九日觀街藥市早晚宴如三月八日二十一日出大東門宴海雲山鴻慶寺登衆春閣觀摸石蓋開元二十三年靈智禪師以是日歸寂邦人敬之入山遊禮因而成俗山有小池士女摸石其中以占求子之祥既又晚宴于大慈寺之設廳二十七日大西門睿聖夫人廟前蠶市初在小市橋田公以禱雨而應移於廟前太守先詣諸廟奠拜宴于衆淨寺晚宴大智院寒食出大東門早宴移忠院晚宴大慈寺設廳纍將寒食太守先設酒饌於近郊祭鬼物之無依者謂之遙享後置廣仁院以塟死而無主者乃遣官臨祭之而民間上冢者各儀集於郊外大僖二年趙公稹嘗開西樓亭榭俾士庶遊觀自是每歲寒食闢園

張樂酒壚花市茶房食肆過于蠶市士女從觀太守會賓僚凡浹旬此最府廷遊宴之盛近歲自二月即開園踰月而後罷酒人利於酒息或請於府展其日月府尹亦許之
四月十九日浣花佑聖夫人誕日也太守出笮橋門至梵安寺謁夫人祠就宴于寺之設廳既宴登舟觀諸軍騎射倡樂導前泝流至百花潭觀水嬉競渡官舫民船乘流上下或幕帟水濱以事遊賞最爲出郊之勝清獻公記云往昔太守分遣使臣以酒均給遊

人隨所會之數以爲斗升之節自公使限錢茲例遂罷以遠民樂太平之盛不可遽廢以孤其心乃以隨行公使錢釀酒畀之然不逮昔日矣

五月五日宴大慈寺設廳醫人鬻艾道人賣符朱索綵縷長命辟災之物筒飯角黍莫不咸在

六月初伏日會監司中伏日會職官以上末伏日會府縣官皆就江瀆廟設廳初文潞公建設廳以伏日爲會避暑自是以爲常早宴罷泛舟池中復出就廳晚宴觀者臨池張飲盡日爲樂趙清獻公使限錢但

爲初伏會今因之

七月七日晚宴大慈寺設廳暮登寺門樓觀錦江夜市乞巧之物皆備焉十八日大慈寺散盂蘭盆宴于寺之設廳宴已就華嚴閣下散

八月十五日中秋玩月舊宴于西樓望月于錦亭今宴于大慈寺

九月九日玉局觀藥市宴監司賓僚于舊宣詔堂晚飲于五門凡二日官爲幕帟棚屋以事游觀或云有恍惚遇仙者

冬至節宴于大慈寺後一日早宴金繩寺晚宴大慈寺清獻公記云至前一日太守領客出北門石魚橋具樽豆觀樵巳乃即天長觀晚宴蓋文潞公始爲之後復罷

荆楚歲時記

晋 宗懍

正月一日是三元之日也春秋謂之端月雞鳴而起先於庭前爆竹以辟山臊惡鬼（墫按御覽引作山魈）按神異經云西方山中有人焉其長尺餘一足性不畏人犯之則令人寒熱名曰山臊以竹著火中烞熚有聲而山臊驚憚玄黃經所謂山𤢖鬼也俗人以爲爆竹起於庭燎家國不應濫於王者

長幼悉正衣冠以次拜賀進椒栢酒飲桃湯進屠蘇

酒膠牙餳下五辛盤進敷于散服却鬼丸各進一雞子造桃板著戸謂之仙木凡飲酒次第從小起

按四民月令云過臘一日謂之小歲拜賀君親進椒酒從小起椒是玉衡星精服之令人身輕能老栢是仙藥成公子安椒華銘則曰肇惟歲首月正元日厥味惟珍蠲除百疾是知小歲則用之漢朝元正則行之桃者五行之精厭伏邪氣制百鬼也董勛云俗有歲首用椒酒椒花芬香故采花以貢樽正月飲酒先小者以小者得歲先酒賀之老者失歲故後與酒周處風土記曰元日造五辛盤正元日五薫鍊形五辛所以發五藏之氣莊子所謂春月飲酒茹葱以通五藏也敷于散出葛洪煉化篇方用栢子人麻人細辛乾薑附子等分爲散井華水服之又方江夏劉次卿以正旦至市見一書生入市衆鬼悉避劉問書生曰子有何術以至於此書生言我本無術出之日家師以一丸藥絳囊裹之令以繫臂防惡氣耳於是劉就書生借此藥至所見鬼處諸鬼悉走所以世俗行之其方用武

都雄黄丹散二兩蠟和令調如彈丸正月旦令男左女右帶之周處風土記曰正旦當生吞雞子一枚謂之錬形膠牙者蓋以使其牢固不動今北人亦如之熬麻子大豆兼糖散之案鍊化篇云正月旦吞雞子赤豆七枚辟瘟氣又肘後方云旦及七日吞麻子小豆各二七枚消疾疫張仲景方云歲有惡氣中人不幸便死取大豆二七枚雞子白麻子酒吞之然麻豆之設當起於此梁有天下不食葷荆自此不復食雞子以從常則

帖畫雞戶上懸葦索於其上插桃符其旁百鬼畏之
按魏議郎董勛云今正臘旦門前作烟火桃神絞索松栢殺雞著門戶逐疫禮也括地圖曰桃都山有大桃樹盤屈三千里上有金雞日照則鳴下有二神一名鬱一名壘并執葦索以伺不祥之鬼得則殺之應劭風俗通曰黃帝書稱上古之時兄弟二人曰荼與鬱住度朔山上桃樹下簡百鬼鬼妄搰人援以葦索執以食虎于是縣官以臘除夕飾桃人垂葦索虎畫于門效前事也

又以錢貫繫杖腳廻以投糞掃上云令如願
按錄異記云有商人區明者過彭澤湖有車馬出自稱青洪君要明過厚禮之問何所須有人教明但乞如願及問以此言荅青洪君甚惜如願不得已許之乃其婢也既而送出自爾商人或有所求如願並爲即得後至正旦如願起晚乃打如願如願走入糞中商人以杖打糞掃喚如願竟不還也此如願故事今北人正月十五日夜立于糞掃邊令人執杖打糞堆云云以荅假痛意者亦爲如願故事耳

正月七日爲人日以七種菜爲羹翦綵爲人或鏤金箔爲人以貼屏風亦戴之頭鬢又造華勝以相遺登高賦詩
按董勛問禮俗曰正月一日爲雞二日爲狗三日爲羊四日爲豬五日爲牛六日爲馬七日爲人正旦畫雞于門七日帖人於帳今一日不殺雞二日不殺狗三日不殺羊四日不殺豬五日不殺牛六日不殺馬七日不行刑亦此義也古乃磔雞今則

不殺荊人於此日向辰門前呼牛羊雞畜令來乃置粟豆於灰散之宅內云以招牛馬未知所出翦綵人者人入新年形容改從新也華勝起於晉代見賈充李夫人典戒云像瑞圖金勝之形又取像西王母戴勝也舊以正旦至七日諱食雞故歲首唯食新菜又餘日不刻牛馬羊狗豬之像而二日福施人雞此則未喻郭緣生述征記云壽張縣安仁山東平王盤山頂爲會人日望處刻銘於壁文字猶在老子云衆人熙熙如登春臺楚詞云目

極千里傷春心則春日登臨自古爲適但不知七日竟起何代晉代桓温叅軍張望亦有正月七日登高詩近代以來南北同耳北人此日食煎餅於庭中作之云薰火未知所出

立春之日悉翦綵爲鷰戴之帖宜春二字

按宜春二字傅咸鷰賦有其言矣賦曰四時代至敬逆其始彼應運於東方乃設鷰以迎至翬輕翼之岐岐若將飛而未起何夫人之功巧式儀形之有似御青書以贊時著宜春之嘉祉

正月十五日作豆糜加油膏其上以祠門戶先以楊枝插門隨楊枝所指仍以酒脯飲食及豆粥插箸而祭之

按續齊諧記曰吳縣張成夜起忽見一婦人立於宅東南角謂成曰此地是君家蠶室我即此地之神明年正月半宜作白粥泛膏其上以祭我當令君蠶桑百倍言絕而失之成如言作膏粥自此後大得蠶世人正月半作粥禱之加肉覆其上登屋食之呪曰登高糜挾鼠腦欲來不來待我三蠶老則是爲蠶逐鼠矣石虎鄴中記正月十五日有登高之會則登高又非今世而然者也

其夕迎紫姑以卜將來蠶桑并占衆事

按劉敬叔異苑云紫姑本人家妾爲大婦所妬正月十五日感激而死故世人作其形迎之呪云子胥不在云是其壻曹夫人已行云是其姑小姑可出於廁邊或豬欄邊迎之捉之覺重是神來也平原孟氏嘗以此日迎之遂穿屋而去自爾著以敗衣蓋爲此也洞覽云帝嚳女將死云生平好樂至

正月可以見迎又其事也俗云溷廁之間必須静然後致紫姑雜五行書廁神名後帝異苑云陶侃如廁見人自云後帝著單衣平上幘謂侃曰三年莫說貴不可言將後帝之靈憑此姑而言乎

正月夜多鬼鳥度家家槌牀打戶捩狗耳滅燈燭以禳之

按玄中記云此鳥名姑獲一名天地女一名隱飛鳥一名夜行遊女好取人女子養之有小兒之家即以血點其衣以爲誌故世人名爲鬼鳥荆州彌

多斯言信矣
正月未日夜蘆苣火照井厠中則百鬼走
元日至于月晦並爲酺聚飲食士女泛舟或臨水宴
樂
按每月皆有弦望晦朔以正月初年時俗重以爲
節也玉燭寶典曰元日至月晦今並酺食度水士
女悉湔裳酹酒於水湄以爲度厄今世人唯晦日
臨河解除婦人或湔裙
春分日民並種戒火草於屋上有鳥如烏先雞而鳴

架架格格民候此鳥則入田以爲候
社日四鄰並結綜會社牲醪爲屋於樹下先祭神然
後饗其胙
按鄭氏云百家共一社今百家所社綜即共立之
社也
去冬節一百五日即有疾風甚雨謂之寒食禁火三
日造餳大麥粥
據曆合在清明前二日亦有去冬至一百六日者
琴操曰晉文公與介子綏俱亡子綏割股以啖文
公文公復國子綏獨無所得子綏作龍蛇之歌而
隱文公求之不肯出乃燔左右木子綏抱木而死
文公哀之令人五月五日不得舉火又周舉移書
及魏武明罰令陸翽鄴中記並云寒食斷火起於
子推琴操所云子綏即推也又云五月五日與今
有異皆因流俗所傳據左傳及史記並無介子推
被焚之事案周書司烜氏仲春以木鐸循火禁于
國中注云爲季春將出火也今寒食準節氣是仲
春之末清明是三月之初然則禁火蓋周之舊制

陸翽鄴中記曰寒食三日醴酪又煑粳米及麥爲
酪擣杏仁煑作粥玉燭寶典曰今人當爲大麥粥
研杏仁爲酪引餳沃之孫楚祭子推文云干飯一
盤醴酪二盂是其事也
鬬雞鏤雞子鬬雞子
按玉燭寶典曰此節城市尤多鬬雞卵之戲左傳
有季郈鬬雞其來遠矣古之豪家食稱畫卵今代
猶染藍茜雜色仍加雕鏤遞相餉遺或置盤俎管
子曰彫卵然取之所以發積藏散萬物張衡南都

賦曰春卵夏筍秋韭冬菁便是補益滋味其鬬卵
則莫知所出董仲舒書云心如宿卵爲體内藏以
據其剛髣髴鬬理也
打毬鞦韆施鉤之戲
按劉向別錄曰蹴鞠黄帝所造本兵勢也或云起
於戰國案鞠與毬同古人蹋蹴以爲戲也古今藝
術圖云鞦韆北方山戎之戲以習輕趫者施鉤之
戲以緶作篾纜相罥綿亘數里鳴鼓牽之求諸外
典未有前事公輸子遊楚爲舟戰其退則鉤之進

則強之名曰鉤強遂以時越以鉤爲戲意起於此
涅槃經曰闘輪骨輪索其鞦韆之戲乎鞦韆亦施
鉤之類也
三月三日士民並出江渚池沼間爲流杯曲水之飲
按續齊諧記晋武帝問尚書摯虞曰三日曲水其
義何指答曰漢帝時平原徐肇以三月初生三女
而三日俱亡一村以爲怪乃相攜之水濱盥洗遂
因流水以濫觴曲水起於此帝曰若此談便非嘉
事尚書郎束晳曰摯虞小生不足以知此臣請説
其始昔周公卜成洛邑因流水以汎酒故逸詩云
羽觴隨波流又秦昭王三月上巳置酒河曲有金
人自東而出奉水心劒曰令君制有西夏及秦覇
諸侯乃因其處立爲曲水二漢相沿皆爲盛集帝
曰善賜金十五斤左遷摯虞爲陽城令按韓詩云
唯溱與洧方洹洹兮唯士與女方秉蕑兮注謂今
三月桃花水下以招魂續魄祓除歲穢周禮女巫
歲時祓除釁浴鄭注云今三月上巳水上之類司
馬彪禮儀志三月三日官民并禊飲於東流水上

彌驗此日南岳記云其山西曲水壇水從石上行
士女臨河壇三月三日所逍遥處周處吳徽注吳
地記則又引郭虞三女並以元巳日死故臨水以
消災所未詳也張景陽洛禊賦則洛水之遊傅長
虞神全文乃園池之宴孔子云暮春浴乎沂則水
濱禊祓由來遠矣
是日取鼠麴汁蜜和粉謂之龍舌粋以厭時氣
四月也有鳥名穫穀其名自呼農人候此鳥則犁杷
上岸

按爾雅云鳲鳩鴶鵴郭璞云今布穀也江東呼穫
穀崔寔正論云夏扈趣耕鋤即竊脂玄鳥鳴穫穀
則其夏扈也

五月俗稱惡月多禁忌曝牀薦席及忌蓋屋

按異苑云新野庾寔嘗以五月曝席忽見一小兒
死在席上俄失之其後寔子遂亡或始於此或問
董勛曰俗五月不上屋云五月人或上屋見影魂
便去勛答曰蓋秦始皇自爲之禁夏不得行漢魏
未改案月令仲夏可以居高明可以遠眺望可以

升山陵可以處臺榭鄭玄以爲順陽在上也今云
不得上屋正與禮反敬叔云見小兒死而禁暴席
何以異此乎俗人月諱何代無之但當矯之歸于
正耳

五月五日四民並蹋百艸又有鬭百艸之戲採艾以
爲人懸門戶上以禳毒氣

按宗則字文度常以五月五日雞未鳴時採艾見
似人處攬而取之用灸有驗師曠占曰歲多病則
艾先生

是日競渡採雜藥

按五月五日競渡俗爲屈原投汨羅日傷其死故
並命舟檝以拯之舸舟取其輕利謂之飛鳧一自
以爲水軍一自以爲水馬州將及士人悉臨水而
觀之邯鄲淳曹娥碑云五月五日時迎伍君逆濤
而上爲水所淹斯又東吳之俗事在子胥不關屈
平也越地傳云起於越王勾踐不可詳矣是日競
採雜藥夏小正此月蓄藥以蠲除毒氣

以五綵絲繫臂名曰辟兵令人不病瘟又有條達等

織組雜物以相贈遺取鴝鵒教之語

按仲夏繭始出婦人染練咸有作務日月星辰鳥
獸之狀文繡金縷貢獻所尊一名長命縷一名續
命縷一名辟兵繒一名五色絲一名朱索名擬甚
多青赤白黑以爲四方黃爲中央襞方綴於胸前
以示婦人計功也此月鴝鵒子毛羽新成俗好登
巢取養之以教其語也

夏至節日食糉

周處謂爲角黍人並以新竹爲筒糉練葉插五綵

繫臂謂爲長命縷

是日取菊爲灰以止小麥蠹

按干寶變化論云朽稻爲蛬朽麥爲蛺蝶此其驗乎

六月伏日並作湯餅名爲辟惡

按魏氏春秋何晏以伏日食湯餅取巾拭汗面色皎然乃知非傅粉則伏日湯餅自魏已來有之

七月七日爲牽牛織女聚會之夜

按戴德夏小正云是月織女東向蓋言星也春秋斗運樞云牽牛神名畧石氏星經云牽牛名天關佐助期云織女神名收陰史記天官書云是天帝外孫傳玄擬天問云七月七日牽牛織女會天河此則其事也河鼓黄姑牽牛也皆語之轉

是夕人家婦女結綵縷穿七孔針或以金銀鍮石爲針陳瓜菓於庭中以乞巧有喜子網於瓜上則以爲符應

按世王傳曰竇后少小頭禿不爲家人所齒七月七日夜人皆看織女獨不許后出有光照室爲后之瑞

七月十五日僧尼道俗悉營盆供諸佛

按盂蘭盆經云有七葉功德並幡花歌鼓果食送之蓋由此也經云目連見其亡母在餓鬼中卽鉢盛飯往餉其母食未入口化成火炭遂不得食目連大叫馳還白佛佛言汝母罪重非汝一人奈何當須十方衆僧威神之力至七月十五日當爲七代父母厄難中者具百味五果以著盆中供養十方大德佛勑衆僧皆爲施主祝願七代父母行禪定意然後受食是時目連母得脱一切餓鬼之苦目連白佛未來世佛弟子行孝順者亦應奉盂蘭盆供養佛言大善故後人因此廣爲華飾乃至刻木割竹飴蠟剪綵模花葉之形極工妙之巧

八月十四日民並以朱水點兒頭額名爲天炙以厭疾又以錦綵爲眼明囊遞相餉遺

按述征記云八月一日作五明囊盛取百艸頭露洗眼令眼明也續齊諧記云弘農鄧紹嘗以八月旦入華山採藥見一童子執五綵囊承栢葉上露

皆如珠滿囊紹問用此何爲答曰赤松先生取以明目言終便失所在今世人八月旦作眼明袋此遺象也或以金薄爲之遞相餉焉

九月九日四民並籍野飲宴

按杜公瞻云九月九日宴會未知起於何代然自漢至宋未改今北人亦重此節佩茱萸食餌飲菊花酒云令人長壽近代皆宴設於臺榭又續齊諧記云汝南桓景隨費長房遊學長房謂之曰九月九日汝南當有大災厄急令家人縫囊盛茱萸繫

臂上登山飲菊花酒此禍可消景如言舉家登山夕還見雞犬牛羊一時暴死長房聞之曰此可代也今世人九日登高飲酒婦人帶茱萸囊蓋始於此

十月朔日黍臛俗謂之秦歲首

未詳黍臛之義今北人此日設麻羹豆飯當爲其始熟嘗新耳禰衡別傳云十月朝黃祖在艨艟上會設黍臛是也

仲冬之月采擷霜蕪菁葵等雜菜乾之並爲鹹菹

有得其和者並作金釵色今南人作鹹菹以糯米熬搗爲末并研胡麻汁和釀之石窖令熟菹既甜汁脆亦酸美其莖爲金釵股醒酒所宜也

十二月八日爲臘日諺言臘鼓鳴春草生村人並擊細腰鼓戴胡頭及作金剛力士以逐疫

按禮記云儺人所以逐厲鬼也呂氏春秋季冬紀注云今人臘前一日擊鼓驅疫謂之逐除晉陽秋王平子在荊州以軍圍逐除以鬭故也玄中記顓頊氏三子俱亾處人宮室善驚小兒漢世以五營

千騎自端門傳炬送疫棄洛水中故東京賦云卒歲大儺歐除羣厲方相秉鉞巫覡操茢侲子萬童丹首玄製桃弧棘矢所發無臬宣城記云洪矩吳時作廬陵郡載土船頭逐除人就矩乞矩指船頭云無所載土耳小說孫興公常着戲頭與逐除人共至桓宣武家宣武覺其應對不凡推問乃驗也金剛力士世謂佛家之神案河圖玉版云天立四極有金剛力士兵長三十丈此則其義

其日並以豚酒祭竈神

按禮器竈者老婦之祭於瓶盛於盆言以瓶爲罇盆盛饌也許愼五經異義云顓頊有子曰黎爲祝融火正祝融爲竈神姓蘇名吉利婦姓王名摶頰漢陰子方臘日見竈神以黃犬祭之謂爲黃羊陰氏世業其福俗人競尚以此故也

歲前又爲藏彄之戲

按周處風土記曰醇以告蜡竭恭敬于明祀乃有藏彄臘日之後叟嫗各隨其儕爲藏彄分二曹以校勝負辛氏三秦記以爲鈎弋夫人所起周處成

公綏並作彄字藝經庾闡則作鈎字其事同也俗云此戲令人生離有禁忌之家則廢而不修

歲暮家家具肴蔌詣宿歲之位以迎新年相聚酣飲留宿歲飯至新年十二日則棄之街衢以爲去故納新也

乾淳歲時記

元 周密

元正

朝廷元日冬至行大朝會儀則百官冠冕朝服備法駕設黃麾仗三千三百五十人（視東京已減三之一）用太常雅樂宮架登歌太子上公親王宰執並赴紫宸殿立班進酒上千萬歲壽上公致辭樞密宣荅及諸國使人及諸州入獻朝賀然後奏樂進酒賜宴此禮不能常行每歲禁中止是以三茅鐘鳴駕興上服幞頭玉帶

靴袍先詣福寧殿龍墀及聖堂炷香（用龍涎沈腦子）次至天章閣祖宗神御殿行酌獻禮次詣東朝奉賀復回福寧殿受皇后太子皇子公主貴妃至郡夫人內官大內已下賀賀畢駕始過大慶殿御史臺閤門分引文武百僚追班稱賀大起居十六拜致辭上壽樞密宣荅禮畢放仗是日後苑排辦御筵于清燕殿用插食盤架午後修內司排辦晚筵于慶瑞殿用烟火進市食賞燈並如元夕

立春

前一日臨安府進大春牛設之福寧殿庭及駕臨幸
内宮皆用五色絲綵杖鞭牛御藥院例取牛睛以充
眼藥餘屬直閣婆（號嘗人都行首）掌管預造小春牛數十飾
綵旛雪柳分送殿閣巨璫各隨以金銀錢彩段爲酧
是日賜百官春旛勝宰執親王以金餘以金裹銀及
羅帛爲之係文思院造進各垂于幞頭之左入謝後
苑辦造春盤供進及分賜貴邸宰臣巨璫翠縷紅絲
金雞玉燕備極精巧每盤直萬錢學士院撰進春帖
子帝后貴妃夫人諸閤各有定式絳羅金縷華翠可
觀臨安府亦鞭春開宴而邸第饋遺則多效内庭焉

元夕

禁中自去歲九月賞菊燈之後迤邐試燈謂之預賞
一入新正燈火日盛皆修内司諸璫分主之競出新
意年異而歲不同往往于復古膺福清燕明華等殿
張掛及宣德門梅堂三閒臺等處臨時取旨起立鼇
山燈之品極多（見後燈品）每以蘇燈爲最圈片大者徑三
四尺皆五色琉璃所成山水人物花竹翎毛種種奇
妙儼然着色便面也其後福州所進則純用白玉晃
耀奪目如清冰玉壺爽徹心目近歲新安所進益奇
雖圈骨悉皆琉璃所爲號無骨燈禁中嘗令作琉璃
燈山其高五丈人物皆用機關活動結大綵樓貯之
又于殿堂梁棟窻戶閒爲涌壁作諸色故事龍鳳噀
水蜿蜒如生遂爲諸燈之冠前後設玉柵簾寶光花
影不可正視仙韶内人迭奏新曲聲聞人閒殿上鋪
連五色琉璃閣皆毬文戲龍百花小窻閒垂小水晶
簾流蘇寶帶交暎璀璨中設御座恍然如在廣寒清
虛府中也至二鼓上乘小輦幸宣德門觀鼇山擎輦

者皆倒行以便觀賞金爐腦麝如祥雲五色熒煌炫
轉照耀天地山燈凡數千百種極其新巧怪怪奇奇
無所不有中以五色玉柵簇成皇帝萬歲四大字其
上伶官奏樂稱念口號致語其下爲大露臺百藝群
工競呈奇技内人及小黄門百餘皆巾裹翠蛾傚街
坊清樂傀儡繚繞于燈月之下既而取旨宣喚市井
舞隊及市食盤架先是京尹預擇華潔及善歌叫者
謹伺于外至是歌呼競入既經進御妃嬪内人而下
亦爭買之皆數倍得直金珠磊落有一夕而至富者

宮漏既深始宣放烟火百餘架于是樂聲四起燭影縱横而駕始還矣大率倣宣和盛際愈加精妙特無登樓賜宴之事人間不能詳知耳

都城自舊歲冬孟駕回則已有乘肩小女鼓吹舞綰者數十隊以供貴邸豪家幕次之翫而天街茶肆漸已羅列燈毬等求售謂之燈市自此以後每夕皆然三橋等處客邸最盛舞者往來最多每夕樓燈初上則簫鼓已紛然自獻于下酒邊一笑所費殊不多往往至四鼓乃還自此日盛一日姜白石有詩云燈已

闌珊月氣寒舞兒往往夜深還只因不盡婆娑意更向街心弄影看又云南陌東城盡舞兒畫金刺繡滿羅衣也知愛惜春遊夜舞落銀蟾不肯歸吳夢窻玉樓春云茸茸貍帽遮梅額金蟬羅剪　衫窄乘肩爭看小腰身倦態強隨閒鼓笛問稱家在城東陌欲買千金應不惜歸來困頓帶春眠猶夢婆娑斜趁拍深得其意態也至節後漸有大隊如四國朝傀儡杵歌之類日趨于盛其多至數十百隊天府每夕差官點視各給錢酒油燭多寡有差且使之南至昇暘宮支酒燭北至春風樓支錢終夕天街鼓吹不絕都民士女羅綺如雲蓋無夕不然也至五夜則京尹乘小提轎諸舞隊次第簇擁前後連亘十餘里錦繡塡委簫鼓振作耳目不暇給吏魁以大囊貯楮劵凡遇小經紀人必犒數十謂之買市至有黠者以小盤貯梨藕數片騰身迭出于稠人之中支請官錢數次者亦不禁也李篔房詩云斜陽盡處蕩輕烟輦路東風入管絃五夜好春隨步暖一年明月打頭圓香塵掠粉翻羅帶密炬籠綃鬭玉鈿人影漸稀花露冷踏歌吹度

曉雲邊京尹幕次例占市西坊繁鬧之地賁燭籸盆照耀如晝其前列荷校囚數人大書犯由云某人爲不合搶撲釵環挨搪婦女繼而行遣一二謂之裝燈其實皆三獄罪囚姑借此以警姦民分委府僚巡警風燭及命轄房使臣等分任地方以緝姦盜三獄亦張燈建淨獄道場多裝獄戶故事及陳列獄具邸第好事者如清河張府蔣御藥家閒設雅戲烟火花邊水際燈燭燦然遊人士女縱觀則迎門酌酒而去又有幽坊靜巷好事之家多設五色琉璃泡燈更自雅

潔靚粧笑語望之如神仙白石詩云沙河雲合無行處惆悵來遊路已迷却入靜坊燈火空門門相似列蛾眉又云遊人歸後天街靜坊陌人家未閉門簾裏垂燈照樽俎坐中嬉笑覺春溫或戲于小樓以人爲大影戲兒童讙呼終夕不絕此類不可遽數也西湖諸寺惟三竺張燈最盛往往有宮禁所賜貴璫所遺者都人好奇亦往觀焉白石詩云珠絡琉璃到地垂鳳頭御帶玉交枝君王不賞無人進天竺堂深夜雨時

元夕節物婦人皆帶珠翠鬧蛾玉梅雪柳菩提葉燈毬銷金合蟬貉袖項帕而衣多尚白蓋月下所宜也遊手浮浪輩則以白紙爲大蟬謂之夜蛾又以棗肉炭屑爲丸繫以鐵絲然之名火楊梅節食所尚則乳糖丸子䭔飩科斗粉豉湯水晶膾韭餅及南北珍果并皂兒糕宜利少澄沙糰子滴酥鮑螺酪麵玉消膏琥珀餳輕餳生熟灌藕諸色瓏纏蜜煎蜜裹糖瓜蔞煎七寶薑豉十般糖之類皆用鏤鍮裝花盤架車兒簇插飛蛾紅燈綵盝歌叫喧闐幕次往往使之吟叫倍酧其直白石亦有詩云貴客鈎簾看御街市中珍品一時來簾前花架無行路不得金錢不肯回競以金盤鈿合簇飣饋遺謂之市食合兒翠簾銷幕絳燭紗籠遍呈舞隊密擁歌姬脆管清吭新聲交奏戲具粉嬰鬻歌售藝者紛然而集至夜闌則有持小燈照路拾遺者謂之掃街遺鈿墮珥往往得之亦東都遺風也

舞隊

大小全棚傀儡

查查鬼查大　　李大口一字口
賀豐年　　長瓠斂長頭
兎吉兎毛大伯　　吃遂
大憨兒　　麤姐
麻婆子　　快活三郎
黃金杏　　瞎判官
快活三娘　　沈承務
一臉膜　　猫兒相公
洞公嘴　　細姐

河東子　　黑遂
玉缺兒　　交椅
夾捧　　屏風
男女竹馬　　男女杵歌
大小斫刀鮑老　　交衮鮑老
子弟清音　　女童清音
諸國獻寶　　六國朝
四國朝　　穿心國入貢
孫武子教女兵　　遏雲社

緋綠社　　彩女
鳳阮嵇琴　　撲蝴蝶
回陽丹　　大藥
瓦鼓　　焦鎚架兒
喬三教　　喬迎酒
喬親事　　喬樂神馬明王
喬捉蛇　　喬學堂
喬宅眷　　喬像生
喬師娘　　獨自喬
地仙　　旱划船
教象　　裝態
村田樂　　鼓板
踏蹺　　撲旗
抱鑼裝鬼　　獅豹蠻牌
十齋郎　　耍和尚
劉衮　　散錢行
貨郎　　打嬌惜

其品甚夥不可悉數首飾衣裝相矜侈靡珠翠錦綺

眩耀華麗如傀儡杵歌竹馬之類多至十餘隊十二十三兩日國忌禁樂則有裝宅眷籠燈前引珠翠盛飾少年尾其後訶殿而來卒然遇之不辨眞僞及爲喬經紀人如賣蜂糖餅小八塊風子賣字本虔婆賣旗兒之類以資一笑者尤多也

燈品

燈品至多蘇福爲冠新安晚出精妙絶倫所謂無骨燈者其法用絹囊貯粟爲胎因之燒綴及成去粟則混然琉璃毬也景物奇巧前無其比又爲大屏灌水

轉機百物活動趙忠惠守吳日嘗命製春雨堂五大間左爲汴京御樓右爲武林燈市歌舞雜藝纖悉曲盡凡用千工外此有魫燈則移鏤犀珀玳瑁以飾之珠子燈則以五色珠爲網下垂流蘇或爲龍船鳳輦樓臺故事羊皮燈則鏃鏤精巧五色粧染如影戲之法羅帛燈之類尤多或爲百花或細眼間以紅白號萬眼羅者此種最奇外此有五色蠟紙菩提葉若沙戲影燈馬騎人物旋轉如飛又有深閨巧娃剪紙而成尤爲精妙又有絹燈剪寫詩詞時寓譏笑及畫人

物藏頭隱語及舊京諢語戲弄行人有貴邸嘗出新意以細竹絲爲之加以彩飾疎明可愛穆陵喜之令製百盞期限既迫勢難卒成而内苑諸璫恥于不自已出思所以勝之遂以黄草布剪縷加之點染與竹無異凡兩月百盞已進御矣

挑菜

二月一日謂之中和節唐人最重今惟作假及進單羅御服百官服單羅公裳而已二日宮中排辦挑菜御宴先是預備朱綠花斛下以羅帛作小卷書品目于上繫以紅絲上植生菜薺花諸品俟宴酣樂作自中殿以次各以金篦挑之后妃皇子貴主婕妤及都知等皆有賞無罰以次每斛十號五紅字爲賞五黑字爲罰上賞則成號真珠玉杯金器北珠篦環珠翠領抹次亦鋌銀酒器冠鋜翠花段帛龍涎御扇筆墨官窑定器之類罰則舞唱吟詩念佛飲冷水吃生薑之類用此以資戲笑王宫貴邸亦多倣之

進茶

仲秋上旬福建漕司進第一綱茶名北苑試新方寸

小夸進御止百夸護以黄羅軟盝藉以青篛裹以黄羅夾複臣封朱印外用朱漆小匣鍍金鎖又以細竹絲織笈貯之凡數重此乃雀舌水芽所造一夸之直四十萬僅可供數甌之啜耳或以一二賜外邸則以生線分解轉遺好事以爲奇玩茶之初進御也翰林司例有品嘗之費皆漕司邸吏賂之間不滿欲則入鹽少許茗花爲之散漫而味亦漓矣禁中大慶會則用大鍍金甆以五色韻果簇飣龍鳳謂之繡茶不過悦目亦有專其工者外人罕知因附見于此

賞花

禁中賞花非一先期後苑及修内司分任排辦凡諸苑亭榭花木粧點一新錦簾綃幕飛梭繡毬以至茵褥設放器玩盆窠珍禽異物各務奇麗又命小璫内司列肆關撲珠翠冠朵篦環繡段畫領花扇官窑定器孩兒戲具鬧竿龍船等物及有賣買菓木酒食餅餌蔬茹之類莫不備具悉傚西湖景物起自梅堂賞梅芳春堂賞杏花桃源觀桃粲錦堂金林檎照粧亭海棠蘭亭修禊至于鍾美堂大花爲極盛堂前三面

皆以花石爲臺三層各植名品標以象牌覆以碧幕臺後分植玉繡毬數百株儼如鏤玉屏堂内左右各列三層雕花彩檻護以彩色牡丹畫衣間列碾玉水晶金壺及大食玻璃官窑等瓶各簪奇品如姚魏御衣黄照殿紅之類幾千朵别以銀箔間貼大斛分種數十百窠分列四面至于梁棟窗戶間亦以湘筒貯花鱗次簇插何翅萬朵堂中設牡丹紅錦地茵自中殿妃嬪以至内官各賜翠葉牡丹分枝鋪翠牡丹御書畫扇龍涎金合之類有差下至伶官樂部應奉等人亦霑恩賜謂之隨花賞或天顔悦懌謝恩賜予多至數次至春暮則稽古堂會瀛堂賞瓊花靜侶亭紫笑淨香亭采蘭桃筍則春事已在綠陰芳草間矣大抵内宴賞初坐再坐插金盤架者謂之排當否則但謂之進酒

放春

蔣苑使有小圃不滿二畝而花木匼匝亭榭奇巧春時悉以所有書畫玩器冠花器弄之物羅列滿前戲效關撲有珠翠冠僅大如錢者鬧竿花籃之類悉皆

鏤絲玉金爲之極其精妙且立標竿射垜及鞦韆梭門鬬雞蹴踘諸戲事以娛遊客衣冠士女至者招邀杯酒往往過禁烟乃已蓋效禁苑具體而微者也

社會

二月八日爲桐川張王生辰霍山行宫朝拜極盛百戲競集如緋綠社（雜劇）齊雲社（蹴毬）遏雲社（唱賺）同文社（要詞）角觝社（相撲）清音社（清樂）錦標社（射弩）錦體社（花繡）英略社（使棒）雄辯社（小說）翠錦社（行院）繪革社（影戲）淨髮社（梳剃）律華社（吟叫）雲機社（撮弄）而七寶邀馬二會爲最玉山寶帶尺璧寸

珠璀璨奪目而天驥龍媒絨韉寶轡競賞神駿好奇者至剪毛爲花草人物厨行果局窮極肴核之珍有所謂意思作者悉以通草羅帛雕飾爲樓臺故事之類飾以珠翠極其精緻一盤至直數萬然皆浮靡無用之物不過資一玩耳奇禽則紅鸚白雀水族則銀蟹金龜高麗華山之奇松交廣海嶠之異卉不可縷數莫非動心駭目之觀也若三月三日殿司眞武會三月二十八日東嶽生辰社會之盛大率類此不暇贅陳

祭掃

清明前三日爲寒食節都城人家皆插柳滿簷雖小坊幽曲亦青青可愛大家則加棗䭔于柳上然多取之湖堤有詩云莫把青青都折盡明朝更有出城人朝廷遣臺臣中使宮人車馬朝饗諸陵原廟薦獻用麥糕稠餳而人家上冢者多用棗䭔薑豉南北兩山之間車馬紛然而野祭者尤多如大昭慶九曲等處婦人淡粧素衣提攜兒女酒壺肴壘村店山家分餕遊息至暮則花柳土宜隨車而歸若玉津富景御園包家山之桃關東青門之菜市東西馬塍尼菴道院尋芳討勝極意縱遊隨處各有買賣趕趁等人野果山花别有幽趣蓋輦下驕民無日不在春風歌舞中而游手末技爲尤盛也

浴佛

四月八爲佛誕日諸寺院各有浴佛會僧尼輩競以小盆貯銅像浸以糖水覆以花棚鐃鈸交迎遍往邸第富室以小杓澆灌以求施利是日西湖作放生會舟楫盛多略如春時小舟競賣龜魚螺蚌放生

迎新

戶部點檢所十三酒庫例于四月初開煮九月初開清先是提領所呈樣品嘗然後迎引至諸所隸官府而散每庫各用匹布書庫名高品以長竿懸之謂之布牌以木牀鐵擎爲仙佛鬼神之類駕空飛動謂之臺閣雜劇百戲諸藝之外又爲漁父習閑竹馬出獵八仙故事及命妓家女使裹頭花巾爲酒家保及有花裹五熟盤架放生籠養等各庫爭爲新好庫妓之琤琤者皆珠翠盛飾銷金紅背乘繡韉寶勒駿騎各

衣皂衣黃號私身數對訶導于前羅扇衣裝浮浪閑客隨逐于後少年狎客往往簇飣持盃爭勸馬首金錢綵段濡及輿臺都人習以爲常不爲怪笑所經之地高樓邃閣繡幕如雲累足駢肩真所謂萬人海也

端午

先期學士院供帖子如春日禁中排當例用朔日謂之端一或傳舊京亦然插食盤架設天師艾虎意思山子數十座五色蒲絲百草霜以大合三層飾以珠翠葵榴艾花蜈蚣蛇蝎蜥蜴等謂之毒蟲及作糖霜

韻果糖蜜巧粽極其精巧又以大金瓶數十遍插葵榴梔子花環繞殿閣及分賜后妃諸閤大璫近侍翠葉五色葵榴金絲翠扇真珠百索釵符經筒香囊軟香龍涎佩帶及紫練白葛紅蕉之類大臣貴邸均被細葛香羅蒲絲艾朶彩團巧粽之賜而外邸節物大率效尤焉巧粽之品不一至結爲樓臺舫輅又以青羅作赤口白舌帖子與艾人並懸門楣以爲禳禬道宮法院多送佩帶符篆而市人門首各設大盆雜植艾蒲葵花上掛五色紙錢排飣果粽雖貧者亦然湖中是日遊舫亦盛蓋迤邐炎暑多遊漸稀故也俗以此日爲馬本命凡御廄邸第上乘悉用五綵爲鬃尾之飾奇韉寶轡充滿道途亦可觀玩也

禁中納涼

禁中避暑多御復古選德等殿及翠寒堂納涼長松修竹濃翠蔽日層巒奇岫靜窈縈深寒瀑飛空下注大池可十畝池中紅白菡萏萬柄蓋園丁以瓦盎別種分列水底時易新者庶幾美觀又置茉莉素馨建蘭麝香藤朱槿玉桂紅蕉闍婆薝蔔等南花數百盆

于廣庭鼓以風輪清芬滿殿御笐兩旁各設金盤數十架積雪如山紗廚後先皆懸掛伽蘭木真蠟龍涎等香珠百餘蔗漿金盌珍果玉壺初不知人間有塵暑也聞洪景盧學士嘗賜對于翠寒堂三伏中體粟戰慄不可久立上問故笑遣中貴人以北綾半臂賜之則境界可想見矣

都人避暑

六月六日顯應觀崔府君誕辰自東都時廟食已盛是日都人士女駢集炷香已而登舟泛湖爲避暑之

遊時物則新荔枝軍庭李二果產閩奉化項里之楊梅聚景園之秀蓮新藕蜜筩甜瓜椒核枇杷紫菱碧芡來禽金桃蜜漬昌元梅木瓜豆兒水荔枝膏金橘水欄麻飲芥辣白醪涼水氷雪爽口之物關撲香囊畫扇涎花珠佩而茉莉爲最盛初出之時其價甚穹婦人簇帶多至七插所直數十劵不過供一餉之娛耳蓋入夏則遊船不復入裏湖多占蒲深柳密寬涼之地披襟釣水月上始還或好事者則敞大舫設蘄簟高枕取涼櫛髮快浴惟取適意或留宿湖心竟夕

而歸

乞巧

立秋日都人戴楸葉飲秋水赤小豆七夕節物多尚果食茜雞及泥孩兒號摩㬋羅有極精巧飾以金珠者其直不貲併以蠟印鳬鴈水禽之類浮之水上婦人女子夜對月穿鍼餖飣盃盤飲酒爲樂謂之乞巧及以小蜘蛛貯合内以候結網之疎密爲得巧之多少小兒女多衣荷葉半臂手持荷葉效顰摩㬋羅大抵皆原舊俗也

七夕前修内司例進摩㬋羅十卓每卓三十枚大者至高三尺或用象牙雕鏤或用龍涎拂手香製造悉用鏤金珠翠衣帽金錢釵鐲佩環眞珠頭鬚及手中所執戲具皆七寶爲之各護以五色鏤金紗廚制閫貴臣及京府等處至有鑄金爲貢者宮姬市娃冠花衣領皆以乞巧時物爲飾焉

中元

七月十五日道家謂之中元節各有齋醮等會僧寺則于此日作盂蘭盆齋而人家亦以此日祀先例用

新米新醬冥衣時果綵段麪棊而茹素者幾十八九屠門爲之罷市焉

中秋

禁中是夕有賞月延桂排當如倚桂閣秋暉堂碧岑皆臨時取旨夜深天樂直徹人間御街如絨線蜜煎香舖皆鋪設貨物誇多競好謂之歇眼燈燭華燦竟夕乃止此夕浙江放一點紅羊皮小水燈數十萬盞浮滿水面爛如繁星有足觀者或謂此乃江神所喜非徒事觀美也

觀潮

浙江之潮天下之偉觀也自既望以至十八日爲最盛方其遠出海門僅如銀線既而漸近則玉城雪嶺際天而來大聲如雷霆震撼激射吞天沃日勢極雄豪楊誠齋詩云海湧銀爲郭江横玉繫腰者是也每歲京尹出浙江亭教閱水軍艨艟數百分列兩岸既而盡奔騰分合五陣之勢并有乘騎弄旗標槍舞刀于水面者如履平地倏爾黄烟四起人物略不相覩水爆轟震聲如崩山烟消波静則一舸無迹僅有敵

舟爲火所焚隨波而逝吳兒善泅者數百皆被髮文身手持十幅大綵旗争先鼓勇泝迎而上出没于鯨波萬仞中騰身百變而旗尾略不霑濕以此誇能而豪民貴宦争賞銀綵江干上下十餘里間珠翠羅綺溢目車馬塞途飲食百物皆倍穹常時而僦賃看幕雖席地不容閒也禁中例觀潮于天開圖畫高臺下瞰如在指掌都民遥瞻黄繖雉扇于九霄之上真若蕭臺蓬島也

重九

禁中例于八日作重九排當于慶瑞殿分列萬菊燦然眩眼且點菊燈略如元夕内人樂部亦有隨花賞如前賞花例蓋賞燈之宴權輿于此自是日盛矣或于清燕殿綴金亭賞橙橘遇郊祀歲則罷宴都人是日飲新酒泛萸簪菊且各以菊糕爲饋以糖肉秫麪雜物爲之上縷肉絲鴨餅綴以榴顆標以綵旗又作蠻王獅子于上及糜栗爲屑合以蜂蜜印花脱餅以爲果餌又以蘇子微漬梅鹵雜和蔗霜梨橙玉榴小顆名曰春蘭秋菊雨後新涼則已有炒銀杏梧桐子

吟叫于市矣

開爐

是日御前供進夾羅御服臣僚服錦襖子夾公服授衣之意也自此御爐日設火至明年二月朔止皇后殿開爐節排當是月遣使朝陵如寒食儀都人亦出郊拜墓用緜毬楮衣之類

冬至

朝廷大朝會慶賀排當並如元正儀而都人最重一陽賀冬車馬皆華整鮮好五鼓已填擁雜遝于九街

婦人小兒服飾華炫往來如雲嶽祠城隍諸廟炷香者尤盛三日之内店肆皆罷市垂簾飲博謂之做節享先則以餛飩有冬餛飩年餺飥之諺貴家求奇一器凡十餘色謂之百味餛飩

賞雪

禁中賞雪多御明遠樓（禁中稱椭木樓）後苑進大小雪獅兒並以金鈴綵縷爲飾且作雪花雪燈雪山之類及滴酥爲花及諸事件並以金盆盛進以供賞翫并造雜煎品味如春盤餖飣羊羔兒酒以賜併于內藏庫支

撥官券數百萬以犒諸軍及令臨安府分給貧民或皇后殿别自支犒而貴家富室亦各以錢米犒閭里之貧者

歲除

禁中以臘月二十四爲小節夜三十日爲大節夜呈女童驅儺裝六丁六甲六神之類大率如夢華所載後苑修内司各進消夜果兒以大合簇飣凡百餘種如蜜煎珍果下至花餳箕豆以至玉杯寶器珠翠花朶犀象博戲之具銷金斗葉諸色戲弄之物無不備具皆極小巧又于其上作玉輅高至三四尺悉以金玉等爲飾護以貼金龍鳳羅罩以奇侈求勝一合之費不啻中人十家之産止以資天顔一笑耳后妃諸閤又各進歲軸兒及珠翠百事吉利市袋兒小樣金銀器皿并隨年金錢一百二十文旋亦分賜親王貴邸宰臣巨璫至于爆仗有爲果子人物等類不一而殿司所進屏風外畫鍾馗捕鬼之類而内藏藥線一爇連百餘不絶簫鼓迎春雞人警唱而玉漏漸移金門已啓矣

歲晚節物

臘月賜宰執親王三衙從官内侍省官并外閫前宰執等臘藥係和劑局方造進及御藥院特旨製造銀合各一百兩以至五十兩三十兩各有差伏日賜暑藥亦同

都下自十月以來朝天門内外競售錦裝新曆諸般大小門神桃符鍾馗狻猊虎頭及金綵縷花春帖旛勝之類爲市甚盛八日則寺院及人家用胡桃松子乳蕈柿栗之類作粥謂之臘八粥醫家亦多合藥劑

侑以虎頭丹八神屠蘇貯以絳囊餽遺大家謂之臘藥至于餽歲盤合酒擔羊腔充斥道路二十四日謂之交年祀竈用花餳米餌及燒替代及作糖豆粥謂之口數市井迎儺以鑼鼓遍至人家乞求利市至除夜則比屋以五色錢紙酒果以迎送六神于門至夜蕡燭籸盆紅映霄漢爆竹鼓吹之聲喧闐徹夜謂之聒廳小兒女終夕博戲不寐謂之守歲又明燈牀下謂之照虛耗及貼天行帖兒財門于楣祀先之禮則或昏或曉各有不同如飲屠蘇百事吉膠牙餳燒朮

賣懵等事率多東都之遺風焉守歲之詞雖多極難其選獨楊守齋一枝春最為近世所稱併書于此竹爆驚春競喧闐夜起于門簫鼓流蘇帳暖翠鼎緩騰香霧停杯未舉奈剛要送年新句應自賞歌字清圓未誇上林鶯語從他歲窮日暮縱閒愁怎減劉郎風度屠蘇辦了迤邐柳忻梅妬宮壺未曉早驕馬繡車盈路還又把月夕花朝自今細數

輦下歲時記

闕名

大閱

正月戶部奏大閱天下貢物於都堂其日放朝宰相與百官皆赴戶部宴會一時特盛開元中曾以大閱一日貢物賜李林甫九州任土盡歸人臣之家國史書其事也

出宮女歌舞

先天初上御安福門觀燈大常作歌樂出宮女歌舞

朝士能文者為踏歌聲調入雲

鑽火

長安每歲諸陵當以寒食薦餳粥鷄毬等又薦雷子車至清明尚食内園官小兒于殿前鑽火先得火者進上賜絹三疋金椀一口都人並在延興門看内人出城洒掃車馬喧闐新進士則于月燈閣置打毬之宴或賜宰臣以下酴醿酒即重釀酒也

鬼市輦

俗說務本坊西門是鬼市或風雨曛晦皆聞其喧聚

之聲秋冬夜聞賣乾柴云是枯柴精也又武中秋望夜聞鬼吟六街皷絶行人歇九衢茫茫空有月有和者云九衢生人何勞勞長安土盡槐根高

踏歌

先天初上御安福門觀燈令朝士能文者爲踏歌聲調入雲

竈燈

都人至年夜請僧道看經備酒果送神帖竈馬於竈上以酒糟抹於竈門之上謂之醉司命夜於竈裏點燈謂之照虚耗

秦中歲時記

唐　李淖

金吾杖爆前所引百司皆避爾雅云郎封牛也此獸善抵觸故彫其首於竿上加龍虎節以油囊盛之而行

進士杏園初宴謂之探花宴差少俊二人爲探花使遍遊名園若它人先折花二使皆被罰

二月二日曲江採菜士民遊觀極盛

大和八年放牓有無名子作對曰乞兒還有大通年

二十三人椀杖全蘚㾓唯前騎瘦馬范鄭依舊蓊藹氈

端午前兩日東市謂之扇市車馬特盛

進士下第當年七月復獻新文求拔解故曰槐花黄舉子忙王維重陽應制詩曰四海方無事三秋大有年無窮菊花節長咏栢梁篇

初冬納文書却謂之選門開人名在令史前謂之某家百家狀在判後却須粘在前謂之吏部四枷

長安四月巳後自堂厨至百司厨通謂之櫻筍厨公

儺之盛常日不同

歲除日進儺皆作鬼神狀内二老兒儺公儺母

寒食節内僕司車輿諸軍使爲繩橛之戲合車轍道兩頭打大橛張繩橛上高二尺許須緊榜定駕車盤轉碾輪於繩上過不失者勝落輪繩下者輸皆裝飭車牛賭物動以千計

玉燭寶典

闕名

正日

正月之朔是謂正日躬率妻孥潔祀祖禰

膏粥

正月十五日作膏粥以祀門戶

餔食

元日至日晦並爲餔食度水士女悉湔裳酹酒於水湄以爲度厄

畫卵

寒食城市多鬬鷄卵之戲出古之豪家食稱畫卵今代猶染藍茜加雕鏤遞相餉遺

角黍

午日以菰葉裹黏米以象陰陽相包裹未分散又以綵絲繫臂

織女星

七夕設酒脯時果於庭祀河鼓織女言此二星神當會守夜者咸懷私願

食餌

九日食餌飲菊花酒者其時黍秫並收以因黏米嘉味觸類嘗新遂成積習

上冬

十月日上冬

下元

十月十五日為下元

臘蜡

臘者祭先祖蜡者報百神同日異祭也一曰周曰蜡

玉燭寶典　二

漢改曰臘

四民月令　崔寔

臘酒

十月上辛命典饋清麴釀冬酒以供臘祀臘明日謂小歲進酒尊長修刺賀君師

上時

四月可種黍謂之上時

望杏

三月杏花盛可菑白沙輕土之田

四民月令　一

冷節

齊人呼寒食為冷節

棗糕

寒食以麵為蒸餅樣團棗附之名曰棗糕

捕蠅虎

五月五日取蠅虎杵碎拌豆豆自踴躍可以擊蠅出

淮南王

麴丸

七月七日作麴合藍丸及蜀漆丸暴經書及衣裳不

纛

戴楸葉

京師立秋滿街賣楸葉婦女兒童皆剪成花樣戴之

形製不一

薦黍糕

冬至之日薦黍糕先薦玄冥以及祖禰其進酒肴及

謁賀君師耆老如正日

獻履襪

近古婦人常以冬至日獻履襪於舅姑踐長至之義

也出女儀

千金月令　　孫思邈

賜綵

唐制立春賜三省官綵勝各有差

宜春字

立春日貼宜春字于門

傳柑

上元夜登樓貴戚例有黃柑相遺謂之傳柑

祓除

上巳桃花水上招魂續魄秉蘭草祓除不祥

踏青

三月三日上踏青鞋履

赤靈符

五月五日作赤靈符着心前辟兵

菖蒲

端午以菖蒲或縷或屑以泛酒

進湯餅

伏日進湯餅名爲辟惡

盂蘭會

七月十五日營盆供寺爲盂蘭會

登高

重陽之日必以肴酒登高眺遠爲時讌之遊賞以暢秋志酒必採茱萸甘菊以泛之既醉而還

拜墳

十月朔都城士庶皆出城饗墳禁中車馬朝陵如寒食節

藏彄

千金月令　二

臘日以後叟嫗各隨其儕爲藏彄分爲二曹以較勝負

四時寶鏡

闕名

食生菜

東晉李鄂立春日命以蘆菔芹芽爲菜盤相餽貺

立春日春餅生菜號春盤

畫鷄貼戶

正月一日貼畫雞戶上懸葦索於其上插符於旁百鬼畏之

鞦韆

四時寶鏡　一

北方[illegible]至寒食爲鞦韆戲以習輕趫後中國女子學之

浴佛

四月八日佛生日京師各有浴佛齋會

五綵繒

五月五日集五綵繒謂之辟兵

採艾

五日採艾懸於戶上以禳毒氣

伏閉

永元六年初令伏閉盡日注曰伏日萬鬼行故盡日閉不干他事

採菊

草木方曰九月九日採菊花與茯苓松脂久服之令人不老

進炭

十月朔有司進煖爐炭

享臘

漢儀季冬之月星廻歲終陰陽已交勞農夫享臘以送故

歲時雜記

宋　呂原明

賜幡勝

正月一日造華勝相遺

插柳

江淮間寒食日家家折柳插門

競渡

杜亞節度淮南方春民爲競渡戲亞欲輕駛乃髹船底篙人衣油綵衣没水不濡

帶蒲人

端午刻菖艾爲小人子或葫蘆形帶之辟邪

蘭湯

五月五日蓄蘭爲沐浴

乞巧

七夕婦人結綵縷穿針以乞巧

佩茱萸

九日採菊佩茱萸以延年

煖爐

京人十月朔沃酒乃炙臠肉於爐中團坐飲啗謂之煖爐

迎年

歲莫人家具肴蔌詣宿歲之位以迎新年閧聚酣飲

歲華紀麗卷一

唐　韓鄂

春

春爲青陽（爾雅云春爲青陽謂萬物生也）雲成白鶴（易説曰春有白鶴之雲也）太簇司律（正月律管也）蒼靈奉塗（文選云句芒神奉塗引道）樂正習舞（禮將舍奠于先師也）女夷鼓歌（淮南子曰二月之夕女夷鼓歌以司天和女夷者神名也）風回解凍（月令）歲適載華（顏延之詩云昔辭秋未素今巳歲載華乃春也）雷方出地（見易）魚巳上冰（月令）時屬酸羶日惟甲乙（並出月令）帝稱太皞（以木德王天下）神曰句芒（少皞氏之子爲木官也）遲遲（春日遲遲）稪稪（選云播芳蘂之稪稪）性仁事貌（其性仁其事貌）味酸臭羶（其味酸其臭羶）有司布農事之日天子耕籍田之辰（並見月令）食羊（食麥其羊）獻雀（見元日注）章臺之使以來（玉臺詩云驛使前日發章臺傳道長安信早來棠梨宮中燕初至薔薇館裏花正開）曲江之會遄至（撫詩云唐時春放榜進士既捷列名於慈恩寺謂之題名大宴于曲江亭子謂之曲江會）器疏以達牲無用牝（月令）蟲既昭蘇物方駘蕩（駘徒改切選云春物方駘蕩民情以鬱陶春光貌）禁伐木（爲其長養）獻種稑（周禮云上春王后率六宮之夫人獻種稑之種于王）風人雨物（管子曰吾不能以春風風人夏雨雨人吾道窮矣）寅賓（出日）平秩（東作）蟲鱗音角祀戶祭脾（月令）條風（春風爲條風亦曰羊角風）穀雨（三月中氣也亦曰榆莢雨）覩惠風於媚景（梁元

帝纂要曰春爲青春芳春陽春三春九春天曰蒼天風曰陽風惠風暄風柔風景曰媚景和景韶景對韶節以芳時時曰嘉時芳時辰曰良辰嘉辰芳辰節曰佳節華節韶節淑節弱草茂林草曰弱草芳草木曰文木華樹陽林茂林芳林華林水曰綠木陽禽好鳥鳥曰陽鳥時鳥陽禽候鳥時禽好鳥好禽司分少皡氏以燕鳩爲司分氏者以其春分來秋分去也道同傳曰日分道同也注云晝夜等日月道同鷰至鴈來春分之日玄鳥至後五日鴻鴈來日夜分分平也草木動萌動也柳三眠而盤地漢武帝苑中瑞柳一日三起三眠也花五出以照人韓詩外傳云草木之花五出也三陽華故正月三陽生也千里共尋隋盧思道詩云聊把一尊酒共尋千里春斗轉東而天下皆春鴈向北而嶺邊先煖鶡冠子曰斗柄東指天下皆春鴈向北即候鴈北也此爲三陽

日巳吹趙衰之愛日爰吹鄒衍之和風傳曰趙衰冬日之日也夏日可畏冬日可愛燕地有寒谷不毛鄒衍將律吹之以召和氣而禾黍生焉詩人之黃鸎出谷詩曰出自幽谷遷于喬木太守之白鹿行春後漢鄭弘爲臨淮太守行春有兩白鹿隨車夾轂而行陸凱寄一枝之春色陸凱與范曄相善自江南寄梅一枝詣長安與曄贈詩云折花逢驛使寄與隴頭人江南無所得聊贈一枝春伶倫截六管以和音呂氏春秋云黃帝使伶倫截嶰谷之竹斷二節間長三尺八分吹之以爲十二筩以應鳳鳴其雄有六爲律其雌有六爲律也換蓂莢而方知歲始寄梅花而以覺春來帝王世紀曰堯時瑞草號蓂莢生于階前每朔日生一葉月半至十五葉自十六日巳後日落一葉至月終而盡落月小盡則餘一葉卷而不落銅盤取露以服風服虔曰天子孟

春之月以銅盤取露水服之云服八方之風以其被八音風吹也桃花和雪以靧面虞世南著史畧云北齊盧士深妻崔林義之女有才學春日以桃花和雪與兒靧面云取紅花取白雪與兒洗面作光悅取白雪取紅花與兒洗面作妍華取雪白取花紅與兒洗面作華容花非一種簡文帝詩云綺花非一種風絲亂百條日上三竿古詩云日上三竿風露消節移陰管自待河內之灰楊泉記云弘農宜陽金門山小竹爲管河內葭莩爲灰以候陽氣故陽管爲律陰管爲呂以象鳳鳴春動陽鍾又應金門之竹異物論云聽五聲清濁之和然後制爲鍾律律中有黃鍾律陽鍾以乾之初九金門之竹見上注鷹化鳩而及候周禮云羅氏仲春獻鳩以養國老鄭玄注取變舊爲新宜以養老而助生氣也麥覆雉以當時庾信感春賦云宜春苑中春始歸披香殿裏作春衣苔始綠而藏魚麥纔青而覆雉氣變

東郊寒收北陸風擺而柔條未綠時熙而嫩草抽黃月令云迎春于東郊北陸玄冬寒也文選詩云弱草半抽黃輕條未全綠庭蘭巳香澗蒲猶小風煖而鷰南鴈北日和而柳暗花明文選詩云葉濃和柳蓉花盡覺梅疏蘭生未可折蒲小不堪書淮南子云女夷鼓歌以司天和以長百穀禽獸草木燕南鴈北春女悲秋士哀知物化矣木鐸覘時見下土牛誠候月令云土牛示農耕之早晚也遒人振鐸書注云所以振文教也楚雀緣條陽休之春日詩云蝴蝶映花飛楚雀緣條響璿衡運周歲星更始傳云歲在星紀而淫玄枵注云謂天有十二辰歲星一年一周行運也郊麗迎春之日時聞震蟄之雷鳥聲千種庾子山賦云新年鳥聲千種囀二月楊花滿路飛揚枝一尋張謂感春詩云梧桐三寸

葉楊柳一尋枝卦審吉凶周禮龜人以上春釁龜策占兆審卦之吉凶火新榆柳周禮爟人掌火春取榆柳之火候玄鳥而祠高禖月令歌青陽而祭天地後漢書立春日于東郊祭青帝歌青陽舞雲翹辭曰青陽載動根荄已遂

正月

改秦諱秦始皇以正月生因名政後諱之改正字從平聲行夏時夏正建寅為正月春秋始事春秋之法書元年春正月者所以敬始事者也象魏懸法周禮云正月之吉始和布令于邦國都鄙使萬民觀之斗建寅位時祠岳鎮月令云正月之節斗建寅之初又云命祠岳鎮海瀆星始運於銅渾氣微生於玉琯銅渾以應天之星數自正月則銅渾更始以測一年之星度又正月為三微之月陽氣初生為微以玉為琯律

中太族氣至東郊謂立春之日迎春氣也司曆候而命乎太史立春後五日命太史司天曆候書慎滿是釁龜策占兆審卦吉凶也又祭風師行慶惠而及彼兆人月令以應春氣鴈序南廻斗衡東指貯神水以効祥四時要云立春日貯水謂之神水釀酒不壞養鯉魚而致富陶朱公養魚法取鯉魚三十尾以立春後上庚日放之則生子不相食釁龜見上注祭獺禮記云立春之日東風解凍後五日蟄虫始振後五日魚上冰雨水之日獺祭魚後五日鴻鴈來後五日草木萌動雲晴方喜於鴈來沙煖更覩於獺祭並見上注修其封疆而端經術月令云布農事命東郊修封疆端術善相丘陵阪險原隰云云修祭典耕籍田是月也天子親耕籍田命樂正習舞修祭典命祀岳鎮海瀆犧牲無用牝孟陽梁元帝纂要云正月為孟陽亦曰孟春上春初春開春發春獻歲亦曰獻歲初歲開歲發歲芳歲華歲首歲獻進也日月乍逼於虛危昏曉正當於心昴正月[illegible]日在虛昏昴中曉心中黃昏時昴星正當午位曉時心星正當午位故云昏昴中曉心中日入後二刻半為昏日未出前二刻半為曉漢帝賜羹之候金谷園記云武帝常于正月殺梟為羹以賜群臣食之云使天下之人知殺絕其惡類者也豳人于耜之時詩云三之日于耜正月也豳土多寒至是日方就耕上春建寅見上注六律調元太簇克宣於和煦四時成歲青陽潛運於發生見上木鐸振文彤庭習舞玉管調音於律呂金烏黠翼於虛危木鐸振文教也月令云天子乃以元日祈穀于上帝命樂正習舞玉管吹律之管也金烏日也躔在虛危凡中氣前後去節十五日以明天時舉正

于中也德惟在木月以建寅見上雲物乍成於白鶴氣候方表於青陽風惟滌滌夏小正云正月啟蟄雉晨雊時有俊風滌滌變煖也木漸欣欣選云木欣欣以向榮

元日

八節之端履端於始歲旦更始四序端為資始亦云四始又云端日謂履端者也三元之始聖人考曆數以正三元此聖人知命之衡歲之元日之元時之元也開甲子於新曆沈佺期詩云洛陽新甲子何日是清明發風光於上春七十二候之初三百六旬之首皆元日也磔雞斬羊宋書歲朔懸官斬羊置其頭于門又磔雞以禳之俗說以厭厲氣裴玄以問河南伏君伏君曰是土氣上升草木萌動羊嚙百草雞啄五

穀故磔雞斬手以助生氣

放鳩獻雀 列子曰邯鄲民以正朝旦獻鳩于簡子簡子大悅厚賞而放之曰正旦放生示有恩也客曰得賞競捕之不如不賞之愈也又地理志滎陽有厄公井沛公避項羽雙鳩集井上故漢時正旦放鳩獻雀已注于下

稱崔寔之觴 崔寔月令云元日進酒降神畢室家尊卑次列下几之前各上椒酒于家長稱觴舉壽欣欣如也

奪戴馮之席 東觀漢記戴馮爲侍中正旦朝賀百僚畢會帝命群臣能說經史更相難詰義有不通輒奪其席以益通者馮乃重坐五十餘席

爆竹鑽榆 事已見上

造勝華 董勛問禮曰正月一日造勝華以相遺象瑞圖金勝之形又云象西王母正月七日戴勝見武帝于承華殿

藏糞帚 搜神記云昔有商人歐明乘船過青草湖忽遇風晦暝而逢青草湖君邀歸止家室宇甚麗謂歐明曰惟君所須富貴金玉等物吾當與卿明未知所荅傍有一人私語明曰君但求如願不必餘物明依其人語湖君默然須臾便許及出乃呼如願是一少婢也湖君語明曰君領取至家如要物但就如願所須皆得明至家數年遂大富後至歲旦如願起晏明鞭之如願以頭鑽糞帚中漸沒失所在明家漸貧故今人歲旦糞帚不出戶者恐如願在其中也

首祚元正 王羲之月儀書云日往月來元正首祚大簇告辰微陽始布罄無不宜和神養素

進屠蘇 俗說屠蘇乃草菴之名昔有人居草菴之中每歲除夜遺閭里一藥貼令囊浸井中至元日取水置於酒樽合家飲之不病瘟疫今人得其方而不知其人姓名但曰屠蘇而已

燒骨䯧 歲除夜燒骨䯧爲熙庭助陽氣

吞雞 風土記云元旦當生吞雞子一枚謂之練形

飲墨 北齊正旦會侍中黄門郎宣詔勞諸郡上計勞訖命遺紙陳事宜字有脫誤者呼起席書迹濫劣者令飲墨水一升文理孟浪者奪容刀及席事多不錄

貼畫雞於朱戶 歲時紀云元日貼畫雞於戶上插符於其中而百鬼畏之

獻彩雀於形庭 孔叢子曰邯人人以正旦獻雀

於趙王綴以五采王大悅

餚列辛盤觴稱椒酒桃板署門而納慶葦繩羅戶以祛災 辛盤見下注椒酒見上注山海經云東海度朔山有大桃樹下有二神一曰神荼一曰鬱壘能啖百鬼故今元日設桃符於門以象之歲時記曰設葦索於門上以畏百鬼

獻羔令節祈穀嘉辰 月令天子獻羔開冰先薦寢廟又元日祈穀于上帝

噀杯銷蜀郡之火災飄雪襯荊州之木屑 神仙傳曰欒巴蜀人爲尚書正旦大會得酒不飲向西南噀之有司奏巴不恭謝曰臣里失火以此酒爲雨救之後蜀郡奏元日成都大火其日東北有大雨至救火雨中有酒氣晉陶侃字士行爲荊州牧勅造船官收餘木屑後元日會値大雨雪庭泥於是悉著屑覆之朝賀無妨

竹爆廣庭 荊楚歲時記曰山臊鬼犯人則病惡爆竹之聲也

松標高戶 董勛問禮俗有歲首酌椒酒而飲之者何也以椒性芬香又堪作藥又折松枝于戶以同此義

律煖而池冰消玉風和而園柳綻金

盤號五辛 風土記云元日食五辛以練形以助五藏

觴稱萬壽 崔寔元日稱觴獻壽

納慶著椒花之頌祛災獻栢葉之銘 晉書劉臻妻獻椒花頌曰旋風周回三朝啓建青陽散輝澄景載煥美哉靈葩爰採爰獻聖容映之永壽於萬庾信正朝賚酒詩正朝辟惡酒新年長命杯栢葉隨銘至椒花逐頌來流星向椀落浮螘對春開成都方救火蜀使幾時來

應乾納祐與日同休 文選

位正元陽氣和端月

朱戶騶羅於仙木 歲時記元日造桃板于戶謂之仙木象鬱壘之山桃百鬼所畏

綠醽瀲灩於壽杯 晉咸康四年十二月丙子正旦會百寮增賜醽綠酒人二升壽杯見上

璿璣改度日月重新 王悅賀正表曰三辰改運元正啓祚又元肅賀儀曰元正首祚璿璣改度伏惟萬壽

云云導和而應鳳應凰履端而獻鳩獻雀月令疏云正月律中太簇黃帝使伶倫自大夏之西崑崙之東取嶰谷之竹制爲十二管以聽鳳凰之鳴其應鳳者爲律應凰者爲呂鳩雀事巳見於上蜀郡火災見上西京水戲漢明帝使博士馬均引東水轉百戲又正月朝造巨獸魚龍曼延如漢西京故事三微始布六律初調白虎通謂正月爲三微言陽氣未著爲微稱萬壽於彤庭資百福於皇室謂元會也受四海之圖籍膺萬國之貢珍内撫諸夏外接百蠻文選以天子當元會也華元放囚江淹賞士北齊書張華元字潏國爲兗州刺史獄有繫囚謂曰三元之始念鄉幽閉令給假五日足得展謁親友至期當還也果應期而至梁典謝舉初爲太學博士與兒覽預元會江淹一見並事巳皆欽挹曰此可謂御二龍於長途耳戲造魚龍見上

衢呼牛馬五行書云元日向辰至門前呼牛馬六畜進酒降神湔裳度厄玉燭寶典云今人元日至晦日並爲酺食士女湔裳度厄

人日

一二稱雞狗六七爲馬人董勛問禮俗曰正月一日爲雞二日爲狗三日爲羊四日爲猪五日爲牛六日爲馬七日爲人以陰晴爲豐耗正旦畫雞於門七日鏤人於金薄菜羹花勝歲時記云人日以七種菜爲羹剪綵爲花勝以相遺也漢帝之會承華殿西王母頭戴花勝以正月七日會帝於承華殿宋王之登望仙樓見下注竹葉酒酒名梅花粧武帝女壽陽公主人日臥于含章簷下梅花落公主額上成五出之花拂之不去皇后留之自後有梅花粧是也銘山魏東平王登壽張安仁山銘曰正月七日厥日惟人策我

良騊陟彼安仁出述征記飲爵壽陽記云正月七日宋王登望仙樓會群臣父老集於城下令皆飲一爵文武十人拜賀上壽稽董勛之問俗時則罔愆六七爲馬人巳見上注考陳氏之見儀事乃不忒劉臻妻陳氏進見儀曰正月七日上人勝于人是也鏤人董勛問禮俗云人日鏤金薄爲人以貼屏風戴於頭鬢起自晉代賈充妻李氏夫人云俗人入新年形容改舊從新也熏天述征記云人日作煎餅於中庭謂之熏天捩狗耳翦人形荊楚歲時記云人日夜多鬼鳥過人家槌床打戶捩狗耳滅燈燭以禳之翦形見上趙伯符七日之歡壽陽記曰趙伯符爲豫州刺史立義樓每至元日人日七日月半乃於樓上作樂樓下男女盛飾遊看作樂薛道衡二年之歎薛道衡人日詩曰立春纔七日離家已二年人歸落鴈後思發在花前飲竹葉之一觴粧梅花之滿面並見上注

上元

祭戶遺風荊楚歲時記云今州里風俗望日祭門戶先以楊枝插於左右門上乃以酒脯飲食豆粥餻糜祭之觀燈故事涅槃經云如來闍維訖收舍利罌置金床上天人散花奏樂繞城步步燃燈十三里滿火樹唐蘇味道看燈詩云火樹銀花合星橋鐵鎖開暗塵隨馬去明月逐人行燈樓唐玄宗於上陽宮建燈樓高一百五十尺懸以珠玉微風將至鏗然成韻帝女巢成而得仙廣陽記云南方赤帝女入山學道仙鵲以正月一日銜柴作巢至十五日巢成後得道昇天僧徒雲集而觀雨西域記云摩竭陁國正月十五日僧徒俗衆雲集觀佛舍利放光雨花漢帝之建白馬漢武帝時摩騰竺法蘭以白馬駄經至帝是日設大祭其夜以香火焚釋道二教道經煨燼佛教宛然帝遂建白馬寺玄宗之遊涼州葉法師時與玄

宗遊涼州以鐵如意質酒神燈佛火崔液正月望夜遊詩神燈佛火百輪張刻像圖形七寶裝試鼓傾城禰衡被魏武謫爲鼓吏正月半試鼓禰衡揚枹爲漁陽摻撾淵淵有金石聲四坐爲之改容又古詩云九陌連燈影千門共月華傾城出寶騎匝路轉香車燈火千門見上蠶桑百倍續齊諧記云吳縣張成夜見一女立宅東南角謂成曰此地是君蠶室我即地神明日正月半宜作白粥泛膏於上以祭我必當令君蠶桑百倍俄失所在如其言年年大得蠶今人作餻粥謂之粘女財是也無心王臺詩曰去年正月半本自無心看送酒古詩云漢帝寵桃核齊侯問棗花上元應送酒來在蔡經家卜於紫姑異苑曰其夕迎紫姑神以卜之本人家妾爲大婦所妬其日感激而死故世人至是日作其形迎於廁云子胥不在曹姑已行小姑可出子胥婿也曹姑姑也祀其太乙史記樂書曰漢家祀太乙以昏時祀到明南油西漆梁簡文帝看燈賦云

何解凍之嘉月值蓂莢之盡開草含春而色動雲飛綵以皆來又云南油俱滿西漆爭然漁陽摻曲名見上龍川蠟賦又云蘇徵安息蠟出龍川斜暉交映倒影澄鮮蘇香名也

晦日

孟春晦日晦者灰也言盡無光是如灰色者月之盡也釃聚大飲之名行樂荆楚歲時記云元日至晦並行樂飲酒送窮金谷園記云昔顓頊帝時宮中生一子性好著浣衣人作新衣與之即裂破以火燒穿著宮人共號窮子其後以正月晦日死人葬之日令日送窮子也因此相承號送窮也酹酒玉燭寶典曰元日至晦日並皆釃飲渡水士女悉湔裳酹酒於水濱又臨河渡厄階蓂彫莢階月桂盡謂月晦也犯天陣不違晦以犯天忌故戰陣避晦日提月公羊傳提月六鷁退飛提月者何遠是月晦日也何休注提月邊也魯人語也在提月之幾盡朒朓有驚春秋不書選云朒朓驚闇而月見東方爲朒晦而月見西方爲朓春秋之例不書晦也月晦之初年荆楚歲時記云每月皆有弦望以正月爲初年時俗重之以爲節時俗以爲節見上當酺聚之時值蓂枯之日見上大酺小盡月有小盡有大盡三十日爲大盡二十九日爲小盡

二月

日在營室律中夾鍾二月律也梛舒西掖漢武西掖瑞梛又晉書云二月中三月初搯欄梛葉舒雷鳴東隅陶潛詩云仲春通時雨始雷鳴東隅驚蟄之日桃始華二月節也後五日倉庚鳴後五日鷹化爲鳩春分之日鷙乃至二月節氣也後五日雷發聲後五日始電東郊祭日祀朝日于東郊獻羔開冰先薦寢廟

也楊花風以見上榆莢雨庾信湯池碑云仲春則榆無莢同流三月則桃花共下焚山修闇扇皆順陽助氣也巢人乞子以得富昔巢氏時二月二乞得人子歸養之家便大富後以此日出野日採蓬茲向門前以祭之云迎富酺人擊鼓以迎春周禮仲春晝擊土鼓以迎春也同度量平權衡謂晝夜半則正之云養幼少月令養幼少存諸孤無作事以妨農注典兵役之事時將耕慮妨農功順陽氣以養物無竭川澤無漉陂池無焚山林順陽氣以養物也又云去桎梏正獄訟獻鳩周禮羅氏仲春羅鳩以養國老鄭玄注云春鷹化爲鳩變舊爲新宜以養老助生養集鶯謂鶯至也暖日融天和風扇物杏壓園林之香氣梛籠門巷之晴煙上丁二月上丁舍奠于國學後戊春分前後戊日爲社日月令命民社云云蘭芽

吐玉柳眼桃金　仲陽梁元帝纂要云二月仲春仲陽中春　淑景亦曰媚景
剛日祭馬祭馬祖用剛日

中和節

時維太平日乃初吉　作爲令節以殷仲春　發揮陽和幽贊生植　仲序謂仲春也中和節其助發生之德覃生育之恩　助陰陽之交泰表天地之和同　當太平之昭代屬初吉之良辰　授時建命備物陳儀文選

二月初吉詩云　朔日良時朔乃爲三長日乃爲良時

二月八日

釋氏下生之日迦文成道之時歲時記云二月八日釋氏下生之日迦文成道之時信捨之家建八關齋戒車輪寶蓋七變八會之燈故云今二月八日平旦執香花遶城一匝謂之行城事見下注　遶城遊一匝之行本行經云二月八日夜半太子被馬當出天使神牽馬足出至走王內則行城中矣　在家守八關之戒阿那經云二月八日當行八關之戒佛經云在家菩薩此日當行八關之齋戒　飛鳳盤龍壽陽記梁陳典曰二月八日行城樂歌曰皎鏡壽陽宮四面起香風樓形若飛鳳城勢似盤龍

社日

祀勾龍共工氏之子曰勾龍能平水土故祀以爲社　擇元日月令擇元日命民社爲祀社稷也春事興故祭之以祈農祥元日謂近春分前後戊日元吉也　白社白屋之社　青春

報本反始親地尊天禮記共工氏之子爲后土能平水土故祀以爲社故天子曰大社必受霜露風雨以達天地之氣也社所以親地者也地載萬物天垂萬象取法於天所以尊天親地也社供粢盛所以報本反始也　受脤傳曰戎有受脤肉謂受氣于社也　升壇李叔達祠社云升壇預結祀誥早肅分司椒蘭平酒酌簠簋撤香箕　立社王爲羣姓立社曰大社王自立社曰皇社諸侯爲百姓立社曰國社自立社曰侯社大夫以下立社曰置社　置社見上　夏松殷柏論語　秋報春祈春祭所以祈五穀之生秋祭所以報五穀之熟　陳平分肉陳平貧時爲里中社宰分肉甚均父老善之平曰使平得宰天下亦如此肉矣　阮修伐樹晉阮修字子宜伐社樹或止之修曰若社而爲樹伐樹則社移樹而爲社伐樹則社亡矣　封土報功孝經緯曰社土地之主也土地闊不可盡祭故封土爲社以報功　設齋祭社佛經云世尊見殺牛羊以

爲社戒之曰地獄滿塞正坐殺害汝等何以爲社奉齋守戒則獲福無量矣　擇日命民見上　瞻榆望杏隋牛弘春祈稷歌云瞻榆東皐望杏開田用憑戩穀佇詠豐年　罷社魏志王修字叔治七歲母以社日亡來歲社日修哭甚哀鄰里爲之罷社　結宗荆楚歲時記云社日四鄰並結宗會社牲醪爲屋於樹下先祭神然後饗其胙鄭氏云百家共一社今百家所社宗即共立社之義也

三月

日在婁星中氣日在胃也　律中姑洗三月律也　暄景　暮春梁元帝纂要曰三月曰暮春亦曰季春暮春殘春餘春末春　布德行惠月令布德行惠發倉廩賜貧窮賑乏絕　聘士禮賢聘名士禮賢者　修利隄防導達溝瀆月令　薦鞠衣修蠶器月令修蠶器天子薦鞠衣于先帝鞠衣黃桑之服薦于太廟　合累牛騰馬

遊牝於牧書駒犢舉書其數清明之日桐始華三月節也後五日田鼠化爲鴽後五日虹始見穀雨之日萍始生中氣也後五日鳴鳩拂其羽後五日戴勝降于桑禁捕罝罦翳餧之藥無出國門鳥獸字乳不可傷之無逆天時勸蠶無伐桑柘愛蠶食也享先蚕而躬蚕以勸蚕事月令云門柳變金庭蘭孕玉氣惟煦景節及殘春畢春九門大合樂命國儺九門磔禳以畢春氣洪範傳曰大樂爲金故磔之於九門抑金扶木畢成春功東方三門不磔春位不穀又且盛德所在無不禳也審量五庫月令云審五庫之量金鐵皮革無或不良嶺外寒食沈佺期詩云嶺外逢寒食春來不見餳洛陽新甲子何日是清明江南草長丘遲與陳伯之書云暮春三月江南草長新花生樹群鶯亂飛北閣之春簡文帝曉春詩云待餘春於北閣藉高宴於南陂東山之士劉孝綽三

月三詩云東山富遊士北土無遺彥一言白璧輕片善黃金賤乘舟薦鮪天子始乘舟薦鮪於寢廟出勾達萌月令生氣方盛陽氣發泄勾者畢出萌者盡達柳暗花明燕來鶯老

上巳

莫春之節上巳之辰古用上巳今用三日空陰不雨陰陽書云三月三日欲陰不雨則蚕善時和氣清蘭亭之會時和氣清八公既登宋武帝三月三日登八公山劉安故臺望城郭如疋帛之遠叢花也四人並出荊楚歲時記三月三日四人並出臨清渚爲流杯曲水之飲也帛遠叢林杯流曲水見上三月桃花水上巳竹葉杯桃花水見下注上巳漢禮儀志曰三月上巳日宮人並禊飲於東流水上宋書曰自

魏巳後但用三日不用上巳元巳之辰文選莫春之月上巳之辰修禊之事王羲之序曰永和九年歲在癸丑莫春之初會于會稽山陰之蘭亭修禊事也祓禊臨水風俗通曰周禮女巫掌歲時以祓除疾病祓者潔也故于水上盥潔之也溱洧執蘭韓詩曰三月桃花水時鄭國之俗上巳日於溱洧之上執蘭招魂祓除不祥束晳善對而賜金見下注張華能談而稽古竹林七賢論王濟常解禊洛水明日或問昨日遊有何論議王曰張華善說史漢裴逸民敘前言往行歷歷可聽垂乳桐庾信三月三日華林馬射賦云草齊長帶桐垂細乳鳥囀歌來花濃雪聚浮絳棗庾肩吾曲水宴詩云桃花生玉潤柳葉暗金溝躑躅頳魚醉參差絳棗浮金溝見上蕙畝沈約三日詩云煙光蕙畝氣婉椒臺禊南澗孫綽序以莫春之始解禊南澗之濱也會東堂晉起居注泰和六年三月三日臨流杯酒依東堂小會也

南浮橋晉夏統字仲御母病至洛市藥會三月三日洛中王公以下莫不方駕連軫並于南浮橋修禊仲御在船中曝所市藥雖見此輩危坐不搖東流水見下齊諧記殿臨春籞梁沈約三日詩云帳殿臨春籞帷宮遠芳薈芳薈水中籬也駕息蘭田晉張協上巳賦云停輿蕙渚息駕蘭田朱幔虹舒翠幕蜺連黍麴荊楚歲時記云取黍麴和菜作羹以壓時氣犢車搜神記盧充三日臨水傍戲遙見水傍有犢車充往開車戶見崔氏女并三歲兒共載因抱兒還充贈金盌乃別薤露歌後漢梁商上巳日會客於洛水酒酣繼以薤露歌周舉歎曰哀樂失時殃咎必至商後果卒蘭亭會見上周公卜邑於洛羽觴隨波泰王置酒於河金人捧劍續齊諧記云晉武帝問尚書郎摯虞曰三日曲水其義何指答日漢章帝時平原徐肇以三月初生三女至三日俱死一村以爲怪乃携酒至東流水邊洗滌去災因水

流以泛觴曲水之義起此帝曰若如所說便非佳節也尚書郎束晳曰摯虞小生不足以知之臣請說其始昔周公卜洛邑因流水以泛酒故逸詩云羽觴隨波流又秦昭王三日置酒於河曲有金人自泉而出捧水心劍曰令君制有西夏及霸諸侯乃因立名曲水二漢相沿爲盛事帝善之賜金五十斤**永和之春癸丑之歲**　**罰酒三升得詩一句**世說郝隆爲桓公南蠻參軍時賓客大會作詩不成罰酒三升而隆只得詩一句而已**三巳**流從期三日詩云九門馳道出三巳禊堂開**四筵**沉聽上巳會賦云列四筵而設席兮祈吉祥於斯塗**周禊曲洛**周之時禊飲於曲洛**晉宴上林**晉朝上巳宴上林也

寒食

禁火之辰遊春之月寒食是仲春之末清明當三月之初　**禁其烟周之舊制**周禮禁其烟周之舊制不因子推也**不斷火魏之新規**見魏武下**桐始開花**清明之日桐始開花**榆方出火**論語鑽燧改火春取榆柳之火以順陽也**二三之月百五之辰**歲時記云去冬至一百五日即有疾風甚雨謂之寒食**魏武之令**魏武帝明罰令曰聞太原至雁門冬至後一百有五日皆絕火食云爲介子推且北方沍寒之地老少羸弱將有不堪之患令不得作寒食若犯者家長半歲刑主吏百日刑令長奪一月俸**周舉之書**後漢周舉遷并州刺史太原舊俗以介子推焚骸一月斷火舉遺書於子推廟云春中食寒一月老少不堪今則三日而已**一月寒食**見上**三日斷火**鄴中記并州俗爲介子推斷火食乾粥三日**畫鴨**俗彫畫鴨子以相餉**鬬雞**玉燭寶典曰此節城市尤多鬬雞之戲或彫鏤以相餉遺**蹴踘**劉向別錄云寒食蹴踘黃帝所造本兵勢也蹴踘即毬也**鞦韆**古今藝術圖曰鞦韆本北方山戎之戲以習輕趫也**遺麥粥**齊魏收遺景元麥粥**祭酪盂**孫楚祭子推文曰醴酪二盂醴酪大粳米或大麥爲之酪即今之麥粥醴即今之餳也**內火**傳以出內火注內藏也**司烜**周禮司烜氏仲春以木鐸修火禁于國中注爲季春將出火也**白鳥**拾遺記云文公焚山求子推時有白鳥從烟中鑿**新烟**謂出火也**介子推之遺風魏武帝之舊令**晉文返國皆封從臣獨忘子推子推題詩于國門以諷之遂隱於綿山文公求之不得乃焚山求之子推燒死因斷火以報之**飡盤**飲燒飯曰飡俗以備斷火**餳粥**玉燭寶典曰今人研杏仁爲酪煑粥引餳沃之是也

歲華紀麗卷二

唐　韓鄂

夏

夏爲朱明時移新節選云初伏新節隆暑穡曦火風暑節亦日炎節日
乃丙丁時當焦苦月令其蟲羽其音徵四月律中仲呂其數七其性禮其事視其味苦
其臭焦其祀竈祭先肺帝稱炎帝神號祝融蟲羽音徵祀竈祭
肺見上昊天夏曰昊天暑雨出書長嬴夏爲長嬴永日見書焦泉之曲
蕤賓云春有去鴈之歌夏有焦泉之曲榮木之詩陶潛榮木詩序云日月推遷已復有夏
隆熾射雉賦云時暑忽隆熾恢台文選收恢台之孟夏兮長養也狼山毒草山海

經云狼山多毒草盛夏鳥過之不能去銀塘芳荷李林夏日詩桐枝覆玉檻荷葉滿銀塘
温颸炎氣文選朱夏振炎氣瀕暑扇温風爍石流金莊子青春變節赤
帝司權火帝爲赤帝也晝寢書裙宋書王獻之夏月造羊欣欣著新練裙獻之入見之
乃書數幅而去夏處板榻後漢羊茂字季實爲東郡守冬坐白羊皮夏處單板榻凉君
子而清王侯壽陽山記明義樓南有三浴室上以冬清王侯中以凉君子下以凉庶類
巢居而夏穴處晉書肅慎國人如此火居盛德月令夏盛德在火木乃
成陰　時景梁元帝纂要日夏曰朱明亦日長嬴炎夏三夏九夏朱夏司立川烏氏以
立夏來立冬去羊茂板榻見上孫登草裳神仙傳孫登夏則居窟室披草裳不
賀漢雜事冬至陽事起君子道長故賀夏至陰事起君子道衰故不賀受餉齊春秋何敬叔爲長
城令清廉夏節忽牓門受餉得米二千餘石代貧乏之人輸租税也閉關易曰先王以至日閉關商
旅不行后不省方牓門見上影長尺有五寸周禮云夏至日在東井宵短至乃宵短
凱風扇物赫日流輝　麥含秀色文選麥多秀色梛結濃
陰　雲吐奇峰夏雲多奇峰火流永日日永星火萬木皆滋百
草悉茂文選靡木不滋無草不茂也避暑之飲光祿大夫劉松北鎮與袁紹子弟日
共晏飲常以三伏之日晝夜酣飲以避時暑故河朔有避暑之飲迎夏之郊立夏之日盛德
在火迎夏於南天子親往郊也紾綌論語當暑絺綌乘離魏相云南方之神炎帝乘離執衡司
夏

四月

日當昴位斗建巳初月令斗建巳位之初律中仲呂杓指東南
孝經緯曰穀雨後十五日斗指東南維爲立夏後十五日指巳爲小滿立夏之日螻蟈
鳴後五日蚯蚓出後五日王瓜生小滿之日苦菜秀中氣後五日靡草死後五日小
暑至麥秋百穀初生爲春熟爲秋故麥以孟夏爲秋梅雨梅熟時雨正陽之月正陽
月慝未作慝謂陰氣也盛暑之時亦云炎暑畏日揚輝火雲戒節碧
樹之流鶯已老虹梁之語燕咸歸　維夏四月維夏清和
首夏猶清和祀雨師祈穀實出輕挺重月令挺重囚出輕繫繼長增
高無有壞墮驅獸無害五穀飲酎以彘嘗麥慶賜遂行無不欣悅行爵出
祿必當其位習盛樂大雩帝自鞀鞞至柷敔皆盛樂也禱祀山川古卿士有

益於人者以祈穀實贊拔傑俊進賢良舉長大無起土功無發大衆無伐大樹無妨蚕農無大田獵驅獸而已忍妨生類登麥收繭並見月令

四月八日

浴釋迦荊楚歲時記云荊楚以四月八日諸寺各設會香湯浴佛共作龍華會以爲彌勒下生之微也迎彌勒注見上右脇生周昭王二十四年甲寅四月八日自母右脇而生半夜入道年十九歲此日半夜逾城往雪山入道求於六年太子在雪山六年思道不食四月八日成佛溺金像世說孫皓初治園於地中得金像像如小兒高皓便著厠前令持籌四日皓語像云今日浴佛來暮發病懺悔乃瘥坐木榻羊茂事見上靈育生而孕先得夢高僧傳曰釋元高小名靈育母寇氏夢見僧持傘香花滿坐便即懷胎至四月八

日生有異香及光明照壁迄旦乃散因名曰靈育劉宣泣而悲不自勝宋書劉敬宣字萬壽八歲母死四月八日入寺見衆僧浴佛乃下頭上金鏡爲母灌佛因泣下悲不自勝八歲兒見上九子母荊楚歲時記曰四月八日長沙寺閣下有九子母神是日市肆之人無子者供養薄餅以乞子往往有驗八字之佛爰來荊楚人相承此日迎八字之佛於金城設榻幢歌鼓以爲法樂會五香之水乃浴高僧傳摩歌利頭四月八日浴佛以都梁香爲青色水鬱金香爲赤色水丘隆香爲白色水附子香爲黃色水安息香爲黑色水以灌佛頂

五月

日居參宿律中蕤賓昏角曉危五月之節日在參昏角中曉危中鳴蜩解鹿夏至之日鹿角解後五日蜩始鳴雲容益峻鶯老無聲麥

秋梅夏居高遠眺可以居高明可以遠眺望可以升山林可以處臺榭聚果具繁文選蕤賓之時景風扇物天和氣暖衆果具繁百藥可蓄月令聚蓄百藥無用火南方祀皇地月令祀皇地祇于方丘岳瀆等神夏至日祀之祭先牧祭于大澤用剛日長日助威稜之勢薰風同長育之恩開市無索門閭無閉關市無索此順陽氣遊牝別群縶騰駒班馬政芒種之日螳蜋之生五月節候後五日鵙始鳴後五日反舌無聲風名黃雀雨曰濯枝風土記日仲夏大雨名濯枝雨六日方止東南常有風至曰黃雀長風亦曰薰風月次居離斗維建午當陽極陰生之際是養神保壽之辰夏至之日一陰生當正陽以戒月五月爲正陽月諒無躁而處身月令飛火輪謂日烏也

榮木槿易通說曰夏至之日木槿榮火雲方熾畏景尤長當陰陽分爭之時夏至之日陰陽爭死生分君齊戒百官靜事無刑以定晏陰之所成是齋戒養恬之日君子齋戒處必安靜

端午

日叶正陽時當中夏採蟾蜍之令節抱朴子曰五月五日採蟾蜍頭有八字者日中時取之陰乾一日以其足畫地即爲流水帶其左臂辟惡語鴝鵒之佳辰歲時記以午日取鴝鵒兒毛羽新成者養之皆善語必先剪去舌尖錦幖狀元盧肇午日宮船詩云報道是龍剛不信果然獨得錦幖歸鬼字魏收詩辟兵書鬼字神印題靈文角黍之秋風土記午日烹鶩角黍又以菰葉裹粽黍以象陰陽相包裹未分也浴蘭之月大戴禮云午日

以蘭湯沐浴
朱索續漢書午日朱索五色爲門戶飾以止惡氣
赤符抱朴子曰或問辟五兵之道荅以五月五日著赤符於心前
祭屈續齊諧記屈原五月五日投汨羅江死楚人哀之至此日以竹筒貯米投水祭之漢建武元年長沙有人見三閭大夫曰常苦蛟龍所竊今若有惠願以蒲葉裹五色絲纏之則蛟龍畏也
祠陳後漢陳臨爲蒼梧太守推誠以理臨徵去後本郡以五月五日祠之東門城上令小童潔服而舞
長命縷古詩云何人致契濶遶臂雙條達
辟兵繒裴玄新語曰五月五日集五綵繒謂之辟兵繒也
結廬梁王筠五日詩結廬同楚俗採艾異詩人
蓄藥又曰是日競採雜藥夏小正云此日蓄藥以蠲除毒氣
鬬百草荆楚記云此日楚人蹋百草今人又有鬬百草之戲
纏五綵見上
忌蓋屋勿曝薦風俗通云此日蓋屋令人頭禿又云不得曝床薦席與死日新野庾寔嘗于五月五日曝席薦忽見一小兒死于薦下俄失所在其

後寔女遂亡因相傳以爲忌
午位初杓一陰潛發當赤帝炎威之際是朱明熾毒之時
救屈原以爲俗午日競渡荆楚記曰舟救屈原也
因句踐以成風越地傳云競渡起于越王句踐
月號正陽時惟端午雲簇奇峰之狀簟凝寒水之姿
胡廣生世說胡廣本姓黃以五月五日生父惡之盛胡蘆棄江中居人見之收養以爲巳子托胡蘆生乃姓胡
曹娥死異苑曰曹娥父以五月五日溺死娥巡江號哭七日遂投江死三日後與父屍俱出
時當採艾節及浴蘭荆楚歲時記云宗測常以五月五日未雞鳴時採艾見似人處攬而取之用灸有驗
燒空之畏日尤長觸戶之炎光益盛見上
包菰風土記云午日以菰葉裹黏米以象陰陽之相包裹
掛艾荆楚記五月五日楚人皆蹋百草採艾爲人形掛於戶上以禳毒氣
百索繞臂風土記以五綵縷造百索繫臂一名長命縷二名辟兵繒以相餉也
五綵纏筒見上

熱

大暑賦夏侯湛作大暑賦云三伏相仍徂暑彤彤上無纖雲下無微風
苦熱行文選苦熱云砂礫銷鑠草木焦卷處涼臺而有鬱蒸之煩浴寒水而有灼爛之苦宇宙雖廣無陰以憩昔聞草木焦今見砂石爛大火灼光炎氣酷烈
如熱得涼如渴得漿盛夏之陰萬物歸之言其涼也
以瓜鎮心鄭灼字茂照嘗讀書時大熱以瓜鎮心欲涼之也
穿岸爲室後漢馬援行軍至長沙欲進擊壺頭遇夏暑盛熱穿岸爲室以避暑氣
炎風畏景火雲赫日
云我無所言無庇身
如惔如焚惔燎也言熱如火燒

風雲鬱其如火天地赫以爲爐
禋于六宗已見寒門禋于六宗注中
飲于三伏見下
暍者莊子曰暍者反凍乎冷風又京房易飛候曰立夏有雲大如車蓋十餘里此陽火之氣必暑有暍者
癉心詩云我心癉暑
機女抱綜耕夫釋耜曹植云機女與耕夫背暑不期而齊跡向陰不會而成群者也
食冰之鼠北方層冰之下有鼠食冰肉重千斤作脯以禦熱
飛雪之方王仲都服飛雪散能盛暑中使曝坐周焚以火口不言熱而身無汗出
涼草杜陽編暑則設迎涼草寒則設鳳首木也
寒溪武昌記曰樊山東有小溪夏時凜然常有寒氣故謂之小溪
身熱之坂漢書西域傳曰罽賓道歷大小頭痛之山赤土身熱之坂
頭痛山見上
當秦穆公三庚之日史云秦穆公三年初伏注云六月上伏日秦皇置又穆公始爲伏祠取夏至後第三庚爲初伏第四庚爲中伏立秋後初庚爲末伏謂之三伏

又謂之三旬　思葛稚川六甲之符抱朴子曰或問不熱之道答曰立夏或服玄冰丸飛雪散帶六壬六甲符　處榭登山可以升山陵可以處臺榭　當風交扇巳具伏日食白粥注　暑煮釋名曰暑煑也如煑物也當暑大暑溽暑六月暑正渴暑毒暑徂暑六月炎暑　熱爇釋名曰熱爇也如火所爇也苦熱酷熱旱熱炎熱　升山陵紾絺綌　可畏春秋云夏日可畏　如熏詩云憂心如熏熏灼爛也

旱

草木焦枯砂石銷爛見上　雲漢之章土龍之象許慎注湯遭大旱作土龍以象雲從龍　湯之七年湯七年大旱無一日有雨　魯之八月左傳魯僖公三年自十月不雨至次年五月旱且不為災也

雲

從龍易曰雲從龍　似虎兵書猛將之雲氣似虎也　山既出雲禮曰山川出雲　天必降雨易曰雲行雨施　雲紀黃帝受命有雲瑞故以雲紀事又有雲官也　瑞書有瑞必書　不崇朝而徧天下公羊傳曰觸石而出膚寸而合不崇朝而徧雨天下太山雲也　不待族而潤寰中莊子内篇廣成子謂黃帝曰自爾治天下雲氣不待族而雨　邴生之鶴邴原北海人也遭漢亂隱于遼東徵召不仕時人謂之曰雲間白鶴　陸氏之龍世說陸士龍嘗在張華筵上自稱曰雲間陸士龍　李陵仰視李陵贈蘇武詩云仰視浮雲馳奄忽互相踰　靖節思親陶靖節詩序停雲思親友也　霏霏承宇楚辭　英英露茅詩英英白雲露彼菅茅　荷鍤決渠文選決渠降雨荷鍤成雲　油然作雲沛然下雨　赤為兵驗黃乃時豐保章氏以五色雲物辨吉凶之祲祥二至二分占視日旁雲色青為虫白為喪赤為兵荒黑為水黃為豐　不興文選朝雲不興而黃潦霈臻　可望堯紀望之如雲　陽臺朝雲　巫峽　飛揚高祖歌曰大風起兮雲飛揚　決濟五色呈瑞氤氳決濟　出岫歸去來辭雲無心以出岫　上天詩曰上天同雲雨雪雰雰　辨豐凶十水旱周禮保章氏以五色雲物辨吉凶水旱豐荒之祲祥注云雲色有五以別水旱豐荒　赤烏飛左傳楚雲如衆赤烏夾日以飛三日太史曰其當王身乎　白雲起後漢薊子訓到洛見公卿數十處後皆白雲起　薈蔚詩云薈兮蔚兮南山朝隮薈蔚乃雲興之貌　屏翳雲師名也　奇峰夏雲多奇峰　垂天莊子大鵬翼若垂天之雲　觸石見上注　潤礎淮南子曰山雲蒸柱礎潤　出蒼梧歸藏日有白雲出蒼梧入于大梁　至帝鄉莊子乘彼白雲至于帝鄉　陰陽聚春秋元命苞云陰陽聚為雲　山川氣說文曰雲山川之氣也又西王母有白雲謠云白雲在天丘陵自出道路悠遠山川間之見周穆王傳

瑞雲

德動天心　瑞開雲物　淒淒祈祈詩云有渰淒淒興雨祈祈　紛紛郁郁史記若煙非煙若雲非雲紛紛郁郁蕭索輪囷是謂慶雲　起封中漢武封太山夜有光晝有白雲起於封中　覆寶鼎汾陰寶鼎天子祠之黃雲覆焉　書瑞分至啓閉必書雲物　紀官黃帝以有雲瑞因以雲紀官　靉靆氤氳　瑞氣慶雲景雲卿雲祥雲瑞雲也　非烟非烟非霧五色氤氳皆瑞雲也　矞雲瑞應圖曰矞雲其狀外赤內青一日慶雲　金枝玉葉黃帝與蚩尤戰于涿鹿之野常有五色雲氣金枝玉葉止于帝上有花葩之象故作華蓋

干呂東方朔十洲記曰青雲干呂連月不散　扶日洛書曰蒼帝起青雲扶日赤帝起赤雲扶日黃帝起黃雲扶日

風

風則從箕月離於畢箕星好風春秋緯曰風從箕星揚沙走石詩云月離於畢俾滂沱矣　天地噫氣風者天地之噫氣也　琴歌其南舜作五絃之琴以歌南風曰南風之薰兮可以解我民之慍兮　馬嘶其北古詩胡馬依北風　大風歌高祖過沛作大風歌曰大風起兮雲飛揚安得猛士兮守四方　秋風辭漢武帝作秋風辭云秋風起兮白雲飛草木黃落兮鴈南歸蘭有秀兮菊有芳懷佳人兮不能忘　石尤無將故人酒不及石尤風　飛廉風伯名也　箕星風星名也　地籟莊子曰汝聞天籟而未聞地籟注風吹萬物也　鳴條太平之代風不鳴條

歲華紀麗〈八〉卷二　九

八風見上　五風堯時五日一風　虎嘯淮南子曰虎嘯而谷風生　鳶鳴禮記前有塵埃則載鳴鳶注鳶鳴則風生也　易水寒燕丹送荊軻於易水之上軻歌曰風蕭蕭兮易水寒　洞庭波楚詞嫋嫋兮秋風洞庭波兮木葉下　空穴拱向來巢空穴來風　開襟選云憑軒檻以回望向北風而開襟　鵲巢淮南子云烏鵲識歲之多風去喬木而巢扶枝　鳥路選云風煙有鳥路江漢恨無梁　揚仁風袁宏爲東郡守謝安授以扇宏曰輒當奉揚仁風慰彼黎庶　辟臭腐帝王世紀堯時廚中自生肉脯薄如翣形搖動則風生使食物寒而不臭名曰翣脯　從虎風從虎　相烏述征記長安宮南靈臺上有相風銅烏遇千里風乃動　愈病折酲出選風賦　阜財解慍詩云南風之薰兮可以解吾民之慍兮南風之時兮可以阜吾民之財兮　退宋都之鷁左傳六鷁退飛過宋都風也　摶南海之鵬莊子　觱發栗冽出詩　衝孔襲門風賦　巽風起兌澤流易巽爲風又風以散之鼓動萬物者莫疾于風　飄瓦莊子不怨飄瓦　摧木木秀於林風必摧之　入松琴曲有風入松　拂野驚飈拂野木無靜柯　泠泠獵獵並選　鼓之以雷霆潤之以風雨易　凄風春無凄風　景風四氣和爲通正謂之景風　習習谷風　颼颼秋風　列子善御風列子能乘風又云御風而行泠然善也　師曠驟歌左傳師曠曰吾驟歌北風歌南風南風不競歌者吹律以詠八風南風者微故曰不競　穆若穆若清風　罷兮選秋風罷兮春草生　轉蕙泛蘭楚詞光風轉蕙泛崇蘭　拔樹發屋項王圍漢三匝風從西北來折木發屋揚沙石楚軍大敗漢王得數十騎遁去　君子之德論語　庶人之雌宋玉風賦大王之風雄庶人之風雌　動沙堁吹死灰見下　揚塵庶人之風塕然起於窮巷堀堁塵動沙堁吹死灰揚腐餘　奪熱統扇詩常恐秋節至涼飈奪炎熱　空穴來見上　青蘋末宋玉風賦夫風生于地起于青蘋之末

歲華紀麗〈八〉卷二　十

風災

飄風不終朝驟雨不終日老子　震凌揚子曰震風凌雨然後知夏屋之爲帡幪也　霾曀詩終風且霾終風且曀　海鳥避海鳥曰爰居止於魯東門外展禽曰今茲海其有災也夫廣川之鳥獸恒知避其災是歲也果有大風　神女行博物志云太公爲灌壇令文王夢婦人哭當道問之曰我太山神女嫁爲西海神婦吾行必以疾風暴雨灌壇當吾道不敢以疾風暴雨夢覺白太公三日果有疾風過　淜滂出風賦淜上冰切　熛怒並風激物之貌　飈石歷動也　發屋見上　風災數起國多暴雨　木拔書　沙揚見上

占風

占之識老子之來神仙傳老子將去周而出關以昇崑崙關令尹喜占風知有神人來過乃掃道以待老子老子知喜命應得道仍以長生術授喜候之知關羽之敗建康實錄吳大帝與關羽戰羽乞降大帝以問趙達達曰彼有走氣言降詐也乃使人於路邀之趙達曰雖走必不能脫午時有風觸幃達撫手曰羽至矣果擒關羽而至君子瑞應圖曰離地三尺名爲君子之風庶人見上偃禾拔木書歷樹拂堂北齊書曰武衛奚永洛與河內張子信對坐時有鵲鳴於庭樹上鬪而墜焉子信曰鵲不喜向夕若風從西來歷樹拂堂角則夜必有召君輒不得往子信出後果風來至高儼使人召永洛且云勅喚永洛便欲去其妻止之而稱馬驚騣折果免難也八風八節之風五風五日一風十日一雨大王大王風見選少女管輅傳曰時大旱輅云郎令當甌樹上已有少女微風須臾之間雨果至修宮室完邊城不周風至誅有罪斷大刑廣莫風至易緯通義云變色迅雷風烈必變色而作辨聲善候風占聲知吉凶五色各異大皞氏之王天下五方風並異色也八節不同立春條風春分明庶風立夏清明風夏至景風立秋涼風秋分閶闔風立冬廣莫風冬至朔風各有所主以占事也

雨

雨以潤之秋無苦雨九旬十夜三日淫雨旱降零雨其濛驟雨不終日時雨風以散之易祁祁毛詩森森選森森散雨足長安之諺諺云城南韋杜去天尺五杜牧雨詩注中出先生之請晉書云東先生通神明請天三日其雨零行過恐妨於賢令見風門注知來必信於穴居昔董仲舒讀書於窗下有人自外詣之曰今日必雨仲舒曰吾聞巢居知風穴居知雨君非狐狸必是老鼠遂窺之見其人化爲野狐而去罕居之均天澤漢書天文志云畢爲罕居洪範傳畢星好雨棧道之霖鈴聲玄宗幸西蜀南至斜谷霖雨涉旬於棧道雨中聞鈴聲與雨相應上悼貴妃因採其聲爲雨霖鈴寄恨焉時梨園子弟善音律者張野狐從至蜀上即以其曲授之其曲今在法部作解易若濡傳曰道下過雨若濡天降禮記天降時雨山川出雲月離詩月離于畢俾滂沱矣倒井見選傾盆大雨驅垤鸛使之飛鳴詩鸛鳴于垤言將雨也鞭商羊令其鼓舞家語童謠云天將大雨商羊鼓舞乃一足鳥也近壬子管輅過清河見太守曰天旱何如輅曰今夕當雨傳曰近壬子日值滿星中巳有木氣食頃當至果如言禁丙丁俗說久雨不晴禁丙丁乃得晴蟠泥之龍蜀都賦云潛龍蟠于泱澤應鳴鼓而興雲雨封穴之蟻易占曰蟻封穴戶大雨將至洗兵武王伐紂大雨洗兵滅火成都市火甚盛樊英噀酒以滅之雨田疇雨我公田遂及我私害粢盛左傳天作淫雨害於粢盛不節禮記風雨不節則飢以時時雨將降時及時之雨也雨燕飛湘川零陵有石燕遇雨則飛蜈躍淮南子曰黑螾神虬潛泉而居將雨則躍霡霂益之以霡霂注云霡霂小雨也霈然下雨如晦詩風雨如晦伐殷搜神記武王伐殷至河上雨甚疾雷晦冥討邢左傳衛大旱討邢而雨霽雨霽雨如散絲膏澤多豐年降不破塊鹽鐵論周公之時風不鳴條雨不破塊旬雨必以夜注必隨車漢百里嵩爲徐州牧境內旱行部傳車所經其雨輒降假蓋孔子將行雨而無蓋門人曰商有之孔子曰商之爲人甚恡于財不假蓋于子夏護其短也勝

裘披雪沐雨則裘不如簑出劉子霑服諸侯朝天子雨霑服失容止墊巾郭林宗雨中行墊其角巾時人故效之爲折角巾社公雨俗說社公不食舊水故近社必有雨也少女風見上漂粟鄒子曰朱買臣學業不休其家曝粟令臣守不覺雨漂粟也流麥高鳳事同上云雨師屏翳爲雨師列傳又云赤松子神農時雨師也雲將見莊子愁霖三日雨爲霖雨久爲愁霖文選愁霖貫秋序夜雨夜雨滴空堦五政管子曰五政順時者春雨乃來一旬太平之時五日一風十日一雨

六月

日在東井律中林鍾夏窮暑退火中寒暑乃退謂季夏及季冬暑變溫風小暑溫風至六月節也後五日蟋蟀居壁後五日鷹乃學習螢飛腐草大暑

日腐草爲螢後五日土潤溽暑後五日大雨時行畏日更延於黃道秋陽盍熾於炎光簟展輕冰扇搖團月新律將加於煩暑下伏式啓於炎陽簡文帝苦熱詩云六龍駕不息三伏啓炎陽徂暑六月徂暑溫風見上糞田可以糞田疇可以美土彊染綵命有司染綵黼黻文章必以法故無或差忒以供郊廟祭祀之服以爲旂章以別貴賤等級之度大雨時行大雨時行乃燒薙行水利以殺草也溫風巳至季夏之日上潤溽暑見上節退早秋時當殺草殺草見上行木命有司入山行木無有斬伐爲木未堅成無興土功可資農事不可以興土功不可以合諸侯不可以起兵動衆汪云土將用事欲靜也農事糞田疇也

伏日

秋夏交會之辰金火伏藏之日晉志釋曰立秋以金代火金畏火故至庚日必伏庚者金也故曰代史記汪云六月上伏日秦始皇所置三伏之秋陰陽書曰夏至後第三庚爲初伏四庚爲中伏立秋後初庚爲末伏一時之暑典略曰劉松袁紹于河朔三伏之際晝夜飲酒乃至無知以避一時之暑故河朔間有避暑之飲秦修祠史記秦穆公始爲伏祠漢擇日風俗通曰漢中巴蜀高祖用張良策還定三秦蓋君子之所因者本也論功定封加以金帛重復寵異令擇伏日不同凡俗也祠黃石史記留侯既得黃石留侯死并黃石而葬每上冢伏臘祠黃石飡白粥見上當謝安食白粥之辰世說郗超子嘉賓三伏之日詣謝公炎暑熏黑當風交扇猶沾汗流離謝公著故絹汗衫食熱白粥晏然無異郗謂謝公曰非君幾不堪如此也是方朔割賜肉之日漢東方朔爲郎伏日上賜諸郎肉朔獨拔劍割肉謂

同官曰伏日當早歸諸受賜郎懷肉而去上問朔曰賜肉不待詔何也令自責朔曰受賜不待詔一何無禮也拔劍自割肉一何壯也割之不多又何廉也歸遺細君又何仁也上笑曰令卿自責而反自譽復賜酒一石肉百斤遺細君進湯餅荆楚歲時記云伏日進湯餅名爲辟惡餅薦麥瓜月令日初伏薦麥瓜於祖禰

歲華紀麗卷三

唐　韓鄂

秋

秋爲白藏 梁元帝纂要云秋爲白藏亦曰收成亦曰三秋素秋高秋商秋九秋 景當素節 又曰節曰素節商節辰曰淒辰霜辰 帝稱少皞 其帝少皞 神號蓐收 其神蓐收 衆木搖落 見秋興賦 一葉飄零 淮南子曰一葉落而知天下秋 白精君 其帝少皞其神蓐收白精之君金官之臣少昊金天氏蓐收少皞氏之子曰該爲金官矣 蕭條野 曹植詩云秋風發微涼寒蟬鳴我側原野何蕭條白日忽西匿 金祇司矩 南齊謝朓七夕賦云金祇司矩火曜方流 火旻團露 文選秋岸澄夕陰火旻團朝露 西墅之棲白門 思玄

賦云蹴白門而東馳兮云台行乎西墅蹴嚴也白門秋門也 南霄之度征鴈 陶潛秋詩哀蟬無留響征鴈鳴南霄 玉帝規時 秋白帝也 金風屆序 盛德在金 清景 亦曰朗景澄景 旻天 旻愍也愍萬物之凋零 戒以白露申以嚴霜 風月 商風金風素風淒風高風激風涼風悲風清風秋月皎月皓月素月朗月明月 草木 白草衰草霜草疎木霜木霜林衰林霜柯霜條 屬商 其虫毛其音商其數九其性義其事言其味辛其臭腥其祀門祭先肝 天子食魚庶人薦黍 月令 靈運嘗開於理棹 謝靈運詩云述職期闌暑理棹變金風 沈約見詠於縫裙 秋夜詩云曈曈螢入霧離離鴈出雲巴童暗理瑟漢女夜縫裙 露珠低圓雲羅高薄 秋雲如羅 張季鷹之歌發鱸魚 歌曰秋風起兮木葉飛吳江水兮鱸正肥三千里兮家未歸恨禁難兮仰天悲遂掛冠而去

班婕妤之悲生紈扇 紈扇詩云長恐秋節至涼飆奪炎熱弃之篋笥中恩情中道絶 草黃鴈歸之歌 漢武帝歌云草木黃落兮鴈南歸 水潤露濃之賦 李德賦云秋水潤兮秋露濃盛花落兮嘆芙蓉 鴈過天青蟬鳴露白 嫋嫋悲風 選云嫋嫋兮秋風 淒淒寒月 詩云秋日淒淒百卉具腓腓病也涼風用事而衆草病也 露凝白玉菊散黃金 秋日詩露凝千片玉菊散一叢金日就高低影雲空點綴陰又云菊散金風起荷疏玉露圓將秋數行鴈離夏幾林蟬雲凝愁半嶺露碎纈高天 敗蘭 文子曰蘭叢欲芳秋風敗之 槁葉 秋興賦云野有歸鴈隰有翔隼遊氣朝興槁葉夕隕屏輕箑釋纖絺藉莞蒻御袷衣天晃朗以彌高日悠揚而寖微 短晷長宵 又云何陽烏之短晷覺良夜之方永熠燿粲于門闕蟋蟀鳴於軒屏 悲聞宋玉之辭恨入潘安之鬢 宋玉

九辨悲哉秋之爲氣也又潘安仁春秋三十二始生二毛也 高梧減韻腐草流輝 靈運之詩 愁霖冠秋序 照鄰之賦 秋霖賦云都襄陵之與昏墊 風零蒲柳 晉顧凱曰蒲柳之姿望秋先零 霜敗芝蘭 露結蒹葭風生桂樹 詩云蒹葭蒼蒼白露爲霜文選云秋風生桂枝 漢儀斬牲 晉書曰漢儀立秋日郊禮畢始揚咸武斬牲于東門以薦廟也 周禮擊鼓 周禮仲秋夜擊土鼓籥豳詩以迎寒

七月

日在張星律中夷則河漢方秋天地始肅 禾乃登繕囹圄具桎梏斷薄刑決小罪納材葦坏墻垣修宮室 流火 七月流火 在金 盛德在金 葉下高梧煙消弱柳 當褚淵彈琴之夕 南齊書世祖在東宮賜褚淵銀鏤琵琶又

書會宴袁粲舍時初秋涼夕風月甚美淵援琴奏別鶴之曲宮商既奏風神諧暢謝莊撫節而歎曰以無累之神合有道之器實孫寶署吏之辰漢孫寶爲京兆尹立秋日署吏侯文爲東督郵勑日今月鷹隼始擊當從天氣夜景漸遲於玉漏秋聲將嘯於金風見上立秋立秋日涼風至後五日白露降後五日寒蟬鳴處暑處暑之日鷹乃祭鳥後五日天地始肅後五日禾乃登珠露初圓銀河漸轉睍柳之蟬聲已急庭莎之蛩韻方多將迓蓐收之轡其神蓐收已遙炎帝之車夏曰炎帝勵兵月令云貴軍旅武人乃命將帥選士厲兵簡練桀俊專任有功以征不義詰誅暴慢以明好惡順彼遠方登穀是月築場圃登穀天子嘗新先薦寢廟金風收候銀漢橫空淒涼乍變於商聲肅殺已臨於兌位堤柳煙

收渚蓮香晨鹿露而長垂珠影涼風而遠振金聲並見上威徵大火律變商風氣迎少皞之車景促義和之轡

七夕

珪月初生秋月如珪珠露方滴秋露如珠縷羈五色西京雜記云貫佩蘭在宮時七月七日臨百子池作樂樂畢以五色縷相羈謂之連愛車駐七襄梁何遜七夕詩云仙車駐七襄鳳駕出天潢針鼻之縷庾信七夕賦縷條緊而貫中針鼻細而穿空玉匣之衣庾肩五七夕詩云玉匣卷懸衣針樓開夜扉姮娥隨月落織女逐星歸鵲橋已成風俗通云織女七夕當渡河使鵲爲橋織女將渡吳均齊諧記云桂陽成武丁有仙道忽謂弟子曰七月七夕織女將渡河暫過牽牛吾向以被召明日失所在後世人至今云織女嫁牽牛

三秋佳節七夕良辰玉露初下露白故曰玉露銀河已橫亦曰銀漢雲幄選寂寞雲幄空河鼓爾雅曰河鼓謂之牽牛曝青策曬衣裳

王喬則舉手謝世列仙傳云王子喬見桓良曰告我家七月七日待我於緱山頭至時果乘白鶴於山頭望之不得到舉手謝世人數日而去蔡經則鳴鼓還家吳蔡經字方平去家十餘年忽還謂家人曰七月七日王君來到期可多作數百斛飯以供從官至日果然聞金鼓簫管人馬之聲從天而下白鶴翔山上青鳥來殿前七月七日西王母詣漢武忽有青鳥從西而來集殿前曬腹郝隆曬腹中書齋心漢武帝齋心待王母又此月中會日宜齋也穿針眼荊楚記云七夕婦人以綵縷穿七孔針陳几筵酒脯瓜果於庭中以乞巧

或云見天河中有奕奕白氣或耀五色以爲徵見便拜得福掛犢鼻竹林七賢傳曰七月七日諸阮庭中鋪陳莫非錦綉阮咸時總角乃豎長竿標大犢鼻褌于庭曰未能免俗聊復爾爾靈匹謂織女嫁牽牛瑞光前漢竇皇后傳云后觀津人也少小頭禿不爲家人所齒遇七夕夜人皆看織女獨不許后出乃有神光照室爲后之瑞作麴曬衣崔氏四民月令其日作麴曬衣龍駕之亂鳳管謝眺詩云回龍駕之容裔亂鳳管之婁鏘瓊佩之結雲裳晉蘇彥詠織女詩云織女思北征牽牛嘆南陽時來嘉慶集整駕巾玉箱瓊珮垂藻蕤霧裾結雲裳帳帳一宵促遲遲別日長

中元

日在張星中氣斗建申位　孟秋之望中氣之辰道門

寶蓋獻在中元道經云七月十五日中元地官考校勾搜選天人分別善惡以其日作玄都大獻于玉京山以諸奇異妙好幡幢寶蓋供養之具精膳飲食獻諸衆聖道士於其日講論老子經十方大聖高詠靈篇釋氏蘭盆盛於此日盂蘭盆經云目連以母生餓鬼中至此日以百味五果著盆中供養十方大德而後母得食目連白佛凡弟子孝順者以應奉盂蘭盆供養佛言大善後因之廣為華飾地官考校之元日天人集聚之良辰上見釋氏託生謝承後漢書云佛以癸丑七月十五日寄生于淨住國摩耶夫人腹中至周莊王十年甲寅四月八日生衆僧解夏荊楚記云十五日僧尼坐草為一歲云四月八日結夏至七月十五日解衆僧長養之節在外恐傷草木虫類故九十日安居又經云四月八日坐樹下至七月十五日為一歲故曰衆僧解夏

露

降於五日月令云後五日白露降滋彼三秋中秋乃露滋散而為露大戴記曰陽氣勝陰則散為雨露結以成霜厭浥之行泛灔之彩詩云厭浥行露乃湛貌泛灔露彩也湛湛瀼瀼零露瀼瀼露彼菅茅詩曰英英白雲露彼菅茅託於桐葉蘇子曰人生于世若朝露之寄於桐葉鶴鳴風土記曰鶴性警白露降而鳴蟬飲取其潔也盤之中漢仙掌以珠盤擢金莖以承露薤之上薤露歌曰薤上露何易晞潤玉垂珠露之形也晨降楚辭霧露霿其晨降雲依霏而承宇宵零典引日甘露宵零于豐草下地騰文選云露下地以騰文助海成深張衡奏事曰霧露助海詩人夜行見厭浥之詠君子春履有怵惕之心禮記祭義云春雨露既濡君子履之必有怵惕之心祀親也濕衣之譏劉向說苑曰吳欲伐荊令曰敢有諫者死有舍人少孺子者意欲諫乃懷彈于後園露沾其衣如是三朝王曰子求何若露沾衣如是對曰園中有樹其端有蟬蟬高居悲鳴吸風飲露不知螗螂在後而螗螂不知黃雀居其後然黃雀又不知臣操彈居其下臣但補黃雀不覺露濕其衣此乃顧其利不顧其後王遂罷兵綴冠之飾東皙曰零露如珠非綴冠之飾也

瑞露

德動皇天瑞應圖曰王者施德惠則甘露降瑞呈甘露沈約之謝啓沈約謝賜甘露啓言蒙賜法音寺松葉上甘露臣徃年經見不過沾條而已時或凝結纔若輕霧未有玉聚珠聯光衆若是者也鄭平之食羹唐書李林甫女壻髭鬢已白甫曰明日上賜甘

露羹可食之雖皓郎當鬢黑明日使食之一夕盡皆變黑若脂之潔甘露一名天酒一名仁澤其凝如脂其甘如飴如醴之甘上見松栢受而王者養老竹葦沾而王者尊賢晉中興書云王者愛養耆老則甘露降于松栢之上王者尊賢容衆則降于竹葦之上受之以為年紀也三危伊尹說湯曰水之美不過三危之露乃瑞露也五色東方朔曰古雲之地其國俗之雲氣占吉凶若樂事則滿室雲起五色照人著于草樹皆成五色露珠甚甘表至德之馨且因宵降老子曰天地相合以降甘露人莫之合而自均含孔甘之味不待秋凝上見紀年以為年紀膏露天不愛其道故天降膏露

霜

三秋降季秋百工休霜降之日則百工休碧霜拾遺記曰廣延國霜色紺碧青

女淮南子曰霜神名青女始凝易履霜堅氷陰始凝也又云陰勝陽則凝爲霜雪露結詩云蒹葭蒼蒼白露爲霜有餘酸北齊邢子才冬夜直史館詩云況乃冬之夜霜氣有餘酸殄異類陶潛詩云青松在東園衆草混其奇晨霜殄異類卓然見高枝陰陽之氣大戴記曰霜陰陽之氣也陰氣勝陽則結而爲霜刑罰之表春秋感精符曰霜刑罰之表季秋霜始降鷹隼擊王者順天行誅以成肅殺之威葛屨詩云糾糾葛屨可以履霜紈扇紈扇詩云皎潔如霜雪駟見國語云駟見而隕霜隕霜而冬裘具駟房星也重成見上鷹擊霜降則鷹擊豺祭霜降之日豺祭獸馬蹄莊子曰馬蹄可以踐霜雪蠶繭拾遺記圓嶠之山有氷蠶以霜雪覆之然後成繭九鐘之鳴山海經曰豐山有九鐘霜降其鐘自鳴神爐之妙抱朴子曰凝霜雪于神爐採靈芝于嵩岳殺木元命苞曰霜以殺木霑衣微微沾人衣孝子踐琴操曰履霜操伯奇所作吉甫信後妻之言逐伯奇自傷無罪清晨起履霜乃操琴而鼓之君子履君子履之必有悽愴之心青楸離江淹別賦見紅蘭之受露望青楸之離霜冬裘具國語云隕霜而冬裘具清風至而修城郭宮室婦女成功家語曰霜降而婦功成嫁娶行焉鷹隼乃擊見上

霜災

雪霜大至月令正月之繁詩人興憂傷之歎見上季秋既降君子有悽愴之心見上不殺草春秋感精符曰王者政令苛則夏下霜誅罰不行則冬霜不殺草乃附木京房易傳曰誅不原情其霜乃附木不下地不教而誅其霜反在草下雪寃淮南子曰鄒衍事王盡忠燕惠王信讒囚衍衍仰天哭天爲五月降霜殺菽春秋周十月今八月書失時令苛而夏降氣勝而秋零見上

月

太陰之精淮南子曰月者太陰之精坎宮之德易云坎爲月如珪月賦秋月如珪如鈎選云始見西南樓纖纖如玉鈎未映東北墀娟娟似蛾眉度南端北齊邢子才冬夜直史館詩云風音響北牖月影度南端出東嶺陶潛雜詩云白日淪西河素月出東嶺遙遙萬里輝蕩蕩空中影破環抱朴子王生云月初生及既虧之後視之宜如三十鏡稍稍轉大初如破環漸漸滿也破鏡古詩何當大刀頭破鏡飛上天三七三辰三光七曜逆月居其一三五三五而生三五而縮成象在天成象無私日月無私照生于西禮曰大明生于東月生于西陰陽之分夫婦之位也行於北漢書云月立夏夏至行南方赤道曰南陸立冬冬至行北方黑道曰北陸二分則同道二至則相過王郎之善歌一曲世說王曇善歌謝公欲聞之而王名家少年無由得聞後公出東府上山作妓樂過曇出庾家墓竹中作一曲于時秋月王因舉頭看北林卒曲而去諸妓白謝公曰此乃王郎歌也徐勉之不論五官梁徐勉嘗集門客有虞暠者求五官詹事勉正色荅曰今夕只可談風月不宜及公事時人服之牛喘世說吳牛見月而喘謂水牛生江淮間長熱見月恐其日也故喘鵲飛魏武帝歌曰月明星稀烏鵲南飛夜光淮南子曰月一名夜光望舒淮南子云月御曰望舒亦曰纖阿漢東蚌梁庾肩吾望月詩云桂殿月偏來流光引上才圓隨漢東蚌暈逐淮南灰淮南灰見上謝譓對飲謝譓有時獨醉云人吾室者但有清風對吾飲者惟當明月闞澤見名吳會稽先賢傳闞澤年十二夢見名字灼然在月中後爲吳侍中蛾眉見上蟾魄三日成魄皎兮

陳風月出皎兮又月出皓兮月出照兮出矣莊子曰日月出矣照臨照臨下土迴環謂回環天上也三日成魄鄉飲禮三讓象月之三日成魄一月之光文子百星之明不如一月之光代照日月代照迭微詩日居月諸胡迭而微金精月賦云月以陰靈亦日金精璘彩月色玉鈎見上水德金精之正色水德之明

輝金波月彩灰暈淮南子曰畫隨灰而月暈闕許愼注曰以蘆灰環闕其一面則月暈

亦缺于上蓂莢應月而生落也桂華月中桂樹西園遊曹植詩云清夜遊西園明月澄清景北堂寢陸機詩曰安寢北堂上明月入我牖照之有餘光攬之不盈手麗天易日月麗乎天離畢詩月離于畢從星書月之從星出水淮南子云方諸見月則津而爲水高誘註云方諸陰燧大蛤也熟摩拭令熱向月下則生水紈扇班婕妤詩云新裂齊紈素鮮潔如霜

雪裁爲合歡扇團團似明月玉臺月如明照瑤蟾瑤兎蟾輝素娥素月蟾覩並月玉兎金兎陰兎蓂階桂影桂輪日就月將出詩日兄月姊春秋感精符曰人主兄日姊月皆仰人皆仰之具瞻人皆具瞻闕之釋名曰月闕也言滿則復闕也沒兮謝莊月賦月既沒兮露欲晞朔晦朔月初之名朔蘇也如死復蘇晦月盡之名晦灰也死爲灰又月光盡色似灰弦望弦者月半之名初七八爲上弦二十二三爲下弦望者月滿之名日月遙相望也

瑞月

德開皇天慶見於月姮娥奔羿妻竊藥奔月爲月中之仙也夏禹夏禹未遇夢乘舟月中過合璧漢書至德之時日月合若璧重輪漢明帝作太子樂歌

四章一日日重光二日月重輪三日星重輝四日海重潤以贊太子之德三珥軍占曰若月三珥者大臣有喜陰靈見上委照而吳業昌孫堅夫人吳氏夢月入懷生孫策淪精而漢道融漢元后母李氏夢月入懷而生元后入懷見上盈手見上連璧日月連璧孕珠蚌望月而孕珠又月望則蚌蛤實

災蝕

日月薄蝕天地之災魚滅淮南子曰日月蝕而魚腦滅麟鬬元命苞云麒麟鬬則日月薄蝕彗星襲月辛慶忌勇猛之將被要離謀殺以劒自刎將死彗星襲月不用其行行道也詩日月告凶不用其行何損於明謂蝕君子之過君子之過如日月之蝕大人之災日月之蝕大人之災遇盈則蝕月盈則蝕與時消息

則維其常詩彼月而蝕則維其常謫見於天禮曰婦順不修陰事不得謫見于天月爲之蝕故月蝕則后素服而修六宮之職蕩天下之陰事災成襲月劉向說云秦胡亥立日月薄蝕熒惑襲月

八月

日在翼星律中南呂月令享壽星享壽星于南郊祭馬祖祭馬祖于大澤採柏露以明眼續齊諧記鄧紹八月旦入華山採藥見一童子執五綵囊盛柏葉上露如珠滿囊紹問用此何爲荅曰赤松先生取以明眼言終失所在用朱墨以點頭荆楚記云八月一日以朱墨點小見頭名爲天灸以厭病也習吹命樂正習吹將釋奠乃儺天子乃儺以達秋氣循行犧牲視全具也申嚴刑法申嚴百刑無或枉撓斬殺必當無留

有罪嘗麻天子嘗麻先薦寢廟種麥乃勸種麥上丁之日釋奠于國學上戊之辰釋奠于太廟擇元日擇元日命民社謂近秋分前後戊日獻良裘周禮司裘氏掌大裘以供王祀天之服仲秋獻良裘天子之服至仲秋而獻獲赤雀以銜書尚書中候曰季秋赤雀銜丹書集周之庭結寶囊以承露梁簡文帝眼明囊賦序云婦人八月旦多以錦翠珠寶爲眼明囊因凌晨取露以拭目平權衡是月也日夜分則同度量平權衡案芻豢瞻肥瘠察物色必比類量小大五者備當載黃詩云載玄載黃爲公子裳其穫八月其穫迎寒周禮仲秋月擊上鼓以迎寒養老授几杖行糜粥鴈已過而零其白露白露之日鴻鴈來後五日燕雀歸群鳥養羞雷收聲而分彼素秋秋分之日雷乃收聲後五日蟄虫坏戶水始涸祀夕月秋分日祀月于西郊戒清風四民

月令曰清風戒寒抱織縑帛剝棗八月剝棗斷壺壺瓠也八月乃斷仲商梁元帝纂要曰仲秋仲商也秋節天子居總章太廟庶人授几杖是月養衰老授几杖

九月

日在角星律中無射授衣之月詩九月授衣飾服之辰見下是丹鳥舍羞之日夏小正曰九月丹鳥羞白鳥羞進也白鳥蚊蚋也當白虎應感之辰帝王世紀曰扶始以季秋下旬夢白帝遺烏嗉子旦而升丘見白虎其上有雲感已而生皋陶于曲阜舉五穀之要農事備修當此月也休百工之作膠漆之作且休伐蛟鼉伐蛟取鼉取黿龜登黿取龜蟋蟀居戶詩蟋蟀在戶鴻

鴈來賓月令伐薪代薪爲炭必因殺氣嘗稻天子嘗稻先薦寢廟具飾衣裳文繡有恒衣服有量冠帶有常必循其故申嚴法令法念號令務納百官貴賤無不務納以會天地之藏無不宜出親嘗親嘗者嘗群神也天子親嘗使有司祭于群神禮畢告備于天子也既曰鴈來寒露之日鴻鴈來賓後五日雀入大水爲蛤後五日菊有黃花乃觀豺祭霜降之日豺乃祭獸後五日草木黃落後五日蟄虫咸俯咸俯見上神倉有司舉五穀之要藏帝藉于中倉祗敬必飭入室命有司寒氣總至人力不堪其皆入室獻裘周禮司裘氏季秋獻功裘以待頒賜秩芻命有司合秩芻犧牲以供皇天上帝山川四方之神宗廟社稷之靈爲民祈福秩芻者謂草税也蓄菜蓄人收斂務趣菜注始爲民御冬之備習吹大享帝于明堂也築場九月築場圃季商元帝纂要云九月曰季商未商高秋亦曰暮秋末秋殘秋

杪秋亦曰授衣

重陽

重九魏文帝書曰歲往月來忽復九月九日九爲陽數而日與月並應故曰重九登高續齊諧記云桓景隨費長房登高謂曰九月九日汝家當有災異急令家人縫絳囊盛茱萸繫臂上登高飲菊花酒其禍乃銷景從其言舉家登山夕還雞犬一時暴死今人九日登高乃其遺事重陽佳辰九旻暮月宋傳亮九月九日登凌囂館賦云重九之佳辰肅晨駕而朝逝九旻之暮月鳴鑾戾行宮謝瞻戲馬臺云聖心眷佳節鳴鑾戾行宮行宮馬臺也商飇凝素籥賀數九日詩云商飇凝素籥玄覽責黃圖白衣酒晉陽秋曰陶潛九月九日無酒宅邊摘菊盈把望見白衣人至乃王弘送酒便飲酣醉而歸戲馬臺南齊書云宋武帝爲公時在彭城九月九

日出遊項羽戲馬臺至今相承以爲舊事菊制齡陶潛詩云酒能祛百慮菊爲制頹齡萸繫
臂西京雜記云九月九日漢武宮中以茱萸繫臂佩茱萸西京雜記云漢武帝宮人賈佩蘭佩
茱萸食餌飲菊酒云令人長壽賜芳菊魏文帝與鍾繇書曰九月九日草木徧枯而菊芬然獨秀
令奉一束授衣之月落帽之辰見下馬射南齊書南齊以九月九日馬射或說
秋金節講習武射象立秋之禮龍山晉書孟嘉字萬年爲桓溫參軍溫重之九月九日遊龍山寮佐
畢集于時佐吏並著戎服嘉醉有風吹落帽而不知覺溫使左右無言欲觀其所措及如廁溫令孫盛作
文嘲之置坐處嘉還見之其荅文甚美黃花綠酒黍餌玉燭寶典曰食餌者謂黍
林並收之也菊杯杯中泛菊花

歲華紀麗卷四

唐　韓諤

冬

冬爲玄英梁元帝纂要云冬爲玄英亦曰安寧暮冬三冬九冬玄冬帝稱顓頊神
號玄冥司寒魏相曰北方之神顓項承坎執權而司寒屬水其日壬癸其音羽其
數六其性智其事聽其味鹹其臭朽其祀行祭先腎食黍與彘律窮六律氣窮歲暮歲將暮時嚴雲
既昏雲葉浮空文選寒風積浮雲繁冰澌結水立冬日水始冰迎寒北郊
鮑昭冬日詩云嚴雲起亂山白日欲還次兼豆邢子才冬夜直史館詩云兼豆來能飽重衾詎解寒
星斗旋臨於亥位金烏送次於房星日舍房星愛日左冬日可

愛寒風羽律纔移乾風更肅十月乾風至霜樹盡摧於
枯葉玉壺漸結於輕冰見上松秀寒姿冬嶺秀寒松桂榮貞
質選桂樹冬榮當北戶墐扉之日詩塞向墐戶以爲寒備是東皋穫
稻之辰十月穫稻風日風曰寒風勁風嚴風厲風哀風陰風日日愛日草木草曰寒卉
黃草木曰寒木寒柯素木寒條閉塞月令天氣上騰地氣下降天地不通閉塞而成冬蓋藏
謹蓋藏循行積聚無有不斂注云謂府庫囷倉之類祁寒書冬祁寒小民惟曰怨咨祁大也云
暮詩歲云暮矣三餘董遇曰冬歲之餘夜日之餘雨時之餘爲三餘也五夜冬之夜故
有甲子之辰

十月

日居房星律中應鍾　立冬而水始成冰月令立冬之月水始冰後五日地始凍雉入大水爲蜃虹藏不見　小雪而虹藏不見又曰小雪之日虹藏不見後五日天氣上騰地氣下降後五日閉塞而成冬也　穫稻詩八月剝棗十月穫稻　艮月傳曰使以十月入艮月也就盈數焉　水變冬姿霜凝雪態　感清商而律變謂秋改火　仰碧落以星稀冬節星稀　賞死恤孤賞死事恤孤寡　戒門修鍵坏城郭戒門閭修關鍵備邊境塞傒徑飾喪紀辨衣裳審棺槨之厚薄　移金水德秋改於冬　鶡語之辰見下　雀化之日家語立冬之日雀入大水爲蛤　祭寒亥日祭司寒　祀地立冬之日祀神州地祇于北郊　氣迎北陸景送西郊見上　槐檀遽改於歲餘冬取槐檀之火又冬是歲之餘　晷度方迎其晝

短日短星昴以正仲冬　隕蘀十月隕蘀　滌場詩十月滌場農工畢洒掃場　穜稑已納詩十月納禾稼黍稷穜稑　蟋蟀入床詩十月蟋蟀入我床下　收水澤之賦無令侵削兆民以爲天子取怨于下注水賦虫魚之類澤賦萑蒲之類　爲儲蓄之謀崔寔注云十月農事畢五穀既登家備儲蓄乃順時令也　時當隕蘀節及飲蒸大飲蒸勞農以休息之注十月農事既畢黨正屬民飲酒正齒位是也詩云十月滌場朋酒斯饗是也　當昏虛晀中月令　値宵長晝短　易關市來商旅納貨財便人事四方來集遠方皆至貨財不匱上無乏用百事乃遂　築城郭是月也可以築城郭造宮室穿竇窖修囷倉　菊謝籬金冰生池玉　禮法月推於聰智晨昏星麗於虛張　節及始裘月令天子始裘　時當納稼見上　霜勁盡摧於槁葉衆木搖落　嶺寒方秀於長松冬嶺秀長松之色　候轉秦正漢書高祖十月始至霸上秦本十月爲歲首遂不革焉　氣迎魯朔春秋魯以此月告朔　寒律後彫於松栢　新烟已改於槐檀見上　陽月此時純陰用事嫌其無陽故曰陽月　命酒官秫稻必齊麴蘗必時水泉必香陶器必良火齊必得兼用六物酒官監之毋有差忒　陳祭器命工師効功陳祭器按度程無作淫巧勤工名以考其成功有不當必行其罪

寒

焦溪沍温泉冰並出雪賦　嚴凝之氣禮記曰天地嚴凝之氣始于西南而盛于西北是天地之義氣也　栗烈之風詩云一之日觱發二之日栗烈　馬蝟文選云馬縮如

蝟言寒也　木冰左傳十三年雨木冰寒也　北戶墐扉出雪賦墐泥也　躶壤垂繒雪賦　十二三漢高祖聞韓王信降率諸將擊之連戰乘勝逐北至樓煩會大寒士卒墮指者十二三　十六七北方苦寒之地墮指者十六七　皸瘃上音軍下音卓凍破瘡也漢戰樓煩士卒皸瘃　凌兢井泉賦曰馳闔闔入凌兢凌兢寒顫也　桐不華周書時訓云清明之日桐不華則歲有大寒　黍可種劉向別傳曰燕地寒谷不生五穀鄒衍吹律呂以煖之溫氣至五穀生因名黍谷　毒害鳥獸王莽鑄威斗是日天大寒百官人馬有凍死者漢賓武上表曰今日大寒過節毒害鳥獸城邊竹木皆爲傷死　饑傷人馬魏武苦寒行曰人馬同時飢　鳥失條文選鳥登木而失條　人墮指見上　不堪月令寒氣總至人力不堪其皆入室　而耐家語食水者善遊而耐寒也　冬日之陽百物歸之言其煖也　陰時則慘文選云在陰則

慘在陽則舒 挾纊 左傳曰楚莊王圍蕭師多寒王撫巡之三軍之士皆如挾纊 重衾
白鶴語 異苑曰晉太康二年南州人見二白鶴語于橋下曰今茲寒不減堯崩年於是飛去 黃竹詩 穆天子遊黃臺之丘大寒雨雪人多凍死天子遂作黃竹詩以愍之也 松栢彫 歲寒然後知松栢之後彫 狐貉冷 文子御狐貉之兼衣又襲狐貉之煖者不憂至寒之心 綈袍 須賈謂范雎曰范叔一寒如此哉與之以綈袍 無褐 詩曰無衣無褐何以卒歲 慘凜 下陰潛而慘凜寒也 激冷 文選晨風凄以激冷 澌軸之冰 文選輸寒冰以滅肌冰緊於凝泮 入地之凍 廣雅云北方地苦寒冰厚一尺凍入地一丈 稜蔌 文選稜稜霜氣蔌蔌風威 并凌 思玄賦云魚矜鱗而并凌分凍貌 禋于六宗 孔安國曰四時也寒暑也日也月也星也水旱也謂之六宗 運乎二氣 日月運行一寒一暑 涉水 戰國策曰田單解裘與涉水之

老人 鑿池 呂氏春秋曰衛靈公天寒鑿池宛春曰天寒恐傷民公曰何寒哉春曰君衣狐裘坐熊席四陬有火故不寒民衣敝不補履缺不苴寒矣公曰善遂罷役 小民怨咨 書曰冬祁寒小民惟曰怨咨 君子齋戒 月令以待陰陽之所定

十一月

日在箕宿律中黃鍾 鶡鳥不鳴 大雪之日鶡鳥不鳴後五日虎始交後五日荔挺出 蚯蚓乃結 冬至之日蚯蚓乃結後五日麋角解後五日水泉動 節及冰行 音諧羽奏 昴正仲冬 尚書云日短星昴注仲冬也 時稱亞歲 宋志云魏晉則冬至日受萬國朝賀因小會其儀亞于歲朝 表福臻而祥集 故陰極以陽生 冬至日一陽生 視朔良辰 左傳僖五年正月辛亥朔日南至公既視朔遂

登觀臺以望而書之 推元命節 桓譚新論曰通曆數家算法推考其紀從上古天元以來訖十一月甲子夜半朔冬至 方晝短宵長之際 日短至陰陽爭又曰宵長晝短陰極陽生 是陽升陰化之初 陽初生陰乃化 分至啓閉當魯書雲瑞之辰 繇竹陶匏是漢賀日長之節 左傳凡分至啓閉必書雲物又青鳥氏司啓玄鳥氏司分丹鳥氏司閉伯趙氏司至玉燭寶典曰冬至日南長律中黃鍾其管最長故有履長之賀又漢雜記冬至陽氣起君道長故賀夏至陰氣起君道衰故不賀 閉關 先王以至日閉關商旅不行 鑿冰 斬木之時鑿冰之月 時方薦黍 見下注 日在牽牛 中氣 祁寒 剉北陸之金烏 大雲語南州之白鶴 見上 無作土事 月令曰無作土事無發室屋及起大衆以固而閉地氣沮泄是謂發天地之房民必疾疫又隨以喪命之曰暢

月 伐竹斬木 伐木取竹箭注云此時堅成可伐取之 祀井泉 祈祀四海大川名源 命宰謹審於門閭 命內宰申宮令審門閭謹房室必重閉雖有貴戚近習無有不禁 禁民不收於牛馬 農有不收藏積聚者馬牛畜獸有放佚者取之不詰注禾在野牛馬傷之人有取者不罪所以戒其主也

冬至

節次周正 周以十一月爲正月 律移舜琯 舜以玉琯定律呂 節及薦羔 崔寔四人月令冬至日薦黍羔先薦玄冥以及祖禰其進拜謁賀君師一如元日 時稱結蚓 冬至日蚯蚓結 周嵩舉酒 周嵩伯仁之弟冬至日舉酒白母號而泣曰伯仁爲人志大才短名重識暗 崔浩定儀 見下 土灰在懸 漢書冬至日懸土灰以定陰陽之氣 菁茅

作貢隋牛弘冬至乾元殿受賀詩云作貢菁茅集來朝圭瓚連梁園而已飛六出
雪賦梁王不悅遊于兔園漢殿而曾奏八音漢書天子以冬夏二至御前殿會八能之
士陳八音聽樂均度晷景候鍾律權土炭效陰陽鶡鳥不鳴大雪之日鶡鳥不鳴陽鳥
綏翼大戴禮方遵於坎德十一月盛德在水坎水也義文俄變於
乾交伏羲斷鼇文以立八卦冬至一陽生配乾之初九金翼南飛日南至玉杓
北指建子位漢樂曾陳於前殿魯雲爰紀於候臺占候之臺
墐扉嚴景北戶墐扉就樂具辰易通卦驗曰冬至日人王於羣臣從樂五日以迎日
至之禮注從就也陳儀薦宗廟之羊見上表瑞集文昌之雀魏文
帝黃初元年冬至日黃雀集于文昌殿前水德方隆陽爻乍振　盛吉正

持於丹筆後漢盛吉爲廷尉每冬至夜定罪決斷妻執燭吉持丹筆夫妻相向垂泣決事王
褒更審於黃鍾王褒律令表云師曠吹律知音律數始于黃鍾終于大呂故曰審進
履襪後魏崔浩女儀曰近古婦人常以冬至進履襪于舅姑崔駰襪銘有建子之月助養元氣之事
祀星辰月令祀昊天上帝于圜丘注冬至日祀五方帝及日月星辰禮壇日短影長
周禮冬至日在牽牛影長一丈三尺夏至日在東井長尺有五寸

雪

宮既東成雪賦雪宮建于東國齊宣王見孟子于雪宮山乃西峙雪山峙于西域
又傳曰太山冬夏有雪謝安詠世說謝氏內集講書俄而雪驟下太傅欣然曰白雪紛紛何所
似兒子朗曰散鹽空中差可擬兄女道蘊曰未若柳絮因風起曾子歌琴操曰曾子耕梁山雨雪

思父母乃作梁山之歌北荒之明月後周劉璠雪賦云似北荒之明月若西崑之閬風
雲夢之瓊田陳正見雪詩云九冬飄遠雪六出表豐年雖陽生玉樹雲夢起瓊田三月
失時左傳云三月雨雪書失時子猷乘舟王子猷雪夜乘舟入剡溪訪戴安道既造門不
前而返人問其故答曰乘興而來與盡而返何必見戴婕妤詠扇詩曰新裂齊紈素皎潔如
霜雪盈尺袤丈雪賦云盈尺則呈瑞于豐年袤丈則表沴于陰德圓璧方珪既因
方而成珪亦遇圓而爲璧豐年傳曰豐年冬多積雪凡平地盈尺爲大雪又時雪時雪不降
又曰雨雪不時玉樹銀花並詞人取譬擁袁安之門見下注救焦先
之屋高士傳焦先爲野火燒屋遺冬雪大至屋倒焦袒臥不移人以爲死熟視之宛然如故萬
頃同縞盻隰則萬頃同縞千巖俱白瞻山則千巖俱白海神來朝太公

伏符陰謀曰武王伐紂雨雪十餘日甲子朝五兩車騎止于王師門尚父曰四海之神與河伯來受命
詞人末至謝惠連雪賦梁王不悅遊于兔園乃置旨酒命賓友召鄒生延枚叟相如末至居客
之右俄而微霰零密雪下甲子見上注庚辰春秋考異曰庚辰大雪深七尺五騎効
靈三英作賦三英鄒陽枚皋司馬相如也輕雲流風洛神賦髣髴兮若輕雲之
蔽月飄搖兮若流風之廻雪郢客歌選客有歌於郢中者爲陽春白雪之曲飛鸞舞
趙飛鸞如流風之廻雪也穿履之行東郭先生久待公車貧困衣履不完行雪中履有上無下
足盡踐地閉門而臥洛陽大雪丈餘縣令出見袁安門無行跡謂安已死令人入戶見安偃臥
問安何以不出安曰大雪人皆乏食不宜干人令賢之遂舉孝廉冬夏有山海經云由首之山
小威之山空桑之山冬夏常有雪天地寒大戴記曰天地積陰溫則爲雨寒則爲雪千里

之渡 詩云飈飄千里雪倏忽度龍沙 五穀之精 汜勝之書曰雪者五穀之精古今收雪水以浸五穀 浸牛目 孟子曰滕文公葬有日矣天大雨雪至于牛目 渡龍沙 見上 蘇武羊毛 蘇武沒于蕃帶毛褁雪飡得活 王恭鶴氅 世說王恭衣鶴氅雪中行望見若神仙 積於三冬 語曰冬無積雪夏無餘糧 飄其六出 韓詩外傳云雪花飛六出 其雱 詩雨雪其雱 載塗 又雨雪載塗 雰雰霏霏 詩上天同雲雨雪雰雰又言我往矣楊柳依依今我來思雨雪霏霏 瀌瀌 詩雨雪瀌瀌 皚皚 選積雪皚皚皚皚白貌 入隙 始緣甍而冒棟終開簾而入隙 照書 孫康家貧常照雪讀書 麻衣 曹風以麻衣比色曹風麻衣如雪 蘭曲 楚謠以幽蘭儷曲宋玉作幽蘭白雪之曲

冰

履霜而至 易曰履霜堅冰至 積水所成 選云層冰為積水所成 生於水而寒於水 荀子 壯以風而解以風 左傳云冰以風壯月令云東風解凍 夏蟲疑 夏蟲不可以語冰天台山賦哂夏蟲之凝冰 春魚上 見上 玉甃 晉江逌冰賦云穿重城之十仞兮搆玉甃之百節 夷盤 周禮盛冰之器 涸泝 凝也 淋漓 泮也 狐聽之而將渡 述征記曰河冰始合要狐先行方可渡 鼠食之以求生 神異記北方有冰厚百丈鼷鼠在冰下重千金其毛長百尺可為褥却風寒其肉重千斤 凝池 束晳曰薄冰凝池非登翫之寶零露垂林非綴冕之飾必將採素壁于層山選圖珠于重泉也 琢冰 文中子曰巧冶不能銷木良匠不能琢冰 鳥覆而既因后稷 姜源踐巨人跡而生子弃之寒冰上鳥覆翼之後取養之以為后稷 魚跳而只為王祥 王祥母思生魚河水冰寒魚不可得祥乃泣忽一朝冰開有雙鯉魚躍出得以奉母 六尺 晁錯上書狐貉之地積陰之處木皮三寸冰厚六尺 百丈 注見上 履薄 詩如履薄冰 涉春 書心之憂危若涉春冰 寒覩餅中 淮南子曰見一葉之落知歲之暮覩餅中之冰知天下之寒 清窺壺內 選詩云清如玉壺冰 光武渡河 光武為王郎所逐至滹沱河兵進急無船不可渡使王霸往覘問冰堅否霸恐驚衆還報曰冰牢可渡比衆至河冰已合矣帝遂得渡 慕容蹈海 王隱晉書慕容皝上言躬征平郭遠假陛下天地之威精誠感靈海為結冰凌行海中三百餘里 冬凝春泮 淮南子曰冬則水凝為冰春則冰散為水 風結水成 見上 東海之蠶 拾遺記云東海中員嶠山有冰蠶長七寸有鱗角重雪覆之則有繭色為五采 北方之鼠 見上 陷冰之丸 後漢清州刺史焦和恐賊乘冰過河多作陷冰丸以投河中賊衆遂潰 削冰之火 博物志曰削冰令圓

舉以向日以艾承其影則有火出 以凝之水 周禮水有時以凝有時而澤 不治之冰 海賦曰陽冰不治陰火潛然 馴致 易 負重 鄧析書曰明君之御民若乘奔而無轡若履冰而負重言其懼也 王祥流而葉公飲 莊子葉公曰吾爨欲清之人今吾朝受命而夕飲冰我其內熱歟 句踐抱而袁譚推 吳越春秋曰越王念吳欲復怨非一旦也苦思勞心夜以接日冬寒則抱冰魏志袁譚時云淮冰注時冰凍合不得降之 未泮 迨冰未泮 渙然 渙兮冰釋又渙若冰將釋 皚皚 思玄賦行積冰之皚皚兮清泉冱而不流 峨峨 楚詞層冰峨峨 時燠 公羊曰冬無冰時燠 至夜結 寒冰夜結亦日朝凝

藏冰

天子命藏 命有司冰方盛取而藏之 山人乃取 左傳山人取之縣人傳之輿人納之

隸人藏之山人謂虞官也採於山陰又云其藏冰也深山窮谷固陰沍寒於是取之納於
凌室詩云二之日鑿冰冲冲今之十二月也周十一月爲正月十二月爲二月故云二之日鑿冰冲
冲水聲也又三之日納于凌陰即今之三月凌陰即凌室其冰方盛乃祭司寒傳云
其藏冰也乃用黑牡秬黍以享司寒其出之也桃弧棘矢以除其災其出入也時祭寒而藏之獻羔而啓
之注春分獻羔開冰也圅詩云鑿見上周禮見頒周禮凌人夏頒冰注云暑氣盛
王以冰頒賜羣臣也慮蟲疑之時不可闕也及狐聽之日于以
藏之藏時而日在虛危左傳云古者北陸而藏之即今十二月也西陸朝覿
而出之即今二月也出際而鳥飛昴畢傳云其周之也徧食肉之家冰皆與焉凌
人治鑑盛水器也有司祭寒三倍爲防凌人斬冰三其凌注三倍其冰

三之者爲消釋度也三時不害傳云偏及于老病則春無悽風秋無苦雨藏則無災
又云無災霜雹癘疾不降否則用咎今藏川池之冰弃而不用風不越而殺也

開冰

祭韭獻羔詩四之日其蚤獻羔祭韭四之日今之二月也又月令云立春後天子獻羔開冰先
薦寢廟桃弧棘矢見上注春治冰鑑祭供夷盤並見周禮凌人冬
伐謂將藏也伐冰之家不畜牛羊夏頒見上注春開開冰秋刷見凌人注刷除冰室
當更納新冰取順沍寒用資清暑獻羔而啓之見上出火
而畢賦左傳云公始用之火出而畢賦自命夫命婦至于老疾無不受冰老病必受
見上喪祭亦霑大夫命婦喪浴祭用冰也冰室春開玉壺夏薦致

夏蟲之疑闕而爲罪遇時煥之變責則難加冬乃無冰食
祿之家朝廷之祿位賓食喪祭于是乎用之凌人之職祭祀共冰鑑賓客共冰大喪共
夷盤冰

十二月

南斗臨烏大呂中律昏奎曉亢雞乳鵲巢　鴈鄉而
方驗小寒小寒之日鴈北向後五日鵲始巢後五日野雞始雊雞乳而始明中
大寒之日雞始乳後五日鷙鳥方疾後五日水澤腹堅蜡百神於南郊月令蜡百
神于南郊爲來年祈福于天宗天宗日月星辰也蜡臘日祭之名也習五戎於北面月令
乃教畋獵習戎班馬政命僕及七騶咸駕載旌旐授車以級司徒搢朴北面誓之注誓衆以軍法將

帥講武習射御角力亦教畋獵也天子厲飾天子乃厲飾執弓挾矢以獵厲飾謂戎服
而嚴厲其威武之飾星回于天日窮于次月窮于紀星回于天數將紀終磔犬送寒
大儺旁磔以送寒氣磔犬殺金以助木氣嘗魚薦廟天子親往嘗魚先薦寢廟徵咸獻
於九州九州之人無不咸獻其力以供皇天上帝社稷川澤之神注人非神福不生論所
宜於百縣合諸侯制百縣爲來歲受朔日與諸侯貢職之數以遠近土地所宜爲度以給郊廟
之事季冬亦曰暮冬窮冬餘月歲窮歲餘

日

陽德春秋內事曰日者陽德之母也火精范子計然曰日者火精也冠三光之首
爲七曜之先三光日月星七曜五星與日月也朱炎艷於建陽何晏景福

殿賦云開建陽則朱炎赩朱炎日也**神州耀乎靈景**左太冲詠史詩云皎天舒白日靈景耀神州**三足**日中陽烏三足**九芒**日彩九芒**麗天**易日月麗乎天**出地**文子曰日出于地萬物蕃息**方旭**郭璞南郊賦云將當青陽日在方旭**半規**謝靈運遊南亭詩密林含餘清遠峰隱半規**寸晷**文選寸晷無留影**分陰**晉陶侃曰聖人尚惜寸陰凡俗當惜分陰**桑榆**選云桑榆暮景**葵藿**傾心向日**曝儒士之腹**郝隆曬書**炙野人之背**傳云負日之暄人莫之知也**貞明**易日月貞明**寅餞**書寅餞納日**火德明輝**離爲火爲日**陽精正色**說文云日太陽之精爲**可畏可愛**見上**不縮不盈**土圭測景不縮不盈**並明**天子與日月並明照四方也**久照**易云日月得天而能久照**出東方**出自東方照臨下土**在北陸**左傳日在北陸而藏冰**魯陽揮戈**

魯陽與韓戰酣日暮揮戈而日退三舍**后羿發箭**淮南子云堯時有十日並出羿射九烏死焉**實也**說文云日者實也太陽之精**就之**堯紀就之如日**月名**陽德陽精大明曜靈踆烏東君陽烏日御曰羲和**日狀**日中則昃杲杲出日春日遲遲如日之升我日斯邁日云暮矣**朝東門**禮黑冕而朝日于東門之外**在西陸**日在西陸而出冰**劍揮**虞公與夏戰日欲落公以劍指日日乃退不落**箭射**見上**逐有夸父**山海經云夸父與日爭走乃渴死于道棄杖而成鄧林**送有秦皇**恨賦秦始皇巡海右而送日**冬日陽夏日陰**文子言此二者物皆歸之**長繩**恨無長繩繫白日**雙麗**文選日月雙麗**無二**天無二日**方中**日之方中**論遠近而長聞明帝**晉明帝少時元帝問曰日近長安近荅云只見人從長安來不見人從日邊至及來日集羣臣乃言日近帝失色對曰舉頭見日不見長安帝奇之**爭小大而難荅小兒**列子曰孔子東遊見兩小兒辯鬬問其故一兒曰我以日始出時近而日中時遠也一兒曰我以日初時遠而日中時近也一兒曰日初出大如車蓋及日中則如盤盂此不爲遠者小而近者大乎一兒曰日初出滄滄涼涼及其中如探湯此不爲近者熱而遠者涼乎孔子不能決兩小兒笑曰孰謂汝多知乎**白駒**莊子曰人生世中如白駒之過隙**赤羽**子路曰赤羽若日**揭行**如揭日月而行**騎走**莊子曰挾宇宙騎日月**扶桑**淮南子曰日初出于暘谷登于扶桑入于虞泉**若木**日所出也**既無私照相代而明**日月無私照

臘

祖日爲盛臘日爲衰五行盛則爲祖衰則爲臘漢以火德火衰於戌故以戌日爲臘

魏以上德上衰于辰故以辰日爲臘**魏以土而用辰**見上**晉以金而取丑**金衰於丑**殷曰嘉平**別名之也**周名大蜡**蜡者索也漢改名爲臘**尹軌或賜於神藥**神仙傳尹軌字公度晉太康元年臘日過洛陽城西一家求宿主人以明旦是臘意不吝又以曾聞公度名因爲設酒至旦乃賜主人神藥一丸而去**甄宇不擇於瘦羊**東觀漢記甄宇字長文拜博士臘日詔賜羊或言大小肥瘦欲投鉤宇乃取瘦羊後乃詔問瘦羊博士**聞盜樹**陳留志云范喬邑人臘日盜斫其樹人告之佯不聞邑人愧而歸之喬曰卿臘日取柴與父母相懽耳**矜竊食**袁宏後漢書曰韓卓字子助陳留人臘日奴竊食祭先人卓義其心矜而免之**祠黃石**史記張良於下邳圯橋見老人得書云他日穀城見黃石卽我也果見取而寶祀之留侯死并黃石葬之每伏臘上冢祠黃石**報有功**漢書儀曰報鬼神古之聖賢有功于民者攺

之而啞於王莽陳咸王莽篡位還家杜門及臘日咸言我之

虞公傳云虞公不臘

萬物而索饗祭先祖蜡臘者獵也歲終大祭

儺

送寒爲抑月

抑

爲官皮執戈

胙階

漢高祖文皇帝矢有飛龍蛇矣驚桃弧棘矢無樂偶也言矢無限

火馳風

流言疾也

飛礫飛礫雨散剛惡馳之名礫

可以厭鬼

因耕父因耕父於清冷女魃並鬼名清冷

淤光殘夔與魍象殘野仲而殲淤光皆鬼名

魍惑

影燈記

闕名

臨光

正月十五夜元宗於常春殿張臨光宴白鷺轉花黃龍吐水金凫銀燕浮光洞攢星閣皆燈也奏月分光曲又撒閩江錦荔支千萬顆命宫人争拾多者賞以紅圈帔綠暈衫

上元影燈

洛陽人家上元以影燈多者爲上其相勝之辭曰千影萬影又各家造芋郎君食之宜男女仍云送鷄肉酒用六木餅貯之於親知門前留地而去

建燈樓

上在東都遇正月望夜移仗上陽宫大陳燈影設庭燎自禁至於殿庭皆設蠟炬連屬不絶時有方都匠毛順巧思結創繒綵爲燈樓二十間高一百五十尺懸珠玉金銀微風一至鏘然成韻

士女夜遊

正月十五夜俗許三夜夜遊其寺觀街巷燈明若晝

山棚高百餘尺神龍以後復加嚴飾

說郛目錄

弓第七十

晝簾緒論

台郡胡大初

盡已篇第一

涖官之要曰廉與勤不特縣令應爾也然縣有一州之體而視民最親故廉勤一毫或虧其害於政也甚烈且人孰不知廉吾分内事也物交勢迫㴱不自由素貧賤者有妻子啼號之撓素富貴者有口體奉養之需喜聲譽則飾厨傳以娛賓務結托則厚苞苴以通好又其甚者婚男嫁女囊帛匱金皆此焉是資雖

欲廉得乎貪黷亡恥之人固不暇恤稍有畏清議者亦不過曰吾上不竊取於公帑下不妄取於民財足矣收買飲食素有官價吾行之矣愧供需賓客例數吏貼吾循之矣乍不知以官價買民物民貧其何以堪而責吏供需他日吏以曲法受賂敗令責之得無愧辭乎故其要莫若崇儉苟能儉則買物不必仗官價以求多也燕賓不必科吏財以取樂也苞苴不必講厨傳不必豐也涖官之日無異處家之時而用官之財不啻如用已之財斯可矣又孰不知勤吾職分之當然也聰明有限事機無窮竭一人之精神以捉衆人之姦詭已非易事況有愚暗無庸者一切聽可否於吏手苟且取其者率多黠智能於不用甚則銜杯嗜酒吹竹彈絲圖享宦游之樂遂致獄訟經年而不決是非易位而不知詞訴愈多事機愈夥卒不免於司敗之見詰縱有鋭意自强者幾何人哉自其簿應日繁心力日耗方虞稅駕息肩之無其所何幸吏牘已備俛首涉筆終亦歸於苟道而已故其要莫若清心心既清則雞鳴聽政所謂一日之事在寅也家

務盡屏所謂公爾忘私也勿以酒色自困勿以荒樂自戕也今日有某事當決某牒當報某賦某色當辦某禁繫某人當釋時時察之汲汲行之毋謂姑俟來日則事無不理而此心亦寧矣吁此廉勤之大略也他猶有可言也心不可不平平心則物情無往不燭怒不可或遷遷怒則吏民將受其枉其令必簡其政必和非時營繕所合力懲託辭科輸所當痛革子弟門客勿令與外人吏輩交接或恐有往來結托之嫌則禍起蕭墻若何拯療吏民婦女勿令其出入織紆貿

易或恐有交通關節之謗則事干閨閫未易施行勿帶醫術或有干請難以相從勿置親隨處之內外皆所不便在已者既已曲盡則何施不可何事不公何盤根錯節之足慮哉故愚以盡已冠之篇首云

臨民篇第二

令為民父母以慈愛為車以明斷為軏而行之以公恕斯得矣今之為令者知有財賦耳知有簿書期會耳獄訟一事已不皇悉盡其心撫字云乎哉教化云乎哉昔陽城自署曰催科政拙撫字心勞考下下陽

城已矣誰肯甘心下考而竭其撫字之誠者不知九重以赤子授之令固望其字吾民也而可孤所寄乎故令視事之初其先務有四曰崇學校夫士者民之望也鄉校者議政之地也諸學奠謁之餘便當延見衿佩假之以辭色將之以禮意詢風俗之利病諮政事之得失廩餼必豐課試必謹其端厚俊秀者獎異之其詞訟蔓及者覆護之其凌辱衣冠者懲治之則士悅而知慕矣曰獎孝弟人情敬其父兄則子弟悅故當首延父老以寓敬愛之意然後博詢鄉曲其有孝友著聞行義卓異者必屈已求見必置酒登延護其門閭寬其力役使邑人靡然知傚或有兄弟訟財親族互訴者必曲加諷諭以啓其愧恥之心以弭其乖爭之習聽其和允勿事研窮則民俗歸厚矣曰勸農桑令以勸農繫銜朝廷以勸農著令非不勤至今也不然歲二月望為文數行率同寮出近郊集父老讀之飲食鮮少甚至折錢事畢即自携酒肴妓女宴賞竟夕實意安在哉令到官之始不必姑俟來春便當以農桑衣食之本諄諄然喻之而所以妨害痛擾

之者必懲必戒則民斯咸安其業矣曰略勢分令為近民之官而令也民視令不啻如天之遠如神明之可畏衘寃茹苦無由得入令尹之門幸而獲至其前則吏卒禁訶笞朴交錯畏懦者已神銷氣沮矣故欲通下情莫若大啓門庭屏去吏卒躬自呼之凡席之前康色詰問以盡其所欲言其壅蔽不得達者則設鑼縣門之外俾自扣擊如是則民情無有不獲自盡者矣行斯四者他如賑恤之不可不時追逮之不可或濫毋事橫斂毋事酷刑非甚不便於民不必好為

更革非甚宜益於民不必輕爲輿舉其餘節目皆當次第而廣充之雖然愛民之要尤先於使民遠罪夫民之罹刑豈皆頑而好犯哉愚蒙亡知故抵冒而不自覺令宜以其條律之大者榜之墻壁明白戒曉曰某事犯某法得某罪使之自爲趨避其或有犯到官哀矜而體察之照法所行與殺一等亦忠厚之德也若悉欲盡法施行則必流於酷矣昔卓茂爲密令論其民曰我以禮教汝汝必無怨惡以律治汝汝何所措其手足乎吁此仁人之言也凡爲令者宜寫一通

寘之座右

事上篇第三

令領一邑太守察之諸監司察之所以防汙虐戒曠敗也公正自飭廉謹自將固令所當持循職事攸關尤合加察轉漕司惟財賦耳縣道賦入自有定數率是輸之郡家本自無甚干涉其他戶婚詞訴吾惟決之以公奚懼焉常平茶鹽司惟厲役與鹽課爾不產鹽不繫銜處於鹽無預若齊民之差役公吏之敘役與夫常平義倉之聚散吾無偏私無侵移又奚懼焉惟提點刑獄司則視諸司爲獨重何則刑獄民命所關苟有過誤厥咎匪輕殺傷多委同官驗視安知其無或疎鹵乎罪囚淹禁動經歲月安保其無或疾病乎結解公事惟憑供款又安信其果無翻異乎有一于茲便罹憲綱故惟在我者無往不謹不審而又得部使者察其忠實寛其鞭驅庶乎可以免厥咎也其次本州則視憲司爲尤重何則州縣一家也今之覜守猶子弟之於父兄也情苟不通事無可集若財賦若獄訟若日生事務無一不與相關而縣之最被害

者莫若不時專人每專人一來陵蔑名分搶捽吏貼大者數百千小者百餘千方得其去又其次二稅事差吏拘催酒稅專差吏監督日食之供需公事之怒告令無不聽命惟謹甚而擅興威福轄養娼妓需覓器用裒取財物無所不有令謂郡之始便當明稟使君其職事不敢不勉而縣家苟有不逮亦乞加體恤之仁仍乞給紫袋曆二道絡繹往來彼此咸御名書之庶幾事情無有不達而文移之督促可省也如經兩月事不辦集然後甘受專人之擾慢令之罰若茶

稅虧日額酒稅虧月額者率十之四五却乞遣吏監督不然告寬經勒咨竭其長矣州家亦欲集事爾差事人差公吏豈其得已令若恃其相容遂至弛怠公事不集財賦不登亦奚咎夫郡之督促哉雖然奉法循理盡瘁效職監司郡守之難事猶可也惟是臺幙郡僚或捧檄徑從或移書請託賓餞稍有不至奉承稍有不虔賢明仁厚之人固能推誠相亮否則情好易睽間隙易啓始於職事相關之際捃摭橫生甚而使長會聚之時譏讒肆入蓋有陰中其毒而獲戾者

多矣故令之待臺幕郡僚者寧過於勤毋失之怠寧過於恭毋失之簡寧過於委曲毋失之率意而徑行此亦可以杜無妄之災矣

僚寀篇第四

縣之有僚寀兄弟等也兄弟有鬩牆之釁則家用不和何以幹蠱而禦侮哉縣僚本無慢長官之心而每有與令不相能者非他也令挾長以臨僚寀僚寀復睚眦不相下勢必至於睽且忌不和縣無州郡黜陟之權合轍而馳同舟而濟令苟怡怡相與孰不竭力以佐令乎然相得每難而相失每易公事分委佐廳任之書判或意見偶異或請托所牽未能與令意合令輒自行改判或牒請再擬則其情易以相失孰若平心量酌其是否過廳面議使之欣然竄易而無怨心乎佐廳吏人有過令遽呼上杖之于庭縣吏或有咆哮佐官亦復自行鞭撻遂致彼此猜忌因成讐隙則其情易以相失孰若致委曲於其本官令其自行決遣使之赧然愧服而無怨心乎丞簿而下俸入極微曾不足以養廉而令輒掩壓累月令雖不明支已

俸却或於官錢移易貸用其何以得同僚之心故同僚俸給須當按月支送或一時匱乏則明以相告令亦不當先支已俸及有移貸之私收支簿曆使之通知可也如是則又孰不悟然相體能與縣家同休戚乎令始至之日必延見僚寀歷述弊端悃愊無華肝膽相照職事關係彼此明言毋懷忍以含慾廳吏間諜彼此斥絕毋嗜聽以相猜心同一人事同一體則政和而民受其福矣豈惟民之幸亦令之幸也雖然同官皆忠良之士固自悉無可慮彼有沈鷙很戾者

或狹才以相陵或侵權以相撓或陰譎長官之短或
樂受譖者之言則將奈何哉今豈無假故疾病勢必
委佐官暫攝而攝者輒變亂其統紀縣道庫眼亦有
屬佐廳司掌及有財賦合屬佐廳催督者而佐官輒
視爲己物不與縣道通融則文將奈何哉吁此當以
誠感不當以勢爭以誠感則禮意必周懇白必豫使
之自有所不敢爲以勢爭則意義日睽釁隙日甚或
相訐或互申弊有不可勝救者此令所當深戒而早
圖者也

御吏篇第五

人皆曰御吏不可不嚴受賕必懲無赦不知縣之有
吏非臺郡家比臺郡之吏有名額有廩給名額視年
勞而遷升廩給視名額而差等故人人皆有愛惜己
身之意顧戀室家之心乃若縣吏則不然其來也無
名額之限其役也無廩給之資一人奉公百指待哺
此猶可也縣官日用則欲其買辦燈燭柴薪之屬縣
官生辰則欲其置備星香圖綵之類士夫經從假寓
館舍則輪次排辦臺郡文移專人追逮則裒金遣發
其他貪黷之令誅求科罰何可勝紀噫彼財何自來
哉稍有貲產者又孰肯爲吏哉非饑寒亡業之徒則
駔狡弄法之輩非私下盜領官物則背理欺取民財
爾愚嘗妄思周官胥徒府史之制有名職廩稍之供
是以吏皆廉平俗亦醇厚今時殊事異縣道財賦薄
熬捄過不暇給而暇辦吏俸哉此說殆類談何爲令
之計者亦不過曰廉以率之耳其身正不令而行常
堂供需生辰獻壽等一切罷去我既不科求於吏吏
縱未知悛改在我責之可無愧辭然後弄權者必懲

犯法者必斥至有稍能任事之人令或倚以爲用彼
輒妄自誇詡謂事無大小是非曲直率由於我汝乞
我金若干我令汝事必勝已而果然甚至駕說於本
官以爲巧取之地吏之溪壑未飽而令之惡聲已彰
矣間有縣令精强者一切不肯任吏吏則廣說道理
曲爲游揚使而不容不從其言此術又不行則必於
令啓處之間自與儕伍私相評議使其語陰入於令
之耳令不之察謂其無心之言從而信之而不知已
隳其計中矣吏之姦詭萬狀鼠不可不深防密察故

欲吏之不受賂斷無可行之策但使事事清明人無觀望知吏之不必賄之不可行已爲政之善矣乃若俗自醇厚吏自廉平非如前所謂循周官之制不可也波流日靡孰挽而東徒增太息云爾

聽訟篇第六

孔子曰聽訟吾猶人也必也使無訟乎人情瀉靡機事橫生已難使之無訟惟盡吾情以聽之而已縣道引詞類分三八始至之日多者數百少者亦以百數令憚其煩遂有展在後次併引者不知省訟固自有

道若憚煩拖後積壓愈多雖竭其精神難理矣或謂不拘日子有狀即受可免積壓然縣家事多若日日引詞則訴牒紛委必將自困不若間日一次引詞却將鄉分廣狹分搭遇一則引某鄉狀遇三則引某鄉狀遇五遇七遇九各引某鄉狀不得攙越庶幾事簡易了且彼有一時忿激便欲投詞需日稍久怒解事定必有和勸而不復來者此其當行者一也分鄉定日此止可爲常事設若鬬毆殺傷水火盜賊不測等事亦俾待次不亦晚乎却如前之說置鑼於縣門之外不以早晚咸得自擊鑼鳴令即引問與之施行若有事情急迫合救應者便與救應合追捕者便與追捕合驗視者便與驗視却不可因循失事此其當行者二也詞訟到官類是增撰事理妄以重罪誣人如被毆必曰殺傷索財必曰劫奪入其家必誣以作竊侵境界必誣以發墓此類眞實固有而假此以覬有司之必與追治者亦多要當明立榜文嚴反坐之法須令狀尾明書如虛甘伏反坐六事與時究竟果涉虛偽斷當以其罪罪之則人知畏而不敢飾詞矣此

其當行者三也詞訟在官不與結絕所以愈見多事每一次受牒新訟無幾而舉詞者往往居十之七八徒費有司之閱視徒勞人戶之陳請不若先行告示凡有詞在官如易於剖析即與施行但有追會不齊究實未到合聽有司區處不應疊疊陳詞今以兩月爲期如兩月之外不覩有司結絕方許舉詞不然並不收理此其當行者四也縣道每有姦役頑嚚之人事以教唆詞訟把持公事爲業先當榜文曉諭使之盡革前非若有犯到官定行勘杖刺環押出縣界必

懲無赦凡遇引問兩爭應答之辭與狀款異此必有教唆把持之人也須與研窮根勘重寘于罰此其當行者五也凡與一人競訴詞內必牽引其父子兄弟七五人甚至無涉之家偶有宿憾亦輒指其婦女爲證意謂未辨是非且得追呼一擾費耗其錢物凌辱其婦女此風最不可長令須察其事勢輕重止將緊要人點追一兩名若婦女未可遽行追呼且須下鄰審責供狀待其緊急方可引追此其當行者六也不應爲有罪不許因事告事法令昭然而今之爲令者

喜聞人家隱微於是告訐之風滋長甚至收人白劄子見之施行於是愈無忌憚妄行指摘而民無寧居之日矣此亦合預行榜諭告訐者未問虛實先坐不應爲罪若狀詞本訴之外因而告首其家隱微者亦勿聽理併先坐罪此其當行者七也引到詞人供責必須當廳監視能書者自書不能者止令書鋪附口爲書當職官隨即押過其事輕理明不待追會者自可隨手決遣若涉追證費勘會亦只憑此初供最不可押下案致令胥曹得以恐脅詭誘而使之變易眞情此其當行者八也大凡蔽訟一是必有一非勝者悅而負者必不樂矣愚民懵無知識一時爲人鼓誘自謂有理故來求訴若令自據法理斷遣而不加曉諭豈能服負者之心哉故莫若呼理曲者來前明加開說使之自知虧理宛轉求和或求和不從彼受曲亦無辭矣此其當行者九也令每遇決一事案牘紛委憚於徧閱率令吏摘撮供具謂之事目不知吏受人囑其理長者不爲具出而理短者反爲聲說以此斷決多誤不若令自逐一披覽案卷切不要案吏具

單兼勝者固有理而負者亦未嘗無道理可說特不若勝者之多耳令合先述其是而折其非則負者雖欲畨訴不可得矣此其當行者十也此姑論其大略若夫隨機應變遇事酌裁神而明之使民宜之則在賢有司

治獄篇第七

刑獄重事也犴狴惡地也人一入其中大者死小者流又小者亦杖寧有自出之理脫或差誤胥吏奚恤其咎必屬之令縱可逃陽罰亦必損陰德詎可不知

謹戒一曰禁繫必審二曰鞫視必親三曰墻壁必完四曰饑寒必究五曰疾病必察六曰疑似必辨七曰出入必防令每有私忿怒輒置人于圄兩爭追會未圓亦且押下佐聽亦時有遣至者謂之寄收長官多事漫不暇省遂致因循淹延不知一人坐獄闔戶抱憂飽煖失時疾病傳染殆有甚可慮之事而又有合共處不合共處者蓋兩爭若使異牢則有賂者可使獄吏傳狀稿通信息而無賂者必被其害孰若使之共處可以互相察視乎健訟之徒樂入囹圄因得以

唆教獄辭變亂情節孰若別處一牢而使之不得與餘囚相近乎羸老之人必察其有無疾病或致沉重徒見費力婦人女子必察其有無娠孕脫有墮墜無以自明此所以禁繫之不可不審也在法鞫勘必長官親臨今也令多憚煩率令獄吏自行審問但視成款僉署便為一定甚至有獄囚不得一見知縣之面者不知吏逼求賄賂視多寡為曲直非法拷打何罪不招令合戒約推款不得自行訊鞫公事無小大必令躬自喚上詰問再三頑狡不伏盡情然後量施箠榜周官有五聽之法亦以獄情難測不可專事箠楚也在法一更三點長官親自定牢今也聽政無暇則委佐官飲酒相妨則委典押不知脫有逃逸咎將誰執泥吏輩受賂則雖重囚亦與釋放安寢無賂則雖散禁亦必加之縲絏是不可不躬自檢察昔熊子復宰暨陽日間不時趨獄點視夜則置一鈴其索直達寢所夜半掣鈴獄卒應喏否則必罰由是並無不測之慮是為可法此所以鞫視之不可不親也今在在州縣獄多有頹墻敗壁不甚完固者固當亟加整葺

然重囚姦態萬狀尤宜深防每有獄吏受重囚賂放其自便日間因以飲水為名將水潠壁浸漬泥濕夜深則鑽壁踰墻倏然而遁吏卒睡熟無由知覺洎覺則追之已無及矣此是利害令當審量罪囚輕重重者勿使處近壁之匣墻之上必加以茨壁之內必夾以板每五日一次躬自巡行相視有不完處隨加修補戒飭吏卒每夜不可止留一人直更須要每更輪流兩三人明燭巡視諸牢次早令出廳先詣獄點名然後僉押文字日以為常墻壁之當完者如此獄囚

合給糧食自當於經費支破有因縣道匱乏而責諸
吏者不知官給尚欲減尅而可使吏供輸乎寧節他
費此不可節也人當日給米二升鹽菜錢十文朝巳
晚申立定程式獄子聲喏報覆令躬點視然後傳入
其有家自送飯者當即傳與仍點檢夾帶毒藥刀仗
銅鐵器皿文字之屬春夏天氣蒸鬱須與疏其牕櫺
滌其穢汙使不至卑濕奧滯致興疫癘如稍向寒便
當糊飾戶牖支給綿炭使各得溫煖和適可免疾患
饑寒之當究者如此不幸獄囚有以疾病告者將奈

何哉曰此不可不察也有實病而吏不以告者有未
嘗病而吏誣以告者蓋吏視囚猶犬豕不甚經意初
有小病不加審詰必待困重方以聞官甚至死而後
告者若有貲之囚吏則令其詐病巧為欺誕以覬責
出漸為脫免之地此令所當深察責在推司日具有
無疾病申令於點視之際又自躬加審察如以病告
者且與召醫治療日申增減其甚困頓不可支者然
後責令親屬保識前去若必待病重方始聞官者推
吏必寘于罰不然萬一死者接踵憲司歲計人多令

能免咎乎又不幸獄情有疑似而難明者將奈何乎
曰此不可不辨也世固有畏懼監繫覬欲早出而妄
自誣伏者矣又有吏務速了強加拷訊逼令招認者
矣亦有長官自恃己見妄行臆度吏輩承順旨意不
容不以為然者矣不知監繫最不可泛及拷訊最不
可妄加而臆度之見最不可恃以為是也史傳所載
耳目所知以疑似受枉而死而流而伏辜者何可勝
數諺曰捉賊須捉贓捉姦須捉雙此雖俚言極為有
道故凡罪囚供款必須事事著實方可憑信不然萬

一逼人于罪使無辜者受枉罰令得無愧於心乎乃
若獄門出入之禁其責專在當日推司監牢嚴行拘
督應當日而拋離不到者有罰吏卒非係在獄而輒
入者有罰令自點察之外許人告訐罪人水火茶飯
各須有人監臨事畢即入元處不得放令閑散逐牢
內門無故不得輒開若家屬傳送茶食不得私令與
囚相見吏卒亦不得因而與之傳遞信息漏泄獄情
此皆所當深致其防者也夫縣獄與州郡不同州郡
事設一官故防閑曲盡縣令朔會促迫財賦煎熬於

獄事每不暇詳謹罪之小者縣得自行決遣罪之大
者雖必申州而州家亦惟視縣款爲之憑據則縣獄
豈不甚重而令之任責豈容不曲盡其心哉故愚於
此反覆諄複不嫌於贅

催科篇第八

今之作縣者莫不以催科爲先務而其弊有不勝言
者是鄉胥走弄簿籍漫漶不惟驅督不登縣受郡
之責抑亦遏抑過甚民受官之害邇者廷紳奏請以
十戶爲一甲一甲之中擇管額多者爲首承帖拘催

自浙而江往往行之已偏令不當則爲規約止是就
此察其弊而圖其官民兩不相病者爲善耳愚嘗思
之去官之病者爲説有三去民之病者爲説亦有三
其一曰民戶合管産業籍之于縣縣道合抱稅額籍
之于州州視額督趣縣視産起催此常式也然多有
坍廢有逃絶郡雖迫之縣縣實無可催者官之與吏
徒被督責不若先與剔具事故數目實計若干申州
乞差官究實與蠲其額容俟他時興復仍舊起催仍
申省部照會或太守難之令能於合催財賦盡數趣
辦使郡用不至匱乏當亦自能聽從也其二曰起催
稅物例是勒逐鄉鄉胥供具合管數目以憑給引不
如鄉胥與富强之家素相表裏有稅未即具上或不
盡具至有每年不曾輸官者却止將善良下戶先具
催數或多科尺寸逼令輸納此只合選稍公實吏人
令又自將前兩年産稅簿點看如吏人當具而不具
與夫當催而不催者皆有罰所以不用新造簿而必
用舊簿者防鄉胥爲欺也若誘曰升降不等過割不

時畢竟田主雖易而田則未嘗易自可挨究官物之
所在如是則無陷失之患其三曰每日催到官錢至
夜方有定數已難入庫多是寄留廊頭或公吏處遂
至侵貸移易或有止以虛數影過者其法合置兩大
櫃且與櫃行收鎖來早或躬親或委官點數入庫不
可因循又須擇家計稍温行止稍明有親戚保識人
充庫子每旬休與之點視及將收支簿曆驅磨其庫
壁須用板夾持十分堅固待其欺瞞侵盗之後雖斷
刺估籍與夫抑勒衆人塡納亦無及矣此去官之病

當爾其一曰甲帖之設本以優役戶今乃以困官戶蓋起催本是戶長之責今官戶不應役者亦承帖催科矣姑置勿論但差甲首之時弊倖尤多有囑者稅額雖多乃與分爲三數引而常爲甲下戶矣無囑者稅額雖少乃與最少下戶同引而常爲甲首矣不特先期輸納而甲下十幖欲其分給人戶有居于縣市者有居於外都者安能一一識認其家最爲被擾莫若各隨都分等則分差一等戶止與一等共甲仍不許將合納數目分作別引其納足乞改付下次者案

吏不得邀阻違許執覆將吏科斷其二曰民戶之受害者莫甚於已納重追皆由案吏不相關照鄉胥不與銷豁夫先期樂輸本是良法而點追苛擾與未納同又且呈鈔繳引分外費用人誰肯先輸乎此合責之典吏每日將已納戶名逐項銷豁若泛常引幖成見印給者須要典押用保明印子若不時點追令自判押者兼要鄉胥保明即非重追如虛甘罪異時或有以重追訴者必加罪於保明之人其三曰妄攤之弊尤不可不禁夫官戶輸納多憑幹人鄉戶則憑攬子二稅起催之初係覽幹各於逐處領錢入已輒將移易盜用逮官司催督嚴緊却妄稱已出與其人合係某人抱納將來追會明白之後固自不可逃隱但圖一時且得抵賍數限逐旋措辦而被攤被追者果何辜哉下戶之願稅姦猾者計亦出是要須每遇追到供攤者先責狀附案如虛甘受欺隱官司之罰然後方與追理事果虛妄斷在必懲此去民之病當爾夫有田則有賦頑猾抵官者誠所當治而善良樂輸者要當與之覆護其大要則合於移割加之意焉蓋

產去稅存不可不察民有以出業報者便當關會受業之家割稅歸戶然後却與除退庶幾無泛追無濫罰無推攤抵賍之弊此則正本澄原之地也

理財篇第九

縣自常賦之外一孔不可妄取諸民雖有理財之策奚其施亦惟於酒稅加之意而已酒稅解郡月有常額措辦不及亦懔惴惴之憂况望其餘裕可助縣用哉雖然經理有方亦未嘗不沛然也今之言酒者不過曰官課之所以不行者私酤害之爾貼榜張旗專

遶巷陌鳴鑼機隊遍走街坊脫有斗升收獲到官便輒枷訊禁繫累月蕩其生理妨其營趁率至於饑餓病困之域猶之可也人有私隙者便輒誣以鬻酤密來首陳意在擾害官司不問虛實輒差弓手轎番數十爲羣持仗突入遍搜房室繞打墻圍無異於大刼然不知人之所以冒法私飲者皆由官醞不堪入口我苟留情酒政六物必良其在庫也謹滲漏嚚瞞之弊其在店也防夾和尅退之欺酒司之外專差典押吏人各一名任責措置如發賣流通利息增行則典

押吏人酒司酒匠皆量支犒賞否則有罰官醞既多且旨誰肯私飲以自速辜故雖榷禁不嚴驅之亦不從矣今之言稅者不過曰官額之所以不登者商賈瞞隱爾於是嚴搜邏之策遣差攔頭弓手等輩於界首攔截動至三數十里之外誅求客旅溪壑亡厭得厚賂則私與放行徑不令其到務商稅不伏予以賂者則彼擒到官倍稅之外費用如故猶之可也其所差攔頭弓手又復將帶游手惡少遍走鄉村以捉稅爲名打毀人家雞犬搶奪行旅籠仗因有望風畏遁

轉相告報取他道而去者矣不知督促之嚴征斂之重是乃驅之使不敢至不若多出手榜四散貼示明諭重征之弊自此革絕照則例合行收稅一貫又者令且權收八百或九百其攔典合干人等費用一切痛革商稅一畢便給由子證應出縣更不許攔典稽滯乞覓若商旅不經縣務投稅輒行私路遁去爲本縣所獲定將物貨倍稅之外更與勘斷令衆候替斷不輕貸蓋取之雖少而來者則多課利自然盈衍孰不願出其塗哉此外則有牛驗醋息與夫茶麥牙契

免丁房賃自可隨宜拘催近來諸邑別欲增衍多有出賣官紙者吏人行遣人戶投詞非官紙不用此本非法令所許若縣道藉此支用已非一日難於頓罷姑與循舊但不可剏例作偏耳今之士大夫又有專務科罰者公吏有過則令罰直若干人戶論訴理曲合與斷罪乃以修造爲名各罰錢入官若干不知此錢果歸何地耶甚而羅織罪名恣行抄估信受妄狀沒入產業皆令所當深懲而痛革者也若夫坊場經總役錢等多屬佐廳故不復云云

差役篇第十

有身斯有役而民之畏役甚於畏死蓋百年治生壞於一年之充役而其患之大者在於催科始則用財囑託期於脫免中則逃亡死絕被抑填賠終則箠楚禁錮連年莫脫其勢不至於傾家蕩產鬻妻賣子不止也吁置產以養身而反因產以害身亦可悲已今既行紹興甲首之法可免税長催頭之責則應役者不過輯保伍應期會而已民亦不至甚憚而巧計以求免也況自嘉定間朝廷主張義役自處發舉行馴

至諸郡邑莫不響應行之既久官民咸以為便昔有持庾節者乃獨深惡義役其說專謂利上戶而不利下戶便富民而不便貧民蓋視產出財固為均適而平日產力鮮少未嘗充役者乃因義役例被斂金及有管掌不得其人或致侵漁盜用又不免再行科率故深以為民病不知義役本美事但止令合充役人裒金聚廩而不及未嘗充役者兼令出財戶輪年掌管萬一虧折亦有責償之地便為盡善何必深惡之耶今在任州縣多是義役若猶未也亦宜勸勉為之

萬一事勢或有難行止令從官司每歲差役則其要當先委佐官驅磨產力簿及許人陳首詭挾俟簿書物力一定然後照各鄉則例物力及若干方令充役最小者充一年或半年倍與倍差者各隨多寡增年限循環充周而復始如是則亦無物力高而歇役近與物力低而歇役久者爭執之患若有元係不應充役白腳而近來增置田產歸併詭挾物力亦當及役則且差白腳仍為圖揭之坐右以便閱視某都某人某月當滿每將滿數月前先行擬差下次役人告示

知委如差不當仰即來陳理不許臨役方行推托蓋近來官司多是役滿方差下次人被差之人不問當否且行推托圖得遷延待就役時已被其賺過若干月日矣而烽火盜賊等事無人任責最為利害今之鄉司差役率是受賂甲訴不當則轉而差乙乙訴不當則轉而差丙此風尤不可長使前之所差非則鄉胥豈得無罪前之所差是則今豈應復改而至於再至於三耶若當職官自能參酌簿籍從公定差當無是非舛錯之患差定合具圖子申倉司照會以杜其

妄訴之漸則所差既當而民斯樂於就役矣

賑恤篇第十一

歲穫大有家用平康不惟民之幸實令之幸一罹災歉何事不生若流離若剽奪若死者相枕籍啼饑連阡陌豈非令之責哉故不幸而疫癘條興則當遣吏抄劄家數人口命醫給藥支錢付米其全家在寢者官爲庸倩丐徒看直每日兩次點察其因病不救者官爲辦給函木仍支錢與之津送或不幸而盜賊竊發則當下都中嚴保伍每五家爲一甲五小甲爲一

大甲保長統之有警則鳴梆集衆協力勦捕捕到則官支犒賞激厲其餘若乞兵防拓若出榜撫諭皆當隨宜行之其有水火挺災人民離散者當稟白州郡借貸錢米人各以若干米給之若干錢貸之使之整理室廬與復生業不贍則咨目徧白不被害上戶量物力借貸所與貸給齊民許其一月之後日償若干官却以其所償者償之上戶償之州家此策不虧官而便民最爲盡善若但知賑給則恐如曾南豐所謂相率日待二升之廩於上勢不暇乎他爲吾恐官之所給無已時而民之不復業如故也其有旱澇傷稼民食用艱者當勸諭上戶各自貸給其農佃直至秋成計貸過若干官爲給文墨仰作三年償本主其逃遁逋負者官爲追督懲治益田主資貸佃戶此理當然不爲科擾且亦免費官司區處官之所當處者只市戶耳却以官錢貸米鋪戶令其往外郡邑販米出糶但要有米可糶却不可限其價直米纔輻輳價自廉平雖無待開廣惠倉可也若先君宰金谿兩年値歉只行此策民用無饑不可不知也然此皆爲災歉

設也非令所願聞也平居無事令所以恤民者惟蠲放僦金耳雨暘祈禱大暑極寒固所當行甚而知縣無以邀民之譽或到官或生辰或轉秩循資或差除爲舉率放免若干日至有一歲放及大半者不知僦金既已折閱誰肯以屋予人積至場壞傾摧不復整葺而民愈無屋可居矣是蓋不知貧富相資之義者也令果能以恤民爲心也則政必簡刑必清毋濫追毋久繫不以科斂傷民力不以土役妨民時果何事而不可行吾恤之之心哉

用刑篇第十二

縣無甚重之刑小則訊大則決又大則止於杖一百而已吏民無甚愆過便輒以杖一百加之不知罪或大於此又將何術以處之哉而况行杖者或覷望聲勢或接受賄賂行遣之時殆同兒戲此非所以使人畏乃所以使人玩也愚謂杖一百之刑是不可數施訊決亦止可十數下若大杖止七五下或十下須令如法決遣下下嚴峻然後人自畏服初不在乎數目之多徒爲行杖者賣弄耶若杖一百却留爲極典非

大過犯大愆誤不施須令人人畏懼而不敢犯此則省刑之大略也每姦盜辟囚獲到之初首行腿訊多至二三百下此其不可者一也蓋被獲到官沿途縶縛拷打或饑餓困頓已非一日若又即從而訊決多有斃於杖下者孰若竟押下獄明正典刑耶豪强之家論訴鄰里官司不問是非便與行遣此其不可者二也蓋杖決雖微王法攸寓不可妄加無罪豈應副人情之具若徇其私請張其聲勢將來武斷鄉曲稔惡積愆欲救之無及矣盜賊累犯合與刺環今有初犯及盜不滿疋者一爲勢利所怵便與斷刺不知鞭撻至慘肌膚猶有可完之時一經刺環瘢痕永無可去之理所犯出於一時不得已而被罪至於終身不雪此所當戒者三也凶惡害民合與永鎖今有偶觸長官之怒及勢家所惡者便與幽之囹圄縶之尉寨不知罪不至死一身之困蹤難逃身既被囚數口之饑寒孰給所謂破家縣令皆是之類此所當戒者四也乃若用刑之節如入夜有禁遇日當禁皆當時停警省老幼不及疾孕不加皆當事事審察令甲備著

毋待多云然又有三說一我醉二彼醉三羸瘠蓋我醉而行刑則傍觀必以使酒疑我萬一果有過當雖悔奚追彼醉而加刑則配酬之中何知畏懼萬一挾酒凌犯取辱貽羞羸瘠而受刑則必其人飲食之闕違氣力之困憊笞箠之下尤有不可測者今又有人求加於杖一百之外自知徒流以上不可用乃輒槌析手足尤爲殘忍集事某罪國有彝章法外成人豈字民之官所當爲者戒之哉戒之哉

期限篇第十三

凡事非信不集況一邑之事至爲總總一令之威無甚赫赫乃使期限不信號令不肅其何以行之哉故其要莫先於立限之堅然立限有別應限有程泛當追會止給到限許其三次申展三展未圓厥罰訊若干然後換給定到許其二次申展二展又未了厥罰決若干仍換給不展引此則誠不可復展矣若更稽違則當勘杖若干枷臨追集如有督捕緊切之事則當徑出定到之引或不展引拘催如前然或恐縣道有十分緊急事務非可以頃刻稽違斷欲必集者則

當給加牌不展別此牌引違則有太罰如勘錮如傳都皆當先示戒警又須以不數用爲尊一歲之中才二數次給發非有大故不發亦可凡限當展不展敵於故意藏匿者厥罰則視限之重輕立限之別如此都有廣狹地有遠近當量其力使之可以趣赴其去縣五十里以上及地分稽廣隔涉溪嶺者每限以七日或十日爲約下此者則以五日爲約此合先考遠近廣狹之數預立規式置簿明著某都限例十日或七日某都限例五日遂給限之時須令直日廳吏就案頭隨卽抄記以俟令之自行稽察應限之程又如此夫上之役下固欲集事下之應役亦欲事集以免過爾而今之里正以期會不報被笞索者纍纍也其弊在於上之給引泛濫而無統甚至一次當限累數十引追　餘輩其里正之代役者　赴不及必遭其笞索是併與其可以辦集者　却遍求被追者之賂其意以爲十違二三與　人被杖等爾何苦不求賂哉由是事愈難集此　伐之者非宜自難責其下之必應也要當先令限期立定規

式每都一限給引不得過十件如事多十引之外餘引與給後限若里正道引一件與免笞兩件量加笞決三件四件各決若干甚至十違八九則勘杖錮自不容輕貸呈此之初令限可先自具出某都申展若干件照約束合若何行遣其追人見到者謂之著到別作一沓其止是申展者謂之跳申又別作一沓然後令視稽判行庶乎上不煩而下不慢此亦拘限之大綱也

勢利篇第十四

今之從政者類以抑强扶弱爲能其說曰貴者勢燄熏灼而喑啞叱咤可使賤者奪氣富者田連阡陌而指揮拱揖可使貧者吞聲吾能中立不移劘貴沮富故凡以勢利至者不問是否例與摧抑嘻彼有畏首畏尾惴惴焉勢利之臨曲法徇情奉承惟謹求以爲自全自媚之計者是誠不足齒矣然使一切以抑强扶弱爲說亦豈中道哉夫挾貴以陵人固有之矣亦豈無不驕者乎挾富以傲物固有之矣亦豈無好禮者乎使其例以矯世絶俗爲心而不問其事之曲直

非是則此風既長佃者得以抗主强奴悍婢得以慢其弱子寡妻以至姦猾之徒飾爲藍縷而市井小輩凌辱衣冠末流將奈何哉故吾惟平心以遇物則其政平矣孟子曰爲政不難不得罪於巨室巨室者一鄉之望也齊民之所依倚者也其間有道義重士文獻故家過從往來儘可以問政請益植材潤屋積粟盈囷緩急凶荒亦欲其捐有濟無巨室本未嘗得罪於我而我乃遽以抑强扶弱之説先入乎其心因得非於巨室不知巨室果何負於邑大夫哉其有陵轢善良欺慢寡弱或武斷於鄉曲或羅織於平民事若到官所當照法剖決然使小人無知蔑有名分因事以咆哮乘醉以憑陵詎容不與之懲戒乎其有聲勢凌人慘酷御下或吞併他人財産或强占他人婦女被告有訴所合盡法施行然使頑狡行竊誣賴主家租債不伏了還界至輒行侵易詎容不與之理直乎户門有故封狀過廳當量酌可否判行若兜攬關節爲他人致委曲此合乎時預行稟白雖痛絶力卻其奚辭追陪節序饋遺往來當審度辭受酬答若因有

懇禱遂以賄賂相及此合明示嫌疑力與巽避將之以委曲之意其奚怨夫律已未至處事不公一妄屬人亦得以有辭于我以誠敬相與以禮意相遇彼雖挾勢與利其敢以撓吾之政哉故愚謂勢利之交固不當委曲以相承亦不必矯亢以自異平居交際笑語相歡非意相干可以理遣在我自有定論若惴惴然懼其持我疑其浼我思所以爲防閑抑遏之道亦非爲政之善者也

遠嫌篇第十五

禮經曰決嫌疑明是非夫我本無有他也而使人獨以疑似之迹議我妄一君子嗌巳不便於此況出而爲政將正巳以正人乎故我未嘗私且息也而人或以是而疑我是必有不公不勤之迹有以召人之疑我未嘗貪且濫也而人或以是疑我是必有不廉不正之迹有以召人之疑一事可疑將無事而不疑之矣一日可疑將無日而不疑之矣蒙是疑也我知之尚不可辨況人未必肯以是告我而人之疑我巳自籍籍積而傳之道路達之臺府厥害豈淺鮮哉故君

子於嫌疑是非之間尤當早正其微而力遠其迹也且賓朋遊謁所不可辭自令延之書院或別室於是邑人相與語曰其往來甚密某款話甚久情好必甚相得利病可以悉言凡有訴在官詞理甚虧之人往往幅輳其門而請託之路開矣甚者賣聽角打筆套甲包我金若干當爲轉達百里乙有請亦若是飛蓋馳轂趨謁縣齋語話移時倏然而退則告甲與乙曰巳爲致委曲矣實未嘗及齒也他日令決其事必有一勝則如約取金曰將以納之琴堂令何辜而受此

名哉愚謂納謁之時例止當於公廳相見吏民共覩自難致疑但使禮貌有加彼自不以我爲慢也且節序宴會所不可廢自聚集娼妓出入宅堂其間子弟館客相見既密戲謔寧無賢者固不爲是然瓜田李下寧免相疑一語乖邪便輒傳播萬口喧籍動生風波而非褻之謗興矣其甚者多買姬妾却令妓女之精於樂藝者教習歌舞出入無間笑語無時豈惟管絃之聲轉徹於街坊抑亦淫僻之語浸入於閨闥情好稠密事體叵量縱能潔身其他尤有難於防閑檢

柅者令亦何利而爲此舉哉愚謂燕會之時非得台旨妓女不許輒入宅堂若旬休公暇欲與寮寀士友會聚只爲文字淸飲彼當不以我爲簡也剖決公事自有公理正法吾亦何心其間但自知縣懈怠多令吏人納案候暇隙看閱或呼吏人入與評議或令吏人擬撰判檃於是或者得以疑其受成吏手矣要當於公廳之側幕帟一室遇暇則據胡床披案牘不必使吏至前也收到官錢自有庫眼對閉吾亦何私其間但自知縣過慮或恐縱吏侵貸私爲鑽竊乃令分

管別庫或俾寄留宅堂於是或者得以疑其萌心漁獵矣要當謹固壁落精擇司爺切不可率意移徙致涉難明之迹其他疑似招謗固亦多端難以筆舌盡述但令每處一事必須昭晰明白如水清之無滓如止水之無波則彼雖欲點汙吹颺始有不可得者若曰我此心平正無愧俯仰足矣奚必規規然遠嫌辨迹求以示人哉殆恐將來或有悔尤必自嫌之不遠迹之不辨始雖噬臍無及矣

官箴

宋　呂居仁

當官之法惟有三事曰清曰慎曰勤知此三者可以保祿位可以遠恥辱可以得上之知可以得下之援然世之仕者臨財當事不能自克常自以爲不必敗持不必敗之意則無所不爲矣然事常至於敗而不能自已故設心處事戒之在初不可不察借使役用權智百端補治幸而得免所損已多不若初不爲之爲愈也司馬子微坐忘論云與其巧持於末孰若拙戒於初此天下之要言當官處事之大法用力簡而見功多無如此言者人能思之豈復有悔吝耶

事君如事親事官長如事兄與同僚如家人待羣吏如奴僕愛百姓如妻子處官事如家事然後爲能盡吾之心如有毫末不至皆吾心有所未盡也故事親孝故忠可移於君事兄弟故順可移於長居家理故事可移於官豈有二理哉

當官處事常思有以及人如科率之行既不能免便就其間求其所以使民省力不使重爲民害其益多

矣不與人爭者常得利多退一步者常進百步取之廉者得之常過其初約於今者必有垂報於後不可不思也惟不能少自忍者必敗此實未知利害之分賢愚之別也

予嘗爲泰州獄掾顏岐夷仲以書勸予治獄次第每一事寫一幅相戒如夏月問罪人早間在西廊晚間在東廊以辟日色之類又如獄中遣人勾追之類又使之畢此事不可更別遣人恐其受賄已足不肯畢事也又如監司郡守嚴刻過當者須平心定氣與之

委曲詳盡使之相從而後已如未肯從再當如此詳盡其不聽者少矣

當官之法直道爲先其有未可一向直前或直前反敗大事者須用馮宣徽惠穆秤停之說此非特小官然也爲天下國家當知之

黃兌剛中嘗爲予言頃爲縣尉每遇檢屍雖盛暑亦先飲少酒捉鼻親視人命至重不可避少臭穢使人横屍無所申訴也

范侍郎育作庫務官隨人箱籠只置廳上以防疑謗凡若此類皆守臣所宜詳知也

當官既自廉潔又須關防小人如文字曆引之類皆須明白以防中傷不可不至慎不可不詳知也

當官者難事勿辭而深避嫌疑以至誠遇人而深避文法如此則可以免

前輩常言小人之性專務苟且明日有事今日得休且休當官者不可徇其私意忽而不治諺有之曰勞心不如勞力此實要言也

徐丞相擇之嘗言前輩盡心職事仁廟朝有爲京西

轉運使者一日見監竈官問日所燒柴凡幾竈曰十八九竈曰吾所見者十一竈何也竈官愕然蓋轉運使者晨起望竈中所出煙幾道知之其盡心如此

前輩嘗言吏人不怕嚴只怕讀蓋當官者詳讀公案則情僞自見不得嚴明也

當官者凡異色人皆不宜與之相接巫祝尼媼之類尤宜疎絕要以清心省事爲本

後生少年乍到官守多爲猾吏所餌不自省察所得毫末而一任之間不復敢舉動大抵作官嗜利所得

甚少而吏人所盜不貲矣以此被重譴良可惜也

當官者先以暴怒爲戒事有不可當詳處之必無不中若先暴怒只能自害豈能害人前輩嘗言凡事只怕待待者詳處之謂也蓋詳處之則思慮自出人不能中傷也

嘗見前輩作州縣或獄官每一公事難決者必沉思靜慮累日忽然若有得者則是非判矣是道也惟不苟者能之

處事者不以聰明爲先而以盡心爲急不以集事爲

急而以方便爲上

孫思邈嘗言憂於身者不拘於人畏於己者不制於彼慎於小者不懼於大戒於近者不侮於遠如此則人事畢矣實當官之要也

同僚之契交承之分有兄弟之義至其子孫亦世講之前輩專以此爲務今人知之者蓋少矣又如舊舉將及舊嘗爲舊任按察官者後已官雖在上前輩皆避坐下坐風俗如此安得不厚乎

叔曾祖尚書當官至爲廉潔蓋嘗市縑帛欲製造衣服召當行者取縑帛使縫匠就坐裁取之併還所直錢與所剩帛就坐中還之榮陽公爲單州凡每月所用雜物悉書之庫門買民間未嘗過此數民皆悅服

關沼止叔獲盜法當改官曰不以人命易官終不就賞可謂清矣然恐非通道或當時所獲盜有情輕法重者止叔不忍以此被賞也

當官取傭錢船家錢之類多爲之程而過受其直所得至微所喪多矣亦殊不知此數亦吾分外物也

當官者前輩多不敢就上位求薦章但盡心職事所

以求知也心誠盡職求之雖不中不遠矣未有學養子而後嫁者也當官遇事以此爲心鮮不濟矣

畏避文法固是常情然世人自私者常以文法難任委之於人殊不知人之自私亦猶己之自私也以此處事其能有濟乎其能有後福乎其能使子孫昌盛乎

當官處事務合人情忠恕違道不遠觀於己而得之未有舍此二字而能有濟者也嘗有人作郡守延一術士同處書室後術士以公事干之大怒叱下竟致

之理杖背編置招延此人已是犯義既與之稔熟而干以公事亦人常情也不從之足矣而治之如此之峻殆似絶滅人理

嘗謂仁人所處能變虎狼如人類如虎不入境不害物蝗不傷稼之類是也如其不然則變人類如虎狼凡若此類及告訐中傷謗人欲寘於死地是也

唐充之廣仁賢者也深爲陳鄒二公所知大觀政和間守官蘇州朱氏方盛充之數刺譏之朱氏深以爲怨傳致之罪劉器之以爲充之爲善欲人之見知故

不免自異以致禍患非明哲保身之謂

當官大要直不犯禍和不害義在人消詳斟酌之爾然求合於道理本非私心專爲已也

當官處事但務着實如塗擦文書追改日月重易押字萬一敗露得罪反重亦非所以養誠心事君不欺之道也百種姦僞不如一實反覆變詐不如慎始防人疑衆不如自慎智數周密不如省事不易之道事有當死不死其詬有甚於死者後亦未免死當去不去其禍有甚於去者後亦未必得安世人至此多惑亂失常皆不知輕重義之分也此理非平居熟講臨事必不能自立不可不預思古之欲委質事人其父兄日夜先以此教之矣中材以下豈臨事一朝一夕所能至哉教之有素其心安焉所謂有所養也

忍之一事衆妙之門當官處事尤是先務若能清愼勤之外更行一忍何事不辦書曰必有忍其乃有濟此處事之本也諺曰忍事敵災星少陵詩曰忍過事堪喜此皆切於事理爲世大法非空言也王沂公常説喫得三斗釅醋方做得宰相蓋言忍受得事

劉器之建中崇寧初知潞州部使者觀望治郡中事無巨細皆詳考然竟不得毫髮過雖過往驛券亦無違法予者部使者亦歎伏之後居南京有府尹取兵官白直點磨他寓居無有不借禁軍者獨器之未嘗借一人其廉愼如此

故人龔節亨彦承嘗爲予言後生當官其使令人無乞丐錢物處即此職事可爲有乞丐錢物處則此職事不可爲蓋言有乞丐錢物處人多陷主人以利或致嫌疑也

前輩嘗言公罪不可無私罪不可有此亦要言私罪固不可有若無公罪則自保太過無任事之意

范忠宣公鎮西京日嘗戒屬官受納租稅不要令兩頭探戒問何謂公曰賢問是也不要令人戸探官員等候受納官員不要探納者多少然後入場此謂兩頭探但自絕早入場等人日則自無人戸稽留之弊

政經

宋　真德秀

康誥王曰嗚呼小子封恫瘝乃身敬哉天畏棐忱民情大可見小人難保往盡乃心無康好逸豫乃其乂民我聞曰怨不在大亦不在小惠不惠懋不懋

又曰若保赤子惟民其康乂

又曰要囚服念五六日至於旬時丕蔽要囚

周官王曰嗚呼凡我有官君子欽乃攸司愼乃出令令出惟行弗惟反以公滅私民其允懷學古入官議

事以制政乃不迷其爾典常作之師無以利口亂厥官蓄疑敗謀怠忽荒政不學牆面涖事惟煩戒爾卿士功崇惟志業廣惟勤惟克果斷乃罔後艱位不期驕祿不期侈恭儉惟德無載爾僞作德心逸日休作僞心勞日拙居寵思危罔不惟畏弗畏入畏推賢讓能庶官乃和不和政厖舉能其官惟爾之能稱匪其人惟爾不任君陳王若曰君陳惟爾令德孝恭惟孝友于兄弟克施有政命汝尹茲東郊敬哉

又曰爾惟風下民惟草圖厥政莫或不艱有廢有興

出入自爾師虞庶言同則繹
又曰無依勢作威無倚法以削寬而有制從容以和
又曰爾無忿疾於頑無求備于一夫必有忍其乃有
濟有容德乃大簡厥修亦簡其或不修進厥良以率
其或不良惟民生厚因物有遷違上所命從厥攸好
爾克敬典在德時乃罔不變允升于大猷
君牙爾身克正罔敢弗正民心罔中惟爾之中夏暑
雨小民惟曰怨咨冬祁寒小民亦惟曰怨咨厥惟艱
哉思其艱以圖其易民乃寧

呂刑王曰吁來有邦有土告爾祥刑在今爾安百姓
何擇非人何敬非刑何度非及兩造具備師聽五辭
五辭簡孚正于五刑五刑不簡正于五罰五罰不服
正于五過五過之疵惟官惟反惟內惟貨惟來其罪
惟均其審克之五刑之疑有赦五罰之疑有赦其審
克之簡孚有衆惟貌有稽無簡不聽具嚴天威
又曰罰懲非死人極于病非佞折獄惟良折獄罔非
在中察辭于差非從惟從哀敬折獄明啓刑書胥占
咸庶中正其刑其罰其審克之

又曰獄貨非寶惟府辜功報以庶尤
周公曰不簡不易民不能近平易近民民必歸之
易山下有火賁君子以明庶政無敢折獄
山上有火旅君子以明慎用刑而不留獄
雷電皆至豐君子以折獄致刑
澤上有風中孚君子以議獄緩死
子曰道千乘之國敬事而信節用而愛人使民以時
子曰道之以政齊之以刑民免而無恥道之以德齊
之以禮有恥且格

哀公問曰何為則民服孔子對曰舉直錯諸枉則民
服舉枉錯諸直則民不服
季康子問使民敬忠以勸如之何子曰臨之以莊則
敬孝慈則忠舉善而教不能則勸
子曰雍也可使南面仲弓問子桑伯子子曰可也簡
仲弓曰居敬而行簡以臨其民不亦可乎居簡而行
簡無乃大簡乎子曰雍之言然
子貢問政子曰足食足兵民信之矣子貢曰必不得
已而去於斯三者何先曰去兵子貢曰必不得已而

去於斯二者何先曰去食自古皆有死民無信不立
子曰片言可以折獄者其由也與子路無宿諾
子張問政子曰居之無倦行之以忠
季康子問政於孔子孔子對曰政者正也子帥以正孰不敢正
季康子患盜問於孔子孔子對曰苟子之不欲雖賞之不竊
季康子問政於孔子曰如殺無道以就其道何如孔子對曰子爲政焉用殺子欲善而民善矣君子之德

風小人之德草草上之風必偃
子路問政子曰先之勞之請益曰無倦仲弓爲季氏宰問政子曰先有司赦小過舉賢才曰焉知賢才而舉之曰舉爾所知爾所不知人其舍諸
樊遲請學稼子曰吾不如老農請學爲圃曰吾不如老圃樊遲出子曰小人哉樊須也上好禮則民莫敢不敬上好義則民莫敢不服上好信則民莫敢不用情夫如是則四方之民襁負其子而至矣焉用稼
子曰其身正不令而行其身不正雖令不從

子適衛冉有僕子曰庶矣哉冉有曰既庶矣又何加焉曰富之既富矣又何加焉曰教之
子曰苟正其身矣於從政乎何有不能正其身如正人何
葉公問政子曰近者悅遠者來
子夏爲莒父宰問政子曰無欲速無見小利欲速則不達見小利則大事不成
子曰上好禮則民易使也
子曰知及之仁不能守之雖得之必失之知及之仁

能守之不莊以涖之則民不敬知及之仁能守之莊以涖之動之不以禮未善也
子之武城聞絃歌之聲夫子莞爾而笑曰割雞焉用牛刀子游對曰昔者偃也聞諸夫子曰君子學道則愛人小人學道則易使也子曰二三子偃之言是也前言戲之耳
子張問仁於孔子孔子曰能行五者於天下爲仁矣請問之曰恭寬信敏惠恭則不侮寬則得衆信則人任焉敏則有功惠則足以使人

孟氏使陽膚爲士師問於曾子曾子曰上失其道民散久矣如得其情則哀矜而勿喜

子張問於孔子曰何如斯可以從政矣子曰尊五美屏四惡斯可以從政矣子張曰何謂五美子曰君子惠而不費勞而不怨欲而不貪泰而不驕威而不猛子張曰何謂惠而不費子曰因民之所利而利之斯不亦惠而不費乎擇可勞而勞之又誰怨欲仁而得仁又焉貪君子無衆寡無小大無敢慢斯不亦泰而不驕乎君子正其衣冠尊其瞻視儼然人望而畏之

斯不亦威而不猛乎子張曰何謂四惡子曰不教而殺謂之虐不戒視成謂之暴慢令致期謂之賊猶之與人也出納之吝謂之有司

寬則得衆信則民任焉敏則有功公則説

大學子曰聽訟吾猶人也必也使無訟乎無情者不得盡其辭大畏民志此謂知本

康誥曰如保赤子心誠求之雖不中不遠矣

詩云樂只君子民之父母民之所好好之民之所惡惡之此之謂民之父母

王制凡制五刑必即天論郵罰麗於事凡聽五刑之訟必原父子之親立君臣之義以權之意論輕重之序慎測淺深之量以别之悉其聰明致其忠愛以盡之疑獄汜與衆共之衆疑赦之必察小大之比以成之

子産聽鄭國之政以其乘輿濟人於溱洧孟子曰惠而不知爲政歲十一月徒杠成十二月輿梁成民未病涉也君子平其政行辟人可也焉得人人而濟之徒善不足以爲政徒法不能以自行

孟子曰仁言不如仁聲之入人深也善政不如善教之得民也善政得民財善教得民心

視民如傷

忠經

天地神明章第一　漢　扶風馬融

昔在至理上下一德以徵天休忠之道也天之所覆地之所載人之所履莫大乎忠忠者中也至公無私天無私四時行地無私萬物生人無私大亨貞忠也者一其心之謂矣爲國之本何莫由忠忠能固君臣安社稷感天地動神明而況於人乎夫忠興於身著於家成於國其行一焉是故一於其身忠之始也一於其家忠之中也一於其國忠之終也身一則百祿至家一則六親和國一則萬人理書云惟精惟一允執厥中

聖君章第二

聖君以聖德監於萬邦自下至上各有尊也故王者上事於天下事於地中事於宗廟以臨於人則人化之天下盡忠以奉上也是以兢兢戒慎日增其明祿賢官能式敷大化惠澤長久黎民咸懷故得皇猷丕行於四方揚於後代以保社稷以光祖考蓋聖君之忠也詩云昭事上帝聿懷多福

冢臣章第三

爲臣事君忠之本也本立而後化成冢臣於君可謂一體下行而上信故能成其忠夫忠者豈惟奉君忘身狥國忘家正色直辭臨難死節已矣在乎沉謀潛運正國安人任賢以爲理端委而自化尊其君有天地之大日月之明陰陽之和四時之信聖德洋溢頌聲作焉書云元首明哉股肱良哉庶事康哉

百工章第四

有國之建百工惟才守位謹常非忠之道故君子之事上也入則獻其謀出則行其政居則思其道動則有儀秉職不回言事無憚苟利社稷則不顧其身上下用成故昭君德蓋百工之忠也詩云靖共爾位好是正直

守宰章第五

在官惟明涖事惟平立身惟清清則無欲平則不曲明能正俗三者備矣然後可以理人君子盡其忠能以行其政令而不理者未之聞也夫人莫不欲安君

子順而安之莫不欲富君子教而富之篤之以仁義以固其心導之以禮樂以和其氣宣君德以弘大其化明國法以至於無刑視君之人如觀乎子則人愛之如愛其親蓋守宰之忠也詩云豈弟君子民之父母

兆人章第六

天地泰寧君之德也君德昭明則陰陽風雨以和人賴之而生也是故祗承君之法度行孝悌於其家服勤稼穡以供王賦此兆人之忠也書云一人元良萬邦以貞

政理章第七

夫化之以德理之上也則人日遷善而不知施之以政理之中也則人不得不爲善懲之以刑理之下也則人畏而不敢爲非也刑則在省而中政則在簡而能德則在博而久德者爲理之本也任政非德則薄任刑非德則殘故君子務於德脩於政謹於刑固其忠以明其信行之匪懈何不理之人乎詩云敷政優優百祿是遒

武備章第八

王者立武以威四方安萬人也淳德布洽　稟命統軍之帥仁以懷之義以厲之禮以訓之信以行之賞以勸之刑以嚴之行此六者謂之有利故得師盡其心竭其力致其命是以攻之則克守之則固武備之道也詩云赳赳武夫公侯干城

觀風章第九

惟臣以天子之命出於四方以觀風聽不可以不聰視不可以不明聰則審於事明則辯於理理辯則忠事審則分君子去其私正其色不害理以傷物不憚

勢以舉任惟善是與惟惡是除以之而行則有成以之而出則無怨夫如是則天下敬職萬邦以寧詩云載馳載驅周爰諮諏

保孝行章第十

夫惟孝者必貴於忠忠苟不行所率猶非其道是以忠不及之而失其守匪惟危身辱及親也故君子行其孝必先以忠竭其忠則福祿至矣故得盡愛敬之心以養其親施及於人此之謂保孝行也詩云孝子

不匱永錫爾類

廣爲章第十一

明王之爲國也任於正去於邪邪則不忠忠則必正有正然後用其能是故師保道德股肱賢良内睦以文外威以武被服禮樂隄防政刑故得大化興行蠻夷率服人臣和悦邦國平康此君能任臣下忠上信之所致也詩云濟濟多士文王以寧

廣至理章第十二

古者聖人以天下之耳目爲視聽天下之心爲心端

旒而自化居成而不有斯可謂至理也已矣王者思於至理其遠乎哉無爲而天下自清不疑而天下自信不私而天下自公賤珍則人去貪徹侈則人從儉用實則人不僞崇讓則人不爭故得人心和平天下淳質樂其生保其壽優游聖德以爲自然之至也詩云不識不知順帝之則

揚聖章第十三

君德聖明忠臣以榮君德不足忠臣以辱不足則補之聖明則揚之古之道也是以虞有德咎繇歌之文王之道周公頌之宣王中興吉甫詠之故君子臣於盛明之時必揚之盛德流滿天下傳於後代其忠矣夫

辯忠章第十四

大哉忠之爲用也施之於邇則可以保家邦施之於遠則可以極天地故明王爲國必先辯忠君子之言忠而不佞小人之言佞而似忠而非聞之者鮮不惑矣夫忠而能仁則國德彰忠而能知則國政舉忠而能勇則國難清故雖有其能必由忠而成也仁而不

忠則私其恩知而不忠則文其詐勇而不忠則易其亂是雖有其能以不忠而敗也此三者不可不辯也書云旌別淑慝其是謂乎

忠諫章第十五

忠臣之事君也莫先於諫下能言之上能聽之則王道光矣諫於未形者上也諫於已彰者次也諫於既行者下也違而不諫則非忠臣夫諫始於順辭中於抗議終於死節以成君休以寧社稷書云木從繩則正后從諫則聖

證應章第十六

帷天監人善惡必應善莫大於作忠惡莫大於不忠忠則福祿至焉不忠則刑罰加焉君子守道所以長守其休小人不常所以自陷其咎休咎之徵也不亦明哉書云作善降之百祥作不善降之百殃

報國章第十七

爲人臣者官於君先後光慶皆君之德不思報國豈忠也哉君子有無祿而益君無有祿而已者也報國之道有四一曰貢賢二曰獻猷三曰立功四曰興利

賢者國之幹猷者國之規功者國之將利者國之用是皆報國之道惟其能而行之詩云無言不酬無德不報況忠臣之於國乎

盡忠章第十八

天下盡忠淳化行也君子盡忠則盡其心小人盡忠則盡其力盡力者則止其身盡心者則洪於遠故明王之理也務在任賢賢臣盡忠則君德廣矣政教以之而美禮樂以之而興刑罰以之而清仁惠以之而布四海之内有太平音嘉祥既成告於上下是故播

於雅頌傳於無窮

唐進女孝經表

唐朝散郎陳邈妻鄭氏上

妾聞天地之性貴剛柔焉夫婦之道重禮義焉仁義禮智信者是謂五常五常之教其來遠矣總而爲主實在孝乎夫孝者感鬼神動天地精神至貫無所不達蓋以夫婦之道人倫之始考其得失非細務也易著乾坤則陰陽之制有別禮標羔鴈則伉儷之事實陳妾每覽先聖垂言觀前賢行事未嘗不撫躬三復歎息久之欲緬想餘芳遺蹤可躅妾姪女特蒙天恩

策爲永王妃以少長閨闈未閑詩禮至于經誥觸事面墻夙夜憂惶戰懼交集今戒以爲婦之道申以執巾之禮並述經史正義無復載乎浮詞總一十八章各爲篇目名曰女孝經上至皇后下及庶人不行孝而成名者未之聞也妾不敢自專因以曹大家爲主雖不足藏諸巖石亦可以少補閨庭輒不揆量敢茲聞達輕觸屏扆伏待罪戾妾鄭氏誠惶誠恐死罪死罪謹言

女孝經

唐　鄭氏

開宗明義章第一

曹大家閒居諸女侍坐大家曰昔者聖帝二女有孝道降于媯汭卑讓恭儉思盡婦道賢明多智免人之難汝聞之乎諸女退位而辭曰女子愚昧未嘗接大人餘論曷得以聞之大家曰夫學以聚之問以辯之多聞闕疑可以爲人之宗矣汝能聽其言行其事吾爲汝陳之夫孝者廣天地厚人倫動鬼神感禽獸恭

近於禮三思後行無施其勞不伐其善和柔貞順仁明孝慈德行有成可以無咎書云孝乎惟孝友于兄弟此之謂也

后妃章第二

大家曰關雎麟趾后妃之德憂在進賢不淫其色朝夕思念至于憂勤而德教加于百姓刑于四海蓋后妃之孝也詩云鼓鐘于宮聲聞于外

夫人章第三

居尊能約守位無私審其勤勞明其視聽詩書之府

可以習之禮樂之道可以行之故無賢而名昌是謂積殃德小而位大是謂嬰害豈不誠歟靜專動直不失其儀然後能和其子孫保其宗廟蓋夫人之孝也易曰閑邪存其誠德博而化

邦君章第四

非禮教之法服不敢服非詩書之法言不敢道非信義之德行不敢行欲人不聞勿若勿言欲人不知勿若勿爲欲人勿傳勿若勿行三者備矣然後能守其祭祀蓋邦君之孝也詩云于以采蘩于沼于沚于以用之公侯之事

庶人章第五

爲婦之道分義之利先人後已以事舅姑紡績裳衣社賦蒸獻此庶人妻之孝也詩云婦無公事休其蠶織

事舅姑章第六

女子之事舅姑也敬與父同愛與母同守之者義也執之者禮也雞初鳴咸盥漱衣服以朝焉冬溫夏清昏定晨省敬以直内義以方外禮信立而後行詩云女子有行遠兄弟父母

三才章第七

諸女曰甚哉夫之大也大家曰夫者天也可不務乎古者女子出嫁曰歸移天事夫其義遠矣天之經也地之義也人之行也天地之性而人是則之則天之明因地之利防閑執禮可以成家然後先之以汎愛君子不忘其孝慈陳之以德義君子興行先之以敬讓君子不爭導之以禮樂君子和睦示之以好惡君子知禁詩云既明且哲以保其身

孝治章第八

大家曰古者淑女之以孝治九族也不敢遺卑幼之妾而況於娣姪乎故得六親之懽心以事其舅姑治家者不敢侮於雞犬而況於小人乎故得上下之懽心以事其夫理閨者不敢失於左右而況於君子乎故得人之懽心以事其親夫然故生則親安之祭則鬼享之是以九族和平萋菲不生禍亂不作故淑女之以孝治上下也如此詩云不愆不忘率由舊章

賢明章第九

諸女曰敢問婦人之德無以加於智乎大家曰人肖天地負陰抱陽有聰明賢哲之性習之無不利而況於用心乎昔楚莊王晏朝樊女進曰何罷朝之晚也得無倦乎王曰今與賢者言樂不覺日之晚也樊女曰敢問賢者誰歟曰虞丘子樊女掩口而笑王怪問之對曰虞丘子賢則賢矣然未忠也妾幸得充後宮尚湯沐執巾櫛備掃除十有一年矣妾乃進九女今賢於妾者二人與妾同列者七人妾知妨妾之愛奪妾之寵然不敢以私蔽公欲王多見博聞也今虞丘

子居相十年所薦者非其子孫則宗族昆弟未嘗聞進賢而退不肖可謂賢哉王以告之虞丘子不知所爲乃避舍露寢使人迎孫叔敖而進之遂立爲相夫以一言之智諸侯不敢窺兵終霸其國樊女之力也詩云得人者昌失人者亡又曰辭之輯矣人之洽矣

紀德行章第十

大家曰女子之事夫也纚笄而朝則有君臣之嚴沃盥饋食則有父子之敬報反而行則有兄弟之道受期必誠則有朋友之信言行無玷則有理家之度五者備矣然後能事夫居上不驕爲下不亂在醜不爭居上而驕則殆爲下而亂則辱在醜而爭則乖三者不除雖和如琴瑟猶爲不婦也

五刑章第十一

大家曰五刑之屬三千而罪莫大於妒忌故七出之狀標其首焉貞順正直和柔無妒理於幽閨不通於外目不徇色耳不留聲耳目之欲不越其事蓋聖人之教也汝其行之詩云令儀令色小心翼翼古訓是式威儀是力

廣要道章第十二

大家曰女子之事舅姑也竭力而盡禮奉娣姒也傾心而罄義撫諸孤以仁佐君子以智與娣姒之言信對賓侶之容敬臨財廉取與讓不爲苟得動必有方貞順勤勞勉其荒怠然後慎言語省嗜慾出門必掩蔽其面夜行以燭無燭則止送兄弟不踰于閾此婦人之要道汝其念之

廣守信章第十三

立天之道曰陰與陽立地之道曰柔與剛陰陽剛柔

天地之始男女夫婦人倫之始故乾坤交泰誰能間之婦地夫天廢一不可然則丈夫百行婦人一志男有重婚之義女無再醮之文是以芣苡興歌蔡人作誡匪石爲歎衛主知慚昔楚昭王出遊留姜氏於漸臺江水暴至王約迎夫人必以符合使者倉卒遂不請行姜氏曰妾聞貞女義不犯約勇士不畏其死妾知不去必死然無符不敢犯約雖行之必生無信而生不如守義而死會使者還取符則水高臺沒矣其守信也如此汝其勉之易曰鶴鳴在陰其子和之

廣揚名章第十四

大家曰女子之事父母也孝故忠可移於舅姑事姊妹也義故順可移於娣姒居家理故理可聞於六親是以行成於内而名立於後世矣

諫諍章第十五

諸女曰若夫廉貞孝義事姑敬夫揚名則聞命矣敢問婦從夫之令可謂賢乎大家曰是何言歟是何言歟昔者周宣王晚朝姜后脱簪珥待罪於永巷宣王爲之夙興漢成帝命班婕妤同輦婕妤辭曰妾聞三代明王皆有賢臣在側不聞與嬖女同乘成帝爲之改容楚莊王耽于遊畋樊女乃不食野味莊王感焉爲之罷獵由是觀之天子有諍臣雖無道不失其天下諸侯有諍臣雖無道不失其國大夫有諍臣雖無道不失其家士有諍友則不離於令名父有諍子則不陷於不義夫有諍妻則不入於非道是以衛女矯齊桓公不聽淫樂齊姜遣晉文公而成霸業故夫非道則諫之從夫之令又焉得爲賢乎詩云猷之未遠是用大諫

胎教章第十六

大家曰人受五常之理生而有性習也感善則善感惡則惡雖在胎養豈無教乎古者婦人姙子也寢不側坐不邊立不蹕不食邪味不履左道割不正不食席不正不坐目不視惡色耳不聽靡聲口不出傲言手不執邪器夜則誦經書朝則講禮樂其生子也形容端正才德過人其胎教如此

母儀章第十七

大家曰夫爲人母者明其禮也和之以恩愛示之以

嚴毅動而合禮言必有經男子六歲教之數與方名七歲男女不同席不共食八歲習之以小學十歲從以師焉出必告反必面所遊必有常所習必有業居不主奧坐不中席行不中道立不中門不登高不臨深不苟訾不苟笑不有私財立必正方耳不傾聽使男女有別遠嫌避疑不同巾櫛女子七歲教之以四德其母儀之道如此皇甫士安叔母有言曰孟母三徙以教成人買肉以教存信居不卜鄰令汝曾鈍之甚詩云教誨爾子式穀似之

舉惡章第十八

諸女曰婦道之善敬聞命矣小子不敏願終身以行之敢問古者亦有不令之婦乎大家曰夏之興也以塗山其滅也以妹喜殷之興也以有莘氏其滅也以妲己周之興也以太任其滅也以褒姒此三代之王皆以婦人失天下身死國亡而況於諸侯乎況於卿大夫乎況於庶人乎故申生之亡禍由驪女愍懷之廢釁起南風由是觀之婦人起家者有之禍於家者亦有之至於陳御叔之妻夏氏殺三夫戮一子弑一君走兩卿喪一國蓋惡之極也夫以一女子之身破大家之產吁可畏哉若行善道則不及於此矣

女論語

宋尚宮

曹大家曰妾乃賢人之妻名家之女四德兼全亦通書史因輟女工閒觀文字九烈可嘉三貞可慕深惜後人不能追步乃撰一書名爲論語敬戒相承教訓女子若依斯言是爲賢婦罔俾前人傳美千古

立身章第一

凡爲女子先學立身立身之法惟務淸貞淸則身潔

貞則身榮行莫回頭語莫露唇坐莫動膝立莫搖裙喜莫大笑怒莫高聲內外各處男女異羣莫窺外壁莫出外庭窺必掩面出必藏形男非眷屬莫與通名女非善屬莫與相親立身端正方可爲人

學作章第二

凡爲女子須學女工紉麻緝苧粗細不同機車紡織切莫匆匆看蠶煮繭曉夜相從採桑摘柘看雨占風滓濕即替寒冷須烘取葉飼食必得其中取絲經緯文匹成工輕紗下軸細布入筒綢絹苧葛織造重重

亦可貨賣亦可自縫刺鞋補襪引線繡絨補聯紉綴百事皆通能依此語寒冷從容衣不愁破家不愁窮莫學懶婦積小痴慵不貪女務不計春冬針線粗率爲人所攻嫁爲人婦恥辱門風衣裳破損牽西遮東遭人指點恥笑鄉中奉勸女子聽取言終

學禮章第三

凡爲女子當知女務女客相過安排坐具整頓衣裳輕行緩步斂手低聲請過庭戶問候通時從頭稱敘答問殷勤輕言細語備辦茶湯迎來遞去莫學他人

撞身不顧接見依稀有相欺侮如到人家且依禮數相見傳茶即通事務說罷起身再三辭去主若相留禮筵待過酒畧沾唇食無叉筯退盞辭壺過承推拒莫學他人呼湯呷醋醉後顛狂遭人所惡身未回家已遭點汚當在家庭少游道路生面相逢低頭看顧莫學他人不知朝暮走遍鄉村說三道四引惹惡聲多招罵怒辱賤門風連累父母損破自身供他笑具如此之人有如犬鼠莫學他人惶恐羞辱

早起章第四

凡爲女子習以爲常五更雞唱起着衣裳盥漱已了
隨意梳粧拾柴燒火早下廚房磨鍋洗鑊煮水煮湯
隨家豐儉蒸煮食嘗安排蔬菜炮豉舂薑隨時下料
甜淡馨香整齊碗碟鋪設分張三飱飯食朝暮相當
侵晨早起百事無妨莫學懶婦不解思量黄昏一覺
直到天光日高三尺猶未離床起來已宴却是慚惶
早起梳洗突入厨堂容顔醜陋手脚慌忙煎茶煮飯
不及時常又有一等餔餟爭嘗未曾炮饌先已偷藏
醜呈鄉里辱及爹娘被人傳說豈不羞惶

事父母章第五

女子在堂敬重爹娘每朝早起先問安康寒則烘火
熱則扇凉饑則進食渴則進湯父母撿責不得慌忙
近前聽取早夜思量若有不是改過從長父母言語
莫作尋常遵依教訓不可强良若有不是借問無妨
父母年老朝夕憂惶補聯鞋襪做造衣裳四時八節
孝養相當父母有疾身莫離床衣不解帶湯藥親嘗
求神拜佛指望安康莫教不幸或致身亡痛入骨髓
哭斷肝腸三年乳哺恩德難忘衣裳裝斂持服居喪
安埋設祭禮拜燒香追修薦拔超上天堂莫學忤逆
咆哮無常纔出一語應荅千張便行抛掉説着相傷
如此婦女教壞村坊

事舅姑章第六

阿翁阿姑夫家之主既入他門合稱新婦供承看養
如同父母敬事阿翁形容不覩不敢隨行不敢對語
如有使令聽其囑付姑坐則立使令便去早起開門
莫令驚忤掃灑堂前洗濯巾布齒藥肥皂温凉得所
退步堦前待其浣洗萬福一聲卽時退步備辦茶湯

遞盌遞去整頓茶盤安排匙筯飯則軟蒸肉則熟煮
自古老人牙齒疎蛀茶水羹湯莫教虚度夜晚更深
將歸睡處安置辭堂方回房戶日日一般朝朝相似
傳教庭幃人稱賢婦莫學他人跳梁可惡咆哮尊長
説辛道苦呼喚不來飢寒不顧如此之人號爲惡婦
天地不容雷霆震怒責罰加身悔之無路

事夫章第七

女子出嫁夫主爲親前生緣分今世婚姻將夫比天
其義匪輕夫剛妻柔恩愛相因居家相待敬重如賓

夫有言語側耳詳聽夫有惡事勸諫諄諄莫學愚婦惹禍臨身夫若出外借問途程黄昏未返瞻望思尋停燈温飯等候敲門莫學懶婦未晚先眠夫如有病終日勞心多方問藥遍處求神百般醫療願得長生莫學愚婦全不憂心夫若發怒不可生嗔退身求讓忍氣吞聲莫學愚婦鬭鬧頻頻粗絲細葛補洗精神莫令寒冷凍損夫身家常茶飯供待殷勤莫教飢渴瘦瘠苦辛同甘同苦同富同貧死同棺槨生共衣衾莫學潑婦巧口花唇能依此語和樂瑟琴如此之女

百口傳聞

訓男女章第八

大抵人家皆有男女年已長成教之有序訓誨之權實專于母男入書堂請延師傅習學禮義吟詩作賦尊敬師儒束脩酒脯五盞三杯莫令虚度十日一旬安排禮數設席肆筵施呈樽俎月夕花朝游園縱步挈榼提壺主賓相顧萬福一聲即登歸路女處閨門少令出户唤來便來教去便去稍有不從當叱辱怒在堂中訓各勤事務掃地燒香紉麻緝苧若出人前訓他禮數道福遜聲遞茶待步莫縱嬌癡恐他啼怒莫縱跳梁恐他輕侮莫縱歌詞恐他淫語莫縱遊行恐他惡事堪笑今人不能爲主男不知書聽其弄齒鬭鬧貪杯謳歌習舞官府不憂家鄉不顧女不知書強梁言語不識尊卑不能針指辱及尊親怨却父母惡語相傷養猪養鼠

營家章第九

營家之女惟儉惟勤勤則家起懶則家傾儉則家富奢則家貧凡爲女子不可因循一生之計惟在于勤一年之計惟在于春一日之計惟在于晨奉箕擁箒

洒掃灰塵撮除擸擁有用非輕眼前伶俐家宅光明莫教穢污有玷門庭耕田下種莫怨辛勤炊羹造飯恐誤頻頻耘耨田土茶水匀停莫令晏慢饑餓在身積糠聚潲喂養孳牲呼歸放去撿點搜尋莫教失落擾亂四鄰夫有錢米收拾經營夫有酒物存積留停迎賓待客不可偷侵大富由命小富由勤禾麻粟麥成栽成囤油鹽椒豉甕盎張盛猪雞鵝鴨成隊成群四時八節免得營營酒漿食饌各有餘剩夫婦享福

懽笑欣欣

待客章第十

大抵人家皆有賓主蔟滚湯瓶抹光橐子準備人來點湯遞木退立堂前聽夫言語若欲傳盃即時辦去欲若相留待夫廻步細與商量殺雞爲黍物味調和菜蔬濟楚五酌三杯有光門戶紅日含山晚留居住點燭擎燈安排坐具枕蓆紗廚鋪氊擁被欽敬相承温凉得趣次曉相看客如辭去別酒殷勤十分注意夫喜能家家稱曉事莫學他人不持家務客來無湯

女論語 〔八〕 七

荒忙無措夫若留人妻懷嗔怒有筯無匙有盛無醋爭啜爭哺打男罵女夫受慚惶客懷羞愧有客到門無人在戶須遣家童問其來處客若殷勤即通名字抹整容儀出廳延住點茶遞湯莫缺禮數借問姓名詢其事務記得夫歸即當說與客下堦去即當回步奉勸後人切須學取

和柔章第十一

處家之法婦女雖能以和爲貴孝順爲先翁姑有責曾如不曾姑嫜有責聞如不聞上房下戶子姪團圓是非休習長短休爭從來家醜不出外傳東隣西舍禮數周全往來賀問款曲盤旋一茶一水笑語忻然當說便說當行則行閑是閑非不入我門莫學愚婦不問根源穢言汚語觸突尊賢奉勸女子量後思前

守節章第十二

古來賢婦九烈三貞名標青史傳到而今後生莫學初匪難行第一守節第二清貞有女在堂莫出閨庭有客在戶莫出廳堂不與私語莫起淫言黃昏來往秉燭擎燈暗中出入恐惹不情一行有失百行無成

女論語 〔八〕 八

夫妻結髮義重千金若有不幸中路先傾三年重服守志堅心保家持業整頓墳塋有生有死一命所同此篇論語談盡題容後人依此日月相逢切須記取不可朦朧若依斯言享福無窮

女誡

漢　曹昭

序曰鄙人愚暗受性不敏蒙先君之餘寵賴母師之典訓年十有四執箕帚於曹氏于今四十餘載矣戰戰兢兢常懼黜辱以增父母之羞以益中外之累夙夜劬心勤不告勞而今而後乃知免耳吾性疏頑教導無素恒恐子穀負辱清朝聖恩橫加猥賜金紫實非鄙人庶幾所望也男能自謀矣吾不復以爲憂也但傷諸女方當適人而不漸訓誨不聞婦禮懼失容他門取耻宗族吾今疾沉滯性命無常念汝曹如此每用惆悵間作女誡七章願諸女各寫一通庶有補益裨助汝身去矣其勗勉之

卑弱第一

古者生女三日卧之牀下弄之瓦塼而齋告焉卧之牀下明其卑弱主下人也弄之瓦塼明其習勞主執勤也齋告先君明當主繼祭祀也三者蓋女人之常道禮法之典教矣謙讓恭敬先人後己有善莫名有惡莫辭忍辱含垢常若畏懼是謂卑弱下人也晚寢早作勿憚夙夜執務私事不辭劇易所作必成手迹整理是謂執勤也正色端操以事夫主清靜自守無好戲笑潔齊酒食以供祖宗是謂繼祭祀也三者苟備而患名稱之不聞黜辱之在身未之見也三者苟失之何名稱之可聞黜辱之可遠哉

夫婦第二

夫婦之道參配陰陽通達神明信天地之弘義人倫之大節也是以禮貴男女之際詩著關雎之義由斯言之不可不重也夫不賢則無以御婦婦不賢則無以事夫夫不御婦則威儀廢缺婦不事夫則義理墮闕方斯二者其用一也察今之君子徒知妻婦之不可不御威儀之不可不整故訓其男檢以書傳殊不知夫主之不可不事禮義之不可不存也但教男而不教女不亦蔽於彼此之數乎禮八歲始教之書十五而至於學矣獨不可依此以爲則哉

敬慎第三

陰陽殊性男女異行陽以剛爲德陰以柔爲用男以

彊爲貴女以弱爲美故鄙諺有云生男如狼猶恐其尫生女如鼠猶恐其虎然則修身莫若敬避彊莫若順故曰敬順之道婦之大禮也夫敬非它持久之謂也夫順非它寬裕之謂也持久者知止足也寬裕者尚恭下也夫婦之好終身不離房室周旋遂生媟黷媟黷既生語言過矣語言既過縱恣必作縱恣既作則侮夫之心生矣此由於不知止足者也夫事有曲直言有是非直者不能不爭曲者不能不訟訟爭既施則有忿怒之事矣此由於不尚恭下者也侮夫不

節譴呵從之忿怒不止楚撻從之夫爲夫婦者義以和親恩以好合楚撻之行何義之存譴呵既宣何恩之有恩義俱廢夫婦離矣

婦行第四

女有四行一曰婦德二曰婦言三曰婦容四曰婦功夫云婦德不必才明絕異也婦言不必辯口利辭也婦容不必顏色美麗也婦功不必功巧過人也清閑貞靜守節整齊行已有恥動靜有法是謂婦德擇辭而說不道惡語時然後言不厭於人是謂婦言盥浣塵穢服飾鮮潔沐浴以時身不垢辱是謂婦容專心紡績不好戲笑絜齊酒食以奉賓客是謂婦功此四者女人之大德而不可乏之者也然爲之甚易唯在存心耳古人有言仁遠乎哉我欲仁而仁斯至矣此之謂也

專心第五

禮夫有再娶之義婦無二適之文故曰夫者天也天固不可逃夫固不可離也行違神祇天則罰之禮義有愆夫則薄之故女憲曰得意一人是謂永畢失意

一人是謂永訖由斯言之夫不可不求其心然所求者亦非謂佞媚苟親也固莫若專心正色禮義居絜耳無塗聽目無邪視出無冶容入無廢飾無聚會羣輩無看視門戶此則謂專心正色矣若夫動靜輕脫視聽陜輸入則亂髮壞形出則窈窕作態說所不當道觀所不當視此謂不能專心正色矣

曲從第六

夫得意一人是謂永畢失意一人是謂永訖欲人定志專心之言也舅姑之心豈當可失哉物有以恩自

離者亦有以義自破者也夫雖云愛舅姑云非此所謂以義自破者也然則舅姑之心奈何固莫尚於曲從矣姑云不爾而是固宜從令姑云爾而非猶宜順命勿得違戾是非爭分曲直此則所謂曲從矣故女憲曰婦如影響焉不可賞

和叔妹第七

婦人之得意於夫舅姑之愛己也舅姑之愛己由叔妹之譽己也由此言之我臧否譽毁一由叔妹叔妹之心復不可失也皆莫知叔妹之不可失而不能和

之以求親其蔽也哉自非聖人鮮能無過故顔子貴於能改仲尼嘉其不貳而況婦人者也雖以賢女之行聰哲之性其能備乎是故室人和則謗掩於內離則惡揚此必然之勢也易曰二人同心其利斷金同心之言其臭如蘭此之謂也夫嫂妹者體敵而尊恩疏而義親若淑媛謙順之人則能依義以篤好崇恩以結援使徽美顯章而瑕過隱塞舅姑矜善而夫主嘉美聲譽曜于邑鄰休光延於父母若夫蠢愚之人於嫂則託名以自高於妹則因寵以驕盈驕盈既施何和之有恩義既乖何譽之臻是以美隱而過宣姑忿而夫慍毀訾布於中外恥辱集於厥身進增父母之羞退益君子之累斯乃榮辱之本而顯否之基也可不慎哉然則求叔妹之心固莫尚於謙順矣謙則德之柄順則婦之行凡斯二者足以和矣詩云在彼無惡在此無射其斯之謂也

厚德録

宋　李元綱

曹彬侍中攻金陵垂克忽稱疾不視事諸將皆來問疾彬曰余之病非藥石所愈惟諸公共發誠心自誓以不妄殺一人則自愈矣諸將許諾共焚香爲誓明日稱愈及克金陵城中皆按堵如故曹翰克江州忿其久不下屠戮無遺彬之子孫貴盛至今不絶翰卒未三十年子孫有乞丐於海上者矣

曹彬侍中爲人仁愛多恕平數國未嘗妄斬人嘗知徐州有小吏犯罪旣立案逾年然後杖之人皆不曉其旨彬曰吾聞此人新娶婦若杖之彼其舅姑必以此婦爲不利而惡之朝夕笞駡使不能自存吾緩其事而法亦不可赦也其用志如此

王太尉旦薦寇萊公爲相萊公數短太尉於上而太尉尊稱其長上一日謂太尉曰卿雖稱其美彼專談卿惡太尉曰理固當然臣在相位久政事闕失必多準對陛下無所隱益足以見其忠直此臣所以重準也上由是益賢太尉萊公在藩鎭嘗因生日建山棚大宴又服用僭侈爲人所奏上怒甚謂太尉曰寇準每事欲效朕可乎太尉徐對曰準誠能臣無如騃何上意解遽曰然此止是騃耳遂不問太尉疾亟上問以後事唯對以宜早召寇準爲相

呂蒙正丞相不喜記人過初參知政事入朝堂士於簾內指之曰是小子亦參政耶蒙正佯爲不聞而過之其同列怒令詰其官位姓名蒙正曰若一知其姓名則終身不能復忘固不如不知也不問之何損時皆服其局量

趙閱道少保寬厚長者與物無忤家于三衢所居甚隘弟姪有欲悅公意者厚以直易鄰翁之居以廣公第公聞不樂曰吾與此翁三世爲鄰矣忍棄之乎命亟還翁居而不追其直常知越州値歲大歉公召州之富民畢集勸誘以賑濟之義卽自解腰間金帶置庭下於是施者雲集所全活十數萬人曾子固作救災記備述其事

范文正公少貧悴依睢陽朱氏家常與一術者遊會術者病篤使人呼文正而告曰吾善煉水銀爲白金

吾兒幼不足以付今以付子卽以其方與所成白金一斤封誌納文正懷中文正方辭避而術者已絕後十餘年文正爲諫官術者之子長呼而告之曰而父有神術昔之死也以汝尚幼故俾我收之今汝成立當以還汝出其方并白金授之封識宛然

自王均李順之亂後凡官於蜀者多不挈家以行至今成都猶有此禁張忠定公詠知益州單騎赴任是時一府官屬憚張之嚴峻莫敢蓄婢使者張不欲絕人情遂自買一婢以侍巾幘自此官屬稍稍置姬屬

矣張在蜀四年被召還闕呼婢父母出貲以嫁仍處女也

范文正公在睢陽遣堯夫到姑蘇般麥五百斛堯夫時尚少既還舟次丹陽見石曼卿問寄此久也曼卿曰兩月矣三喪在淺土欲葬之西北歸無可與謀者堯夫以所載麥舟付之單騎自長蘆捷經而去到家拜起侍立良久文正曰東吳見故舊乎曰曼卿爲三喪未舉方留滯丹陽時無郭元振莫可告者文正曰何不以麥舟付之堯夫曰已付之矣

曹州于令儀者市井人也長厚不忤物晚年家頗豐富一夕盜入其家諸子擒之乃鄰舍子也令儀曰爾素寡過何苦而爲盜耶迫於貧耳問其所欲曰得十千足以資衣食如其欲與之既去復呼之盜大懼語之曰爾貧甚負十千以歸恐爲邏者所詰留之至明使去盜大感愧卒爲良民鄉里稱君爲善士

蘇子美慶曆中監進奏邸承舊例以斥賣故紙錢祠神因以其餘饗賓客言事者欲因子美以累一二大臣彈擊甚急宦者操文符捕人送獄皆一時之名士

都下爲之紛駭左右無敢救解者獨韓魏公從容言於仁宗曰舜欽一醉飽之過止可付有司治之何至如此帝悔見于色魏公之仁厚愛賢實可尚已

張忠定公詠在蜀主帥平賊如風悖草亂久不寧息公謂主帥曰有平民無害者在黨中亦宜治之翌日帥送賊三十餘人請公治之悉給公憑遣之曰各著業去帥怒曰何擅縱賊人公曰昨日李順脅民爲賊今日僕與足下化賊爲民有何邪

張忠定公視事退後有一廳子熟睡公詰之汝家有

甚事對曰母久病兄爲客未歸訪之果然公翌日差瑒務一名給之且曰吾廳上有敢睡者邪此必心極幽濾使之然爾故憫之

楊玢尚書致仕歸長安舊居多爲鄰里侵占子弟欲詣府訴其事以狀白玢玢批紙尾云四隣侵我我從伊必竟須思未有時試上含元殿基望秋風秋草正離離子弟不敢復言

丁崖州謂險詐然亦有長者言眞宗嘗怒一朝士再三語及輒稍退不答上作色曰如此叵耐問輒不應

謂進曰雷霆之下臣若更加一言則虀粉矣眞宗欣然嘉納

韓魏公知北都有中外親獻玉盞一隻云耕者入塚而得表裏無纖瑕可指蓋絕寶也公以百金答之尤爲寶愛開醼召漕使顯官特設一桌覆以繡衣致玉盞其上且將用之酌酒遍勸坐客俄爲吏將誤觸檯倒玉盞俱碎坐客皆愕然吏將伏地待罪公神色不動笑謂坐客曰物破亦自有時謂吏將曰汝誤也非故也何罪之有

曹武惠王彬國朝名將勳業之盛無與爲比嘗曰自吾爲將殺人多矣然未嘗以私喜怒輒戮一人其所居堂室弊壞子弟請加修葺公曰時方大冬墻壁瓦石之間百虫所蟄不可傷其生其仁心愛物蓋如此

李丞相沆有長者譽一世僕逋宅金數十千忽一夕遁去有女將十歲美姿格自寫一劵繫於帶願賣於宅以償焉丞相大惻之視夫人曰願如己子育於室訓教婦德俟成求偶嫁之止請夫人親結縭以主婚然而務在明潔夫人如所誨及笄擇一壻亦頗良具

奩幣歸之女龜果賢自其二親後歸舊京聞之淪感心骨丞相病夫婦刲股爲羹饋之至薨衰絰三年以報

眞廟時有卜者上封事言于宮禁上怒令捕之繫獄坐以法因籍其家得朝士往還書尺上曰此人狂妄果臣僚與之遊從盡可付御史獄案劾王文正公旦得之以歸翌日獨對曰臣看卜者家藏文字皆與之筭命選日草本卽無言及朝廷事臣託往來亦曾令推步星辰具狀尚存因出以奏曰果行乞以臣此狀

同問上曰卿意如何公曰臣不欲因以卜祝賤流累及朝臣上乃解公至政府即時焚去繼有大臣力言乞行欲因而擠之上令中使再取其狀公曰得旨已寢焚去之

韓魏公在魏府僚屬路拯者就案呈有司事而狀尾忘書名公即以袖覆之仰首與路稍稍潛卷語定從容以授之路君退而自見且媿且歎曰眞天下盛德也

韓魏公嘗言内官王昭德絕不類内官往年執政賈

昌朝陳執中惡歐陽公欲因張氏事深治之令蘇世昌鞫獄獄不成蘇云不如鍜錬仍乞不錄問昭德時爲勘官正色曰上令某監勘正欲盡公道爾鍜錬何等語耶歐公遂得脫

韓魏公帥定武時夜作書令一侍兵持燭於旁兵他顧燭燃公鬚公以袖麾之而作書如故少頃回視則已易其人矣公恐主吏鞭卒急呼曰勿易之渠方解持燭矣軍中爲之感服

韓魏公爲丞相每見文字有攻人隱惡者即手自封之未嘗使人見

韓魏公知歐陽永叔不以繫辭爲孔子書又多以文中子爲可取中書相會累年未嘗與之言及

工部侍郎胡宿爲邑日丁晉公爲遊客見之胡待之甚厚丁因投詩索米明日胡延晉公常日所用樽皿悉屏去但陶瓦而已丁失望以爲厭已遂辭去往見之出銀一篋遺丁曰家素貧惟此飲器願以贐行丁始諭設陶器之因其後晉公極力推挽卒至顯位

李翰林宗諤其父文正公昉秉政時避嫌遠勢出入

僕馬與寒士無辨一日中路逢文正公前騶不知其爲公子而遽呵辱之是後每見斯人必自隱蔽恐其知而自媿也

蘇子瞻云慶曆三年有李京者爲小官吳鼎臣在侍從二人相與通家一日京薦其友人於鼎臣求聞達於朝廷鼎臣即繳其書奏之京坐貶官未行京妻謁鼎臣妻取別鼎臣妻慙不出京妻立廳事召鼎臣幹僕語之曰我來既爲往還之久欲求一別亦爲乃公嘗有數帖與吾夫禱私事恐汝家終以爲疑索火焚

之而去

孫學士元忠朴呂正獻公所薦館職也嘗爲呂居仁言元祐間某嘗對侍講非笑程正叔侍講謂某正叔有多少好事元忠不説何故只言其短某因釋然心服後不復敢深議正叔因思今人如元忠樂善者少矣侍講謂滎陽公呂原明也

曹彬侍中討蜀初克成都有獲婦女者彬悉閉於一第竅以度食曰是將進御嘗密衛之洎事寧咸訪其親以還之無者嫁之

厚德錄　八　九

孫莘老知福州時民有欠市易錢者繫獄甚衆適有富人出錢五百萬葺佛殿請于莘老莘老徐曰汝輩所以施錢者何也衆曰願得福耳莘老曰佛殿未甚壞又無露坐者孰若與其錢爲獄囚償官逐使數百人釋枷鏁之苦其得福豈不多乎富人不得已諾之卽日輸官囹圄遂空

前宰相蔡確坐詩語譏訕簾中臺諫章疏交上必欲朝廷誅殛宰執侍從皆謂當然范忠宣公獨以爲不可遂於簾前開陳方今聖朝宜務寬厚不可以語言文字之間曖昧不明之過誅竄大臣今日舉動宜與將來爲法式此事甚不可開端也

李謙溥有招收將劉進者勇力絶人數以少擊衆并人患之乃以蠟丸封書譏進陽遺其兄晉帥趙贊得之以聞太祖卽詔謙溥械送闕下謙溥曰此反間也願以闔門保之太祖得奏遽釋進厚賜金帛遣之

陳秦國公省華三子已貴秦公尚無恙每賓客至其家堯佐及仲季子侍立左右坐客踧踖不安求去秦公笑曰此兒子輩爾後天下皆以秦公教子爲法而

厚德錄　八　十

以陳氏世家爲榮

竇儀尚書家法整肅每對客坐卽二侍郎三起居四參政五補闕皆侍立焉

韓許國公億在中書日嘗見天下諸路有職司捃拾官吏小過輒嚬色不懌曰今天下太平主上之心雖蟲魚草木皆欲得所夫仕者大則望爲公卿次則望爲侍從職司二千石其下亦望京朝幕職奈何錮之於聖世持心如此昔袁安不以贓罪鞫人其韓公之謂乎

宋宣憲公綬判三司憑由司建言比歲下赦令釋逋而稽期未報者六十八州軍請諸路選官覆校限半月以聞以是脫械繫三千二百人所除數百萬

范文正公爲參知政事會王倫寇淮南州縣官吏有不能守朝廷盡欲誅之公曰時諱言武備盗賊猝至而專責守臣死事不可故守令皆得不誅

楊侍郎偕知審官院元昊乞和而不稱臣偕上言以謂連年出師國力日以屈莫如以書遣之徐圖誅滅之計諫官歐陽脩蔡襄交章劾奏偕職爲從官不思爲國討賊而助元昊不臣之請罪當誅偕不自安求知越州道改知杭而襄謁告迎親杭而輕遊里市或謂曰何不以言於朝偕曰襄嘗以公事詆我我豈可以私報也

馬少保亮通判常州時吏有忘失官物械繫妻子至連逮者數百人亮一切縱去許自償所負不踰月而盡輸之咸平初命往京西河東二道放積欠官物奏除者數百萬還奏稱旨

馬少保爲御史中丞上言近歲以來父祖未葬而多

別財異爨甚傷風敎請自今未葬者不得析居

知制誥韓綜通判天雄軍會河水漲金隄民依丘冢者凡數百家水大至綜出令能活一人者予千錢民爭操舟栰盡救之已而丘冢潰

胡侍郎則提舉江南路銀銅塲鑄錢監時得吏所匿銅數萬斤吏懼且死則曰馬伏波哀重囚而縱亡之吾豈重貨而輕數人之生此藉爲羨餘及除廣西轉運按宜州重辟十九人而爲辨活者九人

胡侍郎在福州時前守陳絳坐嘗延蜀儒龍昌期爲州人講易得錢一萬事發自成都械昌期至則破械館以賓禮出俸錢爲償之

扈諫議稱爲梓州路轉運使屬歲饑道殣相望稱先出祿米以賑民故富家大族皆願以米輸入官而全活者數萬人

方諫議愼言爲侍御史時丁謂貶遣愼言籍其家得士大夫書多干請關通者悉焚之不以聞世稱長者

晉內翰偃未仕時家有良田數千頃既貴悉以與族人嘗與謝絳受詔試中書吏而大臣有以簡屬偃不

發視而焚之且曰發而言之不亦傷刻薄乎

薛簡肅公奎知益州里父訟其子不孝者詰之乃曰貧無以爲養奎因出俸錢與之

王侍制質權知荊南府有媪訴其婦薄於養婦曰舅姑家旣窮而歸且奉事無不謹質曰姑雖不良獨不顧若夫耶取家人衣衣媪又給以廪粟使歸養之皆感泣而去

劉吏部夔不治財產所收私田有餘穀則以振救鄉里貧人前死數日作遺表以祿賜所餘分親族

馬少保亮知潭州屬縣有亡命卒剽劫爲鄉人共謀殺之在法當死者四人亮謂其僚屬曰夫能爲民去害而乃坐以死豈法意耶乃批其案悉貸之

楊諫議告除京西轉運副使時屬部歲饑所至發公廪又募富室出粟以賑之民伐桑易粟不能售告命高其估以給酒官由是獲濟者甚衆

方諫議愼言知泉州會歲饑大發官廪以貸民又恤其鰥寡孤獨而皆愛之至有生子以方皃爲名者

錢祕監昆知梓州時會歲旱歉民多流移大發常平粟賑之而自劾釋不問

陳龍學從易知虔州歲饑有持杖盜殺發囷倉者請一切滅死論於是全活者千餘人

梅諫議摯通判蘇州初二浙饑官貸種食已而督償之甚急摯上言賑民所以爲惠也反撓民不便因下其奏他州悉得緩期償之

嵇內翰穎父適嘗爲荊南石首主簿民有父子坐重辟府特命適按劾之爲免其子死而父以抵法託言於人曰主簿仁人也且生令子明年穎生天聖中進

士及第

張侍郎溥知楚州會歲饑貽書發運使求貸糧不報因歎曰民轉死溝壑矣尚待報耶乃發上供倉粟賑之所活以萬計因上章待罪降勅奬諭

陳節使堯咨權通判流内銓時舊制選人皆用制奏舉乃得京寺官而士有孤寒不爲人知者堯咨特爲陳其功狀升擢之

陳郎中貫擢利州路轉運使屬歲饑出所得職田粟盡以賑民富民有積粟者率令計口自占其數有餘

則皆發之

趙觀察滋知雄州時契丹大饑舊米出塞下不得過三升滋曰彼吾民也令出米無所禁

桑崇班懌嘗過大水有粟二廩將以舟載之見百姓走避水者遂棄其粟而載之得皆不死歲饑聚人盡食其粟盡而止

潤州金壇縣陳亢熙寧八年饑殍無數作萬人冢每一尸設飯一甌席一領紙四貼藏尸不可紀是歲生廓又生慶皆爲監司孫登仕者相繼

馬知節樞密知泰州州嘗貰羌酋二十人屬殆逾二紀知節曰此亦人也豈不懷土悉遣還蕃落感其惠乞受代無以敢怨塞者也

蔡卞章惇同肆羅織遷謫元祐諸公卞率惇以奏乞發司馬光墓門下侍郎許將獨無言卞等退哲宗留將問曰卿不言何也將曰發人之墓非盛德事哲宗曰朕與卿同乃不從

仁宗初涖政問輔臣四方奏獄來上不知所以裁之如之何則可呂文靖公夷簡進曰凡奏獄必出於疑疑則從輕可也帝深以爲然故終仁宗之世疑獄一從於輕

王文康公溥初周祖鎮蒲津召置幕府從征李守正王景崇得朝臣交結書周祖欲暴其事溥力請焚之後世宗嘗問漢相李崧蠟丸書結北虜有記其辭者否溥曰使崧有此肯以示人耶逢吉輩爲之爾世宗遂優贈其官

王沂公曾知審刑院初違制之法無故失率坐徒二年公請分故失非親被制書者止以失論上不悅曰

如是無復有違制者曾曰如陛下言亦無復有失者矣自是違制遂分故失

張文懿公士遜在相位陳堯佐罷參知政事有挾怨上言堯佐欲反復有誣諫官陰附宗室者遂置二奏上前且言儉言動搖朝廷若一開姦萌則臣亦不能自保矣上悟置告者于法誣諫官事亦寢

王章惠公隨知戎州戎人多蓄逃卒或忤意則執以求賞故坐法衆隨至下令能自歸者免仍隸舊籍多所全活

陳文忠公堯叟嘗爲廣西轉運使其俗有疾不服藥唯禱神堯叟以集驗方刻石桂州驛舍是後始有服藥者嶺外少林木井泉堯叟爲植木道傍鑿井置亭舍至今爲利

陳文惠公堯佐在樞府日太常博士陳詁知祥符縣以法繩吏吏悉遁去章獻太后怒事下樞密院詁連姻宰相呂夷簡欲因詁中傷夷簡者堯佐以爲罪詁則姦人得計而能吏沮矣詁遂獲免

程文簡公琳知永興元昊死諒祚尚幼以三大將分

治其國或謂因各授三將節度使以分弱其勢琳曰幸人之喪非所以示天下不如因而撫之

田樞密況知成都府自李順王均之亂蜀守皆得便宜從事雖或小罪并其家內徙流離道路失所者頗衆況察其非有甚惡釋之

寇忠愍知永興軍於其誕日排設如聖節儀晩衣黃道服簪花走馬承受且奏寇準有叛心真宗驚手出奏示執政曰寇準乃反耶范文正熟視笑曰寇準許大年紀尚騃耳可劄與寇準知上意亦解

公言李沆相秉鈞日有狂生扣馬獻書歷詆其短李遜謝曰俟歸家當得詳覽狂生遂發訕怒隨公馬後肆言曰居大位不能康濟天下又不能引退久妨賢路寧不媿於心乎但於馬上踧踖再三日屢求退以主上未賜允終無忤色公言以帷箔之罪加於人最爲暗昧萬一非辜則令終身被其惡名至使君臣父子之間難施面目言之得無訒乎

華陰呂君舉進士聘里中女行既中第婦家言曰吾女故無疾旣聘而後盲敢辭呂君曰旣聘而後盲君

不爲欺又何辭遂娶之生五男皆中進士第其一人丞相汲公是也

應山二連伯氏庶字君錫仲氏庠字元禮少從學於二宋相繼登科君錫爲人清脩孤潔故當官人號爲連氏清元禮加以肅人號爲連底涷其父處士名舜賓字輔之爲鄉里所説服歲饑出穀萬斛損價以糶之惠及傍邑

鄭屯田建中其先本雍人五季時徙家安陸貲鏹鉅萬城中居人多舍客也每大雨過則載庇以行問有

屋漏則補之若舍客自爲之屋亦爲繕究又隆冬苦寒獨舍繙仍日屯田公晚得一子即侍郎公紓也

省心錄

宋 林逋

聞善言則拜告有過則喜有聖賢之氣象

坐密室如通衢馭寸心如六馬可以免過

心不清則無以見道志不確則無以立功

天下有甚於饑渴飲食之道而世或以名稱巳或以爲能事哀哉臣之忠子之孝弟之悌是也孔子以文學爲孝悌之餘事孟子謂良知良能不出於學是非聖人强人以甚難益以愛欲汩其心而妻子爵祿爲

賊忠孝之具聞有得臣子之道者宜乎表出於世苟以孔孟之道求諸巳鄉知捨孝悌不足以爲人移孝悌爲忠順則立身行巳之道當然世何稱巳何能之有

事親孝者事君必忠何以知之良知故存雖妻子不能移其愛推此以盡爲臣之道則爵祿安可易其守子惟知有親焉得不孝臣惟知有君安得不忠所謂良知者其可忘乎父慈子孝兄友弟恭相須之理也然子不可待父慈而後孝弟不可待兄友而後恭譬

猶責人以信然後報之以誠夫盡已之當爲乃君子所以立身之道非求備於人也

器滿則溢人滿則喪士大夫若以一官之廩祿計則不知其爲素餐請以驅役之卒奉承之吏供帳居處詳陳悉算則凜然如履冰岌然如臨淵有愧於方寸者多矣若以奉公治民之道不加思則竊人之財不足爲盜矣

自信者人亦信之胡越猶弟兄自疑者人亦疑之身外皆敵國至於推誠則不欺守信則不疑非但六合

之內可行動天地感鬼神非誠信不可

爲善如負重登山志雖已確而力猶恐不及爲惡如乘駿走坂雖不加鞭策而足亦不能制

功名官爵貨財聲色皆謂之欲俱可以殺身或問之曰欲可去乎曰不可饑者欲食寒者欲衣無後者欲子孫反是甘於自殺也然知足而不貪知節而不淫無沽名之心而不求功亦庶幾乎欲可窒也

知不足者好學恥下問者自滿一爲君子一爲小人自取如何耳

人之有過失猶身之有疾病攻之以藥石誨之以廉恥雖過失不害爲賢者雖疾病不失爲全人

好名則立異立異則身危故聖人以名爲戒

爲善者不云利逐利者不見善舜蹠之徒自此分捨生取義固不可得見利思義聖人亦取之殆哉利不可言況可爲乎孟子荅梁惠王之言至矣

有過知悔者不失爲君子知過遂非者其小人歟

官爵富貴在人謂之儻來道德仁義在已謂之自得儻來者足以驕妻妾自得者可以藐公卿君子所以

修天爵而人爵從之

靜吉動凶德休僞拙聖人戒告甚切至反身而誠樂莫大焉知此爲君子昧此爲小人

木有所養則根本固而枝葉茂棟梁之材成水有所養則泉源壯而流派長灌溉之利博人有所養則志氣大而識見明忠義之志出可不養哉故孟子所謂苟得其養無物不長也

晝之所爲夜必思之有善則樂有過則懼君子哉

私心勝者可以滅公爲已重者不知利物

人之所以異於禽獸草木者以其有爲耳皮毛齒角禽獸以用而名香味補瀉草木以巧而著人之生也無德以表俗無功以及物於禽獸草木之不若也哀哉

利心專則背道私意確則滅公

歲月巳往者不可復未來者不可期見在者不可失爲善則善應爲惡則惡報所以成名滅身惟自取如何耳

仁義禮智本自修人必欽崇之放僻邪侈本自賊人

必輕鄙之

得天地之至和者爲君子故溫良慈儉稟陰陽之繆戾者爲小人故兇詐姦邪

善惡之性不能易如水之不能燥火之不能濕形色語默之間善惡自見

古之人孝弟力田行著於鄉州黨族名聞於朝故命之以官其臨民也安得不豈弟其從事也安得不服勞其慮己也安得不廉其事上也安得不忠後之人强記多識專於組綴有不知父子兄弟之倫者有不知稼穡之艱難者盜經典子史爲取富貴之筌蹄故忠義日薄名節日衰惟賢者則不然此無他去古既遠無成周賓興之法耳

禮義廉恥可以律己不可以繩人律己則寡過繩人則寡合寡合則非涉世之道故君子責己小人責人

德有餘而爲不足者謙財有餘而爲不足者鄙

愛身者所以孝於親愛民者所以忠於君

高不可欺者天也尊不可欺者君也內不可欺者親也外不可欺者人也四者既不可欺心其可欺乎心

不欺人其欺我乎

爲善易避爲善之名難不犯人易犯而不校難

涉世應物有以横逆加我者譬猶行草莽中荆棘之在衣徐行緩解而已所謂荆棘者亦何心哉如是則方寸不勞而怨可釋

恐懼者修身之本事前而恐懼則畏畏可以免禍事後而恐懼則悔悔可以改過夫知者以畏消悔愚者無所畏而不知悔故知者保身愚者殺身大哉所謂恐懼也

羌貊不可以力勝而可以信服鬼神不可以欺詐而可以誠達況夫涉世與人爲徒者誠信其可捨諸

古人畏四知者謂天地彼我必有一知者不得不畏況處八達之衢爲萬目所視慎乎所當畏行乎所無畏可也

誠無悔恕無怨和無仇忍無辱

巧辨者與道多悖拙訥者涉世必疏寧疎於世勿悖於道

華藻見於外者謂之文古今積於中者謂之學苟見

道不明用心不正適足以文過飾非文學所以在德行政事之下

不欺闇室者肯欺心乎不愧屋漏者肯愧於人乎不欺其心無愧於人庶幾君子矣

外重者内輕故保富貴而喪名節内重者外輕故守道義而樂貧賤愛親者保其身愛君者輕其位

窮不易操達不患失非見善明用心剛者不能也

人有過失已必知之已有過失豈不自知乎是非者儉人思憂患者儉身

强辯者飾非謙恭者無爭知其善之可遷善惡在自

爲父子不相授堯爲父而有丹朱舜爲子而有瞽瞍堯與賢易舜克諧以孝難

人之制性當如隄防之制水常恐其漏壞之易若不顧其泛濫一傾而不可復者也

綺語背道雜學亂性

富貴以道得伊尹是也貧賤以道守顏淵是也俱爲聖賢負鼎于湯與簞瓢陋巷勞逸憂樂不可同日而語也

聖賢師心不師跡雖百世而道同後世師跡不師心雖時同而術異

求師問友急於教子弟者始於章句中於文采終於科第所謂入孝出弟汎愛親仁則懵如冥行豈不遠吾聖人之言乎

知之非艱行之爲艱誠能踐履雖非聖賢其亦聖賢之徒歟

和以處衆寬以接下恕以待人君子人也

讒言巧佞言甘忠言直信言寡

多言則背道多慾則傷生
知足則樂務貪必憂
內睦者家道昌外睦者人事濟不護人短不周人急非仁義也
結怨於人謂之種禍捨善不爲謂之自賊輕諾者信必寡面譽者背必非孝於親則子孝欽於人則衆欽
聲色者敗德之具思慮者殘生之本
爲善不如捨惡救過不如省非欲不匱則博施欲長樂則守分廣積不如教子避禍不如省非勉强爲善

勝於因循爲惡
責人者不全交自恕者不改過自滿者敗自矜者愚自賊者害多言獲利不如默而無害
寡言省謗寡慾保身
行坦途者肆而忽故疾走則蹶行險途者畏而慎故徐步則不跌然後知安樂有致死之道憂患爲養生之本可不省諸
廣積聚者遺子孫以禍害多聲色者殘性命以斤斧
務名者害其身多財者禍其後善惡報緩者非天網

疎是欲成君子而滅小人也禍福者天地所以愛人也如雷雨雪霜皆欲生成萬物故君子恐懼而畏小人僥倖而忽畏其禍則福生忽其福則禍至傳所謂禍福無門惟人所召也
以忠沽名者訐以信沽名者詐以廉沽名者貪以潔沽名者汚忠信廉潔立身之本非釣名之具也有一於此鄉原之徒又何足取哉
爲己重者不仁好廣積者不義足恭者無禮貪名者無智

立身之道內剛外柔肥家之道上遜下順不和不可以接物不嚴不可以馭下
前輩論醫云閉門看古方三年知天下無病不可治及其出而用藥療病知今古無方可用此無他聞見力極則止至於應變則無有窮盡噫豈但論醫也士之學問其失正在是苟以是心反之孳孳旦夜自不知爲有餘縱未能盡愈天下之疾亦庶幾乎十失二三也
不自重者取辱不自畏者招禍不自滿者受益不自

是者博聞吉凶悔吝非天然無有不由已者

壽夭在天安危在人知天理者夭或可壽忽人事者雖安必危

口腹不節致疾之因念慮不正殺身之本

驕富貴者戚戚安貧賤者休休所以景公千駟不及顏子之一瓢也

外事無大小中慾無淺深有斷則生無斷則死大丈夫以斷爲先

人皆有好生惡死之心人皆爲捨生取死之道何也

見善不明耳

欲去病則正本本固則病可攻藥石可以劾欲齊家則正身身端則家可理號令可以行固其本端其身非一朝一夕之事也

以禮義爲交際之道以廉耻爲律已之法游息於是朋友見欽而不敢欺妻子取法而不敢侮盡思患預防之理所以譬之四維其可廢而不張乎

心可逸形不可不勞道可樂身不可不憂形不勞則怠惰易弊身不憂則荒淫不立故逸生於勞而常休樂生於憂而無厭是逸樂也憂勞其可忘乎

古之人修身以避名今之人飾己以要譽所以古人臨大節而不奪今人見小利而易守君子則不然無古無今無治無亂出則忠入則孝用則知舍則愚

仁言不如仁心之誠利近不如利遠之博仁言或失於口惠利近或失於姑息

智大心勞者狂力小任重者踣

攫金於市者欲心勝而不知有羞惡求珠於淵者利心專而不顧其沉溺

不欺不吝不險不强者可與人爲徒

塊土不能障狂瀾匹夫不能正頹俗

知足者貧賤亦樂不知足者富貴亦憂

夙興夜寐無非忠孝者人不知天必知之飽食煖衣恬然自衛者身雖安其如子孫何

以忠孝遺子孫者昌以智術遺子孫者亡以謙接物者彊以善自衛者良

爾謀不臧悔之何及爾見不長教之何益

子之事親不能承顏養志則必不能忠於君上弟之

事兄不能致恭盡禮則必不能遜於長上

家不和然後見孝子國不亂無以見忠臣如是則孝子忠臣不容見於治世也僕切疑之有人能克諧六親欽順父母家不使不和莫大之孝也有人能引君當道將順正救國不使之亂莫大之忠也

風俗不淳儉則財用無豊足

以德遺後者昌以禍遺後者亡謙柔卑退者德之餘强暴姦詐者禍之始

舜之所以爲孝者有頑父嚚母傲弟人不幸而有此

當克諧如舜不爲甚難顔淵曰舜何人也予何人也有爲者亦若是

屈已者能處衆好勝者必遇敵欲常勝者不爭欲常樂者自足有限之器投之滿盈則溢太虛之室物物自容靜躁寬猛覷量之如何耳

勝於已者必師拙於已者可役愛於已者知善而不知惡憎於已者見惡而不見善

火之炎上水之就下順其性則烹飪之功成灌溉之利博

越鳥巢南枝馬嘶北物之眞情尚耳而況於人乎

食能止饑飲能止渴畏能止禍足能止貪

父之教子必以孝君之責臣必以忠子不子臣不臣安可爲之以仁爲宅以禮爲門以義爲路居處於是出入於是踐履於是安得不謂之君子

內不溺於妻子者事親必孝外不欺於朋友者事君必忠人性如水水一傾則不可復性一縱則不可反制水者必以隄防制性者必以禮法

保生者寡欲保身者避名無欲易無名難

善人種德降祥於天惡人種禍貽殃於後

溺愛者受制於妻子患失者屈已於富貴大丈夫見善明則重名節如泰山用心剛則輕死生如鴻毛

父善教子者教於孩提君善責臣者責於冗賤蓋嘗欲可以奪孝富貴可以奪忠

以言傷人者利於刃斧以術害人者毒於虎狼言不可不慎術不可不慎也

爲子孫作富貴計者十敗其九爲人作善方便者其後受惠

耳不聞人之非目不視人之短口不言人之過庶幾爲君子

以愛妻子之心事親則無往而不孝以保富貴之心事君則無往而不忠以責人之心責巳則寡過以恕巳之心恕人則全交

夫寡言擇交可以無悔吝可以免憂辱

飽藜藿者鄙膏粱樂貧賤者薄富貴安義命者輕死生遠是非者忘臧否

少不勤苦老必艱辛少能服勞老必安逸

與善人交有終身了無所得者與不善人交動靜語默之間亦從而似之何耶人性如水爲不善如就下故易安可不擇交

近世士大夫多爲子弟所累是溺於愛而甘受其誘昧不知父當不義聖人猶許爭子子弟不肖而不能正是納於邪而不知義方之訓也父兄之罪大矣

不臨難不見忠臣之心不臨財不見義士之節

大則治亂邪正小則晝夜生死皆反手耳反邪則正反亂則治反夜則晝反死則生豈可循豫苟且而爲之

耳雖聞目不親見者不可從而言之流言可以惑衆若文其言而貽後世恐是非邪正失實

憂國者不顧其身愛民者不罔其上

憂天下國家者其慮深其志大其利博其言似迂其合亦寡其遇亦難孔孟是也樑棟朽則屋傾賢不肖分則國治上節下儉者財用足本重末輕者天下太平

輕財足以聚人律巳足以服人量寬足以得人身先

足以率人

憂患疾痛皆養生善知識放逐閒廢皆仕宦善知識不有憂安知樂可爲哉

情相親者禮必寡道相悖者術不同禮簡者誠術異者疎

人不可無識識暗者小人無識者禽獸小人捨正而趨邪假善而爲惡識明者果如是乎禽獸不知父子之親君臣之分爲無識故也

沽虛譽於小人不若聽之於天遺貨財於子孫不若

周人之急

君容而斷臣恪而忠父嚴而慈子孝而敬兄愛而訓弟恭而勞夫和而莊婦守正而順人倫之道盡矣

處内以睦處外以義檢身以正交際以誠行巳之道至矣

無瑕之玉可以爲國器孝悌之子可以爲家瑞

爲政之要曰公與淸成家之道曰儉與勤

寳貨用之有盡忠孝享之無窮

語人之短不曰直濟人之惡不曰義

好勝者必爭貪榮者必辱

太廟之犧被文繡而悔不及鷦鷯深林一枝之樂也

以巳資衆者心逸而事濟以巳禦衆者則心勞而怨

聚薄於所親而責人重者不可與言交好名欲速者不可與共謀貪而喜詐者不可與同利害忍而好勝者不可與同逸樂

千斤之石置之立坂之上一力可以落九仞萬斛之舟遡於急流之中片帆可以去千里勢使然也若馳羣馬於平陸集多士於大庭非駿足奇才不得

事親有隱而無犯事君有犯而無隱事師無犯無隱聖人不易之論也古之所謂犯者以巳所見陳於君不以犯上爲犯也後世所謂犯者處卑位而言非其職徒以沽名之心務行其說直前抵訐無益於世愚以爲若能以事師之道事君無隱則不敢逢君之惡無犯則不忍暴君之失諫可行言可聽膏澤可下於民不亦美歟

畋獵聲色之娛易入而難返車服口體之奉相尚而不厭皆非逸豫安樂之道也

毀譽雖至觀其事則毀譽明善惡混淆公其心則善惡判此在上之職也若智効一職行其所當爲而不問毀譽立乎其中道則善惡自黑白也

事親孝則專其愛而妻子不能移事君忠則盡其職而爵祿不足動竭力於親者不必須士類致身於君者不必問品秩

黼藻太平勘定禍亂可以謂之忠乎苟有隱於君不若愚下不欺之忠也列侯而封擊鮮而食可以謂之孝乎苟有違於親不若貧賤養志之孝也

有至賢之君無忠直之臣則聰明不能達遠雖賢聖或可欺大哉所謂爲君難

財用足以富國家一夫可以爲風俗所以繫治亂非有大君子不能變必欲弭禍亂致太平非風俗淳儉不可

愛君切者不知有富貴爲已重者不知立功名

財不難聚也取予當則富足國不難治也邪正辨則丕平風不難化也自上及下而風行俗不難革也自邇及遠而俗變

富貴者奢侈相尚奉養之外棄廢寶貨窮極土木惟務相勝貧賤者專於工巧伎藝古所未見一日之直可以盡農夫終歲之利故棄本逐末耕桑者少而衣食者多求其盈餘備積不亦難哉

甲胄之士責以禦侮州縣之吏委以簿書事聖君而變薄俗病在不爲耳

蘇張適六國而皆合孔孟走天下而不遇易進難入王霸之道豈止如霄壤

陶淵明無功德以及人而名節與功臣義士等何耶蓋顏子以退爲進甯武子愚不可及之徒歟

婦人悍者必媼醜者必妬士大夫繆者忌險者疑必然之理也

費千金爲一瞬之樂孰若散而活凍餒幾千百人處眇軀以廣廈何如庇寒士於一廛之地乎

堂下遠於千里況於九重之深雖堯舜不能知比屋有人能以所聞所見上體仁君愛民求治之意委曲詳陳之則不待用召山甫而宣王自能致太平也

能自遂者未必能成人自敗者必罔人能自儉者未

必能周人自恣者必害人然此無他爲善難爲惡易也

韓非作說難而卒斃於說豈非所謂多言數窮之戒耳

張飽帆於大江驟駿馬於平陸天下之至快反思則憂處不爭之地乘獨後之馬人或我嗤樂莫大焉

利可共而不可獨謀可寡而不可衆獨利則敗衆謀則泄

蓋棺始能定士之賢愚臨事始能見人之操守

猛虎能食人不幸而遇之必疾走以避小人能媚人人喜與之親不幸而同利害必巧爲中傷害人而人不知然機穽之設未若天網之不漏也

必尊於事君必嚴於事親必達於天地鬼神必疎於禽獸之屬一於誠則交際之道無不至矣

重名節者識有餘而巧不足保富貴者知不足而才有餘知識明者君子才巧勝者小人

用心專者不聞雷霆之震驚寒暑之切肌爲己重者不知富貴可以殺身功名可以致顯禍行通衢大道

省心錄　八　二十

者不迷心至公無私者不惑

責越人以鞍馬強胡人以舟楫其猶詢民瘼於貴游索珍玩於寒士艱哉

用不節財何以豐民不蘇國何以安

飽肥甘衣輕煖不知節者損福廣積聚驕富貴不知止者殺身

人以巧勝天天以直勝人

小人詐而巧似是而非故人悅之者衆君子誠而拙似迂而直故人知之者寡

舜耕于歷山伊尹耕于莘野聖賢力田見於經傳後世以文學明道其弊至於菽麥不分豈止不知稼穡艱難哉

人以麟鳳比君子以豺狼比小人徒論其表耳麟鳳爲世瑞而不能移風易俗君子能厚風俗致太平以來麟鳳豺狼能害人其狀易別人得以避之小人深情厚貌害人不可防閑殆有甚於豺狼也

邪正者治亂之本賞罰者治亂之具舉正錯邪賞善罰惡未有不治者邪正相雜賞罰不當求治難矣

省心錄　八　二十一

天下有正道邪不可干以邪干正者國不治天下有公議私不可奪以私奪公者人不服

以是爲非以非爲是者强辯足以惑衆以無爲有以有爲無者便辭足以媚人心可欺天可欺乎

女相妬於室士相妬於朝古今通患也若無貪榮擅寵之心何嫉妬之有

無恒德者不可以作醫人命死生之繫庸人假醫以誑其初則要厚利虛實補瀉未必適當幸而不死呼需百出病者甘心以足其欲不幸而斃則曰飲

食不知禁嗜欲有所違非藥之過也厚載而出死者何辜焉世無扁鵲望而知死生無華佗滌腸以愈疾輕以性命託庸醫何如謹致疾之因固養生之本以全天年耶嗚呼悲夫

說郛目録

涑水家儀

宋　司馬光

凡爲家長必謹守禮法以御羣子弟及家衆分之以職授之以事而責其成功制財用之節量入以爲出稱家之有無以給上下之衣食及吉凶之費皆有品節而莫不均一裁省冗費禁止奢華常須稍存贏餘以備不虞

凡諸卑幼事無大小毋得專行必咨稟于家長

凡爲子爲婦者毋得蓄私財俸祿及田宅所入盡歸

之父母舅姑當用則請而用之不敢私假不敢私與

凡子事父母婦事舅姑天欲明咸起盥漱櫛總具冠帶昧爽適父母舅姑之所省問父母舅姑起子供藥物婦具晨饈供具畢始退各從其事將食婦請所欲于家長退具而供之尊長舉筯子婦乃各退就食丈夫婦人各設食於他所依長幼而坐其飲食必均一幼子又食于他所亦依長幼席地而坐男坐于左女坐于右及夕食亦如之既夜父母舅姑將寢則安置而退居閒無事則侍于父母舅姑之所容貌必恭執事必謹言語應對必下氣怡聲出入起居必謹扶衛之不敢涕唾喧呼於父母舅姑之側父母舅姑不命之坐不敢坐不命之退不敢退

凡子受父母之命必籍記而佩之時省而速行之事畢則返命焉或所命有不可行者則和色柔聲具是非利害而白之待父母之許然後改之若不許苟于事無大害者必當曲從若以父母之命爲非而直行巳志雖所執皆是猶爲不順之子況未必是乎

凡父母有過下氣怡色柔聲以諫諫若不入起敬起

孝悦則復諫不悦與其得罪于鄉黨州閭寧熟諫父母怒不悦撻之流血不敢疾怨起敬起孝

凡爲人子弟者不敢以富貴加于父兄宗族

凡爲人子者出必告反必面有賓客不敢坐于正廳升降不敢由東階上下馬不敢當廳凡事不敢自擬於其父

凡父母舅姑有疾子婦無故不離側親調嘗藥餌而供之父母有疾子色不滿容不戲笑不宴遊舍置餘事專以迎醫檢方合藥爲務疾巳復初

凡子事父母父母所愛亦當愛之所敬亦當敬之至于犬馬盡然而況于人乎

凡子事父母樂其心不違其志樂其耳目安其寢處以其飲食忠養之幼事長賤事貴皆倣此

凡子婦未敬未孝不可遽有憎疾姑教之若不可教然後怒之若不可怒然後笞之屢笞而終不改子放婦出然亦不明言其犯禮也子甚宜其妻父母不悅出子不宜其妻父母曰是善事我子行夫婦之禮焉終身不衰

凡爲宮室必辨內外深宮固門內外不共井不共浴堂不共厠男治外事女治內事男子晝無故不處私室婦人無故不窺中門男子夜行以燭婦人有故身出必擁蔽其面男僕非有繕脩及有大故不入中門入中門婦人必避之不可避亦必以袖遮其面女僕無故不出中門有故出中門亦必擁蔽其面鈴下蒼頭但主通內外之物毋得輒升堂室入庖廚

凡卑幼于尊長晨亦省問夜亦安置坐而尊長過之則起出遇尊長于途則下馬不見尊長經再宿以上則再拜五宿以上則四拜賀冬至正旦六拜朔望四拜凡拜數或尊長臨時減而止之則從尊長之命吾家同居宗族衆多冬至朔望聚于堂上丈夫處左西上婦人處右東上皆北向共爲一列各以長幼爲序共拜家長畢長兄立于門之左長姊立于門之右皆南向諸弟妹以次拜訖各就列丈夫西上婦人東上共受卑幼拜受拜訖先退後輩立受拜于門東西如前輩之儀若卑幼自遠方至見尊長遇尊長三人以上同處者先共再拜叙寒暄問起居訖又曰再拜而止

凡受女婿及外甥拜立而扶之外孫則立而受之可也

凡節序及非時家宴上壽於家長卑幼盛服序立如朔望之儀先再拜子弟之最長者一人進立於家長之前幼者一人搢笏執酒盞立于其左一人搢笏執酒注于其右長者搢笏跪斟酒祝曰伏願某官備膺五福保族宜家尊長飲畢授幼者盞注反其故處長者出笏俛伏興退與卑幼皆再拜家長命諸卑幼坐

皆再拜而坐家長命侍者徧酢諸卑幼諸卑幼皆起序立如前俱再拜就坐飲訖家長命易服皆退易便服還復就坐

凡子始生若爲之求乳母必擇良惠婦人稍温謹者子能食飼之教以右手子能言教之自名及唱喏萬福安置稍有知則教之以恭敬尊長有不識尊卑長幼者則嚴訶禁之六歲教之數與方名男子始習書字女子始習女工之小者七歲男女不同席不共食始誦孝經論語雖女子亦宜誦之自七歲以下謂之

孺子早寢晏起食無時八歲出入門戶及卽席飲食必後長者始教之以謙讓男子誦尚書女子不出中門九歲男子誦春秋及諸史始爲之講解使曉義理女子亦爲之講解論語孝經及列女傳女戒之類畧曉大意十歲男子出就外傅居宿于外讀詩禮傳爲之講解使知仁義禮智信自是以往可以讀孟荀楊子博觀羣書凡所讀書必擇其精要者而讀之其異端非聖賢之書傳宜禁之勿使妄觀以惑亂其志觀書皆通始可學文辭女子則教以婉娩聽從及女工之大者未冠笄者質明而起總角頮面以見尊長爲供養祭祀則左執酒食若既冠笄則皆責以成人之禮不得復言童幼矣

凡內外僕妾鷄初鳴咸起櫛總盥漱衣服男僕灑掃聽事及庭鈴下蒼頭灑掃中庭女僕灑掃堂室設椅桌陳盥漱櫛頮之具主父主母既起則拂床襞衾侍立左右以備使令退而具飲食得閒則浣濯紉縫先公後私及夜則復拂床展衾當晝內外僕妾惟主人之命各從其事以供百役

凡女僕同輩謂長者爲姊後輩謂前輩爲姨務相雍睦其有鬭爭者主父主母聞之卽訶禁之不止卽杖之理曲者杖多一止一不止獨杖不止者

凡男僕有忠信可任者重其祿能幹家事次之其專務欺詐背公徇私屢爲盜竊弄權犯上者逐之

凡女僕年滿不願留者縱之勤舊少過者資而嫁之其兩面二舌飾虛造讒離間骨肉者逐之屢爲盜竊者逐之放蕩不謹者逐之有離叛之志者逐之

顔氏家訓

北齊顔之推

自古明王聖帝猶須勤學况凡庶乎此事遍於經史吾亦不能鄭重聊舉近世切要以啓寤汝耳士大夫子弟數歲已上莫不被教多者或至禮傳少者不失經論及至冠婚體性稍定因此天機倍須訓誘有志尚者遂能磨礪以就素業無履立者自兹墮慢便爲凡人人生在世會當有業農民則計量耕稼商賈則計論貨賄工巧則致精器用伎藝則深思法術武夫

則慣習弓馬文士則講議經書多見士大夫耻涉農商羞務工伎射既不能穿札筆則纔記姓名飽食醉酒忽忽無事以此銷日以此終年或因家世餘緒得一階半級便謂爲足安能自苦及有吉凶大事議論得失蒙然張口如坐雲霧公私宴集談古賦詩塞默低頭欠伸而已有識傍觀代其入地何惜數年勤學長受一生愧辱哉梁朝全盛之時貴遊子弟多無學術至於諺云上車不落則著作體中何如則秘書無不熏衣剃面傅粉施朱駕長簷車跟高齒屐坐棊子方褥憑斑絲隱囊列器玩於左右從容出入望若神仙明經求第則顧人答策三九公讌則假手賦詩當爾之時亦快士也及離亂之後朝市遷革銓衡選舉非復曩者之親當路秉權不見昔時之黨求諸身而無所得施之世而無所用被褐而喪珠失皮而露質兀若枯木泊若窮流孤獨戎馬之間轉死溝壑之際當爾之時誠駑材也有學藝者觸地而安自荒亂已來諸見俘虜雖百世小人知讀論語孝經者尚爲人師雖千載冠冕不曉書記者莫不耕田養馬以此觀

之安可不自勉耶若能常保數百卷書千載終不爲小人也夫明六經之指涉百家之書縱不能增益德行敦厲風俗猶爲一藝得以自資父兄不可常依鄉國不可常保一旦流離無人庇廕當自求諸身耳諺曰積財千萬不如薄伎在身伎之易習而可貴者無過讀書也世人不問愚智皆欲識人之多見事之廣而不肯讀書是猶求飽而懶營饌欲暖而惰裁衣也夫讀書之人自羲農已來宇宙之下凡識幾人凡見幾事生民之成敗好惡固不足論天地所不能藏鬼

神所不能隱也有客難主人曰吾見強弩長戟誅罪安民以取公侯者有矣文義習史匡時富國以取卿相者有矣學備古今才兼文武身無祿位妻子饑寒者不可勝數安足貴學乎主人對曰夫命之窮達猶金玉木石也脩以學藝猶磨瑩雕刻也金玉之磨瑩自美其鑛璞木石之段塊自醜其雕刻安可言木石之雕刻乃勝金玉之鑛璞哉不得以有學之貧賤比於無學之富貴也且負甲爲兵咋筆爲吏身死名滅者如牛毛角立傑出者如芝草握素披黃吟道詠德

苦辛無益者如日蝕逸樂名利者幾秋茶豈得同年而語矣且又聞之生而知之者上學而知之者次所以學者欲其多智明達耳必有天才拔群出類爲將則闇與孫武吳起同術執政則懸得管仲子產之教雖未讀書吾亦謂之學矣今子卽不能然不師古之蹤跡猶蒙被而卧耳人見鄰里親戚有佳快者使子弟慕而學之不知使學古人何其蔽也哉世人但知跨馬被甲長矟強弓便云我能爲將不知明乎天道辨乎地利比量逆順鑒達興亡之妙也但知承上接下積財聚穀便云我能爲相不知敬鬼事神移風易俗調節陰陽薦舉賢聖之至也但知私財不入公事夙辦便云我能治民不知誠已刑物執轡如組反風滅火化鴟爲鳳之術也但知抱令守律早刑晚舍便云我能平獄不知同轅觀罪分劍追財假言而奸露不問而情得之察也爰及農商工賈廝役奴隸釣魚屠肉飯牛牧羊皆有先達可爲師表博學求之無不利於事也夫所以讀書學問本欲開心明目利於行耳未知養親者欲其觀古人之先意承顔怡聲下氣

不憚劬勞以致甘腝惕然慙懼起而行之也未知事君者欲其觀古人之守職無侵見危授命不忘誠諫以利社稷惻然自念思欲效之也素驕奢者欲其觀古人之恭儉節用卑以自牧禮爲教本敬者身基瞿然自失斂容抑志也素鄙悋者欲其觀古人之貴義輕財少私寡慾忌盈惡滿賙窮䘏匱赧然悔恥積而能散也素暴悍者欲其觀古人之小心黜己齒弊舌存含垢藏疾尊賢容衆苶然沮喪若不勝衣也素怯懦者欲觀古人之達生委命強毅正直立言必信求

福不囘勃然奮厲不可恐懾也歷茲以往百行皆然縱不能淳去泰去甚學之所知施無不達世人讀書者但能言之不能行之忠孝無聞仁義不足加以斷一條訟不必得其理宰千戶縣不必理其民問其造屋不必知楣橫而梲豎也問其爲田不必知稷早而黍遲也吟嘯談謔諷詠詞賦事既優閒材增迂誕軍國經綸畧無施用故爲武人俗吏所共嗤詆良由是乎夫學者所以求益爾見人讀數十卷書便自高大凌忽長者輕慢同列人疾之如仇敵惡之如鴟梟如此以學自損不如無學也古之學者爲已以補不足也今之學者爲人但能說之也古之學者爲人行道以利世也今之學者爲已脩身以求進也夫學者猶種樹也春翫其華秋登其實講論文章春華也脩身利行秋實也人生小幼精神專利長成已後思慮散逸固須早教勿失機也吾七歲時誦靈光殿賦至於今日十年一理猶不遺忘二十之外所誦經書一月廢置便至荒蕪矣然人有坎壈失於盛年猶當晚學不可自棄孔子云五十以學易可以無大過矣魏武

袁遺老而彌篤此皆少學而至老不倦也曾子七十乃學名聞天下荀卿五十始來遊學猶爲碩儒公孫弘四十餘方讀春秋以此遂登丞相朱雲亦四十始學易論語皇甫謐二十始授孝經論語皆終成大儒此並早迷而晚寤也世人婚冠未學便稱遲暮因循面墻亦爲愚爾幼而學者如日之光老而學者如秉燭夜行猶賢乎瞑目而無見者也學之興廢隨世輕重漢時賢俊皆以一經弘聖人之道上明天時下該人事用此致卿相者多矣末俗已來不復爾空守章句但誦師言施之世務殆無一可故士大夫子弟皆以博涉爲貴不肯專儒梁朝皇孫已下總丱之年必先入學觀其志尚出身已後便從文吏略無卒業者冠冕爲此者則有何胤劉瓛明山賓周捨朱异周弘正賀琛賀革蕭子政劉縚等兼通文史不徒講說也洛陽亦聞崔浩張偉劉芳鄴下又見邢子才四儒者雖好經術亦以才博擅名如此諸賢故爲上品以外率多田里閒人音辭鄙陋風操蚩拙相與專固無所堪能問一言輒酬數百責其指歸或無要會鄴下諺

云博士買驢書券三紙未有驢字使汝以此爲師令人氣塞孔子曰學也祿在其中矣今勤無益之事恐非業也夫聖人之書所以設教但明練經文粗通注義常使言行有得亦足爲人何必仲尼居即須兩紙疏義燕寢講堂亦復何在以此得勝寧有益乎光陰可惜譬諸逝水當博覽機要以濟功業必能兼美吾無間焉俗間儒士不涉羣書經緯之外義疏而已吾初入鄴與博陵崔文彦交游嘗說王粲集中難鄭玄尚書事崔轉爲諸儒道之始將發口懸見排蹙云文

集止有詩賦銘誄豈當論經書事乎且先儒之中未聞有王粲也崔笑而退竟不以粲集示之魏收之在議曹與諸博士議宗廟事引據漢書博士笑曰未聞漢書得證經術魏便忿怒多不復言取韋玄成傳擲之而起博士一夜共披尋之達明乃來謝曰不謂玄成如此學也

石林家訓

宋　葉夢得

旦必讀書

旦起須先讀書三五卷正其用心處然後可及他事暮夜見燭亦復然若遇無事終日不離几案苟能如此一生永不會向下作下等人如見他事自然不妄吾二年來目力極昏看小字甚難然盛夏帳中亦須讀書至極困乃就枕不爾胸次歉然若有未了事往往睡亦不美況晝日乎若夌晨便治俗事或冗或默

閒坐日復一日與書卷漸遠豈復更思學問如此不流入流俗人則着衣喫飯一騃子弟耳況復博奕飲酒追逐玩好尋求交友惟意所欲有一如此迯二三年遠五六年未有不喪身破家者此不待吾言知之則庶乎其免矣

孝友

司馬溫公作迂說其一章云迂叟之事君無他長能勿欺而已矣事親亦然此天下名言也事君之道汝曹未易言且言事親吾見世人未嘗能免於欺愛子

教訓子而從而不行欺也已有過失隱寂使不聞欺
也有懷於中避就不敢盡言欺也佯爲美觀之事未
必出於情欺也曾子喪其親水漿不入口者七日而
於吾親無所用之情也曾子之孝則至矣至於難能
不可繼之行欲以孝聞則未嘗盡其情也然且自以
爲過夫死而過於難猶且不敢况生而欺之乎今但
能聞教訓而一一遵行不敢失墜有過失改悔不復
爲不求不聞但有所懷必盡告之秋毫不敢隱爲人
子所當爲不爲人子所不當爲文飾以掠美如是亦

可以言孝則勿欺而已推是心以施之君安有二道
哉今汝兄弟五人能如吾所以處二姑氏則吾門戶
猶未艾也

愼言

易言亂之所由生也言語以爲階君不密則失臣臣
不密則失身莊子曰兩喜多溢美之言兩怒多溢惡
之言文注人言多不能盡實非喜即怒喜而溢美猶
不失近厚怒而溢惡則爲人之害多矣孟子曰言人
之不善當如後患何夫已輕以惡加人則人亦必輕
以惡加己是自相加也吾見人言類不過有四習於
誕妄者每信口劇談不問其人之利害惟意所欲言
樂於多知者並緣形似因以稱譽雖不過其實自不
能覺溺於愛惡者所愛雖惡强爲文掩覆所惡雖善
巧爲之破毀軋於利害者修造端謀傾之惟恐不力
中之惟恐不深而人之聽言其類不過二純實者不
辨是非一皆信之疎快者不計利害一皆傳之此言
所以不可不愼也今汝曹前四弊吾知其或可免若
後二失吾不見無憂蓋汝曹涉世聿深未嘗經患難

於人情交詐非能盡察則安知不有因墮陷溺者乎
故將欲愼言必雖省事擇交每務簡靜無不求與事
會則自然不入是非毀譽之言亦不到汝耳汝不得
已而有聞純實者每致其思無輕信疎快者每謹其
戒無輕傳則庶乎其免矣

緒訓

宋　陸游

風俗日壞可憂者非一事吾幸老且死矣若使未遽死亦决不復出仕惟願念子孫不能無老態吾家本農也服農策之上也杜門終窮不求仕進策之中也安於小官不慕榮達策之下也捨此三者則無策也汝輩今日聞吾此言心不當以爲是他日乃思之耳暇日時與兄弟一觀以自警不必爲人道也

古者植木冢上以識其處耳吾家自先太傅以上冢

松多不過數十株初葬寶章此上世差爲茂蔚亦止數畝耳左丞歸葬之後積以歲月林樾漸盛遂至連山彌谷紛然爭訟重爲門戶之羞不幸孫曾遂有鬻伐貿易金幣坐視則不可禁止則紛然爭訟重爲門戶之辱其害又甚於厚葬吾死後草木毋過數十本不可陷後人於不孝戒之戒之

子孫才分有限無如之何然不可不使讀書貧則教訓童稚以給衣食但書種不絕足矣能布衣草履以事農圃足跡不至城市大是佳事關中村落有魏鄭公莊諸孫皆爲農張浮休過之留傳云兒曹不識字耕鑿魏公莊仕宦不可常不仕則農可無憾也但切不可迫於衣食爲市井小人事戒之

蘇氏族譜

宋　蘇洵

蘇氏之譜譜蘇氏之族也蘇氏出自高陽而蔓延于天下唐神龍初長史味道刺眉州卒于官一子留於眉眉之有蘇氏自是始而譜不及焉者親盡也親盡則曷爲不及譜爲親作也凡子得書而孫不得書何也以著代也自吾之父以至吾之高祖仕不仕娶某氏享年幾某日卒皆書而他不書何也詳吾之所自出也自吾之父以至吾之高祖皆曰諱某而他則遂

名之何也尊吾之所自出也譜爲蘇氏作而獨吾之所自出得詳與尊何也譜吾作也嗚呼觀吾之譜者孝弟之心可以油然而生矣情見乎親親見于服服始於衰而至於緦麻而至於無服無服則親盡親盡則情盡情盡則喜不慶憂不弔喜不慶憂不弔則塗人也吾之所以相視如塗人者其初兄弟也兄弟其初一人之身也悲夫一人之身分而至於塗人此吾譜之所以作也其意曰分而至於塗人者勢也勢吾無如之何也已幸其未至於塗人也使之無至於忽忘焉可也嗚呼觀吾之譜者孝弟之心可以油然而生矣系之以詩曰

吾父之子今爲吾兄吾疾在身兄呻不寧數世之後不知何人彼死而生不爲戚欣兄弟之親如足于手其能幾何彼不相能彼獨何心

蘇氏諱釿　子祈　無嗣

不仕娶　子祜　子宗　子昭鳳　子惟讚　子垂象

黄氏享　子垂正

年若干　子垂範

七月二　子惟善　子垂則

十六月　子昭慶　子惟德　子琉

卒　子昭文　子渭　子璦

子沆

子浩

子漸

子泆

子宗藝　無嗣

子宗邊　無嗣

子禮　子焯　子昭翰　子文賢　子士元
子文圭　子士能
子士良
子士寧
子士嘉
子士宗
子畯　子昭遇　無嗣
子昭遠　無嗣
子昭逸　無嗣

子暕　無嗣
子昹　子宗霨　子昭玘　子文實　子惟忠
子惟恭
子文寶　無嗣
子昭現　子文釆　子士祥
子宗著　子德謙　子永
子諱祐　子宗善　子昭圖　子惟益　子允元
不仕娶　子允滋
李氏享　子惟吉　無嗣

年五十　子昭越　無嗣
七月　子宗晏　子昭
三十日　子宗昇　子德榮　子哲　子珵
子瑜
子德升　子淳　子舟
子德元
子諱杲　子諱庠　子澹　子位
不仕娶　仕至大　子佾
宋氏享　理評事　子渙

年五十　娶史氏　子洵
一六月　享年七
八日卒　十五五
月十一
日卒
子宗晁　無嗣
子德　子子歟　子慎言　子慶昌
子復生
子澄

族譜惟蘇氏最簡質可法

訓學齋規

朱 朱熹

夫童蒙之學始于衣服冠履次及語言步趨次及灑掃涓潔次及讀書寫文字及有雜細事宜皆所當知今逐目條列名曰童蒙須知若其修身治心事親接物與夫窮理盡性之要自有聖賢典訓昭然可考當次第曉達茲不復詳著云

衣服冠履第一

大抵為人先要身體端正自冠巾衣服鞋襪皆須收拾愛護常令潔淨整齊我先人常訓子弟云男子有

三緊謂頭緊腰緊脚緊頭謂頭巾未冠者總髻腰謂以縧或帶束腰脚謂鞋襪此三者要緊束不可寬慢寬慢則身體放肆不端嚴為人所輕賤矣

凡着衣服必先提整衿領結兩衽紐帶不可令有闕落飲食照管勿令污壞行路看顧勿令泥漬

凡脫衣服必齊整摺疊箱篋中勿散亂頓放則不為塵埃雜穢所汚仍易于尋取不致散失着衣既久則不免垢膩須要勤勤洗澣破綻則補綴之儘補綴無

害只用完潔
凡盥面必以巾帨遮護衣領捲束兩袖勿令有所濕
凡就勞役必去上籠衣服只着短便愛護勿使損污
凡日中所着衣服夜臥必更則不藏蚤蝨不卽敝壞
苟能如此則不但威儀可法又可不費衣服晏子一
狐裘三十年雖意在以儉化俗亦其愛惜有道也此
最飭身之要毋忽

語言步趨第二

凡爲人子弟須要常低聲下氣語言詳緩不可高言

喧閧浮言戲笑父兄長上有所教督但當低首聽受
不可妄自議論長上檢責或有過誤不可便自分解
姑且隱嘿久却徐徐細意條陳云此事恐是如此向
者當是偶爾遺忘或曰當是偶爾思省未至若爾則
無傷忤事理自明至于朋友分上亦當如此
凡聞人所爲不善下至婢僕違過宜且包藏不應便
爾聲言當相告語使其知改
凡行步趨蹌須是端正不可疾走跳躑若父母長上
有所喚召却當疾走而前不可舒緩

灑掃清潔第三

凡爲人子弟當灑掃居處之地拂拭几案當令潔淨
文字筆硯凡百器用皆當嚴肅整齊頓放有常處取
用既畢復置原所父兄長上坐起處文字紙劄之屬
或有散亂當加意整齊不可輒自取用凡借人文字
皆置簿抄錄諸名及時取還窗壁几案文字間不可
書字前輩云壞筆污墨瘝子弟職書几書硯自黥其
面此爲最不雅潔切宜深戒

讀書寫文字第四

凡讀書須整頓几案令潔淨端正將書冊整齊頓放
正身體對書冊詳緩看字子細分明讀之須要讀得
字字響亮不可誤一字不可少一字不可多一字不
可倒一字不可牽强暗記只是要多誦遍數自然上
口久遠不忘古人云讀書千遍其義自見謂讀得熟
則不待解說自曉其義也余嘗謂讀書有三到謂心
到眼到口到心不在此則眼不看子細心眼既不專
一却只漫浪誦讀决不能記記亦不能久也三到之中
心到最急心既到矣眼口豈不到乎

凡書冊須要愛護不可損污縐摺濟陽江祿書讀未竟雖有急速必待掩束整齊然後起此最爲可法

凡寫文字須高執墨錠端正硯磨勿使墨汁污手高執筆雙鈎端楷書字不得令手揩着毫

凡寫字未問寫得工拙如何且要一筆一畫嚴正分明不可老草

凡寫文字須要子細看本不可差誤

雜細事宜第五

凡子弟須要早起晏眠凡喧閧鬬爭之處不可近無

無益之事不可爲（謂如賭博籠養打毬踢毬放風禽等事）凡飲食有則食之無則不可思索但粥飯充饑不可缺凡向火勿迫近火傍不惟舉止不佳且防焚爇衣服凡相揖必折腰凡對父母長上朋友必稱名凡稱呼長上不可以字必云某丈如弟行者則云某姓某丈凡出外及歸必于長上前作揖雖暫出亦然凡飲食于長上之前必輕嚼緩嚥不可聞飲食之聲凡飲食之物勿爭較多少美惡凡侍長者之側必正立拱手有所問則當誠實對言不可妄凡開門揭簾須徐徐輕手不可令震驚響凡衆坐必斂身勿廣占坐席凡侍長上出行必居路之右住必居左凡飲酒不可令至醉凡如厠必去上衣下必浣手凡夜行必以燈燭無燭則止凡待婢僕必端嚴勿得與之嬉笑執器皿必端嚴惟恐有失凡危險不可近凡道路遇長者必正立拱手疾趨而揖凡夜臥必用枕勿以寢衣覆首凡飲食舉匙必置筯舉筯必置匙食已則置匙筯于案

雜細事宜品目甚多姑舉其畧然大槩具矣凡此

五篇若能遵守不違自不失爲謹愿之士必又能讀聖賢之書恢大此心進德修業入于大賢君子之域無不可者汝曹宜勉之

呂氏鄉約

宋　呂大忠

德業相勸

德謂見善必行聞過必改能治其身能治其家能敬
父兄能教子弟能御僮僕能事長上能睦親故能擇
交游能守廉介能廣施惠能受寄託能救患難能規
過失能爲人謀能爲衆集事能解鬬爭能決是非能興
利除害能居官擧職凡有一善爲衆所推者皆書于
籍以爲善行

業謂居家則事父兄教子弟待妻妾在外則事長上
接朋友教後生御僮僕至于讀書治田營家濟物好
禮樂射御書數之類皆可爲之非此之類皆爲無益

過失相規

過失謂犯義之過六犯約之過四不修之過五

犯義之過六一曰酗博鬬訟二曰行止踰違三曰行
不恭遜四曰言不忠信五曰造言誣毀六曰官私太
甚犯約之過四一曰德業不相勸二曰過失不相規
三曰禮俗不相成四曰患難不相恤

不修之過五一曰交非其人二曰息惰三曰動作無
儀四曰臨事不恪五曰用度不節已上不修之過每
犯皆書于籍三犯則行罰

禮俗相交

此行婚姻喪葬祭祀之禮禮經具載亦當講求如未
能遽行且從家傳舊儀但不經者當漸去之

凡與鄉人相接及往還書問當衆議一法共行之

凡遇慶弔每家只家長一人與同約者皆往其書問
亦如之若家有故或與所慶弔者不相識則其次者

當之所助之事所遺之物亦臨事聚議各量其力裁
定名物及多少之數若契分淺深不同則各從其情
之厚薄凡遺物婚嫁及慶賀用幣帛羊酒蠟燭雉兔
果食之類計所直多少不過三千至一二百喪葬始
喪則用衣服或衣段以爲襚禮以酒脯爲奠禮計直
多不過三千少至一二百至葬則用錢帛爲賻禮用
豬羊酒蠟燭爲奠禮計直多不過五千少至三四百
災患如水火盜賊疾病刑獄之類助濟者以錢帛米
穀薪炭等物計直多不過三千少一二三百

凡助事謂助其力所不足者婚嫁則借助器用喪葬則又借助人夫及爲之營幹

患難相恤

患難之事七一曰水火二曰盜賊三曰疾病四曰死喪五曰孤弱六曰誣枉七曰貧乏凡同約者財物之器用車馬人僕皆有無相假若不及之用及有所妨者亦不必借可借而不借及踰期不還及損壞借物者皆有罰凡事之急者自遣人徧告同約事之緩者所居相近及知者告于主事主事徧告之凡有患難

雖同約其所知者亦當恤事重則率同約者共行之

罰式

犯義之過其罰五百不修之過及犯約之過其罰一百凡輕過規之而聽及能自舉者止書于籍皆免罰若再犯者不紀其規之不聽聽而復爲及過之大者皆即罰之其不義已甚非士論所容者及累犯重罰而不悛者特聚衆議若决不可容則皆絶之

聚會

每月一聚具食每季一會具酒所費率錢令當事者主之遇聚會則書其善惡行其賞罰若約有不便之事共議更易

主事

約正一人或二人衆推正直不阿者爲之專主平决賞罰當否直月一人同約中不以爲下依長幼輪次爲之一月一更主約中雜事

人之所賴於隣里鄉黨者猶身有手足家有兄弟善惡利害皆與之同不可一日而無之不然則秦越其視何於我哉大患素病於此且不能勉顧與

鄉人共行斯道懼德未信動或取咎敢舉其目先求同志苟以爲可願喜其諾成吾里仁之美有望於衆君子焉熙寧九年二月初五日呂大忠白

義莊規矩

宋　范仲淹

知開封府襄邑縣范純仁切念臣父仲淹先任資政殿學士日於蘇州吳長兩縣置田十餘頃其所得租米自遠祖而下諸房宗族計其口數供給衣食及婚嫁喪葬之用謂之義莊見於諸房選擇子弟一名管勾亦逐旋立定規矩令諸房遵守今諸房子弟有不遵規矩之人州縣既無

勅條本家難爲伸理五七年間漸至廢壞遂使飢寒

無依伏望

朝廷特降指揮下蘇州應係諸房子弟有違犯規矩之人許令官司受理伏候

勅旨右奉

聖旨宜令蘇州依所奏施行

劄付蘇州准此

治平元年四月十一日　押

文正位

勘會

先文正公於平江府與置義莊贍給宗族德澤至厚其始定規矩雖有版牓不足久傳及有治平元年所得朝旨亦未揭示族人兼有後來接續指置可爲永式者未曾刊定深慮歲久漸至隳廢今盡以編類刻石置於天平山白雲寺先公祠堂之側子子孫孫遵承勿替今具如後

文正公初定規矩

一逐房計口給米每口一升並支白米如支糙米即臨時加折（支糙米每斗折白八升逐月實支每口白米三斗）

一男女五歲以上入數

一女使有兒女在家及十五年年五十歲以上聽給米

一冬衣每口一疋十歲以下五歲以上各半疋

一每房許給奴婢米一口即不支衣

一有吉凶增減口數畫時上簿

一逐房各置請米曆子一道每月末於掌管人處批請不得預先隔跨月分支請掌管人亦置簿拘轄簿頭錄諸房口數爲額掌管人自行

破用或探支與人許諸房覺察勒陪塡
一嫁女支錢三十貫七十七陌下並准此再嫁二十貫
一娶婦支錢二十貫再娶不支
一子弟出官人每還家待闕守選丁憂或任川廣
福建官留家鄉里者並依諸房例給米絹并
吉凶錢數雖近官實有故留家者亦依此例
支給
一逐房喪葬尊長有喪先支一十貫至葬事又支
一十五貫次長五貫葬事支十貫卑幼十九

歲以下喪葬通支七貫十五歲以下支三貫
十歲以下支二貫七歲以下及婢僕皆不支
一鄉里外姻親戚如貧窘中非次急難或遇年飢
不能度日諸房同共相度詣實即於義田米
內量行濟助
一所管逐年米斛自皇祐二年十月支給逐月饑
粮并冬衣絹約自皇祐三年以後每一年豐
熟樁留二年之粮若遇凶荒除給饑粮外一
切不支或二年粮外有餘却先支喪葬次及
嫁娶如更有餘方支冬衣或所餘不多即凶
吉等事衆議分數均匀支給或又不給即先
凶後吉或凶事同時即先尊口後卑口如尊
卑又同即以所亡所葬先後支給如支上件
饑粮吉凶事外更有餘羨數目不得糶貨樁
充三年以上粮儲或慮陳損即至秋成日方
得糶貨回換新米樁管
右仰諸房院依此同共遵守
皇祐二年十月　日

資政殿學士尚書禮部侍郎知杭州事范　押
續定規矩
一諸位子弟得大比試者每人支錢一十貫文七十七陌下皆准此再貢者減半並須實赴大比試乃給
即已給而無故不試者追納
一諸位子弟縱人採取近墳竹木掌管人申官理
斷
一諸位子弟內選曾得解或預貢有士行者二人
充諸位教授月給糙米五石若遇米價每石及一貫以上即

每石即支錢一貫文雖不曾得解預貢而文行爲衆所知者亦聽選仍諸位共議本位無子弟入學者不得與議若生徒不及六人止給三石及八人給四不及十人全給諸房量力出錢以助束修者聽

右三項以熙寧六年六月　日

二相公指揮修定

一掌管人侵欺及諸位輒假貸義莊錢斛之類並申官理斷償納不得以月給米折除

一族人不得租佃義田詐立名字同

一掌管子弟若年終當年諸位月給米不闕支糙米二十石雖闕而能支及半年以上無侵隱者給一半已上並令諸位保明後支若不可保明各具不可保明實狀申　文正位

一義莊勾當人催租米不足隨所欠分數尅除請受謂如欠米及一分即只支九分請受之類至納米足日全給已尅數更有情弊者申官不支

右四項以元豐六年七月十九日

二相公指揮修定

一身不在平江府者其米絹錢並勿給

一兄弟同居雖衆其奴婢月米通不得過五人謂如七人或八人同居止共支奴婢米五人之類

一未娶不給奴婢米雖未娶而有女使生子在家及十五年年五十歲以上者自依規給米

一義莊不得典買族人田土

右四項以紹聖二年二月初八日

二相公指揮修定

一義莊費用雖闕不得取有利債負

一義莊事惟聽掌管人依規處置其族人雖是尊長不得侵擾干預違者許掌管人申官理斷即掌人有欺弊者聽諸位具實狀同申　文正位

右三項以紹聖二年四月二十九日

相公指揮修定

一義倉内族人不得占居會聚非出納勿開

一因出外住支月米者其歸在初五日以前取諸位保明詣實聽給當月米

一義宅有疎漏惟聽居者自修完卽拆移舍屋者禁之違者掌管人申官理斷若義宅地內自添修者聽之本位實貧乏無力修完而屋舍疎漏實不可居者聽諸位同相親保明詣實申文正位量支錢完補卽不得乞添展舍屋

一諸位請米曆子各令諸位簽字圖備方許給給訖請人親書交領卽去失曆子者住給勒令根尋候及一年許諸位及掌管人保明申文正位候得報別給曆頭起支

一積留月米併請者勿給

一諸位不得於規矩外妄乞特支雖得　文正位指揮與支亦仰諸位及掌管人執守勿給

一義莊人力船車器用之類諸位不得借用

一諸位子弟官已陞朝願不請米絹錢助贍衆者聽

一諸位生男女限兩月其母或所生母姓氏及男女行第小名報義莊義莊限當日再取諸位保明訖註籍卽過限不報後雖年長不理爲日數給米

一遇有規矩所載不盡事理掌管人與諸位共議定保明同申　文正位本位有妨嫌者不同申雖已申而未得　文正位報不得止憑諸位文字施行

右十項以元符元年六月　日

二相公三右丞五侍郎指揮叅定

一諸位關報義莊事雖尊長並於文書內著名仍不得竹紙及色牋違者義莊勿受

右一項以元符二年正月十七日

三右丞指揮修定

一義莊遇有人贖田其價錢不得支費限當月內以元錢典買田土輒將它用勒掌管人償納

右一項以崇寧五年十月十二日

五侍郎指揮修定

一諸位輒取外姓以爲已子冒請月米者勿給許諸位覺察報義莊義莊不爲受理許諸位徑申　文正位公議移文平江府理斷其大觀元年七月以前已收養給米者不得追訟

右以大觀元年七月初十日
五侍郎及　二相公指揮參定
一諸位子弟在外不撿生子冐請月米掌管人及
諸位覺察勿給即不伏掌管人及諸位申
文正位移文平江府理斷
右以政和三年正月二十一日
五侍郎指揮修定
一族人不得以義宅舍屋私相兌賃質當
右一項以政和五年正月二十九日
義莊規矩　八　九
五侍郎指揮修定
右仰義莊及諸位遵守施行內文意前後相妨窒礙
者從後規若有違犯仰掌管人或諸位備錄治平元
年中書劄子所坐
聖旨申官理斷各令知委
政和七年正月十三日
朝散大夫充徽猷閣待制提舉亳州太清宮范
續定規矩　清憲公奏
朝散郎左司諫兼侍講范之柔奏臣不避

誅　輒瀝誠悃仰干
天聽伏念臣五世祖故參知政事謚文正臣仲淹當
身孤藐遭世休明深念保族之難欲為傳遠之計自
慶曆皇祐以來節次於蘇州吳長兩縣置田畝立義
莊贍同姓創定規矩刻之板牓以貽後人已而臣高
叔祖故尚書右僕射謚忠宣臣純仁於治平元年知
開封府襄邑縣日慮板牓不足久傳且諸房子弟有
不遵規矩之人州縣既無
勑條本家難為伸理必將漸致廢壞即嘗具奏乞降
聖旨下本州許令官司受理繼蒙朝廷依所奏施行
義莊規矩　八　十
遂得憑藉保守伏自南渡之後雖田畝僅存而莊宅
焚毀寄廩墳寺遷寓民舍蠹弊百出盡失初意慶元
初臣與兄弟始協謀同力盡復故基漸還舊觀察定
約束加備於前固嘗經本州鏤給板牓揭示義宅然
非更得朝廷行下本州申明受理元降指揮恐無以
善後懷此日久無路自伸今臣幸蒙公朝軫念故家
擢綴班列若不於此時控告君父則何以副先人屬
望子孫之意用敢冒昧以聞伏望聖慈俯鑒微衷特

頒降旨劄下平江府令將續添規約常切照應治平
元年巳降指揮受理庶幾足以勸厲來者增固舊規
臣與闔族實均戴天地施生之造所有治平元年指
揮并慶元二年續添條約謹繳連在前瀆犯宸嚴臣
無任惶懼俯伏俟命之至謹錄奏聞伏候
勑旨前連治平元年巳降規約指揮十一月五日奉
聖旨依　　右併錄連送范司諫
嘉定三年十一月七日
一文正公曾祖徐國公祖唐國公父周國公墳塋

並在天平山坐落間有族人輒敢於上牧羊
及偷斫林木柴薪近雖行下義莊專一責令
墓客看守外今後如有違犯之人諸房覺察
申　文正位罰全房月米一年全房謂照本房請米曆內口數違行住罰下皆准此義莊輒令墓客克他役者罰掌
莊子弟本名月米一季
一天平功德寺乃
文正公奏請追福　祖先之地爲子孫者所
當相與扶持不廢香火今則不然多有疏遠

不肖子弟請過義米歸巳却返盤食於寺中
至有欺詐住持逼逐僧行措借舟船役使人
僕亞托私酒偷伐林木柴薪强占常住田地
布種或作園圃不還租米以至常住空遣住
持數易日漸敗壞今後探聞有違犯之人罰
全房月俸兩月欺詐住持及占種田地者罰
全房月米一年詐過錢物經官乞行根究從
條施行田地退還常住爲業畢日申
文正位候回報起支雖巳退業而故作阻障

不容常住畊種者亦行前罰
一義莊及白雲功德寺差役并應干非泛科敷並
蒙官司蠲免近來縣道胥吏多因乞覓不從
故意搔擾今後如有似此之人許從本家經
府陳理嚴行斷理
一舊規諸房不得租種義莊田土詭名者同近來
有恃强公然於租戶名下奪種者及有垻搽
義莊田渭涇浜車瀆種茭不容租戶車水上
下者爲害甚大今後探聞有違犯之人罰全

房月米半年

一義莊租戶所當優䘏使之安業聞有無頼族人將物貨高價亞賣顯屬不便今後輙有違犯罰全房月米兩月仍經官陳理

一舊規義莊事務惟聽掌莊子弟自行處置雖是尊長不得侵擾干預緣違犯者未曾有罰是以近來多有族人專爲貨賂不顧義莊利害或爲攬戶兜納當米必要多增貼耗或主張不逞之徒充應脚力及墓客之類甚至鼓誘

外郡族人挾長前來擅開倉廒妄用米斛恣行侵擾意在破壞今後如有違犯許掌莊指實申　文正位自行體訪知覺罰全房月米一年外仍經官乞行根究徵治内有乞覓過錢物之人即合從條施行

一舊規掌莊子弟侵欺徑行申官理斷勒令陪填近自移建倉宇遴選主計此弊稍革深慮日久玩習合行關請房今後掌莊子弟如有違犯許諸房覺察申　文正位委請公當子弟對衆點算取見實侵數目以全房月米填還足日起支仍控告官府乞行徵治以爲掌莊侵欺者之戒諸房子弟即不得專擅與詞紊煩官府

一諸房間有不肖子弟因犯私罪聽贖者罰本名月米一年再犯者除籍永不支米（姦盜賭博鬬毆陪涉及欺騙善良之類若戶門不測者非）除籍之後長惡不悛爲宗族鄉黨善良之害者諸房具申　文正位當斟酌情理控告官府乞與移鄉以爲子孫玷

辱門戶者之戒

一舊規諸位輙取異姓以爲己子冒請月米者勿給今乃有將己子與人破蕩他人家業却欲歸宗請米如有似此之人仰掌莊申　文正位不得支行

一義宅地基久爲外人占據今來復業甚爲艱難宜體　文正公之意專爲聚族之地即不許族人占造私宅等用如有違罰全房月米一年仍勒還元地

一舊規諸房子弟得貢大比者義莊支裹足錢十千今物價翔貴難拘此數如有子弟得解赴省義莊支官會一百千其錢於諸房月米內依時直均尅其免舉人及補入太學者支官會五十千庶使諸房子弟知讀書之美有以激勸

一歲寒堂除科舉年分諸位子弟暫請肄業餘時不得於內飲宴安泊如違罰全房月米一月

義莊規矩 八 十五

世範

宋 袁采

人之至親莫過于父子兄弟而父子兄弟有不和者父子或因于責善兄弟或因于爭財有不因責善爭財而不和者世人見其不和或就其中分別是非而莫明其由蓋人之性或寬緩或褊急或剛暴或柔懦或嚴重或輕薄或持撿或放縱或喜閒靜或喜紛拏或所見者小或所見者大所稟自是不同父必欲子之性合于己子之性未必然兄必欲弟之性合于己

世範 八 一

弟之性未必然其性不可得而合則其言行亦不可得而合此父子兄弟不和之根源也況凡臨事之際一以為是一以為非一以為當先一以為當後一以為宜急一以為宜緩其不齊如此若互欲同于己必致于爭論爭論不勝至于再三至于十數則不和之情自茲而啓或至于終身失歡若悉悟此理為父兄者通情于子弟而不責子弟之同于己為子弟者仰承于父兄而不望父兄惟己之聽則處事之際必相和協無乖爭之患孔子曰事父母幾諫見志不從又

敬不違勞而不怨此聖人教人和家之要術也宜熟思之

子之于父弟之于兄猶卒伍之于將帥胥吏之于官曹奴婢之于雇主不可相視如朋輩事事欲論曲直若父兄言行之失顯然不可掩子弟止可和顏幾諫若以曲理而加之子弟尤當順受而不當辯爲父兄者又當自省

興盛之家長幼多和協葢所求皆遂無所爭也破蕩之家妻孥未嘗有過而家長每多責罵者衣食不給

觸事不諧積忿無所發惟可施于妻孥之前而已妻孥能知此則尤當奉承

高年之人作事有如嬰孺喜得錢財微利喜受飲食果實小惠喜與孩童玩狎爲子弟者能知此而順適其意則盡其歡矣

人之有子須使有業貧賤而有業則不至于饑寒富貴而有業則不至于爲非凡富貴之子弟耽酒色好博奕異衣服飾輿馬與群小爲伍以至破家者非其本心之不肖由無業以度日遂起爲非之心小人贊其爲非則有餔啜錢財之利常乘間而翼成之子弟痛宜省悟

父母見諸子中有獨貧者往往念之常加憐恤飲食衣服之分或有所偏私子之富者或有所獻則轉以與之此乃父母均一之心而子之富者或以爲怨此殆未之思也若使我貧父母必移此心于我矣

人于子孫雖見其作事多拂已意亦不可深憎之大抵所愛之子孫未必孝或早夭而暮年依託及身後葬祭多是所憎之子孫其他骨肉皆然請以他人已

驗之事觀之

兄弟子姪貧富厚薄不同富者既懷獨善之心又多驕傲貧者不生自勉之心又多妬嫉此所以不和若富者時分惠其餘不卹其不知恩貧者知自有定分不望其必分惠則亦何爭之有

人之智識固有高下又有高下殊絶者高之見下如登高望遠無不盡見下之視高如在墻外欲窺墻裏若高下相去差近猶可與語若相去遠甚不如勿告徒費口頰爾譬如奕棋若高低止較三五着尚可對

奕國手與未識籌局之人對奕果何如哉

凡人謀事雖日用至微者亦須齟齬而難成或幾成而敗既敗而復成然後其成也永久平寧無復後患若偶然易成後必有不如意者造物微機不可測度如此靜思之則見此理可以寬懷

人之性行雖有所短必有所長與人交游若常見其短而不見其長則時日不可同處若常念其長而不顧其短雖終身與之交游可也

人之處事能常悔往事之非常悔前言之失常悔往

世範　四

年之未有知識其賢德之進所謂長日加益而人不自知也古人謂行年六十而知五十九之非者可不勉哉

凡人爲不善事而不成正不須怨天尤人此乃天之所愛終無後患如見他人爲不善事常稱意者不須多羨此乃天之所棄待其積惡深厚從而殄滅之不在其身則在其子孫姑少待之當自見也

人有出言至善而或有譏之者人有舉事至當而或有非之者蓋衆心難一衆口難齊如此君子之出言舉事苟揆之吾心稽之古訓詢之賢者于理無礙則紛紛之言皆不足卹亦不必辯

與人交游無問高下須常和易不可妄自尊大修飾邊幅若言行崖異則人豈復相近然又不可太褻狎樽酒會聚之際固當歌笑盡歡恐嘲譏中觸人諱忌則忿爭興焉

行高人自重不必其貌之高才高人自服不必其言之高

士大夫居家能思居官之時則不至于請把持而撓

世範　八　五

時政居官能思居家之時則不至狠愎暴恣而貽人怨不能回思者皆是也故見任官每每稱寄居官之可惡寄居官亦多譏見任官之不韙併與其善者而掩之也

市井街巷茶坊酒肆皆小人雜處之地吾輩或有經繇須當嚴重其辭貌則遠輕侮之患倘有譏議亦不必聽或有狂醉之人宜即回避不必與之較可也

居于鄉曲輿馬衣服不可鮮華蓋鄉曲親故居貧者多在我者揭然異衆貧者羞澁必不敢相近我亦何

安之宥

子弟有躭于情慾迷而忘遂至于破家而不悔者盖始于試爲之谿其中無所見不能識破則遂至于不可回

起家之人生財富庶乃日夜憂懼慮不免于饑寒破家之子生事日消乃輕昂自恣謂不復可慮

今人受人恩惠多不記省而有所惠于人雖微物亦歷歷在心古人言施人勿念受施勿忘誠爲難事

人之居家須令垣墻高厚藩籬周密牕壁門關堅牢隨損隨修如有水竇之類亦須常設格子務令新固不可輕忽雖竊盜之巧者穴墻剪籬穿壁決竇俄頃可辦比之頹墻敗籬腐壁敝門以啓盜者有間矣且免奴婢奔竄及不肖子弟夜出之患如外有竊盜內有奔竄及子弟生事縱官司爲之受理豈不重費財力

居止或在山谷村野僻靜之地須於周圍要害去處置立莊屋招誘丁多之人居之或有火燭竊盜可以即相救應

屋之周圍須令有路可以往來夜間遣人十數遍巡之善處事者居于城郭無甚隙地亦爲夾墻使邏者往來其間若屋之內則子弟及奴婢更迭巡警

劫盜雖小人之雄亦自有識見如富家平時不刻剝又能樂施又能種種方便當兵火擾攘之際猶得保全至不忍焚毀其屋凡盜所快意于焚掠汙辱者多是積惡之人富家合宜自省

烘焙物色過夜多致遺火人家房戶多有覆蓋宿火而以衣籠罩其上皆能致火須常戒約

人之家居井必有幹池必有欄深溪急流之處峭險高危之地機關觸動之物必有禁防不可令小兒狎而臨之脫有疎虞歸怨于人何及

人家令僕子非有警急修葺不得入中門婦女婢妾無故不得出中門只令鈴下小童通傳內外

婢妾與主翁親近或多挾此私通僕輩有子則以主翁藉口畜愚賤之裔至破家者多矣凡有婢妾不可不謹其始亦不可不防其終

夫置婢妾教之歌舞或使侑樽以爲賓客之歡切不

可蓄姿貌黠過人者慮有惡客起覬覦之心彼見美麗心欲得之逐獸則不見泰山苟勢可以臨我則無所不至綠珠之事在古可鑒近世亦多有之不欲指言其名

士大夫之家有夜間男女群聚呼盧至于達旦豈無託故而起者試靜思之

婢僕有過既已鞭撻而呼喚使令辭色如常則無他事蓋小人受杖方內懷怨而主人怒不之釋恐有輕生而自殘者

顧婢僕須要牙保分明牙保又不可令我家人爲之也

佃僕婦女等有于人家婦女小兒處稱貸莫令家長知而欲重息以生借錢穀及欲借質物以濟惡者皆是有心脱漏必無還意而婦女小兒不令家長知則不敢取索終爲所負爲家長者宜常以此喻其家

人有已分財產而欲避免差役則冒同宗有官之人爲一户籍者皆他日爭訟之端緒也

凡鄰近利害欲得之產宜稍增其價不可恃其有親有鄰及以典至買及無人敢買而抑損其價萬一他人買之則悔且無及而爭訟緣之以興也

有輕于舉債者不可借與必是無藉之人已懷負賴之意凡借人錢穀少則易償多則易負故借穀至百石借錢至百貫雖力可還亦不肯還寧以所還之資爲爭訟之費者多矣

凡人之敢于舉債者必謂他日之寬餘可以償也不知今日之無寬餘他日何爲而有寬餘譬如百里之路分爲兩日行則兩日皆辦若欲以今日之路使明日併行雖勞苦而不可至凡無遠識之人求目前寬餘而那積在後者無不破家也切宜鑒此

鄭氏家範

金華鄭氏

內外屋宇大小修造工役家長常加點撿委人用工毋致損壞

親賓會聚若至十人不許于夜中設宴時有小酌亦不許至一更盡則不拘

子弟未冠者學業未成不聽食肉古有是法非惟有資于勤苦抑欲其識虀鹽之味

子弟小冠者不許以字行不許以第稱庶幾合于古

人責成之意

子弟年十六以上許行冠禮須能暗記四書及一經正文講說大義方可行之否則直至二十一歲弟若先能則先冠以愧之

子弟已冠而習學者每月十日一輪挑背已記之書初次不通去巾一日再次不通則倍之三次不通則分紛如未冠時通則復之

子孫有妻子者不得更置側室以亂上下之分違者責之若年四十無子者許置一人不得與公堂坐

女適人者若有外孫彌月之禮惟首生者與之餘並不許但令人以食味慰問之

橋圯路濘子孫倘有餘資尚勖修治以便行客或遇隆暑又當于通衢設湯茗一二處以濟渴者自六月朔起至八月朔止

子孫須恂恂孝友見兄長坐必起行必以序應對必以名毋以爾我諸婦並同

子姪年非六十者不許與伯叔連坐違者家長罰之會膳不拘

卑幼不得抵抗尊長其有出言不遜制行悖戾者姑誨之誨之不悛者則重箠之

子孫受長上訶責不論是非但當俯首默受毋得分理

子孫固當竭力以奉尊長為尊長者亦不可挾此自尊攘拳奮袂忿言穢語使人無所容身甚非教養之道若其有過當反覆諭戒之甚不得已會衆箠之以示恥辱

子孫飲食幼者必後于長者言語亦必有倫應對寬

客不得雜以俚俗方言

子孫不得謔浪敗度免巾徒跣凡諸舉動不宜掉臂跳足以蹈輕儇見賓客亦當肅行祇揖不可參差錯亂

子孫不得目視非禮之書其涉謔浪淫褻之語者見即焚毀之妖幻符呪之解並同

子孫毋習吏胥毋爲僧道毋狎屠竪以壞亂心術當時時以仁義二字銘心鏤骨庶或有成

廣儲書籍以惠子孫不許假人以致散逸仍識卷首

云某氏書籍子孫是教鬻及借人茲爲不孝

子孫自八歲入小學十二歲出就外傳十六歲入大學聘致明師訓飭必以孝弟忠信爲主期至于道若年至二十一歲其業無所就者令習治家理財向學有進者不拘

子孫年十二于正月朔出就外傳見燈火不許入中門入者箠之

子孫爲學須以孝義切切爲務若一向偏滯詞章深所不取此實守家第一事不可不慎

子孫年未二十五者除綿衣用絹帛外餘皆用布除寒凍用蠟屐外其餘遇雨皆以麻屩從事三十里內並須徒走初到姻親家者不拘

子孫年未三十者酒不許入唇壯者雖許少飲亦不宜沉酗杯酌喧呶鼓舞不顧尊長違者責之若奉延賓客惟務誠慤不必強人以酒

子孫當以和待鄉曲我寧容人毋使人容我切不可先操忽人之心若累相凌逼進進不已者當以理直之

子孫處事接物當務誠朴不可置纖巧之物務以悅人以長華麗之習

子孫毋得與人眩奇鬬勝兩不相下彼以其奢我以吾儉吾何害乎

俗樂之設誨淫長奢切不可令子孫及臧獲輩習肄之違者家長箠之

子孫不得畜養飛鷹獵犬專事佚遊亦不得恣情取饜以敗家事違者以不孝論

子孫不得私造飲饌以徇口腹之欲違者姑誨之誨

之不悛即責之産者病者不拘
凡遇生朝父母舅姑存者酒果三行亡者則致恭祠堂終日追慕
壽辰既不設延所有襪履亦不可受徒盡女工無益于事
家中燕享男女不得互相勸酬庶幾有别若家長舅姑宜饋食者非此
家衆有疾當痛念之延良醫爲之救療
諸婦必須安詳恭敬奉舅姑以孝事丈夫以禮待娣

姒以和然無故不出中門夜行以燭無燭則止如其淫狎即宜屏放若有妬忌長舌者姑誨之誨之不悛則責之責之不悛則出之
諸婦媟言無耻及干預闖外事者當罰拜以愧之
初來之婦一月之外許用便服
諸婦工作當聚一處機杼紡績各盡所長非但别其勤惰且革其私
主母之尊欲使家衆悦服不可使側室爲之以亂尊卑

每歲畜蠶主母分給蠶種與諸婦使之在房畜飼待成熟時却就蠶屋上箔須令子弟直宿以防風燭所得之蠶繭當聚一處抽繅更預先抄寫各房所蓄多寡之數照什一之法賞之
諸婦每歲公堂于九月俵散木綿使成布疋限以次年八月交收通買錢物以給一歲衣資之用公堂不許侵使或有故意製造不佳及不登數者則準給本房甚者任其衣資不給有能依期登數者照什一之法賞之其事並係羞服長主之

諸婦育子苟無大故必親乳之不可置乳母以饑人之子
諸婦之于母家二親存者禮得歸寧無者不許其有慶吊勢不可已者則弗拘此
諸婦親姻頗多除本房至親與相見外餘並不許可見者亦須子弟引導方入中門見燈不許入會衆罰其夫主母不拘婦人親族有爲僧道者不許往來
朔望後一日令諸生聚揖之時直說古列女傳使諸婦聽之

女子年及八歲者不許隨母到外家餘雖至親之家亦不許往違者重罰其母

男女不共圊溷不共湢浴以謹其嫌春冬則十日一浴夏秋不拘

男女不親受授禮之常也諸婦不得刀鑷工剃面

說郛目録

弓第七十二

前定錄序

人之有生修短貴賤聖人固常言命矣至於纖芥得喪行止飲啄亦莫不有前定者焉中人以上固有不聞其說然得之卽喜失之則憂遑遑汲汲至于老死罕有居然俟得靜以待命者其大惑歟余顓遇迷方不達變態審固天命未嘗勞心或逢一時偶一事泛乎若虛舟觸物曾莫知揹遇之所由推而言之其不在我明矣大和中讎書春閣秩散多暇時得從乎博聞君子徵其異說毋及前定之事未嘗不三復本末

提筆記錄日月稍久漸盈筐篋因而編次之曰前定錄庶達識之士知其不誣而奔競之徒亦足以自警云爾崇文館校書郎鍾輅序

前定錄目次

前定錄

唐　鍾輅

鄭虔

開元二十五年鄭虔爲廣文博士有鄭相如者年五十餘自隴右來應明經以從子謁虔虔待之無異禮他日復謁亦如之相如因謂虔曰叔父頗知某之能否夫子云其或繼周者雖百世可知也某亦庶幾於此若在孔門未敢鄰於顔子如言偃子夏之徒固無所讓虔大異之因詰所驗其應如響虔乃杜門累日

與之言因謂之曰若然君何不早爲進取而遲暮如是相如曰某來歲方合成名所以不預來者時未至耳虔曰君當爲何官曰後七年選授衢州信安縣尉秩滿當卒虔曰吾之後事可得聞乎曰自此五年國家當改年號又十五年大盜起幽薊叔父此時當被玷汙如能赤誠向國即可以免遷謫不爾非所料矣明年春果明經及第後七年調授衢州信安縣尉將之官告以永訣涕泣爲別後三年有考使來虔問相如存否曰替後數月暴終于佛寺至二十九年改天寶十五年安祿山亂東都遣僞署西京留守張通儒至長安驅朝官就東洛虔至東平僞署水部郎中乃思相如之言佯中風疾攝市令以自汚而亦潛拜章疏上肅宗肅宗即位靈武其東京平令三司以按受逆命者罪虔以心不附賊貶台州司戶而卒

裴諝

寶應二年戶部郎中裴諝出爲廬州刺史郡有二遷客其一曰武徹自殿中侍御史貶爲長史其一曰卜仲卿自刑部員外郎貶爲別駕諝至郡三日二人來

候謁諝方與座俄而吏持一刺云寄客前巢縣主簿房觀請謁諝方與二客話舊不欲見觀語吏云謝房主簿相訪方對二客請俟他日吏以告觀觀曰某以使君有舊宜以今日謁固不受命吏又入白諝諝曰吾中外無有房氏爲舊者乃令疏其祖父官諱觀具以對又於懷中探一紙舊書以受吏諝覽之愀然遽命素服引於東廡而弔之甚哀既出未及易服顧左右問曰此有府職月請八九千者乎左右曰有名逐要者是也遽命吏出牒以署觀時二客相顧甚異之

而莫敢發問諸既就榻歎息因謂二客曰君無爲憂患遷謫事固已前定某開元七年罷河南府文學時至大梁有陸仕佳爲浚儀尉某往候之仕佳座客有陳留尉李揆開封主簿崔器方食有前襄州功曹參軍房安禹繼來時坐客聞其善相人皆請之安禹無所讓先謂仕佳曰官當再易後十三年而終次謂器曰君此去二十年當爲府寺官長有權位而不見曹局亦有壽考次謂揆曰君今歲名聞至尊十三年間位極人臣後二十年廢棄失志不知其所以然也次

謂某曰此後歷踐清要然無將相年至八十言訖將去私謂某曰少間有以奉託幸一至逆旅安禹既歸某即繼往至則言款甚密曰君後二十八年當從正郎爲江南郡守某明年當有一子後合爲所守郡一官君至三日當令奉謁然此子命薄不可厚祿願假俸十千已下此即安禹子也徹等咸異其仕仕佳後再受監察御史卒器後爲司農丞肅宗在靈武以策稱旨驟拜大司農及歸長安累奉使後十餘年竟不至本曹局揆其年授右拾遺累至宰相後與時不叶放逐南中二十年除國子祭酒充吐蕃會盟使既將行而終皆如其言安禹開元二十一年進士及第官止南陽令

劉逖之

彭城劉逖之天寶中調授岐州陳倉尉逖之從母弟吳郡陸康自江南來有主簿楊豫尉張潁者聞康至皆來賀逖之時冬寒因飲酒方酣適有魏山人琮來逖之命下簾帷迎於庭且問其所欲琮曰某將入關請一食而去逖之顧左右命具芻米於館琮曰某非

悠悠求一食者今將追延山人就於驛日旰矣若就館則慮不及請於此食而過逖之以方飲有難色琮曰某頗能知人若果從容亦有所獻逖之聞之喜遽命褰帷而坐客亦樂聞其說咸與揖讓而坐時康已醉臥於東榻逖之乃具饌既食逖之有所請琮曰自此當再名聞某官至二邑宰而不主務二十五年而終言訖將去豫潁固止之皆有所問謂豫曰君八月勿食驢肉食之遇疾當不可救次謂潁曰君後政官宜與同僚善勿與宮長不叶如或不叶必爲所害豫

穎不悅琮知其意乃曰某先知者非能爲君禍福也因指康曰如醉者不知爲誰也明年當成名歷官十餘政壽考祿位諸君子不及也言訖遂去亦不知所往明年逆胡陷兩京玄宗幸蜀陳倉當路時豫主郵務常念琮之言記之於手板及驛騎交至或有盟豫舊者因召與食誤啗驢腸數臠至暮腹脹而卒穎後爲臨濮丞時有寇至郡守不能制爲賊所陷臨濮令薛景先率吏及武士持刀與賊戰賊退郡平節度使以聞卽日拜景先爲長史領郡務而穎常與不叶及

此因事笞之遂陰汚而卒遂之後褫某下登科拜汝州臨汝縣令轉潤州上元縣令在任無政皆假掾以終考明年康明經及第授祕書省正字充隴右巡官府罷調授咸陽尉遷監察御史盩厔令比部員外郎連典大郡歷官二十二考

武殷

武殷者鄴郡林慮人也少有名譽鄉里信愛嘗欲娶同郡鄭氏則殷從母之女也姿色絶世雅有令德殷甚悅慕女意亦願從之因求爲婿有誠約矣無何遇於知己所薦將舉進士期以三年從母許之殷至洛陽聞句龍生善相人兼好飲酒時殷持榼造焉生極喜與之竟夕因謂殷曰子之祿與壽甚厚然而晚遇未至七十而小厄殷曰今日之慮未暇於此請以近事言之生曰君言近事非名與婚乎殷曰然生曰自此三年必成大名如其婚娶殊未有兆殷曰約有所娶何言無兆生笑曰君之娶鄭氏乎曰然生曰此固非君之妻也君當娶韋氏後二年始生生十七而君娶之時當官未踰年而韋氏卒殷異其言因問鄭氏

之夫卽同郡郭子元也子元娶五年而卒然將嫁之夕君其夢之旣二年旣下第有內黃人郭紹家富於財聞鄭氏美納賂以求其婚鄭之母聚其族謀曰女年旣笄殷未成事吾老矣且願見其所適今有郭紹者求娶吾欲許之如何諸子曰唯命鄭氏聞之泣恚將斷髮爲尼者數四及嫁之夕忽得疾昏眩若將不救時殷在京師其夕夢一女子嗚咽流涕似有所訴視之卽鄭氏也殷驚問其故良久言曰某常仰慕君子之德亦知君之意且曾許事君矣今不幸爲尊長

所逼將適他氏沒身之恨知復何言遂相對而泣因驚覺悲惋且異其事乃發使驗之則果適人問其姓氏則郭紹也殷數日思勾龍生言頗驗然疑其名之異耳及肅宗在儲邸名紹遂改子元發明年擢第更二年而子元卒後十餘年殷歷位清顯每求娶輒不應後自尚書郎謫官部陽郡守韋安貞固以女妻之殷念勾龍生之言懇辭不免娶數月而韋氏亡矣其後皆驗如勾龍生之言爾

豆盧署

豆盧署本名輔眞貞元六年舉進士下第將遊信安以文謁郡守鄭式瞻甚禮之館給數日稍狎因謂署曰子復姓不宜兩字爲名將爲改之何如署因起謝且求其所改式瞻書數字若著者助者署者曰吾慮予宗從中有同者故書數字子當自擇之其夕宿於館夢一老人謂曰聞使君與子更名子當四舉成名四者甚佳後二十年爲此郡守因指郡隙地曰此可以建亭臺旣悟思之四者署字也遂以爲名旣二年又下第以爲夢無徵知者或謂之後二年果登第蓋自更名後四舉也太和九年署自祕書少監爲衢州刺史旣至周覽郡內得夢中所指隙地遂命建一亭名曰徵夢亭

喬琳

喬琳以天寶元年冬自太原赴舉至大梁舍於逆旅時天寒雪甚琳馬死傭僕皆去聞浚儀尉劉彥莊喜賓客遂往告之彥莊客申屠生者善鑒人自云八十已上頗箕踞傲物座雖知名之士未嘗與之揖讓及琳至則言款甚狎彥莊異之琳旣出彥莊謂生曰他

賓客賢與不肖未嘗見生與之一言向者喬生一布衣耳何詞之密歟生笑曰此固非常人也且當爲君之長吏宜善視之必獲其報向與之言蓋爲君結交耳然惜其情反於氣心不稱質若處極位不至百日年過七十當主非命子宜志之彥莊遂館之數日厚與車馬送至長安而申屠生亦告去且曰吾辱君之惠今有以報矣請從此辭竟不知所在琳後擢進士登第累佐大府大歷中除州刺史時彥莊任修武令諫斷獄有死者爲其家訟冤詔下御史劾其事及琳

至竟獲免建中初徵拜中書侍郎平章事在位八十七日以疾罷後陷賊朱泚中方削髮爲僧泚知之竟逼受逆命及收復亦陳其狀太尉李晟欲免其死上不可遂誅之時年七十一矣

張轅

吳郡張轅自奉天尉將調集時李庶人錡在浙西兼權筦轅與之有舊將往謁且求資粮未至夢一人將官告至云張轅可知袁州新喻縣令轅夢中曰巳曾爲赤尉不宜爲此固不肯受其人曰兩季之俸支縣

巳行不受何爲遂委之而去轅覺竟惡之及見錡具言將選告以乏困錡留之數日將辭去錡因謂曰足下選限猶遠且能爲一職乎亦可資桂玉之費轅不敢讓因署毗陵郡鹽鐵場官轅以職雖卑而利厚遂受之旣至所職視其簿書所用印乃袁州新喻廢印也轅以四月領務九月而罷兩季之俸皆如其言

麗嚴

京兆尹麗嚴爲衢州刺史到郡數月忽夢二僧入寢門嚴不信釋氏夢中呵之僧曰使君莫怒余有先知故來相告耳嚴喜聞之乃問曰余爲相乎曰無有節制乎曰無曰然則當爲何官曰類廉察而無兵權有土地而不出畿內過此以往非吾所知也曰然壽幾何曰惜哉所乏者壽向使有壽則無求不可曰當何日去此曰來年五月二十三日及明年春有除替先以狀請於廉使元稹素與嚴善必謂得請行有日矣其晦日宴客得元公復書云請俟交割嚴發書曰吾固知未可以去具言其夢中事於座中竟以五月二十三日發後爲京兆尹而卒

李敏求

京兆尹趙郡李敏求應進士八就禮部試不利太和九年秋旅居宣平里日晚擁膝愁坐忽如沉醉俄而精魂去身約行六七十里至一城府門之外有數百人忽有一人出拜之敏求曰何人也答曰某即十年前所使張岸也敏求曰汝前年隨吾旅遊卒於涇州何得在此對曰某自離二十二郎後事柳十八郎職甚雄盛今作泰山府君判官二十二郎旣至此亦須一見遂於稠人中引入通見入門兩廊多有衣冠或

有愁立者或白衣者或執簡板者或有將通狀者其服率多條紫或綠色既至廳柳揖與之言曰公何爲到此得非爲他物所誘乎公宜速去非久住之所也斂求具如此答柳命吏送出將去懇求知將來之事柳曰人生在世一食一宿無不前定所不欲人知者慮君子不進德修業小人惰於農耳君固欲見亦不難爾乃命一吏引斂求至東院西有屋一百餘間從地至屋書架皆滿文簿籤帖一一可觀吏取一卷唯出三行其第一行云太和二年罷舉第二行云其年

婚姻得伊宰宅錢二十四萬其第三行云受官於張平子餘不復見斂求既醒具書於襟秩之間明年客遊西京過時不赴舉明年遂娶韋氏韋之外親伊宰將鬻別第召斂求而售之因訪所親得價錢二百萬伊宰乃以二十萬貺斂求既而當用之券頭以四萬爲貨時斂求與萬年尉戶曹善因請之卒君用所資升亦貺焉累爲二十四萬明年以蔭調授河南北縣尉縣有張平子墓時說者失其縣名以俟知者

韓晉公

韓晉公滉在中書嘗召一吏不時至怒將撻之吏曰某有所屬不得遽至乞寬其罪晉公曰宰相之吏更屬何人吏曰某不幸兼屬陰司晉公以爲不誠怒曰既屬陰司有何所主吏曰某主三品以上食料晉公曰若然某明日當以何食吏曰此非細事不可顯之請疏於紙過後爲驗乃恕之而繫其吏明旦遽有詔命既對適遇太官進食有餻糜一器上以一半賜晉公食之美又賜之既退而腹脹歸私第召醫者視之曰食物所擁宜服少橘皮湯至夜可啗漿水粥明旦

疾愈思前夕吏言召之視其書則皆如其說公因復問人間之食皆有籍也答曰三品已上日支五品以上而有權位者旬支凡六品至九品者季支其有不食祿者歲支

張宣

杭州臨安縣令張宣寶歷中自越府戶曹掾調授本官以家在浙東意求蕭山宰出謁已前三日忽夢一女子年二十餘修刺來謁宣素貞介夢中不與之見女子云某是明府邑中之客安得不相見耶宣遂見

之禮貌甚肅曰妾有十一口依在貴境有年數矣今聞明府將至故來拜謁宣因問縣名竟不對宣因告其族人曰且誌之及後補湖州安吉縣令宣以家事不便將退之族人曰不然前夕所夢一女子安字乎十一口吉字乎此陰騭已定退亦何益宣悟且笑曰若然固應有定遂受之及秩滿數年又將選時江淮水歉宣移家河東因求朱亳一官將引家往又夢前時女子顏貌如舊曰明府又當宰妾之邑也宣曰某已爲夫人之邑今豈再授乎女子曰妾自明府罷秩

嘗即遷居今之所止非舊地也然往者家屬凋喪略盡今止三口爲累耳明府到後數月亦當辭去言訖似若悽愴宣亦未諭及唱官日乃得杭州臨安縣令宣歎曰三口臨字也數月而去吾其憂乎到任半年而卒

杜思温

貞元初有太學生杜思温善鼓琴多遊於公侯門館每登臨宴往往得與嘗從賓客夜宿城南苟家嘴中夜後山月如晝而遊客皆醉思温獨携琴臨水閒泛忽有一叟支頤來聽思温謂是座客殊不回顧及曲罷與語乃知非向者同遊之人遽置琴而起老人曰少年勿怖余是秦時河南太守梁陟也遭難身没於此中平生好鼓琴向來聞君撫琴絃軫清越故來聽耳知音難遇無辭更爲我彈之思温奏爲沉湘老人曰此弄初成吾嘗尋之其間音指稍異此思温因求其異隨而正之聲韻洒古又多怨切時人莫之聞叟因謂思温曰君非太學諸生乎曰然叟曰君何不求於名譽而常爲王門之伶人乎思温竦然受教且問

窮達之事叟曰余之少子主管人間祿籍當爲君問之此後二日當再會於此至期而思温往見叟亦至焉乃告曰惜哉君終不成名亦無正官然有假祿在巴蜀一十九年俸入不絕然愼勿爲武職當有大禍非禳所免誌之誌之言訖遂不見思温明年又下第遂罷舉西遊抵成都以所藝謁韋令公公甚重之累署要籍隨軍十七八年所請祿俸月不下二萬又娶大將軍女車馬第宅甚盛而妻父常欲思温在轅門思温記老人之言輒辭不就後二日家請韋令公遂

補討擊使牒出方告不敢復辭而常懼禍至求爲遠使竟不果及劉闢反叛時思溫在鹿頭城城陷爲官軍所殺家族不知所在也

李相國揆

李相國揆以進士調集在京師聞宣平坊王生善易筮往問之王生每以五百文決一局而來者雲集自辰至酉不得次而有空反者揆時持一縑晨往生爲之開卦曰君非文字之選乎當得河南道一尉揆負才華不宜爲此色悒忿而去王生曰君無怏怏自此

數月當爲左拾遺前事固不可涯也揆怒未解生曰若果然幸一枉駕揆以書判不中第補汴州陳留尉始以王生之言有徵後詣之生於几下取一緘書可十數紙以授之曰君除拾遺可發此緘不爾當大咎揆藏之既至陳留時採訪使倪若水以揆才華族望留假府職會郡有事須上請擇與中朝通者無如揆乃請行開元中郡府上書姓李者皆先謁宗正時李璆爲宗長適遇上尊號揆既謁璆璆素聞其才請爲表三通以次上之上召璆曰百官上表無如卿者朕甚佳之璆頓首謝曰此非臣所爲是臣從子陳留尉揆所爲乃下詔召揆時揆寓宿於懷遠坊盧氏姑之舍子弟聞召且未敢出及知上意欲以推擇遂出既見乃宣命宰臣試文詞時陳黃門爲題目三篇其一曰紫絲盛露囊賦二曰答吐蕃書三曰代南越獻白孔雀表揆自午及酉而成既封請曰前二首無所遺恨後一首或有所疑願得詳之乃許拆其緘塗八字旁注兩句既進翌日授左拾遺旬餘乃發王生之緘視之三篇皆在其中而塗注者亦如之遽命駕往宣

平坊訪王生則竟不復見矣

薛少殷

河南薛少殷舉進士忽一日暴亡於長安崇儀里有一使持牒云大使追俄引至府門見府官即鮮于叔明也少殷欲有所訴叔明曰寒食將至何爲鏤雞子食也東面有一僧手持寶塔門扇雙開少殷已在其中叔明曰某欲立事和尚何爲救此人方乃追而出令引少殷見判官及出門之西院閽者入白遂巡聞命素服乃引入所見乃亡兄也敘泣良久曰吾以汝

久未成名欲薦汝於此分主公事故假追來非他色少般時新婚姻懇不願住兄曰吾同院有王判官職居西曹汝既來此可以一謁而去乃命引少所於西院見之接待甚厚俄聞備饌海陸畢備未食王判官忽起顧見向者持塔僧僧曰不可食食之則無由歸矣少般曰饑甚奈何僧曰唯蜜煎薑可食乃取食之而王判官竟不至僧曰可去矣少般復出詣兄且請去兄知不可留乃白府官許之少般既得歸人間願知當爲何官兄曰此甚難言亦何用知之少般懇請

乃召一吏取籍尋閱不令少般見之曰汝後年方成名初任當極西之官次得歷畿赤簿尉又一官極南此外吾不知也臨别兄曰吾嘗使祇承人李俊令隨汝去有危急即可念之既去每過危險皆見其僧前引少般曰弟子素不相識和尚何乃見護如此僧曰吾爲汝持金剛經故相護爾既醒具述其事後年春果及第未幾授祕書省正字充和蕃判官及回改同安主簿秩滿遇趙昌爲安南節度少般與之有舊懇求爲從事欲歷極南之官昌許之曰乘遞之鎮未暇有表至江陵當以表請及表至少般幷以母丁憂服除選授萬年縣尉時青淄卒吏與附馬家童鬪死京兆府不時奏德宗怒時少般主賊曹務一日乃貶高州雷澤縣尉十餘年備歷艱苦而李俊常有所護及順宗嗣位有詔收錄貶官少般移至桂陽與貶官李定同行過水勒馬與一從人言即李俊也云某月日已足拜别而去少般曰吾兄言官止於此李俊復去將不久矣李定驚感覆問其事具以告之少般十數日而卒

袁孝叔

袁孝叔者陳郡人也少事母以孝聞母嘗得疾恍惚踰月不痊孝叔忽夢一老父謂曰子母疾可治孝叔問其名居不告曰明旦迎吾於石壇之上當有藥遺子及覺乃周覽四境所居之東十里有廢觀古石壇而見老父在焉孝叔喜拜迎至於家即於囊中取丸靈丹一圓以新汲水服之即日而瘳孝叔德之欲有所答皆不受或累月一來然不詳其所止孝叔意其必能歷算爵祿常欲發問而未敢言其後一旦來謂

孝叔曰吾將有他適故來訪別於懷中探出一編書以遺之曰君之壽與位盡具於此事已前定非智力之所及也今之躁求者適足徒勞耳君藏吾此書御名勿預視但受一命即開一幅不爾當有所損孝叔跪受而別後孝叔寢疾殆將不救其家或問後事孝叔曰吾爲神人授書一編曾未開卷何遽以後事問乎旬餘其疾果愈後孝叔以門蔭調授寄州諸城縣尉五轉蒲晉縣令每之任輒視神人之書時日無差後秩滿歸閿鄉別墅因晨起欲就巾櫛忽有物墜於

鏡中類虵而有四足孝叔驚仆於地不語數日而卒後逾月其妻因閱其笥得老父所留之書猶餘半軸因歎曰神人之言亦有誣矣書尚未盡而人已亡乃開視之其後唯有空紙數幅畫一虵而盤照中矣孝叔之叔修已元和初爲太學生具説其事

馬遊秦

吏部令吏馬遊秦開元中以年滿當選時侍郎裴光庭以本銓舊吏問其所欲〻〻秦不對固問之曰某官已知矣不敢復有所閙庭光曰當在我安得知之遊秦不答亦無懼色光庭怒曰既知可以言乎遊秦曰此可誌之未可言之乃命疏其事自藏於猛棟之間期注唱後發之後老君見於驪山鑾輿親幸其地因改會昌縣爲照應縣光庭以舊無照應之名謂遊秦莫得而知也遂補其縣錄事及唱官之日發棟間所誌之書則如言爾

韋泛

韋泛者不知其所來大曆初罷潤州金壇縣尉客遊吳興維舟於興國佛寺之水岸時正月望夜士女繁

會泛方寓目忽然暴卒縣吏捕驗其事未已再宿而甦云見一吏持牒來云府司追遂與之同行約數十里忽至一城兵衛甚嚴入見多是親舊往還泛驚問吏曰此何許也吏曰此非人間也泛方悟死矣俄見數騎呵道而來中有一人衣服鮮華容貌甚偉泛前視之乃故人也驚曰君何爲來此曰爲吏所追其人曰某職主召魂未省追子因思之曰嘻誤矣所追者非追君也乃兖州金鄉縣尉韋泛也遽叱吏送之歸泛既喜得返且恃其故人因求其祿壽其人不得已

寤謂一吏引於別院立泛於門吏入持一丹筆來書其左手曰前楊復後楊後楊年年强七月之節歸玄鄉泛旣出前所追吏亦送之旣醒具述其事沙門洪一好異事盡得其實因傳之後六年以調授太原楊曲縣主簿秩滿至京師適遇所親與鹽鐵使有舊遂薦爲楊子縣巡官在職五年建中元年六月二十八日將赴選以暴疾終于廣陵旅舍其日乃立秋日也

陳彦博

陳彦博與謝楚同爲太學廣文館生相與齊名彦博

將取解忽夢至都堂見陳設甚盛若行大禮然庭中幃幄飾以錦繡中設一榻陳列几案上有尺牘望之昭耀如金字彦博私問主事曰此何禮也荅曰明年進士人名將送上界官司閱視之所彦博驚喜因求一見其人引至案傍有紫衣人執象簡彦博見之斂袵而退紫衣曰公有名矣可以視之遂前見三十二彦博名在焉從上二人皆姓李而無謝楚名旣寤獨喜不以告人及楚同過策試有自中書見名者密以告楚而不言彦博彦博聞之不食而泣楚乃諭之曰君之能豈後於楚設使一年未利何若是乎彦博方言其夢且曰若果無驗吾恐終無成矣太學諸生曰誠如所説事亦未知也明旦視榜郎果如夢中焉彦博以元和五年崔樞下及第上二人李顧行李仍叔謝楚明年于尹躬下擢第

陸賓于

吳郡陸賓于舉進士在京師常有一僧曰惟瑛者善聲色兼知術數賓于與之往來每言小事無不驗至寶歷二年春賓于欲罷舉歸吳告惟瑛以行計瑛留

上一宿明旦謂賓于曰君來歲成名不必歸矣但取京兆薦送必在高等賓于曰某曾三就京兆未始得今歲之事尤覺甚難瑛曰不然君之成名必以京兆薦送他處不可也至七月六日若食水族必殊等及第矣賓于乃書於進昌里之牖間日省之數月後因於靖宮北門候一郎官適遇朝客遂迴憇于從孫聞禮之舍旣入聞禮喜迎曰向有人惠鯉魚方欲候翁而烹之賓于素嗜魚但令具羹至者輒盡後日因視牖間所書字則七月六日也遽命駕詣瑛且紿之曰

將遊蒲關故來訪別瑛笑曰水族已食矣遊蒲關何爲賓于溪信之因取薦京兆果得殊等明年入省試畢又訪瑛瑛曰君已登第矣名籍不甚高當在十五人之外狀首姓李名合曳脚時有廣文生朱俅者時議及第監司所送名未登科賓于因問其非姓朱乎瑛曰三十三人無姓朱者時正月二十四日賓于言於從弟符符書壁間後月餘放榜狀頭李郃賓于名在十六即三十三人也惟瑛又謂賓于曰君成名後當食祿於吳越之分有一事甚速賓于不諭其意及

從事於越半年而暴終

王璠

王璠以元和五年登科嘗夢爲河南尹平旦視事有二客來謁一衣紫而東坐一衣緋而西坐緋者謂紫者曰崙邦如何處置曰已科决遞出界訖覺乃書於誥牒之後別紙上後二十年果除河南尹旣至三日西守大將知水北院官與洛陽令及分司郎官偕至問答一如夢中遽命開篋取官誥所誌者備爲乃是郎官家奴竊物而遁送縣縣斷如此

柳及

柳及河南人貞元中進士登科殊之子也家于澧陽嘗客遊至南海元帥以其父有名於搢紳士林間俾假椽于廣未幾娶會長岑氏之女生一男名甑甑及以親老家遠不克迎侍乃携妻子歸寧于澧陽未再歲後以家給不足單車重遊南中至則假邑於蒙于武仙再娶沈氏會公事之郡獨沈氏與母孫氏在縣廨時當秋夜分之後天晴月皎忽於牖中見一小兒手招沈氏曰無懼無懼某幾郎子也告說事狀歷然

可聽沈氏以告其母母乃問是何人有何所請荅曰某甑甑也以去年七月身死故來辭別凡人夭逝未滿七歲者以生時未有罪狀不受業報縱使未即托生多爲天曹權錄驅使某使當職役但送文書來往地府耳天曹記人善惡每月一送地府其間有暇亦得閑行沈氏因告曰汝父之郡會計亦當即至俄爾及歸沈氏具告及固不信曰荒徼之地當有妖怪假託人事殆非山精木魅之所爲乎其夕即又於牖間以手招及及初疑尚正辭詰之乃開說本末知非他

鬼乃歔欷滂泗因詢其夭橫之由答曰去年七月中戲弄遂得痢疾醫藥不效以至於此亦命也今爲天曹收役亦未有托生之期及日汝既屬冥司郎人生先定之事可知也試爲吾檢窮達性命一來相告答云諾後夕乃至曰冥間有一大城貴賤等級咸有本位若恭布焉世人將死或半年或數月內即先於城中呼其名時睍睍已聞呼父名也輒紿而對旣而私謂沈氏曰阿爺之名已被呼矣非久在人間他日有人求娶沈氏者愼勿許之若有姓周職在軍門者卽

可許之必當偕老衣食豐羡其餘所述近事無不徵驗後一夕又來曰某以拘役有限不得到人間從此永訣矣言詞悽愴欷歔而去後四月及果卒沈氏尋亦萍泊南海或有求納者輒不就後有長沙小將姓周者部木邵錢帛貨貿於廣州求娶沈氏一言而許之至今在焉平昌孟弘微與及相識具録其事

延陵包隰

延陵包隰因選泝舟於隋河時以迫選限舟人寡而力殆乃率同舟僮僕輩七八人次爲之挽漏符離縣之西有古樹樹下有宂根盤於上若廢井然而一僕忽誤墜落久而方出乃提一片石廣四寸有小篆其文曰有水上有道八百年中逢柃梍衆咸異之而莫知所謂尋問墜坑者名柃梍也時元和三年九月二十一日矣

沙門道昭

永泰中有沙門道昭自云蘭州人俗姓康氏少時因得疾不救忽寤云冥司見善惡報應之事遂出家住太行山四十年戒行精苦往往言人將來之事初若

隱晦後皆明驗嘗有二客來一曰姚邈舉明經其二曰張氏以資廕不記名僧謂張曰君授官四政愼不可食祿范陽四月八日得疾當不可救次謂邈曰君不利簪笏如能從善亦當三十年無乏有疾勿令朗人療之其年張授官於襄鄧間後累選常求南州亦皆得之後又赴選果授虢州盧氏縣令到任兩日而卒卒之日果四月八日也後方悟范陽卽盧氏望也邈後舉不第從所知于容州假軍守之名三十年累轉右職後因別娶婦求爲傳者因得疾服媼黄氏之

藥而終後訪黃氏本末乃洞主所放出婢是胡女也

續前定錄

唐 鍾輅

竇相易直

竇相易直初將名祕家貧就業村學教授叟有道術而人不知一日近暮風雪暴至學徒悉歸家不得歸而宿于漏屋之下寒爭附火唯竇公寢于榻夜深方覺叟撫公令起曰竇祕君後爲人臣貴壽之極勉勵自愛也及德宗幸奉天日公方舉進士亦隨駕而乘蹇驢至開遠門人稠路隘其府將闘公懼勢不可進聞一人叱驢兼棰其後得疾馳而出顧見一黑衣卒呼公曰秀才已後莫忘閤倩及陞朝訪得其子提挈累至大官吏中榮逹

柳員外

柳宗元自永州司馬徵至京師意望錄用一日詣卜者問命且告以夢曰余柳姓也昨夢柳樹仆地其不祥乎卜者曰無苦但憂遠官耳夫生則柳樹仆則柳木木者牧也其牧柳州乎卒如其言

李諒公

李逢吉未掌絲綸前家有老婢好言夢後多有應公望除官因訪婢一日婢晨至慘然公問故曰昨夜與郎君作夢不是好夢意不欲說公強之婢曰夢有人舁一棺至堂後云且置在地不久即移入堂中此夢恐非佳也公聞夢竊喜俄爾除中書舍人知貢舉未畢入相

崔相

崔相國羣之鎮徐嘗以崔氏易林自筮遇乾之大畜其繇曰典策法書藏在蘭臺雖遭亂潰獨不遇災及經王智興之變果除祕書監

盧賓客

盧賓客貞白父曰老彭有道術兼號知人元和初宗人弘宣簡辭弘正簡求俱候焉留坐問之曰一行五節度使可謂盛矣卒如其言又族子鍇初舉進士就安邑所居謁鍇曰爾求名大是美事但此後十餘年方得勿以遲晚爲恨登朝亦大美官鍇至長慶元年始擢第大中十年終庶子

牛師

長慶中鄂州里巷人每語輒以牛字助之又有僧自號牛師乍愚乍智人有忤之者必云我兄即到豈奈我何未幾而相國奇章公帶平章事節制武昌軍其語乃絕而牛師尚存僧者牛公之名也方知將相之位豈偶然耶

陳存

進士陳存能爲古歌詩而命蹇主司每欲與第臨時皆有故不果許尚書孟容舊相知知舉日萬方欲爲申屈將試前夕宿宗人家宗人爲具入試食物兼備晨餐請存偃息以候時五更後怪不起就寢呼之不應前視之已中風不能言也

鄭誘

進士鄭誘在名場歲久輩流多以榮達常有後時之歎一夕忽夢及第而與韋周方同年當時韋氏舉人無名周方者益悶之太和元年秋移舉洛中時韋弘景尚書廉察陝郊族韋景方赴舉過陝尚書詰曰我名弘景汝兄弘方汝韋景方兄弟各分吾名一字誠無意也遂更名曰周方誘聞之喜曰吾及第有望矣

四年周方升名而果同年爲謗子溥又白說應舉時曾夢看及第榜上但見鳳字大中元年求解鳳翔偶看本府鄉貢首便是鳳字至東都試緱山月夜聞王子晉吹笙詩生側諸詩悉有鳳字明年果登第爲

孔溫裕

河南尹孔溫裕以補闕陳討党項貶郴州司馬久之得堂兄尚書溫業書報云憲府欲取作侍御史日望勅下忽又得書云宰相以右史處之皆無音耗一日有鵲喜于庭直若語狀孩稚拜且祝曰願早作官鵲

旣飛去墜下方寸紙有補闕二字無幾遂除此官

王蒙

王蒙與趙憬有布衣之舊常知其才趙公入相蒙自前新淦縣令求謁公見極喜給郵甚厚將擢爲御史時憲府數少德宗難於除授而趙公之言多行蒙意可以坐待御史之拜一日偶詣慈恩寺僧占氣色者蒙問早晚得官僧曰觀君之色殊未見喜兆此後若午年當得一邊上御史蒙大笑而歸數日趙公奏言御史府闕大多就中監察尤爲要官臣欲選擇三二人上曰此官須得孤直茂實充選料卿祗應取輕薄後生朝中子弟耳此不如不置公曰臣之愚見正如聖慮欲于錄事參軍縣令中求上喜曰如此卽朕之意公因薦二人其一卽蒙也上曰早將狀來公旣出逢裴延齡時以次對問公曰相公奏何事喜氣充溢公不對延齡惱罵而去云爲此老吏所請得行否旣見上奏事畢因問曰趙憬白論何事上曰趙憬極心公因說御史事延齡曰此大不可陛下何故信之且憬身爲宰相豈諳州縣長續劾白二人又不爲人所

稱憬何由身知之必私也後來陛下但詰其所自卽知矣他日上果問云卿何以知此二人公曰一是故人一與臣微親諳熟之上無言他日延齡又入上曰憬所請果如卿料遂寢不行蒙遂歸故林而趙薨於相位後數年邊帥奏爲從事得假御史焉

黃損

黃損連州人有大志舉于廬山與桑維翰宋齊丘相過每論天下之務皆出損下損亦自負居無何遊五老峰遇磐石小憇頃之有叟長嘯而坐指維翰齊丘

曰公等皆至將相但各不得其死耳次指愼曰此子有道氣可以隱居若求官不過一州從事耳宜思之愼甚怒叟曰休戚之數定矣吾先知也何怒乎後皆然

張寶藏

貞觀中張寶藏爲金吾長嘗因下直歸櫟陽路逢少年畋獵割鮮野食倚樹嘆曰張寶藏身年七十未嘗得一食酒肉如此者可悲哉傍有一僧指曰張寶藏六十日内官登三品何足嘆也言訖不見寶藏異之

即時還京師太宗苦於氣痢衆醫不効即下治問殿庭左右有能治此疾者當重賞之寶藏嘗困是疾即具疏以乳煎蓽撥方進上服之立差宣下宰臣與五品官魏徵難之逾月不進擬上疾復問左右曰吾前飲乳煎蓽撥有効復命進之一啜又平復因思曰嘗令與進方人五品官不見除授何也徵懼曰奉詔之際未知文武二吏上怒曰治得宰相不妨已授三品官我天子也豈不及汝耶乃厲聲曰與三品文官授鴻臚卿六十日矣

崔龜從

崔龜從未達時嘗至宣州夢到一宿門屋宇深大非人間所有有綠衣吏抱案龜從揖而問之綠衣亦喜云人生簿籍也崔問曰某未達應舉請爲一檢可乎吏唯之因爲檢曰灼然及第科名極高官至此州刺史言訖遂覺崔自喜之明年果中第又聯得科目官至中書舍人出爲華州刺史因爲妻曰昔夢皆驗今爲刺史位至此矣當爲身後之計俄除戶部侍郎深不自會尋除爲宣州觀察使至日吏白日舊例長史

到皆謁敬亭神廟崔公命駕謁之既到道路門巷皆昔夢中所遊入門宛然遂陞堂見西壁有畫一綠衣吏抱案其吏即夢中所見乃歸而怏怏又謂妻曰昔夢綠衣人云合至此州刺史此已任矣及旬日得疾治之不愈謂妻曰本來之說此其驗矣妻曰昔日爲遊客尚獲佳夢今爲地主合往祈之崔公乃置酒食進祝之其夕又夢敬亭神自至曰大夫壽愈幸無憂也崔即告本廟吏之詞神曰吏以公爲當此州偶然銜入位極重不可盡言自此去尚有十四年壽耳言

訖而竟崔公疾尋差後此如其言時開成四年也

孫思邈

孫處儉嘗以諸子見思邈曰儉先顯佾晚貴全福在執兵後皆驗又太子詹事盧齊卿之少也思邈曰後五十年位方伯吾孫爲屬吏願自愛時思邈之孫溥尚未生及溥爲省生而齊卿爲徐州刺史

武居常

武居常天后高祖也少時遊洛下人謂爲猴類郎以居常頤下有若猿領也其上有四靨一日伊水上遇

一丐者曰郎君當有身後名而骨法當刑然有女尚入十八後起家暴貴尋亦浸微居常不之信後卒如其言

房玄齡

房玄齡來買卜成都日者笑而掩鼻曰公知名當世爲時貴相奈無繼嗣何公怒時遺直以三歲在側日者顧指曰此兒絕房者此也公大悵而還後皆信然也

明皇

明皇始平禍亂在宮所與道士馮存澄因射覆得卦曰合因又得卦曰斬關又得卦曰鑄印乘軒存澄啓謝曰昔此卦三靈爲最善黃帝蟣炎帝而筮得之所謂合因斬關鑄印乘軒始當果斷終得嗣天明皇掩其口曰止矣黙識之後即位應其術焉

姚宋

明皇初登極夢二龍銜符自紅霧中來上大隷姚崇宋憬四字掛之兩大樹上蜿蜒而去夢回上召申王圓兆王進曰兩木相也二人各爲天遣龍致於樹即

姚崇宋憬當爲輔相兆矣上嘆異之

梛神州

羅池北龍城勝地也役者得白石上微刻書之龍城梛神所守驅役鬼山左首福土氓制九醜余得之不詳其理特欲隱余於斯歟

玄宗

玄宗幸東都偶秋宵與一行師登天宮寺閣臨眺久之返顧淒然發嘆數四謂一行曰吾甲子得無患乎一行進曰陛下行幸萬里皇祚無疆及西狩初到成

都前坐大橋上舉鞭問左右曰是橋何名節度史崔圓躍馬進曰萬里橋上因追嘆曰一行之言今果符之吾無憂矣

李衛公

太尉衛公爲幷州從事到職未旬月忽有王山人者詣門請謁公與之及帝乃曰某善按年也公初未之奇因清虛正寢備凡案紙筆香水而已因令垂簾靜伺之生與公皆坐於簾下頃之王生曰可驗矣紙上書八字甚大且有楷法曰位極人臣壽六十四生遽請歸竟亦不知所去及會昌朝三行策至一品薨于海南果符王生所按之年

李景讓

宣宗將命相必採中外人情合爲相三兩人姓名撚之置香案上以椀覆之宰相闕必添香採丸以命草麻上竊于李景讓竟探名不著有以見其命也

麻詧

牛相新昌宅泓施號爲金椀言金或傷痕可重製本將作大匠麻詧宅詧自辨岡阜形勢以其宅當出宰

相後每命相有案必引領望之宅竟爲牛所得

劉逸

劉逸在淮汴州時韓弘爲右廂都虞候王公爲左廂與弘善相或譖王不利于劉劉大怒召詰之王年老股戰不能自辨劉令拉坐杖三十新造赤棒頭徑數寸固以筋漆數五六當死矣韓意其必死及昏造其家怪無哭聲訪問郎言大使無恙弘遂至臥內問之王曰我讀金剛經四十年今方得力就說初坐時見臣手如簸箕翕然遮背因袒示都無撻痕

還冤記

北齊顏之推

晉明帝殺刀士金玄玄謂持刀者曰我頸多筋斫之必令即斷吾將報汝持刀者不能留意遂斫數瘡然後始絕尋見玄絳冠朱服赤弓彤矢射之持刀者呼日金玄緩我少時而死

瑯琊諸葛覆永嘉年爲元眞太守家累悉在揚都唯將長子元崇送職覆於郡病亡元崇年始十九送喪欲還覆門生何法僧貪其資貨與伴共推元崇墮水

而死因分其財爾夜元崇母陳氏夢元崇還具敍亡父事及身被殺委曲屍骸流漂怨酷無雙違奉累載一旦長辭銜悲茹恨如何可說歔欷不能自勝又云行速疲極因卧窻下牀上以頭枕窻母覘見眠處足知非虛矣陳氏悲怛驚起把火照兒眠處沾濕猶如人形於是舉家號泣便發聞于時徐森之始除交州徐道立爲長史道立即陳氏從姑兒也具疏所夢托二徐驗之二徐道遇諸葛喪船驗其父子亡日如鬼語乃收其行兇二人即皆款服依法殺之更差人送喪揚都

晉夏侯玄字太初亦當時才望爲司馬景王所忌而殺之玄宗族爲之設祭見玄來靈座脫頭置其旁悉取果食酒肉以內頸中旣畢還自安言曰吾得訴于上帝矣司馬子元無嗣也尋而景王薨遂無子其弟文王封次子爲齊繼景王後攸薨攸子因嗣立又被殺及永嘉之亂有巫見弟云我國傾覆正由曹爽夏侯玄二人訴冤得申故也

漢孫策旣定會稽引兵迎漢帝時道人于吉在策軍

中遇天大旱船路艱澀策嘗自出督切軍中人每見將士多在吉所因憤怒曰吾不如吉遂收吉轉置日中令其降雨如不能者便當受誅俄頃之間雲雨滂沛未及移時州澗涌溢時並來賀吉免其死策轉忿恚意竟殺之因是策頗愍常每彷彿見吉復出射獵爲刺客所傷治療將差引鏡自窺鏡中見吉顧則無之如是再三遂撲鏡大叫瘡皆崩裂須臾而死

魯桓公夫人文姜者齊襄公之妹也桓公與文姜俱朝于齊襄公通其妹焉桓公謫責文姜文姜告襄公

襄公怒乃與桓公飲酒桓公出襄公使公子彭生送桓公于車彭生多力乃拉桓公脅桓公薨于車上魯人告于齊曰寡君畏君之威不敢寧居來修舊好禮成而不反無所歸咎惡何辭以告于諸侯請以彭生除耻辱也齊人歸罪于彭生而殺之後襄公獵于貝丘有大豕從者曰臣見豕乃彭生也襄公怒曰彭生何敢見乎射之豕乃人立而啼公懼墜于車傷足而還其臣連稱管至甫二人作亂遂殺襄公焉

吳王夫差殺其臣公孫聖而不以罪後越伐吳吳敗走謂太宰嚭曰吾前殺臣公孫聖投于餘杭山之下今道當由之吾上畏蒼天下慙于地吾舉足而不進心不忍往子試唱于前若聖猶在當有應嚭乃向餘杭之山呼曰公孫聖聖即從上應曰在三呼而三應吳王大懼仰天歎曰蒼天蒼天寡人豈可復歸乎吳王遂死不反

晉安定張祚以永和中作涼州刺史因自立爲涼王河州刺史張瓘士衆強盛祚猜忌之密遣兵進圖瓘瓘率衆拒祚祚遂爲瓘所殺瓘後數見祚來部從鎧

甲舉手指瓘云底奴要當截汝頭瓘入姑臧立張玄靜爲涼王自爲涼州牧又謀廢玄靜而自王事未遂嘗與玄靜同車出城西門橋梁牢壯而忽摧折刺史舊事正旦放鳥瓘所放出手輒死有鵠來巢廣夏門彈逐不去自往看之守燉煌宋混遣弟澄即于巢所告瓘瓘臨命語澄曰汝荷婚姻而爲反逆皇天后土必當照之我自可死當令汝劇我矣混自爲尚書令輔政有疾晝日見瓘從屋而下奄入柱中其柱狀若火燒掘土則無所見混因病死澄又然燈油變爲血庭中馬一夕無尾二歲小兒作老公聲呼曰宋混澄所汝頭又城東水中出火後三年澄爲張邕所殺

晉西域校尉張頎以怨殺趙儉臨死有恨言後頎夜見白狗自拔劍斫之不中頎便倒地不起左右見儉在旁遂以暴卒

宋元嘉中李龍等夜行劫掠于時丹陽陶繼之爲秣陵縣令微密尋捕遂擒龍等取龍引一人是太樂伎忘其姓名劫發之夜此伎推同伴往就人宿共奏音聲陶不詳審爲作欵列隨例申上及所宿主人士貴

賓客並相明證陶知枉濫但以文書已行不欲自爲通塞遂幷諸劫十人于郡門斬之此伎聲伎精能又殊辨慧將死之日親隣知識看者甚衆伎曰我雖賤隷少懷慕善未嘗爲非實不作劫陶令已當具知枉見殺害若死無鬼則已有鬼必自陳訴因彈琵琶歌曲而就死衆知其枉莫不殞泣經月餘陶遂夜夢伎來至案前云昔枉見殺實所不忿訴之得理今故取君便入陶口乃落腹中陶即驚寤俄而倒絶狀若風癲良久方醒有時而發輒夭矯頸反着背四日而亡亡後家便貧頓一兒早死餘有一孫窮寒路次

宋泰初元年江州刺史鄧琬立刺史晉安王子勛爲帝以作亂初南郡太守張悦得罪鎮歸楊都及湓口琬敎之以爲冠軍將軍與共經紀軍事琬前軍袁顗既敗張悦懼誅乃稱暴疾伏甲而召鄧琬既至謂之曰卿始此禍而欲賣死少帝乎命斬于牀前幷殺其子以琬頭至五年悦寢疾見琬爲厲遂死

宋齊豫章王蕭嶷亡後忽見形于沈文季曰我病未應死皇太子加膏中十一種藥使我不差湯中復加藥一種使我利不斷吾已訴先許還東邸　判此事便懷出青紙文書示文季云與卿少舊爲呈主上也俄而失所在文季懼不敢傳少時文惠太子薨

魏城陽王元徽初爲孝章帝畫計殺爾朱榮及爾朱兆入洛害孝莊而徽懼走投洛陽令寇祖仁祖仁父叔兄弟三人爲刺史皆徽之力也既而爾朱兆購徽萬戶侯祖仁遂斬徽送之幷匿其金百斤馬五十匹及兆得徽首亦不賞侯兆乃夢徽曰我金二百斤馬百匹在祖仁家卿可取也兆覺曰城陽家本巨富昨

令收捕全無金銀此夢或實至曉即令收祖仁祖仁又見徽曰足得相報矣祖仁欵得金百斤馬五十疋兆不信之祖仁私斂戚屬得金三十斤馬三十疋輸兆猶不完數兆乃發怒懸頭于樹以石硾其足鞭捶殺之

漢竇嬰字王孫漢孝文帝竇皇后從兄子也封魏其侯爲丞相後乃免相及竇皇后崩嬰益踈薄無勢黙不得志與太僕灌夫相引薦交結其歡恨相知之晚乎孝景帝王皇后異父同母弟田蚡爲丞相親幸縱

横使人就嬰求城南田數頃嬰不與曰老僕雖棄丞相雖貴寧可以勢相奪乎灌夫亦助怒之蚡皆恨之及蚡娶妻王太后詔列侯宗室皆往賀蚡灌夫爲人狂酒先嘗以醉忤蚡不肯賀之竇嬰強與俱去酒酣灌夫引酒至蚡蚡曰不能滿觴夫因言辭不遜蚡遂怒曰此吾驕灌夫之罪也乃縛夫謂長史曰有詔召宗室而灌夫罵座不敬奏其在鄉里豪横處夫棄市竇嬰還謂其妻曰終不令灌夫獨死而嬰獨生乃上事具陳灌夫醉飽事不足誅帝召見之嬰與蚡互相

言短長帝問朝臣兩人誰是朝臣多言嬰是王太后聞怒而不食曰我在人皆凌藉吾弟我百歲後當魚肉之及出蚡復爲嬰造作惡語用以聞上天子亦以蚡爲不直特爲太后故論嬰死嬰臨死罵曰若死無知則已有知要不獨死後月餘蚡病一身盡痛若有打擊之者但號呼叩頭謝罪天子使視鬼者瞻之見竇嬰灌夫共手笞蚡蚡遂死

晉大將軍王敦枉害刁玄亮及敦入石頭夢白犬自天下而噬之既還姑熟遇病白日見刁乘軺車道從吏卒來仰頭瞋目乃入攝錄敦敦大怖逃不得脫

河間國兵張鹿經曠二人相與諧善晉太元十四年五月五日共升鍾嶺坐于山椒鹿酗酒失性拔刀斬曠曠母爾夕夢曠自說爲鹿所殺殺屍澗中脫裈覆腹尋覓之時必難可得當令裳飛起以示處也明晨追捕一如所言鹿知事露欲謀叛逸出門輒見曠手執雙刀來擬其面遂不得去母具告官鹿以伏辜

晉山陰縣令石密先經爲御史枉奏殺典客令萬默密白日見默來殺密遂死

晉大司馬桓温刀業殊盛負其才力久懷篡逆廢晉帝爲海西公而立會稽王是爲簡文帝太宰武陵王晞性尚武事好犬馬遊獵温常忌之故加罪狀奏免晞及子綜官又逼新蔡王晃使列晞綜及前著作郎殷涓太宰長史庾清等謀反頻請殺之詔特赦晞父子乃徙新安殺涓父浩先爲温所廢涓頗有氣尚遂不詣温而與晞遊温乃疑之庾清坐有才望且宗族甚強所以並致極法簡文尋崩而皇太子立遺詔委政於温依諸葛亮王導舊事温大怨望以爲失權僭

逼愈甚後謁簡文高平陵方欲伏見帝在墳前舉衣語温云家國不造委任失所温答臣不敢臣不敢既登車爲左右說之又問殷涓形狀答以肥短温云向亦見在帝側十餘日便病因此憂懣而死

秦姚萇字景茂赤亭羌也父弋仲事石勒石氏既滅萇隨其兄襄與苻永固戰于三原軍敗襄死萇乃降永固即受祿位累加爵邑及轉龍驤將軍督梁益州諸軍事永固謂之曰朕昔以龍驤建業此號未曾假人今持山南委卿故特以相授其蒙寵任優隆如此

後隨永固子毅討慕容泓爲泓所敗毅獨死之萇遣長史詣永固謝罪永固怒旣其即戮其使萇益恐懼遂奔西州邀聚士卒而自樹置永固頻爲慕容沖所敗沖轉侵逼永固又見妖怪屢起遂走五將山萇即遣驍騎將軍吳中圍永固中執永固以送萇即日四之以求傳國璽及令禪讓永固不從數以叛逆之罪萇遂殺之遂稱帝後又將永固屍鞭撻無數裸剝衣裳薦之以棘掘坎埋之及萇遇疾即夢永固將天官使者鬼兵數百突入營中萇甚怖懼走入後帳宮人逆來刺鬼誤中萇陰鬼即相謂曰正着死所拔去矛刀出血石餘忽然驚寤即患陰腫令醫刺之流血如夢又狂言曰殺陛下者臣兄襄耳非臣萇罪願不賜枉後三日萇死

秦李雄既王於蜀其弟四子期從叔壽襲期而廢爲邛都公尋復殺之而壽自立壽性素兇狠猜忌僕射蔡射等以正直忤旨遂誅之無幾壽病恒見李期蔡射爲祟嘔血而死

宋高平金鄉張超與同郡翟願不和願以宋元嘉中

爲方與令忽爲人所殺咸疑是超超後除金鄉縣職解宜還家入山伐木翟兒子銅烏執弓持矢并賫酒醴就山貺之斟酌已畢銅烏曰明府昔害我叔無緣同戴天日引弓射之即死銅烏其夜見超云我不殺汝叔枉見殘害今已上訴故來相報引刀刺之吐血而死

宋下邳張稗者家世冠族末葉衰微有孫女殊有姿色隣人求聘爲妾稗以舊門之後恥而不與隣人憤之乃焚其屋稗遂燒死其息邦先行不知後還亦知

情狀而畏隣人之勢又貪其財而不言嫁女與之後經一年邦夢見稗曰汝爲兒子逆天不孝棄親就怨潛同兇黨捉邦頭以手中桃杖刺之邦因嘔血而死邦死之日隣人又見稗排門直入張目攘袂曰君恃勢縱惡酷暴之甚枉見殺害我已上訴事獲申雪卻後數日令君知之隣人得病尋亦殂歿

宋世永康人呂慶祖家甚溫富嘗使一奴名教子守視墅舍以元嘉中便往案行忽爲人所殺族弟無期先大舉慶祖錢咸謂爲害無期賫羊酒脯至柩所而祝曰君荼酷如此乃云是我冤而有靈使知其旣還至三更見慶祖來云近教子畦疇不理訶當痛治奴奴遂以斧斫我背將帽塞口因得嚙奴三指悉皆破碎便取刀刺我頭我曳著後門初見殺時諸從行人亦在其中奴今欲叛我已釘其頭着壁言畢而滅無期早旦以告父母潛視奴所住壁果有一把髮以竹釘之又看其指並見破傷錄奴詰驗具伏又云汝旣反逆何以不叛奴云頭如被繫欲逃不得諸同見者事事相符即焚教子并其二息

宋高祖平桓玄後以劉毅爲撫軍將軍荆州刺史到州便收牛牧寺僧主云藏桓家兒度爲沙彌并殺四道人後夜夢見此僧來云君何以枉見殺貧道貧道已白於天帝恐君亦不得久因遂得病不食日爾羸瘦當發揚都時多有爭競侵凌宰輔宋高祖因遣人征之毅敗夜單騎突出投牧牛寺僧曰撫軍昔枉殺我師我道人自無報仇之理然何宜來此亡師屢有靈驗云天帝當收撫軍於寺殺之毅便嘆叱出寺後崗上大樹自縊而死也

漢世何敞爲交趾刺史行部蒼梧郡高要縣暮宿鵠奔亭夜猶未半有一女子從樓下出自云妾姓蘇名娥字始珠本廣信縣脩里人早失父母又無兄弟夫亦久亡有雜繒百二十疋及婢一人名致富妾孤窮羸弱不能自振欲往旁縣賣繒就同縣人王伯賃車牛一乘直錢萬二千載妾并繒令致富執轡乃以前年四月十日到此亭外于時日暮行人旣絶不敢前行因即留止致富暴得腹痛妾往亭長舍乞漿取火亭長龔壽操刀持戟來至車旁問妾曰夫人從何所

來車上何載丈夫安在何故獨行妾應之曰何勞問之壽因捉妾臂曰少愛有色寧可相樂耶妾時怖懼不肯聽從壽即以刃刺脅一創立死又殺致富壽掘樓下埋妾并婢取財物去殺牛燒車車杠及牛骨貯亭東空井中妾死痛酷無所告訴故來自歸於明使君敞曰今欲發汝屍骸以何爲驗女子曰妾上下皆着白衣青絲履猶未朽也掘之果然敞乃遣吏捕壽拷問具服下廣信縣驗問與娥語同收壽父母兄弟皆繫獄敞表壽殺人于常律不致族誅但壽爲惡隱

密經年王法所不能得鬼神訴千載無一請皆斬之以助陰殺上報德之

漢時有王忳字少林爲郿縣令之縣到釐亭亭常有鬼殺人忳宿樓上夜有女子稱欲訴寃無衣自盖忳以衣與之乃進曰妾本涪令妻也欲往之官過此亭宿亭長殺妾大小十餘口埋在樓下奪取衣裳財物亭長今爲縣門下游徼忳曰當爲汝報之勿復妄殺良善耶鬼捉衣而去忳旦收游徼詰問即服收同謀十餘人并殺之掘取諸喪歸其家殯葬亭永清寧人謠曰信哉少林世無偶飛被走馬與鬼語飛被走馬別爲他事今所不錄

宋東海徐某甲前妻許氏生一男名鐵臼而許氏亡甲改娶陳氏陳氏凶虐志滅鐵臼陳氏產一男生而咒之曰汝若不除鐵臼非吾子也因名之曰鐵杵欲以杵擣鐵臼也於是捶打鐵臼備諸苦毒飢不給食寒不加絮甲性闇弱又多不在舍後妻恣意行其暴酷鐵臼竟以凍餓被杖而死時年十六亡後旬餘鬼忽還家登陳牀曰我鐵臼也實無片罪横見殘害我

母訴怨于天今得天曹符來取鐵杵當令鐵杵疾病與我遭苦時同將去自有期日我今停此待之聲如生時家人賓客不見其形皆聞其語于是恒在屋梁上住陳氏跪謝搏頰爲設祭奠鬼云不須如此餓我令死豈是一餐所能酬謝陳夜中竊語道之鬼厲聲曰何敢道我今當斷汝屋棟便聞鋸聲屑亦隨落拉然有響如棟實崩舉家走出炳燭照之亦了無異鬼又罵鐵杵曰汝既殺我安坐宅上以爲快也當燒汝屋即見火然烟焰大猛內外狼狽俄爾自滅茅茨儼

然不見虧損日日罵詈時復歌云桃李花嚴霜落柰何桃李子嚴霜早已落聲甚傷切似是自悼不得長成也于時鉠杵六歲鬼至便病體痛腹大上氣妨食鬼屢打之打處青黶月餘而死鬼便寂然無聞

魏司馬宣王功業日隆又誅魏大將軍曹爽篡奪之迹稍彰王陵時爲揚州刺史以魏帝制於強臣不堪爲主楚王彪年長而有才欲迎立之兖州刺史華歆以陵陰謀告宣王宣王自將中軍討陵掩然卒至陵自知勢窮乃單船出迎宣王宣王送陵還京師陵至

城過賈逵廟側陵呼曰賈梁道吾固盡心於魏之社稷惟爾有神知之陵遂飲藥死三族皆誅其年宣王有疾白日見陵來并賈逵爲祟因呼字曰彦雲緩我宣王身亦有打處少日遂薨

魏支法存者本是胡人生長廣州妙善醫術遂成巨富有八支毹氍作百種形像光彩曜日又有沉香八尺板牀居常芬馥王談爲廣州刺史大兒劭之屢求二物法存不與王談因存豪縱殺之而籍没家財焉死後形見于府輒打閤下鼓似若稱寃魂如此經旬月王談得病恒見法存守之少時遂亡劭之至揚都又死

宋沮渠蒙遜時有沙門曇摩懺者博達多識爲蒙遜之所信重魏氏遣李順拜蒙遜爲涼王仍求曇摩懺蒙遜怯而不與摩讖意欲入魏屢從蒙遜請行蒙遜忿殺之既而左右白日見摩讖以劍擊蒙遜因疾而死

漢時王濟左右嘗于闇中就婢取濟衣物婢欲奸之其人云不敢婢言若不從我我當大叫此人卒不肯

婢遂呼云某甲欲奸我濟即令人殺之此人具自陳訴濟猶不信故牽將去顧謂濟曰枉不可受要當訟府君於天後濟乃病忽見此人語之曰前具告實不見理今便應去濟數日卒

漢時游殷字幼齊漢世爲羽林中郎將先與司隸校尉胡軫有隙軫遂誣搆殺之殷死月餘軫得病日精脱但伏罪伏罪游幼齊將鬼來於是遂死

晋富陽縣令王範有妾桃英殊有姿色遂與閤下丁豐史華期二人姦通範嘗出行不還帳内都督孫元

弼聞丁豐戸內有環珮聲覘視見桃英與同被而卧元弼叩戸面叱之桃英即起攬裙理髮躡履還內元弼又見華期帶珮桃英麝香二人懼元弼告之乃共謗元弼與桃英有私範不辨察遂殺元弼有陳超者當時在座勸成元弼罪後範代還超亦出都看範行至赤亭山下值雷雨日暮忽然有人扶超腋徑曳將去入荒澤中電光照見一鬼面甚青黑眼無瞳子曰吾孫元弼也訴怨皇天早見申理連時候汝乃今相遇超叩頭流血鬼曰王範旣爲事主當先殺之賈景

伯孫文度在太山玄堂下共定死生名錄桃英魂魄亦收在女青亭者是第三地獄名在黃泉下專治女鬼投至天明失鬼所在超至楊都詣範未敢說之便見鬼從外來逕入範帳至夜範始眠忽然大魘連呼不醒家人牽青牛臨範上并加桃人左索向明小蘇十許日而死妾亦暴亡超亦逃走長干寺易姓名爲何規後五年三月三日臨水酒酣超云今當不復畏此鬼也低頭便見鬼影已在水中以手搏超鼻血大出可一升許數日而殂

晉時張駿據有涼州忌害鎮軍將軍武威郗鑒以其宗族強大而多功也遂諷其主簿魏纂使誣鑒謀反駿逼鑒自殺後三年纂病見鑒在側遂死

晉時羊聃字懿彭祖晉世廬陵太守爲人剛克粗暴恃國姻親縱恣尤甚睚眦之嫌輒加刑殺征西大將軍庾亮檻送具以狀聞有司奏聃殺郡將吏及民簡良等二百九十人徒讁一百餘人應棄市依八議請宥中宗詔曰此事古今所未有此而可忍孰不可忍何八議之有下獄所賜命聃兄子責先尚南郡公主

自表解婚詔不許瑯琊孝王妃山氏珊之甥也苦以爲請于是司徒王導啓聃罪不可容恕宜極重法山太妃憂感動疾陛下罔極之恩宜蒙生全之宥于是詔下曰山太妃唯此一甥發言摧鯁乃至吐血情慮深重朕丁荼毒受太妃撫育之恩同于慈親若不堪難忍之痛以致頓斃朕亦何顏以寄今便原聃生命以慰太妃渭陽之恩于是除名爲民少時聃病恒見簡良等曰枉豈可受今來相取經宿而死

晉時會稽孔基勤學有志操憑結族人孔敞敞使其

二子以基爲師而敬子並凶很趣尚不同基屢言之於敬此兒常有忿恚敬尋喪亡服制旣除基以宿舊乃賫羊酒徃看二子子彊懷宿怨潛遣奴于路刺殺基奴還未之至仍見基來張目攘袂厲聲言曰姦醜小豎人面獸心吾蒙顧存昔敦舊平生有何怨惡候道見害譴天忘父神人不容要當斷汝家種從此之後數數見形無幾大兒向厠忽便絶倒絡繹徃看已斃于地次者尋復病死兄弟無後

晉時庾亮誅陶稱後咸康五年冬節會文武數十人

忽然悉起向階拜揖庾驚問故並云陶公來陶公是稱父侃也庾亦起迎陶公扶兩人悉是舊怨傳詔左右數十人皆操伏戈陶公謂庾曰老僕舉君自代不圖此恩反戮其孤故來相問陶稱何罪身已得訴于帝矣庾不得一言遂寢疾八年一日死

報應記

唐　唐臨

後魏盧景裕字仲儒節閔初爲國子博士信釋氏註周易論語從兄神禮據鄉人反叛逼其同力以應西魏繫晉陽獄至心念金剛經枷鏁自脫齊神武作相特見原宥

隋趙文若開皇初病亡經七日家人初欲斂忽縮一脚遂停旣蘇云被一人來追卽隨行入一宮城見王曰卿在生有何功德答曰唯持金剛經王曰此最第

一卿算雖盡以持經之故更爲申延又曰諸罪中殺生甚重卿以猪羊充飽如何卽遣使領文若至受苦之處北行可三二里至高墻下有穴才容身從此穴出登一高阜四望遥闊見一城極高峻煙火接天黑氣溢地又聞楚痛哀叫之聲不忍聽乃掩蔽耳目叩頭求出仍覺心破口中出血使者引廻見王曰卿旣噉肉不可空廻卽索長釘五枚釘頭及手足疼楚從此專持經更不食肉後因公事至驛忽夢一青衣女子求哀試問驛吏曰有何物食報云見備一羊甚肥

嫩詩之云青犉也文若曰我不喫肉遂贖放之

陸彥通隋人精持金剛經日課十遍李密盜起彥通宰武牢邑人欲殺之以應義旗彥通先知之遂投城下賊拔刀以逐之前至溪澗迫急躍入如有人接右臂置盤石上都無傷處空中有言曰汝爲念經所致因得還家所接之臂有奇香之氣經月不滅後位至方伯九十餘終

隋杜之亮仁壽中爲漢王諒府參軍後諒於并州舉兵反敗亮與僚屬皆繫獄亮惶懼日夜涕泣忽夜夢

一僧曰汝但念誦金剛經即此厄可度至曉即取經專誠習念及主者並引就戮亮身在上中唱者皆死唯無亮姓名主典之者皆坐罰俄而會赦得免顯慶中卒於黄州刺史

慕容文策隋人常持金剛經不喫酒肉大業七年暴卒三日復活策初見二鬼把文牒追至一城門顧極巖峻入行四五里見有官殿羽衛主當殿坐僧道四夷不可勝數使者入見文策最在後一一問在生作善作惡東西令立乃唱策名問曰作何善對曰小來持金剛經王聞合掌數曰功德甚大且放還忽見二僧執火引策即捉袈裟角問之僧云緣公持經故來相衛可隨燭行遂出城門僧曰汝知地獄處否指一大城門曰此是也策不忍看求速去二僧即領至道有一橫垣塞路僧以錫扣之即開云可從此去遂活

蕭瑀梁武帝玄孫梁王巋之子梁滅入隋任至中書令後封國公女煬帝皇后篤信佛法常持金剛經議伐高麗不合旨上大怒與駕若弼高熲同禁欲寘於法瑀就其所八日念經剛經七百遍明日桎梏忽自

脫守者失色復爲著至殿前獨宥瑀二人即重罰因念般若經靈驗一十八條乃造寶塔貯經檀香爲之高三尺感一鍮石像忽在庭中奉安塔中獲舍利百粒貞觀十二年見普賢菩薩冉冉向西而去

唐袁志通天水人常持金剛經年二十被驅爲軍士敗走巖嶮經日不得食而覺二童子持滿盂飯來與之志通拜忽然大見既食訖累日不饑後得還鄉貞觀八年病死兩日即蘇曰被人領見王王問在生善業答云常持金剛經王甚喜曰且令送出遂活

高紙隋僕射頴之孫也唐龍朔二年出長安順義門忽逢二人乘馬曰王喚紙不肯從去亦不知其鬼使策馬避之又被驅擁紙有兄是化度寺僧欲往寺內至寺門鬼遮不令入紙乃毆鬼一拳鬼怒即拽落馬曰此漢大兇麁身遂在地因便昏絕寺僧即令舁入兄院明旦乃蘇云初隨二使見王王曰汝未合來汝曾毀謗佛法且令生受其罪令左右拔其舌以犁耕之都無所傷王問主吏曰彼有何福德如此曰曾念金剛經王稱善即令放還因與客語言次忽悶倒如

吞物狀咽下有白脉一道流入腹中如此二度人問之曰少年盜食寺家果子冥司罰令吞鐵丸後任爲翊衛專以念經爲事

唐白仁哲龍朔中爲虢州朱陽尉差運米遼東過海遇風四望昏黑仁哲憂懼急念金剛經得三百遍忽如夢寐見一梵僧謂曰汝念眞經故來救汝須臾風定八十餘人俱濟

竇德玄麟德中爲卿奉使揚州渡淮船已離岸數十步見岸上有一人形容憔悴擎一小襆坐於地德玄曰日將暮更無船渡即令載之中流覺其有饑色又與飯乃濟及德玄上馬去其人即隨行已數里德玄怪之乃問曰今欲何去荅曰某非人乃鬼使也今往揚州追竇大使曰大使何名云名德玄德玄驚懼下馬拜曰某即其人也涕泗請計鬼曰甚媿公容載復又賜食且放公急念金剛經一千遍當來相報至月餘經數足矣鬼果來云經已足保無他慮然亦終須相隨見王德玄於是就枕而絕一宿乃蘇云初隨使者入一宮城使者曰公且住我當先白王使者乃入

於屛障後聞王遲語曰你與他作計漏洩吾事遂受杖三十使者却出袒以示公曰喫杖了也德玄再三媿謝遂引入見一著紫衣人下堦相揖云公大有功德尚未合來請公還出墮坑中於是得活其使者續至云饑未食及乞錢財並與之問其將來官爵曰熟記取從此攺殿中監次大司憲次太子中允次司元太常伯次左相年至六十四言訖辭去曰更不復得來矣後皆如其言

唐宋義倫麟德中爲虢王府典籤暴卒三日方蘇云

被追見王王曰君曾殺狗兎鴿今被論君筭合盡然適見君師主云君持金剛經不惟滅罪更合延年我今放君君能不喫酒肉持念尊經否義倫拜謝曰能又見殿内牀上有一僧年可五六十披衲義倫卽拜禮僧曰吾是汝師故相救可依王語義倫曰諾王令隨使者往看地獄初入一處見大鑊行列其下燃火鑊中煮人痛苦之聲莫不酸惻更入一處鐵牀甚闊人臥其上燒炙焦黑形容不辨西顧有三人枯黑佇立頗似婦人向義倫叩頭云不得食喫已數百年倫

答曰我亦自無何可與汝更入一獄向使者云時熱恐家人見歛遂去西南行數十步後呼云無文書恐門司不放出遂得朱書三行字並不識門司果問看了放出乃蘇

唐兵部尚書李商得暴疾心上煖三日復蘇云見一目一人引見大將軍蒙令坐索案看云錯追公有項獄卒擎一盤來中置鐵丸數枚復舁一鐺放庭中鐺下自然火出鐺中銅汁湧沸煮鐵丸赤如火獄卒進盤將軍以讓岡岡懼云飽將軍吞之旣入口舉身洞然又飲銅汁身遂火起俛仰之際吞並盡良久復加故岡乃前問之答云地下更無他饌唯有此物卽吸食之若或不食須臾卽爲猛火所焚苦甚于此唯與寫佛經十部轉金剛經千卷公亦不來吾又離此岡旣復生一依所約深加敬異

唐王陁爲陰陽府果毅因病遂斷葷肉發心誦金剛經日五遍後染瘴疾見卒鬼來陁卽急念經鬼間便退遥曰王令追汝且止誦經陁卽爲歇鬼悉向前陁乃昏迷欲絶須臾又見一鬼來云念經人王令權放

六月旣寤遂一心持誦晝夜不息六月雖過鬼亦不來夜聞空中有聲呼曰汝以持經功德當壽九十矣

唐王令望少持金剛經還邛州臨溪路極阻忽遇猛獸振怖非常急念眞經猛獸熟視曳尾而去流涎滿地曾任安州判司過揚子江夜風暴起租船數百艘相接盡沒唯令望船獨全後終亳州譙令

唐陳惠妻王氏初來嫁表兄褚敬欲婚王氏父母不許敬詛曰若不嫁我我作鬼必相致後於歸惠惠爲陵州仁壽尉敬陰恚之卒後王夢敬旋覺有娠經十

七月不產王氏憂懼乃發心持金剛經晝夜不歇數宗絕交鬼胎亦銷從此日持七遍

唐何灈天授初任懷州武德令常持金剛經至河陽水漲橋倒日巳夕人爭上船岸遠未達欲沒灈懼且急念經須臾近岸遇懸䕶攀緣得出餘溺死八十餘人

唐張玄素洛陽人少持金剛經天授初任黃梅宰家有厄難應念而銷年七十遘疾忽有花蓋垂空遂渠洛與家人訣別奄然而卒

唐李丘一好鷹狗畋獵萬歲通天元年任揚州高郵丞忽一旦暴死見兩人來追一人自云姓段時同被追者百餘人男皆著枷女即反縛丘一被鏁前驅行可十餘里見大槐樹數十下有馬槽段云五道大神每巡察人間罪福於此歇馬丘一方知身死至王門段指一胥云此人姓焦名策是公本頭遂被領見王曰汝安忍無親好殺他命以爲巳樂須臾即見所殺獸禽皆爲人語云乞早處分焦策進云丘一未合死王曰曾作何功德云曾寫造金剛經一卷王即令掌云冥間號金剛經最上功德君能書寫其福不小即令焦策領向經藏令驗至一寶殿衆經克滿丘一試抽一卷果是所造之經既廻見王知造有實乃召所殺主類令懇陳謝許造功德丘一依王命願寫金剛經一百卷衆歡喜盡散王曰於去焦策領出城門云盡力如此豈不相報丘一許百千錢千不受云與造經二十部至一坑策推之遂活身在棺中者惟聞哭聲巳三日矣驚呼人至破棺乃起旬日寫經十卷了焦策來謝致辭而去尋百卷亦畢揚州刺史奏其事

敕如丘一五品仍克嘉州招討使

說郛目錄

弓第七十三

袪疑說

雲間儲泳

易占說

筮易以蓍古法也近世以錢擲爻欲其簡便要不能盡卜筮之道自昔以錢之有字者爲陰無字者爲陽故兩背爲拆二畫也兩字爲單一畫也朱文公以爲錢之有字者爲面無字者爲背凡物面皆屬陽背皆屬陰反舊法而用之故建安諸學者悉主其說或謂古者鑄金爲貝曰刀曰泉其陰或紀國號如鏡陰之

有款識也一以爲陰一以爲陽未知孰是大抵筮必以蓍求爲簡便必盡其法余嘗以木爲三彈丸丸各六面三面各刻三畫三面刻二畫呵而擲之以畫老少陰陽之變三丸各六面十有八變之義也三面爲三乾之九也三面爲二坤之六也此用九用六之義也三者乾之一畫函三也二者坤之一畫分二也此三天兩地之說也三丸擲之皆三則成九老陽數也三丸皆二則成六老陰數也兩二一三則成七少陽數也兩三一二則成八少陰數也所用者乾坤之畫

以成八卦是乾坤生六子之象也九象太極之一也三三爲乾二二爲坤象兩也三九者象天地人之三才也每九得數十五洛書皇極數也合三九之數而爲四十有五河圖九宫數也上二則下三上三則下二動靜皆五故五藏於用參以四十五數太衍之數五十也三九成九於上則三九伏六於下此老陽變陰之體也三九成六於上則三九伏九於下此老陰變陽之體也二三相對每九各具三五此三五以變錯綜其數之旨也體圓而轉變動不居也六位相乘

周流六虚也三九六擲而成卦亦十有八變之義也既無錢背錢而陰陽之疑又合老少陰陽之變嘗於舟中以與同志朱子美大以爲然因著其法與好事者同其用

辨脉

醫者可以生人可以殺人所繫尤重故世子拜醫重之至也切脉之際沉微弦緊之小差投藥之間表裏汗下之小誤則不復有再生之理此世之所通患然亦在所未暇論夫所謂脉者世皆知王叔和之脉訣矣左心小腸肝膽腎右肺大腸脾胃命此五臟六腑一定之位也醫者於一指之間以前半指爲心後半指爲小腸他部皆然而或者以六腑乃五臟之應以輕取重按之間爲五臟六腑之別切脉之法其說有二彼是則此非彼非則此是部位未定況望其不謬於證耶又有大可疑者婦人之脉惟以尺脉之常盛常弱與男子爲相反而脉訣謂反此背看切疑其有說也夫男子婦人形體絶異陰陽殊途也故男生而覆女生而仰男則左旋女則右轉凡陽氣則自下而

上陰氣則自上而下男主施與陰主翕受而男子之至命在腎而處五臟六腑之極下女人之命在乳而處五臟六腑之極上氣形皆異脉傳於氣形之間者也何乃男子之與女人略不少異耶況背看二字殆必有說既言反此又言背看必不止於常弱常强之分而已也及觀褚澄尊生經而前之疑者始以自信世未始有以女人之脉背看如褚澄之説者尊生經曰脉分兩手手分三部隔寸尺者命之曰關去肘度尺曰尺關前一寸爲寸左手之寸極上右手之尺極

下男子順自下生上故極下之地右尺爲受命之根本如天地未分元氣混沌也既受命矣萬物從上而出惟脾爲先故尺上之關爲脾脾土生金故關上之寸爲肺肺金生水故右手之寸越左手之尺爲腎腎水生木故左手尺上之關爲肝肝木生火故關上之寸爲心女子陰逆自上生下故極上之地左手之寸爲受命之根本既受命矣萬物從土而出惟脾爲先故左手寸下之關爲脾脾土生金故關下之尺爲肺肺金生水故左手之尺越右手之寸爲腎腎水生木

故右手寸下之關爲肝肝木生火故關下之尺爲心男子右手尺脉常弱初生微眇之氣也女子右手尺脉常强心火之位也非男非女之身感以婦人則男脉應診動以男子則女脉順指不察乎此難與言醫褚澄尚主爲宋駙馬都尉察脉如神著書十篇曰尊生秘經此其一也

辨鍼

陰陽家之説尚矣其間得失是否未易輕議要亦驗諸事折諸理而已地理之學莫先於辨方二十四山於焉取正以百二十位分金言之用丙午中針則差西南者兩位有半用子午正針則差東南者兩位有半吉凶禍福豈不大相遠者此而不明他亦奚取羲者先君卜地日者一以丙午中鍼爲是一以子午正鍼爲是各自執其師傳之學世無先覺何所取正而兩者之説亦各有理主丙午中鍼者曰狐首古書專明此事所謂自子至丙東南司陽自午至壬西北司陰壬子丙午天地之中鑑之曰針雖指南本實戀北其説蓋有所本矣又曰十二支辰以子午爲正厥後

以六十四卦配爲二十四位丙實配午是午一位而丙共之丙午之中即十二支單午之中也其説又有理矣主子午正針者曰自伏羲以八卦定八方離坎正南北之位丙丁輔離壬癸輔坎以八方析爲二十四位南方得丙午丁北方得壬子癸子午實居其中其説有理亦不容廢又曰日之躔度次丙位則爲丙時次午則爲午時今丙時前二定之位良亦勞止因著其説與好事者共之但用丙午中鍼亦多有驗適占本位耳

墨說

製墨之法取煙不過欲其輕遠而水之重輕膠之分兩隨時增減大槩不甚相遠世人往往入他藥以助其黑色發其光彩不知天下至黑何以加於油煙入藥一分減色一分耳惟當事治膠法煎膠之次恐其滯也有藥以醒之恐其烈也有藥以敗之故藥去而性存膠成而體不雜膠煙之外不用一藥此墨之所謂膠法也夫煙之所以黑者擣練之功也今之製墨者以手搜剩緩則燥裂一再蒸之已失其性況敢擣

練千杵耶得製膠之法又能緩膠之性則入鐵石臼中擣之一二千下膠性如飴惟意所適然後作鋌出煙之黑色發煙之光彩未有過於此者區區秦皮紫草之類適爲膠法累耳雅意文房者不可不知此理

行持是正心誠意之學

道家之行持即吾儒格物之學也蓋行持以正心誠意爲主心不正則不足以感物意不誠則不足以通神神運於此物應於彼故雖萬里可驅攝於呼吸間非至神孰能與此嗚呼廣大無際者心也偏碍潜通者神也然心不存則不明神不養則不靈正以存之久而自明誠以養之極而自靈世之學者不務存養於平時而遽施行於一旦亦猶汲甘泉於枯井採蓮華於槁木吾見其不可得矣及其氣索神驚取侮致敗乃歸怨神之不靈法之不驗良可悲也

符印呪訣不靈祭將召邪

符印呪訣行持之文具也精神運用行持之玄妙也感應乃其枝葉煉養乃其根本不知其根本玄妙而徒倚符印呪訣爲事雖甚靈驗亦徒法耳蓋符印本

不能自靈依神通而感應苟得感通之道何假符印呪訣哉彼時師不達深妙持將祭則靈之說以愚後人遂使後學一意祭賽損物傷生召引無依求食之鬼日至月增結成徒黨自謂驅攝指揮如意不知以邪攻邪實有損於行持者之身也余自總角愛行持傳授殆徧法書數箱印幾百顆意謂法止於此道心堅猛天誘其衷忽遇至人授以口訣不出數旬遂縱横於諸法中方知將吏只在身中神明不離方寸符印呪訣皆符合之具也世之志尚清高雅意道法者

不可不知此理

呪水自沸　移景法

正法出於自然故感應亦廣大邪法出於人爲故多可喜之術余舊見呪水者不施藥物立使騰沸始甚奇之及得其説乃以猪囊藏袖中用手法助之耳如移景之法類多易亂惟一法如烈日中影人無不見視諸家移景之法特異及得其説乃隱像於鏡設燈於旁燈鏡交輝傳影於紙此術近多施之攝召良可笑也大抵行持正法不過正心誠意而物格本無心

於奇怪之應非如邪法之事於愚世駭俗聳動見聞也至於召雷而雷禱雨而雨此亦誠通物格之妙自然而已豈容以人僞參之哉

叱劒斬鬼

幼時嘗聞一道士有斬鬼之法每置劒空室中以水潠之叱其斬妖對衆封閉來日啓之流血滿地數年後旅寓中得親見此道士既久聞名厚加禮遇而求其法始甚珍秘久之許傳乃出示一草實密以擦劒含水大噴經夕視之水皆血色一見釋然益人之與鬼陰陽一氣耳一氣受形而爲人一氣離形而爲鬼血因形而生既不受形何從有血天下未有無形而有血者君子可欺以方難罔以非其道惟達理者不受非道之欺

呪棗煙起　呪棗自焦

舊聞呪棗而煙起或呪而棗焦者心雖知其爲術不知其所以爲術也後因叩之道師乃知棗之煙者藏藥於棗託名以呪撚之則藥如煙起其棗之焦者藏藥於頂感召陽精舉棗就鏡頂之自焦是知奇怪之

事非藥則術不足多也

燒香召雷神　錢入水即化

向有行雷法者以夜游艾納數藥合而爲香每燒則煙聚爐上人身鳥翼恍如雷神所至敬向不知其爲藥術也師巫多挾術以欺世向見一女巫應有祈禱必納香錢使自投於淨盂中隨即不見人多神之後得其術乃用荸薺水銀雜草藥數種埋之地中七七藥成每審投少許於水中錢入即化挾邪術託鬼神以欺世如此類者甚多不欲盡紀姑叙數端以袪後

來者之惑

請封書仙

降筆之法甚多封書降筆者尤異其封愈多而牢其拆愈易而疾惑而信者多矣不動全封可隨意而書寫或以天麻子油書之不見其跡此實唯拆書之術耳然有挾此資身者故不欲著其所以拆云

呼鶴自至

向遇一道友能呼鶴雀之類從而求之幾月乃許傳授其法用活雄鳩血書符殺命取靈心已不喜先授

七字呪約旦日教以作用閲其呪語盡從反犬有狐狸等字方知此爲嶺南妖術耳遂不卒受其説彼察知不悦亦就辭去戲巳無益况左道乎好怪傷生尤非仁人君子之事

呼鼠 祛蚊

自幼愛接道友有一人能呼鼠羣聚久之遣去亦能祛蚊自謂以法追禁始亦疑之久相與處察其動静悉非呪法每欲呼鼠必先期收市狼糞黑犬皮之類惟祛蚊之術不可知一夜醉寢取其篋中香末試燒蚊悉遠去但不知其用藥然正作荷花香來日叩之微笑不答想亦荷花之鬚耳

覆射

覆射之法甚多如覆命認錢之類無非暗號如左右多少之類出於算法此不足道惟一法用七言詩兩首括天下字凡有音者皆包羅而不遺兩詩各四十九字分前後片前片四十九字内以三字分上去入聲一字爲疊實四十五字耳此四十五字分喉齒唇舌四音後四十九字總括諸韻合成反切故天下字

無不可知人但見其或擊鑼鼓或用片紙反認以錢不知其以四十九字寄聲於此也然可求者字之音難窮者字之體必能通文理而後可學否則亦徒然爾然立法簡妙不可得以智識推度因著此以廣好事者之見

知術

欺世之術君子之未達者固多察之察而知其所以爲邪足矣如知其邪而邪之非上善之用心也故余特叙其術之大槩而不言其全正慮是也

邪正

人惟一覺性耳覺之一字可以斷疑情祛邪妄一雜亂返眞常人苟氣宇清明心神虛爽邪魅何從而入惟其昏擾濁亂自生顚倒見解故外邪客氣乘之然外邪客氣卽我之顚倒見解而已非外來也由內不自正故曰外邪心無所主故曰客氣當知覺性易昏惟誠以養之則明定以持之則淸淸明之極道乃可成盡敬事神不若還以事其性天之神也

鬼神之理

世之論鬼神者有二持福善禍淫之說者泥於有持萬法惟心之說者著於無不究端倪皆非至當夫鬼神者本無形迹之可見聲臭之可求謂之有則不可至於寒暑之代謝日星之運行雷電風雨之倏變倏化非鬼神之顯著者乎此謂之無則又不可盡天地之間惟陰陽耳天地者陰陽之祖也神者天之陽精鬼者地之陰氣陰陽者天地之玅用鬼神者陰陽之變化自天統開於子輕淸之炁一萬八千年升而爲天天之品華凝結而爲日月星辰成象既著功用乃行地統開於丑重濁之炁一萬八千年凝而爲地地之靈氣融結而爲山川河嶽成形既定盼蠁攸召天之一氣列而爲清明之神主造化運四時地之一氣鍾而爲福德之鬼鎭土守司五嶽如天一生水於北水之精化爲玄武位鎭朔方此天地自然之道豈驅而爲之哉鬼神者陰陽顯著之名耳二氣運行本無形迹之可見固不可謂之有召其機微之積錯揉之變則風霆流形妖祥示象此大地之鬼神也故聖人謂鬼神之德易謂鬼神之情狀又其可謂之無乎鬼

神者陰陽之粹精也依氣而聚散氣者形之始也氣聚則顯然成象氣散則泯然無跡本於無而出則有出則有而入於無古人謂鬼隱龍匿莫知其蹤是也夫幽深寥閴淪寂無聲視之不見聽之不聞者推本則無也或見光景或聞音聲如在其上如在左右者氣感而有也惟人稟陽於天受陰於地生神於陽成形於陰鬼神造化皆備於我特其體有小大故鬼神之功用與天地有等殊耳知此理則知鬼神之情狀

陽神陰靈之說

有客舉倩女離魂話因及張紫陽與雪竇禪師入定事謂雪竇以禪定成至陰之爽故不能持物而還紫陽以金丹凝至陽之神故能持果而返此事之有無不必深辨大槩先輩以此别性宗與神形俱妙之功用不同耳因語客曰陽神能運物陰神不能運固也今山魈物精邪鬼而已飛瓦走石運致寶貨瞬息千里謂之陽神可乎客不能對後每以此問人莫得其説嗚呼知此説者其知性命之所以不同歟

天道不遠説

晉觀劉向災異五行傳後世或以爲牽合天固未必以屑屑爲事然殃咎各以類至理不可誣若遽以牽合少之則箕子之五事庶證亦爲影響類亦可得而議乎試以一身言之五行者人身之五官也氣應五臟五氣調順則百骸俱理一氣不應一病生焉然人之受病必有所屬太陽爲水厥陰爲木是也而太陽之證爲項强爲腰疼爲發熱爲惡寒其患雜然而並出要其指歸則一出於太陽之證也猶貌不恭而爲常雨爲狂爲惡也况五官之中或貌言之間兩失其正即素問所謂陽明厥陰之合病也其爲病又豈一端之所能盡哉以一身而察之則五事庶證之應蓋可以類推矣劉向五行傳直指其事爲某證之應局於一端殆未察醫書兩證合病之理也後之人主五事多失其正受病蓋不止一證宜乎災異之互見迭出也局以一證論之未爲得也夫冬雷則草木華蟄蟲奮人多疾疫一烝使然景星慶雲不生聖賢則産祥瑞象見于上則應在於下如虹蜺妖氣也當大夏而見則不能損物百物未告成也秋見則百穀用耗

矣或入人家而能致火飲井則泉竭入釜則化水和氣致祥妖氣致異厥有明驗天道感物如響斯應人事感天其有不然者乎如風花出海而爲飄風山川出雲而爲時雨農家以霜降前一日見霜則知清明前一日霜止霜降後一日見霜則知清明後一日霜止五日十日而往前後同占欲出秋苗必待霜止每歲推驗若合符節天道果遠乎哉感於此則應於彼有此象則有此數乃不易之理也

神像所以靈

設土木像敬而事之顯應靈感此非土木之靈乃人心之靈耳夫壇場祠廟或興或廢有靈有不靈者係人心之歸與不歸風水之聚與不聚蓋人者具眞覺之靈受中和之氣天地之內莫靈於人人心所聚靈氣之所聚也彼得風水之利者氣脉停止人心精爽得以依之此所以愈靈而愈興也其失風水之宜者和氣不聚人心精爽無所依棲隨而蕩散此所以日廢而不靈也凡壇場立於風水會聚之地而人心歸鄉未有不靈而福德者愚人不知此理欲助其靈乃

取活蛇生鴉或縛獼猴藏於土木偶之胷腹此非助靈之道實助其妖孽耳知者不可以不戒

陰陽家多拘忌

太史公言陰陽家多拘忌信哉斯言將盡從之則彼可此否不勝其牽制將盡棄之則禍福顯驗有不可誣者然則何爲而可余爲之斷曰太而緊者避之小而緩者略之合於理者從之背於理者去之如太歲一星（出元經非歲建也）九梁會煞之類此大而緊者所當避忌如蠶室太陰狼籍流財之類此小而緩者可以略去不必盡求合也如歲位吉凶九宮飛白六壬之四殺沒於四維六神制於六道遁甲之趨三避五遁迫刑格旨意玄微立法深妙皆萬世不可刊者所當遵用夫復何説如四衝所通忌活曜則取以爲吉三方實死法五符謂百無所忌不通於理烏可準憑論陰陽者既知去取又當以胷中活法參之如金神惡殺也其權司秋其位居兌正秋作之復値巳酉丑地決不免禍如作於夏或値丙離權去勢衰未爲深害即此而論則活法可類推矣故曰安得圓機之士語九

流乎此太史公之微旨也夫人生天地間應變酬酢未有不爲陰陽束縛者烏可不知所趨避哉惟君與相勢位力量可以斡造化贊陰陽鎭靖方隅制伏神煞下此所不當忽也至於窮理盡性之聖賢得道忘空之高士離五行超物外天地不得違其機鬼神不得窺其迹豈陰陽所能絡哉如此者又不可以槩論

辨身壬法

陰陽家多拘忌達者固不當一切求合然吉凶影響

要不可廢如酒醋遇弦而生涎糟醬遇潮而作湧辮子日中則正日晨則偏鵲避歲君燕避戊巳一炁運化萬物莫逃人亦天地之一物豈能獨立於陰陽之外哉自羲和之學失其世守而文字之傳或多剽切世罕精於此道如造作一法人所當用大要先論身壬之法則大不可曉夫所謂身壬者陰陽二命皆起於壬也其詩有曰陽遇午門當返照陰逢雞嶺急須回故十一起亥陽命遇丑而返陰命遇酉而回舉世用之殊不察理之所在其法十一起亥二十在丑三

十在子四十在亥矣今逐年行運三十九歲在卯四十乃在寅寅與亥相去四位一凶一吉何去何從先賢立法宜不如此之舛且戾也惟朱子美家藏父祖秘書得其全法頗合於理未嘗語人其詩有曰陽遇牛門當返照陰逢雞嶺急須回跳過三宮雙女位一年一位逆歸來陰遇午申爲大利陽逢寅子永無災得此全法乃合身壬之運其流年所至悉與起數脗合如四十在亥流年四十亦至亥並無差舛乃知剽切之學誤天下後世多矣此大而要切者其疏繆且如此況其他星煞乎大抵吉凶星煞不外乎數此法自壬而起壬水數一故起法悉本於一運於三而成於五合三五一之數以爲用此所謂身壬之法也立法而不本於理不合乎數吾未敢以爲智者之剏法也（陽命一十起亥二十子三十丑三十一越三位而在巳順至子得四十陰命逆行一十起亥二十戌三十酉三十一申三十四至巳三十五丑）

赤口煞

赤口小煞耳人或忤之率多鬬訟原其起法以四位求之常值於巳以十二支求之常值辰戌蓋魁罡乃

天之惡神巳位屬蛇有嚙人之毒也然用之亦活法不可以此小害遽廢良日如赤口值寅巳酉戌則不可用餘皆無害蓋四位所屬皆能以口傷物其煞乃行他位値之不必盡避

驛馬是先天三合數

八卦未畫數淵於理自天出河圖而後有先天之八卦先天之數由是出焉故大撓氏作六十甲子亦以一二三四五而定火土金木水之數聖賢立法未有不參於理本於數者也今世之所謂驛馬者先天二

合數也先天寅七午九而戌五合數二十有一故自子順至申凡二十有一而爲火局之驛馬亥卯未之數四六與八合爲十八故自子順至巳凡十八而爲木局之驛馬木火陽局也從子一陽而順轉金水陰局也從午一陰而逆行故申子辰之數七九與五合爲二十有一故自午逆至寅凡二十有一而爲水局之驛馬巳酉丑之數四六與八合爲十八故自午逆至亥凡十有八而爲金局之驛馬此驛馬之法所由立也

三刑是極數

子卯一刑也寅巳申二刑也丑戌未三刑也自卯順至子子逆至卯極十數而爲無禮之刑寅逆至巳巳逆至申申極十數而爲無恩之刑丑順至戌戌順至未極十數而爲恃勢之刑故皇極中天以十爲殺數積數至十則悉空其數天道惡盈滿則覆也此三刑之法所由起也

六壬三殺乃先天四衝數

壬式之忌莫大於三煞三命家謂之破碎陰陽家之用莫先於身壬而身壬之忌亦莫大於三煞犯之則禍常不赦世人徒用之而不知其所以然也蓋巳酉丑者五行之殺氣也而巳酉丑之所以爲殺者先天數之四衝也夫子午之數各九卯酉各六總爲三十自子順行極三十而見巳是爲四仲之正殺寅申各七巳亥各四總二十有二自子順行極二十二而見酉是爲四孟之正殺辰戌各五丑未各八總二十有六自子順行極二十六數而見丑是爲四季之正殺此壬申三殺之所由起也

貴人是十干合氣

甲戊庚牛羊乙巳鼠猴鄉自昔相傳以爲貴人或者謂當以甲戊在牛羊云云庚辛逢馬虎爲是兩位各主兩干在字與庚字相類六字與庚字相若此乃傳寫之誤始亦疑之後得其法則知當以古法爲正此特後人妄議之耳蓋貴人者十干之合氣也其法以十干布十二支而辰戌不居對衝爲虛夫辰戌乃貴人之獄所以不居貴人相對爲天空故虛其衝也日貴順布甲在子（甲與巳合巳貴在子）乙在丑（乙與庚合庚貴在丑）丙在寅

丙與辛合辛貴在寅丁在卯丁與壬合壬貴在卯戊在巳戊與癸合癸貴在巳午爲對衝則虛之巳在未巳與甲合甲貴在未庚在申庚與乙合乙貴在申辛在酉辛與丙合丙貴在酉壬在亥壬與丁合丁貴在亥癸在丑癸與戊合戊貴在丑十干順布十位巳周乃再以十干起申逆布之以求夜貴以甲在申乙在未丙在午丁在巳戊在卯寅爲申之衝則虛之巳在丑庚在子辛在亥壬在酉癸在未一逆一順而晝夜二貴定矣且甲之起於子申何也蓋貴人屬土正位丑未乃坤卦二五黃中之合氣也先天卦之坤在正北子位河圖之坤在西南申方

故晝夜二貴所以起於子申也布而爲圖一見可決

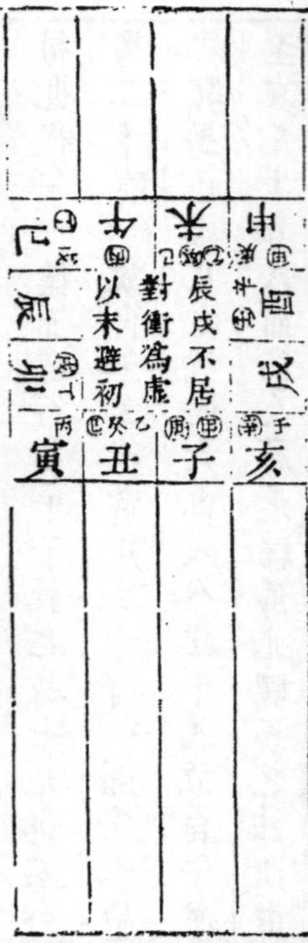

黃白之術

世以黃白之術自詭者名爲蘘客又曰爐火小則輕變金銀以爲摻制大則結成丹母名曰匱頭持燕雀不生鳳狐兎不乳馬之文以證用母之說或竊其眞母易以他物或制而爲匱以邀重謝凡水銀入匱必食其母以成寶再三爲之母氣旣竭金銀已盡則水銀爲煙燄之歸矣或有用汞以取銀之體用藥以食金之色養火見寶名曰隔窗取母或以金銀爲鼎器實水銀於草藥煉而成寶名曰玉女翻身或以水銀膽凡煉於鐵鼎食項成就然其體似銀則色黃而體頑似金則體堅而色淡似銅則質澀而色鮮蕊水銀食鐵之英華以爲體膽凡變鐵之顏色以爲黃自謂轉身便成眞寶未有不爲所欺者如葉荷之有水銀

灰莧之有鉛錫皆在七十二種龍牙草藥之數此又爐火中之可觀者下此皆無足道不欲詳述士志於道幸勿於此加意

燒金煉銀

道家有金丹之說故學者多以煆煉黃白爲事不知金丹者人之眞陽乃向上妙道借諭爲金卽禪宗之所謂金剛不壞身取其不生不滅永劫長存其不漏之體也丹者乾爲大赤純陽乾金故號爲丹豈徒以黃白爲事況黃白之術神仙用以助安貧樂道之士

今志求黃白者心已貪甚豈肯授此以遂其貪哉借使得之日成萬兩何救於生死大事况復不易可得遂使設欺規利之徒投其所好多致敗家不思彼有是術自能致富惟恐人知又何待以傳授貧身也大抵志於黃白者已非清高之士豈足以學道哉

煅硃砂說

硃砂體陽而性陰故外色丹而中含眞汞也用遠志龍齒之類煅之則可以養心用枸杞地黃之類則可以補腎用南星川烏之類則可以驅風以胡桃破故

紙之類則可以治腰腎以川椒厚朴之類則可以實脾氣隨其佐使而見功無施不可向昧此理每得一方守以爲法歲月浸久所收旣多所知稍廣因悟此理其後隨意用藥煉之無不適用每恨見之不早因以所得著之或可爲服食之助老於煅煉者試以此說質之亦必點首

服丹藥

金石伏火丹藥有嗜慾者率多服之冀其補助蓋方

而變五鄉之用如腰金之兆金位也則以甲乙爲財爻金克木也以丙丁爲官鬼火克金也木兆則以戊己鄉爲財爻庚辛鄉爲官鬼其說尤爲合理而又有一法則以五鄉之動者察其爲金木水火土之象隨本鄉而定吉凶如甲乙之鄉動而有金之象則爲官鬼有水之象則爲父母戰則不祥相生則吉所謂動者釋也戰者克也齧者食墨也蒙者不食墨也太史公以四時定吉凶其亦日辰變五鄉之義乎世無造妙之學其孰從而質之

刻漏說

自古刻漏必曰壺大幾何受水幾何又有水重水輕之別渴烏之嘴吐水如髮惟恐不細向製此器以備火候之用出水入水爲製不同大抵一塵入水渴烏旋塞未嘗有三日不間斷者中夜以思忽得其說但使渴烏之水大如中針則小小塵垢隨水而下不復可塞不過倍受水之壺而已製器一成不復間斷深思其故始得其說因著之以傳好事者

大五行說 近世謝黃牛作大五行歌附會不經曲爲之說不足取

向爲先子卜地徧叩日者就叅地理之學雖各守其

師說深淺固未易知但二十四位之五行亦有兩說莫之適從自古所用大五行雖郭璞元經亦守其說謂之山家五行然先輩皆謂莫曉其立法之因既無可攷之理古今豈肯通用而不疑者哉近世蔣文舉只用正五行以配二十四位壬癸亥子爲水丙丁巳午爲火一如三命六壬之說自謂得楊松筠之學又有蜀中一家謂是希夷先生之傳亦以子亥爲水巳午爲火與蔣說同而獨以壬位爲火其書則闢闢八卦消息律呂其行山定穴一以卦象律呂爲本上生

下生如黃鍾用林鍾之類是也年月日時則用卦氣生旺如倖乾候大有之類是也其學行於東川爲書十篇卦爻律呂之用有陰有陽有消有破有生有合其立法雖與蔣氏不同而五行之說甚不相遠然則大五行之說果可廢乎可得而廢則古人何以更相傳襲而用之於是深思其理求之太乙統紀之數而不可得求之皇極先天中天之數而不可得求之後天化合五運六氣之說而不可得反而求之卦畫於是得其說焉分列於後庶幾易見

乾卦納壬甲　乾爲天天一生水

水

戌 壬戌水　子 坎正卦　寅 甲寅水　甲 甲屬寅 乾卦納申

辰 壬辰水　巽 巽屬辰 壬辰水　申 甲申水　辛 乙酉水 辛屬酉

戌屬乾自戌順一周匝至辛而極乾陽極而變

坤故辛納乙

坤納乙癸　坤爲君火

火

午 離正卦　丙 乙巳火 丙屬巳

乙 坤卦納　壬 乙亥火 壬屬亥

坤用乙而不及癸者六癸皆不化火也癸却自

化木

木

卯 震正卦　艮 癸丑木 艮屬丑

未 癸未木　巳 巳巳木

金

酉 兌正卦　乾 庚戌金 乾屬戌

亥 辛亥金　丁 兌卦納甲

土

坤 本宮正　丑 辛丑土

癸 庚子上 癸屬子　庚 戊申土 庚屬申

木受坤化終於巳之陰土

土受乾化終於戌之陽土

乾用壬申而生水坤乙生火而癸生木各主八位乾坤用足繼以長男長女庚辛運化金土攸定五氣迭布造化之功備矣本以卦畫象數參之六十甲子始得窺其立法之端倪不悖經旨允合象數後有明者不易吾言矣

大五行出於乾坤者十二位出於六子者亦十二位合六子足以當乾坤之數叅乾坤之策三百六十合六子之策亦三百六十足以當乾坤之策也但郭景純所載未本屬木而金土木各得四位故山家五行

篇曰癸丑坤庚名稼穡艮震巳未曲直痎今皆以未屬土殆必有所據其理亦通木三金酉壬五是也然一爲數之元總攝八位可也火何以不二不七而四耶二說未知孰是將以質諸專門之學造理之士云

山家五行郭景純既以名篇又於葬元一篇論坎坤水土之山則曰崇土益申長生位也及論艮山則曰崇土益亥非木之長生乎論巽山則曰崇土益申水長生也此又景純筆之書而用大五行之明證也

醫書有左癱右瘓之證人身一氣脉也一息往來骨節毛竅何往不逢及其感疾左癱者病不及左右瘓者病不及左五臟六腑一而已矣豈有限界使左之病不得右而右之病不得左耶大五臟皆一而腎獨有二左爲腎而藏精右爲命而藏氣神依氣立故曰神門配壬子之水是以人之精敗者必左癱氣敗者必右瘓兩腎各有所主故其病亦各有所歸壬子一位也子屬水而壬屬火左腎配子右腎配壬子水爲精壬火爲神五藏猶五行也六腑猶六神也甲乙配青龍丙丁配朱雀庚辛配白虎壬癸配玄武戊乃配

勾陳巳乃配騰蛇益坎水納戊離火納巳故五行而有六神猶五臟而有六腑壬火子水之說近取諸身理尤明甚

辨歲本說

胡汝嘉歲本論謂今夜之子時即是來日則今年之子月當爲來年立論詳而易明引證的而易信故近世多以十一月爲來年向因先子葬用子月悉主汝嘉之說或謂春夏秋冬一歲之叙也豈有冬而後春之理帝堯之曆象授時亦首春而次夏夫子謂行夏

之時以其得天道之正也兩說交戰於中深思其故久之乃得其說然後决以吾夫子之言爲正夫每日之有十二時者太陽隨天之運而周行於方隅之十二位也故日到子方則爲子時到午方則爲午時每年之有十二月者太陽麗天而歷於天輪之十二星次也是以日次子位堂虛宿之躔度而立春虛乃子位之正天中之一陽也天道左旋日次子而爲春之正月次亥爲二月次戌爲三月左旋而曆十二位以定十二月也地道右旋故每日之太陽在子位爲子

時順于丑寅卯歷十二位而定十二時也蓋太陽每一日順行十二方隅而爲十二時太陽每一歲逆躔十二星次而爲十二月胡汝嘉不曉曆法故爲此論知天道更新於子而不知太陽次天輪之子爲更新也是說也惟深於星曆者知之

正月建寅太陽次虛太陰次危日月皆在天輪之子位此天道之一陽更新也

辨惑論

宋　謝廷芳

死生　疫癘　鬼神　祭祀　淫祀　妖怪

巫覡　卜筮　治喪　擇葬　相法　祿命

方位　時日　異端　老莊　佛氏　神仙

方士

死生

論語曰死生有命

伯牛有疾子問之自牖執其手曰亡之命矣夫斯人

也而有斯疾也斯人也而有斯疾也

孟子曰夭壽不貳修身以俟之所以立命也

莫非命也順受其正是故知命者不立于巖牆之下

盡其道而死者正命也桎梏死者非正命也

荀子曰相命已定鬼神不移

生人之始也死人之終也始終俱善人道畢矣

家語云命者性之始死者生之終有始則有終也

疫癘

世俗以疾咎鬼神者衆矣至疫氣流行則曰有土疾

之神家至而戶守之妖出巫輿互相煽惑是故病疫之家人皆惴惴焉無敢踵其門而問者甚而父子兄弟亦不相救傷風敗俗莫甚于斯故述此于死生之後以曉之

鬼神

北溪陳先生曰鬼神一節說話甚長本意作一項論又以古人祭祀作一項論又以後世淫祀作一項論又以後世妖怪作一項論旨哉斯言苟不先述古人所謂鬼神祭祀之說則其理不明不述後世淫祀妖怪之說則又何以寤世俗之疑邪

子路問事鬼神子曰未能事人焉能事鬼

禮記曰明則有禮樂幽則有鬼神

宰我曰吾聞鬼神之名不知其所謂子曰氣也神之盛也魂也者鬼之與神教之至也衆生必死死必歸土此之謂鬼骨肉斃于下陰爲野土其氣發揚于上爲昭明焄蒿悽愴此百物之精也神之著也

鬼神之爲德其盛矣乎視之而弗見聽之而弗聞體物而不可遺使天下之民齊明盛服以承祭祀洋洋乎如在其上如在其左右

鬼神者二氣之良能也

釋氏道家之論鬼神可笑之尤者也

祭祀

予生長吳楚間每見邑里之人歲時蒸嘗皆非然食飲而已至于山川鬼神妄言徼福動輒致大牲以祀享之問之則曰名山大川禮所當祭其亦不思之甚矣夫禮莫大于分今以一夫之微而欲僭王侯公卿之祭其越分踰禮爲何如哉若是者不獲戾于鬼神

幸也況求福乎故愚采輯前言獨詳于上下之分祭告不同以破不知者之惑若夫籩豆之事則不盡錄

天子祭天地祭四方祭山川祭五祀歲徧士祭其先

夫聖王之制祭祀也法施于民則祀之以死勤事則祀之以勞定國則祀之能禦大菑則祀之能捍大患則祀之

淫祀

祭不欲數數則煩煩則不敬祭不欲疏疏則怠怠則忘淫祀之說經有明訓有常慮愚俗惑之殊足爲怪

至學士大夫亦從而惑之斯可怪矣余自先人沒館以所事神影祀之以其非義故也大曆中大疫作母氏以及同產皆遍虐務求藥不事所禱既而病者俱瘥予則無恙時鄉里從淫祀者適多斃于疫或以是頗嘆異之觀此亦可見淫祀之不足信孔子曰非其鬼而祭之諂也

禮記曰非其所祭而祭之名曰淫祀淫祀無福

妖怪

孔子不語怪今予有妖怪之事乃亦言之何也誠以

俚俗相煽邪風盛行不得不辨知者或可少袪其惑矣

鄭厲公問申繻曰人猶有妖乎對曰人之所忌其氣燄以取之妖由人興人無釁焉妖不自作人棄常則妖興故有妖

王沂公作郡時訛言有怪物夜飛下食小兒者遠近相恐未昏則楗戶滅燭匿童稚以黄繙蘸爐置門用為厭勝公聞之戒徼巡之吏悉令屏去有為先倡者捕而寘諸逐出于境民情遂安妖訛乃止

巫覡

予蚤歲見巫者為親戚祀神吐鄙俚之詞徵漫漶之禍較羞赧去之既長即拒絕其人雖見之亦不為禮嗚呼閭閻無知輩信而用之固無足責若夫士大夫亦信且惑焉能無愧乎苟欲正風俗息妖妄擯巫者不用其在大夫家始耳

西門豹為鄴令問民所疾苦長老曰苦為河伯娶婦豹曰至時幸來告吾及告豹往會河上見巫女數十人立大巫後豹呼河伯婦視之曰是女不好煩大巫

為嫗投之河中有頃曰何久也弟子趣水久投三弟子豹曰巫嫗女子不能白事煩三君為人白之復投三老河中良久欲使廷掾等人趣之皆扣頭流血乃免自是不復言河伯娶婦范氏曰夫惑鬼神聽巫覡者匹夫之愚也

卜筮

卜筮之說尚矣予但嫉夫今之卜筮者誣罔百端與古相戾無足取信如古疾苟能斷其安危決其吉凶可也今也必曰某神禍之某鬼祟之禱則生否則死

吁何其卦之闇灼見鬼神如是耶其它妖妄大率類此予之所以不信者此也非謂無蓍龜之靈也曆傳記述見聞集此篇與知者

書曰朕志先定詢謀僉同鬼神其依龜筮協從

易曰初筮告再三瀆瀆則不告

禮記曰人無恒不可以爲卜筮

卜筮者先聖王所以使民信時日敬鬼神決嫌疑定猶豫也

左傳曰卜以決疑不疑何卜

荀子曰日月食而救之天旱而雩卜筮而後決大事非其爲得求也以文之也

程子曰古者卜筮將以決疑也今之卜筮則不然計其命之窮通詰其身之達否而已噫亦惑矣

治喪

喪祭之廢久矣今流俗之弊有二而廢尤甚其一鋪張祭儀務爲觀美甚者破家蕩産以侈聲樂器玩之盛視其親之棺槨衣衾反若餘事也其二廣集浮屠大好作佛事甚者經旬踰月以及齋羞布施之盛視其衰麻哭踊反若虛文也斯二者非移害之甚者乎然而祭義之設惟有力者能之若浮屠之事習以成俗無有貧富貴賤之間否則人爭非之殊不知彼浮屠之有識者猶以其事爲耻可不悟哉子游曰喪至乎哀而止今也苟未能純用古禮必先去此二者之弊以盡夫哀痛惨怛之實則禮惟不足不可以佛畔于道

子游問喪具夫子曰稱家之有無子游曰有無惡乎齊夫子曰有無適禮苟能斂手足還葬而封之豈有

非之者哉

擇葬

擇地以葬其親亦孝子慈孫之用心也但後世惑于風水之説往往多爲身謀使其親骨肉不得以時歸土又不若不擇之愈也今予首述前輩端確之論以破偏信者之惑後以考亭西山之言折衷之

相法

相形之術近世或有精之者然致遠恐泥君子不爲愚嘗觀聖賢亦自有觀人之法人特不察耳孔子曰

視其所以觀其所由察其所安人焉廋哉孟子曰眸子不能掩其惡胸中正則眸子瞭焉胸中不正則眸子眊焉聽其言也觀其眸子人焉廋哉聖賢觀之如此而已若夫死生禍福又豈顏貌間所能盡邪許負之書吾未之學乃所願則學孔孟

祿命

昔之人以陰陽五行推測祿命而知生死禍福亦間有奇中者矣論其拘泥又不啻如相法焉若今之泯泯售其術者尤不足信知命君子何以惑爲愚嘗謂

聖賢知人死生禍福而非陰陽五行之術也孔子曰由也不得其死其累戰歿于衛孟子曰死矣盆成括未幾見殺于齊盍由也行行有不得其死之理括也小有才未聞君子之大道有足以殺其軀之理雖當時亦有獲免聖賢之言猶信也然則學者亦當如此而已祿命之書雖或億中何足信哉

方位

方位細事也然庸巫謬卜從而神之禁忌百端祈禳無已甚爲愚俗

時日

夫内事用柔日外事用剛日者聖人順陰陽之理初不以死生榮辱貧賤富貴之類一皆繫乎年月日時之吉凶而使人拘拘焉擇而用之孟子曰天時不如地利地利不如人和舉一物而天下之物莫不皆然亦盡乎人事而已夫時日者何足泥哉

異端

古之爲異端邪説者衆矣若老莊仙佛之流自秦漢以來惑世尤甚故特舉此而詳其説餘不盡述也先正有言曰邪説害正人人得而攻之不必聖賢如春秋之法亂臣賊子人人得而討之不必士師吾于此亦云

老莊

楊子曰老子之言道德吾有取焉耳及搥提仁義絶滅禮樂吾無取焉耳又或問莊周有取乎曰少欲鄒衍有取乎曰自持至周罔君臣之義衍無知于天地之間雖鄰不覿也

佛氏

或問佛之理比孔子爲徑先生曰天下果有徑理則仲尼豈欲使學者迂遠而難至乎故外仲尼之道而由徑則是冒險阻犯荆棘而已

或者曰佛之意亦欲引人爲善豈不有助于世而闢之深耶應之曰善無惡之稱也世之無父無君者惡乎善乎

神仙

或問長生神仙之道文中子曰仁義不修孝弟不立奚爲長生甚矣人之無厭也

辨惑論　八　十

方士

至元間方士請煉大丹世祖勑中書供給所需平章政事廉希憲奏曰前世人主多爲方士誑惑堯舜得壽不假靈于大丹也上曰然已

善誘文序

丹穴老人吾家之長兄也僻好編集戒殺之文傳於世因戒而得善報者則編之因不戒而得惡報者則不敢編也雖然猶慮人不喜觀復以前賢警世格言渾殽乎其間聊欲誘人之一覩也或問之曰丹穴老人何苦如是　吾兄乃屈指笑而言曰予不願如楊寶得玉環予不願如宋郊奪魁選予不願如竇禹鈞有五枝芳予不願如黃兼濟登仙籍但願予在世疏食菜羹不敢不飽飯疏飲水樂在其中如斯而已盡

善誘文序　八　一

乎天年既沒之後願如壽師不見閻王徑歸淨土得幸西方聖人講論佛道且無輪廻之苦死喪之感豈不樂哉　吾兄喜得此理欲與世人共之俾弟鍊趣刊版而印施之目曰善誘文庶觀　吾兄之所編則善誘之意可知矣

嘉定十四年辛巳歲重陽日弟鍊再拜謹序

序終

善誘文

丹究陳錄

趙清獻公座右銘

依本分無煩惱

莫妄想常快樂

待則甚一任他

怎柰何休理會

知足勝持齋萬事隨緣何須特地

無求勝布施無求自安布施貪福

懼法朝朝樂懼則不爲心地常樂

欺公日日驚欺則自知心豈不驚

爭先徑路機關惡急於趨利用心必惡

近後語言滋味長謙退自守情況甚佳

爽口味多須作疾偏勝之來疾疹隨作

快心事過必爲殃一時快意事過傷身

得便宜處莫再去得失無常事不可必

怕人知事莫萌心先察可否然後起意

盛喜中勿許人物不副所願即成妄語

盛怒中勿答人簡既形紙筆溢語難收

無心於事無事於心兩者既語即得解脫

聞諸惡言如風如響彼自妄發何須理會

人有不及可以情恕與心便息事過無悔

非意相干可以理遣當一無事胸中泰然

良田萬頃日食二升一飽之外皆他人享

大廈千間夜臥八尺一席之外皆是餘地

說得一尺行得一寸說而不行損氣無益

但行好事莫問前程好事若行前程自在

超然居士六法圖

日用八如

無私如天地　光明如日月　靜重如須彌　深廣如大海

無住如虛空　隨順如流水　榮辱如空華　寬親如夢幻

守此八如一生事畢

省心雜言

聞善言則拜告有過則喜有聖賢氣象　和以處衆

寬以接下恕以待人君子人也　誠無悔恕無怨和

無仇忍無辱　以責人之心責己則寡過以恕己之

心恕人則全交　寡言省謗寡慾保身　多言獲利不如黙而無害　以忠孝遺子孫者昌以智術遺子孫者亡以謙接物者强以善自衛者良　爲子孫作富貴計者十敗其九爲人作善方便者其後受惠　耳不聞人之非目不視人之短口不言人之過庶幾爲君子　廣積不如教子避禍不如省非　屈己者能處衆好勝者必遇敵　結怨於人謂之種禍捨善不爲謂之自賊　孝於親則子孝欽於人則衆欽　内睦者家道昌外睦者人事濟　食能止饑飲能止

渇畏能止禍足能止貪　知足則樂務貪則憂　爲政之要曰公與清成家之道曰儉與勤　不自重者取辱不自畏者招禍不自滿者受益不自是者博聞　吉凶悔吝非天無有不由己者　張飽帆於大江驟駿馬於平陸天下之至快反思則憂處不爭之地乘獨後之馬人或我嗤樂莫大焉數文李士舉撰

司馬温公訓儉

孔子曰奢則不遜儉則固與其不遜也寧固又曰與其奢也寧儉又曰以約失之者鮮矣又曰士志於道而恥惡衣惡食者未足與議也古人以儉爲美德今人以儉相耻病嘻異哉昔張文節知白爲相自奉養如河陽掌書記時所親或規之曰公受俸不少而自奉如此雖自信清約外人頗有公孫布被之譏公宜少從衆公歎曰吾今日之俸雖舉家衣錦玉食何患其不能顧人之常情由儉入奢易由奢入儉難吾今日之俸豈能常有身豈能常存一旦異於今日家人習奢已久不能頓儉必至失所豈若吾居位去位身存身亡如一日乎嗚呼賢者之深謀遠慮豈庸人所

及哉御孫曰儉德之共也侈惡之大也共同也言有德者皆從儉來也夫儉則寡欲君子寡欲則不役於物可以直道而行小人寡三則能謹身節用遠罪豐家故曰儉德之共也侈則多欲君子多欲則貪慕富貴枉道速禍小人多欲則多求妄用敗家喪身是以居官必賄居鄉必盜故曰侈惡之大也　丹完老人曰知温公之訓儉又當知其所以儉儉之中禮人皆悦服儉不中禮人皆鄙之故處已以儉謂之德待人以儉謂之鄙予恐世人守温公之訓馴致於鄙吝慳

嗇也故云爾

范文正公義田記

范文正公蘇人也平生好施與擇其親而貧疏而賢者咸施之方貴顯時於其里中買負郭常稔之田千畝號曰義田以養羣族之人日有食歲有衣嫁娶凶葬皆有贍擇族之長而賢者一人主其計而時其出納焉日食人米一升歲衣人一縑嫁女者錢五十千娶婦者錢二十千再嫁者錢三十千再娶者十五千葬者如再嫁之數葬幼者十千族之聚者九十口歲

入粳稻八百斛以其所出給其所聚霈然有餘而無窮仕而家居俟代者預焉仕而之官者罷其給此其大較也初公之未貴顯也嘗有志於是矣而力之未逮者二十年既而西帥以至於參大政於是始有祿賜之入終其志公既沒後世子孫至今修其業承其志如公存也公雖位充祿厚而貧終其身既沒之日身無以爲斂子無以爲喪惟以施貧活族之人遺其子而已公之忠義滿朝廷事業滿邊鄙功名滿天下其必有良史者書之予可無書也獨書其義田以警於世云公諱仲淹字希文嘉祐四年八月十日晉陵錢公輔記

黃承事儲穀濟人

尚書張詠守成都嘗夜夢詣紫府眞君繼請到西門黃承事眞君降階接之其禮甚恭揖張尚書坐承事之下夢覺莫知所謂明日問左右西門有黃承事否左右云有亟命召之戒令具常服來既至果如夢中所見者卽以所夢告之問平生有何陰德眞君禮遇如此又坐吾上再三叩之不獲已承事云別無他長

惟每歲收成之時隨意出錢收糴米糧候至來年新陳未接之際糶與細民價例不增升斗如故尚書歎曰此宜居我之上也使兩吏掖之而拜世傳紫府眞君主天下神仙籍如張尚書黃承事亦皆在籍中而黃承事又居其上其子孫青紫不絕非賑濟陰德之大者所致然耶黃承事諱兼濟

竇諫議陰德記

竇禹鈞范陽人生五子儀儼侃偁僖儀禮部尚書儼禮部侍郎皆爲翰林學士侃左補闕偁左諫議大夫

叅知政事倦起居郎初禹鈞家豐厚年三十無子夜夢祖考謂曰爾早修行緣爾無子又壽不永禹鈞唯諾禹鈞爲人素長者先有家僮盜用房錢二百千慮事覺有女年十二三自寫券繫女臂云永賣此女與本宅償所負錢自是遠遁禹鈞見而憐之卽焚其券以其女囑妻曰善撫養之既笄復以二百千擇良配得所歸後僕聞之乃歸感泣訴以前罪禹鈞不問由是父子圖禹鈞像晨與祝壽同宗外姻有喪不能舉公爲出錢葬之因公而葬者凡二十七喪孤遺女貧

不能嫁者公爲出錢嫁之由公而嫁者凡二十八人故舊相知雖與公有一日之雅遇其窘困必擇其子弟可委以財者隨多寡貸以金帛俾之興販由公活者數十家四方賢士賴公舉者不可勝數公每歲量所入除伏臘供給外皆以濟人之急家惟儉素器無金玉之飾室無衣帛之妾於宅南建書院四十間聚書數千卷禮文行之儒延致師席凡四方孤寒之士無供月者公咸爲出之無問識不識有志爲學者聽其自至故其子見聞益博由公之門登貴仕者前後接踵來拜公之門必命左右扶公坐受及公之亡蒙公恩者有持心喪三年以報遺德公之祖考既夢以告無子壽促後十年復夢告之曰汝三十年前實無子且壽促我常告汝今汝數年以來名掛天曹陰府以汝有陰德特延壽三紀賜五子各榮顯仍以福壽而終後當留洞天充眞人位言訖復謂曰陰陽之理。大抵不易善惡之應或發於見世或報於來生天網恢恢疎而不漏此無疑也公愈積陰功年八十二別親戚談笑而盡世稱教子者必曰燕山竇十郎云仲

淹祖與之爲故人實書其事于策以示子孫惜乎不傳于天下故錄以示好善者庶見陰陽報應之理使惡者知所戒焉馮瀛王道贈公詩云燕山竇十郎教子有義方靈椿一株老仙桂五枝芳叅政范仲淹記

修爲果報

儒家言施報佛家言布施果報其實一也佛言欲得穀食當勤耕種欲得智慧當勤學問欲得長壽當勤戒殺欲得富貴當勤布施布施有四一曰財施二曰法施三曰無畏施四曰心施財施者以財惠人法施

者以善道教人無畏施者謂人及衆生當恐懼時吾安慰之使無畏或教以脫離恐懼使無畏心施者身雖不能濟物常存濟物之心佛以孝養父母亦爲布施是凡施於外者皆爲布施故爲下而忠難事上爲長而仁慈安衆爲師而識於教導爲友而誠於琢磨一言一話之間必期有益一動一止之際必欲無傷種種方便利物勿使有所損害皆布施也所爲如此存心又如此後世豈得不獲富貴之報古語云人人知道有來年家家盡種來年穀人人知道有來生何

不修取來生福是今生所受之福乃前世所修者猶今歲所食之穀乃前歲所種者人不能朝種穀而暮食猶不能旋修福而即受所以穀必半歲福必隔世也孔子謂既以爲人已愈有既以與人已愈多皆布施之謂曾子謂出乎爾者反乎爾老子云天網恢恢踈而不漏皆果報之謂是儒道二教皆言施報但不言隔世爾佛以此身爲報身爲報我前世所爲故生此身所以貧富貴賤榮枯壽夭種種不同則前世所爲不同亦可知矣龍舒王日休撰

好生之德

天地以好生爲德故羽毛鱗介無一不遂其性諸佛以慈悲爲念故蠢動含靈無一不適其情此無他只是存心廣大一切衆生皆吾愛子一切血屬皆吾性命則放生詎可緩耶世人當知戒殺止足以解物之冤若能放生不唯與物爲恩又集無窮之福今人處世豈無所願子孫則欲其昌榮名利則欲其超勝以至學道學佛必欲善行圓滿早成正覺余見世人皇皇百計求是數者無一如意曾未知放生因果其效

甚速不觀古人已驗之事難發好生慈悲之心漢楊寶救一黃雀報以玉環令生清白子孫其後震秉賜彪四世三公覩前人子孫昌榮如此則凡爲子孫計者可不以放生爲急乎宋莒公戲編竹橋以度羣蟻遂魁天下福祿壽考當世無比覩前人名利超勝如此則凡爲名利計者可不以放生爲急乎孫真人解衣贖蛇得水府活人之方遂登仙籍壽禪師盜錢放生恬不畏死遂爲大善知識則道佛之獲報應又如何耶且放生之門非止一端或舉於四月八日供佛

之時或施於慶誕日祝壽之際或遇本命或因疾病或過門而憐其無辜或出路而見其可憫皆因果也

會稽丁鋭撰

人與物同

貪生畏死人與物同也愛戀親屬人與物同也嘗謂戮而痛苦人與物同也所以不同者人有智物則無智人能言物則不能言人之力強物之力則微弱人以其無智不能自蔽其身以其不能言而不能告訴以其力之微弱不能勝我因謂物之受生與我輕重

不等遂殺而食之凡一飲一食不得肉則不美至於辦一食又不止殺一物也食鳩鴿鶉雀者殺十餘命方得一羹食蚌蛤蝦蜆者殺百餘命方得一羹又有好美味求適意者則不止據現在之物順平常之理殺而食之或驅役奴隸遠致異品或畜養雞魚犬豕擇肥而旋殺生鱉投槽欲其味入鞭魚造膾欲有經紋聚炭燒蚌環火逼羊開腹取胎刺喉瀝血作計烹煎巧意鬬飣食之既飽則揚揚自得少不如意則怒罵庖者嗟乎染習成俗見聞久慣以為飲食合當如此而不以為怪深思痛念良可驚懼

縣令俞偉撰

眾生愛戀性命

經云一切畏刀杖無不愛壽命故王克殺羊羊奔客而拜訴鄒文立殺鹿鹿跪而流淚驚禽投案請命於魏君窮獸入廬求生於區氏近者沈遇內翰通判江寧府時廚中殺羊屢失其刀窺之乃見羊銜刀而藏之牆下周豫學士嘗煮鱔見有鞠身向上而以首尾就湯者剖之見腹中有子乃知鞠身避湯者以愛子之故楊傑提刑遊明州育王山因晝臥夢有婦女十

數人執紙若有所訴寤遣人往視行廚果得蛤蜊十數枚訴者乃蛤蜊求生也有生愛戀其情如此當其被擒執時前見刀杖乞生無由旁見親聚欲戀不得抱苦就終銜悲向盡既受屠宰復入鼎鑊種種痛苦徹入骨髓當此之時彼心如何今人或為湯火所傷或為針刀誤傷手足痛已難忍必號叫求救至暫時頭昏腹痛或小可疾病便須呼醫買藥百端救療於我自身愛惜如此至於殺物則恣意屠宰不生憐憫未論佛法明有戒勸未論天理明有報應若不仁不

恕惟知受身不知愛物亦非君子長者之所當爲也諦觀物情當念衆生不可不戒不可不戒知縣俞偉撰

受用隨分說

佛言受即是空受謂受苦受樂及一切受用也如食列數味放筯即空出多騶從旣到即空終日遊觀旣歸即空又如爲善事旣畢其勤勞即空而善業具在爲惡事旣畢其快意即空而惡業具在若深悟此理則食可菲薄無過用殺害之冤債出可隨分無勞心

苦人之煩惱遊觀可息無放蕩廢事之愆尤善可勉爲無懈怠因循之失惡可力戒無恣縱怨讎之罪余喜得此理願欲與人共之龍舒王日休撰

五戒之首

佛言五戒以殺戒爲首佛言十業以殺業爲首楞伽經云若一切人不食肉者亦無有人殺害衆生由人食肉故屠者殺以販賣若能悉捨不食是眞修行堪受一切人天供養若於食肉未能盡斷願且以漸次方便除去殺心或者不食四等肉一者曾見殺則不食二者曾聞殺則不食三者人專爲我殺則不食四者家所自殺則不食如是而戒旣不廢常食且於衆生無殺害意至一蚤蝨蚊蚋形雖微小其遭殺受痛亦與牛羊一等勿謂微小便輕殺之至於蛇蝮蜂蠍偶然現前未曾傷人勿謂螫毒便輕殺之至於籠養飛鳥繫閉走獸爲其音聲形狀可以悅吾耳目爲我玩樂令彼憂愁又何不仁也若放之山林使得自在何異罪囚得脫牢獄今日自戒矣遂生慈心慈心旣堅當世世無殺物之意一身自戒則一家必不殺一

家不殺則一鄉必漸效之其爲功利不可稱量佛語無虛理又明白仁人君子幸垂聽而無忽也縣令俞偉撰

東坡放生

蘇東坡自謂竄逐海上去死地稍近心頗憂之願學壽禪師放生以證善果敬以亡母蜀郡太君程氏遺留簪珥盡買放生以薦父母冥福其子邁在東坡之側見所買放生盈軒徹地或躍足乞命或悽惻哀鳴邁憐悲其意亟請放之旁有侍妾名朝雲見邁衣衿

有蜒動覩之乃蝨也妾遽以指爪隕其命東坡訓之曰聖人言近取諸身遠取諸物我今遠取諸物以放之汝今近取諸身以殺之耶妾曰柰囓我何東坡曰是汝氣體感召而生者不可罪彼要當拾而放之可也今人殺害禽魚之命是豈禽魚囓人耶妾大悟自後罕茹腥物多食蔬菜而已東坡舅氏諭之曰心即是佛不在斷肉東坡曰不可作如是言小人女子難感易流幸其作如是相有何不可

黃魯直謂子瞻語

黃魯直謂子瞻曰鳥之將死其鳴也哀某適到市橋見生鵞繫足在地鳴呼不已得非哀祈於我耶子瞻曰某昨日買十鳩中有四活即放之餘者幸作一杯羹今日吾家常膳買魚數斤以水養之活者放而救渠命殪者烹而悅我口雖腥羶之慾未能盡斷且一時從權爾魯直曰吾兄從權之説善哉魯直因作頌曰我肉衆生肉名殊體不殊元同一種性只是别形軀苦惱從他受肥甘爲我須莫教閻老到自揣看何如子瞻聞斯語愀然歎曰我猶未免食肉安知不逃閻老之責乎

樂善錄

宋　李昌齡

心者善之本也究夫所本未始不善不幸富貴利害者汨之故不善之心由是而生其間能不失其本者百無一二焉是以無富貴無貧賤作善者常少而作不善者常多無足怪也然予嘗目擊世間積善之士鮮有不終吉者故易曰積善之家必有餘慶又曰善不積不足以成名噫聖人之言豈欺我哉予少也賤負笈四方經歷世故屢嘗患難凡所聞見踐履有益

於人而可補於世者未嘗不積於中爰攄管見裒集得若干餘事目曰積善錄皆所言修身積德濟物也願與天下善士共行之自王公至於庶人咸知積善之爲終吉故言不文辭不飾每事直述其旨要在明道理達倫類辨是非通世務使賢愚貴賤皆得以洞曉之或曰子之言可謂達理若更加潤色則盡善矣余曰不然本朝文章之盛超軼漢唐所不足者節義區區之見蓋在警世諭俗利物濟人何以文爲所患其間類逆耳骨鯁之言與世俗違者甚多未免有毁譽之私然而公言在我好惡在彼吾何容心哉若夫增廣善事削其繁蕪則有賴於明哲君子時淳熙戊戌冬月序

嚴正

爲父而不能盡父之道則家無孝友之子爲師而不能盡師之道則門無行藝之士爲子而不能盡事父之道則爲不孝爲弟子而不能盡事師之道則爲不知斯四者天下之大經誠不可違也苟欲盡夫爲父爲師之道者無他惟嚴與正而已制之以嚴教之以

正罔不盡善雖文王爲父仲尼爲師不過如是也苟欲盡夫事父師之道者無他惟敬與順而已敬之以禮順其教命則罔有不令雖曾參之爲子顏回之爲弟子不過如是也蓋父猶天也師猶父也其勢雖殊其尊一也爲人而不能盡事父師之道者逆天者也是人也若無人禍必有天刑或曰如彼之頑嚚而嚴不足以制之正不足以教之則嚴正何所措諸予對曰誠有是事也然果人也庸有治之以嚴正而不率者乎苟嚴正不足以治之則非人矣任之可也嘗觀

堯舜不能化朱象盖凡此徒者不可謂之人也人之類而已此韓愈所謂夷狄禽獸皆人者是也予欲天下之爲父子師弟子者各盡其道故發斯言

自守

夫人之爲人莫善於能自守故孟子曰守孰爲大守身爲大守身守之本也盖言人能守其身則能守其本既能守其本則其末者無所不守小而子女玉帛富貴爵祿大而宗廟社稷家國人民皆可守也苟不能自守其本而貧賤得以移其志得喪足以動其心

如此則非其道非其義非其法者安能保其不爲如是則雖小者亦不能自守矧能守其大者乎柰何士之爲士奚可不自守能自守則不失其爲富貴顯達爲士君子不能自守則不失其爲貧賤窮困爲愚無知斯二者斷無疑矣故曰人之爲人莫善於能自守

陰德

人之處世不可不積陰德夫不積陰德者未見其有後也故于定國父治獄多陰德而知其子孫必興孫叔敖有埋蛇之陰德而毋知其必貴信有之矣然陰德亦甚易積不以富貴有力者雖尋常之人皆可積也盖所謂積陰德者非謂廣散金穀多方布施齋設僧道建造寺觀然後謂之積陰德凡爲此者乃愚人作業福非積陰德也或曰何謂業福予對曰盖彼所聚之財取之多不義取不義之財而廣布施設齋供故謂之作業福非積陰德者也夫所謂積者常操不害物之心出入起居種種行方便如此便是積陰德也今姑以其小者言之如蛾之赴火螘之墮淵而吾能救之亦是積陰德矧夫人有饑寒吾能飽煖之人

有疾厄吾能安樂之救人患難解人之仇怨濟人之困貧不沒人之善不成人之惡不言人之過凡此之類皆積陰德也積德之士苟常以方便存心隨力行之不已則陰德亦厚矣殆見天之報也莫匪福壽之增崇門戸之盛大子孫之榮顯有不可辭者予言不欺力行之可也

戒殺

經曰大夫無故不殺牛士無故不殺犬豕至於王者郊祀然後用特牲此禮制然也所以別尊卑之分也

後世壞法棄禮雖庶人而竊食牛牲刻於羊豕乎以庶人而食祀天之品物非惟有罪縱有禍如天亦消去矣蓋彼有不可食者二祀天之物不敢食之有功於民不忍食之若夫道釋者流論食牛罪業之重報應之速予不復舉然而陰陽殊途罪福一致不言而喻凡此等事吾儕患乎不知知之安可不戒也

量飲

予嘗觀世俗會賓客不以貴賤未有不强人以酒者勸人以酒固非惡意然當隨人之量以勸之乃所以

盡賓主之歡也予聞范蜀公接伴 丹勸酒 使馮見善請曰勸酒當以量若不以量如徭役而不用戶等高下彼 也猶且知勸酒以量矧吾儕生乎衣冠之國動容周旋務在中禮奚可以酒强人而使人失禮節亂情性甚至於吐哇而後已此殆不若之如禮實可恥也實可醜也好禮之士苟聞予言當改其過而新其德庶幾無愧古人賓主百拜酒三行之禮也

施惠

世間萬物久聚必散自然之禮也夫金穀寶貨雖萬乘之貴久聚亦散然彼所以散者蓋爲養天下而散也苟不爲此而散必若鹿臺鉅橋而散其散一也以是言之則金穀寶貨國家不能久聚而不散也常人可久聚而不散乎予見世之愚者嘗聚金穀寶貨自謂可使子孫世世而不能散此眞癡漢耳誠可惟笑及夫物之當散也不以水火去則盜賊去兵革獄訟去不肖子孫去此事自古皆然非止今日是故鄧通之銅山不能有萬日石崇之金谷何嘗傳百年金穀

寶貨不可久聚也如此故予欲積善之家常以其餘者廣施惠於親戚朋友故舊鄰里之不足者小民之貧困者人有患難疾苦者苟能如是而散之則彼將復聚於吾子孫者無有窮極蓋陰功陰德厚矣予特爲是說以勉世人迷而不悟者云君子毋謂不知言也

僧道

僧道不可入宅院猶鼠雀之不可入倉廩也鼠雀入倉廩未有不食穀粟者僧道入宅院未有不爲亂行

者此事之必然不可隱者也予竊見富家兒常令僧道入宅院與婦人同起坐而不知耻殆其久而分熟則未有不爲彼所溷污者其間無知之輩至於事露醜出而亦不耻不禁悲夫世間如此等人何異於鳥獸乎予不忍聞見此等事惟欲賢者知之而今而後知僧道不可令入宅院故楚諺亦云此輩只堪林下見不宜引到畫堂前

養生

人之養生唯不可不足若粗足以奉甘旨供祭祀養

妻子備凶荒之外夫復何用良田萬頃日食二升大厦千間夜眠八尺何必區區勞心役己末歲窮年汩汩於殖貨利哉夫如是者乃一守錢　爲兒孫作馬牛也或曰何謂作馬牛予對曰夫富者之爲利莫非放債取厚利恃勢而兼并致使貧下之民終日逐利以償其債負中人之家終身營家業以待其吞併其或事窮力盡則賣妻鬻子身爲奴僕而後已凡此之類無非爲兒孫作馬牛也嗚呼不徒死作馬牛而且生作馬牛矣彼所以不自知其爲馬牛者未變其頭

角與免鞭策耳苟曰爲子孫計則何不積陰德以遺之開義方以教之使子孫自取富貴故易曰積善之家必有餘慶傳曰愛子教之以義方何區區爲彼作奴僕殖貨利哉倘子孫賢必能爲我守之其或不肖則我聚而彼散反取笑於識者此理昭然不必賢知者知其然雖愚者亦知其然也予嘗憫人之苟富貴者不悟其身爲兒孫作馬牛故特爲是說以警之

室家

治室家御妾婦之道當以至正與夫仁術大抵婦人

女子之情性多淫邪而少正易喜怒而多乖率御之以嚴則事有不測其情不知其內有怨蠹未有久而不爲害者率御之以和則動多違禮其事多專其心無憚蠹未有久而不爲亂者二者皆非君子所以處家人之道其失均也故予謂君子之治室家御妾婦當以正而使嚴行其中當以術而使寬在其中則無太嚴太寬之弊然後率之以仁教之以義和之以禮撫之以恩勿聽其言勿受其制勿從其役任以可責之事使以不怨之勞有能不可太寵有過不可窮治

舉動不爲彼所識措畫不爲彼所料如是則彼之平昔所可逞者皆在吾術中矣雖欲事不測而情不和動違禮而專自專內有所怨心無所憚不可得也夫是數者既不可得而爲則君子之治家室御妾婦之道如斯而已矣

子弟

今子弟之大失者有三自少即思衣服之鮮華飲食之豐美惟利己之驕惰安逸而不卹人之規正一也不知誦讀經史惟事嬉遊度日稠人廣坐論古今之

道則懵無所知聞世俗之言則欣然而喜既不知恥習以爲常二也身既無學且復忌人之學故於勝己者則遠而不近於佞己者則悅而相親所言莫非庸下所思莫非頗僻三也有此三失父母兄弟所不喜君子長者所不與上官鉅人所不肯薦揚欲立身成名起家以其祖宗可乎苟能甘淡泊而務學問近有德而遠下流則所知者聖賢之道所聞者正大之言所交者正大之士所行者向上之事如此豈不足以成名乎哉爲子弟者幸毋以予言爲耄

此叅與東谷所見可補世範家箴

東谷所見

宋　李之彥

余閒居兀坐綱事動心據所見隨錄友朋目之屢請刊行不可辭然任意迅筆肆言無忌余所見與人所見未必盡合也有見喜亦有見而怒知我罪我其惟此見乎歲淳戊辰小春永嘉東谷李之彥自序

先塋

人子之於親苟能生事之禮雖薄與祭致其力何是以言孝故曰祭之厚不如養之薄吾鄉多於至節歲節清明詣墳所半載餘寘其親於荒墟已為非禮乘祭之後大率與兄弟妻子親戚契交放情遊覽盡歡而歸至節歲節拜掃松也祗賞梅耳清明非省墓也祗踏青耳然則人子何以處此當揆之於心乎曰稍能孝養雖祭後舉杯酌亦未害若孝養有虧節當收飲酒饌返舍潛自尅責庶幾亦不至大得罪於名教大獲譴於造物余嘗喜一前輩作初入仕啓兩句云祿不及親飽妻孥而何益遂摘其兩句忠未報國對師友以多慚

壽命福德

願我壽命長常行一切善願我福德盛普濟一切人此語恐未為的論人之念慮一正則萬善可觸類而通行一善則萬善皆萌蘗於此若必待壽命長而後行一切善　壽命不長一切善必不行矣顏子如之何而造道耶此兩句猶庶幾如下兩句則有大不然者願我福德盛普濟一切人則是我獨富足人多窘匱我常得為人之惠主人皆仰我以周給是誠何心哉余欲改此兩句曰願人福德盛不待我普濟

殺人欠債

諺有之殺人償命欠債還錢理也近世豪家巨室或力使令逼人致死但捐財賄餌血屬坦然無事至如人或逋負督迫取償必使投溺自經然後已由此觀之乃是殺人還錢欠債償命

異端

士君子莫不知崇尚正學排斥異端然朝廷及州縣間遇旱澇凶荒非黃冠設醮則浮圖禮懺乎日排斥

興端至此則倚仗興端豈吾儒乏感格之道耶切所未喻

簡翰

每見近日簡翰動輒端拜申恭百拜稟申皇懼俗踊九頓百拜稟申有官君子趍事長官則有狀申劄申如申縣申州申監司申朝省之類吾輩家尋常書問往來何必用申字又有所謂加拜申稟尤爲可笑先王制禮無過不及拜豈可加也哉昔韓昌黎上宰相書只寫再拜本朝前輩簡翰或再拜或頓首昌黎諸

公豈傲世者正以禮不可過也今之端拜籲拜加拜百拜又有覆帖申待平交如此事君父當如何其勢必千拜萬拜可也且如奏疏亦只恍惶恍懼頓首頓首而已何嘗百拜何嘗九頓吾不知習俗所尚果誠實耶抑虛僞耶果謙遜耶抑諂媚耶因有一說往年楊慈湖先生守吾邦嘗作一書付局兵令急出關未敎遣人追回吏輩將謂書有錯誤飭兵至慈湖取書寘中堂几上焚香再拜畢復付之蓋爲書中寫頓首再拜上覆偶遺忘　拜然後遣若加拜百拜者皆如慈湖用心此等書　能寫得幾封今簡翰只寫再拜或頓首乃見古人相與之意

物價

物價騰踊甚之甚矣若得八人同心事事節損皆務儉素不尚侈靡則物價亦可漸平室廬惟取容膝則木石等類自不可得而貴衣服惟取蔽體則羅綺文繡自不可得而貴飲食惟取充腹則美味珍品自不可得而貴器具惟取適用則珍奇精巧自不可得而　非泛不切微末細瑣人家可省則省則物價

卜有漸平之理奈何風俗好奢人情好勝競尚華居　靡衣競嗜珍饌競用美器豪家巨族固宜嚮用夫賤隸卒富暴貴豈惟效尤又且過之或先期予以錢後期取人之物惟欲快吾之用度一聽其邀之高穹如此則物安得不貴且如有物于此我方以爲僅直十金未幾人急欲得之雖倍其直不靳又爭欲得之更倍其直亦不靳不過踊貴之流反煽踊貴之焰如此則　安得不貴甚可慮者一日復貴一日一年復貴一　一何其勢必至於此吾故謂

不必咎物價之踊貴但當咎風俗之侈靡轉移風俗豈無其道耶又豈無其術耶林野老樵不敢深言

養子

知子莫若父當年少時觀其讀書之利鈍行事之醇疵即可覘其終身之賢不肖也使其賢耶他日自能成立何必勞心勞力積財以遺之而損賢者之志也使其不肖耶他日必致敗壞又何必勞心勞力積財以遺之而益不肖之過也縱不免儲蓄以爲憑藉之計亦豈可妄求而自取損德之殃世廼有明見其子

之不肖猶挾兎狡而規利逞鼠技以貽謀殊不知一傳而傾覆有不待其父之瞑目而家貲已散而之他矣吁有此豚犬枉作馬牛

招師

招師教子弟正望其成人克紹實非細事不可忽也中產之家師席固不當需索富貴之家何待師席之需索書院中凡百自當如儀每見富貴者寧費財多聚納好寵姬何嘗肯隆禮厚幣延好師席寵姬辦首飾則甚易子弟買書冊則甚難蘭房用度必是周緻

書院缺典寘之不問氣象如此宜乎碩師去而庸師來碩師有抱負有見識合則留不合則去庸師無學問以自持惟佞諛而媚主庸師固棲身之謀一年復留一年子弟乏開導之益一日昏鈍一日及其塊然一物而已耳

教導

嘗聞之先人曰昔一士子赴省試甚愜意在京華待榜因遊僧寺廊廡有禱相者遂扣之相者曰公骨相寒苦縱才高班馬文過韓柳亦不能成名士子不信

揭榜果黜再往問我之終身果何如相者曰以公之骨相豈敢相許若於功名用心之切莫若種大陰德恐可以回造化士子歸途心口自語我居窮迫貧濟人利物事安能爲之何以種陰德徐而思之我平日常假館每見爲師席者多誤人家子弟我從今只留心教導以此種德後三年復預計偕赴省復愜意尋寺中相者尚在一揖間相者曰公丰神照人定應榮達士子曰我赴省待榜相者曰高中無疑揭榜果然士子往謝之曰何汝向者拒我之峻今日許我之確

耶相者曰某不記公丰采士子歷述前事相者曰公形骨俱換矣爾心教人非陰德而何宜造物之默相也余遊湖海四五十年教公卿大夫之子孫屢矣教尋常白屋之類亦多矣未嘗以其貧富貴賤束脩多寡貳吾心此語可以對越但才名不就身計蕭然靜坐反思得非生平五典不飭百行有虧造物特以摧敗困躓罰之耶今年六十有八肢體康健耳目聰明飲啗自若百病不侵意者教導一節亦有可取造物姑壽之耶余不敢自恕但當自警然見近時教童蒙

者語孟句讀亦多錯舛教作文者只謄公本襲有新功誤人子弟寧逃陰譴甚而花街柳陌師生同遊嘗利下流廉所不爭其間有不孝不悌不友不恭曾未聞一言糾其過徙於小廉曲謹腐爛時文以此稱功盡亦即赴省士子事思之前輩謂不究心教導所得束脩與受賦同此言甚當

勸學文

勸學文曰書中自有黃金屋又曰賣金買書讀讀書買金易自斯言一入于胸中未得志之時已萌貪饕既得志之後恣其掊克惟以金多爲榮不以行穢爲辱屢玷白簡恬然自如雖有清議寘之不恤然司白簡持清議者又未必非若而人也奚怪乎玩視典憲爲具文一切寘廉耻於掃地氣習日勝若根天真惟知肥家庇族而已亦不知其爲蠹國害民也得非蔽錮於勸學文而然耶是固不可不深責貪饕之徒亦不可不歸咎於勸學文有以誤之也

富貴貧賤

貧賤不如富貴耶抑富貴不如貧賤耶人莫急於溫

飽靡衣華飾固美矣然補破遮寒其爲溫則一也其味盛饌亦佳矣然糲食充饑其爲飽則一也溫飽之餘何必羨富貴哉彼委積愈厚鞭算愈切鬚鬢愈白計慮愈深第宅田園器用服飾曷嘗見其厭足爲子計又爲孫計惟恐其不克紹日間飲膳失期會夜亦不能甘寢貧賤者不如是之勞苦也肥甘沈酣乃致疾之媒粉白黛綠皆喪身之具動由順境難禁摧挫少不如意或飲氣嘔血而暴亡素處豢養不耐風霜稍有感觸雖良藥有所不能療貧賤者不如是之脆

弱人致富召怨　多貲有意外懷璧其罪水火盜賊刑禍戮辱其終必不能免官爵雖高水山亦險蕭蘊直戮載在史冊者不可枚數貧賤者不如是之驚危也富貴者勞苦貧賤者清閒富貴者脆弱貧賤者堅固富貴者驚危貧賤者安泰孰謂貧賤不如富貴耶吁富貴而傲忽貧賤惑之甚也貧賤而諂諛富貴惑之尤甚也

錢

半輪殘月掩塵埃依稀猶有開元字想見清光未破

所見　九

時買盡人間不平事古人詠錢如此以余觀之錢之爲錢人所共愛勢所必爭骨肉親知以之而構怨稔隙公卿大夫以之而敗名喪節勞商遠賈以之而捐軀殞命市井交易以之而鬪毆戮辱作來作去倏貧倏富其籠絡乎一世者大抵福於人少而禍於人多熟視其形模　旁着兩戈字眞殺人之物而世人之悟也呼錢乎錢乎以我之貧求汝活我而不可我固無奈汝何以我之不貪汝欲殺我而不可得亦無奈我何

名利

或問殷浩曰將涖官而夢棺將得財而夢糞何也浩對曰官本臭腐故將涖官而夢尸財本糞土故將得財而夢穢世以爲知言余因喜曰余之不得名利者是造物不以臭腐待我也不以糞土予我也出之於汙穢之從而躋之於清高之境脫之於鄙陋之地而措之於道義之域拜造物之賜多矣世人名利稍不得志輒起怨尤何其蠢哉

朋友

所見　十

君子以文會友以友輔仁友之者友其德也當親密之時握手論心必使君臣父子之倫兄弟夫婦之倫粹然一出於正此交友第一義　變日薄友道掃地惟酒饌追隨有無周濟穢言相謔術數相勝於是規圖便利諂諛取容此妾婦耳非友也陷以濡沫其效奔走此奴隸耳非友也惟恐少有攖拂而取疎遠故隨事苟徇而覬覦寄乘其父子之睚眦即導之以不慈不孝乘其兄弟之鬩墻即導之以不友不恭乘其夫婦之反目即導之以不琴不瑟謬引古今

眩亂是非指鹿爲馬野鳥爲鸞皆此等輩也其間稍有見識廉耻者必浩然而去所友者惟小人抑亦何所不至哉

故舊

故舊不遺則民不偷世俗薄故舊衰平日司筆硯同出處同貧賤同患難相與相愛不啻骨肉一旦得志有若路人吠犬不忘家燕尋故壘彼既犬燕之不若亦何足責世人多以富貴忘舊爲慨此特不能理遣耳理遣宜如何曰譬似當初不相識

藥石

方今藥材鄙賤者且數十倍於前貴細者有數十倍於前至携金遶市鋪求之不獲者人孰不知真藥之難得如此凡設鋪而招人贖僞藥者愚也贖僞藥而頓療病者愚亦甚矣吾輩宜何策且宜於飲食衣服上加謹古人首重食醫春多酸夏多苦秋多辛冬多鹹調以滑甘平居必節飲食飯後行三十步不用開藥鋪飲食之加謹者此也急脫急着勝如服藥衣服之加謹者此也或有疢疢奉行不服藥得中醫之語藥石雖貴未害也最是孝子慈孫侍奉親庭豈忍坐視其病而不救家有餘蓄尚可得良劑貧窶所迫將若之何貧者固難得良劑富者縱得良劑又未必有良醫余因念及此仰天而祝曰願天下人安樂

好官好人

偶見士大夫壁間碑刻云好官易做好人難做衆咸謂知言余切以爲不然好人何難做之有仁義禮智行之在我孝悌忠信行之在我人皆可爲堯舜途之人亦可爲禹人自不爲之耳乃若欲做好官必鑽刺

必營求必俯仰脇肩諂笑餙氣促步惟恐人擯斥其趦趄之不周外壞面目內壞心術曾莫之顧求而得者能幾人求而不得者總總也縱求而得所喪已大甚矣做好官之難也

謙遜

常見世人行不肯在人先坐不肯在人上歛衽退縮至再至三謙遜之風良可嘉尚及其見利則逝見便則奪惟恐或後於人雖骨肉亦疎絕契交反眼不相識當行不先人坐不上人之時亦知謙遜爲美事抑

何臨小利害乃樂爲是不謙不遜耶矯情可强也眞
情不可遏也

借親

父母垂死人子於此正哀痛徹骨幾不欲生之時也
今人反以送死爲緩惟以借親爲急父母死未即入
棺仍禁家人輩未得舉哀棄親喪之禮而講合卺之
儀寘括髮之戚而修結髮之好此　禽獸之所不
忍爲而世俗皆樂爲之雖簪纓詩禮之家亦相率而
行恬不爲怪不知作俑者誰耶

所見　八　十三

養軍

近年郡家每月遍期旋糴軍糧支散浙右素號沃饒
亦如此艱闕萬狀蔑裂百端甚而折錢價直峻減又
甚而拖欠未即舉償軍人敢怨而不敢言蓋明知皆
前太守屢任席卷之罪未可咎今太守不能措辦之
過也吁飽目前之欲不顧後來之憂徇一家之謀不
卹一郡之害留之家家未必能保付之子孫子孫未
必能久徒貽害如斯其烈也使後之爲守者其果賢
耶則背理傷道決有所不敢爲生財足用必無所措
手足惟以即能罷去爲幸殆類范文子使祝宗祈死
無及於難其亦可哀也已果不賢耶則行爲富不仁
之政用移東補西之術決江海以救焚焚滅而溺至
飲鴆爵以止渴渴止而身亡號爲能吏不過如此且
幾年養軍今日掣肘物價騰踊民不聊生萬一荒歉
群盗必起諸軍素抱乏糧之怨孰爲可備警急之入
其辭甲使鶻遇暴者反爲暴滔滔皆是也當是時禍
必先及於富貴充溢之家不知爲鄉貴爲巨室亦慮
及此否然則慮之當如何積而能散

所見　八　十四

理學

理學湮泊久矣士子不能講貫考官亦罔聞知蓋今
日之考官即前日之士子也方冊中文字害理者不
廖其多不堪着眼姑即其一者言之事大體重莫如
省試近年欽哉屢省乃成欽哉乃賡載歌曰元首明
哉股肱良哉經魁以敬立而德不孤立說易曰敬以
直内義以方外敬義立而德不孤是則敬義可以相
有而不可以相無豈得獨指敬耶聖經又豈可滅一
字耶不知當時爲知舉爲參詳爲小試官亦曾聞有

所謂理學否經魁且爾一物可想者試如此他試可
如余所謂今日之考官即前日之士子是也我朝
孝宗皇帝一日與崔敦詩論文章關世變敦詩曰臣
觀建炎詔文義理明而氣勢壯便知天下必能中
興遂誦一篇　孝廟諦聽　天顏喜甚又問曰六朝
五代之文如何敦詩曰六朝之文破碎遂有土地分
裂之象五代之文粗悍遂有草茅崛起之象　上嘉
歎曰卿論得此甚好今日之文義理斷喪其象當如
何有識者可以觀矣

獄訟

余近年歸故里首拜先壠爲不肖姪童其山當時不
勝哀憤亟訪鄉貴求緘一狀投之郡守因見其書院
榜示謂某望毋言輕親故或欲緘狀不敢奉命當今
之世得恐姑且恐求直未必直余遂不啓齒續見有
官君子云某家亦曾訴伐墓木者十八狀追人不出
徒重費財余含垢飲氣而已近有所聞又爲之驚駭
今日囹圄供荅不由於民情可否一聽於吏手往往
爽自撰情款一本令囚人依本書之更不可增損一
字真情無所赴愬呼天神不聞號地祇不聽痛哉寃
哉夫獄訟所以平曲直雪寃枉也今有財者勝無財
者負有援者伸無援者屈豪强得志貧弱飲寃此豈
國家之福耶愚願士大夫司聽斷者在在持平如衡
事事至公如鑑天下何患不太平

寒暑

寒猶可禦而暑不可避涼亭水榭風車簟枕世不多
有縱有之遇流金爍石之時其爲熱自若也方食冷
物又恐生病方食熱物汗決如雨思之爲人何益於

事刻得喪利害不能理遣而心火熾盛妻孥累重支
吾不暇而家火逼迫當此流火而心火家火爲之俱
焚鑊湯爐炭一時頓現一年復一年髮白面皺催人
死途不自知也余觀此境界所以不願有生

茹素

世人以茹素爲齋戒豈知聖賢之所謂齋者齊也齊
其心之所不齊所謂戒者戒其非心妄念也無一日
不齊無一日不戒今之人每於斗降三八庚申甲子
本命日茹素謂之齋戒不知其平日用心何如也況

在茹素之日事至吾前輒起利佝欲損入害物不知其茹素何爲也古語兩句甚好寧可葷口念佛莫將素口罵人

謀利

利者害之對纔謀利卽有害然謀利營生世所不免爲富不仁人所當戒有能於其間寡願少取殆庶幾焉敢是不仁之甚者糶糴一節聚錢運本乘米粒很戾之時賤價以糴翹首企足俟青黃不接之時貴價以糶其糴也多方折抑以取羸其糶也雜糠粃而虧

斗斛天生百穀以存活一世而謀利之徒不欲其豐而幸其歉不喜其飽而願其饑逆天心拂人心以此致富而望綿遠萬萬無此理又有富貴之家積穀以邀價放債以取息開庫以解質與民爭利不一而足方且語人曰吾家支遺頗廣不得不如此耳吁倘用度果不足曷不減損環列之侍姬曷不謹節非乏之費用乃甘爲是很貪使水火盗賊之災刑禍戮辱之危子孫蕩覆之報不在目前則在他日昭然有不能免者善乎孟子有言曰不仁者可與言哉不仁而可與言則何亡國敗家之有

閒

造物之於人不靳於功名富貴而獨靳於閒天地之間日月之運行星辰之躔度寒暑之推移山川之流峙草木之生息機發輪轉無一息停焉天地且不得閒而閒豈人之所易得哉高爵厚祿清資顯秩班于朝廷列于州縣不知其幾而樂恬退者倒指不一二日顛冥于仕途姑托親戚契識買田園營第宅不蔑一見而身亡其有被劾之餘安意家食特迫於勢窮

力屈而然非其本心也對賓客方有築室邀耕高潔自許之清談入私室又作搖尾乞憐于時求進之尺牘囊篋鎖鑰惴惴于手收支簿書介介于懷一日十二時無一隙得暇而好山好水風清月明何嘗見此風景縱或見之又何嘗識此旨趣勞勞攘攘死而後已若夫富家翁守錢虜抑又不足道也名曰享富貴其實一傒子孰若安分清閒之野叟哉故曰身閒則爲富心閒則爲貴又曰不是閒人閒不得閒人不是等閒人

貪欲

五十不造宅六十不製衣縱饒得受用能有幾多時余年延七旬儘宜省事乘閑息心退步何必貪欲於受用無幾之日圓覺經云諸苦所因貪欲爲本余庶幾乎免矣蓋貪欲二字壞盡世間人得便宜處再往得便宜事再做終有悔吝之時今日進得一步明日又求進一步恐是顛躋之兆堆金積玉來處要明越分過求餘殃在後臥病垂死術數未休幾年勞役一塲春夢明珠一百斛更添百斛也只心不足候印十九枚更添一倍也只眉不開孔丘盜跖俱塵埃少陵老子今亦安在哉

所見　十九

禱祈

世人不思積善積惡殃慶各以類至惟托緇黃誦經持呪或謂保扶或謂禳災或謂薦亡如此則有資財者皆可免禍矣昔寒山見人家懸幡因作頌曰半作幡身半作脚挂在空中驚鳥雀行住坐臥思量着只好把與窮漢做褲着達哉斯言

科舉

永嘉科舉極狼狽只緣多試一日以至士子多膽公本只書義終塲自有三萬三千餘卷考官例以雷同冗長視之僅看兩三日已厭惡矣其間好文字多不及考而謬黜之考官亦不能識中才之考官眩惑於卷之多又無所别白加之吏胥作弊不一取士之法於是大壞若得善舉送者申明條制痛革諸弊一人只許一卷庶無負國朝設科之美意

太行山

有一主一僕久行役忽登一山遇豐碑大書太行山

所見　二十

三字主欣然曰今日得見太行山僕隨後攇攇官人不識字只是太行山安得太行山主叱之僕嫺笑不已主有怒色僕反謂官人試問此間士人若是太行山某罰錢一貫與官人若是太行山官人當賞某錢一貫主笑而肯之行至前鬧市學讀書聲主曰只就讀書家問遂登其門老儒出接主具述其事老儒笑曰公當賞僕矣此只是太行山僕在側視主曰又却某之言是主揖老儒退僕請錢即往沽飲主俟之稍久大不能平復求見老儒詰之將謂公是土居又讀

書可證是否何亦如蠢僕之言太行耶老儒大笑曰公可謂不曉事一貫錢瑣末耳敎此等輩永不識是太行山老儒之言頗有味今之有真是非遇無識者正不必與之辯

説郛目録

卷第七十四

山家清供

宋　林洪

青精飯

青精飯者以比重穀也按本艸南燭木今黑飯艸即青精也采枝葉擣汁浸米蒸飯曝乾堅而碧也久服益顏延筭仙方又有青石飯世未知石爲何也按本艸用青石脂三斤青粱米一斗水浸越三日擣爲丸如李大日服三丸可不饑是知石脂也二法皆有據以山居供客則當用前法如欲則效此方辟穀當用

後法每讀杜詩曰豈無青精飯令我顏色好又曰李侯金閨彥脫身事幽并當時才名如李杜可謂切于愛君憂國矣天乃不使之壯年以行其志而使之俱有青精瑤艸之思惜哉

碧澗羹

芹楚葵也又名水英有二種荻芹取根赤芹取葉與莖俱可食二月三月作英時采之入湯取出以苦酒研子入鹽與茴香漬之可作葅惟淪而羹之既清而馨猶碧澗然故杜甫有香芹碧澗羹之句或曰芹微艸也杜甫何取而誦詠之不暇不思野人持此猶欲以獻于君者乎

苜蓿盤

開元中東宮官僚清淡薛令之爲左庶子以詩自悼曰朝日上團團照見先生盤盤中何所有苜蓿上欄干飯澁匙難滑羹稀筯易寬以此謀朝夕何由保歲寒上幸東宮因題其傍有若嫌松桂寒任逐桑榆煖之句令之惶恐謝病歸每誦此詩愚同宋雪岩伯仁訪鄭野鑰見取種者因得其種并法其葉綠紫色而莖長或丈采用湯焯油炒鹽如意羹茹皆可風味本

不惡令之何爲厭苦如此東宮官僚當一時之選而唐時諸賢見于篇什皆爲左遷令之寄興恐不在此盤賓僚之選至起食無餘之嘆上之人乃諷以去吁薄矣

考亭蔊

考亭先生每飲後則以蔊菜供一出于盱江分于建陽一生于嚴灘石上公所供蓋建陽種集有蔊詩可考山谷縣孫崿以沙臥蔊食其苗云

太守羹

蔡遵爲吳興守郡齋前自種白莧紫茄以爲常餌世之醉醲飽鮮而急于事者視此得無愧然茄莧性俱微冷必加薑爲佳耳

冰壺珍

太宗問蘇易簡曰食品稱珍何者爲最對曰食無定味適口者珍臣心知齏汁美太宗笑問其故曰臣一夕酷寒擁爐燒酒痛飲大醉擁以重衾忽醒渴甚乘燭中庭見殘雪中覆一齏盎不暇呼童掬雪盥手滿

飲數缶臣此時自謂上界仙廚鸞脯鳳腊殆恐不及屢欲作冰壺先生傳記其事未暇也太宗笑而然之後有問其方者僕答曰用清湯浸以菜荳解渴一味耳或不然請問之冰壺先生

藍田玉

漢地理志藍田出美玉魏李預每羨古人餐玉之法乃往藍田果得美玉預卒采治爲屑服餌而不絕酒色偶疾篤謂妻子曰服玉必屏居山林擯棄嗜欲當大有神效而酒色不絕自致于死非玉過也要之長生之法能清心戒慾雖不服玉亦可矣今法用瓠一二枚去皮毛截作二寸方片爛蒸以餐之不可煩燒鍊之功但除一切煩惱思想久而自然神清氣爽較之前法差勝矣故名法製藍田玉

豆粥

漢光武在蕪蔞亭時得馮異奉豆粥至久且不忘報況山居可無此乎用瓦甁爛煮豆候粥少沸投之同煮既熟而食東坡詩云豈如江頭千頃雪茅簷出沒晨烟孤地碓舂秔光似玉沙甁煮豆軟如酥老我此

身無著處賣書來問東家住臥聽鷄鳴粥熟時蓬頭曳杖君家去此豆粥法也若夫金谷之會徒咄嗟以誇客孰若山舍清談徜徉以候其熟也

蟠桃飯

采山桃用米泔煮熟漉置水中去核候飯湧同煮頃之如盦飯法東坡用石曼卿海州事詩云戲將桃核裹紅泥石間散擲如風雨坐令空山作錦綉倚天照海光無數此種桃法也桃三李四能依此法越三年皆可飯矣

寒具

晉桓元喜書畫客有食寒具不濯手而執書帙者偶涴氏之後不設寒具此必用油蜜煎者要術并食經皆只曰環餅世疑饊子也巧夕餕蜜食也杜甫十月一日乃有粔籹作人情之句廣記則載寒食事總三者俱可疑乃考朱氏注楚詞粔籹蜜餌有餦餭些謂以米麵煎熬作之寒具是也以是知楚辭一句自是三品粔籹乃蜜麵之乾也十月開爐餅也蜜餌乃蜜麵少潤者乃蜜食也餦餭乃寒食寒具無可疑者闔

人會娟名煎餔以糯粉和麵油煎沃以糖食之不濯手則能汙物且可留月餘宜禁烟用也吾翁和靖先生山中寒食詩云方塘波綠杜蘅青布穀提壺似足聽有客初嘗寒具罷據梧痛飲散幽襟信乎此爲寒食具矣

黃金鷄

李白詩云亭上十分綠醑酒盤中一味黃金鷄其法燖雞淨洗用麻油鹽水煮入葱椒候熟擘飣以元汁別供或薦以酒則白酒初熟黃鷄正肥之樂得矣有如新法用炒等製非山家不屑爲恐非眞味也每思茅容以鷄奉母而以菜奉客賢矣哉

槐葉淘

杜甫詩云青青高槐葉采掇付中廚新麵來近市汁滓宛相俱入鼎資過熟加餐愁欲無卽此見其法于夏采槐葉之高秀者湯少瀹研細濾清和麵作淘乃以醯醬熟蒸簇細茵以盤行之取其碧鮮可愛也末句云君王納凉晚此味亦時須不惟見詩人一食未嘗忘君且知貴爲君王亦珍此山林之味旨哉詩乎

地黃淘

崔元亮海上方治心痛去虫積取地黃大者淨洗搗汁和細麵作淘食之出虫尺許卽愈正元間通事舍人崔杭女作淘食之出虫如蟇狀自是心患除矣本艸浮爲天黃半沉爲人黃惟沉底者佳宜用清汁入鹽則不可食或淨洗細截挾米煮粥良有益也

梅花湯餅

泉之紫帽山有高人嘗作此供初浸白梅檀香末水和麵作餛飩皮每一叠用五出鐵鑿如梅花樣者鑿

取之候煮熟乃過于鷄清汁内每客上二伯餘花可想一食亦不忘梅後留玉堂元剛亦有詩恍如孤山下飛至浮西湖

椿根餛飩

劉禹錫著樗根餛飩皮法立秋前後謂世多痢及腰痛取樗根一兩握擣篩和麵捻餛飩如皁莢子大清水煮空腹十枚並無禁忌山家晨有客至先供之十數不惟有益亦可少延早食椿實而香樗疎而臭惟椿根可也

玉糝根羹

東坡一夕與子由飲酣甚槌蘆菔爛煮不用它料只研白米爲糝食之忽放箸撫几曰若非天竺酥酡人間决無此味

百合麵

春秋仲月采根暴乾擣篩和麵作湯餅最益氣血又蒸熟可以佐酒歲時廣記二月種法宜鷄糞化書山蚯化爲百合乃宜鷄糞豈物類之相感也

栝蔞粉

孫思邈法深掘大根厚削至白寸切水浸每旦易之五日取出擣之以力貯以絹囊濾爲玉液候其乾矣可爲粉食雜以粳糜糊起雪色似乳酥酪食之補益又方取實酒炒爲引腸風血下可愈

素蒸鴨

鄭餘慶召親朋食敕家人曰爛蒸去毛勿拗折客意鵝鴨也良久各蒸壺蘆一枚耳今岳倦翁珂書食品付庖者詩云動指不須占染鼎去毛切莫拗蒸壺岳勳閥也而知此味異哉

黄精果

仲春深采根九蒸九暴擣如飴可作果食又細切食水二石五升煮去苦味漉入絹袋壓汁澄之再煎如膏以黄米作餅約二寸大客至可供二枚又采苗可爲菜茹隋羊公服法芝艸之精也一名仙人餘糧其補益可知也

傍林鮮

夏初竹筍盛時掃葉就竹邊煨熟其味甚鮮名曰傍林鮮文與可守臨川正與家人煨筍午飯忽得東坡

昔詩云想見清貧饞太守渭川千畝在胸中不覺噴飯滿案想作此供也大凡筍貴甘鮮不當與肉爲侶今俗庖多雜以肉不思纔有小人便壞君子對此君成大嚼也世間那有楊州鶴東坡之意微矣

凋菰飯

凋菰葉似蘆其米黑杜甫故有波翻菰米沉雲黑之句今胡穄是也曝乾礱洗造飯既香而滑杜甫又云滑憶凋菰飯又會稽人顧翱事母孝著凋菰飯翱常自采擷家瀕大湖後湖中皆生凋胡無復餘艸此李

翱也世有厚于奉己薄于奉親者覩此寧無愧乎嗚呼孟筍王魚豈偶然哉

錦帶羹

錦帶又名文官花條生如錦葉始生柔脆可羹杜甫故有香聞錦帶羹之句或謂蓴之縈紆如帶況蓴與菰同生水濱昔張翰臨風必思蓴鱸以下氣按本艸蓴鱸同羹可以下氣止嘔以是知張翰在當世意氣抑欝隨事嘔逆故有此思耳非蓴魚而何杜甫卧病江閣恐同此意也謂錦帶爲花或未必然僕居山時固有羹此花者其味亦不惡

煿金煮玉

筍取鮮嫩者以料物和薄麪拖油煿如黄金色甘脆可愛舊好莫友訪霍如菴延早供以筍切作方片和白米煮粥佳甚因戲之曰此法製惜精氣也濟顛筍疏云拖油盤内煿黄金和米鐺中煮白玉二者兼得之矣霍北司貴公也乃甘山林之味異哉

土芝丹

芋名土芝大者裹以濕紙用煮酒和糟塗其外以糠

皮火煨之候香熟取出安坳地内去皮温食冷則破血用鹽則洩精取其温補名土芝丹昔懶殘師正煨此牛糞火中有召者卻之曰尚無情緒收寒涕那得功夫伴俗人又居山人詩云深夜一爐火渾家團欒坐芋頭時正熟天子不如我其嗜好可知矣小者煨乾入瓮候寒月用稻艸盦熟色香如栗名土栗雅宜山舍擁爐之夜供趙西安詩云煮芋雲山上蓋得于所見非苟作也

柳葉韭

杜詩夜雨剪春韭世多誤爲剪之於畦不知剪字極有理蓋于煠時必齊其本如烹雞圓齊玉筯頭之意乃以左手執其末以其本鹽湯內少剪其末棄其觸也只煠其本帶性投冷水中出之甚脆然必以竹刀截之又方采嫩柳葉少許同煠佳故曰柳葉韭

松黃餅

暇日過大理寺訪秋岩陳評事留飲出二童歌淵明歸去來辭以松黃餅供酒東方平羨有超俗之標飲此味使人灑然起山林之興覺駝峯熊掌皆不若矣

山家清供　八　十一

春來松花黃和蜜模作餅狀不惟香味清亦有所益也

酥瓊葉

宿蒸餅薄切塗以蜜或以油就火上炙鋪紙地底上散火氣甚鬆脆且止痰化食楊誠齋云削成瓊葉片嚼作雪花聲

元脩菜

東坡有巢故人元脩萊詩每讀豆莢圓而小槐葉細而豐之句未嘗不實搜畦壟間必求其是詩詢諸老圃而罕能道者一日永嘉鄭文千歸自蜀過梅首叩答之曰蠶豆也即是彎豆也蜀人謂之巢菜苗葉嫩時可采以爲茹擇洗用真麻油熟炒乃下鹽醬煮之春盡苗葉老則不可食坡所謂點酒下鹽豉縷橙芼蕈蔥者正庖法也君子恥一物不知必游歷久遠而後見聞博讀東坡詩二十年一旦得之喜可知矣

紫英菊

菊名治墻本艸名節花陶注云菊有二種莖紫氣香而味甘其葉乃可羹莖青而大氣似蒿而苦名苦薏

山家清供　八　十二

非也今法春采苗葉洗焯用油略炒熟下薑鹽作羹可清心明目加枸杞尤妙矣天隨子杞朱棘爾菊未莎其條如何本艸杞葉似榴而軟者能輕身益氣其子圓而有棘者名枸棘不可用杞菊微物也有少差猶不可用然則君子小人豈容不辨哉

銀絲供

張約齋性喜延山林湖海之士一日午酌數杯後命左右作銀絲供且戒之曰調和教好又要有真味衆客謂必鱠也良久出琴一張請琴師彈離騷一曲衆

便知銀飾乃琴絃也又要有眞味益取淵明琴書中有眞味之意也張中貴勳家也而能知此眞味賢矣哉

鳬紫粉

鳬紫粉可作粉食其甘滑異于它粉偶天台陳梅廬見惠因得其法鳬紫爾雅一名芍郭云生下田似龍須而細根如指頭而黑卽荸薺也采以暴乾磨而澄濾之如綠豆後讀劉止非類藁有詩云南山有蹲鴟春田多鳬茈何必泌之水可以樂我饑信乎可以食

矣

薝蔔煎

舊訪劉漫塘宰留午酌出此供清芳極可愛詢之乃梔子花也采大者以湯焯過少乾用甘艸水和稀拖油煎之名薝蔔煎杜詩云于身色有用與物氣相和旣製之清和之風備矣

蔏蔞菜葉

舊客江西林谷梅山房書院春時多食此菜嫩莖去葉湯焯用油鹽苦酒沃之爲茹或加以肉香脆良可愛後歸京春輒思之偶與李竹埜隣以其江西人因問之李云廣雅名蔏蔞生下田江西以羹魚陸疏云葉似艾白色可蒸爲茹卽漢廣言刈其蔞之蔞矣山谷詩云蔞高數筯玉簪橫乃證以詩註果然李乃怡軒之子嘗從江西西山問宏詞法多識艸木宜矣

玉灌肺

眞粉油餅芝麻松子胡桃蒔蘿六者爲末拌和入甑蒸熟切作肺樣塊用棗汁供今後苑名曰御愛玉灌肺要之不過素供耳然以此見九重崇儉不嗜殺之

意居山者豈宜後乎

進賢菜

蒼耳枲耳也江東名常枲幽州名爵耳形如鼠耳陸璣疏云葉青白色似胡荽白華似莖蔓生嫩采葉洗焯以薑鹽苦酒拌爲茹可療風杜詩云蒼耳可療風童兒且時摘詩之卷耳首章云嗟我懷人寘彼周行酒醴婦人之職臣下劬勞君必勞之因采此而賦感念及酒醴之用此見古者后妃欲以進賢之道諷其上進賢菜張氏詩曰閨闈誠難與國防默嗟徒御困

高岡髠嚳欲解無庸恨克耳元因避酒漿其子可雜
米粉爲糗故古詩有碧澗水淘蒼耳飯之句云

山海羹

春采筍蕨之嫩者以湯瀹之取魚蝦之鮮者同切作
塊子用湯泡滾蒸入熟油醬研胡椒拌和以粉皮乘
覆各合于二盞内蒸熟今後苑進此名蝦魚筍羹今
名山海羹或名筍蕨羹亦佳許梅屋棐云趣得山家
筍蕨春借廚烹煑自吹薪倩誰分我盃羹去寄與中
朝食肉人

撥霞供

向游武夷六曲訪止止師偶雪天得一兔無庖人可
製師云山間只用薄批酒醬椒料沃之風爐安在上
用少半銚候湯響一盃後各分以筯令自筴入湯擺
熟啖之乃隨宜客以汁供用其法不獨易行且有團
圞煖熱之樂越五六年來京師乃復于楊泳齋伯喦
席上見此恍然去武夷如隔一世楊勳家嗜古學而
清苦者安知山林之趣因詩之浪湧晴江雪風翻晚
照霞末云醉憶山中味渾忘是貴家

驪塘羹

曩客驪塘書院每食後必出菜湯青白極可愛飯後
得之醍醐甘露未易及此詢庖者正用菜與萊菔細
切以井水煑之爛爲度初無它法後讀坡詩亦只用
蔓菁萊菔而已詩云誰知南嶽老解作東坡羹中有
蘆服根尚含曉露清勿語貴公子從渠厭羶腥以此
可想二公之好尚矣今江西多用此法

眞湯餅

瓜圃翁訪凝遠居士話間命僕作眞湯餅來翁訝天

下安有假湯餅及見乃沸湯泡油餅人一杯耳翁曰
如此則湯炮飯亦得名眞炮飯乎居士曰稼穡作甘
無勝食氣則眞矣

沆瀣漿

雪夜張一齋飲客酒酣簿書何君時峯出沆瀣漿一
瓢與客分飲不覺酒客爲之灑然問其法謂得之禁
苑上用甘蔗蘆服各切作方塊以水爛煑卽已蓋蔗
能化酒蘆服能化食也酒後得其益可知矣楚詞有
蔗漿恐卽此也

神仙富貴餅

煑木菖蒲暴爲末每一斤用蒸山藥末三斤煉蜜水調入麪作餅暴乾候客至蒸食作條亦可羹章簡公詩云木蕩神仙餅菖蒲富貴花

香圓杯

謝益齋奕禮不嗜酒嘗自不飲但能看客之醉一日晝餘琴罷命左右剖香圓二杯刻以花溫上所賜酒以勸客清芬靄然使人覺金樽玉斝皆埃𡏖矣香圓似瓜而黄閩南一菓而得備金華鼎貴之清供有謂

矣

蟹釀橙

橙大者截頂去穰留少液以蟹膏納其內仍以帶枝頂覆之入甑用酒醋水蒸熟加苦酒入鹽供既香而鮮使人有新酒菊花香橙螃蟹之興因記危巽齋稹贊蟹云黄中通理美在其中暢于四肢美之至也此本諸易而與蟹得之矣今于橙蟹又得之矣

蓮房魚包

蓮花中嫩房去截底剜穰留其孔以酒漿香料和魚塊實其內仍以底坐甑內蒸熟或中外塗以蜜出楪用漁父三鮮供之向在李春坊席上曾受此供得詩云錦辦金房織幾重遊魚何事得相容涌身既入花房去好似華池獨化龍李大喜送端硯一枚龍墨五笏

玉帶羹

春坊趙湖壁茅竹潭雍亦在焉論詩把酒及夜無可供者湖曰吾有鏡湖之蓴潭曰雍有稽山之筍僕笑可有一杯羹矣乃命庖作玉帶羹以筍似玉蓴似帶

也是夜甚適今猶喜其清高而愛客也每讀忠簡公躍馬食肉付公等浮家泛宅真吾徒之句有此兒孫宜矣

酒煮菜

鄱江士友命飯供以酒煑菜非菜也乃純以酒煮菜鯽魚也且云鯽稷所化以酒煮之甚有益第以魚名菜私竊疑之及觀趙好古賓退錄所載靖州風俗鮮食肉唯以魚作蔬俗謂之魚菜杜陵小白詩亦云細微霑水族風俗當園蔬始信魚即菜也趙好古博雅

君子也宜乎先得其詳矣

蜜漬梅花

楊誠齋詩云甕澄雪水釀春寒蜜點梅花帶露餐句裏略無烟火氣更教獨上少陵壇刳白梅肉少許浸雪水梅花溫釀之露一宿取去蜜漬之可薦酒較之敲雪煎茶風味不殊也

蟹螯供

蟹生于江者黃而腥生于湖者紺而馨生於溪者蒼而清越淮多越掠故或枵而不盈有錢君謙齋震祖

惟硯存復歸于吳門秋偶過之把酒論文猶不減乎昨之勤也留旬餘每旦視蟹必取其圓烹以酒醋雜以葱芹仰之以臍少俟其凝人各舉一痛飲大嚼何異乎柏浮于湖之濱庸庖俗飣非口不知味恐失此物風韻但以橙醋自足以發揮其所蘊也且曰圓臍膏尖臍螯秋風高團者豪請與手不必刀羨以蒿尤可餐因舉山谷詩云一腹金相玉質兩螯明月秋江眞所謂詩中之騷舉以手不以刀尤見錢君之豪也或曰海聆聆惡朝露實築筐與以醋雖千黑無聆誤

因筆之爲蟹助

湯綻梅

十月後用竹刀取欲開梅蕋上蘸以蠟投尊缶中夏月以熱湯就盞泡之花即綻香可愛也

通神餅

薑薄切葱細切各以和稀麵宜以少國老細末和入麵庶不惡入淺油煤能已寒朱氏論語註云薑通神明故名也

金飯

危巽齋梅以白爲正菊以黃爲正過此恐淵明和靖二公不取也今世有七十二種菊正如本艸所謂今無眞牡丹紫莖黃色菊英以甘艸湯和硝少許焯過候粟飯少熟同煮久食可以明目延齡苟得南陽甘谷水煮之尤佳也昔之愛菊者莫如楚屈平晉陶潛今有劉石澗元茂焉雖一行一坐未嘗不在于菊繙帙得菊葉詩云何年霜後黃花葉色蠹猶存舊卷詩曾是往來籬下讀一枝閒弄被風吹觀此詩不惟知其愛菊其爲人清芬可知矣

石子羹

溪流清處取小石子或帶蘚者一二十枚汲泉煮之隱然有羨之氣此法得之莫季高且曰固非通宵煮食之物然其意則清矣

梅粥

梅落英淨洗用雪水煮候白粥熟同煮楊誠齋詩云纔看臘後得春饒愁見風前作雪飄脱蕊收將熬粥吃落英仍好當香燒

山家三脆

嫩筍小蕈枸杞菜油炒作羹加胡椒尤佳趙竹溪密夫酷嗜此或作湯餅以奉親名三脆麵嘗有詩云筍蕈初萌杞葉纖然松自煮供親嚴閒人食肉何曾鄙自是山林滋味甜蕈亦名菰

玉井飯

章藝齋鑑宰德清時雖槐古馬高尤喜延客然飲食多不取諸市恐旁緣而擾人一日往訪之邊有蝗不入境之處留以晚酌數杯命左右造玉井飯甚香美法削藕截作塊采新蓮子去皮候飯少沸投之如盒飯法盖取太華峯頭玉井蓮開花十丈藕如船之句昔有籍詩云一彎西子臂七竅比干心今杭都范堰經進斗星藕大孔七小孔二有九竅因筆及之

洞庭饐

舊游東嘉時在水心先生席上邊淨居僧送饐至如錢大各合橘葉清香靄然如在洞庭左右先生詩曰不待滿林霜後熟蒸來便作洞庭香因謂寺僧曰采蓮與橘葉搗汁加蜜和米粉作饐各各以葉蒸之市有賣特差大耳

荼䕷粥

舊辱趙東岩雲子瑱夫寄詩中有一詩云好春虛度三之一滿架荼䕷取次開有客相看無可設數枝帶雨摘將來始疑荼䕷非可食者一日過靈鷲訪僧蘋州午留粥甚香美詢之乃荼䕷花也其花發采花片用甘艸湯焯候粥熟同煮又采木香嫩葉就元湯焯以蔴油鹽醯爲菜茹僧苦嗜吟宜乎知此味之清且知岩雲之詩不誣也

蓬糕

采白蓬嫩者熟煮細搗和米粉蒸熟以香爲度世之貴介子弟知鹿茸鍾乳爲重而不知食此實大有補詎可以山食而鄙之哉

櫻桃煎

櫻桃經雨則蟲自内生人莫之見用水一碗浸之良久其蟲皆蟄蟄而出乃可食也楊誠齋詩云何人弄好手萬顆搗虛脆印成花鈿薄染作氷斯翠北果不多此味良久獨美要之其法不過煮以梅水去核搗印爲餅而加以蜜耳

如薺菜

劉彛學士宴集間必欲主人設苦蕒狄武襄公青帥邊時邊郡難以時置一日集彛與韓魏公對坐偶此不設謾罵狄公至黔卒狄公聲色不動仍以先生呼之魏公知狄眞將相器詩云誰謂荼苦劉可謂甘如薺者其爲法用醯醬獨拌生菜然太苦則加薑鹽而已禮孟夏苦菜秀是也本艸一名荼安心益氣隱居作屑飲可不寐今交廣多種之

萊菔麵

王醫師承宣嘗搗萊菔汁搜麵作餅謂能去麵毒本艸地黃與萊菔同食能白人髮氷心先生酷嗜萊菔玉謂誠齋云萊菔便是辣底玉僕與靖逸葉賢良紹翁過二十年每飲適必索萊菔與皮同啗乃快所欲靖平生讀書不滅氷心而所嗜畧同或曰能通心氣故文人嗜之然靖逸未老而髮已皤豈地黃之過與

麥門冬煎

春秋采根去心搗汁和蜜以銀器重湯煮急攪如飴爲度貯之甆器溫酒化服滋益多矣

假煎肉

瓠子麩薄批各和以料煎麩以油煎瓠以脂乃熬葱油入酒共炒熟不惟肉其味亦無辨者吳阿鑄客或云吳貴爲后家而善與山林友朋嗜此清味賢矣嘗作小清錦屏鵲鳥瓶香簪古梅枝綴象生梅數花實坐右欲左右未嘗忘梅一夕公題賦詞有孫貴蕃施游僕亦在焉僕得心字戀綉衾即席云氷肌生怕雪來禁翠屏前知滿簪眞箇是疎枝瘦認花兒不要浪吟等鑪郁休惹晴香來時借水沉既得箇厮偎伴任

風霜儘自放心諸公差勝今忘其辭每到必先酌以巨觥名曰發符酒而後觴咏抵夜而去益喜其子姓皆克肖故及之

橙玉生

雪梨大者碎截搗入少鹽醬伴供可佐酒輿葛天民嘗北梨詩云每到邊頭感物華新梨嘗到野人家甘酸尚帶中原味腸斷春前不見花雖非咏此梨然每愛其寓物有黍離之嘆故及之如咏雪梨則無張半埜蘊藏身三寸褐貯膄一團冰之句被褐懷玉者益

有取焉

玉延索餅

山藥名薯蕷秦楚間名玉延白細如棗葉青銳于牽牛夏日溉以黃牛矢則蕃春冬采根白者爲上以水入礬少許經宿洗淨去涎焙乾磨篩爲麵宜亟作湯餅如用作索研濾爲粉入竹筒中溜于淺醋盆內出之于水浸去醋味如煮湯餅法如煮食惟刮去皮蘸鹽蜜皆可其性溫無毒且有補益故陳簡齋有玉延取香色味以爲三絕陸放翁亦有云久緣多病錄雲液近爲長齋進玉延比于杭都多見而名佛手藥者其味尤佳也

大耐糕

向杭雪分充夏日命飲作大耐糕必粉麵爲之及出乃用大芋生者去皮剜心以白梅甘草湯焯用蜜和松子欖仁填之入小甑蒸熟爲孛宗也非熟則損脾且取先公大耐官職之意以此見向公有意于文簡之衣鉢也夫天下之事苟知耐以此一字以節義自守何患事業之不遠旦洪因賦之曰既久傳家學清

名自此高雪谷類編乃謂大耐本李沆事或恐未然

鴛鴦炙

蜀有雉中藏綬如錦遇晴則向陽擺之出二角寸許李文饒詩舒威散綬輕風裏若衍若垂何可擬王安石詩天日晴明聊一吐兒童初見休驚猜生而反哺亦名孝雉雖杜甫有香閒錦帶羹之句而未嘗食向游吳之盧區留錢春塘愛遯家持螯把酒適有弋人携雙鴛至得之燖以油爁下酒醬香料燠熟飲餘吟倦得此甚適詩云盤中一箸休嫌瘦如骨相思定不

肥不減錦帶矣靜言思之吐綬雖各以文采烹然吐綬能逐哺烹之恐哉

筍蕨餛飩

采筍蕨嫩者各用湯淪炒以油和之酒醬香料作餛飩供向客江西林谷梅少魯家屢作此品後作古香亭采芎菊對玉茗花眞佳適也玉茗似茶少異高約五尺許今獨林氏有之林乃金石堂山房之子清可想矣

雪霞羹

采芙蓉花去心帶湯淪之同豆腐煮紅白交錯恍如雪霽之霞名雪霞羹加胡椒薑亦可也

鵝黃豆生

溫陵人前中元數日以水浸黑豆暴之及芽以糠皮寘盆內鋪沙植豆用板壓及長則覆以桶曉則曬之欲其齊而不爲風日侵也中元則陳于祖宗之前越三日出之洗焯漬以油鹽苦酒香料可爲茹卷以麻餅尤佳色淺黃名鵝黃豆生僕游江淮二十秋每因此一起松木之念將賦歸以償此一大願也

眞君粥

杏實去核候粥熟同烹可謂眞君粥向游廬山聞董眞君未仙時多種杏歲稔則以杏易穀歲歉則以穀賑羅時得活者甚衆後白日升仙有詩云是以蓮花峯下客種成紅杏亦升仙豈必專于煉丹服氣苟有功德于人雖未死而名亦仙矣因名之

酥黃

雪夜芋正熟有仇芋田從簡載酒來叩門就供之乃曰煮芋有數法獨酥黃世罕得之熟芋截片研榧子

杏仁和醬拖麪煎之且自侈爲甚妙詩云雪翻夜缽裁成玉春化寒酥剪作金

滿山香

陳習菴塡學圃詩云只教人種菜莫誤客看花可謂重本而知山林味矣薛氏曰黃人讚菜有云可使士大夫知此味不可使一民有此色詩與文雖不同而憂時之意則無以異一日煮油菜羹自以爲佳品偶鄭渭濱師呂至洪乃曰予有一方爲獻只用蒔蘿椒炒爲末貯以葫蘆煮菜少沸乃與熟油醬同下急覆

之而滿山已香矣試之果然名滿山香比聞湯將軍孝信者奮萊不用水只以油炒候得汁和以醬料盦熟自謂香品過于禁臠湯武士也而不嗜殺與哉

酒煮玉蕈

鮮蕈淨洗約水煮少熟乃以好酒同煮或佐以臨漳綠竹筍尤佳詩云隱匿玉蕈詩云幸從腐木出放被齒牙和眞有山林味難教世俗知香痕浮玉葉生烹滿瑀枝饕服多州忝幸酹獨有詩今後苑多用酥炙其風味尤不淺也

鴨脚羹

葵似今蜀葵花短而葉大以傾陽故性溫其法與壺羹同幽風九月所烹者是也刈之不傷其根則復生古詩云故有葵葵莫傷根不生之句背公儀休相魯其妻植葵見而拔之曰食君之祿者又不止植葵小民豈可活哉白居易云祿米麞牙稻園蔬鴨脚葵因名

石榴粉

藕截細塊砂器內擦稍圓用梅水同胭脂染色調菉豆粉拌之入清汁煮供宛如石榴子狀又用熟筍絲細末和以粉煮此二法恐相因而成之者故併存之云

廣寒糕

采桂英去青蔕洒以甘艸水米粉炊作糕大比歲士友咸作餽子相饋取廣寒高甲之讖又有采花略蒸暴乾作香者吟邊酒裏以古鼎然之尤有清意同用謳師禹詩云膽瓶清酌撩詩興古鼎餘暈膩酒香可謂得此花之趣也

河樞粥

禮記魚乾曰薨古詩有酌醴火枯魚之句南人謂之鮝多煨食罕有造粥者比游天台山取乾魚浸洗細截同米煮入醬料加胡椒言能愈頭風適放陳琳之檄亦有雜豆腐爲之者雞跖集云武夷君食河樞脯乾魚也因名之

鬆玉

文惠太子問顒曰何菜爲最顒曰春初早韭秋末晚菘然菘有三種惟白于玉者甚鬆脆如色稍青者絕

無味因侈其白者曰縣玉亦欲世之有所决擇也

雷公栗

夜鑪書倦飢欲煨栗心慮然燒之患一日兆鄺逢辰曰只用一栗醮油一栗蘸水寘鐵銚内以四十七栗密復其上用炭火然之候雷聲爲度偶一日同飲試之果然

東坡豆腐

豆腐葱油炒用酒研小榧子一二十枚和醬料同煮又方純以酒煮俱有益

碧筒酒

暑月命客棹舟蓮蕩中先以酒入荷葉傚之又包魚鮓作供眞佳適也坡云碧筒時作象鼻彎白酒凝帶荷心苦坡守杭時想屢作此供也

罌乳魚

罌粟淨洗磨乳先以小粉置缸底用絹囊濾乳下之去清入釜稍沸亟酒淡醋收聚仍入囊壓成塊乃以小粉甑内下乳蒸熟略以紅麴木酒又少蒸取出起作魚片罌乳魚

勝肉餗

焯筍蕈同截入胡桃松子和以酒醬香料搽麪作餗子試蕈之法薑數片同煮色不變可食矣

木魚子

坡詩贈君木魚三百尾中有鵝黃子魚子春時剝椶魚蒸熟與筍同法蜜煮酢浸可致千里蜀人供物多用之

自愛淘

炒葱油用純滴醋和糖醬作虀或加以豆腐及乳餅

麪熟過水作茵供食眞一補藥也

忘憂虀

嵇康合歡蠲忿萱草忘憂崔豹古今註則曰丹棘又名鹿葱春采苗湯瀹以醯醬爲虀或造以肉何處順宰六合時多食此物乃以邊事未寧而憂未忘耶因贊之曰春日載陽采萱于堂天下樂兮憂心乃忘

瑯玕脯

萵苣去葉皮寸切瀹以沸湯搗薑鹽熟油醋拌漬之頗甘脆杜甫種此二旬不甲拆且嘆君子得微祿轗

輒不進猶芝蘭困荆杞以是知詩人非爲口腹之奉實有感而作也蒿衍本艸秋後其味勝苹道家羞爲白脯今作大臠用鹽酒香料淹少頃取羊漫脂包裹猛火炙熟去脂擘食

當團參

白匾豆温無毒和中下氣爛炒其味甘今取葛天民爛炊白匾豆便當紫團參之句名之

梅花脯

山栗橄欖薄切同食有梅花風韵名梅花脯

山家清供　八　三十三

牛尾貍

本艸班如虎者最如貓者次之肉主痔病法去皮并腸腑用紙揩淨以清酒淨洗入椒葱茴蘿于其内縫密蒸去料物壓隔宿薄切如玉雪天爐畔件詩配酒眞奇物也故東坡有雪天牛尾之咏或紙裹糟一宿者佳楊誠齋詩云談隨齊相燧牛尾策勲封作糟丘子南人或以爲絟形如黄狗鼻尖而尾大者狐也其性亦温可去風補勞臘月取膽醫暴亡者以温水調灌之即愈

金玉羹

山藥與栗各片截以羊汁加料煮名金玉羹

山煮羊

羊作臠寘砂鍋内除葱椒外有一秘法只用槌真杏仁數枚活火煮之至骨亦糜爛毋惜此法不逢漢時一關内侯何足道哉

牛蒡脯

孟冬後采根去皮淨洗煮毋失之過槌匾壓以鹽醬茴蘿薑椒熟油諸料研細一兩火焙乾食之如肉脯

山家清供　八　三十四

之味筍與蓮脯同法

牡丹生菜

憲聖喜清儉不嗜殺每令後苑進生菜必采牡丹片和之或微麪裹煠之以酥又將收楊花爲鞵襪氊褥之屬姪恭儉每治生菜必于下取落花以雜之其香又可知之

不寒虀

法用極清麪湯截菘葉和姜椒茴蘿欲亟熟則以一盃元虀和之

醒酒菜

米泔浸瓊芝菜暴以日頻攪候白淨洗搗爛熟煮取出投梅花十數瓣候凍姜橙爲芝蓝供

豆黄羹

豆麵細暴乾入醬鹽煮爲佳第此二品獨泉有之如止用宅菜及醬汁亦可惟欠風韻耳

菊苗煎

春游西馬會張將使元耘軒留飲命予之菊田賦詩作墨蘭元甚喜數杯後出菊煎法采苗湯瀹用甘草

水調山藥粉煎之以油爽然有楚畹之風張深于學者亦謂菊以紫莖爲正云

胡麻酒

舊聞有胡麻飯未聞有胡麻酒盛夏張整齋招飲竹閣正午飲一巨觥清風颯然絶無暑氣其法漬麻子二升煎熟略炒加生薑二兩生龍腦葉一撮同入炒細研投以煮醞五升濾查去水浸之大有所益因賦之曰何須便覓胡麻飯六月清涼却是仙本草名巨勝云桃源所有胡麻即此物也恐虚誕者自異其說云

茶供

茶即藥也煎服則去滯而化食以湯點之則反滯膈而損脾胃蓋市利者多取他葉雜以爲末人多怠于煎服宜有害也今法采芽或用碎擘以活水煎之飲後必少頃乃服坡公詩云活水須將活火烹又云飯後茶甌未要深此煎之法也陸羽亦以江水爲上山與井俱次之今世不惟不擇水具又入鹽及茶果殊失正味不知唯葱去昏梅去倦如不昏不倦亦何必

用古之嗜茶者無如玉川子未聞煎歎如以湯點則安能及七碗乎山谷詞云湯響松風早減了七分酒病倘知此味口不能言心下快活自省之禪遠矣

山家清事　　可山人林洪

相鶴訣

鶴不難相人必清於鶴而後可以相鶴矣夫頂丹頸碧毛羽瑩潔頸纖而脩身聳而正足癯而節高頰類不食烟火人廼可謂之鶴望之如鴈鶩鵝鸛然斯爲下矣養以屋必近水竹給以料必備魚稻蓄以籠飼以熟食則塵濁而乏精采豈鶴俗也人俗之耳欲教以舞俟其餒而寘食於闊遠處拊掌誘之則奮翼而

唳若舞狀久則聞拊掌而必起此食化也豈若仙家和氣自然之感召哉今仙種恐未易得唯華亭種差强耳

種竹法

岳州風土記文心雕龍皆以五月十三日爲生日齊民要術則以八月八日爲醉日亦爲迷日俱有可疑比得之老園丁曰種竹無時認取南枝又曰莫教樹知先鉏地令鬆且闊沃以渠泥及馬糞急移竹多帶宿土本者種之勿蹈以足若換葉姑聽之勿遽拔去又有二秘法迎陽氣則取季冬順土氣則取雨時若遇風則去稍而縛架連數根種則易生茍過此謂有他法者難矣哉

酒具

山徑兀以蹇驢載酒詎容毋具舊有偏提猶今酒鼈長可尺五而匾容斗餘上竅出入猶小錢大長可五分用塞設兩環帶以革雅漆爲之和靖翁送李山人故有身上祇衣鹿皮直擬馬前長帶古偏提之句今世又有大漆葫蘆隔以三酒下果皿中上以青絲絡負

之或副以書篋可作一担加以雨具及琴皆可較之沈存中游山具差省矣唯酒檯當依沈制用銀器一

山轎

夏禹山行乘橋漢南粵王輿橋過嶺顔師古北人因不如南人乘轎渡嶺而洪景盧亦謂山行之車車只宜平地孰若今轎爲便橋即轎固無疑矣若山轎則無如今廬山建昌高下輪轉之制或施以青罩可肩板轝繩低輿之猶今貴介郊行者良便遊賞有如謝屐上山則去前齒下山則去後齒非不爲雅孰若今

釘屐爲便云

山備

山深嵐重仙道未能生薑豈容不種每旦帶皮生薑細嚼熟酒下之或薑湯亦可矣

梅花紙帳

法用獨牀傍植四黑漆柱各掛一半錫瓶插梅數枝後設黑漆板約二尺自地及頂欲靠以清坐左右設橫木亦可掛衣角安斑竹書貯一藏書三四掛白塵以上作大方目頂用細白楮衾作帳罩之前安小踏

牀於左植綠漆小荷葉一寘香鼎然紫藤香中只用布單楮衾菊枕蒲褥乃相稱道人還了鴛鴦債紙帳梅花醉夢間之意古語云服藥千朝不如獨宿一宵儻未能以此爲戒宜亟移去梅花毋汚之

火石

語云鑽燧改火化書云陽燧召火方珠召水燧石中取火鏡也入夜則當以石今昆山石也或竹木相戛如鍬木然亦可矣必先焚紙在於鉢中後之如法燭及燈皆所當備若能拾乾薪掃落葉以儲之尤見有

徹桑未雨之意

泉源

臘月剖脩竹相接各釘以竹丁引泉之甘者貯之以釭杜甫所謂剖竹走泉源者此也又須愛護用之諺云近水惜水此實脩福之事云

山房三益

秋采山甘菊花貯以紅棊布囊作枕用能清頭目去邪穢采蒲花如柳絮者熟鞭貯以方青囊作坐褥或卧褥春則暴收甚溫煖雖木綿不可及也采松樛枝

作曲几以靠背古名養和

插花法

插梅每旦當刺以湯插芙蓉當以沸湯閉以葉少頃插蓮當先花而後水插梔子當削枝而搥破插牡丹芍藥及蜀葵萱草之類皆當燒枝則盡開能依此法則造化之不及者全矣

詩筒

白樂天與元微之常以竹筒貯詩往來賡唱和靖翁故有帶斑猶恐俗和節不防山之句稱謂既有詩筒

可毋吟咏以助清灑一日許判司執中遠以葵牋分惠綠色而澤入墨覺有精采詢其法乃得之北司劉廉蟜蹲采帶露葵葉研汁用布擦竹紙上候少乾用溫火熨之許嘗有詩云不取傾陽色那知戀主心此法不獨便於山家且知二公俱有葵藿向陽之意又豈不愈於題芭蕉書柿葉

金丹正論

金取乎剛丹取乎一不剛以戒慾不一以存誠豈金丹乎有如紳乾卽丹也自强不息卽金也苟能剛毅

以行吾誠則此丹可以存諸身而施諸天下豈小用哉如欲舍此以求法不過欲知玄牝之門耳非鼻非口非泥丸非丹田惟內腎一竅名玄關外腎一竅名牝戶牝戶毋所感觸則精不外化而後玄關可以上通既通則精氣流轉於一身而復于元又能凝神調息以養之至於調息心靜則天地元氣自隨節候以感通久而不爲物奪自可以漸入天道過此又欲求三峯黄白之術此愚夫也何足以語道蓋自古以來未嘗有貪財好色之神仙云

食豚自戒

僕舊苦臟疾偶遇人語曰但不食豚足矣試之一歲果爾按本草云其肉不可食令人暴肥而召風又耗心氣又文人尤所當戒且食多忌吳茱萸乌花萊蕎麥皆不可同食由是久不食而他病亦鮮且覺氣爽而讀書日益悟始信不食豚之功大或曰事祠山者當戒此恐未有所據云

種梅養鶴圖說

擇故山濵水地環籬植荊棘間栽以竹入竹杖餘植

芙蓉三百六十入芙蓉餘二丈環以梅入梅餘三丈重籬外植芋栗果實內重植梅結屋前茅後瓦入閣名尊經藏古今書中屏書堯舜之道孝弟而已矣夫子之道忠恕而已矣字進二丈設長榻二中掛三教圖橫扁大可山字上樓祀事天地宗親君師左塾訓子右道院迎賓客進舍三寢一讀書一治藥一後舍二一儲酒穀列農具出具壁塗澤以芋書田所畝三十記歲入一安僕後庖湢稱是童一婢一園丁二前鶴屋養鶴數隻後犬十二足牛四蹄驢四角客至具

蔬食酒核暇則讀書課農圃事毋苦吟以安天年蓐成謝所賜律身以廉介處家以安順待下恕交儕睦爲子子孫孫悠久地先大祖瓚在唐以孝旌七世祖逋寓孤山國朝謚和靖先生高祖鄉材曾祖之召祖全皆仕父惠號心齋母氏麥姓今妻德真女張與自曰小可山家塾所刊魏鶴山劉漫塘所跋經集大雅復古詩集趙南塘趙玉堂序跋西湖衣鉢樓秋房跋文絶圖賛真西山跋詩後趙南堂跋平衡寇碑謝益齋史石窻陳東軒書梅鶴圖王潛齋繞晉唐帖并竒

詩陳習庵諸薦書唐宋詩律施芸隱詞扣閽奏本十上都賦一續諷諫篇三十所藏當世名賢詩帖不計百江湖吟卷不計千先和靖遺文二祖收五斤鉄簡一誥勑存三十汀洲兒文雅禪書一家傳慈湖太極圖以辛卯火不存其欲求趙子固水仙未能也手抄經史節二論策括二志未遂而眼巳花此闕落成在何時山有靈將有濟遇姑錄其梗槩少慰吾梅鶴云

江湖詩戒

樽酒論詩江湖義也或雖緩於理而急於一字一句之爭甚者赭面裂眦豈義也哉不思詩之理本同而其體則異使學騷者果如騷選者果如選學唐學江西者果如唐如江西譬之韓文不可以入栁栁文不可以入韓各精其所精如斯而巳豈可執一法以律天下之士哉此旣律彼彼必律此勝心起而義俱失矣於是作戒曰詩有不同同歸於理巳欲律人人將律巳全此交情惟黙而巳可與言者斯可言矣

山林交盟

山林交與市朝異禮貴簡言貴直所尚貴清善必相

薦過必相規疾病必相救藥書尺必直言事初見用刺不拘服色主肅入叙坐稱呼以號及表字不以官講問必實言所知所問事有父母者必備刺拜報謁同自後傳入一揖坐詩文隨所言毋及外事時政異端飲食隨所具會次坐序齒不以貴賤僧道易飲隨量詩隨意坐起自如不許逃席乏使令則供執役請必如期毋違客例有幹實告及歸不必謝凡涉忠孝友愛事當盡心無慢嫉前輩須掖誘後學以共追古風貴介公子有志於古者必不驕人茍非其人不在

茲約凡我同盟願如金石

忘懷錄

宋　沈括

安車輪不欲高高則搖車身長六尺可以臥也其廣合轍輞以蒲索纏之索如錢大可也車上設柱蓋施簟爲之紙糊黑漆勿加校恐太重又蔽眼害於觀眺廂高尺四寸設茵褥之外可以飲馬車後爲門前設扶扳加於箱上在前可憑在後可倚臨時移徙以鐵趺叵子簪于兩廂之板上可濶之餘令可容書策及看樽之數廂下稱以一板臥則障風近後爲窣尺以

備及臥臨時以鐵趺之簪于車蓋梁及廂下無用則卷之立于車前車後爲納陛令可垂足而坐要臥則以板架之令平琴書酒榼扇帽之類駐車携盎問車後皆可也臥觀山也車後施幰幰兩頭施輕如畫軸大如指有雨則展之傳于前柱欲障風日則半展或偏展一邊

遊山客不可多多則應接人事勞頓有妨靜賞兼僕衆所至擾人令爲三人具諸應用共物爲兩扇二人荷之操几杖持蓋雜使更三人足矣肩輿者不預客

有所攜則相照裁損無淚重複惟輕簡爲便器皿皆不漆輕而可負唯酒杯或可用瓷石左几且倚令人不倦仍可左右盤足或枕檔音當角欹眠無不適便其座方二尺足高一尺八寸檔高一尺五寸從地至檔共高三尺三寸木製藤繃或竹爲之尺寸隨人所便增減爲床長七尺廣三尺高一尺八寸自居以上别爲子面嵌大床中間子面廣二尺五寸長三尺皆木製靠坐欲澁欲眠令身不褪常下虛二寸牀下以板穪之勿令通風又子面嵌下與大牀平一頭施轉軸

中間子面底設一拐撑分五刻子面首掛一枕若欲危坐卽撑起令子面直上便可靠背以枕承腦欲稍偃則退一刻尺五刻卽與大牀平矣凡飲酒不宜便卧常倚床而坐稍倦則稍偃之困卽放平而卧使一童移撑高下如意不須移身可以遂四體之適大床兩椽有二尺前後鑿三竅音敫孔上爲直孔二其下爲筍欲倚手則嵌凡千竅孔中觀雪菴長九尺濶八寸高六尺以輕木爲格紙糊之三面如枕屏風上以一格覆之面前施夾幔中間可容小坐牀四具不妨設火及飲其隨處移背風屏之迎地卽就雪中卓之比之氈帳輕而開濶不礙瞻眺施之别用皆可不獨觀雪也

湯錫温酒爲鎗以銅深三寸平底可貯一寸湯以酒杯排湯中酒温卽取飲之冬時擁爐靜坐免使童僕紛紛殊盡幽致

行具二有甲肩一左衣篋一衣被枕盥漱具手巾足布湯瓶梳鏡右食具一行爲之二隔平底盞爲四食盤子三每盤果子樣下矮酒樽一可容數升以備征

酒匏一杯三湅筒合子貯脯修乾果嘉蔬各數品餅少許以備飲食不時以應倉卒唯三食盤相重爲一隔其餘分任之暑月果修皆不須移一肩竹隔二下爲櫃上爲虛隔左隔上層書箱一紙筆墨硯剪刀韻略雜書數卷櫃中碗碟各六匙箸各四生果數品削果刀子右隔上層拳一竹匣貯之槢叠棋局一中貯棋子茶二三品臘茶卽碾熟者盞托各三杯盂瓢七等附帶襍物小斧子作刀斸藥鋤子蠟燭柱杖泥靴雨衣繖笠食銚虎子急須子油筒

欹牀如今倚牀也但兩向施欄齊高令曲而上平價亦有偏欄欹亦有反欄然高低不等難爲欹倚若背倚左欄可右欄亦可凡臂倚左欄可右欄則不可

藥井道院中擇好上地鑿一井須至深而狹小勿令太大卽費藥江南浙東以至遠方山間多紫白石英洞中多鍾乳孔公櫱投銀錢三千使人腰之操几杖者可兼也令人採掇各一二石搗如豆粒雜投井中磁石亦好雲母廬山尤多欲用之須揀成塊者勿擊碎皆完用之仍須先下雲母乃以衆石蓋其上深數尺蓋防雲母屑入水中飲之有害故也每日汲水飲

或供烹茶釀酒作羹飫皆用之久極益人唐李文饒家藥井仍用硃砂硫黄黄金珠玉如此尤好但山家不可致耳其井須極深深則容藥多多則力盛而堪久仍以此井難卽浚須要一鑿便深乃可久用井上設欄常扃鎖之恐虫鼠緣其間一或爲庸人孺子所褻

芸草古人藏書中謂之芸香是也採置書帙中卽去蠹置席下卽去蚤虱栽園庭間數十步極可愛葉類豌豆作小叢生秋間葉上微白如粉汙南人謂之七里香江南極多大率香草多只是花香過則已縱有葉香者須採掇嗅之方香此種十步外此間已香自春至秋不歇絕翫可也

登涉符籙

晉　葛洪

或問登山之道抱朴子曰凡爲道合藥及避亂隱居者莫不入山然不知入山法者多遇禍害故諺有之曰太華之下白骨狼籍皆謂偏知一事不能博備雖有求生之志而反强死也入山而無術必有患害或被疾病及傷刺及驚怖不安或見光影或聞異聲或令大木不風而自摧折岩無故而自墮落打擊煞人或令人迷惑狂走墮落坑谷或令人遭虎狼毒虫犯

人不可輕入山也當以三月九月此是山開月又當擇其月中吉日佳時若事久不得徐徐須此月者但可選日時耳凡人入山皆當先齋潔七日不經汚穢帶昇山符出門作周身三五法又五岳有受殃之歲如九州之地更有衰盛受飛符煞炁則其地君長不可作也按州公城名録天下分野災之所及可避不可禳居宅亦然山岳皆爾也又大忌不可以甲乙寅卯之歲正月二月入東岳不以丙丁巳午之歲四月五月入南岳不以庚辛申酉之歲七月八月入西岳不以戊巳之歲四季之月入中岳不以壬癸亥子之歲十月十一月入北岳不須入太華霍山恒山太山嵩高山乃忌此歲其岳之方面皆同禁也入山之大忌正月午二月亥三月申四月戌五月未六月卯七月甲子八月申子九月寅十月辰未十一月巳丑十二月寅入山良日甲子甲寅乙亥巳巳乙卯丙戌丙午丙辰巳上日大吉抱朴子曰按九天秘記及太乙遁甲云入山大月忌三日十一日十五日十八日二十四日二十六日三十日小月忌一日五日十三日

十六日二十六日二十八日以此日入山必爲山神所試又所求不得所作不成不但道士凡人以此日入山皆凶害與虎狼毒虫相遇也靈寶經云入山當以保日及義日若專日者大吉以制日伐日必死又不二道之也遁甲中經曰欲求道以天内日天内時劾鬼魅施符書以天禽日天禽時入名山欲令百邪虎狼毒虫盜賊不敢近人者出天藏入地戶凡六癸爲天藏六巳爲地戶也又曰避亂世絶跡於名山令無憂患者以上元丁卯日名曰陰德之時一名天心

可以隱淪所謂白日昏沉日月無光人鬼不能見也又曰往山林中當以左手取青龍上草折半置逢星下歷明堂入太陰中禹步而行三呪曰諾臯太陰將軍獨開曾孫王甲勿開外人使人見甲者以爲束薪不見甲者以爲非人則折所持之草置地上左手取土以傅鼻人中右手持草自蔽左手著前禹步而行到癸下閉氣而住人鬼不能見也凡六甲爲青龍六乙爲逢星六丙爲明堂六丁爲陰中也又禹步法正立右足在前左足在後次復前右足以左足後右足

併是一步也次復前右足次前左足以右足從左足併是一步也次復前右足以左足從右足併是三步也如此禹步之道畢矣所謂寶日者謂支干上生下之日也若用甲午乙巳之日是也甲者木也午者火也乙亦木也巳亦火也火生於木故也又謂義日者支干下生上之日也若壬申癸酉之日是也壬者水也申者金也癸者水也酉者金也水生於金故也所謂制日者支干上克下之日也若戊子己亥之日是也戊者土也子者水也己亦土也亥亦水也五行之義土克水也所謂伐日者支干下克上之日若甲申乙酉之日是也甲者木也申者金也乙亦木也酉亦金也金克木故也他皆倣此引而長之皆可知之也抱朴子曰入名山以甲子開除日以五色繒各五寸懸大石上所求必得又曰入山宜知六甲秘祝祝曰臨兵鬬者皆陣列前行凡九字常當密祝之無所不避要道不煩此之謂也或問曰隱居山澤辟蛇蝮之道抱朴子曰昔圓丘多大蛇又生好藥黄帝將登焉廣成子教之佩雄黄而衆蛇皆去今帶武都雄黄色

如雞冠者五兩以上以入山林草木則不畏蛇蛇若中人以少許雄黄末内瘡中亦登時愈也未入山當預止於家先學作禁法思日月及朱雀玄武青龍白虎以衛其身乃行到山林草木中左取三口炁閉之以吹山草中意思令此炁赤色如雲霧彌滿數十里中若有從人無多少皆令羅列以炁吹之雖踐蛇蛇不敢動亦終不逢見蛇也若或見蛇因向日左取三炁閉之以舌柱天以手捻都關又閉天門塞地戶因以物抑蛇頭而手縈之畫地作獄以盛之亦可捉弄

也雖繞頭頸不敢嚙人也若他人爲蛇所中左取三口炁以吹之卽愈不復痛若相去十數里者亦可遥爲作炁呼彼姓字男祝我左手女祝我右手彼亦愈也或問曰江南山谷之閒多諸毒惡辟之有道乎抱朴子答曰中州高源上氣清和上國名山了無此輩今吳楚之野暑濕鬱蒸雖衡霍正岳猶多毒螫也又有短狐一名蜮一名射工一名影射其實水蟲也狀如鳴蜩狀似三合盃有翼能飛無目而利耳口中有橫物角弩如聞人聲緣口中物如角弩以氣爲矢則

因水而射人中人身者卽發瘡中影者亦病而不卽發瘡又有沙虱水陸皆有其新雨後及晨暮前跋涉必著人唯烈日草燥時差稀耳其大如毛髮之端初著人便入其皮裏其所在如芒刺之狀小犯大痛可以針挑取之正赤如丹著爪上行動也若不挑之蟲鑽至骨便周行走入身其與射工相似皆煞人或問涉江渡海辟蛇龍之道抱朴子曰道士不得已而當游涉大川者皆先當於水次破鷄子一枚以少許粉雜香末合攪器水中以自洗濯則不畏風波蛟龍也

或問曰辟山川廟堂百鬼之法抱朴子曰有老君黄庭中胎四十九眞秘符入山林以甲寅日用書白素夜置案中向北斗祭之以酒脯各少少自說姓名再拜受取內衣領中辟山川百鬼萬精虎狼蟲毒也何必道士亂世避難入山林亦宜知此法也

入山符

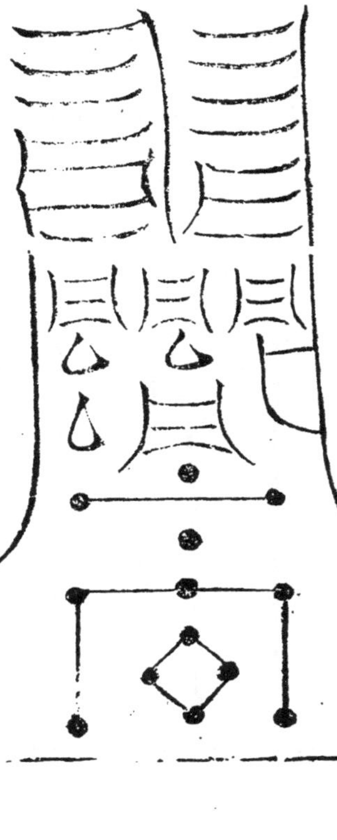

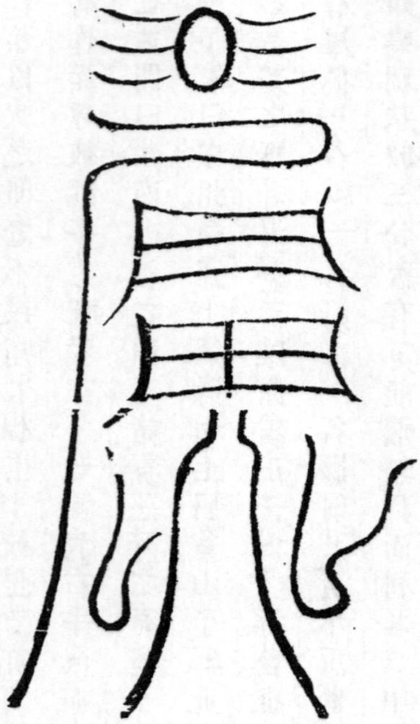

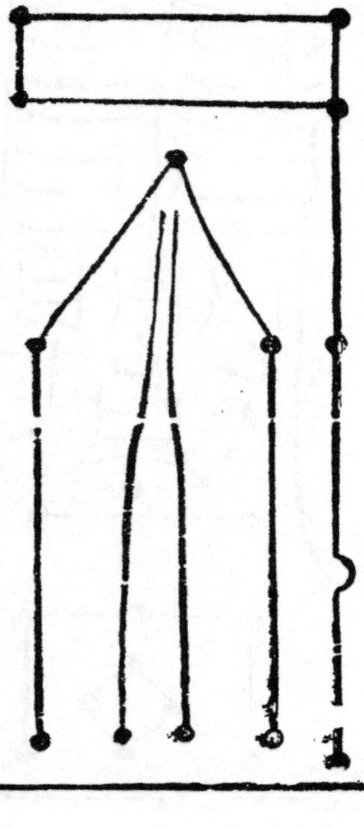

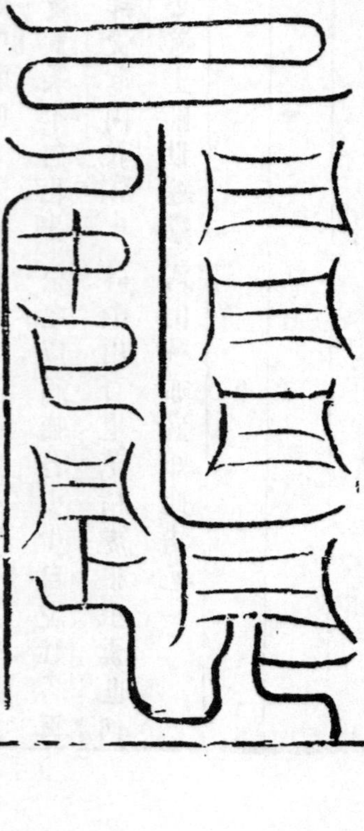

抱朴子曰上五符皆老君入山符也以丹書桃板上大書其文字令瀰滿板上以著門戶上及四方四隅及所道側要處

入山佩帶符

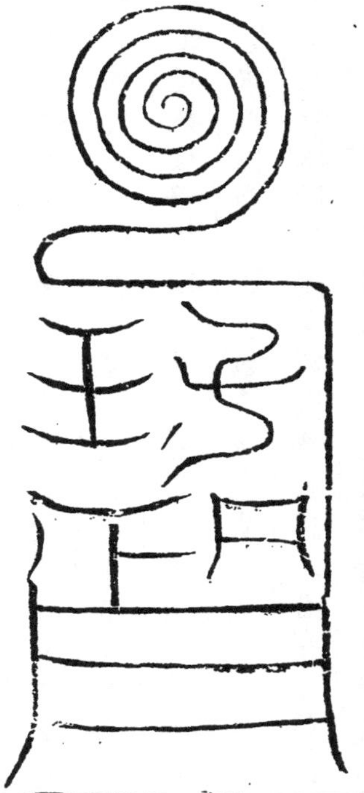

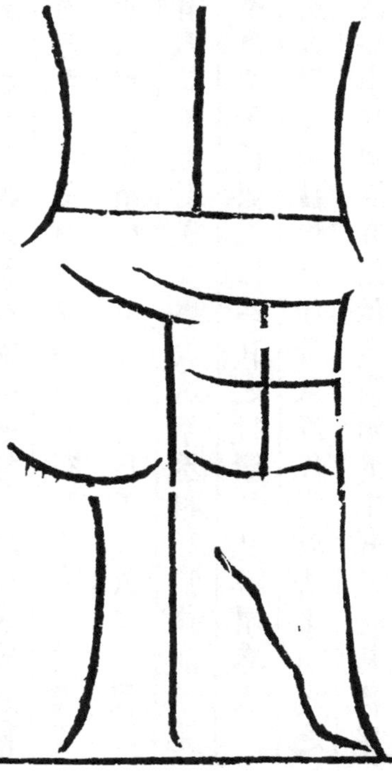

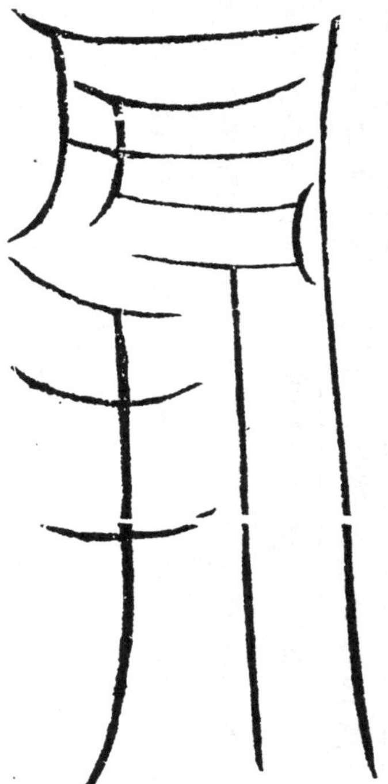

卧游録

宋　呂祖謙

宗少文好山水愛遠游西涉荆巫南登衡岳因結宇衡山有尚平之志以疾還江陵歎曰老病俱至名山恐難徧覩唯澄懐觀道卧以遊之凡所遊履皆圖之於室謂人曰撫琴動操欲令衆山皆響

簡文入華林園顧謂左右曰會心處不必在遠翳然林水便自有濠濮間想也不覺鳥獸禽魚自來親人

荀中郎在京口登北固望海云雖未覩三山便自使

人有陵雲意若秦漢之君必當褰裳濡足

支公好鶴住剡東岇山有人遺其雙鶴少時翅長欲飛支意惜之乃鎩其翮鶴軒翥不復能飛乃反顧翅垂頭視之如有懊喪意林曰既有陵霄之姿何肯爲人作耳目之翫養令翮成置使飛去

王司州至吴興印渚中看（於潜縣東七十里有印渚渚傍有白石山峻壁四十丈印渚蓋衆溪之下流也印渚已上至縣石不可行船印渚已下水道無險故行旅集焉）歎曰非唯使人情開滌亦覺日月清朗

王子敬云從山陰道上行山川自相映發使人應接不暇若秋冬之際尤難爲懐

道壹道人從都下還東山經吴中已而會雪下未甚寒諸道人問在道所經壹公曰風霜固所不論居先集其慘澹郊邑正自飄瞥林岫便自浩然

司馬太傅齋中夜坐于時天月明淨都無纖翳太傅歎以爲佳謝景重在坐答曰意謂乃不如微雲點綴太傅曰卿居心不淨乃復强欲滓穢太清邪

庾子嵩目和嶠森森如千丈松雖磊砢有節目施之大厦有棟梁之用卞令目叔向朗朗如百間屋

世目李元禮謖謖如勁松下風世目周侯嶷如斷山

王恭始與王建武甚有情後遇袁悦之間遂致疑隙然每至興會故有相思時恭嘗行散至京口射堂于如清露晨流新桐初引恭目之曰王大故自濯濯

有人詣王太尉遇安豐大將軍丞相在坐往別屋見季胤平子還語人曰今日之行觸目見琳琅珠玉

庾太尉在武昌秋夜佳景氣清佐吏殷浩王胡之之徒登南樓理詠音調始遒聞函道中有屐聲甚厲定是庾公俄而率左右十許人步來諸賢欲起避之公

徐曰老子於此處興復不淺因便據胡床與諸人詠謔後王逸少下與丞相言及此事丞相曰元規爾時風範不得不少頹右軍荅曰唯丘壑獨存

阮步兵嘯聞數百步蘇門山中忽有隱者樵伐者咸共傳說阮籍往觀見其人擁厀巖側籍登嶺就之箕踞相對籍問之仡然不應籍因對之長嘯良久乃笑曰可更作籍復嘯意盡退還半嶺許聞上㖃然有聲如數部鼓吹林谷傳響顧看乃向人嘯也

王子猷居山陰夜大雪眠覺開室命酌酒四望皎然

因起彷徨詠左思招隱詩忽憶戴安道時戴在剡即便夜乘小船就之經宿方至造門不前而返人問其故王曰吾本乘興而行興盡而返何必見戴

衛洗馬初欲渡江形神慘悴語左右曰見此茫茫不覺百端交集苟未免有情亦復誰能遣此

桓公北征經金城見前爲琅耶時所種柳皆已十圍慨然曰木猶如此人何以堪攀枝執條泫然流淚

過江諸人每至美日輒相邀新亭藉卉飲宴周侯中坐而歎曰風景不殊正自有山河之異皆相視流涕唯王丞相愀然變色曰當共戮力王室克復神州何至作楚囚相對

裴令公目山巨源如登山臨下幽然深遠

蔡司徒在洛見陸機兄弟住參佐廨中三間瓦屋士龍住東頭士衡住西頭士龍爲人文弱可愛士衡長七尺餘聲作鍾聲言多慷慨

有人問袁侍中曰殷仲堪何如韓康伯答曰理義所得優劣乃復未辨然門庭蕭寂居然有名士風流殷不及韓故作誄云荆門晝掩閑庭晏然

謝安寓居會稽與王羲之及許詢桑門支遁遊處出則漁弋山水入則言詠屬文無處世意常往臨安山中坐石室臨濬谷悠然歎曰此亦去伯夷何遠

許掾好遊山水而體便登陟時人云許非徒有勝情而實有濟勝之具

顧長康畫謝幼輿在巖石裏人問其所以顧曰謝云一丘一壑自謂過之此子宜置丘壑中

羊祜與從事鄒潤甫登峴山泣曰自有宇宙便有此山由來賢達勝士登此遠者多皆湮滅無聞潤甫對

曰明公德冠四海道嗣前哲令問令望當與此山俱傳

孫興公爲庾公參軍共遊白石山衛君長永在坐曰此子神情都不關山水而能作文庾曰衛風韻雖不及卿諸人傾倒處亦不易

阮籍登廣武戰場曰時無英雄使竪子成名

王濬冲爲尚書令著公服乘軺車經黄公酒壚顧謂後車客曰吾昔與嵇叔夜阮嗣宗共酣飲於此壚竹林之遊亦預其末自嵇生夭阮公亡以來便爲時所羈紲今日視此雖近邈若山河

王長史常登茅山大慟哭曰瑯琊王伯輿終當爲情死

謝中郎萬經曲阿後湖問左右此是何水答曰曲阿河謝曰故當淵注渟著納而不流

孟嘉爲桓温參軍九月九日温遊龍山參佐畢集風吹嘉帽墮落初不自覺嘉門無雜賓嘗會神情獨得便超然命駕徑之龍山顧景酣宴造夕乃歸

王徽之爲桓冲參軍冲曰卿在府日久當相料理徽之直高視以手版拄頰曰西山朝來致有爽氣

吳中一士大夫家有好竹徽之欲觀之便出坐輿造竹下諷嘯良久主人灑掃請坐徽之不顧將出主人乃閉門徽之便以此賞之盡歡而去嘗寄居空宅中便令種竹或問其故徽之但嘯咏指竹曰何可一日無此君

陸機在洛忽思東頭竹篠之飲語劉寶曰吾鄉思轉深矣

張翰謂同郡顧榮語欲去意榮執其手曰吾亦與子

採南山蕨飲三江水耳翰因見秋風起乃思吳中菰菜蓴羹鱸魚鱠曰人生貴適志何能羈宦數千里以要名爵乎遂命駕歸

淵明在官八十餘日解印去縣未嘗有所造詣所之唯至田舍及廬山遊觀而已

王右軍與謝太傅共登冶城謝悠然遠想有高世之志

謝靈運好登山陟嶺必造幽峻巖嶂千數重莫不盡登躡嘗著木屐上山則去前齒下山則去後齒

孔淳之性好山水每有所遊必窮其幽峻或旬日忘
歸
庾詵性託夷簡時愛林泉十畝之宅山池居半
梁昭明太子性愛山水嘗泛舟後池番禺侯軌盛稱
此中宜奏女樂太子不答詠左司招隱詩云何必絲
與竹山水有清音
袁彥伯宏爲謝安南泰司馬都下諸人送至瀨鄉將
別既自悽惘歎曰江山遼落居然有萬里之勢
顧長康從會稽還人問山川之美顧云千巖競秀萬

壑爭流草木蒙籠其上若雲興霞蔚
撫軍問孫興公自謂何如曰託懷玄勝遠詠老莊蕭
條高寄不與時務經懷自謂此心無所與讓也
支道林因人就深公買印山深公答曰未聞巢由買
山而隱
阮光祿在東山蕭然無事常內足於懷有人以問王
右軍右軍曰此君近不驚寵辱雖古之沉冥何以過
此
王右軍曰吾素志無廊廟王丞相欲內吾誓不許之
手跡猶存由來尚矣不於足下恭政而方進退自兒
婚女嫁便懷向子平之志數與親知言之蓋非一日
也
又曰坐而獲逸遂其宿心比常與安石東遊山海頤
養閑暇之餘欲與親故時共歡宴銜盃引滿語田里
所行故以爲撫掌之資其爲得意可勝言耶常依依
陸賈班嗣之處世老夫志願盡於此也
又曰蜀中山水如峨眉山夏含霜雹碑板之所聞崐
崙之伯仲也

羅含曰衡山九疑沅湘千里九向九背皆不復見
謝玄曰此二日東行遊步圃中已極有在家湖行模
也姊想觸亦小有可散
又曰居家大都無所爲正以垂綸爲事足以永日北
固山下大有鱸魚一手釣得四十九枚
又曰自山陰至臨安多有金堂玉室仙人芝草左元
放之徒漢末諸得道者皆在焉
盛弘之記曰衡山有三峰極秀一峰名芙蓉峰最爲
竦傑自非晴霽之朝不可望見峰上有泉飛泒如一

幅絹分映清林直注山下

陸景與從兄安成王書仰承發止巳次新林三湘與匯九疑形勝加以夏壁奇雲秋江逈月翰飛紙落理韞辭富賞未與餘時希逮憶

晉安王答廣信侯書仰承縱賞山中遊心人外往而忘返有會昔言牽物從務無由獨往仰此高蹤寸心如結

謝靈運與弟書曰闕惡道溪中九十九里有五十九灘王右軍昔曾遊此惡道歎其奇絕遂書突星瀨於石。

陶弘景答謝中書書山川之美古今共談高峰入雲清流見底兩岸石壁五色交輝青林翠竹四時俱備曉霧相歇猿鳥亂鳴夕日欲頹沉鱗競躍實是欲界之仙都自康樂以來未有能與其奇者

王僧達答丘珍孫書褚先生從白雲游矣古之逸人或留慮兒孫或使華陰成市而此子索然惟明松石介於孤峰絕嶺者積數十載近故要其來此冀慰日夜比謀討芝桂借訪荔蘿若已窺煙液臨滄洲矣

朱超與兄書登北印遠眺衆美都盡光武墳邊杳甚美今送核

吳均與顧章書僕去月謝病還覓薜蘿梅溪之西有石門山者森壁爭霞孤峰限日幽岫含雲深溪蓄翠蟬吟鶴唳水響猿啼嚶嚶相雜綿綿成韻既素重幽居遂葺宇其上幸富菊花偏饒竹實山谷所資於斯已辦仁智所樂豈徒語哉

又與施從事書故鄣縣東三十五里有青山絕壁千尺孤峰入漢歸飛之鳥千翼競來企水之猿百臂相

接秋露爲霜春蘿被徑信足蕩累頤物娛衷散賞

又與朱元思書自富陽至桐廬一百許里水皆縹碧千丈見底游魚細石直視無礙急湍甚箭猛浪若奔夾峰高山皆生寒樹負勢競上互相軒邈爭高直指十百成峰泉水激石泠泠作響好鳥相鳴嚶嚶成韻經綸世務者窺谷忘返矣

宗測答豫章王書性同鱗羽愛止山壑眷戀松筠輕迷人路縱宕巖流有若狂者忽不知老至而今鬓已白豈容課虛責有限魚鳥慕哉

王僧儒荅江琰書躪林卧石藉卉班荆不過田畯野老漁父樵客酌醴焚枯嗚嗚相勞藜羹含糗果然滿腹詠高梧而賦修竹背清淮而遊長薄留東閣以從容登石室而高䚡

西竺千歲和尚與行脚僧書三峨高出五岳秀甲九州震旦國第一山也

帛道猷與道壹書始得優游山林之下縱心孔釋之書觸興爲詩陵峰採藥服餌蠲痾樂有餘也但不與足下同日以此爲恨耳

玄暢與傅琰書貧道棲荆累稔年衰疹積厭毒人喧所以遠託岷界卜居斯阜拖郭儴邑迴望三方負巒背岳遠矚九流以去年四月創功覆簣輒疏山讚以露愚抱

方望辭隗囂書望聞烏氏有龍池之山微徑南通與漢相屬其旁時有奇人聊及閒暇廣求其人

習鑿齒與謝安書西望隆中想卧龍之吟東眺白沙思鳳雛之聲南眷城郭懐羊公之舊風北臨楚墟存鄧老之高蹤游目檀溪念崔徐之交肆覽漁梁追公之迹若乃裴杜和傳之故居繁欽王粲之舊宅遺事滿目

梁簡文荅湘東王書暮春美景風雲韶麗蘭葉堪把沂川可浴盡游玩之美致足樂耶

杜之松再與王績書敬想結廬人境植杖山阿林壑地之所豐烟霞性之所適蔭丹桂藉白茅濁酒一杯清溪數弄誠足樂也

雲陽記曰谷口去雲陽宫八十里流潦沸騰飛泉激灑兩岸峭壁孤竪橫盤凛然凝沍每入穴中朱明盛

暑當晝暫臨涼秋晚候緼袍不煖所謂寒門也漢世以爲避暑之處

華氏耳目志海山微茫而隱見江山嚴厲而峭卓溪山窈窕而幽深塞山童頹而堆阜

郭熙記春山澹冶而如笑夏山蒼翠而如滴秋山明淨而如粧冬山慘淡而如睡

王績嘗稱不任事有奴婢數人種麥春秋釀酒養鳧雁蒔藥草自供以周易老子莊子置牀頭他書罕讀也游北山東皐著書自號東皐子

李濆淳淡好古杜門不仕往來中條山中不親產業所居木石幽勝所乘馬嘗爲宗人借憇於廛閭人有見者以語濆濆即鬻之

謝靈運詩題云石門新營所住四面高山迴谿石瀨茂林脩竹

陳湯爲人沉勇有大慮多策謀喜奇功每遇山川常登望

王摩詰云自大散以往深林密竹磴道盤曲四十五里至黃牛嶺入黃花川

李白遊江淮去之齊魯入吳至長安北抵趙魏燕晉西涉邠岐歷商於至洛陽遊梁最久復之齊魯南遊淮泗再入吳轉金陵上秋浦潯陽卧廬山後流夜郎遂泛洞庭上峽江至巫山

陸羽上元初隱居苕溪自稱桑苧翁闔門著書或獨行野中誦詩不得意或慟哭而歸

王休高尚不親勢利常與名僧數人或跨驢或騎牛尋訪山水自謂結物外之遊

王維別墅在輞川地奇勝有華子岡欹湖竹里館柳浪茱萸沜辛夷塢與裴廸游其中賦詩相酬爲樂

韋應物守江州時嘗因覲省屬縣遂至簡寂諸處並有題詠

蘇子瞻初謫黃州布衣芒屩出入阡陌多挾彈擊江水與客爲娛樂每數日必一泛舟江上聽其所往乘興或入旁郡界經宿不返晚既嶺外無一日不遊山水

蘇東坡嘗遊廬山徘徊山南北奇勝多不可紀倦不賦詩賦其尤作漱玉亭三峽橋二篇

王十朋遷官夔州時待命於廬山徧歷山南北多所題詠

劉敲隱居求志性重典樂尤愛山水登危履險必盡幽遐人莫能及皆歎其有濟勝之具

劉訏嘗著穀皮巾披衲衣每遊山澤輒留連忘返神理閑正在林谷之間意氣彌遠

李白登華山落鴈峰曰此山最高呼吸之氣想通帝座恨不攜謝朓驚人詩來搔首問青天耳

阮籍志氣宏放傲然獨得或閉戶讀書累月不出或

登山臨水經日忘歸當其得意忽忘形骸

稽康常採藥游山澤會其得意忽焉忘反時有樵蘇者過之咸謂為神

孫綽博學善屬文少與高陽許詢俱有高尚之志居于會稽游放山水十有餘年

元結為道州刺史搜攬山水佳處被之詩歌由是此邦山水甲天下

何徵君隱吳郡多游臨峯寺九經堂飲鹿塘靈寶院涵星澗

蘭先生上隱亭望九里山七日不能下但食霜蒸三千段

謝靈運與族弟惠連東海何長瑜穎川荀雍泰山羊璿之以文章賞會共為山澤之游

宋蕭思話嘗從文帝登鍾山北嶺中道有盤石清泉帝使於石上彈琴因賜以銀鍾酒曰相賞有松石間意

太史公嘗登姑蘇臺以望五湖

唐崔咸素有高世志造詣嶄遠閒遊終南山乘月吟嘯至感慨泣下

孟郊少隱嵩山性介少諧合後為溧陽尉縣有投金瀨平陵城林薄蒙翳下有積水郊間往坐水旁徘徊賦詩

李德裕曰河東吾土也家世遷徙莫能就緒其間有大河條山氣益關左吾因翹翹褰裳奮懷舊都

李白一夕乘興踏月西入酒家不覺人物兩忘身在世外

黄山谷曰閑居多病人事廢絶遇風日晴暖從門生

兒姪輩扶杖逍遥林麓山水之間忽不知日月之成歲

趙季仁曰觀山水亦如讀書隨其見趣之高下

蘇子瞻曰遷居江上臨臯亭甚清曠風晨月夕杖屨野步酌江水飲之想味風義以慰孤寂

又曰彭城佳山水魚蟹爭訟寂然盜賊衰少聊可藏拙寓居去江無十步風濤烟雨曉夕百變江南諸山在几席此幸未始有也

司空圖侍郎舊隱三峯天祐末移居中條山王官谷

其谷周廻十餘里泉石之美冠于此山北巖之上有瀑水注流谷中溉良田數頃至今爲司空氏之莊宅子孫猶存

錢惟演與謝希深諸君曰山行良佳少留龍門賞雪無遽歸也

秦觀簡邵彦瞻曰春色遂爾藹然草木魚鳥各有佳意廣陵多登臨之美臨風把盞所得故應不貲

東坡與劉宜翁曰嶠南山水奇絶多異人神藥先生不畏嵐瘴可復一游則小人當奉杖屨以從矣

東坡答李端叔曰扁舟草屨放浪山水間與漁樵雜處往往爲醉人所推罵輒自喜漸不爲人所識

新居在大江上風雲變態足娱人也

蘇東坡曰雪齋清境發於夢想此間但有荒山大江修竹古木每飲村酒醉後曳杖放脚不知遠近亦曠然天真與武林舊游未見議優劣也

與蔡景繁曰朐山臨海石室信如所諭前軾嘗携家一游時家有胡琴婢出入中作濩索凉州凛然有水車鉄馬之聲

歐陽修與韓忠獻書曰廣陵嘗得明公鎮撫民俗去思未遠獨平山堂占勝蜀岡江南諸山一目千里以至大明井瓊花二亭此三者拾公之遺以繼盛美爾

汝陰西湖天下勝絶養愚自便誠得其宜

對雨編

宋　洪邁

雨聲孤寺

歐陽公好稱誦唐竹徑通幽處禪房花木深之句以爲不可及予絕喜李頎詩云遠客坐長夜雨聲孤寺秋請量東海水看取淺深愁且作客涉遠適當窮秋暮投孤村古寺中夜不能寐起坐凄惻而聞簷外雨聲其爲一時襟抱不言可知而此兩句十字中盡其意態海水喻愁非過語也

長歌之哀

嬉笑之怒甚於裂眥長歌之哀過於慟哭此語誠然元微之在江陵病中聞白樂天左降江州作絕句云殘燈無焰影幢幢此夕聞君謫九江垂死病中驚起坐暗風吹雨入寒窗樂天以爲此句他人尚不可聞況僕心哉東坡守彭城子由來訪之留百餘日而去作二小詩曰逍遙堂後千尋木長送中宵風雨聲誤喜對牀尋舊約不知漂泊在彭城秋來東閣涼如水客去山公醉似泥困臥北窗呼不醒風吹松竹雨淒淒東坡以爲讀之殆不可爲懷乃和其詩以自解至今觀之尚能使人悽然也

西極化人

列子載周穆王時西極之國有化人來王敬之若神化人謁王同游王執化人之袪騰而上者中天乃止暨及化人之宮自以居數十年不思其國復謁王同游意迷精喪請化人求還旣寤所坐猶嚮者之處侍御猶嚮者之人視其前則酒未清餚未昲王問所從來左右曰王默存耳穆王自失者三月復問化人化人曰吾與王神游也形奚動哉予然後知唐人所著南柯太守黃粱夢櫻桃青衣之類皆本乎此

鈷鉧滄浪

柳子厚鈷鉧潭西小丘記云丘之小不能一畝問其主曰唐氏之棄地貨而不售問其價曰止四百予憐而售之以茲丘之勝致之澧水鄠杜則貴游之士爭買者日增千金而愈不可得今棄是州也農夫漁父過而陋之賈四百連歲不能售蘇子美滄浪亭記云予游吳中過郡學東顧草樹鬱然崇阜廣水不類乎

城中並水得徵徑於雜花修竹之間東趨數百步有棄地三向皆水旁無民居左右皆林木相虧蔽予愛而裴回遂以錢四萬得之予謂二境之勝絕如此至於人棄不售安知其後卒爲名人賞踐如滄浪亭者今爲韓蘄王家所有價直數百萬矣但鈷鉧復埋沒不可識士之處世遇與不遇其亦如是哉

長人索報書

士大夫得交朋書問有懶傲不肯即荅者記白樂天老慵一絕句曰豈是交親向我疎老慵自愛閉門居

近來漸喜知聞斷免惱嵇康索報書案嵇康與山濤絕交書云素不便書又不喜作書而人間多事堆案盈几不相酬荅則犯敎傷義欲自勉强則不能久樂天所云正此也乃知畏於荅書其來久矣

白公俸祿

白樂天仕宦從壯至老凡俸祿多寡之數悉載於詩雖波及它人亦然其立身廉淸家無餘積可以槩見矣因讀其集輒叙而列之其爲校書郎曰俸錢萬六千月給亦有餘爲左拾遺曰月慚諫紙二千張歲愧俸錢三十萬兼京兆戸曹曰俸錢四五萬月可奉晨昏廩祿二百石歲可盈倉囷貶江州司馬曰散員足庇身薄俸可資家壁記曰歲廩數百石月俸六七萬罷杭州刺史曰三年請祿俸頗有餘衣食移家入親宅罷郡有餘資爲蘇州刺吏曰十萬戸州尤覺貴二千石祿敢言貧爲賓客分司曰老宜官冷靜貧賴俸優饒官優有祿料職散無覊縻官銜依口得俸祿逐身來爲河南尹曰厚俸如何用閑居不可忘不赴同州曰誠貪俸錢厚其如身力衰爲太子少傅曰月俸

百千官二品朝廷雇我作閑人又問俸厚薄百千隨月至七年爲少傅品高俸不薄其致仕曰全家遁此曾無悶半俸資身亦有餘其泛叙曰料錢隨官用生計逐年營形骸僶俛班行內骨肉勾留俸祿中其它人者如陝州王司馬曰公事閑忙同少尹俸錢多少敵尚書其將下世有達哉行曰先賣南坊十畝園次賣東郭五頃田然後兼賣所居宅髣髴獲緡二三千但恐此錢用不盡即先朝露歸夜泉後之君子試一味其言雖日飲貪泉亦知斟酌矣觀其生涯如是東

坡云公廪有餘粟府有餘帛始亦不然

士之處世

士之處世視富貴利祿當如優伶之爲參軍方其據几正坐噫嗚訶箠羣優拱而聽命戲罷則亦已矣見紛華盛麗當如老人之撫節物以上元清明言之方少年壯盛晝夜出遊若恐不暇燈收花暮輒悵然移日不能忘老人則不然未嘗置欣戚於胸中也覩金珠珍玩當如小兒之弄戲劇方雜然前陳疑若可悅即委之以去了無戀想遭横逆機穽當如醉人之受

罵辱耳無所聞目無所見酒醒之後所以爲我者自若也何所加損哉

人生五計

朱新仲舍人常云人生天地間壽夭不齊姑以七十爲率十歲爲童兒父母膝下視寒暖燥濕之節調乳哺衣食之宜以須成立其名曰生計二十爲丈夫骨强志健問津名利之場秣馬厲兵以取我勝如驥子伏櫪意在千里其名曰身計三十至四十日夜注思擇利而行位欲高財欲厚門欲大子息欲盛其名曰家計五十之年心怠力疲俯仰世間智術用盡西山之日漸逼過隙之駒不留當隨緣任運息念休心善力而藏如蠶作繭其名曰老計六十以往甲子一周夕陽銜山倏爾就木内觀一心要使絲毫無慊其名曰死計朱公每以語人以身計則喜以家計則大喜以老計則不答以死計則大笑且曰子之計拙也朱旣不勝笑者之衆則亦自疑其計之拙曰豈皆惡老而諱死邪因爲南華長老作大死庵記遂識其語予之年齡踰七望八當以書諸紳云

盛衰不可常

東坡謂廢興成毀不可得而知予每讀書史追悼古昔未嘗不掩卷而歎伶子于敘趙飛燕傳極道其姊弟一時之盛而終之以荒田野草之悲言盛之不可留衰之不可推正此意也國初時工部尚書楊玢長安舊居多爲鄰里侵占子弟欲以狀訴其事玢批紙尾有詩上含元基上望秋風秋草正離離之句方去唐末百年而故宮殿已如此殆於宗周黍離之詠矣慈恩寺塔有荆叔所題一絕句字極小而端勁最爲

感人其詞曰漢國河山在秦陵草木深暮雲千里色無處不傷心旨意高遠不知爲何人必唐世詩流所作也李嶠汾陰行云富貴榮華能幾時山川滿目淚沾衣不見只今汾上水唯有年年秋鴈飛明皇聞之至於泣下杜甫觀畫馬圖云憶昔巡幸新豐宮翠華拂天來向東騰驤磊落三萬匹皆與此圖筋骨同君不見金粟堆前松柏裏龍媒去盡鳥呼風公孫大娘弟子舞劒器行云先帝侍女八千人公孫劒器初第一五十年間似反掌風塵澒洞昏王室梨園弟子散

如煙女樂餘姿映寒日元微之連昌宮詞云兩宮定後六七年卻尋家舍行宮前莊園燒盡有枯井行宮門闥樹宛然又云舞榭欹傾基尚在文窗窈窕紗猶綠上皇偏愛臨砌花依然御榻臨堦斜寢殿相連端正樓太真梳洗樓上頭晨光未出簾影黑至今反挂珊瑚鈎指似傍人因慟哭却出宮門淚相續凡此諸篇不可勝紀

治生從宦

韓生曰居閑食不足從仕力難任兩事皆害性一生常苦心然治生從宦自是兩塗未嘗有兼得者張釋之以貲爲郎十年不得調曰久宦滅兄仲之產不遂欲免歸司馬相如亦以貲爲郎因病免家貧無以自業至從故人於臨卭及歸成都家徒四壁立而已

孫馬兩公所言

盧照鄰有疾問孫思邈曰高醫愈疾奈何答曰天有四時五行寒暑迭居和爲雨怒爲風凝爲雪霜張爲虹蜺天常數也人之四支五藏一覺一寐吐納往來流爲榮衛章爲氣色發爲音聲人常數也陽用其形

陰用其精天人所同也失則烝生熱否生寒結爲瘤贅陷爲癰疽奔則喘乏竭則焦槁發乎面動乎形天地亦然五緯縮贏孛彗飛流其危診也寒暑不時其烝否也石立土踊是其瘤贅山崩土陷是其癰疽奔風暴雨其喘乏川瀆竭涸其焦槁高醫導以藥石救以砭劑聖人和以至德輔以人事故體有可愈之疾天有可振之災睿宗召司馬子微問其術對曰爲道日損損之又損以至於無爲夫心目所知見每損之尚不能已況攻異端而增智慮哉帝曰治身則爾治

國若何曰國猶身也故游心於淡合氣於漠與物自然而無私焉而天下治孫公司馬所言皆至道妙理之所寓治心養性宜無出此者矣

劉公榮

王戎詣阮籍時兗州刺史劉昶字公榮在坐阮謂王曰偶有二斗美酒當與君共飲彼公榮者無預焉二人交觴酬酢公榮遂不得一杯而言語談戲三人無異或有問之者阮曰勝公榮者不得不與飲酒不如公榮者不可不與飲酒唯公榮可不與飲酒此事見

戎傳而世說爲詳又一事云公榮與人飲酒雜穢非類人或譏之答曰勝公榮者不可不與飲不如公榮者亦不可不與飲是公榮輩者又不可不與飲故終日共飲而醉二者稍不同公榮待客如是費酒多矣顧不掌一杯於人乎東坡詩云未許低頭拜東野徒言共飲勝公榮蓋用前事也

蘇子由詩

蘇子由南窻詩云京城三日雪雪盡泥方深閉門謝還往不聞車馬音西齋書帙亂南窻朝日昇展轉守牀榻欲起復不能開戶失瓊玉滿堦松竹陰故人遠方來疑我何苦心疎拙自當爾有酒聊共斟此其少年時所作也東坡好書之以爲人間當有數百本蓋閑淡簡遠得味外之味云。

世事不可料

秦始皇并六國一天下東游會稽度浙江撊然謂子孫帝王萬世之固不知項籍已縱觀其旁劉季起喟然之歎於咸陽矣曹操芟夷羣雄遂定海內身爲漢相日夜窺伺龜鼎不知司馬懿已入幕府矣梁武帝

殺東昏侯覆齊祚而侯景以是年生於漠北唐太宗殺建成元吉遂登天位而武后已生於并州宣宗之世無故而復河隴　戎衰藩鎮順命而朱温生矣是豈智力謀慮所可爲哉

真假皆妄

江山登臨之美泉石賞翫之勝世間佳境也觀者必曰如畫故有江山如畫天開圖畫卽江山身在畫圖中之語至於丹青之妙好事君子嗟歎之不足者則又以逼真目之如老杜人間又見真乘黃時危安得

真致此悄然坐我天姥下斯須九重真龍出憑軒忽者無丹青高堂見生鶻直訝杉松冷兼疑菱荇香之句是也以真爲假以假爲真均之爲妄境耳人生萬事如是何特此耶

白公感石

白樂天有奉和牛思黯以李蘇州所寄太湖石奇狀絶倫因作詩兼呈劉夢得其末云共嗟無此分虚管太湖來注與夢得俱典姑蘇而不獲此石又有感石上舊字云太湖石上鐫三字十五年前陳結之並無

所經見全不可曉後觀其對酒有懷寄李郎中一絶句曰往年江外拋桃葉去歲樓中别柳枝寂寞春來一杯酒此情唯有李君知注曰桃葉結之也柳枝樊素也然後結之之義始明樂天以病而去柳枝故作詩云兩枝楊柳小樓中嫋娜多年伴醉翁明日放歸歸去後世間應不要春風因劉夢得有戲之之句又令之云誰能更學孩童戲尋逐春風捉柳花然其鍾情處竟不能忘如云病共樂天相伴住春隨樊子一時歸金羈駱馬近賣却羅袖柳枝尋放還觴詠罷來賓闃閑笙歌散後妓房空皆是也讀之使人悽然

東坡三詩

東坡初赴惠州過峽山寺不值主人故其詩云山僧本幽獨乞食況未還雲碓水自舂松門風爲關石泉解娛客琴筑鳴空山既至惠州殘臘獨出至棲禪寺亦不逢一僧故其詩云江邊有微行詰曲背城市平湖春草合步到棲禪寺堂空不見人老稚掩關睡所營在一食食已寧復事客行豈無得施子淨掃地風松獨不靜送我作鼓吹後在儋耳作觀碁詩記游廬

山白鶴觀觀中人皆闔戶晝寢獨聞碁聲云五老峰前白鶴遺址長松蔭庭風日清美我時獨游不逢一士誰歟碁者戶外屨二不聞人聲時聞落子其寂寞冷落之味可以想見句語之妙一至於此

東坡和陶詩

陶淵明集歸田園居六詩其末種苗在東皋一篇乃江文通雜體三十篇之一明言斅陶徵君田居蓋陶之三章云種豆南山下草盛豆苗稀晨興理荒穢帶月荷鋤歸故文通云雖有荷鋤倦濁酒聊自適正擬

其意也今禹集談編入東坡据而和之又東方有一士詩十六句復重載於擬古九篇中坡公遂亦兩和之皆隨意卽成不復細考耳禹之首章云榮榮隐下蘭密密堂前柳初與君別時不謂行當久出門萬里客中道逢嘉友未言心中醉不在接盃酒蘭枯柳亦衰遂令此言負坡和云有客扣我門繫馬庭前柳庭空鳥雀噪門閑客立久主人枕書臥夢我平生友忽聞剝啄聲驚散一盃酒倒裳起謝客夢覺兩愧負二者金石合奏如出一手何止子由所謂遂與比軌者哉

東坡慕樂天

蘇公責居黃州始自稱東坡居士詳考其意葢專慕白樂天而然白公有東坡種花二詩云持錢買花樹城東坡上栽又云東坡春向暮樹木今何如又有步東坡詩云朝上東坡步夕上東坡步東坡何所愛愛此新成樹又有別東坡花樹詩云何處殷勤重回首東坡桃李種新成皆爲忠州刺史時所作也蘇公在黃正與白公忠州相似因憶蘇詩如贈寫真李道士云他時要指集賢人知是香山老居士贈善相程傑云我似樂天君記取華顛賞遍洛陽春送程懿叔云我甚似樂天但無素與蠻入侍邇英云定似香山老居士世緣終淺道根深而跋曰樂天自江州司馬除忠州刺史旋以主客郎中知制誥遂拜中書舍人某雖不敢自比然謫居廣州起知文登召爲儀曹遂忝侍從出處老少大略相似庶幾復享晚節閑適之樂去杭州云出處依稀似樂天敢將衰朽較前賢序曰平生自覺出處老少粗似樂天則公之所以景仰者不止一再言之非東坡之名偶爾暗合也

李益盧綸詩

李益盧綸皆唐大曆十才子之傑者綸於益爲内兄嘗秋夜同宿益贈綸詩曰世故中年別餘生此會同却將悲與病獨對朗陵翁綸和曰戚戚一西東十年今始同可憐風雨夜相問兩衰翁二詩雖絶句讀之使人悽然皆奇作也

問故居

陶淵明問來使詩云爾從山中來早晚發天目我屋

南山下今生幾叢菊薔薇棠已抽秋蘭氣當馥歸去來山中山中酒應熟諸集中皆不載惟晁文元家本有之蓋天目疑非陶居處然李太白云陶令歸去來田家酒應熟乃用此爾王摩詰詩曰君自故鄉來應知故鄉事來日綺牕前寒梅著花未杜公送韋郎歸成都云爲問南溪竹抽梢合過墻億弟云故園花自發春日鳥還飛王介甫云道人北山來問松我東岡舉手指屋脊云今如許長古今詩人懷想故居形之篇詠必以松竹梅菊爲比興諸子句皆是也至於杜

公將別巫峽贈南鄉兄瀼西果園詩云苔竹素所好萍蓬無定居遠遊長兒子幾地別林廬雜蘂紅相他時錦不如具舟將出峽巡圃念携鉏每讀至此未嘗不爲之悽然寄題草堂云尚念四小松蔓草易拘纏霜骨不甚長永爲隣里憐又一篇云四松初移時大抵三尺强别來忽三載離立如人長尤可見一時之懷抱也

唐人草堂詩句

予於東園作草堂欲采唐人詩句書之壁而未暇也姑錄之于此杜公云西郊向草堂昔我去草堂少花今欲栽草堂塹西無樹林白公有別草堂三絕句又云身出草堂心不出劉夢得傷愚溪云草堂無主燕飛回元微之和裴檢書云清江見底草堂在錢起有暮春歸故山草堂詩又云惜歸草堂靜半入花源去朱慶餘酬著朱衣入草堂李涉草堂會與雪爲隣顧況不作草堂招遠客郎士元草堂竹徑在何處張籍草堂雪夜携琴宿又云西峰月猶在遥憶草堂前武元衡多君能寂寞共作草堂游陸龜蒙草堂祇

待新秋景又云草堂盡日留僧坐司空圖草堂舊隱猶招我韋莊今來空訝草堂新子蘭策杖吟詩上草堂皎然有題湖上草堂云山居不買剡中山湖上千峰處處閑芳草白雲留我住世人何事得相關

周孔醒醉

後漢周澤爲太常淸修時人爲之語曰一歲三百六十日三百五十九日齋一日不齋醉如泥南史孔覬明曉政事判決無壅衆爲之說曰孔公一月二十九日醉勝他二十九日醒一則一年一日醉一醉如此

不曉事一則一月一日醒一醒如此辦事二事正相反人性不同如此余嘗效程子山作酒牓其間一聯云一月二十有九日笑入世之太狂百年三萬六千場容我生之長醉

農家諺

漢　崔寔

二月昏參星夕杏花盛桑葉白

河射角堪夜作犁星沒水生骨

麻黃種麥麥黃種麻夏至後不沒狗

但雨多沒橐駝五月及澤父子不相借

子欲富黃金覆

羸牛劣馬寒食下

貸我東牆償我白粱

智如禹湯不如常耕

鋤頭三寸澤

富何卒耕水窟貧何卒耕水窟

耕而不勞不如作暴

日沒臙脂紅無雨也有風

乾星照濕土明日依舊雨

雲行東車馬通雲行西馬濺泥雲行南水漲潭雲行北好曬麥

未雨先雷船去步歸

鴉浴風鵲浴雨
春甲子雨乘船入市夏甲子雨赤地千里秋甲子雨
禾頭生耳冬甲子雨雪飛千里
上火不落下火滴沰
黄梅寒井底乾
稻秀雨澆麥秀風摇
雨打梅頭無水飲牛
黄梅雨未過冬青花未破冬青花已開黄梅雨不來
又云冬青花不落濕沙

船艄風雲起旱魃深歡喜

說郛目録

弓第七十五

經鉏堂雜誌

宋 倪思

歲計

儉者君子之德世俗以儉爲鄙非遠識也儉則足用儉則寡求儉則可以成家儉則可以立身儉則可以傳子孫奢則用不給奢則貪求奢則掩身奢則破家奢則不可以訓子孫利害相反如此可不念哉富家有富家計貧家有貧家計量入爲出則不至乏用矣用常有餘則可以爲意外橫用之備矣今以家之用

分而爲二令兩子弟分掌之其日用收支爲一其歲計收支爲一日用以貲錢俸錢當之每月終白尊長有餘則趲在後月不足則取歲計錢足之歲計以家之薄產所入當之歲終以白尊長有餘則來歲可以舉事（謂如添造屋宇之類）不足則無所舉可以展向後者一切勿爲以待可爲而爲之或有意外橫用亦告於尊長隨宜區處

人家至於破產先自借用官物錢始既先借用官物錢至於官物催趲不免舉債與質久而利重雖欲存產業不可得矣故當先須留官物錢則無此患僕奮空拳粗成家業毫分積累甚難諸子宜體念各存公心管幹且爲二十年計日後則事難料又在諸子從長區處僕之智力有不及矣月河莫侍郎家甚富兄弟同居亦三十餘年此可法也蓋聚居則百費皆省析居則人各有費也然須上下和睦若自能奮飛不藉父業則聽其挈出不可將帶父業留以與不能奮飛者可也

人家用度皆可預計惟橫用不可預計若婚嫁之事

是間暇時子弟自能主張若乃喪葬倉卒之際往往爲浮言所動多至妄用以此爲孝世俗之見切不可狥則當隨家豐儉也慶元六年九月十五日

月計

士大夫家子弟若無家業經營衣食不過三端上焉者仕而仰祿中焉者就館聚徒下焉者干求假貸今員多闕少待次之日常多官小俸薄既難贍給遠宦有往來道塗之費縱餘無幾意外有丁憂論罷之虞不可不備又遲家無以爲策則居官凡事掣肘若有

退步進退在我易以行志矣就館聚徒所得不過數十有一虛館爭者甚衆未娶就館猶可既娶之後難遠離家在已爲羇旅在家則百事不可照屬或自有子欲教不可若稍有家業則可免此患縱不免就館聚徒亦不至若不可一日無館者之窘也至于干謁假貸滋味尤惡不唯趑趄囁嚅此狀可惡奔走于道塗見拒于閽人情況之惡抑又可知縱有所得無幾久而化爲唇吻絜特之士化爲無廉恥可厭之人若乃假貸親故至一至再亦難言矣諺曰做個求人面

不成此言有理若自有薄產無此惡況矣吾家業雖不多若自知節省且爲二十年計可以使汝輩待闕不至狼狽既免聚徒就館又免干求假貸諺曰求人不如求已此之謂也已作歲計簿復作月計簿蓋先有月計然後歲計可知若月之所用多于其所入積而至歲爲大闕用矣世間事固終歸空人固各有命然可施智力處亦不當不理會又所求者在已與夫不知義命妄求者大異也非是空言乃真達理

子孫計

或曰旣有子孫當爲子孫計人之情也余曰君子豈不爲子孫計然其子孫計則有道矣種德一也家傳清白二也使之從學而知義三也授以資身之術如才高者命之習舉業取科第才卑者命之以經營生理四也家法整齊上下和睦五也爲擇良師友六也爲娶淑婦七也常存儉風八也如此八者豈非爲子孫計乎循理而圖之以有餘而遺之則君子之爲子孫計豈不久利而父子兩得哉如孔子教伯魚以詩禮漢儒教子一經楊震之使人謂其後爲清白吏子

孫鄧禹十子人各授之一業龐德公云人皆遺之以危我獨遺之以安皆善爲子孫計者又何慊焉

居山約

余嘗兼山本以蘇拙已就粗安可以忘歸諸兒之意眷戀桃園又難遽絕今與汝曹約每月二十日在山十日在家獨甚寒甚暑兩月則全在家恐山中不便也山中不可獨須子弟一人侍置曆輪流四子每人一旬周而復始其當旬者凡飲膳之類專掌之其餘在家有効時新各隨其意多少不拘無亦不責其或

有商議事合要來此不必嘗旬自宜前稟自六月爲始各于旬下書名如當旬有私幹兄弟那祭

食時五觀

魯直作食時五觀其言深切可謂知慙愧者矣余嘗入一佛寺見僧持戒者每食先淡喫三口第一以知飯之正味人食多以五味雜之未有知正味者若淡喫食則本自甘美物不假外味也第二思衣食之從來第三思農夫之愁苦若此則五觀中已備其義每食用此法極爲簡易且先喫三口白飯已過半矣後

所食者雖無羹蔬亦自可了處貧之道也

憂樂

世間遇如意事其樂不過三日至于不如意事未至亦憂已至亦憂過去亦憂故憂樂雖曰相對要之樂少憂多也

惜別

家妹見訪骨肉相聚甚懽老懷童見亦爲之喜其歸也不能不作惡坡詩云我始來宛丘牽衣舞兒童便知有此恨留我過西風西風亦已過恨別終無窮人情一也來時之喜即爲別時之戚親暱此境尤見坡詩之工

戀憾

啟手足之際有餘則戀不足則憾苟不知道二者必居一焉

佚我以老

造物勞我以生逸我以老少年不勤是不知勞也年老奔兢是不知逸也天命我佚而我自勞以取困辱豈非逆天乎

人生享用

人之一身每日所食不過米一升終年所衣不過一兩疋若酒食襍費歲計不過百千此切身誠不可闕其餘盡爲他人若時時以此提省庶幾不爲他人造業自己受報也

儉

儉而能施仁也儉而寡求義也儉以爲家法禮也儉以訓子孫智也儉而慳吝不仁也儉復貪求不義也儉於其親非禮也儉其積遺子孫不智也

枉了煩惱

世間不如意者動輒煩惱而煩惱徒增其病於事了無所益達者看破但有料理更不添此一重纏縛

筵宴三感

今夫筵宴以酒十行爲率酒先三行少憩（俗謂之歇坐）或奕棋或縱步或款話已乃復飲則有終日之歡若一盃纔畢一盃繼進須臾之間賓告終矣賓主皆無意味人情不得款曲余於是乎有感一也三盃亦散五盃亦散十盃亦散極至于百盃亦散諺曰未有不散

之筵余於是乎有感二也凡招客者必以其類赴集有必先問同招者誰儻皆善類賓主皆安忽有一非類者厠其間是爲主不審之過客則終席不樂苟其甚則托辭以避矣余於是乎有感三也

寬作程

凡事寬作程極有意味且如讀書工夫計工以兩日看者作五日看則玩味有餘矣出入登途計程以十日行作半月行則不至勞苦冒險矣

閑

尋思百計不如閑未老得閑方是閑又得浮生半日閑皆昔實欲閑而不能羨閑而未遂者閑豈易得哉然古人制字閑適與防閑之字同蓋有深意飽食終日無所用心難矣君子居閑雖不至如小人之無所不爲然亦多恣意于聲色盃酒者是以貴于以禮防閑也

花無十日

一歲栽培花開不過十日又有風雨摧折之變譬之人生勞苦一世其如意時不過數年耳

有一物添一累

頃年畜兩鶴旣之專人看顧朝放暮收不免關心又恐擾鄰圃驚童兒羽翮再完一旦飛去自是遂省一事以此知有一物添一累也

閑冷

閑居冷落門無賓饋乃可省緣或者嘆閑居之冷落至于無聊人之所見何相去之遠哉

自十歲至七十

自十歲以上至七十人各有業無能免勞者唯十歲

以下則以少七十以上則以老苟非二者未有不勞惟智者能擇術勞智而不勞力若不勞智又不勞力斯餓莩也

衣食

衣以歲計食以日計一日闕食必至饑餒一年闕衣尚可藉舊衣在家者也食麤而無人知衣飾外者也衣獘而人必笑故善處貧者節食以完衣不善處貧者典衣而市食

寢食

經鉏堂襍誌 八 十

人之相覩頌必曰精調茵鼎蓋人生不過寢食二事日不甘食夜不安寢則病矣今富貴之家以酒奪食以色妨寢則是二者皆失之且夫中酒之後繼之飛賊夜坐連旦日中而起宿醒未解又復飲酒其情思無聊不如强飯安眠者多矣況如是之人未有能中壽者此乃可憐何足羨乎

嘗作病想

人在病中百念灰冷雖有富貴欲享不可反羨貧賤而健者是故人能于無事時常作病想一切名利之心自然擺去眞妙法也

欣戚相生

人之所欣生於戚戚却生乎欣試以一二事明之士子發舉則欣矣春闈見黜則大戚女子得男則欣矣一旦失之則大戚是戚生於欣也抱病則戚病愈則欣失物則戚已失復得則欣是欣生於戚也無所欣戚動則人自生之達者知其然故於得喪無所欣戚也

憂喜相生

經鉏堂襍誌 八 十

喜生憂憂生喜若循環然假如元未有得忽得之斯喜矣既得之復失之斯憂矣已失之復得之又喜矣達者得之知後必失之失之如本來之無有此所以無憂無喜也

齊齋十樂

讀義理書學法帖字澄心靜坐益友淸談小酌半醺澆花種竹聽琴翫鶴焚香煎茶登城觀山寓意奕棋雖有他樂吾不易矣

十不如

畫扇不如紙扇，錦絝不如布帛，巨艦不如輕舟，高堂不如低屋，金寶器物不如甆瓦，麗妻艶妾不如醜妻惡妾，食肉不如食素，厚塟不如薄塟，俊爽不如樸厚，富貴不如貧賤。

十或問

或問生死，曰晝夜；或問今生來生，曰今日來日；或問佛土，曰清淨慈悲；或問地獄，曰貪濁忿怒；或問快樂，曰知足；或問尊榮，曰無求；或問報應，曰形影；或問久長，曰如常；或問享福，曰無禍；或問壽考，曰不朽。

貴人十反

貴人十反：夜當卧而飲宴，早當起而醉卧，心當逸而勞，身當勞而逸，吝束修不請師教子弟而以大錢顧教聲妓，藥餌無病而服，有病不肯服，果蔬尚新不待熟，食物取細失正味，山水不喜真境而喜圖畫，器用不貴金銀而貴銅甆。

六拘

後生不讀書而老者讀書，胥吏幹人子孫應科舉而宦門不習舉業，貧者妄用而富者節儉，藿食者憂慮而肉食者泰然，僧道食葷而俗人好善茹素，富貴家女爲新婦遵禮法甘枯淡，貧賤家女爲新婦反不識好惡。

吳下田家志

宋　陸泳

三旬

上旬交月雨謂朔日之雨也主月内多雨

中旬自十一至二十日也

下旬自二十一日至三十日也

風吹月建主米陡貴

初三月下有横初四暗盆

月交二十五日也有雨則主久雨

二十五二十六無雨初三初四莫行船

春雨甲子乘船入市夏雨甲子赤地千里秋雨甲子禾頭生耳冬雨甲子飛雪千里又云戊午元同甲子期始終七日最稀奇七日多晴兩月燥七日多雨兩月泥甲申主米暴貴春主五穀不收夏主傷田禾秋主六畜死冬主人多病方言云甲申猶可乙酉怕殺人

壬子日雨主久陰

方言甲子日雨乙酉晴乙日雨直到庚申雨乙換又云甲子旬中無燥土久雨久晴且看换甲

風吹鶴神口米長千錢斗纔逆癸巳上天堂巳酉還歸東北方乙卯正東纔五日庚申還上六朝藏離位丙寅坤辛未直西之日正當㾜壬午乾宮戊子坎對衝其位定相妨

土鬼直黑道並詳尅擇類

立春一日百草回芽春煖花香稜子還鄉但得五湖明月在春來依舊百花香大寒無過寅春寒多雨水

五日寒食便下田寒食過了無時節娘養花蠶郎種

田

清明斷雪穀雨斷霜

四月麥秀寒五月温和煖

未吃端午粽寒衣未可送

田家忙併無過蠶麥

黄梅三時纔出門蓑衣箬帽必隨身

一九二九扇子不離手三九二十七氷水甜如蜜四九三十六拭汗如出浴五九四十五頭戴秋葉舞六九五十四乘凉入佛寺七九六十三床頭尋被單八

九七十二思量蓋夾被九九八十一家家打炭墼

大熱無過未申

蜘蟟蟬叫稻生芒

朝立秋暮颼颼

處暑後十八盆湯立秋後四十日浴湯乾

八月初一鴈門開懶婦催將刀尺裁

九月重陽菱毋消洋九月九生衣出抖擻霜降休節

百工奔金取寶月

十月無工只有梳頭吃飯工

河射角好夜作犁星沒水生骨

冬至前後瀉水不走

一九二九相喚弗出手三九二十七籬頭吹觱篥四九三十六夜眠如鷺宿五九四十五太陽開門戶六九五十四貧兒爭意氣七九六十三布衲兩頭担八九七十二猫狗尋陰地九九八十一犁耙一齊出一日脫膊三日齷齪

耕田忌日痕大月初六二十二二十三小月初八十一十三十七十九二十七

種秧忌日痕同上忌忌九焦日

耘田忌壬辰癸亥壬癸

擁田忌土鬼

開田忌甲寅田祖死丙戌田毋死丁亥田父夫死田毋葬乙巳田主死丁未出祖田父葬辛亥田婦死田主田婦夫葬

播種壬戌青帝死癸巳后稷死壬辰乙未爲天地不收成日

種麥宜庚午辛未辛巳辛卯庚子庚戌

種麻宜壬申辛巳甲申乙亥戊申辛亥庚申

種豆甲子乙丑壬申丙子戊寅壬午壬寅

種瓜甲子乙丑辛巳庚子丙寅乙卯

種菜戊寅庚寅辛卯壬戌

種葱韭甲子辛未己卯辛巳甲申辛卯

種蒜橋戊辰辛未丙子辛巳

種薑甲子乙丑辛未壬申壬午

種芋壬申辛巳壬午辛未

種移栽菓子忌壬戌丙戌

種竹忌子丑月又忌地隔
作牛欄忌丑方
作羊棧忌未方
作猪窠忌亥方
作鷄棲忌酉方
取納六畜無問大小並忌出入鶴神方向
一切蠶事並忌大小耗并受死日
出入忌月忌
交易忌破日又忌赤口

買田忌六戊日
立券忌六巳日
起造忌火交天火雷大敗狠籍黑道死氣
船下水忌水痕
作門忌庚寅門丈夫死忌春東夏南秋西冬北
穿井忌卯日又除日
作灶忌丙日丁日建除并四廢
安床忌壬申戊申癸亥
合帳忌六戊日

裁衣忌庚午壬申庚申戊寅巳亥
做酒忌戊子甲辰又丁酉
做醋忌水日如丙子丁日兼上下弦俱忌
合醬忌辛日
入學忌孔子倉頡死葬日
問求結婚下財并忌申酉二日
嫁娶忌陰將陽將并周堂不通
遷移忌乙巳甲申
下葬忌開收日周堂不通

天隱子養生書

唐　司馬承禎

天隱子吾不知何許人著書八篇包括妙秘殆非人間所能力學觀夫修煉形氣養和心靈歸根契於伯陽遺照齊於莊叟長生久視無出是書予家君於大暑中苦痢諸藥不止以意用乾葛是承禎服疾道風惜乎世人夭促眞壽思欲傳之同志使易而簡行信哉自伯陽而來惟天隱子而已矣司馬承禎序

神仙

人生時稟得靈氣精明通悟學無滯塞則謂之神宅神於內遺照于外自然異於俗人則謂之神仙故神仙亦人也在於修我靈氣勿爲世俗所淪折遂我自然勿爲邪見所凝滯則成功也喜怒哀樂愛惡欲也情之邪也風寒暑濕飢飽勞逸行者氣之邪也去此邪成神仙

易簡

易曰天地之道易簡者也天隱子曰天地在我首之上足之下開目盡見無假繁巧而言故曰易簡簡者神仙之德也經曰至道不繁至人無爲然則以何道求之曰無求不能知無道不能成凡學神仙先知易簡苟言涉奇詭適足使人執迷無所歸本此非言學也世人學神仙反爲神仙所迷者有矣學無反爲無所病者有矣

漸門

易有漸卦老氏有漸門人之修眞達性不能頓悟必須漸而進之安而行之故設漸門一曰齋戒二曰安處三曰存想四曰坐忘五曰神解何謂齋戒曰澡身虛心何謂安處曰深居靜室何謂存想曰收心復性何謂坐忘曰遺形忘我何謂神解曰萬法通神故習此五漸之門者了一則漸次至二了二則漸次至三了三則漸次至四了四則漸次至五神仙成矣

齋戒

齋戒者非蔬茹飲食而已澡身者非湯浴去垢而已蓋其法在節食調中磨擦暢外者也夫人稟五行之氣而食五行之物而實自胞胎有形也呼吸精血豈可去食而求長生但世人不知休糧服氣道家權宜非永絕食粒之謂也食之有齋戒者齋乃潔淨之務戒乃節約之稱有飢即食食勿令飽此所謂調中也

百味未成熟勿食五味太多勿食腐敗閉氣之物勿食此皆宜戒也手常磨擦皮膚溫熱去冷氣此所謂暢外也久坐久立久勞役皆宜戒也此是形骸調理之法形堅則氣全是以齋戒爲漸門之首也夫

安處

何謂安處曰非華堂邃宇重裀廣榻之謂也在乎南向而坐東首而寢陰陽適中明暗相半屋無高高則陽盛而明多屋無卑卑則陰盛而暗多故明多則傷魄暗多則傷魂人之魂陽而魄陰苟傷明暗則疾病

生焉所謂居處之室尚使之然況天地之氣有亢陽之攻肌淫陰之侵體豈不傷哉修養之漸倘法此即安處之道術也吾所居室四邊皆窗戶遇風即闔風息即開吾所居坐前簾後屏太明則下簾以和其內映太暗則捲簾以通其外曜內以安心外以安目心目皆安則身安矣明暗尚然況太多情慾太多事慮豈能安其內外哉故學道以安處爲次

存想

存謂存我之神想謂想我之身閉目即見自己之目收心即見自己之心心與目皆不離我身不傷我神則存想之漸也凡人目終日視他人故心亦逐外走終日接他事故目亦逐外瞻營營浮光未嘗內照奈何不病且夭邪是以歸根曰靜靜曰復命成性存存衆妙之門此存想之漸學道之功半矣

坐忘

坐忘者因存而忘也行道而不見其行非坐之義乎有見而不知其見非忘之義乎何謂不行曰心不動故何謂不見曰形都泯故或問曰何由得心不動天

隱子默而不答又曰何由得形都泯天隱子瞑而不視或道悟道乃退曰道果在我矣我果何人哉天隱子果何人也於是彼我兩忘了無所照

解神

齋戒謂之信解（言無信心即不能解）安處謂之閑解（言無閑心即不能解）存想謂之慧解（言無慧心即不能解）坐忘謂之定解（言無定心即不能解）信定閑慧四門通神謂之身解故神之爲義不行而至不疾而速陰陽變通天地長久兼三才而言謂之易（繫辭云易窮則變變則通通則久）齊萬物而言謂之道德（老子道德經是）

也本一性而言謂之眞如（釋氏涅槃法華楞嚴皆一性）入四眞如
歸於無爲（圓覺經云佛身有爲至於無爲佛化身不隨諸數此一條）故天隱子生
乎易中死乎易中動因萬物靜因萬物邪由一性眞
由一性是以生死動靜邪眞吾皆以神而解之在人
謂之仙矣在天曰天仙在地曰地仙故神仙之道五
歸一門（謂五歸於漸終同仙矣）

後序

昔謝自然欲過海求師蓬萊至海中或謂自然曰蓬
萊隔弱水三十萬里不可過天台有司馬子微身居

赤城名在絳闕可往從之自然乃還受道於子微自
日偃夫東坡水龍吟詞曰古來雲海茫茫蓬山絳闕
知何處人間自有赤城居士龍蟠鳳舉清淨無爲坐
忘遺照八篇奇語觀此書則此八篇當是子微所著
而序乃云天隱子不知何時人意者不欲自顯其名
耶紹興壬午從事郎知台州黃岩縣主學事勸農胡
璉跋

保生要錄

宋蒲處貫

臣聞松有千年之固雪無一時之堅若植松於腐壤
不朞而必蠹藏雪於陰山雖累而不消遂其性則堅
者脆順其理則促者長物情既爾人理豈殊然則調
攝之術又可忽乎臣竊覽前人所撰保生之書往往
拘忌太多節目太繁行者難之在於崇貴尤不易爲
臣少也多病留心養生研究有年編次成帙爲術易
簡乘閒可行先欲固其神氣次欲調其肢體至於衣

服居處藥餌之方蔬果禽魚之性有益者必錄無補
者不書古方有誤者直明俗用或乖者必正目之曰
保生要錄雖無裨於聖道聊有益於衛生冒昧上獻
伏深戰慄臣蒲處貫

養神氣

嵇叔夜云服藥求汗或有弗獲愧情一集渙然流離
情發於中形于外則知喜怒哀樂寧不傷人故必
不[illegible]

論導引

養生者形要小勞無至大疲故水流則清滯則汙養生之人欲血脉常行如水之流坐不欲至倦行不欲至勞頻行不已然亦宜稍緩即是小勞之術也故手足欲時其屈伸兩臂欲左挽右挽如挽弓法或兩手如拓石法或雙拳築空或手臂前後左右輕擺或頭項左右顧或腰胯左右轉時俯時仰或兩手相促細細捩如洗手法或手掌相摩令熱掩目摩面事間隨意爲之各十數過而已每日頻行必身輕目明筋節血

脉調暢飲食易消無所壅滯體中少不佳快爲之即解舊引方大煩崇貴之人不易爲也今此術不擇時節亦無度數乘閑便作而見效且速

夫人夜臥欲自以手摩四肢胸腹十數遍名爲乾沐浴臥側而曲膝益氣力常時濁唾則吐清津則嚥嘗以舌柱齶聚清津而嚥之潤五臟悅肌膚令人長壽不老黃庭經曰爲玉池大和官漱嚥靈液災不干又曰閉口屈舌食胎津使我遂鍊獲飛仙頻叩齒令齒勞又辟惡夫人春時暑月欲得晚眠早起秋欲早眠早起冬欲早眠晏起早不宜在雞鳴前晚不宜在日昕後熱時欲舒暢寒月欲收密此合四氣之宜保身益壽之道也

論衣服

臣聞衣服厚薄欲得隨時合度是以暑月不可全薄寒時不可極厚盛熱亦必着單臥服或腹脛已上覆被極宜人冬月綿衣莫令甚厚寒則頻添數層如此則令人不驟寒驟熱也故寒時而熱則減則不傷於溫熱時而寒則加則不傷於寒寒熱不時忌自脫着

則傷于寒熱矣寒欲漸着熱欲漸脫腰腹下至足脛欲得常溫胸上至頭欲得稍涼涼不至凍溫不至燥衣爲汗濕即時易之薰衣火氣未歇不可便着夫寒熱均平形神恬靜則疾疢不生壽年自永

論飲食

飲食所以資養人之血氣血則榮華形體氣則榮衛四肢精華者爲髓爲精其次者爲肌爲肉常時不可待極飢而方食極飽而方徹常欲不饑不飽青牛道士云凡食大熱則傷骨大冷則傷筋雖熱不得灼唇

雖冷不得凍齒冷熱相攻而爲患凡食熱勝冷少勝
多熟勝生淡勝鹹凡食汗出勿令洗面令人少顏色
食飽沐髮作頭風凡所好之物不可偏耽耽則傷心
生疾所惡之物不可全棄棄則藏氣不均是以天有
五行人有五藏食有五味故肝法木心法火脾法土
肺法金腎法水酸納肝苦納心甘納脾辛納肺鹹納
腎木生火火生土土生金金生水水生木木制土土
制水水制火火制金金制木木制土故四時無多食
所制之味皆能王之〻也宜食相生之味助王氣也

五臓不傷王氣增益飲食合度寒暑得宜則諸疾不
生遐齡自永矣

論居處

傳曰土厚水深居之不疾故人居處隨其方所皆欲
土厚水深土欲堅潤而黄水欲甘美而澄常居之室
極令周密勿有細隙致風氣得入風者天地之氣也
能生成萬物亦能損人初入腠理之間漸至肌膚之
内内傳經脉達于臓腑傳變尤甚盛暑不可露卧自
立春後至立秋前欲東其首立秋至立冬前欲西其
首常枕藥枕其枕藥性大熱則熱氣衝上太冷則冷
氣傷腦唯理風平凉者乃爲得宜

藥枕方 此枕治頭風目眩

蔓荆子八分　甘菊花八分　細辛六分　吳白芷六分
芎藭六分　白术四分　通草八分　防風八分
藁木六分　羚羊角八分　犀角八分　黑豆五合揀擇令淨
石上菖蒲八分

右件藥細剉成碎末相拌令均以生絹囊盛之欲其
氣全次用碧羅袋盛之如枕樣内藥直令緊實置在

盒子中其盒形亦如枕内藥囊令出盒子唇一寸半
晚來欲枕時揭去盒蓋不枕即蓋之使藥氣不散枕
之日久漸低更入藥以實之或添黑豆令如初三五
月後藥氣歇則换之勿洗甸日或一再耳中微鳴是
藥抽風之

論藥石

或問曰夫金石之藥埋之不腐煮之不爛用能固氣
可以延年草木之藥未免腐爛焉有固駐之功答曰
夫金石之藥其性慓悍而無津液之潤盛壯時

其害及其衰弱𦵏則發慝夫壯年則氣盛而能制石滑則能行石故不發也及其衰弱則榮衛氣澀則不能行石弱則不能制石無所制而行者留積故人大患焉無益而損何固駐之有或問曰亦有未虛而石發者乎答曰憂恚在心而不能宣則榮澁滯不能行石熱結積而不散隨其積聚發諸癰瘡又有服石之人倚石熱而縱佚恃石勢而行乃不曉者以爲奇効精液焦枯猛熱遂作洞釜加爨罕不焦然問曰金石之爲害若此農皇何以標之于本經答曰大虛積冷

之人不妨暫服疾愈而止則無害矣又問云石勢慓悍臟衰則發今先虛而服石者豈能制其勢力乎且未見其害何也答曰初服之時石勢未積又乘虛冷之甚故不發也又問曰草木自不能久豈能固人哉答曰服之不倦勢力相接積年之後必獲大益夫攻療之藥以疾差而見功固駐之方覺體安而爲効形神既寧則壽命日永矣

保生月錄

宋　韋行規

昔巢居士事東海青童君苦心屈節奉師溽暑沍寒無懈無怠僅二十年乃口授八方使八節制服以應八卦若人未能跨鶴騰霄優游于乾坤之內守灝然之氣容色不改壽滿百年須服此藥神仙秘妙不可輕泄能久服必登上仙

☶艮卦東北

王君河車方

紫河車一具首生併壯盛胞衣是也洗血脈洗數十遍仍以酒洗陰乾者和各藥

生地八兩補髓血　牛膝四兩主腰膝

五味三兩主五臟　覆盆子四兩主陰不足

巴戟二兩欲多世事加一兩女人不用　訶黎勒三兩主腑中氣

鼓子花二兩駐髓骨　苦躭二兩治諸毒藥

澤瀉三兩補男女人虛　甘菊花三兩去筋風

菖蒲三兩益精神　乾漆三兩去肌肉五臟風炒黃

栢子仁三兩添精川仁　白茯苓三兩安神

黃精二兩補脾胃　蓯蓉二兩助下元女人不用

石斛二兩壯筋骨　遠志二兩益心不忘
杏仁四兩炒黃去皮尖上惡血炁　苣勝子四兩延年駐形
一方有雲英石三兩縮腸余曰不必加此
右二十二味共搗爲末煉蜜如桐子大酒下或鹽湯下服三料顔如處子昔王仙君傳與蘇林子立盟歃血不爾違太上之科

☳震卦正東

青精先生𥻗米飲方

白粱米一石南燭汁浸九蒸九曝乾可有三斗已

上每日服一匙飯過一月後服半匙兩月後服三分之一盡一劑則風寒不能侵鬚髮如青絲顔如氷玉若人服之役使六丁天兵侍衛

☴巽卦東南

龜臺王母四童方

辰砂四兩木方原用伏火丹砂六兩一時難得且未當輕用
胡麻四兩淨九蒸九曝炒微黃　天門冬四兩去心　茯苓六兩
茯苓六兩　黃精六兩　桃仁四兩去
右七味合爲末煉蜜爲丸搗萬餘下夏月丸服飽月散服如桐子大每二十九能服八年顔如嬰童肌如凝脂不可漫傳以獲天譴

☲離卦五南

彭君麋角粉方

每用麋角註曰麋鹿之大者角丫又不齊白如象牙出水澤中非山獸也大者二十斤一副生海邊取用一兩具解爲寸段去心中黑血色惡物用米泔浸之夏三日冬十日一換泔浸約一月已上似欲輭即取出入甑中蒸之覆以桑白皮候爛如蒸芋㬠乾粉之入伏火硫黃一兩以酒調三錢

一服此方彭祖服之得壽成仙有人于鵠鳴山石洞中得石刻方與此同也

☷坤卦西南

風后四扇散

五靈脂三兩延年益命　仙靈皮三兩強筋骨　松脂二兩去風痛
澤瀉二兩强腎　白朮二兩益炁力　乾薑二兩益氣
生地黃五兩補髓血　石菖蒲三兩益心神　桂二兩補不足
雲母粉三兩長肌肥白
右藥十物如法搗洗一萬杵煉蜜爲丸桐子

三四十九

☱兌卦正西

夏姬杏金丹

杏子六斗煮水滚三四沸放下杏子以手武棍搥摩令皮去大煮半晌漉起放瓮中去核清汁得若干取鉄鍋放糠火上以羊脂油四斤擦入釜中擦之不已盡此四觔脂爲止下杏釜中熬之糠火細細不斷三四日藥成如金光五彩色每服一二匙服之變老成少顔色美好夏姬服之上升

☰乾卦西北

天地父母七精散

竹實 三兩九蒸九曝主水氣日精　地膚子 四兩太陰之精主肝明目

黄精 四兩戊己之精主脾臟　蔓菁子 三兩九蒸九曬主邪鬼明目

松脂 三兩錬令熟主風狂脾濕　桃膠 四兩五木之精主鬼忤

菖蒲 五兩五谷之精九竅

右爲末煉蜜爲丸每服二三十丸妙不可述

☵坎卦正北

南嶽眞人赤松子

枸杞煎丸枸杞子根三十觔取皮九蒸九曝爲粉取根骨清水煎之添湯煮去楂熬成膏和粉爲丸桐子大每服三五十丸壽增無筭

養生月錄

宋　姜蛻

黄帝曰春三月此謂發陳天地俱生萬物以榮夜卧蚤起廣步于庭被髪緩形以使志生生而勿殺予而勿奪賞而勿罰此春氣之應養生之道也逆之則傷肝夏爲寒變奉長者少

凡春三月男子有患五勞七傷陰囊消縮囊下生瘡腰背疼痛不得俛仰筋脈痺冷或時熱痒或時浮腫難以行歩因風淚出遠視茫然咳逆上冲身

體痿黄氣脹臍痛膀胱攣急小便出血莖管陰子疼痛或淋瀝赤黄汙衣或夢寐多驚口乾舌强皆犯七傷此藥主之

茯苓五錢食不消加一錢　菖蒲五錢患加一錢
栝蔞四錢熱渴加五錢　牛膝五錢腰疼加一錢
山茱萸五錢身痒加一錢　兎絲子五錢陰痿加一錢
巴戟天四錢陰痿加五分　細辛四錢視茫加五分
續斷五錢有瘡加一錢　防風五錢風邪加一錢
山藥五錢陰濕痒加一錢　天雄三錢風痒加五分

蛇床子四錢氣促加五分　栢子仁五錢氣力不足加一錢
遠志五錢驚悸加一錢　石斛五錢身皮痛加一錢
杜仲五錢腸痛加一錢　蓯蓉四錢陰萎加一錢

右一十八味各依法製度擣爲細末煉蜜爲丸如蚕豆大每服三丸加至五七丸三飡食前服之服至一月百病消滅體氣平復神妙無比

黄帝曰夏三月此謂蕃秀天地氣交萬物華實夜卧蚤起無厭于日使志無怒使華英成秀使氣得泄若所愛在外此夏氣之應養長之道也逆之則傷心秋

爲痎瘧奉收者少冬至重病

凡夏三月男子内虚不能飲食健忘悲憂不樂喜怒無常四肢浮腫小便赤黄清濁淋瀝絞痛膀胱及痛陰囊濕痒口渴飲水腹脹皆犯五勞七傷宜服内補茯苓丸

茯苓五錢食不消加一錢　杜仲五錢腰痛加一錢
山茱萸四錢濕痒加一錢　附子二錢有風加五分
牡丹皮四錢腹中堅風加一錢　澤瀉三錢水炁加五分
桂三錢顔色不榮加五分　山藥五錢頭風加一錢

地黄四錢虛弱加一錢　細辛二錢目昏加一錢
石斛四錢陰濕加一錢　蓯蓉三錢痿黄加一錢
生薑二錢
右一十三味共爲末煉蜜爲丸如桐子大每服七
丸日再服忌房事生冷豬魚等食
黄帝曰秋三月此謂容平天氣以急地氣以明蚤卧
蚤起與雞俱興使志安寧以緩秋刑收斂神氣使秋
氣平無外其志使肺氣清此秋氣之應養收之道也
逆之則傷肺冬爲飧泄奉藏者少

凡秋三月當服補腎茯苓丸主治腎虚及五臟内
傷頭重足浮皮膚燥痒腰脊疼痛心胃咳逆口乾
舌燥痰涎流溢惡夢遺精尿血滴瀝小腹偏急陰
囊濕痒喘逆上氣轉側不得心常驚悸目視茫茫
飲食無味日漸羸瘦醫不能治此方奇効
茯苓一兩　防風六錢　白术一兩　細辛三錢
山藥一兩　澤瀉四錢　附子五錢炮使裂　紫菀五錢
獨活五錢　芍藥一兩　丹參五錢　桂五錢
乾薑三錢　牛膝五錢　黄芪一兩　苦參三錢

山茱萸肉五錢
右爲末蜜丸如桐子大先服每七丸日再服
黄帝曰冬三月此謂閉藏水氷地拆無擾乎陽蚤卧
晚起必待日光使志若伏若匿若有私意若已有得
去寒就温無泄皮膚使氣亟奪此冬氣之應養藏之
道也逆之則傷腎春爲痿厥奉生者少
凡冬三月男子五勞七傷兩目迎風淚出頭風項
強迴轉不得心腹脹滿上連胸脇下引腰背表裏
徹痛喘息不得飲食咳逆面黄痿瘦小便淋瀝陰

痿不起臨事不舉足腫腹痛五心煩熱身背浮
盗汗不絶四肢拘攣或緩或急夢寐驚悸呼吸氣
短口乾舌燥狀如消渴急于喜怒嗚咽悲愁當服
茯苓丸
茯苓　山藥　肉桂
山茱萸　巴戟　白术
牛膝　兎絲子各一兩
乾薑　細辛　防風
柏子仁　澤瀉　牡丹皮各五錢

右爲細末蜜丸桐子大空心鹽湯服七丸日再服

附子童便浸三次用一兩一箇的炒

攝生要錄

武林沈仕

喜樂

淮南子曰大喜墜陽唐柳公度年八十餘步履輕健或求其術曰吾無術但未嘗以元氣佐喜怒氣海常溫耳

忿怒

淮南子曰大怒破陰一　淸凉書云大怒傷目令人目暗多怒百脉不定鬢髮焦焦筋萎爲勞藥力不及當食暴嗔令人神驚夜夢飛揚

悲哀

書云悲哀太甚則胞絡絶而陽氣內動發則心下潰溲數血也　悲哀動中則傷魂魂傷則狂妄不精久而愈縮拘攣兩脇痛不舉

思慮

彭祖曰凡人不能無思當漸漸除之人身虛無但有遊氣氣息得理百病不生道不在煩但能不思衣食不思聲色不思勝負不思得失不思榮辱心不勞神

不極但留可得延年謀爲過當飲食不節養成大患也

憂愁

書云憂傷肺氣閉塞而不行　遇事而憂不止遂成肺勞胸膈逆滿氣從胸達背隱痛不已　女人憂思哭泣令陰陽氣結月水時少時多内熱苦渴色惡肌枯黑

驚恐

淮南子曰大怖生狂　書云驚則心無所倚神無所

歸慮無所定氣乃亂矣大恐傷腎恐不除則志傷恍惚不樂非長久之道臨危冒險則魂飛戲狂禽異獸則神恐

憎愛

淮南子曰好憎者使人心勞弗疾去其志氣日耗所以不能終其壽　憎愛損性傷神心有所憎不用深憎常運心于物平等心有所愛不用深愛如覺偏頗尋即改正不然損性傷神

視聽

孫眞人曰極目遠視夜讀註疏久居煙火博奕不休飲酒不已熱飧麪食抄寫多年雕鏤細巧房室不節泣淚過多刺頭出血逆風追獸皆喪明之由　書云心之神發乎目久視則傷心腎之精發乎耳久聽則傷腎

疑惑

國史補云李蟠常疑遇毒鎖井而飲心靈府也爲外物所中終身不痊多疑惑病之本也昔有飲廣客酒者壁有雕弓影落盃中客疑蛇也歸而疾作後飲其

地始知弓也遂愈又僧人入暗室踏破生茄疑爲物命念念不釋夜有扣門索命者僧約明日薦拔天明視之茄也疑之爲害如此

談笑

書云談笑以惜精氣爲本多笑則腎轉腰痛多笑則神傷神傷則悒悒不樂恍惚不寧多笑則臟傷臟傷則臍腹痛久爲氣損行語令人失氣語多須住乃語

津唾

書云唾者溢爲醴泉聚流爲華池府散爲津液降爲

甘露溉臟潤身宣通百脉化養藏神肢節毛髮堅固長春　人骨節中有涎所以轉動滑利中風則涎上潮咽喉裹響以藥壓下俾歸骨節可也若吐其涎時間快意枯人手足縱活亦爲廢人小兒驚風亦不可吐涎

起居

書云起居不節用力過度則絡脉傷傷陽則衄傷陰則下甚勞則喘息汗出損血耗氣

行立

書云久行傷筋勞于肝久立傷骨損于腎　養生云行不疾步立不至疲立不背日　真人云夜行常啄齒殺鬼邪　書云行汗勿跂床懸脚久成血痺足痛腰疼　大霧不宜遠行行宜飲少酒從禦障

坐卧

書云久坐傷肉久卧傷氣坐勿背日勿當風濕成勞　坐卧于塚墓之傍精神自散　幾不得言語五臟如懸磬不懸不可發聲　卧不可戲將筆墨畫其面魂不歸體　卧覺不語是魂魄外遊爲邪所執宜暗喚忌以火照則神魂不入乃至死于燈前魘者本由明出不忌火不宜近喚及急喚亦喜失神魂也隱居云卧處須當傍爐欹烘焙衣衾常損人

洗沐

書云新沐髮勿令當風勿濕縈髻勿濕頭卧令人頭風眩悶及生白屑髮秃面黑齒痛耳聾　炊湯經宿洗頭成癬洗面無光作甑生瘡　閑覽云目疾切忌浴令人目盲

櫛髮

真人曰髮多櫛去風明目不死之道也又曰頭髮梳百度　安樂詩云髮是血之餘一日一次梳通血脉散風濕

大小腑

書云忍尿不便成五淋膝冷成痺忍大便成五痔　努小便足膝冷呼氣努大便腰疼目澁

衣

云春氷汁泮衣欲下厚上薄養陽收陰繼世長生　汗偏脫衣得偏風半身不遂酒醉汗出脫衣靴韈

當風取涼成脚氣　瑣碎錄云若要安樂不脱不着

食

書云善養性者先渴而飲飲不過多多則損氣渴則傷血先飢而食食不過飽飽則傷神飢則傷胃又云夜半之食宜戒申酉前晚食爲宜

四時

内經云春爲發陳春生者少春三月此謂發陳夜卧早起生而勿殺逆之則傷肝夏爲寒變奉長者少夏四月此謂審秀夜卧早起使志無怒使氣得泄逆之則傷心秋爲痎瘧奉壯者少秋三月此謂容平早卧早起使志安寧逆之則傷肺冬爲飧泄奉藏者少冬三月此謂閉藏水氷地拆無擾乎陽早卧晩起必待日光去寒就温毋泄皮膚逆之則傷腎

旦暮

書云早出含煨生薑少許避瘴開胃又旦起空腹不用見屍臭氣入鼻舌白起日臭欲見宜飲少酒　真人日平明欲起時下床先左脚一日無災咎去邪兼辟惡如能七星步令人長壽樂　旦無嗔恚暮無大醉勿遠行　書云夜行用手掠髮則精邪不敢近常啄齒殺鬼邪　夜卧二足屈伸不並無夢泄有敎入廣者朝不可虛暮不可實

齊民要術

後魏賈思勰

耕田

凡耕高下田不問春秋必須燥濕得所爲佳若水旱不調寧燥不濕春耕尋手勞秋耕待白背勞凡秋耕欲深春夏欲淺犂欲廉勞欲再秋耕稀青者爲上初耕欲深轉地欲淺菅茅之地宜縱牛羊踐之七月耕之則死凡美田之法綠豆爲上小豆胡麻次之悉皆五六月中穊種七月八月犂稀殺之爲春穀田則畝

收十石其美與蠶矢熟糞同凡秋收之後牛力弱未及即秋耕者穀黍穄粱秫茇之下即移羸速鋒之也恒潤澤而不堅硬乃至冬初嘗得耕勞不患枯旱若牛力少者但九月十月一勞之至春穡種亦得

收種

凡五穀種子浥鬱則不生生者亦尋死種雜者禾則早晚不均春復減而難熟糶賣以雜糅見疵炊爨失生熟之節所以特宜存意不可徒然粟黍穄粱秫常歲歲別收選好穗純色者劁刈高懸之至春治取別種以擬明年種子其別種種子嘗須加鋤先治而別埋還以所治蘘草蔽窖將種前二十許日開出水洮即曬令燥種之依周官相地所宜而糞種之

種穀

凡穀成熟有早晚苗稈有高下收實有多少質性有强弱米味有美惡粒實有息耗地勢有良薄山澤有異宜順天時量地利則用力少而成功多任情返道勞而無獲凡穀田菉豆小豆底爲上麻黍胡麻次之蕪菁大豆爲下良地一畝用子五升薄地三升穀田

必須歲易二月三月種者爲稙禾四月五月種者爲穉禾二月上旬及麻菩楊生種者爲上時三月上旬及清明節桃始花爲中時四月上旬及棗葉生桑花落爲下時歲道宜晚者五月六月初亦得凡春種欲深宜曳重撻夏種欲淺直置自生凡種穀雨後爲佳遇小雨宜接濕種遇大雨待薉生春若遇旱秋耕之地得仰壟待雨夏若仰壟匪直盪汰不生兼與草薉俱出凡田欲早晚相雜有閏之歲節氣近後宜晚田然大率欲早早田倍多于晚苗生如馬耳則鏃鋤稀

鋒之處鋤而補之凡五穀唯小鋤爲良良田率一尺留一科薄地尋壠躡之苗出壠則深鋤鋤不厭數周而復始勿以無草而暫停春鋤起地夏爲除草故春鋤不用觸濕六月以後雖濕亦無嫌苗既出壠每一經雨白背時輒以鐵齒鍋楱縱横杷而勞之苗高一尺鋒之耩者非不壅本苗深殺草益實然令地堅硬乏澤難耕鋤得五徧已上不須耩凡種欲牛遲緩行種人令促步以足躡壠底熟速刈乾速積凡五穀大判上旬種者全收中旬中收下旬下收

黍穄

黍者暑也種者必待暑先夏至二十日此時有雨彊土可種黍一畝三升黍心未生雨灌其心心傷無實黍心初生畏天露令兩人對持長索櫱去其露日出乃止凡種黍覆土鋤治皆如禾法欲踈于禾

粱秫

粱秫並欲薄地而稀一畝用子三升半種與植穀同時燥濕之宜杷勞之法一同穀苗收刈欲晚

大豆

大豆保歲易爲宜古之所以備凶年也謹計家口數種大豆率人五畝此田之本也三月榆莢時有雨高田可種大豆土和無塊畝五升上不和則益之種大豆夏至後二十日尚可種戴甲而生不用深耕大豆須均而稀豆花憎見日見日則黄爛而根焦也穫豆之法莢黑而莖蒼輒收無疑其實將落反失之故曰豆熟于場于場穫豆即青莢在上黑莢在下

小豆

小豆不保歲難得椹黑時注雨種畝一升豆生布葉

鋤之生五六葉又鋤之大豆小豆不可盡治也古所以不盡治者豆生布葉豆有膏盡治之則傷膏傷則不成而民盡治故其收耗折也故曰豆不可盡治養美田畝可十石以薄田尚可畝取五石

種麻

凡種麻用白麻子麻欲得良田不用故墟地薄者糞之耕不厭熟田欲歲易良田一畝用子三升薄田二升夏至前十日爲上時至日爲中時至後十日爲下時澤多者先漬麻子令芽生待他白背樓耩漫擲子

空曳勞澤少者暫浸即出不得待芽生耬頭中下之麻生數日中常驅雀布葉而鋤勃如灰便刈束欲小縛欲薄一宿輒翻之穫欲淨漚欲清水生熟合宜

大小麥

大小麥皆須五月六月暵地種大小麥先畤逐犂稀種者佳其山田及剛強之地則耬下之凡耬種者匪直土淺易生然于鋒鋤亦便穬麥非良地則不須種八月中戊社前種者爲上時下戊前爲中時八月末九月初爲下時小麥宜下種八月上戊社前爲上時

中戊前爲中時下戊前爲下時正月二月勞而鋤之三月四月鋒而更鋤令立秋前治訖蒿艾簞盛之良多種久居供食者宜作劁麥倒刈薄布順風放火火既着即以掃帚撲滅仍打之

水稻

稻無所緣唯歲易爲良選地欲近上流三月種者爲上時四日上旬爲中時中旬爲下時先放水十日後曳陸軸十遍地既熟淨淘種子漬經三宿漉出内草篅裛之若經三宿芽生長二分一畝三升擲三日之

中令人驅鳥苗長七八寸陳草復起以鐮侵水芟之草悉膿死稻苗漸長復須薅薅訖決去水曝根令堅量時水旱而溉之將熟又去水霜降穫之北土高原本無陂澤隨逐隈曲而田者二月氷解地乾燒而耕之仍即下水十日塊既散液持木斫平之納種如前法既生七八寸拔而栽之溉灌收刈一如前法畦畤大小無定須量地宜取水均而已藏稻必須用簞若于久居者亦如劁麥法春稻必須冬時積日燥曝一夜置霜露中即春

旱稻

旱稻用下田白土勝黑土凡下田停水處燥則堅垎濕則汙泥難治而易荒墝埆而殺種其春耕者殺種尤甚故宜五六月暵之以擬穬麥麥時水澇不得納種者九月中復一轉至春種稻萬不失一

胡麻

胡麻宜白地種二三月爲上時四月上旬爲中時五月上旬爲下時種欲截雨脚一畝用子二升漫種者先以耬耩然後散子空曳勞耬耩者炒沙令燥中和

牛之鋤不過三遍刈束欲小以五六束爲一叢斜倚之候口開乘車詣田斗藪還叢之三日一打四五遍乃盡耳

種瓜

區種瓜法六月雨後種菉豆八月中犂稀殺之十月又一轉即十月終種瓜率兩步爲一區坑大如盆口深五寸以土壅其畔如菜畦形坑底必令平正以足踏之令其保澤以瓜子大豆各十枚遍布坑中以糞五升覆之又以土一斗薄散糞上復以足微躡之冬

月大雪時速併力推雪于坑上爲大堆至春草生瓜亦生莖葉肥茂異于常者且常有潤澤旱亦無害五月瓜便熟

種冬瓜

種冬瓜法傍墻陰地作區圓二尺深五寸以熟糞及土相和正月晦日種既生以柴木倚墻令其緣上旱則澆之八月斷其梢減其實一本但存五六枚十月霜足收之削去皮子于芥子醬中或美豆醬中藏之佳

種茄子

種茄子法茄子九月熟時摘取擘破水淘子取沈者速曝乾裹置至二月畦種著四五葉雨時合泥移栽之十月種者如區種瓜法推雪著區中則不須栽其春種不作畦直如種凡瓜法者亦得唯須曉夜數澆耳大小如彈圓中生食味似小豆角

種瓠

法以三月耕良田十畝作區方深一尺以杵築之令可居澤相去一步區種四實蠶矢一斗與土糞合澆

之水二升所乾處復澆之著三實以馬箠㲉其心勿令蔓延多實

種芋

種芋宜擇肥緩土近水處和柔糞之二月注雨可種芋率二尺下一本芋生根欲深劚其旁以緩其土旱則澆之有草鋤之不厭數多治芋如此其收常倍

種葵

臨種時必燥曝葵子地不厭良故墟彌善薄即糞之葵生三葉然後澆之早種者必秋耕十月末地將凍

散子勞之人足踐踏之乃佳地釋即生鋤不厭數五月初更種之六月一日種白莖秋葵秋葵堪食仍留五月種者取子于此時附地剪却春葵令根上枿生者柔輭至好仍供常食美于秋菜

蔓菁

種不求多唯須良地故墟新糞壞垣墻乃佳

種蒜

蒜宜良輭地三徧熟耕九月初種種法黄褭時以耬耩逐壟手下之五寸一株空曳勞二月半鋤之令滿

三徧條拳而亂之葉黄鋒出則辮于屋下風凉之處桁之冬寒取穀䵃布地一行蒜收條中子種者一年爲獨辮種二年者則成大蒜科皆如拳又逾于凡蒜矣

種葱

收葱子必薄布陰乾勿令浥鬱其擬種之地必須春種綠豆五月穐殺之比至七月耕數徧一畝用子四五升

種韭

收韭子如葱子法治畦下水糞覆悉與葵同然畦欲深二月七月種種法以升盞合地爲處布子于圍內薅令常淨高數寸剪之至正月掃去畦中陳葉凍解以鐵杷耬起下水加熟糞韭高三寸便剪之剪如葱法一歲之中不過五剪收子者一剪則留之若旱種者但無畦與水耳耙糞悉同一種永生

種蜀芥蕓薹芥子

蜀芥蕓薹取葉者皆七月半種地欲糞熟蜀芥一畝蕓薹一畝種法與蕪菁同既生亦不鋤之十月收蕪

菁訖時收蜀芥蕓薹足霜乃收種芥子及蜀芥蕓薹取子者皆二三月好雨澤時種旱則畦種水澆五月熟而取子

種薑

薑宜白沙地少與糞和熟耕如麻地不厭熟縱横七遍尤善三月種之先種耬耩尋壟下薑一尺一科令上土厚三寸數鋤之六月作葦屋覆之九月掘出置屋中

種棗

常選好味者留栽之候聚葉始生而移之三步一樹行欲相當欲令牛馬履踐令淨正月一日日出時反斧班駁椎之名嫁棗候大蠶入簇以杖擊其枝間振落狂花全赤即收收法日日撼落之爲上

種桃

桃柰桃欲種法熟時合肉全埋糞地中至春既生移栽實地以鍬合土掘移之桃性皮急四年以上宜以刀豎劃其皮七八年便老十年則死

種櫻桃

二月初山中取栽陽中者還種陽地陰中者還種陰地

種蒲萄

蒲萄蔓延性緣不能自舉作架以承之葉密陰厚可以避熱

種李

李性耐久樹得三十年老雖枝枯子亦不細

種梅杏

栽種與桃李同

種梨

種者梨熟時全埋之經年至春地釋分栽之多著熟糞及水至冬葉落附地刈殺之以炭火燒頭二年即結子揷者彌疾揷法用棠杜

種栗

栗種而不栽栗初熟出殼即裹埋著濕土中至春三月悉芽生出而種之既生數年不用掌近三年內每到十月常須草裹至二月乃解

種柰林檎

柰林檎不種但栽之取栽如壓桑法以正月二月中飜斧班駁椎之則饒子

種柹

柹有小者栽之無者取枝于楔棗根上揷之

種安石榴

栽法以三月初取枝大如手大指者斬令長一尺半八九枝共爲一窠燒下頭二寸掘圓坑深一尺七寸口經尺豎枝于坑畔置枯骨礓石于枝間下土築之水澆常令潤澤既生又以骨石布其根下則科圓滋

茂可愛十月中以糞裹而種之

種椒

熟時收取黑子四月初畦種之方三寸一子篩土覆之令厚寸許復篩熟糞以蓋土上旱則澆之常令潤澤生高數寸夏連雨時可移之

種桑柘

桑柘熟時收黑魯椹即日以水淘取子曬燥仍畦種常薅令淨明年正月移而栽之率五尺一根其下常劚掘種豆小豆栽後二年慎勿採沐大如臂許正月中移之率十步一樹行欲小掎角不用正相當

種榆

先耕地作壟然後散榆莢散訖勞之榆生共草俱長未須料理明年正月附地芟殺放火燒之亦任生長勿使長近又至明年正月劚去惡者其一株上有七八根生者悉皆砍去唯留一根麤直好者三年春可將莢葉賣之五年之後便堪作椽不挾者即可砍賣挾者鏇作獨樂及盞十年之後魁碗瓶榼器皿無所不任十五年後中爲車轂及蒲桃瓷其歲歲科簡剝治之功指柴雇人十束雇一人無業之人爭來就作賣柴之利已自無貲况諸器物其利十倍砍後復生不勞耕種所謂一勞永逸能種一頃歲收千疋唯須一人守護指揮處分既無牛耕種子人功之費不慮水旱風蟲之災比之穀田勞逸萬倍男女初生各與小樹二十株比至嫁娶悉任車轂一樹三具一具值絹三疋成絹一百八十疋聘財資遣粗得充事

種藕

春初掘藕根節頭著魚池泥中種之當年即有蓮花

種蓮子

八月九月取蓮子堅黑者于瓦上磨蓮頭令皮薄取墐土作熟泥封之如三指大長二寸使蒂頭平重磨去尖銳泥乾時擲于池中重頭泥下自然周正薄易生少時即出其不磨者皮既堅厚倉卒不能生也

栽樹

凡栽一切樹木欲記其陰陽不令轉易大樹髡之小則不髡先爲深坑內樹訖以水沃之著土令如薄泥東西南北搖之良久然後下土堅築時時灌溉常令

潤澤埋之欲深勿令挠動凡栽樹訖皆不用手捉及六畜觸突凡栽樹正月爲上時二月爲中時三月爲下時

伐木

凡伐木四月七月則不虫而堅肕榆莢下桑椹落亦其時也然則凡木有子實者候其子實將熟皆其時也凡非時之木水漚一月或火煏取乾虫則不生

齊民要術

林下清錄

武林沈仕

東坡云硯之美者必費筆不費筆則退墨二德難兼非獨硯也大字難結密小字常局促真書患不放草書苦無法茶苦患不美酒美患不辣萬事無不然可發一大笑也

宋宇種蔬三十品時雨之後挾行園圃曰天茁此徒助余尚俎家復何患

陶峴彭澤之後也製三舟一舟自乘一舟載客一舟

載酒饌

釋仲殊花品序每歲禁烟前後置酒饌以待來賓賞花者不問親疎謂之看花局故里云撣琴種花陪酒陪歌

蘇才翁與蔡君謨鬭茶蔡用惠山泉蘇茶小劣用竹瀝水煎遂勝

子瞻云吾酒後乘興作數千字覺酒氣拂拂從十指上出去也

陶弘景借人書隨誤治定米襄陽借書畫親爲臨摹

題跋印記裝潢往往亂真後并以真贋之本同送歸
之
徐廣年過八十猶歲讀五經一遍
山居嵐重生薑豈容不種毎旦帶皮薑細嚼熟酒下
之薑湯亦可矣
衡州花光長老寫梅花黄魯直見之曰如嫩寒春曉
行孤山水邊籬落間但欠香耳
秦少游云家貧素無書親戚時肯見借亦足諷誦深
居簡出不與人世相通又云鄉閭士子又皆從事新

書毎有所疑無從攷訂
唐有魚子牋宋顔方叔嘗製諸色箋有杏紅露桃紅
天水碧俱砑花竹鱗羽山林人物精妙如畫亦有金
縷五色描成者士夫甚珍之
陶人爲器有酒經晉安人餉人以酒致書云酒一經
或二經至五經者他境人不達者聞饋五經束帶立
于其門
孟蜀時兵部尚書李昊毎春時將牡丹花數枝分遺
朋友以興平酥同贈且曰俟花凋卸即平酥煮食之
無棄穠艷也
王元寶毎冬月大雪令僕夫自本家坊巷口掃雪爲
逕路躬立于坊巷前迎揖賓客就本家具酒炙宴樂
之爲暖寒之會時稱豪友
趙和仲云知古者莫如洪景盧知今者莫如陳君舉
歐陽公號醉翁林中子稱醒老
建人謂鬬茶爲茗戰
袁伯長父言嘗聞善書者云大篆不得入小篆隸書
最忌入八分

劉夢得嘗愛終南太華以爲此外無奇愛女几荆山
以爲此外無秀及見九華始悼前言之容易也
韋仲將墨方曰合墨法以真珠一兩麝香半兩皆擣
細後都合下鐵臼擣三萬杵杵多愈益不得過二月
九月
相墨經墨染紙三年字不昏暗者爲上
長安士女遊春野步遇名花則設席籍草以紅裙遞
相插掛爲宴幄
子瞻到黄州廪食既絶痛自節儉日用不得過百五十

文每月朔取四千五百錢斷爲三十塊掛屋梁上平
旦取一塊給一日之用餘則別貯以給賓客
黎舉常云欲令梅聘海棠棖子臣櫻桃及以芥嫁筍
但恨時不同耳然牡丹酴醾楊梅枇杷幸爲執友
倪文節云天下之事利害常相半有全利而無少害
者惟書
或謂東坡曰子無病而多蓄藥不飲而多置酒勞已
以爲人何也坡笑曰病者得藥吾爲之體輕飲者困
于酒吾爲之酣適專以自爲也

尉遲敬德晚年餌雲母粉爲方外遊
元朱萬初善製墨純用松烟取三百年摧朽之餘精
英不可泯者用之
淵明嘗聞田水聲倚杖久聽歎曰秫稻已秀翠色染
人時剖胸襟一洗荆棘此水過吾師丈人矣
山僧可以伴行可以同旅寶劍可以辟邪魅可以
代嘗使僕
猨啼之地蕨乃多有每一聲遽生萬莖
江祿讀書未竟雖有急速必待卷束整齊然後得起
故無損敗人不厭其求假
白太傅每一詩輒洗其筆
管子曰天下名山凡五千二百七十
蕭氏耳目志海山微茫而隱見江山嚴厲而峭卓溪
山窈窕而幽深塞山童頽而堆阜
楊誠齋云無事可看韻書
晁景迂曰吾晚年日課識十五字凡爲文者宜畧識
字
孫莘老喜讀書晚年病目乃擇卒伍中識字稍解事

者二人使其子端取西漢左氏諸書授以句讀每暝
目危坐命二人更讀于旁終一策則易一人飲之酒
一杯使退卒亦自喜不爲難
過名山如讀異書倦則數行健則千里言不論途程
以洞心快目而止
嘯有十五章深溪虎高柳蟬空林鬼巫峽猿下鴻鵠
古木鳶之類峨眉陳道士善長嘯作霹靂聲坐客驚
悚
洪覺範云司馬溫公無所嗜好獨畜墨數百觔或以

爲言公曰吾欲子孫知吾用此物何爲也

陸龜蒙置園顧渚山下歲取租茶自判品第日升舟設蓬席齋束書茶竈筆牀釣具往來江湖人造其門罕見

管輅頗仰三斗而清辯綺粲楊雄酒不離口而太玄乃就

王思遠立身簡潔諸客詣已者覘知衣服垢穢即便不前形儀新楚乃與促膝及去後猶令二人交帚拂其坐處

葉石林云後人但令不斷書種爲鄉黨善人足矣若夫成否則天也

李白上裴長史書云曩昔東游維楊不逾一年而散金三十餘萬有落魄公子悉皆濟之

高似孫緯略云和菟有烏鳴書一卷王喬有解烏語書一卷

唐李約司徒汧公子得古鐵一片擊之清越養一猿名山公月夜嘗泛江登金山擊鐵鼓琴猿必嘯和傾壺達旦不俟外賓

朱考亭答楊元範書云字書音韵是經中一事先儒多不留意然不知如此等處不理會郤枉費了無限亂說牽補而卒不得其本意亦甚害事也但恨衰無精力整頓得耳

曲江貴家遊賞則剪百花裝成獅子遞相送遺獅子有小連環欲送則以蜀錦流酥牽之唱曰春光且莫去留與醉人看

蘭亭集

晉　王羲之

永和九年歲在癸丑暮春之初會于會稽山陰之蘭亭修禊事也羣賢畢至少長咸集此地有崇山峻嶺茂林修竹又有清流激湍映帶左右引以爲流觴曲水列坐其次雖無絲竹管絃之盛一觴一詠亦足以暢叙幽情是日也天朗氣清惠風和暢仰觀宇宙之大俯察品類之盛所以遊目騁懷足以極視聽之娛信可樂也夫人之相與俯仰一世或取諸懷抱晤言

一室之内或因寄所託放浪形骸之外雖趣舍萬殊靜躁不同當其欣於所遇蹔得於己快然自足曾不知老之將至及其所之旣倦情隨事遷感慨係之矣向之所欣俛仰之間已爲陳迹猶不能不以之興懷况修短隨化終期於盡古人云死生亦大矣豈不痛哉每覽昔人興感之由若合一契未嘗不臨文嗟悼不能喻之於懷固知一死生爲虛誕齊彭殤爲妄作後之視今亦猶今之視昔悲夫故列叙時人錄其所述雖世殊事異所以興懷其致一也後之覽者亦將有感於斯文

右將軍王羲之

代謝鱗次忽焉以周欣此暮春和氣載柔詠彼舞雩異世同流迺携齊契散懷一丘

二

仰視碧天際俯瞰淥水濱寥閒無涯觀寓目理自陳大矣造化工萬殊莫不均羣籟雖參差適我無非親

瑯琊王友謝安

伊昔先子有懷春遊契兹言執寄傲林丘森森連嶺

茫茫原疇逈霄垂霧凝泉散流

二

相與欣佳節率爾同褰裳薄言羅景物微風翼輕航醇醪陶丹府兀若游羲唐萬殊混一理安復覺彭殤

司徒左西屬謝萬

肆眺崇阿寓目高林青蘿翳岫修竹冠岑谷流清響條鼓鳴音玄嶂吐潤霏霧成陰

二

司冥卷陰旗句芒舒陽旌靈液被九區光風扇鮮榮

碧林輝翠萼紅葩擢新莖翔禽撫翰游鱗躍清泠

前餘　令孫統

茫茫大造萬化齊軌罔悟云同競異標旨平勃運謀

黃綺隱几凡我仰希期山期水

二

地主觀山水仰尋幽人踪回沼激中逵疎竹間修桐

因流轉輕觴冷風飄落松時禽吟長澗萬籟吹連峰

左司馬孫綽

春詠登臺亦有臨流懷彼伐木宿此良儔修竹蔭沼

旋瀨縈丘穿池激湍連濫觴舟

二

流風拂枉渚停雲蔭九皋鶯語吟修竹游鱗戲瀾濤

携筆落雲藻微言剖纖毫時珍豈不甘忘味在聞韶

中軍參軍孫嗣

望巖懷逸許臨流想奇莊誰云眞風絕千載挹餘芳

散騎常侍郗曇

溫風起東谷和氣振柔條端坐興遠想薄言游近郊

穎川庾友

馳心域表寥寥遠邁理感則一冥然斯會

穎川庾蘊

仰想虛舟說俯歎世上賓朝榮雖云樂夕斃理自因

行參軍曹茂之

時來誰不懷寄散山林間尚想方外賓迢迢有餘閒

上虞令華茂

林榮其鬱浪激其隈汎汎輕觴載欣載懷

滎陽桓偉

主人雖無懷應物貴有尚宣尼遨沂津蕭然心神王

數子各言志曾生發清唱今我欣斯遊慍情亦暫暢

陳郡袁嶠之

人亦有言得意則歡佳賓卽臻相與遊盤微音迭詠

馥焉若蘭苟齊一致遐想揭竿

二

四眺華林茂俯仰晴川渙激水流芳醪豁爾累心散

遐想逸民軌遺音良可玩古人詠舞雩今也同斯歎

王玄之

松竹挺巖崖幽澗激清流消散肆情志酣暢豁滯憂

王凝之
莊浪濠津巢步穎湄冥心真寄千載同歸
二
烟熅柔風扇熙怡和氣淳駕言興時遊逍遥映通津
王肅之
在昔暇日味存林嶺今我斯遊神怡心靜
二
嘉會欣時遊豁爾暢心神吟詠曲水瀨渌波轉素鱗
王徽之
散懷山水蕭然忘羈秀薄粲穎疏松籠崖游羽扇霄

鱗躍清池歸目寄歡心冥二奇
二
先師有冥藏安用羈世羅未若保冲真齊契箕山阿
王涣之
去來悠悠子披褐良足欽超跡修獨往真契齊古今
王彬之
二
丹崖竦立葩藻映林渌水揚波載浮載沈

鮮葩映林薄游鱗戲清渠臨川欣投釣得意豈在魚
王藴之
散豁情志暢塵纓忽巳捐仰詠挹餘芳怡情味重淵
行參軍王豐之
肆眄巖岫臨泉濯趾感興魚鳥安居幽峙
郡公曹魏滂
三春陶和氣萬物齊一歡明后欣時豐駕言暎清瀾
亹亹德音暢蕭蕭遺世難望巖愧脫屣臨川謝揭竿
鎮軍司馬虞說
神散宇宙内形浪濠梁津寄暢須臾歡尚想味古人

郡五官謝繹
縱暢任所適回波縈游鱗千載同一朝沐浴陶清塵
行參軍徐豐之
俯揮素波仰掇芳蘭尚想嘉客希風永歎
二
清響擬絲竹班荊對綺疏零觴飛曲津歡然朱顏舒
徐州西平曹華
願與達人游解結遨濠梁狂吟任所適浪流無何鄉

孫綽後序

古人以水喻性有旨哉非所以淳之則清淆之則濁耶故振轡於朝市則充屈之心生閒步於林野則寥落之意興仰瞻羲唐邈然遠矣近詠臺閣顧探增懷耶於曖昧之中期乎瑩拂之道暮春之始禊於南澗之濱高嶺千尋長湖萬頃乃藉芳草鑑清流覽卉物觀魚鳥具類同榮資生咸暢於是和以醇醪齊以達觀快然兀矣焉復覺鵬鷃之二物哉耀靈縱轡急景西邁樂與時去悲亦系之往復推移新故相換今日之迹明復陳矣原詩人之致興諒歌詠之有由文多不載大略如此所賦詩亦裁而綴之如前四言五言焉

輞川集

唐 王維

余別業在輞川山谷其遊止有孟城坳華子岡文杏館斤竹嶺鹿柴木蘭柴茱萸沜宮槐陌臨湖亭南垞欹湖柳浪欒家瀨金屑泉白石灘北垞竹里館辛夷塢漆園椒園等與裴迪閒暇各賦絕句云爾

孟城坳

新家孟城口古木餘衰柳來者復爲誰空悲昔人有

和 裴迪

結廬古城下時登古城上古城非疇昔今人自來往

華子岡

飛鳥去不窮連山復秋色上下華子岡惆悵情何極

和 裴迪

落日松風起還家草露晞雲光侵履跡山翠拂人衣

文杏館

文杏裁爲梁香茅結爲宇不知棟裏雲去作人間雨

和 裴迪

迢迢文杏館躋攀日已屢南嶺與北湖前看復回顧

斤竹嶺

檀欒映空曲青翠漾漣漪暗入商山路樵人不可知

和　裴迪

明流紆且直綠篠密復深一徑通山路行歌望舊岑

鹿柴

空山不見人但聞人語響返景入深林復照青苔上

和　裴迪

日夕見寒山便為獨往客不知深林事但有麏麚跡

木蘭柴

秋山斂餘照飛鳥逐前侶彩翠時分明夕嵐無處所

和　裴迪

蒼蒼落日時鳥聲亂溪水緣溪路轉深幽興何時已

茱萸沜

結實紅且綠復如花更開山中儻留客置此芙蓉杯

和　裴迪

飄香亂椒桂布葉間檀欒雲日雖迴照森沉猶自寒

宮槐陌

仄徑蔭宮槐幽陰多綠苔應門但迎掃畏有山僧來

和　裴迪

門前宮槐陌是向欹湖道秋來山雨多落葉無人掃

臨湖亭

輕舸迎上客悠悠湖上來當軒對樽酒四面芙蓉開

和　裴迪

當軒彌滉漾孤月正徘徊谷口猿聲發風傳入戶來

南垞

輕舟南垞去北垞淼難即隔浦望人家遙遙不相識

和　裴迪

孤舟信一泊南垞湖水岸落日下崦嵫清波殊淼漫

欹湖

吹簫凌極浦日暮送夫君湖上一迴首青山卷白雲

和　裴迪

空闊湖水廣青熒天色同艤舟一長嘯四面來清風

柳浪

分行接綺樹倒影入清漪不學御溝上春風傷別離

和　裴迪

映池同一色逐吹散如絲結陰既得地何謝陶家時

欒家瀨

颯颯秋雨中淺淺石溜瀉跳波自相濺白鷺驚復下

和　裴迪

瀨聲喧極浦沿涉向南津泛泛鳧鷗渡時時欲近人

金屑泉

日飲金屑泉少當千餘歲翠鳳翊文螭羽節朝玉帝

和　裴迪

縈渟澹不流金碧如何拾迎晨含素華獨往事朝汲

白石灘

清淺白石灘綠蒲向堪把家住水東西浣紗明月下

和　裴迪

跂石復臨水弄波情未極日暮川上寒浮雲澹無色

北垞

北垞湖水北雜樹映朱欄逶迤南川水明滅青林端

和　裴迪

南山北垞下結宇臨欹湖每欲採樵去扁舟出菰蒲

竹里館

獨坐幽篁裏彈琴復長嘯深林人不知明月來相照

和　裴迪

來過竹里館日與道相親出入惟山鳥幽深無世人

辛夷塢

木末芙蓉花山中發紅萼澗戶寂無人紛紛開且落

和　裴迪

綠堤春草合王孫自留歡況有辛夷花色與芙蓉亂

漆園

古人非傲吏自闕經世務偶寄一微官婆娑數株樹

和　裴迪

好閒早成性果此諧宿諾今日漆園遊還同莊叟樂

椒園

桂尊迎帝子杜若贈佳人椒漿奠瑤席欲下雲中君

和　裴迪

丹刺罥人衣芳香留過客幸堪調鼎用願君垂採摘

洛中耆英會

朱　司馬光

昔白樂天在洛與高年者八人游時人慕之圖傳於世宋興洛中諸公繼而爲之者再矣皆圖形普明僧舍樂天之故第也元豐中潞國文公留守西都韓國富公致政在里第皆自逸於洛者潞國謂韓國公曰凡所爲慕於樂天者以其志趣高逸也奚必文與地之襲焉一日悉集士大夫老而賢者於韓公之第置酒相樂賓主凡十有二人圖形妙覺僧舍時人謂之耆英會

洛陽耆英會孔子曰好賢如緇衣取其敝又取爲樂善無厭也二公寅亮三朝爲國元老入贊萬機出綏四方上則固社稷尊宗廟下則熙百工和萬民爲天子腹心股肱耳目天下所取安所取平其勳業閎大顯融豈樂天所能庶幾然猶慕効樂天所爲汲汲如恐不及豈非樂善無厭者歟又洛中舊俗燕私相聚尚齒不尚官自樂天之會已然是日復行之斯乃風化之本可頌也宣徽王公方留守北都聞之以書請於潞公曰亦家洛位與年不居數客之後顧以官守不得執卮酒在坐席良以爲恨願寓名其間幸無我遺其爲諸公嘉羨如此光未七十用狄監盧尹故事亦預于會潞公命光序其事光不敢辭時元豐五年正月端明殿學士兼翰林侍讀學士太中大夫提舉崇福宮司馬光序

武寧軍節度使守司徒開府儀同三司致仕韓國公富弼彦國年七十九

西洛古帝都衣冠走集地豈惟名利場驟爲耆德會大尹吾舊相曠懷輕富貴日與退老遊臺閣幷省寺

予慙最衰老亦許預其次遂欲省儀客爛然形繪事闔嶠訪精筆蛟蛸布絕藝今復崇宴衎聊以示慈惠幽居近銅駝荒弊仍湫底塞路移君庖盈車載春醴獻訓互相趣歡處不知止商嶺有四翁晉林惟七子較我集諸賢盛衰何遠邇並事實可矜傳之爲千祀

伏承留府太尉相公就敝居爲耆年之會

承命賦詩謹錄上呈伏惟采覽

河東節度使守太尉開府儀同三司判河南府潞國公文彦博寬夫年七十七

九老舊賢形繪事元豐今勝會昌春垂肩素髮皆時彥揮塵清談盡席珍染翰不停詩思徙飛觴無筭酒行頻蘭亭雅集誇修禊洛社英游賞序賓自愧空疎陪几杖更容款密奉簪紳當筵尚齒尤多幸十二人中第二人

彌綸覽長篇斷章有十二人中第二人之句又賦一絕上呈

顧我年齡雖第一在公勳德自無雙不推行業終難敵富貴康寧亦可降

耆英會（八）　三

彥博伏覩公詩有第一無雙之句輒成二十八字上呈

洛下衣冠今最盛當筵尚齒禮容優惟公福壽并勳德合是人間第一流

尚書司封郎中致仕席汝言君從年七十七

繫國安危唐上宰功成身退漢留侯二公閒暇開高宴九老雍容奉勝流共接雅歡恩意洽不矜崇貴禮容優賞心樂事人間盛豈謂今稀古莫儔

又

壯歲學埃祿仕牽老歸重到舊林泉曾無勳業書青史偶向康寧養老年自分杜門居陋巷敢期序齒預公筵更慙形穢才涼薄不稱圖真接鉅賢

朝議大夫致仕王尚恭安之年七十六

端朝風望兩台星珪組參差又十人八百喬年餘總數一千熙運遇良辰席間韻語皆非俗圖上形容盡得真勝事主盟開府盛謙容衰薄混清塵服許便衣更野逸坐從齒列似天倫二公笑語增和氣夜久盤花旋發春 燭下盤花開公即指目焉

耆英會（八）　四

太常少卿致仕趙丙南正年七十五

新春鼎洛燕英髦主禮雍容下庶寮二相比肩官一品十人華髮事三朝星階並列瞻台耀樽酒時行挹斗杓東類庸夫最無狀也將顏面趁嘉招

祕書監致仕上柱國劉几伯壽年七十五

司徒碩德今無比太尉元勳固絕倫偶以莫年陪盛宴喜將白髮照青春八公穢有山空著四皓當衰心且伸元老相望跡迹在不應比會愧前人

又

制舉首元推二相龍頭昔日屬宣猷人門盛事并遐
筭一牒數盈九百籌十二老共八百九十二歲

衛州防禦使致仕馮行己肅之年七十五

書稱五福壽爲先有德人方得壽延自愧櫟樗非遠器謬應簪髮亦遐年立身官未三公貴推老名陪二相賢喜把衰容模梵宇慙無纖効勒燕然當時遭遇承陶冶今日光榮預燕筵從此洛城增勝槩又新重作畫圖傳

中奉大夫充天章閣待制提舉崇福宮楚建中

正叔年七十二

自顧頹齡七十餘久慙頑鈍費洪鑪歸蓬大老耆年會衰朽形骸愧畫圖

又

二相漢猷爛史編諸公才業邁前賢好圖儀像傳來世何事頑踈亦比肩

司農少卿致仕王謹言不疑年七十二

相印貂冠粲六符華顛高會侍臣俱不將官職誇鄉里惟尚年齡入畫圖履道淸歡追故事屽瞻陰德見許謨叨陪几杖眞榮觀珪璧叢中問珷玞

宣徽南院使檢太尉判大名府王拱辰君貺年七十一

西都山水天下奇神嵩景室環淸伊上古太室山爲景室山甫中間氣秀不絕生賢會聖昌明時衣冠占數盛文雅台符鄕月光離離魏京雄奥壓幽朔遊宮御府嚴天威膏田千里翳桑柘扉甲萬旅馴熊羆公當綬帶名三鎭縣亦繼軫承保釐追推契遇最深舊加復雍孟交旌麾

仁皇一庄龍虎榜桂堂先後攀高枝宦遊出處五十載鸞臺驟路俱騰夷三公極位固遼隔五年以長猶肩隨公今復主鳳門鑰僕亦再撫銅臺圻二京相望阻河廣三徑不克陪遊嬉忽聞幹步蓮門至投我十二耆英詩整冠肅貌諷章句若坐寶肆羅珠璣爲言白傳有高蹈九君結社眞可師欲令千載著風迹亟就僧館圖神姿詞宗端殿序篇目滂灑大筆何淋漓眷言履道靡充詘兎裘近邑將營歸取云繪素得精筆願列霜壁如唐規退居舊相國元老十年還政灋之涯康寧富貴備五福靈寶盛氣如虹霓

昔年大對繼晁董登科賜第同一春皆天聖八年紫
桓步武既通接金沙里開還鄰比探禪論道劇訓對
摩軋太古窮天機二賢勲業冠朝省爵齒官學誰依
稀今將圖畫表來世詎可下客聯綴綬既蒙月品來
人物不敢循避違夙期況承開閣厚賓客富有景物
佳圖池銅駝坊西福善宅脩竹萬箇龍湍天光臺
高未百尺下眺林嶺如屏帷花王千品畫殊勝風光
縱書三春䔕六相街中潞公第璟瓦萬木煙參差左
隱劇雪本經禮右閣宸翰尊星奎婁娑青鳳舞松栢

煥爛素錦薰酴醾石渠飛溜漱寒玉晝夜竿瑟鳴堦
揮伊予陋宇治窮僻姑喜地廣為璟溪樓名多景可
矚望臺號風月延清輝四時花藥不外假拏舟傲憤
聊嬉怡懷歸撫事若饑渴恨無羽翼西南飛人生交
舊貴倫輩情親意接心相知豈無晚秀負才蘊高談
大笑拘禮儀洛中故事名義燕二毛第一年相推濯
冠登仕荷天寵尊君報國當百為既嗟大耋盍知止
納祿謝事皆所宜顧方比道倚煩劇未許解綬披荷
衣長篇不令負花約公貽莫負花前約之句為指風什歌式微

如羨甘露爽心骨似柄玉塵親顏眉蘭叢雖未長羅
宅菊英似亦思陶籬子由已著小閣賦彥倫猶愧鍾
山移聊摅短引謝招引肯使猿鶴常驚啼

太中大夫提舉崇福宮張問昌言年七十

槐庭二老樂堯仁盛集高年洛水濱華衮具瞻雖禮
絕白頭序齒却情親清間几席同禪院山野巾裘似
隱淪尊酒儆香纔過節池塘草色已催春白公酬暢
吟哦內衛武康强笑語頻豈獨丹青傳不朽潛欣風
俗欲還淳芝田鶴戲調形徤蓮葉龜游納息勻商皓

寂寥拘小引漢踈局處止家人莫因氣貌疑丹竈自
有光陰寄大椿復得兼說為重客司馬光未七十恐遺元爽
在編民神仙可學今方信道術相忘久益真滿座交
歡祝眉壽群生五福託鴻鈞

龍圖閣直學士通議大夫提舉崇福宮張燾景
元年七十

洛城今昔衣冠盛韓國園林景物全功在三朝尊二
相數踰九老萃群賢當時鄉社為高會此日居留許
欣延多幸不才陪履舄更慙七十是新年

彥博代簡上君貺宣猷

勿愛大名名遂忘西洛樂銅駝本自佳金鳳亦不惡二月三月春融融千花萬花紅灼灼公乎早歸來莫負花前約同賞狀元紅對酒劉師閣花雖舊房其艷絕新

端明殿學士兼翰林侍讀學士大夫司馬光年六十四

洛下衣冠愛惜春相從小飲任天真隨家所有自可樂為具雖微誰笑貧不待珍羞方下筯只將佳景便娛賓庾公此興知非淺藜藿終難作主人

作真率會伯康與君從七十八歲安之七十七歲正叔七十四歲不疑七十三歲叔達七十歲光六十五歲合五百一十歲口號成詩用安之前韻司馬光

七人五百有餘歲同醉花前今古稀走馬鬬雞非我事紵衣絲髮且相輝

又

經春無事連翩醉彼此往來能幾家切莫辭斟十分酒儘從他笑滿頭花

會約

序齒不序官

為具務簡素

朝夕食各不過五味

菜果脯醢之類各不過三十器

酒巡無筭深淺自斟主人不勸客亦不辭逐巡無下酒時作菜羹不禁

召客共用一簡客注可否於字下不別作簡或因事分簡者聽會日早赴不待促

違約者每事罰一巨觥

四月　日押

洛中九老會

唐　白居易

會昌五年三月二十四日胡吉劉鄭盧張等六賢皆多年壽予亦次焉於東都敝居履道坊合尚齒之會七老相顧既醉且歡靜而思之此會希有因各賦七言韻詩一章以記之或傳諸美事者其年夏又有二老年貌絶倫同歸故鄉亦來斯會續命書姓名年齒寫其形貌附于圖右仍以一絶贈之云雪作鬚眉雲作衣遼東華表暮雙歸當時一鶴尤希有何況今番兩令威又去待秘書狄兼謨河南尹盧貞以年未及七十雖與會而不及列（會中遼老李元爽年一百三十六禪僧如滿歸洛年九十五）

前懷州司馬安定胡杲年八十九

閑居同會在三春大抵愚年最出群霜鬢不嫌杯酒興白頭仍愛玉鑪熏徘徊玩柳心尤健老大看花意却勤鑿落滿斟揮酩酊香囊高掛任氤氲搜神得句題紅紙望景長吟對白雲今日交情何不替齊年同事聖明君

衛尉卿致仕馮翊吉旼年八十八

休官罷任已閑居林苑園亭興有餘對酒最宜花藻發邀歡不厭柳條初低腰醉舞垂緋袖擊筯謳歌任褐裾寧用管絃來合雜自親松竹且清虛飛觥酒到須先酌賦詠詩成不住書借得商山賢四皓不知此後更何如

前磁州刺史廣平劉真年八十七

垂絲今日幸同筵朱紫居身是大年賞景當知心未退吟詩猶覺力完全閑庭飲酒當三月在席權豪象

七賢山茗煮時秋霧碧玉盃斟處彩霞鮮臨階花笑如歌妓傍竹松聲當管絃雖未學窮生死訣人間豈不是神仙

前龍武軍長史滎陽鄭據年八十五

東閣幽閑日暮春邀懽皆是白頭賓官班朱紫多相似年紀高低次第勻聯句每言松竹意停盃多說古今人更無外事來心肺空有清虛入鬼神醉舞兩迴迎勸酒狂歌一曲會余身今朝何事偏情重同作明時列任臣

前侍御史內供奉官范陽盧貞年八十二
三春已盡洛陽宮天氣初晴景象中千朶嫩桃迎曉日萬株垂柳逐和風非論官位皆相似及至年高已共同對酒歌聲猶極妙玩花詩思可能窮先時共作三朝貴今日猶逢七老翁但把綠醽常滿酌煙霞萬里會應通

前永州刺史清河張渾年七十七
幽亭春盡共爲懽印綬居身是大官遁跡豈勞登遠岫垂絲何必坐溪磻詩聯六韻尤應易酒飲三盃未覺難每況襟懷同宴會共將心事比波瀾風吹野柳懸羅帶日照庭花落綺紈此席不須鋪錦帳斯筵堪作畫圖看

刑部尚書致仕白居易年七十四
七人五百八十四拖紫紆朱垂白鬚囊裏無金莫嗟歎樽中有酒且歡娛吟成六韻神還旺飲到三盃氣尚粗嵬峩狂歌教婢拍婆娑醉舞遣孫扶天年高邁二疏傳人數多於四皓圖除却三山五天竺人間此會且應無

潘之恒曰李文叔名園記白香山九老會皆洛中故事也後之補志乘者皆宜悉載

說郛目錄

錦帶書

梁昭明太子

太簇正月

伏以北斗周天送玄冥之故節東風拂地啓青陽之芳辰梅花舒兩歲之裝栢葉泛三光之酒飄飄餘雪入簫管以成歌皎皎輕冰對蟾光而寫鏡敬想足下神遊書帳性縱琴堂談叢發流水之源筆陣引崩雲之勢務時文會長思風月之交今日言離永嘆參辰之隔但某執鞭賤品耕鑿庸流沉形南畝之間滯迹東臯之上長懷盛德聊吐愚衷謹憑黄耳之傳佇望白雲之信

夾鍾二月

伏以節應佳辰時登令月和風拂逈淑氣浮空走野馬於桃源飛少女於李徑花明麗月光浮竇氏之機鳥哢芳園韻響王喬之管敬想足下優游泉石放曠煙霞尋五柳之先生琴樽雅興謁孤松之君子鸞鳳騰翩成萬世之良規實百年之令範但某蓽戶幽人蓬門下客三冬勤學慕方朔之雄才萬卷長披習鄭

玄之邃氣既而鳳塵頓隔仁智並乖非無寂佇之憂誠有離羣之恨謹伸數字用爲寸誠

姑洗三月

伏以景逼徂春時臨變節啼鶯出谷爭傳求友之音翔蘂飛林競散佳人之靨魚遊碧沼疑呈遠道之書燕語彫梁狀對幽閨之語鶴帶雲而成蓋遥籠大夫之松虹跨澗以成橋遠現美人之影對茲節物寧不依然敬想足下聲馳海内名播雲間持郭璞之毫鸞詞場月白吞羅含之彩鳳辯詞圃日新某山北逸人墻

東隱士龍門退水望冠冕以何年鷁路頹風想簪纓於幾載既違語嘿且阻江湖聊寄八行之書代申千里之契

中吕四月

節屆朱明時鍾丹陸依依聳蓋俱臨帝女之桑鬱鬱丹城並挂陶潛之柳梅風拂戶牖之内麥氣擁宫闈之前敬想足下聲開九臯詩成七步函蚌胎於學海卓爾超羣蘊抵鵲於文山儼然孤秀但某窮途異縣岐路乞鄉非無阮籍之悲誠有楊朱之泣每遇秋風振響鶉鷟子夏之衣夜月流輝鵲繞將軍之樹既乖連璧之契終隔斷金之情中心藏之卑誠至矣今因去燕聊寄蒭蕘如遇回鱗希垂金玉

蕤賓五月

麥隴移秋桑律漸暮蓮花泛水艷如越女之腮蘋葉漂風影亂秦臺之鏡炎風以之扇戶暑氣於是盈樓凍雨洗梅樹之中火雲燒桂林之上敬想足下追涼竹徑托蔭松間彈伯牙之素琴酌嵇康之綠酒縱横流水酩酊頹山實君子之佳游乃王孫之雅事某沉

痾滯浦卧病泉山頓懷劉幹之勞鎮抱相如之酷是知枯榮莫測生死難量驗風燭之不停如水泡之易滅聊伸幣札以代勞人佇覩芳詞希垂愈疾

林鍾六月

三伏漸終九夏將謝螢飛腐艸光浮帳裏之書蟬噪繁柯影入機中之鬢濯枝遷而潦溢芳槿茂而發榮山土焦而流金海水沸而漂爍敬想足下藏形月府遁跡冰床披莊子之七篇逍遥物外玩老聃之兩卷恍惚懷中但某白社狂人青緗末學不從州縣之職

卯立松鶴之間時假德以爲隣或借書而取叉三千年之獨鶴暫逐鷄羣九萬里之孤鵬權潛燕侶旣非得意正可忘言諸不具伸應候而會

夷則七月

素商驚辰白藏局節金風曉振偏傷征客之心玉露夜凝直泫仙人之掌桂吐花於小山之上梨翻葉於大谷之中故知節物變衰艸木搖落敬想足下時稱獨步世號無雙萬頃澄波黃叔度之器量千尋聳幹嵇中散之楷模但某一介庸才二隅頑學懷經問道

不遇披雲負笈尋師罕逢見日俛仰興嘆形影自憐不知龍前不知龍後鶯鵬雖異風月是同幸矣擇交希垂影拂

南呂八月

一嘆分飛三秋限隔遐思盛德將何以伸白雲斷而音信稀青山暝而江湖遠敬想足下羽儀勝時領袖嘉賓傾玉醑於風前弄瓊駒於月下但某登山失路涉海迷津聞猿嘯而寸寸斷腸聽鳥聲而雙雙下淚當以黃花笑冷白羽悲秋旣傳蘇子之書更泛陶公之酌聊因三鳥畧叙二難面會取書不能盡述或叨厪念不黜魚緘

無射九月

宿昔親朋平生益友不謂窮通有分雲雨將乖旣深伐木之聲更問采葵之咏屬以重陽變叙節景窮秋霜抱樹而擁柯風拂林而下葉金堤翠柳帶星采而均調紫塞蒼鴻追風光而結陣敬想足下秀標東箭價重南金才過春鳥之聲德邁懷蛟之智但某衡門賤士甕牖微生旣無白馬之談且乏碧鷄之辯嘆分飛之有處嗟會面以無期聊伸布服之言用述併糧

之志

應鍾十月

節屆玄靈鍾應陰律愁雲拂岫帶枯葉以飄空朔氣浮川映危樓而疊迥胡風起截耳之東趙日興曝背之思敬想足下山嶽鍾神星辰挺秀潛明晦跡隱於朝市之間縱法化人不混鄉閭之下某陋巷孤游穿墻自活終朝息爨若孔子之爲貧竟日停炊如范生之在甑牛衣當被畏見王章犢鼻親操恐逢犬子雖

此慨賤而不羞貧綺服有時此言何述

黃鍾十一月

日往月來灰移火變暫乖語默頓隔秦吳既傳蘇李之書更共范張之志冷風盛而結鼻寒氣切而凝唇虹入漢而藏形鶴臨橋而送語彤雲垂四面之葉玉雪開六出之花敬想足下世號冰壺時稱武庫命長袂而留客施大被以招賢酌醇酒而據切骨之寒溫獸炭而祛透心之冷某携戈日久荷戟年深揮白刃而爲定死生引虹旗而于决成敗退龍劍而却步月下開營進鯨鼓而横行雲前起陣徒勞斬斫豈用功勛諸不具陳謹伸微意

大吕十二月

分手未遥翹心且積引領企踵朝夕不忘眷爰思仁行坐未捨既屬嚴風極冷苦霧添寒冰堅漢地之池雪積袁安之宅敬想足下棲神鶴駕眷想龍門披玩之間願無捐德某種瓜賤士賣餅貧生入爨竈以揚聲不逢蔡子駕鹽車而顯跡罕遇孫陽徒懷叩角之心終想暴腮之患既爲久要聊吐短章紙盡墨窮何

能懇露

耕祿藁

擬力田詔　宋　胡銓

詔曰民以食爲天食不可缺則民不可惰堯敬授禹粒又盤庚曰力穡乃有秋此古者歐民之農使著本而食其力我　國家躬耕以供祀典制地以行仁政詔寛減賦租勉率亦云至矣比年以來嘆愁轉徙壯者不緣南畝而無常心豈斧斤爭其時賦繇役分其力歟厚歛以困之歟朕知無逸艱難亦惟責躬懼德

弗類方春時和土膏脉起民事不可緩爾郡國循行阡陌宣究民惆以勸農爲急若有蝨賊痒而稼者鋤之爾父老率子弟孝悌陳敷菑蓳播栽于胥斯田旣順旣宣則自今以始歲其有秋民無阻饑乃朕之意

擬銀青光祿大夫提擧醴泉觀田萬頃特授保康軍節度使兩淮安撫制置大使兼判揚州兼提領措置屯田大使節制本路河南出戍軍馬加食邑實封制

建列纛以分封載嚴維翰奄全淮而作牧兼重留屯疇玆銀信之庸憍爾琳庭之處控師干而衛社隆使指以旌僉允熟輿言誕敷大號銀青光祿大夫提擧醴泉觀田萬頃爾而肯播公以忘私退處鄉閭有同井相友之義進陪卿伯爲立極經野之謀其至忱則忠乎君其實意則近乎古頃以仁政之潤澤推爲太平之紀綱貢助徹皆便于民不奢不儉租庸調悉寛其法欲逸欲安持界限以素嚴立經制而益謹無甚富甚貧之弊見謂均平維近臣近親之家莫敢踰越方坐致幽原之化乃祈歸堯壤之耕亟示勉留爰加

優渥品特升於華戟廩爰賦於眞官少酧在畎之懷終冀惠疇之用矧維揚之重鎮寔今日之要區未雨綢繆合謹本根之備及時閒暇當爲兵食之圖顧惟禮耕義種之賢足副内修外攘之志統綏疆埸中畫郊圻省騎犂潗宜舉克國破羌之策分兵屬渭必循孔明定蜀之規以耒耜執戈殳以襏襫行允冑象耘沃野戰守有經蟻聚列營坐作聽命期復恢於境宇宜涣錫於山川是用陟防渚之齋作開廣陵之纛鉞兵事節度悉歸封履之中地利便宜盡入輿圖之内

仍中宋錫庸顯恩崇於戲師整戎修徹土莫歉於周雅馬騰士飽平淮宜上於唐勛往服朕言式永終譽可特授保康軍節度使兩淮安撫制置大使兼判揚州兼提領措置屯田大使節置本路河南出戍軍馬加食邑實封

代田萬頃到任謝表

琳館養恬冀息丘園之駕弭戈疏寵誤分淮甸之弓籲天控避以弗俞蹈地勉承而有靦伏念臣量慚淺薄品特下中少事耦耕粗得帶經之樂壯沾圭祿頗

懷憂國之忠越内外以若疇辨總結而定賦千夫萬夫之長槐匪其材九推五推之間備殫其力乃上從盤之請欲陶擊壤之情忽授鈇以總師俾建庵而顓閫刜長淮之境土爲吾國之藩籬民賴懷生軍資討實秉戈執耒宜爲足兵足食之思牧馬飯牛盍講且戰且耕之政鞠旅而蔚其芒出車而黍其華戍牛式遣則無載饑之憂徒御式嚴則有峙糧之望頁爲雨徹之計可收日辟之功六月出征敢廢歌豳于七月夏官董正尤當任甸於地官顧無圻畫之良規局

蕃宣之隆寄兹恭遇皇帝陛下恢復疆宇整齊乾坤一成立中興之基大披圖籍九井張太平之紀丕混車書内將拓梁山奕奕之區外欲歸齊國章章之土知臣粗能積穀故使備邊察臣稍熟分耕故資治寨庚癸政需於飽飼戊巳宜增於鉅屯臣敢不寔鑿寔墉乃疆乃理三事就緒勉修濱浦之戎萬年揚休願報土田之德

擬常熟縣開國侯穀實進封常熟縣開國公加食邑實封制

慶有年而介福久疏分井之封播攻績以陟明爰進植圭之秩乃眷奏鄉之惠載推報本之恩允穆師言誕揚渙號常熟縣開國侯穀實學深種植仁熟滋培一日無食則饑司民之命三代處農而教爲道之原其和足召陰陽之和其貴能賤金玉之貴豳歌始播婦饁畝以勤勞魯頌于尊牧在坰而蕃碩行師則藉之餱粟徹彌則資之峙糧持常平使者之權視時登損佐地官司徒之職待國賙頒疇庸旣詠於屢書班祿宜先於增賦乃刻名於鐘鼎乃彰用於牢彝爰郎

侯疆就陞公爵于以重宅生之寄于以顯育敎之庸
於戲歲月日時無易而用明朕已建九疇之範水火
木金惟修而永賴爾其敘萬世之功益厲後圖嗣有
華寵可進封常熟縣開國公加食邑實封

代穀實謝表

八政之疇曰食粗喜屢豐九井之田爲公誤叨進秩
增奮錫寵擊壤知恩伏念臣亟直無奇歛揚有靦勿
正勿忘勿助幸免揠苗寔裒寔發寔堅僅能維拒顧
何修而何飾蒙載柞以載芟天子元日而祈于郊至
耕祿藁　八　五
勤聖駕冢宰杪歲而制其用亦費廟謨偶六穗之告
登而三農之胥慶遽超榮於品秩仍加衍於戶租不
稼而囷秖負素餐之愧奏艱而粒實歸敎藝之仁茲
蓋恭遇皇帝陛下心態形聲化調風雨正德惟和惟
敘舜厚其生休謐用乂用成禹敷其福異畝遂生於
同穎靡田不梃於稠華雖已誇狼戾之秋或慮有鵲
形之歲獎職方而任貢升廩氏以司儲稷令燕黍之
微亦被周禾之命臣敢不茂加播殖益務滋生八月
穫十月場力課服田之事九年耕三年食誓殫憂國

之忠

擬隴西郡開國侯來牟進封關內侯加食邑實

封制

登實祈春已課兩岐之最薦名告夏爰疏易地之封
於皇孔碩之英貽我奏膚之美穀差吉旦穡播獻言
隴西郡開國侯來牟外叶坤黃內涵責白載行于野
憬大夫君子之忠斯饗我農成先公風化之業將其
來食迄用康年滹沱對竈之時竟能濟業崆峒跨鞍
之頃遂底休師庸進績於農書復侑优於寢廟來咨
耕祿藁　八　六
來茹有在公助祭之恭實好實堅相尊祖配天之道
爰易隴西之舊壤聿陞關內之新畬於戲雨露肥磽
之不齊爾旣勉修於人事山川土田之大啓朕其加
錫於侯功往服休恩勉圖後效可進封關內侯加食
邑實封

代來年謝表

代食維好績愧乏於善收往郎乃封恩誤叨於登進
自天錫命易地祇榮伏念臣桑下枯荄丘中槁苗鬖
鬖黃髮老風雪之彫殘皦皦素心抱冰霜之潔白生

樂國而無鼠苗之感歷元都而有兎葵之思因問俗於闤中輒借階於陛下爰進仲舒之策勿令後時至形武帝之憂詔其盜種欲使畝畟畛廛之所皆有春登夏實之資地方慮於不齊意敢希於所報詎期削木之質遽躋沃壤之區茲蓋恭遇皇帝陛下德游祥雲政如時雨五穀共衍萬永平膏沐之懽多黍同登播元和天錫之頌謀吏奏漁陽之最談兵郄新鄭之師以薦廟而勸相農民以問價而選掄使者肆令稗植亦被播耰臣敢不小大懷忠艱難陳業誦原野南

都之盛已幸富饒歌宮室故國之虛尚祈警戒

擬米秫除祭酒詩

唐得祭酒生徒皆喜謂不寂寞矣蓋橋門冠帶之地必資醉經鉅賢而爲之長以爾學殖素醇詞英早綮粤自脫穎而來詩曰或春或揄或簸或蹂其所踐揚亦既熟矣頃登米廩敎思薰陶士君子已有成周既醉之行令擢表成均維其令儀以式我賓僎使酌道味德者皆沉浸乎醲郁則將用汝作醴往惟欽哉

代米秫謝表

任問師之耕農功舉實進司成之長賓僎增華揆量逾涯懷榮踖地伏念臣素無學殖徒有仁根后稷教藝以來芳聯南畝陶潛賦歸而後穎露西疇在前深愧於粃糠若作尚資於麴糵忽從米廩叨佩水蒼清爲聖人中俾樂道涯之派醉有君子行使沽德海之流自非沐漢化之鴻醇何以式周朋之燕湑茲蓋恭遇皇帝陛下氣薰嘉協瑞格和平當豐年高廩之秋界烝爲醴闈七月公堂之教獻饗稱觥將溥陶民俗於温温迺首觀儒風於渾渾肆令淺薄亦被涵濡臣

敢不泆戒非彝禮嚴有旨招諸生而浸醲郁盍明立館之規造三代而樂優游共適舞雩之趣

擬馬菽除駕部誥

乘輿法駕公卿奉引太僕御參屬車蓋所以嚴導扈也爾理明努悦才有駿聲乘馬在廄摧之秣之于牧之職咸休厥功朕甚嘉之今將駕鑾車涖明堂擢爾司駕僕臣正厥后克正思無邪思馬斯臧爾其搜舉天閑之政使徒御不驚既碩孔安則爲稱厥職其往欽哉毋失朕命

代馬菽謝表

典廐濫員無裨仰秣司輿躐寵有覜分曹聞命凌兢衘恩潑烈伏念臣用非穀粟材僅秸稽駒谷逍遥慣飽南山之味駰原濡沃備嘗幽圉之勞荷不棄于牧芻俾進供於飼秣約軏鳴公鑾之節宜預均調法駕備六馬之參盡先審御騰槽有幸導扈何居茲葢恭遇皇帝陛下臨下以寬取臣以爵自强不息時乘六位之飛示朴爲先日却千里之獻屬皋我享我將之禮載嚴既踊既族之司肆使駑疲獲侪騎乘臣敢不盡鞭而後載範其馳地熟九方幸巳塵於太僕天低

耕祿藁八、　九

五路願長擁於屬車

擬良耜除司農卿誥

自大易取益之利以教天下時則有若此選巳居開物成務之先矣爾梗柞風雨之姿樟楠雪霜之氣斷而成之惠我南畝其利已溥朕所嘉賴擢儀九扈葢以后稷之化函原漢文之躬籍田皆爾之力爾其爲朕率趨末之民而知本起惰安之習而力勤俾五穀皆熟有年屢書是爲毋曠厥職其往欽哉

代良耜謝表

土脉起膏俶嚴斲木之教天田携甸漠躋司稷之班聞命凌兢戴恩傴僂伏念臣泥塗未脫畎畝不忘陳王業以歌豳粗知大本利天下以取益祇效小忠我田既臧其笠伊糾乃或耘而或耔始載柞以載芟正以九農播厥百穀侯伯侯亞侯彊侯旅有厭其麃如茨如梁如坻如京終善且有猥慚芻賤濫辱稼卿茲葢恭遇皇帝陛下授曆析困分田友助卽功以知稼穡靡或遑寧親耕以給粢盛昭然示勸爰重中和書

耕祿藁八　十

之進載祈秋冬報之豐肆使畚耰亦躋扈棘臣敢不戒其趨末毋或違時擊壤而歌敢云帝力之何有叙疇以又當思農政之用成

擬木部車龍除水陸轉運使誥

作周川衡巳成歲績爲唐發運爰重使名自非負洞達之奇何以稱轉輸之選以爾風猷淵湛器識陂涵輪囷而谷之蟠素無滯碍犖确而骨之鯁獨任捲舒見謂圓機九流通之材故有一動萬波隨之譽巳咨決泝更賴沃焦旱魃滌滌蘊隆蟲蟲孰尉兢兢之念

小子蹻蹻老夫灌灌共歌板板之詩殖不憚於勤勞爰妙加於廻斡朕深嘉汝最宜究其能俾司將漕之權毋效談河之闊決鴻歌飯已與陂下之耕流馬運糧期進漢中之策勉加濡沃嗣有激昂

代車龍到任謝表

職濫水衡何補禹疇之用光濡隰轡誤叨漢曹之榮沐浴恩波滂沱感涕伏念臣材卑碌碌量淺沾沾刊木而龍其驅粗竭放菹之力防稻而豬其畜僅殫掌會之勞政慚俛仰以隨人所冀卷藏而東閣川適逢

耕祿藁　八　十一

於滌滌泉咼導於源源乃沾詔墨之鴉纖俾濯篆文之龜折流濕就燥泄北海以灌淮自下升高激西江而救涸爰煦手升之活以將輦駕之輸茲蓋恭遇皇帝陛下德厚海涵道明川理見善莫禦其決化妙流通從諫如轉諸圜迹無礙滯肆令猥瑣亦玷選掄臣敢不胝足施功鞠躬盡瘁鑿渠引渭當溥霈涇下之田輓粟飛芻願長富關中之廩

擬趙鑄除金部誥

工欲善其事必先利其器爲農亦然爾仁爲之刃義淬其鋒早入爐錘取鍛取礪迄用有成原田每每掊据捋荼農亦良苦非藉爾何以芟夷哉此詩人所以有良耜臣工之褒朕嘉汝績惟司禹金今而後聚百鍊之精以鑄農器俾啓碎擴剃之有其具以成我黍稷往若予工毋廢厥職

代趙鑄謝表

掌周野之器請事老農修禹府之金誤登劇部自天聞命無地措躬伏念臣生本耜鋤質爲至鈍畬田春暮其殫庤艾之勞南畝秋函爰竭薅荼之力方慚治

耕祿藁　八　十二

躍忽拜秩增六齋輸人之工乃令典領三品揚州之貢亦俾甄收豈伊鑛頑足堪器使茲蓋恭遇皇帝陛下政堅所執義成者方治天下猶在爐範于堯鑄求良鄰用作礪起自傅巖盡化買刀悉歸銷戟臣不敢切磋磨琢芟夷蘊崇斷炙同心輔大易耒耜之教作而從革成洪範稼穡之功

擬犂春知糙爲郡兼勸農使誥

古有農官我朝分牧者繫農使示厚本也爾剛木近仁遜肥空谷神光牛背訛寢莫鷄左廻右抽往來修

直高原卑隰墾粟方苞亦既著勞効矣擬爲名郡也畀爾一麾爾其求距心之芻化渤海之犢俾千里無曠土亦克用勸則予汝嘉

代犨春到任謝表

雨足周原方協夢魚之兆地分蜀壤將還佩犢之風延見老農具宣聖澤伏念臣梓人傳之矩矱鐵爐步之範模枝雖厄於塗泥性獨耽於畎敘騂其勿用犉爾來思給荆州之民無裨强本供㧌中之士何補增屯誤簡三推之知猥被一麾之寵載循漢陌共理嘉

陵率彼戍兵市續緇而田沃助其鄰里勞酒食以疇良勉收破塊之功實藉起膏之賜力殫觳觫報視汗邪茲蓋恭遇皇帝陛下輝蓄牿亨明離兆吉引重致遠教耒耨以變通綴耕服轅接車轔而沛艾適擇人而作牧俾領使以勸耕臣敢不芻豆銜恩蒲鞭示化種四萬頭之葢願廣租分耦五百兩之連尤思糧衛

擬侯亞除籍田令誥

農者天下之本也朕躬耕籍田率勸百姓掌籍者必惟其材葢是職周爲甸師漢祠先農國朝俾典宗廟社稷之祀爾壯而知本穡事艱難皆熟諳之今擢爾令宜殫竭其勞亦服爾耕以相我農民匪但典祀事而已往欽哉無荒朕命

代侯亞賀皇帝籍田禮成表

帝籍親臨禮重三推之祀皇恩大賚歡陶萬宇之春國典告成臣工稱慶竊以農而安本國重勸民載耒於保介之間教郊月令掌甸爲粢盛之備職隸天官或歌祈社稷之詩或下帥公卿之詔金根登壇朱紱下郊皆非侈觀美之文政以表躬耕之意洋乎今日

展也盛儀恭惟皇帝陛下萬物覩乾三登樂泰仁禾善養獨明穡事之艱德稷惟馨恪謹稼穡之奉農祥正而土膏起甸畝鹽而春日遲雷動耕轅擁百僚之穆穆風生青耜慶千耦之耘耘爰畢農功載親祠事天蒞祖宗之歆格和溢奉璋孝弟頌自之泳游恩霑賜帛金雞飛舞寶兕忻愉聿新曠代之逢丕慰輿情之徯臣等叨隨擊壤快覩回鑾賈誼耕籍之言已陪給祭孟軻均田之說尤冀行仁

擬木斛除度支使誥

舜齊七政量括其一蓋微此不足以平天下之心也苟非其材不在茲選爾中通而外直體圓而用方豈山松栢是斵是虔就匠之輪以成厥器乃命式於九圜旣戒旣平時雖有爭朕已嘉汝績矣今擢司計度凡國賦之出納軍儲之斂散一歲幾何悉資等畫爾其必有昔人不差升斗之長也往祇使事毋忽朕言

代木斛謝表

乾圓合制粗守均平渙汗有華忽陞討度循牆祗奉欽板欽承伏念臣器本易盈脊無足筭爲之以信曾

陳韓愈之言剖而不爭徒抱莊周之志故在取盈則圭撮不容少失有所宜損則黍勺弗使或加職筭謹於漢倉政何裨於舜度愧蔑允工之報遽叨經費之諮矧歲計年支貴不差于升斗而沙量籌帷期盡給于無蘇備無聚米之長曷勝足食之任茲蓋恭遇皇帝陛下參天量廣離日德明無黨無偏成洪範農疇之用有容有執尊中庸旣廪之賢以平政而行仁每量能而授職遂令空竭亦在鍛揚臣敢不益盡虛心堅持端槩出入幾何之問所合講明會計當矣之言尚思佩服

擬倉部高廪除提舉常平倉誥

蓄積以備水旱此堯湯用心也然司蓄積之職者必惟其人爾彌高之望有容之德其胸中何止藏百萬矣頃典國儲陳陳露積乃且有賑貧救乏之心服甚嘉之常平使節未嘗經界今命汝往以究其材漢北邊之給唐京師之糴皆昔賢所講明者可權度而舉行之使吾民含哺鼓腹咸遂一飽之樂則朕益汝嘉往惟欽哉

代高廪到任謝表

廪曹公職慚無一粟之裨庚節叨榮誤被六絲之遣穀消閭俗粒飽知恩伏念臣腹本空虛慮先饑困義重將軍之急夠屢指糧禮知賢者之尊鼎加繼餽幸遂坻京之詠僅逭壓困之譏方祈學稼以歸耕忽俾集苞而受度豈亩品約當思戢胥之規貴賤權宜盍究壽昌之策第虞罄乏曷副寵綏茲蓋恭遇皇帝陛下平政行仁博施濟衆先時備具成湯指瘠之思以已視人大禹溺饑之念故當饋動人才之歎而旰食

有民瘼之憂豈伊罍儲亦塵器使臣敢不棠知所發
飯不敢忘馳隰而廣諮詢具宣德意視歲而爲斂散
加惠黎元

水族加恩簿

宋 毛勝

水族浙地之産爲多加恩簿者吳越功德判官毛勝所作也須鱗殼甲種類差殊薦醴登盤皆可於口陳言爛說不足盡其妙故各揚乃德各叙所材然後總材德形容之美假以封之令者蓋滄海龍君之命夫能擅于海君制萬族號令其間寧有不可勝生居水國饜享羣鮮常以天饞居士自名則觀此簿者當不責而笑也

玉桂仙君 江珠乃江瑶之文名

令咨爾獨步王江珠鼎鼐仙姿瓊瑤紺體天賦巨美時稱絕佳宜以流碧郡爲靈淵國追號玉桂仙君冊

海珍元年

章丘大都督 一滄浪頭蓋章舉 一白中隱蓋車螯 三淡然子蓋蚶菜 四季遐蓋鰕魁

令章丘大都督忠美侯滄浪頭隱浪色奇入甌稱最杜口中郎將白中隱負乃厚德韜其雅姿殊形中尉兼靈甘尹淡然子體雖詭異用實芳鮮玉德公季遐純潔内含爽妙外濟頭可靈淵國上相無比白中隱

可舍珍大元帥豐甘上柱國兼脆尹淡然子可天味
大將軍遠勝王季遐可淸衍內州頡羹郡王
爽國公一南寵乃蠘　二甲蔵用乃蝤蛑　三解蘊中乃蟹　四解微子乃彭越
令多黃尉權行尺一令南寵截然居海天付巨材宜
授黃城監遠珍侯復以爾專盤處士甲蔵川素稱蠘
副衆許蟹師宜授爽國公圓珍巨美功臣復以爾甘
黃州甲杖大使咸宜作解蘊中足材腴妙瞥德充盈
宜授糟丘常侍兼美復以爾解微子形質肖祖風味
專門世爵讓陳當真下列宜授爾郎黃少相

甘鬆左右丞仲扁乃蛤蟆
令合州刺言仲扁重負雙它閉藏不發既命之爲合
津令陞之爲懿誠君矣粉身功大償之實難宜授紫
脯將軍甘鬆左右丞監試甘圓內史
淸腴館學士文名靈蜆先生
令靈蜆先生外無排脇之皺內無鯁喉之亂宜授紅
鍢祭酒淸腴館學士
橙虀錄事鱸名紅文生盧淸臣
令惟爾淸臣銷酲引興鮮巖之鄉宜授橙虀錄事守

招賢使者
珍曹必用郎中鮒名時充
令珍曹必用郎中時充鍢材本美妙位無高宜授諸
衛效死軍使持節雅州諸軍事
骨鯁卿鱒名白圭夫子
令惟爾白圭夫子貌則淸臞材極美俊宜授骨鯁卿
酢舌公鼈名甘鼎
令甘鼎究詳爾調鼎之材嗽舌潮津宜封酢舌公
擐甲尚書鼈名甲拆翁

令甲拆翁挾彈於中巧也負擔於外禮也介胄自防
不問寒暑智也步武儒緩不踰規繩仁也故前以擐
甲尚書榮其跡顯其能宜授金丸丞相九肋君
典醬大夫鯊名長尾先生
令長尾先生惟吳越人以謂用先生治醬華夏無敵
宜授典醬大夫仙衣使者
新美舍人石首名元鎮
令元鎮區區枕石子孫德甚富焉宜授新美舍人
懷寄令史石決明朱子房

令和羹長朱子房酒方沉酣臭薰一座挑筋少進神
明頓還至於七孔賦形治目爲疵宜授懷寄令史
甘盤校尉烏賊名　甘盤
令甘盤校尉吐墨自衛台事有聲宜授噀墨將軍
通幽博士龜名元　介卿
令元介卿爾卜灼之効吉凶了然所主大矣宜授通
幽博士
同體合用功臣借眼公　乃水母
令惟爾借眼公受體不全兩相藉賴宜授同體合用
功臣左右衛駕海將軍

水族加恩簿八　　四

點化使者李藏珍即眞珠　班希即玳瑁
令李藏珍照乘走盤厥價不貲班希裁簪製器不在
金銀珠玉之下藏珍宜授圓輝隱士班希宜授點化
使者
梵響參軍壯蠣曰房叔化　梵響曰屈道砑光　螺曰阮用光　珂曰羅幼文
令房叔化粉厠湯丸裝護丹器屈突通振聲遠聞可
如佛樂阮用光運體施功物皆消瑩羅幼文類乎貝
孫黜緩鞍勒粲然可觀小有文采叔化可豪山太守
樂藏監固濟突通可出沃郎梵響參軍攝玉塔金舍
用光可檢校大鄉光宜充掌書記幼文可馬衣丞
濟饞都護田青是螺螄　江伯夷是鱁鮧　申潔是蚌　屯江小尉是江豘
令惟爾田青微藏淺味無所取材世或烹調以爲怪
品申潔蒼皮癮疹矮股跳梁江伯夷宋帝酷好鰾則
別名屯江小尉漁工得雋亦號甘肥田青授具體郎
申潔宜授濟饞都護行水樂令伯夷宜授宋珍都尉
南海詹事屯江小尉宜授追風試湯波太守
銀絲省饜德郎錦袍氏鰒也李本鯉也鮮于羹鯽也　楚鮮白魚也縮項仙人鯿也食龍侯

水族加恩簿八　　五

鱗鮮也單長鱺鱓也管統蔥管也　備員居士東崇也唐少連崇連也
令以爾錦袍氏骨鯁肉緊體具文章宜授蘇腸御史
仙盤遊奕使以爾李本三十六鱗大烹允尚宜授跨
仙君子世美公以爾鮮于羹欣鱠精妙見稱杜陵宜
授輕薄使銀絲省饜德郎以爾楚鮮隱登沉糟價傾
淮甸宜授傾淮別駕以爾縮項仙人兕腹星鱗道亨
襄漢宜授槎頭刺史以爾食龍侯友節班駁標致高
爽宜授添府大監以爾單長鱺曲直靡常鮮載具美
宜授泥蟠椽以爾管統省象菜伯可備煎和宜授長

白侯同盤司箸局平章事以爾備員居士腥粗無狀見取俗人宜授鍊身公子以爾唐少連池塘下格代匱充庖宜授保福軍節度使

春榮小供奉　河豘名　黃薦司

令黃薦可爾澤嫩可貴然失於經治收傷厥壽故世以醇疵隱士爲爾之弓特授三德尉兼春榮小供奉

輔庖生　饌名新　餐氏

令新餐氏爾療饑無術清醉有材芥新妖亂臨盤肆餐物以人汚百代寧洗爾之得氏累有由矣宜特補

水族加恩簿

輔庖生

表堅郎

令蕃頑生乎泥沙薄有可釆宜授表堅郎

禪本草

宋　慧日禪師

禪味甘性涼安心臟袪邪氣闢壅滯通血脉清神益志駐顏色除熱惱如縛發解其功若神令人長壽

講味甘微辛性溫陰中陽也開心胸明目除積久翳障益智不假修煉炮製但有精粗大小眞贋之異須細揀擇類破故紙者有毒不堪入藥此味遠出流沙外漢時始入中國中國種之枝葉亦繁不似出西域者良宜量元氣盛衰服之元氣盛者服之卽消衰者多滯礙上舌乾口燥咽喉少津液常時痞悶令人動氣發嗔甚者發狂尤令人脚軟不能動履中此毒者用金剛子棘栗毬或吐或下盡吐下出宿物胸胛清虛得汗而愈一方用大棒擊患人頭取汗亦愈無汗者不治

戒味辛微苦回甘陳久者辛味亦盡性涼陽中陰也須煆煉炮製極淨眞汗濁處便常川澡浴其樹五五葉或八葉或十葉或一百二十葉大小粗細久近不同四月八日及臘月八日採之良不可自取須曾採

者指示乃得此味號爲藥中之王能治百病不論元氣盛衰皆宜服之元氣盛者恃强不服能致狂疾衰者初服覺苦辣頻頻服之久自得味其藥易破宜謹收藏護惜小破壞猶可用若大壞者不堪用也亦有小毒偏服者損目

定味甘微辛性清凉陰中陰也安神定魄除煩熱生津液産於深山者良亦有微毒量元氣盛衰服元氣盛者不拘時服俱有効衰者多服亦能損目令人心戰怔忡或四肢軟怯喜睡眼惡見人形惡聞人聲或

白日見鬼魅亦有强勉服之不爲害者然此味内有暗毒須鍛錬毒盡乃可入藥有大小久近之異有九種似天棘者不佳草澤醫人採之不入官藥其有一種土人呼爲羅漢果入藥取効差小若不揀擇悞服如天棘類者乍得清凉直至八萬四千劫毒亦發作發則令人下墜不可服也用般若湯爲君服之最驗

淨土味甘平性清凉中和去穢惡令人美顔色長生似蓮花有五色者青者爲最不用煅煉炮製四方俱有生西方者良無毒不論元氣盛衰人俱宜服之元氣盛者久服之白日飛身衰者服之亦能輕身不死係古來大醫王合成金丹留此靈藥普度世間但其味冲澹服者多無恒又此藥屬信信則少服亦効不信者不効若大限垂至百藥不救名醫袖手但將此一味至心服之從一服至七服無不効者最忌世間腥穢等物若夾雜服之取効亦微

義山雜纂

唐　李商隱

必不來

醉客逃席　客作偷物去　追王侯家人

把棒呼狗　窮措大喚妓女

不相稱

窮波斯　病醫人　不解飲弟子

瘦人相撲　肥大新婦　先生不識字

屠家念經　社長乘涼轎　老翁入娼家

羞不出

新婦失禮　尼姑懷孕　相撲人面腫

富人作貧　處子犯物議　重孝醉酒

怕人知

匿人子女　犯人愛寵　透稅　賊贓

不嫌

饑得麤食　徒行得劣馬　行久得坐次

渴飲冷漿　行急得小船　遇雨得小屋

遲滯

新婦見客　窮漢醵率　貧家嫁娶

謁致仕官　孕婦行步

不得已

恐病飲酒　大暑赴會　掩意打兒女

流汗行禮　忍痛灼艾　為妻罵愛寵

冐暑迎謁　老乞佟致　窮寺院待客

相似

京官似冬瓜暗長　鴉似措大饑寒則吟

印似嬰兒常隨身　縣官似虎動則害人

尼姑似鼠入深處　燕似尼姑有伴方行

婢似貓煖處便住

不如不解

措大解音則廢業　婦人解詩則犯物議

僧解飲則犯戒　劣奴解識字則作過

子弟解燒煉則貧　士人解手藝則卑污

惡不久

夫婦爭小事　罵愛寵

夫傑門客發怒　贓濫官打罵公人

姦汙僧尼罵行童

惱人

遇佳味脾家不和　終夜歡飲酒罇却空

方謁上官忽背癢　賭博方勝油盡難尋

淘井漢急屎尿　遣不去無賴窮親

失本體

不學發遣書題失子弟體

吊孝不哀失凶禮體

不收拾椀器家事口中不喃喃失老娘體

送客不出門失主人體

不關腰不持刀砧失厨子體

不點檢學生作課念書失先生體

不口打口罵失節級體

早晚不點檢門戶家私失家長體

僕子著鞋襪衣服寬長失僕子體

逃席後不傳語謝主人失賓客體

唱小喏行步遲緩失武官體

隔壁聞語

說所送物好還麽必是不佳

新娶婦却道是前緣必是醜

說太公八十遇文王必是不達

說食祿有地必是差遣不好

說隨家豐儉必是待客不成禮數

說屋子住得恰好必是小狹

呪罵祖先必是家計不成

富貴相

駿馬嘶　蠟燭淚　菓子皮　荔枝殼　落花飛

鶯燕語　讀書聲　遺下花鈿　高樓上吹笛

擣藥碾茶聲

謾人語

說風塵有情　說燒煉致富　說在官課績

說主上見知　說所入莊課　說愛寵年紀小

窮縣說官清　自說勤苦讀書　誇說器皿價例

酸寒

山縣移市　村縣喝道　村縣待賓

驟鳴村中　村漢呼雞　村漢著新衣

牛背吹笛　乞兒驅儺　散樂打單枝鼓

不快意

鈍刀切物　破帆使風　樹陰遮景致

築墻遮山　花時無酒　暑月背風排筵

惶愧

犯人忌諱　遇見讐家　欠債不償逢主

參謁失禮　醒後聞醉語

殺風景

花間喝道　看花淚下　苔上鋪席

義山雜纂　五

斫却垂楊　花下曬裩　游春重載

石笋繫馬　月下把火　妓筵說俗事

果園種菜　背山起樓　花架下養雞鴨

不忍聞

孤館猿啼　市井穢語　旅店秋砧聲

少婦哭夫　老人哭子　落第後喜鵲

乞兒夜號　居喪聞樂聲　纔及第便卒

虛度

花時多病　好時節褊迫　閹官娶美婦

貧家節日　好家業不和　貧家好花

好景不吟　好廳館不作會

不可過

夏月肥漢　入舍妻惡　遣貪酷上官

惡伴同僚　大暑涉長途　對麤人久坐

舟中雨漏　茅屋下穢濕　守令好尋事

難容

僧道對風塵笑語　僕人學措大體段

卑幼傲尊長　僕妾攙言語

義山雜纂　六

武人村夫學書語

意想

冬月著碧衣似寒　夏月見紅似熱

入神廟若見鬼　腹大師尼似有孕

重幙下似有人　過屠家覺羶

見水心中涼　見梅齒軟

惡模樣

作客與人相爭罵　打毬墜馬

對大僚食　僧尼新還俗

筵上亂叫喚　攙奪人話柄
著鞋臥人床　未語先笑
作客踏翻臺卓　對丈人丈母唱豔曲
嚼殘魚肉置盤上　橫箸在羹椀上

不達時宜

下賤人前談經史　向娼婦吟詩
認他高貴爲親　將主人酒食作人情
殘食還主人　將男女赴席
誇男女伎倆　獎男女嬌騃

義山雜纂　七

筵上包彈品味　强學時樣妝束
食後不起妨主人　問主人魚肉價
與寡婦認親往來　喫他飲食不謙讓
借他物令自來取　入人房闥取人物看
得人恩不思報　向人花園採果
窮漢說大話　家貧學富人
作客自呼賓　暑月排筵久坐

悶損人

請貴客不來　惡客不請自來
被醉人纏住不放　物賤無錢買
出門逢債主　與讐家對坐
大暑逢惡客　美妾妒妻

●癡頑

有錢不還債　知過不能改
見他言語强拗　見人文字强評隲
自不知過强惟　把酒犯令不受罰
家貧强作富貴相

愚昧

義山雜纂　八

背面說人過　好說人家密事
棄家耽酒　圖他酒食作證人
三頭二面趨奉人　說六親過惡與外人
父母在索要分析　會聚不識尊長位次
有憾於人望人恕　有惠於人望人報

時人漸顛狂

無故讐妒他人　酒後呼鬼神
孝子說酒令　重孝鬭雞走馬
讐記恩門　長大漢放風箏

養閒漢出入　婦女出街坊駡詈
賣田了吉凶　將田宅與人作保
非禮
呼兒孫表德　母在呼舅作渭陽
對父母呼妻弟　聽妻話惟尊長
祭亡人却動樂　徑入他人房闥
枉屈
好父母無好子　好兒無好婦
好女無好壻　有錢不會使

好衣不會著　好廳舘不灑掃
有疋帛不裝著　好顏色不解疋配
好妾驅使重難事　惜錢有病不醫
男女長成不教　家藏書不解讀
明月夜早睡　有好花不吟詩酌酒
近好山水不遊玩　有美味慳藏臭腐
清要官自犯贓罪　有美質懶惰廢業
權在手不作好事　年少時好閒不習事
不祥
臥喫食　無事嗟歎　臥床上唱曲
露頂喫食　露頂寫字　牽父母作呪誓
攞脚駡人　薦上坐　對日月大小便散髮
未食椀中先插匙箸
須貧
家有懶婦　早臥晚起　養子不及父
作債追陪　倉庫不點檢　莊園不收拾
拋撒飲食　愛賭博飲酒　漫藏無用物
狠籍米穀　棄業逐樂　家事不愛惜

多蓄愛寵　好遷移不止　好結納權貴
慳不中禮　物貴爭買　物賤反不買
多作淫巧　遮蓋家人作非爲事
必富
勤求儉用　見藝廣學　常點檢家事
不迷酒色　不欠債負　奴婢解耕織
夜眠早起　家養六畜　耕作不失時
及時收藏　子弟一心　主母不信佛
諸婦和諧　不嫌麤疎　財物有簿籍

積少成多　買賣不失時　物料不作踐

有智能

立性有守　審事機藏　結交有智人

臨事覺悟　酒後不多語　避他人忌諱

博古知今　不習賤劣事　不妄自逞能

尊敬有德　不親近小人　不妄信奴僕

入門問諱　入境問風俗　夜間常醒睡

有疑問人　不共愚人爭是非

教子

習祖業　立言不回　知禮義廉耻

精修六藝　談對明敏　進退威儀

忠良恭儉　孝敬慈惠　博學廣覽

交遊賢者　不事嬉遊　有守

遇事有知識

教女

習女工　議論酒食　溫良恭儉

修飾容儀　學書學算　小心軟語

閨房貞潔　不唱詞曲　聞事不傳

善事尊長

失夫就

卸起帽共人言語　罵他人家奴婢

鑽壁窺人家　不敲門直入人家

席面上不慎涕唾　主人未請先上廳坐

踏人家盤盒書啟　主人未揖食先舉箸

衆食未了先卸箸　探手隔坐取物

强會

見他文籍强披覽　見他鞍馬逞乘騎

見他弓矢强彈射　見他物件强評價色

見他文字强彈駁　見他人家事强處置

見他鬬打强助拳　見他評論强斷是非

無見識

不説事因先駡人　不問道理隨人做事

俗人學僧家道場　遇事不分別是非

縱兒子學樂藝　縱兒子寵養

男兒學女工　要小下便宜

不得飲酒至醉　不得獨入寡婦人家

不得黑晴獨行　不得與無賴子往還

不得戲取物不言　不得開人私書

不得借人物用經旬不還

雜纂續

宋　王銍

奴婢相

扱卓高　添水滿　挑燈長

剪燭短　煑乾飯　疾驅著

放物當路　翻著衣裳

易圖謀

鄰舍猫兒　屬官古畫　小兒手中物

難柰何

侍寵婢　有錢惡妻　咬人馬

破活鮎魚　解隱形賊　破褁飼蚕

不得人憐

卒死虔婆　釘手刼賊　偷食猫兒

咬人犬　不孝義兒　別人醜孩兒

使性乞兒　不成器子弟

無憑據

山縣更鼓　選人年歲　廢落廟筊杯

低手圖碁　醉後許物　託魚鴈傳書

牙郎說呪　不封底鎖　買妾問來歷

趣不得

驚馬脫籠　步夢下水船　斜月照人影

醉漢蹴踘　病起人問飯　與村伶合曲

冷淡

念曲子　說雜劇　喫素冷淘

村伶打諢　齋筵聽說話

惡行户

暑月仵作　世代劫墓　行法僧子

雜纂續　八　二

少思算

無錢挾妓　低碁趣手下　癡兒使爺錢

借物賽賭　秀才不讀書

不相稱

水手淹殺　師巫魘死　搭材匠跌死

懸尉著賊　斜儀失儀　法司犯法

彩畫溷室　孝服加銀帶　草屋安獸頭

先生懶惰

自做得

木匠帶枷　鐵匠被鎖　師姑架裟

冶人鍋釜　服內懷孕　僧道犯戒律

好笑

對客泄氣　村妓粧束　長人著短衣

婦人墜馬　村巫降神　口吃人相罵

阻興

訪妓有客　便風無帆　玩月被雲遮

遊山遇雨　元宵大風雨　新婚忽有疾

花時多事　賞花鬧鄰家哭聲

雜纂續　八　三

不可託人

相新婦　覓女使　往別州追妓

買馬　數散錢

可惜

慳人有錢　好女嫁醜漢　富商擄名妓

歌妓被決　新襪袴蹴踘　繰皂鋪失火

玉器失手　書畫被鼠齧　古銅器重鑄

驢喫牡丹

重難

瘡上喫棒　冬月飲冷酒　暑月赴公筵
燒頂求福　許捨身修寺　陣上帶甲馬
暑月檢屍　大雨中送殯　隆冬騎遠馬

沒用處

漏餅鐺　破鞋襪　隔年桃符
舊曆　折針　禿筆

又愛又怕

狗喫熱油　小兒看雜劇　小兒放紙砲
新婚女子　初登山遊玩　村夫看官過

騃人看弄鬼神

不識羞

下第人入期集院　新女壻渾身著新衣
被放不采强入門　賤物作貴賭輸誇口
不請自來攙坐　誇妻妾端正
邊官誇說兵權　酒食店留得筆帖

不濟事

將女嫁內官　飯後請喫茶
持齋日作客　無錢後斷賭

打殺人後戒酒　臨死許修善
臨渴掘井　江心補漏
斷決後赦到　船行借得鞍乘
臨老及第　酒盡伶人來

暗歡喜

大斧傷人手摩挲　落解後試官說文好
丈夫遠行歸　無子聞女使懷妊
賣棺聞人病重　舉子與試官有關
選人得岐路　同行拾得遺棄物

不自重

老漢嫌妻醜　醜妻恨夫要娶妾
落第舉子罵主司　不解作官歎沉滯
客作嫌人家茶飯　大將妻要人呼縣君
低棊要與人下子　巧人作事拙人不伏
老子弟看少妓　惡札人愛使牋紙
富商騎雙控馬　下賤人呼人妻德

愛便宜

共喫果子揀大底　不取錢官人賤買物

騎別人馬遠出　共被把自家被在上
將生鐵博針　養毋狗雌猫
寄槽養馬　將蝦釣鼈

過不得

賃屋欠房錢　謁上官被蝨嘬
暑月酟醧被蠅擾　狹巷騎馬逢車子
夫妻反目　上司不喜
臨渡無船　逢大官節

難理會

雜纂續　八　六

波斯念孔雀經　醉漢痲語
兩人拽斜說話　經紀人市語
杜撰草書　古篆碑額
啞子做手勢　短舌人罵詈
抽亂絲　大官侵占憐人田土

不識疾遲

急如厠說葛藤話　留未食人喫茶
判狀救火　告搶妻女要依日期
喚老娘逢人閑話　留走馬天使賭賽

發救兵須揀吉日　發倉賑饑待奏報

不識好惡

失火處說好看　看斬人說劊子好手
岸上看人溺水　向燈心皂莢鋪乞錢
養蠶處乞僵蠶　請舉子明年教學

輟不得

問患脚人借拄杖　厨子處借刀
就雨中人借傘　問暑月行人借扇

少道理

雜纂續　八　七

不會禪和尚問荅　村學堂講書
初學讀書人策論　田夫論朝政
無諳見論訟

難忍耐

觀棊被禁不許教　患腹泄人尋厠不著
病起人忌口　小兒灼艾
脚骨上取箭頭　見人說無天理話

没意頭

妓家誇會做活計　對屠兒說買物放生

對將官說儒雅事　對僧道說異端害正

雜纂二續

宋　蘇軾

叵耐

猾胥曲法取受　監司闊部下贓濫事

見非理論訟平人　知人去上官處損陷

自羞恥

和尚道士有家累　師姑養孩兒　說脫空漏綻

在官贓汚事發

強陪奉

莊家人與妓筵　不飲酒人伴醉漢

對上官說葛藤話　與蕃使接談

佯不會

對尊官能棊　問新到僕妾手藝

初到官問舊事體　新僉民兵問力氣

旁不忿

村漢有錢　無才識人作好官

善人被小人凌辱　見初學人及第

俗夫有好妻

不快活

步行著窄鞾　赴尊官筵席

入試遇酷暑　暑月對生客

重囚被鎖縛　妬妻頭白相守

村裏女壻戴幞頭　小兒初入學堂

吏胥遇嚴明長官

未足信

賣物人索價說呪　和尚不喫酒肉

醉漢隔宿請客　媒人誇好兒女

吏胥小心畏慎　妓别慟哭如不欲生

敵國講和

陡頓歡喜

窮措大及第　未有嗣生男

遠地世家書　有罪遇赦

富家兒作入贅

這回得自在

僧尼還俗　宮人放出

重孝服闋　囚徒釋脫

不肖子作無尊長　寵妾獨得隨任

不圖好

癩子喫猪肉　乞兒突好人

去任官放潑要錢　死囚罵法官

刼盜妄引徒伴

怕人知

流配人逃走歸　買得賊贓物

藏匿姦細人　同居私房畜財物

賣馬有毛病　夫親戚家避罪

說不得

啞子做夢　舉子就試偶踈脫

醫人自病　行姦被窘辱

賊被狗咬　作官處被家人帶累

藏違禁物被盜　賊贓被人轉取去

善相撲偶輸　處子懷孕

謾不得

曹司對曉事官員　諳熟行市買賣

妬妻不會飲酒　靈利孩兒買物

諱不得
健兒面上逃走字　賊見真贓
小官祖父名　有罪對知證人
改不得
生來劣相　性好偷竊
好説脱空　好笑話人
愛説是非　淫慾無度
謇漢好作文章　口吃人多説話
貪財人愛便宜　不肖子好賭博

還俗僧道舉止　婢作正室有舊態
偷食猫兒
得人惜
學行孩兒　善歌舞小妓　不偷食猫兒
快馬穩善　做活計女壻　會讀書兒子
良僕妾　好書畫　有行止公人
學不得
神仙　天性敏速　才識過人
有膽氣　能飲啖　臨事果斷

忘不得
父母教育　好交友　受恩處
得意文字　少年記誦書
留不得
春雪　暑月盛饌　愛逃席客
潮水　順風下水船　猴猻看果子
窮人粟帛　城門發更後　大官得替後
勸不得
服硫黄　酒病漢　愛賭錢人

醉後相罵　夫妻因婢爭鬧
悔不得
賭錢輸　中酒病　失口許人物
好景失遊賞　作過後事發　出語容易
少年廢學　見好物失買
怕不得
上陣相殺　夏月餞師　相撲漢拳踢
有罪喫棒　醜婦見舅姑　弄潮
臺諫官言事　上竿

省不得

閩人讀書　諱行市語　番人說話

說郛目錄

弓第七十七

小名錄

唐　陸龜蒙

娀姁

漢呂后名娀姁

戊兒

武帝即位尊太后母戊兒爲平原君

太孫

成帝名驁元帝之子以宣帝之世生於甲觀畫堂號曰世嫡皇孫皇帝愛之因曰太孫常置左右

犬子

司馬相如字長卿母少字之曰犬子長好讀書學擊劍慕藺相如乃更名

童烏

揚雄之子小字童烏九歲與子雲論玄

匡鼎

匡衡字稚圭少勤學家貧邑有大姓文不識家富墳籍衡乃爲客作而不求直主人怪問衡曰願得主人書徧觀之主人感嘆遂給書衡能說詩時人語曰無說詩匡鼎來匡說詩解人頤鼎衡小字也其見服如此

緹縈

齊太倉令淳于公有罪當刑以無子爲嘆少女緹縈感激上書願沒入官婢以贖父刑天子憐其意爲除肉刑改定律令

陳持弓

成帝元始中有渭城小女陳持弓年九歲走入城門入未央宮內尚方掖庭殿門門者莫見至鉤盾禁中乃覺

阿嬌

初武帝爲太子時長公主欲以女配帝帝尚小長公主指女問帝曰得阿嬌好不帝曰若得阿嬌作婦當以金屋貯之公主大喜乃以配帝是曰陳后阿嬌小字也

劉秀

東漢世祖諱秀字文叔初南頓君爲濟陽令而世祖生是歲嘉禾生縣界大熟因名秀按此即小名也當時尚質長遂不復

攻耳故讖言劉秀作天子于是世祖亦自負焉

聖通

皇后郭氏眞定人父昌眞定恭王以女妻昌昌早終其妻號曰郭主好禮節儉以王女之富手常操作女曰聖通有寵生皇子强況以爲城門校尉封綿曼侯況皇后弟也賞賜甚厚京師號爲金穴

班昭

班昭字惠姬曹世叔妻彪之女也大家集云父爲陳留長大家隨至作東征賦

阿瞞

魏武帝曹操字孟德一小名阿瞞故有曹瞞傳南陽許攸字子遠少與袁紹及太祖善官渡之役攸諫紹勿與太祖爭紹不從乃往詣太祖紹破走及後得冀州攸有功焉攸恃勲勞時與太祖相戲每在座席不自限至呼太祖小字曰阿瞞卿不得我不得冀州太祖笑曰汝言是也

女王

文德郭皇后少淸慧父永奇之曰吾此女女中王遂以女王爲字早失二親遭難流離在銅鞮侯家太祖爲魏公時得入東宮文帝所愛

薛靈芸

美人姓薛名靈芸靈芸年十七容貌絶世時文帝選良家子以入六宮靈芸别父母升車以玉唾壺承淚壺皆紅色帝遣文車十乘以迎靈芸芸去京十里帝乘雕玉之輦以望車徒之盛嗟曰昔言朝爲行雲暮爲行雨今非雲非雨非朝非暮因易名爲夜來夜來妙於針工非夜來我則帝不服也宮中號爲針神

小同

關內侯鄭小同玄之孫也玄别傳曰玄有子爲孔融吏舉孝廉融之被圍往赴爲賊害有遺腹子以丁卯月生而玄以丁卯歲生命之曰小同長遂名焉

萬億

李通字文達江夏平春人也小字萬億勇冠三軍爲太祖所知卒諡剛侯

寇奴

臧霸字宣高泰山人也聞黄巾起霸從陶謙擊破之

拜騎都尉遂收兵於青徐間與孫觀吳敦尹禮並聚衆霸以兵助呂布布敗歸太祖太祖善之霸一名寇奴孫觀名嬰子吳敦名黯奴尹禮名盧兒觀官至青州刺史從征孫權爲矢貫足力戰不顧

曹黥

曹爽之專政也其黨何晏鄧颺丁謐爽敬之言無不從於時謗書謂臺中三狗二狗崖柴不可當一狗憑黠作狙囊三狗謂何鄧丁黥爽小字其意言三狗皆欲齧人者

紡績

孫權末臨海羅陽縣有神自稱王表（羅陽今之安國）周旋民間言語飲食與人無異然不見其形有一婢名紡績權遣中書郎李崇齎輔國將軍羅陽王印綬迎表表隨崇俱出所歷山川遣紡績與神相聞崇與表至權立第舍于蒼龍門外數使近臣齎酒往表問水旱小事往往奇中

彭祖

後主孫皓字元宗一名彭祖字皓宗或云彭祖小字也

阿斗

蜀後主禪小字阿斗孟達與劉封書曰自立阿斗以來可爲寒心

南風

晉愍太子名遹字熙祖惠帝長子娉王衍小女字惠風其將廢也有童謡曰南風烈烈吹白沙南望魯國鬱嵬峩千歲髑髏上齒牙南風賈后小字也白晉行沙門太子小字魯賈謐國言太子遣賈后與謐相危之酷也

桃符

齊獻王攸字猷少岐嶷及長清和平易親賢好施愛經籍能屬文善尺牘世推才望出武帝之右景帝無子命立爲嗣及帝崩攸年十歲哀動左右武帝踐阼臨朝時病創攸總統軍事撫寧內外莫不景附焉初獻王寵攸每見輒撫床呼其小字曰此桃符座幾爲太子者數矣（文明太后將崩謂武帝曰桃符性急汝宜私之矣）

齊奴

石崇字季倫勃海清河人苞之子生于青州故小字齊奴苞六男崇是小子苞臨終分諸子財獨不及崇其母爲之言苞曰此兒雖小大能自得拜黃門累遷荆州刺史崇有愛婢名翔風魏末於胡市買得年始十歲至二十遂有容色妙别玉聲觀寶色石氏之富瑰寶皆殊方異國所得莫辨其處翔風别之皆出入地崇寵麗者數千翔風以文詞擅愛綠珠弟子宋禕國色善吹簫後入秦明帝宮中

阿童

王濬字士治弘農人也小字阿童爲益州刺史時吳中有童謡曰阿童復阿童銜刀浮渡江不畏岸上虎但畏水中龍羊祜聞之乃表濬監益州加龍驤將軍竟平吳謡言應矣

婉淑

賈充字公閭娶李氏名婉淑生二女一曰褒裕二曰荃裕李氏父豐被誅李坐流徙充復娶陽城太守郭配女槐妬忌甚李氏會赦得還帝特詔充置左右夫人充謙不敢當其實畏槐也

銅環

瑯琊恭王覲妃小字銅環生元帝先有讖云銅馬入海建業期後元帝果興於江左

阿戎

王戎字濬沖瑯琊臨沂人祖雄父渾阮籍素與渾友年十五在郎舍籍每過渾俄傾輒去過視戎良久方出謂渾曰濬沖清儻非卿比與卿言不如共阿戎談士季目王安豐曰阿戎阿戎解人語

遥集

阮咸字仲容性任誕不拘小節私姑家之貉婢姑將居初云留後乃携去咸時居喪聞之借客驢追之連騎而返獲議與世廢棄者久之及孚之生也其姑取王延壽魯靈光殿賦語曰胡遥集于上楹乃字曰遥集仲容每嘆曰我雖失三公然得遥集

阿大中郎

王凝之妻謝氏道韞安西將軍奕之女也初適凝之還甚不悅叔父安曰王郎逸少子不惡汝何恨邪荅曰一門叔父則有阿大中郎群從兄弟復有封胡遏

末封胡遏末謝玄輩四小字不意天壤之中乃有王郎

謝遏

謝公因諸子集聚問毛詩何句最佳遏稱曰昔我往矣楊柳依依今我來思雨雪霏霏公曰訏謨定命遠猷辰告此句偏有騷人深知遏玄小字遏年少時好着紫羅香囊垂覆手叔父患之而不欲傷其意乃譎與棋賭賭得乃燒之

謝虎子

桓宣武作徐州時謝奕於晉陵先桓經度懷而無異

常及桓遷荆州將西晤之間意氣甚篤奕弗之疑唯謝虎子據小字奕之弟婦王據取太原王輻女名經悟其旨曰每曰桓荆州用意殊異必與晉陵俱西矣俄而引奕為司馬奕在溫座席岸幘嘯詠宣武曰我方外司馬

買得郎

桓冲字幼子彝之子溫諸弟中最淹識有武幹溫甚器之初彝亡弟兄並小家貧母患須羊以解無由得之溫乃以冲為質羊主甚富言欲為質幸為養買得郎冲小字及冲為江州出射羊主於射堂邊看冲識之曰買得也遂厚報之冲性儉素常浴後其妻送以新衣冲怒促持去其妻曰衣不經新何緣得故冲笑而服之

靈寶

桓玄字敬道一字名靈寶玄南郡被召作洗馬泊船荻渚王大王大忱小字也服散已小醉往看桓玄為設酒或云忱字佛大王大能飲顧左右令溫酒來玄以手巾淹淚王求去因謂王曰犯我家諱何預卿事王嘆曰靈寶故自達語林曰玄木立忌日止忌五時其達而不拘皆此類也桓循少為玄所侮

每言論常鄙薄之循深以為憾及玄將篡循請於母庾夫人計襲玄庾曰靈寶視我為骨肉恐相圖耶循乃止循小字阿匡

盤龍

劉毅字希樂彭城人破桓玄以功授都督淮南五郡軍事豫州刺史封南平郡開國公都督宣城軍事初桓玄在南州起齋悉畫盤龍號盤龍齋毅小字盤龍至是居焉

桓鎮惡

桓石虔小字鎮惡豁之子有材幹趫捷絶倫從父在荆州於獵圍中有猛獸被箭而伏諸督將素知其勇戲令拔箭石虔亦跳高於獸獸伏復拔一箭以歸有患瘧者呼石虔來疾者多愈

期生

褚爽字茂弘河南人太傅裒之孫祕書監詔之子太傅謝安見其少嘆曰若期生爽小字不佳我不復論事長果俊邁有風氣

阿大

王忱字元達坦之子王恭隨父蘊在會稽王大忱小字都來拜墓恭暫往墓下看之二人素善遂十餘日方還父問何故多日對曰與阿大語蟬連不得歸

又

司馬太傅爲二王題目曰孝伯亭亭直上阿大羅羅清疎

佛大

王衍嘗爲天下士題目曰阿平第一王澄小字庾家阿嵩庾敳第二處仲得第三王敦王孝伯恭字問王大曰阮籍何如司馬相如王大曰阮籍胸中壘塊故須酒澆之王佛大笑曰三日不飲酒便覺形神不復相親

赤玉

庾統字長仁衛將軍懌之子也少有令名仕至尋陽太守簡文目庾赤玉省率除理謝仁祖常云庾赤玉胸中無宿物統小字赤玉

嘉賓阿源

郗超小字嘉賓少有才氣越世邁俗常檢語曰大才槃槃謝家安盛德日新郗嘉賓桓公聞之向佛大歎

語曰嘉賓阿源殷浩字巨源小字阿源有德有言向使便作令僕足以儀刑百揆朝廷用違其才耳

袁虎

郗嘉賓書與袁虎寵小字戴安道謝居士云恒任之風當有所引耳以無常以此激之

阿林

王臨之字仲産僕射彪之子位至東城太守王右軍曰我家阿林臨之小字情章太出

阿乞

郗恢字道胤小字阿乞王子猷詣郗雍州郗在內見有㲙毾云阿乞那得物勅左右送還家郗出見之曰向有大力者負之而趨郗無忤色

阿齡

王胡之子循齡清約以風操自居才器率衆舉有秀悟小字阿齡謝太傅語劉長卿曰阿齡於此事欲大屬劉曰亦名士之高操者也

阿輿

王蘊恭之父也小字阿輿世稱荀子秀出阿輿清和

僧珍法獲

王珣字元琳小字法獲一云阿苽王珉字季琰小字僧珍並有才藝時人語曰僧珍難爲兄法獲難爲弟

小虎

吳步夫人生二女長曰魯班字虎少曰魯育字小虎

怪名造字

孫休字子烈權第六子卽位立子𩅦爲太子乃下詔曰人之有名以相紀別長爲作字憚其名矣禮名子欲令難犯易避令爲四方作名字太子名𩅦音如湖水灣澳之灣字䨂音如迄今之迄次名𩃙音如兕觥之觥字𩃬音如儥首之儥次名𩅝音如莽舉之舉字昷音如舉物之舉次名𩁵音如褒大之褒字焚音如攉特有所之持此都不與世所用同故鈔舊文今造此字既不相配又字但一庶易避也普告天下咸使聞知此名之奇怪故附于此

朝姝麗居潔華洛寶

孫亮字子明權少子權薨卽尊號亮有愛姬四人皆振古絕倫一名朝姝二名麗居三名潔華四名洛寶又作綠琉璃屏風甚薄而徹每月下清夜舒之使四

姬坐屏風內而外望之如無隔唯氣不通耳爲四姬合四氣香皆異國所出香氣在衣歷年彌盛百濯不歇因名百濯香

阿螭

王恬字敬豫小字阿螭少好武不爲文公所重丞相每見長豫悅字則喜見敬豫則瞋阿螭碁爲中興第一謝公嘗與謝萬共出西過吳阿欲相與萃王恬所恬時爲吳郡太傅曰恐汝不必酬汝意不足爾萬猶若要太傅堅不廻萬獨往坐少時王便入內謝殊有忻色以

爲厚待已良久乃沐頭散髮而出亦不坐仍據胡床在中庭晒頭神氣傲邁無相酬對意萬於是乃還未至船乃逆太傅曰阿螭不作爾

虎㹠虎犢

王彭之字安壽小字虎㹠彪之字叔武小字虎犢皆彬之子彪之年二十鬢皓白時人號爲生白髮爲會稽內史豪右大手

又

王右軍在南丞相與書每嘆子姪不令云虎㹠虎犢還其所知

圓客

庾翼字稚恭爲荊州臨終自表以子圓客（庾爰之字仲直小字）自代朝廷慮其不從命未知所爲乃共議桓溫劉惔曰使伊去必能克定荊州恐不可復至後果如惔言

桓王

桓伊字叔夏譙國銍人伊少有才藝善音律有柯亭笛常自吹之一日王徽之赴召京師泊舟於青溪側伊素不與徽之相識伊於岸上過船中客稱伊小字曰桓王也徽之使人謂伊曰聞君善吹笛試爲我一奏伊時貴顯素聞徽之名便下車踞胡床作三調弄上車便去主客不交一言一云字子野也

豹奴（崔附）

桓嗣字恭祖沖之子也小字豹 入或謂之桓豹奴是王丹陽（王混）外甥形似其舅桓甚諱之宣武云不恒似時似耳或謂恒似是形時似是神桓愈不悅

桓允素輕桓崖（桓修小字）家在京下有好桃玄連就之遂得佳者玄與殷仲文書曰德之休明肅慎貢其楛矢如其不爾籬壁間物亦不可得

陶範字道則侃第十九子諸子中最知名王修齡嘗在東甚貧乏陶胡奴（範小字）爲烏程令送一舟米遺之卻不肯取直答語王修齡若饑自當就謝仁祖索不須陶胡奴米

盧

江敳字仲愷濟陽人父虨僕射敳歷黃門侍郎御驃騎諮議王恭請盧（敳小字）爲長史晨往詣江江猶在

帳中王坐不敢即言良久乃得及江不應直呼人取
酒自飲一椀又不與王王乃笑而去
棘奴
後趙石季龍殺勒子弘僭位大饗羣臣於太武殿佛
圖澄吟日殿乎殿乎棘子成林將壞人衣季龍令發
殿石下視之有棘生焉諸石後爲冉閔滅畧盡閔小
字棘奴
阿鐵
石季龍立子邃爲太子邃字大淵少而雄慧帝深愛

之及爲嗣每顧左右日馬家父子兄弟自爲殘滅若
其不然吾豈有今日如我當有殺阿鐵理乎鐵邃小
字
白瓜
涼天水太守史稷暴疾而死五旬乃書云兒涼光殿
中皆生白瓜至秦使梁熈至熈小字白瓜
長生桐推
西涼武昭王李暠小字長生後立歆字士業玄盛夢
爲涼公領涼州牧代沮渠爲蒙遜所殺又燉煌父老
令狐熾家見白頭翁衣袷謂曰南風動吹長木胡桐
推木中殺言訖不見士業小字桐推至是乃亡
鳳凰惡奴
前燕慕容沖小字鳳凰後燕慕容農小字惡奴
寄奴
宋高祖劉裕字德輿小字寄奴
車兵
少帝義符小字車兵武帝長子
車兒

文帝名義隆小字車兒武帝第三子
道民
孝帝武駿字休龍小字道民文帝第三子
法師
前廢帝子業小字法師孝武長子殘忍無道湘東王
彧廢之
榮期
明帝彧字休炳小字榮期文帝第十一子
慧震

後廢帝昱字德融小字慧震明帝長子

智觀

順帝準字仲謀小字智觀

道隣

廣陵王義直字車士爲楊州刺史太后謂帝曰道隣沒布衣時兄弟宜用爲楊州上曰寄奴爲道隣豈有所惜但楊州根本所寄事務至多非道隣所了太后曰道隣年出五十不如汝十歲兒也上曰車士雖爲刺史事無大小皆由寄奴道隣年長不親其事則於

聽不足太后默然

王駒

王愉小字駒晉尚書僕射江右冠族子綏亦有重名

劉道民

劉穆之字道和小字道民高祖初剋京城謂何無忌曰急須得一府主簿如何何無忌曰無過劉道民也

何秀

劉秀之小字何秀瑀族叔秀之爲丹陽尹瑀與親故書曰吾家黑面何秀逐居劉安衆處朝廷不爲多士

王鎭惡

王鎭惡祖猛父休五月五日生家以俗忌欲以出繼疎宗猛見曰此非常兒昔孟嘗君以五月五日生而將興吾門矣遂用爲嗣鎭惡後封博陵侯進號征虜將軍

向稱

向靖小名稱與高祖諱同改稱小字今傳稱向稱是也

阿壽

劉敬宣爲青州都督諸葛長民招以同叛敬宣遂遣使呈高祖曰阿壽（敬宣小字）不負我也

道兒

謝述與劉湛爲異常之交湛美甚有風度謂人曰我見謝道兒（道兒述小字）未嘗足

客兒

謝靈運小字客兒初錢唐杜明師夜夢中向有人來入館是夕即靈運生于會稽旬日而謝玄亡其家以子難得遂送靈運于杜冶養之十五方還郡故名曰

客兒

虎頭

始興王濬字休明將産之夕有鵩鳥鳴于屋上巫蠱事發上以潘淑日妃太子圖貴富更是一理虎頭濬小字也復如此非思慮所及汝母子豈可一日無我也賫賜死

阿遠

謝弘微父母思武昌太守從叔峻無子峻以弘微爲嗣本名密犯所係內諱故以字稱與族子靈運瞻曜

並以文義賞會居烏衣巷同遊叔父混敬賞之嘗曰阿遠瞻小字剛而負氣阿客溥而無檢曜奴才而昧操篤善不同設後功濟三子終亦以此爲恨微子吾無間然

班虎

劉湛字弘仁小字班虎殷景仁與湛俱爲太守任遇初相款洽後漸猜隙義康專權而湛昔爲上佐以舊情自結傾黜景仁義康盡屬湛諸人附款無復至殷氏門湛黨劉敬文父成未聘其機請景仁求郡敬文遽往謝湛曰老父悖耄遂就殷鐵求郡有頁生誠闔門慚懼其姦謟如此阿鐵景仁小字

范傳

范曄字蔚宗父泰母如廁産之額爲傳所傷故小字傳

女生

曾爽小字女生祖宗之南陽郡公宗之子軌一名象齒即爽之父也

劉胡

劉南陽涅陽人本字枷胡以其顏面枷黑似胡及長

乃單爲胡出牙郡將提口善處分稍至隊主蠻甚畏之小兒啼怖之曰劉胡來便止

阿舒

陶潛字元亮一字淵明集載責子詩云白髮被兩鬢肌膚不復實雖有五男兒初不好紙筆阿舒已十二懶惰故無匹阿宣行志學而不好文述雍端年十三不識九與七通子垂六齡但覓梨與栗天運苟如此且進杯中物又載與儼等疏云告儼俟份修等云云

又有命子詩云三千之罪後寂及成念呱呱聞爾泣卜嘉日占亦良時名爾曰儼字曰求思按此儼即阿舒也

鮑令暉

鮑照字明遠妹字令暉有才思亞於明遠著香茗賦集行於世

鬭將龍兒

齊高帝名道成字紹伯小字鬭將世祖皇帝熙字宣遠太祖長子生於建康青溪宅其夕陳孝后劉昭后

同夢龍據因小字曰龍兒初高祖在府夢着屐上太極殿三人從一人武帝一人明帝一人張天地圖而不識意言是梁太祖子弟及踐祚常與梁太祖宴晏之謂曰我辛苦得天下而祚不傳孫我死龍子當得龍兒也龍子死當屬阿度玄度此後當還卿子

法身

鬱林王昭業字文尚文惠太子長子小字法身文惠甍立爲皇太孫美容止好隷書世祖勑皇孫手書不得妄出意貴重之嘗呼爲法身坐之重幄别撫問即位不君以罪廢

玄度

高宗明皇帝鸞字栖景始安王道生子小字玄度自宣城王即位

白澤

文惠太子長懋字雲喬世祖長子小字白澤

阿答

前湘州刺史王蘊太后兄弟有膽力以父楷名官不達將欲自奮每撫劍曰龍泉太阿汝知我者叔父景

文曰阿答滅我門戶蘊答曰與童烏貴賤覺異童烏景文子絢小字阿荅蘊小字後與劉康玄粲謀反死

崑崙

王琨祖薈音衛將軍父懌不慧初不爲娶家以狢婢侍之生琨遂名崑崙懌後娶南陽樂玄女無子改名琨立以爲嗣性清慎官至侍中

白象

長沙威王晃宜明太祖第四子有武力太祖愛子晃嗣以晃屬世祖晃愛武飾鞠罪徐州私載數百人犯

還都爲禁司所覺棄之江水世祖大怒豫章王嶷御前稽首涕泣曰晃罪誠不足宥陛下當憶先朝念白象上亦垂泣舍之白象晃小字

阿五

武陵昭王曄字宣照太祖第五子母羅氏以罪誅曄見愛世祖卽位曄數以言語忤旨世祖嘗幸豫章王嶷東田晏諸長王獨不召曄嶷曰風景殊美今日甚憶武陵上乃令呼之曄善射屢發命中顧四座曰手如何上神色甚怪嶷曰阿五常日不爾今日可謂仰

藉天威帝意乃釋阿五曄小字

玉兒

東昏侯潘淑妃小字玉兒帝爲潘起神仙永壽玉殿中爲蓮花貼地上令潘妃行曰步步生蓮花常市琥珀釵一隻直百七十萬

阿稱

劉瓛字子珪沛郡相人晉丹陽尹恢六世孫少篤學傳通五經聚徒教授常有數千性至孝祖母病疽經年手持膏藥漬指皆爛孔氏甚嚴明謂所親曰阿稱便是今世曾也諡貞簡先生瓛小字

張梨

張冲字思約吳人冲出繼伯父景徹景徹字槿父邵小字梨宋文帝戲景徹曰槿何如梨徹答曰梨是百果之宗槿何敢及

狗兒

張敬兒南陽冠軍人也父醜爲郡將母常在田桾拾因極乃臥于濆間夢有物如犬子頭有角舐之因感而有娠故小字狗兒宋明帝以其名鄙改焉年少便

馬有膽氣好射虎　無不中累以軍功爲南陽守

蠻奴

巴東王子響爲荊州刺史直閣將軍董蠻奴祖有氣力子響要與同行蠻奴曰殿下顧如雷敢相隨乎子響笑曰君敢出此言亦復奇廣上聞而不悅曰人名蠻奴復何容得蘊藉乃改名仲舒

練兒

梁武帝衍字叔達小字練兒

六通

簡文帝諱綱字世讃高祖第三子小字六通

七符

元帝諱繹字世誠高祖第七子小字七符

法眞

敬王方智字惠相世祖第九子小字法眞

維摩迦葉

昭明太子統字德施高祖長子母日丁貴嬪小字維
摩蕭藻字靖藝少立名行志操清潔善屬文好古體
詩高祖每日子弟並如迦葉吾復何憂累遷尚書左

僕射迦葉維小字

仙婢

馬仙琕字靈馥小名仙婢長乃改名仙琕善爲將與
士卒同勞苦居無幃幕衾屏與厮養寂下者同

東里西華南容北叟

任昉字彥升樂安人文章之美冠絕一時官至太常
昉有四子東里西華南容北叟俱小名並無術墜其
家業劉孝標見昉諸子流離不能自振乎生舊交莫
有收邺者西華冬月著葛帔練裙路逢嗟嘆惕然矜
之乃廣朱公叔絕交論劉溉見其論抵几於地終身
爲恨

申子

郗中禮小字申子故庾信哀江南賦云申子奮發勇
氣咆㘈實怨元戎身先士卒

養矩

謝覽弟舉與王筠王泰俱有令名時人爲之語曰王
有養矩謝有覽舉養矩筠泰小字也

阿士

劉孝綽字孝綽幼聰敏能屬文舅王融深賞異之每
言曰天下文章若無我當歸阿士阿士綽小字也

大善

羊侃字祖忻少瓌偉身長七尺八寸愛文雅博涉書
記膂力至十石嘗於兗州堯廟墻直上至五尋橫行
亡迹性豪侈善音律自造採蓮歌甚有新致姬妾列
侍窮極侈靡有彈箏人名大善着鹿角爪長七寸舞
人張靜琬腰圍一尺六寸時人咸推能掌上舞又有
孫景玉能反腰帖地銜得蓆上玉簪大同中魏使楊

裴同晏賓客三百餘人皆食金寶器奏三部女樂至
夕侍女百餘人皆執金花燭偘不飲酒而好賓遊終
日獻酬同其醒醉

法生

陳高祖霸先字興國小字法生

藥王

廢帝伯宗字奉業小字藥王世祖長子也

師利

宣帝頊字紹世小字師利始興王第二子

黃奴

後祖叔寶字元秀小字黃奴宣帝長子

倫悦

徐陵字孝穆擒之子幼聰敏善屬文爲兒時沙門寶
誌見之驚曰天上麒麟何因至此小字倫悦

任蠻奴

任忠字奉誠小字蠻奴汝陰人少孤微不爲鄉里所
重及長詭譎多計後累以戰功進鎮南將軍

黃頭

游雅字伯度小字黃頭廣平任人也太武時與渤海
高允俱知名徵拜中書博士

侍兒小名錄

宋　王銍

瓊枝

建康小史曹著見廬山夫人夫人命女婉出與著相見女欣然命婢瓊枝令取琴出婉撫琴而歌既畢婉便回去

蕭同叔子

齊惠公妾蕭同叔子生子棄之有狸乳而鸇覆之取而養之字曰無野是爲頃公代有齊國

張耀美

宋何恢爲廣州刺史有妓曰張耀美而有寵將之任要權貴阮佃夫飲設樂佃夫見耀華悅之頻求於恢曰恢可得此人不可得也佃夫怒拂衣出戶曰惜指失掌遂諷有司以公事彈恢坐免

女嬪

晉泰始二年使使持節兼五官中郎將宗正丞司馬恢拜崇陽園妾李琰爲修華王宣爲修容徐琰爲修儀吳淑爲婕妤趙珽爲充華十年使太常洛陽令司馬啟拜采女胡方爲貴嬪又使御史中丞太子舍人司馬誕拜采女劉瑗爲淑妃臧曜爲淑媛趙娟爲修容陳秀爲修容咸寧三年拜美人左嬪爲修儀邢顏爲婕妤朱姜爲容華

妊娘

唐進士殷何太和八年賃居臥病有四人負金碧而從二青衣一雲髻一半髻皆絶色說論再三何終不應乃以紅牋題詩一篇置何樓上而去其詩云樂廣清羸經幾年妊娘相托不論錢輕盈妙質歸何處惆悵碧樓紅玉鈿書迹柔媚亦無姓名紙末惟書一我

字何自此疾日退

春條

南陽張不疑開成四年應宏詞寓京師以錢六萬置青衣鴉鬟垂耳曰春條善書音旨清婉有所指使無不愜適不疑素禮門徒尊師者謂不疑曰郎君有邪氣不疑令作法春條撲然作聲視之一朽冥器耳背上題曰春條其衣服若蟬殼然

輕素

武德中曹惠爲江州參軍官舍佛堂中有二木偶人長尺餘工飾甚巧因持歸與稚兒戲稚兒食木偶引手請之惠問曰爾何時物頗能作怪曰輕素與輕紅是宣城謝太守家備偶且曰廬山神要索輕素等爲舞姬久矣請命畫工賜以粉黛惠令工人爲飾之輕素笑曰此度非論舞妓亦當爲彼夫人矣

賓梁賓

賓梁賓夷門人詞筆容態皆可觀進士盧東表念其才藻緣而錄之嘗爲嘉東表及第詩云曉粧初罷眼

初瞤小玉驚人踏破裙手把紅箋書一紙上頭名字有郎君

操絃侍人

程洛賓長水人爲京兆參軍李華所錄自安史亂常分飛南北華後爲江州牧登庾樓見中流泝棹有鼓胡琴者李喪色而言曰振絃者宛如故舊令問之乃岳陽郡民王氏之舟詢其操絃者是所錄侍人也

鳳兒

貞元中進士賈全虛者黜於春官春深臨御溝而坐

忽見一花流至全虛之前以手接之香馥頗異旁連數葉上有詩一首筆蹟纖麗言詞幽怨詩曰一入深宮裏無由得見春題詩花葉上寄與接流人全虛得之悲想其人涕泗交墜不能離溝上街吏頗疑其事白金吾奏其實德宗亦爲感動令中人細詢之乃於翠筠宮奉恩院王才人養女鳳兒者詰其由云初從母學文選初學記及慕陳後主孔貴嬪爲詩數日前臨水折花偶爲宮思今敗露死無所逃德宗爲之惻然召全虛授金吾衛兵曹以鳳兒賜之車載其院資

皆賜全虛焉

露仙

經行寺僧行蘊灑掃堂殿見所畫女人姿顏妖冶戲曰世間女人得如此者我必作妻其夕有款扉者蓮花娘子來從一侍婢妖姿麗質妙絕人倫蓮花顧侍婢曰露仙可準備幃帳

青童

天水趙旭家于廣陵夢一青衣挑笑窗牖間及覺忽有清香滿室有一女子年可十四五容範曠代笑曰

吾天上青童久居清禁時有世念帝罰下人間感配於君子時叩柱清歌曰白雲飄飄星漢斜獨行窈窕浮雲車

麗質

唐韋諷家于汝潁間遣小童理草鋤地忽見人髮鋤漸深漸多而不亂諷異之即掘深尺餘乃一婦人肌膚容色儼然如生再拜言曰某是郎君之祖女奴名曰麗質娘子嫉妬生埋此園

阿青

開元中有士人從洛陽道見一女子容服鮮麗泣謂曰巳非人昆明池神之女嫁劒閣神之子夫婦不和無由得白父母故欲送書一封耳士人問其處女曰池西有斜栁樹君可叩之若呼阿青當有人從水中出士人入京便送書池上果有此樹叩之頻喚阿青俄見幼婢從水中出得書甚喜曰久不得小娘子消息延士人入謂曰君後日可蹔至此如期果有女子從水中出手持真珠一筒笑以授士人云

轉轉

趙王鎔命馬彧使于燕劉守光命韓定辭館之時燕之酒妓轉轉者一代名姝無比韓之所眷也每當酒席馬頻目之韓曰昔文公分季隗於趙衰伯符輟小喬於公瑾蓋惟名色可奉名人所慮倡婦不勝賢者顧矚願垂一詠故得奉之彧即命筆授毫文不停綴

麗雲

穆員稱其麗雲善歌聽之使人醉者醒醒者醉悲者樂樂者悲聲音能移人爲工

素娥

韋洵美先輩開平歲及第受鄴都從事辟焉乃挈所寵素娥行羅紹威聞其姝麗才逹臨河令女使齎二百疋及生餼而露意焉洵美無所容足遂令粧束更衣修緘獻之素娥姓崔氏亦大梁良家子善諧謔筆札

薛九

薛九江南富家子得侍宫中善歌嵇康嵇康江南曲名也學舞於鍾離氏建業破零落於江北予遇於洛陽福善坊趙春舍飲酣於是歌嵇康其詞即後主所

製焉嘗感激坐人皆泣春舉酒請舞謝曰老矣腰腕衰硬無復舊態乃强起小舞終曲而罷

余

楚春申君有妾曰余

侍兒小名錄

宋 温豫

原碧

初莽妻以莽殺其子涕泣失明令太子臨居中養焉莽妻旁侍者原碧莽幸之初莽為侯就國時幸侍者增秩懷能開明懷能生男興增秩生男匡女開明生女捷

五髯

皇太子詠武陵王左右五髯傳杯詩曰頂分如兩髻

鬢長驗上頭捉杯如欲嚼凝殘已復留

輕綃

王霞卿者藍田人才華清贍節行尤高進士鄭殷彝旅於會稽寓唐安寺樓見粉壁間有題云瑯琊王氏霞卿光啓三年暘春二月登于是閣臨軒軫恨覩物增悲雖覩煥爛之華但比凄涼之色時有輕綃捧硯小玉看題其詩曰春來引步强尋遊恨覩烟霄簇寺樓舉目盡爲停待景雙眉不覺自如鈎

獠婢

王琨父懌不辨菽麥時以爲殷道矜之流人無肯與婚家以獠婢恭心待之遂生琨初名崑崙懌後娶樂玄無子故以琨爲名立以爲嗣

採蘋

劉曠豫章海昏人因晝眠聞語何女郎通使便覺颯然已至自說東海何氏八歲而夭於今十歲應爲君妻故來修好何女郎曰昔日樓上之擊節我也衆以君見棄是以相笑智瓊杜蘭香咸我曹也婢名採蘋奴名邊羅

俊娥

煬帝自到廣陵沉湎失度每睡須搖動或歌吹聲齊方就一夢侍兒韓俊娥尤得意每寢必令振擧支節乃得睡不厭賜名爲來夢兒

舜英

余媚娘者才婦也夫亡以介潔自守陸希聲時爲正郎聞其容美娶而歸二年夫妻敦睦無何希聲又獲名姬柳舜英者姿殊麗逾於媚娘媚娘知而深怨之比間候希聲他出即召舜英閉私室中手刃殺之

金巵

蜀青石鎮陳洪裕妻丁氏因妒忌打殺婢金巵潛於本家埋瘞仍榜通衢云金巵逃走經年遷居夾江因夏潦漂壞舊居渠岸見死婢容質不變鎮將報州追勘擬伏其婢屍一夕壞爛遂寘丁氏于法

孟思賢

路之女伶曰孟思賢巧黠人也嘗爲君侯王制之寵貯爲制之所私伊宙亦衙門將多與制遊思賢含故僕射愼之子也風流善杯酒思賢心悅之遂私焉

成風

成風聞成季之繇乃事之而屬僖公焉杜預注成風莊公之妾僖公之母也

瑶英

元載寵姬瑶英之母趙姬本岐王愛妾也後出爲薛氏妻生瑶英

歸泰

沈詢在邠義嘗宴府中賓友歌著詞令曰莫打南來鴈從他向北飛打時雙打取休使兩分離及歸而夫

妻皆爲變妾歸泰所殺

弘夜姝

梁元帝爲妾弘夜姝謝東宫賚合心花釵啟曰夜姝昔住陽臺雖逢四照曾遊澧浦慣識九衢未有仍我爵釵還勝翠羽飾以南金裝茲麗玉

夏王豐

梁元帝爲妾夏王豐謝東宫賚錦啟畧曰舒將蓮石堪來暮雨縈持結纈剩可蕩舟

唐兒

長沙定王發母唐姬故程姬侍者景帝召程姬程姬有所避不願進而飾侍者唐兒使夜進上醉不知以爲程姬而幸之

王昭平

廣川王去有所幸姬王昭平王地餘許以爲后去常疾姬陽成昭信待視甚謹更愛之去與地餘戲得褏中刀笞問狀服欲與昭平共殺昭信笞問平不服以鐵鍼鍼之強服乃會諸姬去以劍自擊地餘令昭信擊昭平皆死立昭信爲后幸姬陶望卿爲修靡夫人主繒帛崔修成爲明貞夫人主永巷

善佞

翕滑釐問於子墨子曰曾氏有叔姪同處者叔曰無恒姪曰數奇無恒有妾曰善佞嘗私夫以生子曰不類數奇愛不類如其子無恒久乃告數奇曰不類非吾子他人之子也汝勿以爲弟

侍兒小名錄　宋　洪遂

延娟延娛

周昭王二十四年東甌獻二女一曰延娟一曰延娛此二人辯口麗辭巧善歌笑步塵無跡行日中無影及昭王淪于漢水二女與王舟乘擁夾王身同溺於水故江漢之人到今思之立祠於江湄數十年間人於江漢之上猶見王與二女乘舟戲於水際

旋娟提謨

燕昭王二年廣延國善舞者二人一名旋娟一名提謨並玉質凝膚體輕氣馥綽約而窈窕絕古無倫其舞一名縈塵次曰集羽末曰旋懷昭王知其神異處於崇霞之臺王好神仙之術玄天之女托形作此昭王之末莫知所在

朝姝麗居洛珎潔華

孫亮作琉璃屏風甚薄而瑩徹每於月下清夜舒之常與愛姬四人皆振古絕色一名朝姝二名麗居三名洛珎四名潔華使四人坐屏風内而外望之了如

無隔惟香氣不通於外爲四人含四氣香百浣不歇名曰百濯或以人名香每遊皆同輿席以前後爲大所居室名爲思香媚寢

麗娟

漢武帝所幸宮人麗娟年十四玉膚柔輭吹氣如蘭娟身輕弱不欲衣纓拂之恐傷爲痕每歌李延年和之於芝生殿旁唱廻風之曲庭中樹爲之翻落常致娟於琉璃帳恐垢汚體也常以衣帶繫娟袂閉於重幕中恐隨風起娟以琥珀佩置衣中不使人知乃言娟骨節自鳴相與爲神怪也

降仙

隋煬帝宮妃吳降仙善畫長娥眉帝甚憐之由是嬪御皆倣此宮吏日供螺子黛五斛名娥綠而進之帝每倚簾顧之移時不去

西施

越王句踐陰謀吳乃得國中苧蘿山鬻薪之女曰西施飾以羅縠教以容步三年使范蠡進於吳夫差大悅

蒻蘭

國初朝廷遣陶穀使江南以假書爲名實使覘之丞國李獻以書抵韓熙載曰五柳公驕甚其善待之穀至則果如李所言熙載謂所親曰陶秀實非端介者其守可隳當使諸君一笑因令宿娭謄六朝書半年乃畢熙載使歌姬秦蒻蘭衣弊衣爲驛卒女穀見之而喜遂犯愼獨之戒作長短句贈之明日中主燕客穀凜然不可犯中主持觥立使蒻蘭出歌續斷絃之曲侑觴穀大慙而罷詞名風光好好因緣惡因緣秪

得郵亭一夜眠別神仙琵琶撥盡相思調知音少再把鸞膠續斷絃是何年

婁婉

秦少游在蔡州與營妓婁婉字東玉者甚密贈之詞云小樓連苑橫空又云玉佩丁東別後者是也又贈云天外一鈎横月帶三星謂心字也

玉環

楊貴妃小字玉環

秋娘

唐杜秋娘金陵女子也年十五爲浙西觀察使李錡妾嘗爲錡辭云勸君莫惜金縷衣勸君莫惜少年時有花堪折君須折莫待花殘空折枝長慶中裴航游襄漢與樊夫人同舟樊贈詩云一飲瓊漿百感生玄霜擣盡見雲英藍橋便是神仙宅何必崎嶇上玉京航後經藍橋驛遇仙女雲英遂娶之後俱得仙

紀陵

袁眞在豫州遣妓紀陵送薛郭馬三妓與桓宣武馬遂生桓南郡

衛小兒

霍去病父仲孺河東人以縣吏給事平陽侯家與侍女衛小兒私通生去病仲孺吏畢歸家娶婦生光因絕不相聞久之去病爲驃騎大將軍擊匈奴道出河東河東太守郊迎至平陽傳舍遣吏人仲孺趨入拜謁將軍迎拜因跪曰去病不早知爲大人遺體也仲孺叩頭曰老臣得託命將軍此天力也去病爲仲孺大買田宅奴婢而去

承福

晉賈后召愍懷太子入朝置于別室遣婢陳舜賜太子酒三升子辭而不能飲舜逼之曰不孝也天賜汝酒而不飲中有惡物耶太子不得已强飲遂大醉又令小婢承福以紙筆授太子使書之曰陛下不自了吾當入了之字半不成后補成之呈帝廢太子

辟牙

孫綽韓非靈語責李中書曰建元元年六月余家婢辟邪夜眠如夢囈語半時云忽有一老公著黃練巾身短衣長甚自矜厲瞋目切齒云吾是刑名先生韓

非弟子李充日習吾業綜習吾書云云

鸚鵡

宋元凶劭姊東陽公主應閤婢王鸚鵡

瓊樹夜來尚衣巧笑

魏文帝宮中侍女所絕寵者有莫瓊樹薛夜來陳尚衣段巧笑四人

紫雲

崔紫雲兵部李尚書樂妓詞華清峭眉目端麗李公罷鎮北都爲尹東洛時方家妓盛列諸府有宴遂官不赴杜紫微時爲分司御史過公有宴故留有行一位待之爲訪諸妓併歸北行三重而坐宴將酣杜公輕騎而來連飲三觥顧北行回顧主人曰嘗聞有能篇詠紫雲者今日方知名不虛得儻垂一惠無以加爲諸妓皆回頭掩笑杜作詩曰華堂今日綺筵開召分司御史來忽發狂言驚滿座三重粉面一時回詩罷升車騨整而歸李公尋以紫微送贈之紫微臨行獻詩曰從來學得斐然詞不料霜臺御史知愁見便教隨命去戀恩腸斷出門時

碧玉

唐右司郎中馮溺喬知之有美婢曰碧玉知之爲之不昏武承嗣借以教諸姬遂留不還知之作綠珠怨詩以寄之碧玉赴井死承嗣得詩於裙帶大怒諷酷吏羅告族誅之

柳條

柳條女奴也成都米市橋僞蜀時有柳條家酒肆蓋當時皆以當壚者爲名柳條偶得患沉綿經歲俟死而已有一道士常來貰酒柳條每加勤奉乃留冊數

粒柳條初服一粒疾起能食再服能行終服充盛如初

靜君

元公鎮南海日疽發於鬢氣息惴然忽有一少年道士直來牀前謂元曰本師知公病遣某將少膏藥來可傳之元公寵姬號靜君敷藥貼之至暮而愈失道士所在

小東

小東長沙之妓女以能詩得幸於馬氏後國入爲郡

窮於京師里而人絕不知余憫其老詢長沙宮中事則必南望泣涕而後言因爲作小東詩焉

寵姐

寵姐寧王愛姬王宴客妓妾皆在獨寵姐無得見者李太白恃酒強之乃設七寶簾使寵姐隔簾而歌

楚賓

前南鄭尉李雲於長安求納一姬其母未許雲曰予誓不婚乃許之號姬曰楚賓數年後姬卒卒後經歲遂婚前南鄭沈氏及婚日雲浴於淨室見楚賓執一貼藥末徑前謂雲曰誓余不婚今又與沈家作婿無物相奉贈君香一帖以資沐浴寫藥末入斛中以銀攪水訖而去雲甚覺不安羸困不能出浴遂死肢體如綿筋骨並散

鄭櫻桃

石季龍趙捷便弓馬勇冠當時勒深嘉之拜征虜將軍爲聘將軍郭榮妹爲妻季龍寵惑優僮鄭櫻桃而殺郭氏更納清河崔氏女櫻桃又譖而殺之

雅娘

隋煬帝幸月觀中夜覺蕭妃有說東宮時事適有小黃門映薔薇叢調宮婢衣帶爲薇刺骨結笑聲吃吃不止帝望見腰肢纖弱意爲寳兒而有私帝披單衣長衫不帶急行擒之乃宮婢雅娘也

櫻桃

霍小玉命侍兒櫻桃褰幃執燭授李生筆硯又取珠絡縫綉囊中出越姬烏絲欄素段以授生生素多才思援筆成章

鮑十一娘

長安中有媒氏鮑十一娘故薛蕃駙馬家青衣也折券從良十餘年矣性便僻巧言語豪家戚里無不經過追風挾策推爲渠師

紅娘

崔氏鸎鸎婢曰紅娘嘗爲崔持綵牋以授張生

申古子

申胡子朔客李氏之蒼頭也李氏本亦世家子得祀江夏王廟吾與對舍於長安崇義里遂將衣質酒命余合飲氣熱杯闌因謂吾曰李長吉爾徒能長調不

能作五言歌詩直強回筆端與陶謝詩勢相遠幾里吾請撰申古子觱篥歌以五字斷句歌成朔客大喜擎觴起立命花娘出幕徘徊拜客稱善三弄於是以弊辭配聲與予爲壽

縞練

謝秀才有妾縞練改從於人秀才引留之不得後生感憶座人製詩嘲謝賀復繼四首

雷尚書

王丞相有幸姬姓雷頗預政事納賄蔡公謂之雷尚書

仙鸞

唐監察御史清河張佶侍兒仙鸞能歌舞解書翰常出使以仙鸞充使典有密知者將發之佶鈎鉅多數竟得不發

侍兒小名錄

宋 張邦幾

楊孟珠

劉商少遊湘中秋月方皎忽見一畫水輿中有七八女子環麗容止若爲呼盧戲其具俱布希世之寶前有紅蠟枝擎以金盤商駭訝未絕聞舟中語曰紫陽眞人昨給劉商黃精二斤乃玉帝所餌之餘食之者爲地仙一女子曰此人不逹可邀致之忽聞人呼商遂節舟邊拜一女子命侍兒楊孟珠斟一杯雲母漿

商取飲一女子笑曰此人不固者無丹元氣耳

蒨桃

寇萊公有妾曰蒨桃公因會贈歌姬以束綾蒨桃作二詩呈公曰一曲清歌一束綾美人猶自意嫌輕不知織女螢窗下幾度抛梭織得成風勁衣单手屢呵幽窗軋軋度寒梭臘天日短不盈尺何似妖姬一曲歌

穠李昭華

山谷云竹夫人廼凉寢竹器憩臂休膝非夫人之職而冬夏青青竹之所長故名曰青奴嘗作詩曰穠李四紘風掃席昭華三弄月侵床我無紅袖堪娛夜正要青奴一味凉穠李昭華貴人家兩女奴也

錦兒

愛愛姓楊氏本錢唐倡家女年十五尚垂髻性善歌舞幼學胡琴數曲遂能緣其聲以通其調泛舟西湖採荷香爲金陵少年張逞所誘後三年念逞不置感疾而死小婢子錦兒今尚在出其繡手籍香囊繡履數物香皆郁然而新

招奴

晁無咎之貶玉山也過彭門而陳履常廢居里中無咎出小鬟招奴舞梁州以佐酒履常作小闋木蘭花贈之

朝雲

東坡先生侍妾曰朝雲字子霞姓王氏錢塘人敏而好義事先生二十有三年忠敬若一生子遁未朞而夭

大喬小喬

周瑜初從孫策攻皖之時獲喬公兩女皆國色也策自納大喬瑜納小喬江表傳策從容戲瑜曰喬公二女雖流離得吾二人作婿亦足爲歡

弄玉

秦穆公女名弄玉善吹簫與簫史共登樓吹簫作鳳凰音感鳳凰從天而降後升天矣

蘇小

白公杭州春詩云柳色初藏蘇小家本朝賢良馬㮣嘗夢一美人謂之曰妾幼以姿色名冠天下而身無

所依輒有小詞浼瀆其詞有妾本錢塘江上住之句及後得錢唐幕官而蘇小墓乃見公宇之後

眞娘

眞娘吳中樂妓墓在虎丘山路傍

瑶英

唐元載末年納薛瑶英處以金絲帳却塵褥衣以龍綃衣一襲無一兩載以瑶英體輕不勝重衣於異國求此服也

紅蓮

五代時有一僧號至聰禪師祝融峯修行十年自以爲戒行具足無所誘掖也夫何一日下山於道傍見一美人號紅蓮一瞬而動遂與合歡至明僧起沐浴與婦人俱化

桂英

王魁遇桂英於萊州北市深巷桂英酌酒求詩於魁魁時下第桂英曰君但爲學四時所須我爲辦之由是魁朝去暮來踰年有詔求賢桂爲辦西遊之用將行往州北望海神廟盟曰吾與桂英誓不相負若生離異神當殛之魁後唱第爲天下第一魁父約崔氏

爲親授徐州僉判桂英不之知乃喜曰徐去此不遠當使人迎我矣遣僕持書魁方坐廳決事大怒叱書不受桂英曰魁負我如此當以死報之揮刀自刎魁在南都試院有人自燭下出乃桂英也魁曰汝固無恙乎桂英曰君輕恩薄義負誓渝盟使我至此魁曰我之罪也爲汝飯僧誦佛書多焚紙錢捨我可乎桂英曰得君之命即止不知其他後魁竟死

英瑗

王藻尚宋文帝第六女臨川長公主諱英媛公主性妬而藻別愛左右人吳崇祖主譖之於廢帝藻下獄死主與王氏離婚

釵小志

唐　朱揆

如夫人

齊侯多内寵嬖如夫人者六人

教美人戰

孫武以兵法見吳王闔閭於是出宮中美人百人分爲二隊以王之寵姬二人爲隊長

妾與政

王導有幸妾姓雷頗豫政事蔡公謂之雷尚書

携妓東山

謝安棲遲東山放情丘壑好音樂每遊賞必以妓從

開閤放妾

王處仲嘗荒恣於色左右諫之處仲曰吾乃不覺爾如此甚易耳乃開後閤驅諸婢妾數十人任其所之

妾爲夫人

杜佑議者謂佑治行無缺惟晚年以妾爲夫人有所蔽云

妓圍

唐申王每冬月苦寒令宮女密圍而坐謂之妓圍

簾衣

梁夏侯亶性儉率有妓妾十數並無被服每有客常隔簾奏樂時謂簾爲夏侯妓衣

白頭吟

張駐欲娶妾其妻曰子誦白頭吟妾當聽之駐慙而止

霓裳羽衣曲

上皇令宮妓佩七寶瓔珞舞霓裳羽衣曲曲終珠翠

可掃

雪兒歌

雪兒者李密愛姬每賓朋文章有奇麗者付雪兒律歌之

絳紗帳

馬融施絳紗帳前授生徒後列女樂

肉臺盤

南唐孫晟官至司空每食不設几案使衆妓各執一器環立而侍號肉臺盤

以倡進

漢武帝李夫人本以倡進

婦女連百

秦皇婦女連百倡優累千

賜妓樂

夏侯惇從太祖征孫權還賜妓樂名倡

毆殺笛妓

王愷嘗置酒女妓吹笛小失聲韻愷便令黃門毆殺之一座改容

奪傷指

張均妓多麗彈琵琶曲頂上有高麗絲結麯詩爭奪致傷二指

綾羅袴褶

武帝嘗降王武子家武子供饌並用琉璃器婢子百餘人皆綾羅袴褶以手擎飲食

自爲小君裁剪

李紳爲相時俗尚輕綃染蘸碧爲婦人衣紳自爲小君裁剪

琥珀釧

東昏侯爲潘妃作一隻琥珀釧直七十萬

樂天姬侍

樂天詩曰菱角執笙簧谷兒抹琵琶紅綃信手舞紫綃隨意歌自注云皆臧獲名

燕子樓

張建封節制武寧納妓盼盼於燕子樓公薨不它適

不許妾粧

崔樞夫人治家整肅容儀端麗不許群妾作時世粧

呼琵琶

蔡持正謫新州侍兒名琵琶嘗養一鸚鵡持正每呼琵琶卽扣響板鸚鵡傳言呼之

盡記歌詞

歐陽永叔閑汝陰時一妓能盡記公所爲歌詞

唱金縷

杜秋娘金陵女也年十五爲李錡妾嘗爲錡唱金縷詞

柳枝

退之二侍姬名柳枝絳桃

二妾歌舞

樂天有二妾樊素善歌小蠻善舞

記曲娘子

張紅紅善歌每聽新聲一遍卽能記其節奏後入宮號記曲娘子

百濯香

吳孫亮寵姬有異香歷年彌盛浣百遍不歇名曰百濯香

善吹篪

河間王侍兒朝雲善吹篪諸羌叛王令朝雲假爲老嫗吹篪羌皆流涕復降語曰快馬健兒不如老嫗吹篪

別錦兒

韓渥集中有別錦兒詩

房老

石崇愛婢翔風年三十遂退之使爲房老

燒指吞炭

高聰有妓十餘人及病欲不適他人並令燒指吞炭出家爲尼

教誦賦

蜀劉琰侍婢教誦魯靈光殿賦

手語

崔生謁一品問其妾與之手語

善琴箏

李汧公妾名七七善琴與箏

香兒

元載妓薛瓊英幼以香屑親飲啖之長而肌香故名香兒

燭圍

韋涉家宴使每婢執一燭四面行立人呼爲燭圍

宴客典斟

陳無咎宴一客用一婢典斟必十二而後使滿以盡誠敬之道

金牌盈坐

河間王夜飲妓女謳歌一曲下一金牌席終金牌盈座

笑春紅

閬中叅軍黄涉婢曰笑春紅死涉念之淚洒屛簾至皆損壞

二花

阮文姬插髪用杏花陶溥公呼曰二花

妾無副服

諸葛亮答李嚴書云吾受賜八千斛今畜財無餘妾無副服

愛妾換馬

後魏曹彰性倜儻偶逢駿馬愛之其主所惜也彰曰彰有美妾可換惟君所擇馬主因指一妓彰遂換之馬名白鶻故後人作愛妾換馬詩奏之絃歌焉

婢皆讀書

鄭玄家奴婢皆讀書一婢不稱旨使人拽着泥中須臾一婢來問曰胡爲乎泥中答曰薄言往愬逢彼之怒

以婢馬賄

爾朱文略豪縱不遜平秦王有七百里馬文略敵以好婢賭取之明日平秦王致請文略殺馬刎婢以二銀器盛婢頭馬肉遺之

以妓易帶

嚴續相公歌姬唐高給事通犀帶皆一代尤物因呼盧之會出姬解帶角之唐彩大勝乃酌酒令美人歌一曲而別

我見亦憐

南郡主見桓溫妾抱之曰阿子我見汝亦憐何況老

奴

侍女合彈

韓退之晚年二侍女合彈琵琶箏

妾不衣帛

季文子相宣成無衣帛之妾無食粟之馬

妓堂

司馬郎君時貴好作妓堂然香烟薰之屋爲之黑

女倡着羅縠

曹洪令女倡着羅縠之衣

望江南

李太尉鎮關西日爲亡姬謝秋姬作望江南曲

孑腰

梁羊侃妾孫荊玉能反腰貼地啣席上之珍謂之孑腰

鏡兒善箏

郭曖宴客有婢鏡兒善彈箏姿色絕代李端在坐時竊寓目屬意甚深曖覺之曰李生能以彈箏爲題賦詩娛客吾當不惜此女李即席口號曰鳴箏金粟柱

素手玉房前欲得周郎顧時時誤拂絃曖大稱善徹席上金玉酒器并以鏡兒贈李

袖裏春

元宗爲太子時愛妾號鸞兒多從中貴董遺遙微行以輕羅造梨花散蘂裹以月麟香號袖裏春所至暗遺之

金鳳凰

周光祿諸妓掠鬢用鬱金油傅面用龍消粉染衣以沈香水月終人賞金鳳凰一隻

鄭姬香

鄭注赴河中姬妾百餘盡薰麝香氣數里逆於人鼻是歲自京兆至河中所過瓜盡一蔕不獲

梅粧閣

郭元振落梅粧閣有婢數十人客至則拖鴛鴦襭裙衫一曲終則賞以糖雞卵明其聲也宴罷散九和握香

窈窕湯

嘉平二十五日叔良宿酲未解窈窕烹百和解酲湯

進之𨂝飲而醒後遂依法作湯名窈窕湯

染花奩

郭代公愛姬薛氏貯食物以散風奩收粧具以染花奩

謝郎衣

蘇紫䕸愛謝眺只尺萬里靡由得親遣侍兒假眺恒着小衫晝則私服于内夜則擁之而寢眺知之寄以詩曰蘇娘一别夢魂稀來借青衫慰渴飢若使閑情重作賦也應願作謝郎衣謝亦取女裀服裹之後爲夫婦

不用落塵

麗居孫亮愛姬也鬒髮香淨一生不用洛成疑其有辟塵犀釵子也詰曰洛成即今篦梳似落塵于誤未考

萱草浣衣

鄭元令婢萱草浣衣萱草輒云郎君塵土太多令人手皮俱脫

白團扇

王珉與嫂婢通嫂知撻之珉好持白團扇婢製白團扇歌贈珉云團扇復團扇許持自障面憔悴無復理羞與郎相見

枕畔着衣

韓熙載北人仕江南致位通顯不防閑婢妾侍兒往往私客客賦詩有最是五更留不住向人枕畔着衣裳之句

風窠翠女

姑臧太守張憲使娼妓戴拂壺中錦仙裳密粉淡妝

使侍閤下奏書者號傳芳妓酌酒者號龍津女傳食者號仙盤使代書札者號墨娥按香者號麝姬

玳瑁牀

楚娘名伎也江都王寵之寢玳瑁之牀懸翡翠之帳

渾衣

穆宗以玄綃白書素紗墨書爲衣服賜承幸宮人皆淫鄙之詞時號渾衣

春草

白樂天有姬善舞名春草

碧綃蚊幬

宋武帝節儉張妃房惟碧綃蚊幬

作芙蕖香

歐公知頳州有官妓盧媚兒姿貌端秀口中常作芙蕖花香有蜀僧云此人前身爲尼誦法華經二十年

停隼旟

劉禹錫泰娘詩風流太守韋尚書路旁忽見停隼旟

半粧

諺曰白頭花鈿滿面不若徐妃半粧

幃婢作樂

謝安夫人劉氏幃諸婢使在前作伎太傅暫見便下幃太傅索更開夫人云恐傷盛德

青綃紫袖

竟陵王青綃持拂紫袖吹簫

鵁鶄止妬

梁武平齊盡有其內獲侍兒十餘輩忌於郗后左右進言曰以鵁鶄爲膳可以止妬

寵豐墜牀

顏延之有愛姬姬遲寵豐延之墜牀至損

脂肉滑

元稹詩越婢脂肉滑

老不遣妾

齊張瓌妓妾盈房或譏其衰暮畜妓瓌曰我少好音律老而方解平生嗜欲無一復存唯未能遺此耳

卜姓

禮買妾不知其姓則卜之

專房

霍后傳寵之專房

畫衣粉面

梁陳士人春游畫衣粉面絃歌相逐

纖手烹

白傳詩茶教纖手侍兒烹

蘭葉載

柳惲書請以一小蘭葉載桃葉小姬以往

燕燕相見

趙飛燕姐妹並幸童謡曰燕燕尾涎涎張公子時相

見

響玉鳴

楊士弘曰江南貴家每宴響玉一鳴青衣紅綃十許曹籠燈迎立

巾箱之寵

記曰豈惟炊爨之勞抑亦巾箱之寵

顧語子

韓愈序今人持被直三省丁寧顧婢子語刺刺不能休

莫敢當夕

禮妻不在妾御莫敢當夕

聲清性惡

魏武有一妓聲音清高而情性酷惡欲殺則愛才欲置則不堪於是選一人聲及之便殺性惡者

推婢墓中

干寶父有寵婢母妬甚及父亡母乃生推婢于墓中後十餘年開墓婢伏棺而甦言其父常取飲食與之恩情如生

榴花染

詩鬱金香汗裛歌巾山石榴花染舞裙

誚失婢榜

唐人有誚失婢榜詩曰撫養在香閨嬌癡教不依總然桃葉寵打得柳花飛曉露空調粉春羅枉賜衣內家方妬殺好處任從歸

粧樓記

唐　張泌

玉觀音

有女子卯冠者奉觀音大士甚肅比丘尼往往勸其修淨土云當作觀音觀觀其法身愈大愈妙自此從恒夢見之然甚小若婦人釵頭玉佛狀一日其夫寄一玉觀音類夢中所見自是奉之益篤

翡翠指環

何充妓於後閣以翡翠指環換刺繡筆充知歎曰此

物洞仙與吾欲保長年之好乃命蒼頭急以蜻蜓帽贖之

粉指印青編

徐州張尚書妓女多涉獵人有借其書者往往粉指痕並印于青編

待闕鴛鴦社

朱子春未婚先開房室帷帳甚麗以待其事旁人謂之待闕鴛鴦社

錢龍宴

洛陽人有妓樂者三月三日結錢爲龍爲簾作錢龍宴四圍則撒真珠厚盈數寸以班螺命妓女酌之仍各具數得雙者爲吉妓乃作雙珠宴以勞主人又各命作傷綬帶以一丸傷酌之可長三尺者貢金菱角不能者罰酒

油花卜

池陽上巳日婦女以薺花點油祝而灑之水中若成龍鳳花卉之狀則吉謂之油花卜

桃花頮面

北齊盧士琛妻崔氏有才學春日以桃花和雪與兒

頮面云取白雪與兒洗面作光悅取紅花與兒洗面作妍華

十眉圖

明皇幸蜀令畫工作十眉圖橫雲斜月皆其名

丹脂

吳孫和悅鄧夫人嘗置膝上和弄水精如意誤傷夫人頰血滂袴帶醫者曰得白獺髓雜玉與琥珀屑當滅痕及差有赤點更益其妍諸嬖人更以丹脂點頰

以要寵

薔薇水

周顯德五年昆明國獻薔薇水十五瓶云得自西域以洒衣衣敝而香不滅

妖態

吳興妻孫壽色美善爲妖態作愁眉啼粧墮馬髻折腰步齲齒笑以爲媚惑

環榴臺

吳王潘夫人以火齊指環挂石榴枝上因其處臺名

粧樓記　〔八〕　三

曰環榴臺

漆畫屐

延嘉中京師長者皆着木屐婦女始嫁作漆畫屐五色采爲系

翦刀池

翦刀池昔車胤讀書于此婦以女紅佐之落翦刀于此池

半陽泉

半陽泉世傳織女送董子經此董子思飲舀此水與之曰寒織女因祝水令暖又曰熱乃拔六英寶釵祝而畫之于是半寒半熱相和與飲

香溪

明妃姊歸人臨水而居恆于溪中盥手溪水盡香今名香溪

以女名

黄姑牛郎也嫣婦勇士也皆以女名

待女

蘭待女子同種則香故名待女

粧樓記　〔八〕　四

夜飛蟬

杜甫每朋友至引見妻子韋侍御見而退使其婦送夜飛蟬以助粧飾

醉來妝

金陵子能作醉來妝

黄昏散

孫眞人黄昏散夫妻反目服之必和

女奴

猫一名女奴

不勝七箸

飛燕驕逸體微病輒不自飲食須帝持匕箸

王母小女

太真夫人王母小女也諱婉羅

曉霞粧

夜來初入魏宮一夕文帝在燈下詠以水晶七尺屏風障之夜來至不覺面觸屏上傷處如曉霞將散自是宮人俱用臙脂倣畫名曉霞粧

金鳳

粧樓記

除夕梅妃與宮人戲鎔黃金散瀉入水中視巧拙以卜來年否泰梅妃一瀉得金鳳一隻首尾足翅無不悉偹

吉慶花

薛瑶英于七月七日令諸婢共剪輕綵作連理花千餘朶以陽起石染之當午散于庭中隨風而上徧空中如五色雲霞久之方没謂之渡河吉慶花籍以巧

猫名

張摶好猫其一曰東守二曰白鳳三曰紫英四曰祛愤五曰錦帶六曰雲圖七曰苒貫皆價値數金次者不可勝數

女侍中

北史後魏女侍中視二品然本後宮嬪御之職

贈芍藥

芍藥一名將離故鄭之士女取以相贈

燕支

燕支染粉爲婦人色故匈奴名妻閼氏言可愛如燕支也匈奴有燕支山歌曰失我祁連山使我六畜不繁息失我闕氏山使我婦女無顏色

婦人封侯

漢陰安侯乃高帝兄伯妻羮頡侯母丘嫂也樊伉母呂須封臨光侯

西施毛嬙皆越女

莊子注西施夏姬也勾踐獻吳又毛嬙司馬云古美人一曰越王美姬則二女皆越產矣

針紅

斜紅繞臉益古粧也

紅潮

紅潮謂桃花癸水也又名入月王建詩密奏君王知入月

雪衣女

廣南進白鸚鵡洞曉言辭呼爲雪衣女一朝飛上妃鏡臺上自云雪衣女昨夜夢爲鷙鳥所搏上令妃授以多心經記誦精熟

印臂

粧樓記　七

開元初宮人被進御者日印選以綢繆記印于臂上文曰風月常新印畢漬以桂紅膏則水洗色不退

作剪刀

姑團戲作剪刀以苜蓿根粉養之裁衣剪盡成壘界不用人手而自行

婦人之貴

呂夫人其父太師其舅張河東其夫張延賞其子弘靖其婿韋皋近代婦人之貴無如此者

婢知音

于頔令客彈琴其婢知皆曰三分中一分箏聲二分琵琶全無琴韻

始影

女星傍一小星名始影婦女于夏至夜候而祭之得好顏色

七歲女子

如意中有七歲女子能詩則天召見令賦送別兄弟云別路雲初起離亭葉正飛所嗟人異雁不作一行歸

粧樓記　八

愁眉

梁冀婦改鷩翠眉爲愁眉

婦人卿壻

王安豐婦卿安豐安豐曰婦人卿壻禮爲不敬後勿如之婦曰親愛卿故卿卿我不卿卿誰復卿卿

綠珠井

綠珠井在白州雙角山下耆老云汲此井者誕女多美麗識者以美色無益以巨石塡之迨後雖產女而七竅不完

女表

羊舌之女佩在毋亡不飲食三日而死鄉里號曰女表

女宗

宋鮑蘇之妻不妬宋公表其閭曰女宗

尼之始

漢聽陽城侯劉俊等出家僧之始也又聽洛陽婦阿潘等出家尼之始也

陳逵妹

陳逵妹才色甚美髮長七尺石季龍以爲夫人

珠娘

越俗以珠爲上寶生女爲珠娘生男爲珠兒

善臨寫

劉秦妹善臨寫右軍蘭亭及西安帖足奪真蹟秦亦當時翰林書人也

書法

書法蔡邕受於神人而傳崔瑗及女文姬文姬傳鍾繇衛夫人

如平生

李行修喪妻偶得桐桑老人以術見其妻如平生

寡婦莎

秦趙間有相思草節節相續又名斷腸草婿婦草寡婦莎

鬱金

鬱金芳草也染婦人衣最鮮明然不奈日炙染成衣則微有鬱金之氣

盜寫

女几陳市上酒婦也朱仲嘗於會稽賣珠一日併以素書倚酒於女几家几盜寫學其術

化蝶

褱裙化蝶

相思子

相思子即紅豆赤如珊瑚詩所謂贈君頻采擷此物最相思

紫雲娘

曾敢遇仙女曰嘗見紫雲娘誦君佳何

四十九妻

彭祖喪四十九妻五十四子

木瓜粉

良人爲漬木瓜粉遮却紅腮交午痕

練行尼

孝文廢皇后馮氏貞謹有節操遂號練行尼

女郎花

詩曰木蘭開遍女郎花

蘅蕪香

漢武夢李夫人遺蘅蕪香覺而衣枕香三月不歇

作裙

燉煌俗婦人作裙攣縮如羊腸用布一疋皇甫隆禁改之

錦襪

馬嵬嫗得錦襪一隻過客一玩百錢前後獲錢無數

妬女泉

并州妬女泉婦人靚粧綵服至其地必興雲雨一名是介推妹

鄉里

沈休文山陰柳家女詩云還家問鄉里詎堪持作夫鄉里謂妻也南史張彪傳呼妻爲鄉里云我不忍令鄉里落它處

治家

崔樞夫人治家整肅婦妾皆不許時世粧

家法

房太尉家法不着半臂

並枕樹

潘章夫婦死葬冢木交枝號並枕樹

粧臺記

唐宇文氏

舜加女人首飾釵雜以牙瑇瑁爲之

周文王於髻上加珠翠翹花傅之鉛粉其髻高名曰鳳髻又有雲髻步步而搖故曰步搖

始皇宫中悉好神仙之術乃梳神仙髻皆紅粧翠眉漢宫尚之

後有迎春髻垂雲髻時亦相尚

漢武就李夫人取玉簪搔頭自此宫人多用玉時王母下降從者皆飛仙髻九環髻遂貫以鳳頭釵孔雀搔頭雲頭篦以瑇瑁爲之

漢明帝令宫人梳百合分髾髻同心髻

魏武帝令宫人梳反綰髻插雲頭篦又梳百花髻

晉惠令宫人梳芙蓉髻插通草五色花

陳宫中梳隨雲髻卽暈妝

隋文宫中梳九眞髻紅妝謂之桃花面插翠翹桃蘇搔頭帖五色花子

煬帝令宫人梳迎唐八鬟髻插翡翠釵子作日妝又令梳翻荷鬟作啼妝坐愁髻作紅妝

唐武德中宫中梳半翻髻又梳反綰髻樂遊髻卽水精殿名也

開元中梳雙鬟望仙髻及迴鶻髻

貴妃作愁來髻

貞元中梳歸順髻帖五色花子又有鬧掃粧髻

古今注云長安作盤桓髻驚鵠髻復作倭墮髻　一云梁冀妻墮馬髻之遺狀也

晉永嘉間婦人束髮其緩彌甚紒之堅不能自立髮被於額自出而已吳婦盛粧者急束其髮而劘角過於耳

惠帝元康中婦人之飾有五兵佩又以金銀瑇瑁之屬爲斧鉞戈戟以當笄

太元中王公婦女必緩鬢傾髻以爲盛飾用髮既多不可恒戴乃先於木及籠上裝之名曰假髻或名假頭

宋文帝元嘉六年民間婦人結髮者三分髮抽其鬟

直向上謂之飛天紒始自東府流被民庶
天寶初貴族及士民好爲[illegible]服狢帽婦人則簪步摇
釵衫袖窄小
楊貴妃常以假鬢爲首飾而好服黄裙
蜀孟昶末年婦女治髮爲高髻號朝天髻
理宗朝宫妃梳高髻於頂曰不走落
梁簡文詩同安鬟裡撥異作額間黄撥者捩開也婦
女理鬟用撥以木爲之形如棗核兩頭尖尖可二寸
長以漆光澤用以鬆鬢名曰鬢棗競作薄妥鬢如古

粧臺記　八　三

之蟬翼鬢也
後周静帝令宫人黄眉墨粧
漢武帝令宫人掃八字眉
漢日給宫人螺子黛翠眉
魏武帝令宫人掃青黛眉連頭眉一畫連心細長謂
之仙蛾妝齊梁間多效之
唐貞元中又令宫人青黛畫蛾眉
古今注云梁冀妻改翠眉爲愁眉
魏宫人畫長眉

西京雜記云司馬相如妻文君眉色如望遠山時人
效畫遠山眉
五代宫中畫眉一曰開元御愛眉二曰小山眉三曰
五岳眉四曰三峯眉五曰垂珠眉六曰月稜眉又名
却月眉七曰分稍眉八曰涵烟眉九曰拂雲眉又名
横烟眉十曰倒暈眉東坡詩成都畫手開十眉横烟
却月爭新奇
唐末點唇有胭脂暈品石榴嬌大紅春小紅春嫩吴
香半邊嬌萬金紅聖檀心露珠兒内家圓天宫巧恪

粧臺記　八　四

兒殷淡紅心猩猩暈小朱龍格雙唐眉花奴
婦人畫眉有倒暈粧古樂府有暈攏鬢之句
今婦人面飾用花子起自唐上官昭容所制以掩黥
迹也
隋文宫中貼五色花子則前此已有其制矣乃彷於
宋壽陽公主梅花落面事也宋淳化間京師婦女競
剪黑光紙團靨又裝縷魚腮骨號魚媚子以飾面皆
花子之類耳
美人妝面既傅粉復以胭脂調勻掌中施之兩頰濃

者爲酒暈妝淺者爲桃花妝薄薄施朱以粉罩之爲
飛霞妝梁簡文詩云分妝間淺靨繞臉傅斜紅則斜
紅繞臉卽古妝也

婦人染指甲用紅按事物考楊貴妃生而手足爪甲
紅謂白鶴精也宮中効之

靚粧錄

唐　溫庭筠

婦人畫眉有倒暈粧故古樂府云暈眉攏鬢又云暈
淡眉目

點唇有石榴嬌嫩吳香露珠兒內家圓洛兒殷淡紅
心

華的一作玄的又日星的繁欽賦點圓的之熒熒又
飛酒垂的

古樂府雙行纒詞云新羅繡行纒足趺如春妍吳均
詩羅窄裹春雲

諸葛恪曰穿耳貫珠盖古尚也子美詩玉環穿耳誰
家女

晉惠帝令宮人梳芙蓉髻插通草五色花又作暈紅
粧

延嘉中京師婦人作漆畫屐五色采爲系又作紅綵
屩

梁簡文詩分妝間淺靨繞臉傅斜紅斜紅繞臉古妝
也

閒靜帝宮人黄眉墨粧

髻鬟品

唐　段柯古

髻始自燧人氏以髮相纒而無繫縛

周文王加珠翠翹花名曰鳳髻又名步摇髻

秦始皇有望僊髻參鸞髻凌雲髻

漢有迎春髻垂雲髻

王母降武帝宮從者有飛仙髻九環髻

漢元帝宮中有百合分髾髻同心髻

太元中公主婦女必緩鬢欣髻又有假髻

合德有欣愁髻

貴妃有義髻

魏明帝宮有涵煙髻

魏武帝宮有反綰髻又梳百花髻

晋惠帝宮有芙蓉髻

梁宮有羅光髻

陳宮有隨雲髻

隋文宮有九貞髻

煬帝宮有迎唐八寰髻又梳翻荷髻坐愁髻

高祖宮有半翻髻反綰樂游髻
明皇帝宮中雙鬟望仙髻迴鶻髻
貴妃作愁來髻
貞元中有歸順髻又有鬧掃粧髻
漢梁冀妻作墮馬髻
長安城中有盤桓髻驚鵠髻又拋家髻及倭墮髻
王憲亦作解散髻斜插篸
周弘文少時着錦紋髻

說郛目録

弓第七十八

織錦璇璣圖　蘇蕙
北里志　孫棨
教坊記　崔令欽
青樓集　黄雪簑
麗情集　張君房

織錦璇璣圖

秦　蘇蕙

前秦苻堅時秦州刺史扶風竇滔妻蘇氏陳留令武功道質第三女也名蕙字若蘭識知精明儀容秀麗謙默自守不求顯揚行年十六歸於竇氏滔甚敬之然蘇性近於急頗傷妒嫉滔字連波右將軍真之孫朗之第二子也風神秀偉該通經史允文允武時論高之苻堅委以心膂之任備歷顯職皆有政聞遷秦州刺史以忤旨謫戍燉煌會堅寇晉襄陽慮有危逼

藉滔才略乃拜安南將軍留鎮襄陽焉初滔有寵姬趙陽臺歌舞之妙無出其右滔置之別所蘇氏知之求而獲焉苦加捶辱滔深以爲憾陽臺又專伺蘇氏之短讒毀交至滔益忿焉蘇氏時年二十一及滔將鎮襄陽邀其同往蘇氏忿之不與偕行滔遂携陽臺之任斷其音問蘇氏悔恨自傷因織錦迴文五采相宣瑩心耀目其錦縱廣八寸題詩三千餘首計八百餘言縱橫反覆皆成文章其文點畫無缺才情之妙超古邁今名曰璇璣圖然讀者不能盡通蘇氏笑而謂人曰徘徊宛轉自成文章非我佳人莫之能解遂發蒼頭齎至襄陽焉滔省覽錦字感其妙絕因送陽臺之關中而具車徒如禮邀迎蘇氏歸於漢南恩好愈重蘇氏著文詞五千餘言屬隋季喪亂文字散落追求不獲而錦字迴文盛見傳寫是近代閨怨之宗旨屬文之士咸龜鑑焉朕聽政之暇留心墳典散帙之次偶見斯圖因述若蘭之才復美連波之悔過遂製此記聊示將來也如意元年五月一日大周天冊金輪皇帝御製

璇璣圖詩

按蘇氏織錦回文縱廣八寸許計八百餘言形如
璇璣理難盡識起宗道人分圖析類獨得其旨
錄左方

共七圖總計三千七百三十四首

圖一

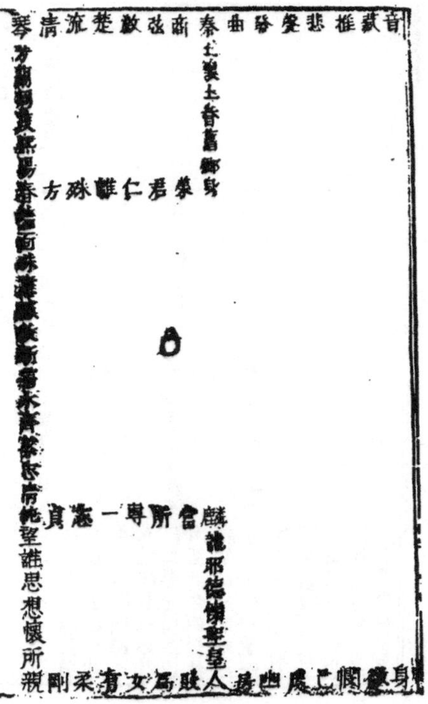

讀法

自仁字起順讀每首四句句七言

仁智懷德聖虞唐貞妙顯華重榮章臣賢惟聖配英皇倫匹離飄浮江湘

貞志篤終誓穹蒼欽所感想忘淫荒心憂增慕懷慘傷

貞志篤終誓穹蒼欽所感想忘淫荒心憂增慕懷慘傷仁智懷德聖虞唐

欽所感想忘淫荒心憂增慕懷慘傷仁智懷德聖虞唐貞志篤終誓穹蒼

貞妙顯華重榮章

貞妙顯華重榮章臣賢惟聖配英皇倫匹離飄浮江湘津河隔塞殊山梁

臣賢惟聖配英皇倫匹離飄浮江湘津河隔塞殊山梁民士感曠悲路長

民生推逝電流光

倫匹離飄浮江湘津河隔塞殊山梁民士感曠悲路長身微憫已處幽房

民生推逝電流光林西昭景薄榆桑

已上共詩十首

津河至剛柔十首

親所至蘭房十首

琴清至慘傷十首

右第一圖共詩四十首

回文括入後讀法中

圖二

欽岑幽巖峻嵯峨深淵重涯經網羅林

欽何如將情纏憂殷多患生艱惟苦身

身加懷愁粹沙精神遐憂曠遠離鳳麟

林陽潛曜翳英華沈浮異逝頹流沙麟

讀法

自欽字起順讀至沙字止爲一首又從深字起至遐字止爲一首每首俱退一句直退至殷字止一週

共詩八首

璇璣圖

五

圖三

仁智懷德聖虞唐貞妙顯華重榮章臣賢惟聖配英皇倫匹離飄浮江湘津

傷嗟 志 佞 桑 基河

悼 中 篤 因 榆 自 隔

懷 君 終 女 霄 貞 秦

慕 容 誓 變 景 還 孫

增 曜 穹 至 昭 謙 山

歎 多 蒼 微 西滋 梁

心叢靡忘杯感所欽岑幽巖嵯峨深淵重涯經網羅林光流電逝轉推生民

宣 何思 識 如陽 生

空 如 傷 知 陳 榮 恩

惟 將 君 改 爲 曜 賑

思 情 夢 別 念 翳 悲

蘇 纏 詩 明 怨 英 路

和 憂 璇璣圖 華 長

璇璣圖

六

音南鄰歌商流徵殷紫華觀曜終始心詩興感遠殊字沉時盛意堅良遺身

藏 多 平蘇氏 浮 微

推 患 端 作 辭 興 惻

悲 生 冤 典 懷 遊 已

聲 艱 是 感 感 類 麗

發 惟 何 昭 戚 流 幽

曲 苦懷 恨 知 沙 房

奏玉發土舂舊鄉身加懷愁粹沙精神遐幽曠遠離鳳麟龍昭德懷聖皇人

商 傷 榮 辜 富神 殷

絃 好 君 罪 所 輕 爲

激 水 仁 天 尊 祿 女

楚 陸 離 離 一 散 脩

流 漲 殊 聞 志 哀 桑

清 廊 方 舊 貞 春 剛

琴芳蘭凋茂熙陽春榴面殊意感歎新霜氷齊潔志清純望誰思想懷所親

讀法三之

自初行退一字成句句七言每首四句以下逆退一句成章

智懷德聖虞唐貞妙顯華重榮章臣賢惟聖配英皇倫匹離飄浮江湘津

桑榆蒿景昭西林

佞因女婁至微深淵重涯經網羅林

識知改別明璣心

我嗟峻巖幽岑欽

悲篤終擔容蒼欽岑幽巖峻嵯峨深微至變女因佞臣

淵重涯經網羅林

識知改別明璣心

思傷君夢詩璇心璣明別改知識深

圖怨念爲懷如林

詩興感遠殊浮沉

氏辭懷感成知辭

蘇作興感昭恨神

平端冤盛何懷身

始終曜觀華繁殷
何如將情讒憂殷繁華觀曜終始心
多患生鄰惟若身
徵流商歌鄭南音
所感想忘淫荒心空空惟思詠和音
憂增慕懷慘傷仁
多羅容君中嗟仁傷慘慘慕增憂心
智懷感聖虞哲眞

智懷至相津　讀法具前
河隔至剛親　所懷至芳琴
已上四段每段各得詩二十二首共八十八首　清流至傷仁
妙顯至衆民　士感至望純
已上四段每段各得詩二十五首共一百首　清志至商秦　曲發至唐眞
徵翢至霜新
已上四段每段各得詩二十四首共九十六首　故感至藏音　和詠至章臣
歷離至房人　飄爲至嚮秦　陽熙至嵩心　憂增至皇倫

璇璣圖　七

已上四段每段各得詩二十四首共九十六
讀法三之二
自上横行退一字成句以後遞退一句成章
讀法具于前段
讀法三之三
自兩間行退一字成句以下遞退一句成章以下俱縱横反覆讀
荒淫至生民　讀法如智懷至相津
王懷至皇人　志篤至方春　桑倫至貞純
生推至荒心　皇聖至王秦　方殊至志貞
已上八段每段各得詩六十三首共五百四十首　志貞至桑倫
琴幽至長身　加兼至剛親　何如至故新　陽潛至所親
羅綱至和音　鳳離至清琴　若惟至章臣　沙流至湘津
已上八段每段各得詩四十七首共三百七十六首
淵重至房人　退幽至望純　多患至清純　浮異至嚮春
異嗟至曲秦　精少至陽春　憂纏至皇倫　華英至衆民
已上八段每段各得詩五十二首共四百一十六首

光流至剛親　能昭至嚮春　嘗所至芳琴　榮君至所親
鄉舊至故新　所感至清琴　蒼穹至湘津　西照至長身
已上八段每段各得詩一十二首共九十六首
讀法三之四
自中行退一字成句以下遞退一句成章
南鄭至遺身　讀法同前　佞因至舊新　遺哀至南音　舊聞至佞臣
已上四段每段各得詩五十九首共二百三十六首
繁華至房人　識知至精純　浮殊至曲秦　恨昭至皇倫
已上四段每段各得詩七十四首共二百九十六首
詩興至剛親　蘇作至所親　始終至親琴　幾明至相津
已上四段每段各得詩三十四首共一百三十六首
詩融至望純　辜罪至賤人　徵流至陽春　徵至至衆民
已上四段每段各得詩二十四首共五十六首
讀法三之五
自角斜退一字成句以後遞退一句成章

璇璣圖　八

嗟中君容羅多欽感傷君夢詩藏心氏辭殊文宗麟神輕榮歎莫悲親
龍邪德懷聖皇人
當所尊一志貞純
沙流頹遊異浮沉
鳳離遠曠幽退神
詩興感遠如浮沉　殆盛意麗哀遺身
華英翳曜潛陽休
蘇作興感昭恨神　寡罪天離開舊新
浮異遊頹流沙麟
退幽曠遠離鳳麟
精少愁悴兼加身
嗣怨念爲懷如林　滋謙遠貞自恭津
西照景薄榆桑倫
光流雷逝推生民
羅網經涯重淵深
陽精翳英華沉

平端宛是何傾身傷好水燕桃廊琴
榮君仁離殊方春
鄉舊眷土懷王秦
如兼愁悴少精神
苦惟艱生患多殷
璣明別改知識深微至嫈女因佞臣
淵重涯經瀾離林
始終暉觀華繁殷多患生難惟苦身
微流商歌鄭南音
岑幽巖峻嵯峨深淵重涯經網羅林光流電逝排生民
滋蔬遠貞自基津
陽潛曜翳英華沉
西照景薄榆桑倫
如懷爲念悲圖心
□至□女因佞臣章柔重華顯妙眞
賢雅聖配英皇倫

璇璣圖　八　九

嚴□□□□□□作英感殊懷藩
衆寡感戚知麟
言宛是何懷身
詩興感遠殊浮沉
始終暉觀華繁殷
嗟□念爲懷如林
嬪詩夢君傷思欽
賢□□□□□□□□身榮君仁離殊方春
鄉兼愁悴少精神
傷好水燕桃廊琴
懷何是宛端平心
鄉舊眷土懷王秦
遠平觀曜終始心詩興感遠殊浮沉
圖悲忘爲誠如林
氏辭懷感戚知離
璣明別改知識心

蘇作興感昭恨神
不端宛是何懷身
微流商歌鄭南音藏摧悲聲發曲秦
和詠思惟空堂心
寧誓終篤志貞唐虞聖德懷智仁傷愫懷慕增憂心
妙顯華重榮章臣賢惟聖配英皇倫
佞因女嫈至微深
忘昔荒心堂空惟思詠和音藏摧悲聲發曲秦
南鄭歌商流微殷
增慕懷愫傷仁智懷德聖虞唐貞
嗟中君容曜多欽
中至春觀桃廊至基津春哀至嗟仁其自至廊琴　四段每段五十九首
思傷至婆純懷何至桑民知感至憂心如株至陽秦　四段每段六十六首
氏辭至霜新圖悲至長身旋詩至和音不端至微深　四段每段二十六首
中壁至墻春滋兼至房人多曜至曲秦傷□□□□　四段每段一十二首
右第三圖共詩三千五百一十八首

璇璣圖　七

圖四

思傷家嗟游藻
歡中無鏡粉盛
懷傷君朗光誰
所路房容珠麗
離曠幃飾羅思
麗遲清華英多
遊桑鳩揚佻盛
西駱雙豫好擬
繡江巢水悲容
歩林燕清思發
東桃飛梟君歡
廊休翔流長愁
思慈塑思恭基
□□□淑自爲
□□□家貞記孝
□退遠敦貞微
□志謙危節所是
謹豪凝容特從
翔飛文遺分歸
明體殊孤乖雁
通神祭姿殊翔
感激飾散聲應
精浮光離哀傷
微雲輝群悲春

讀法
自嗟字起至榮字三字成句可反覆讀亦可分讀
嗟歎懷所離經遐曠路傷中情家無君房幃清華飾容朗鏡明葩紛光珠
曜英多思感誰爲榮
榮爲至歎嗟　經離至思多　多思至離經　三言十二句四首
懷歎嗟所離經路曠遐傷中情君無家房幃清容飾華朗鏡明光紛葩珠
曜英感思多誰爲榮
誰爲至懷嗟　所離至思多　感思至離經　三言十二句四首
嗟懷嘆傷中情家無君朗鏡明葩紛光誰爲榮
榮爲至歎嗟　經離至思多　多思至離經　三言六句四首
懷歎嗟傷中情君無家朗鏡明光紛葩誰爲榮
誰爲至歎嗟　所離至思多　感思至離經　三言六句四首共十六首
遊西至推傷讀法同前
仰顏至爲基同　神明至雁歸同　已上四段每段得詩一十六首
右第四圖共詩六十四首

圖五

妃關飛衣誰追
后中奮衰爲相
自飾能我容聲
興厲不歌冶同
風樊歎發觀羽
周楚長雙華宮
南鄭歌商流徵
邵衛詠齊羅情
角女志興榮陽
窈河遐碩翠感
乖廣路人榮我
淑思遠其感情
姿歸遲頑艱悲

庭闈微作人讒佞好凶害我忠貞
明難受消源禍因所恃恣極驕盈
榮苟不義源亂女建好辯察淺成
城傾在成后孽嬖遍氏承燕寵生
榮尤爲盛興漸至大代用昭青青
形未在慎深慮微察遠[illegible]杜防萌
身我乎集殃怨辜何因備嘗苦辛
深日潤浸怨思罪積怨其根難尋
均物品育施生天地德貴平均匀
濱漢之游飄飄雖微隔喬木誰陰
心改者感嘆親問遠離誰我同衾
衾伯在誠從遠隹傷欣君子惟新

移陂施爲旋蓬
西不何誰神靈
日日微興遍者
白無憤將上揆
殊衰殊身飾斐
年有志飭志尊
特盛意麗哀遺
惟必心華惟下
逝條違榮感讒
倏無一衛愛作
然盈體仰情尊
若不忠容何感
題戲離儀貴榮

讀法　自中行各借三字互用分讀四言成句亦可六言左右分讀
邵南周風興自后妃衛鄭楚樊厲節中闈詠歌長嘆不能奮飛齊商雙發
歌我衮衣曜流華觀冶容爲誰情徵宮羽同聲相追
情徵至后妃　周南至情悲　宮徵至淑姿　四言十二句四首
周南興自后妃楚樊厲節中闈長歎不能奮飛雙發歌我衮衣華觀冶容
爲誰宮羽同聲相追
宮羽至后妃　邵伯至情悲　情傷至淑姿　六言六句四首
周風興自后妃邵伯窈窕淑姿楚樊厲節中闈衛女河廣思歸長歎不能
奮飛詠志遐路遠進雙發歌我衮衣齊興碩人其頎華觀冶容爲誰曜榮
翠粲感葉宮羽同聲相追情傷感我情悲
情傷至后妃　邵伯至相追　宮羽至淑姿　六言十二句四首
邵伯窈窕淑姿周南興自后妃楚樊厲節中闈衛女河廣思歸詠志遐路
遠進長歎不能奮飛雙發歌我衮衣齊興碩人其頎曜容翠粲感葉華觀
冶爲誰宮羽同聲相追情傷感我情悲
情傷至淑姿　周風至相追　宮羽至后妃　六言十二句四首
惟時至成辭讀法同前　始終至防萌同　何辜至惟新同
已上四段各得詩十六首　右第五圖共詩六十四首

圖六

寒歲識彫松
貞物知終始
顏衰改華容
仁賢別行士

龍旂容衣
虎彫飾繡
繁華觀曜
文曜壯顏
蘂榮麗充

衰情時傾
年勞歎奇
感遠殊浮
往憂歲異
日思暮世

詩風興鹿鳴
桑騎感孟宣
時盛昭業頌
章徵怭微玄

讀法
自寒歲讀起五言四句反覆成章
寒歲識彫松貞物知終始顏衰改華容仁賢別行士　松凋至
賢仁　仁賢至凋松　共四首
寒歲識凋松始終知物貞顏衰改華容
士行別仁賢　仁賢至歲寒　松凋至
行士　士行至凋松　共四首
龍虎繁文蘂榮曜華彫旂容飾壯觀麗
充顏曜繡衣　衣繡至虎龍　共二首
蘂文繁虎龍榮曜華彫旂麗壯觀飾容
充顏曜繡衣　充顏至虎龍　共二首
詩風至微玄讀法如寒歲
衰年至奇傾讀法如龍虎
共詩二十四首

圖七
思情時形　怨居歎如　讀法　自思感起四言反覆讀中段四五言俱可
感傷在勞　舊獨懷何　思感自寧孜孜傷情時在君側夢想勞形
自孜君想　是爲女賤　形勞至感思　共二首
寧孜側夢　念誰賤鄙　寧自感思孜孜傷情君側在時夢想勞形
詩情明顯怨　夢想至感思　共二首
始　義　怨舊嬰是懷傷三段讀法俱同　共十二首
終　典　詩情明顯怨義典理辭麗作此端無終始
無　理　始終至情詩　辭麗至典理　典理至麗
端此作麗辭　辭　四言共四首
嬰漫丁寬　懷悲哀詐　詩情明顯怨怨義典理辭辭麗作此端端
是漫是何　傷感情者　無終始詩　詩始至情詩　辭麗至理辭
憂何艱生　思永感我　辭理至麗辭　五言共四首
懷思苦我　悼歎感知　共詩二十四首
玄崖子少讀此文得絕句二百六十首及程篁墩家出衍聖孔公所藏
舊本僅至百四十餘首自爲天下之善讀者無過于余矣後見黃山谷
詩云于詩織就迴文錦如此陽臺暮雨何亦有英靈蘇蕙子只無悔過
竇連波子已撫然自失又豈意起宗道人細玩是圖得三四五六七言
者三千餘首韻意悉如已出如庖丁解牛肯綮無滯方知讀曹娥碑者
其智相去三十里未足爲多也

北里志序
自大中皇帝好儒術特重科第故其愛婿鄭詹事再
掌春闈上往往微服長安中逢舉子則狎而與之語
時以所聞質於內庭學士及都尉皆聳然莫知所自
故進士自此尤盛曠古無儔然率多膏粱子弟平進
歲不及三數人由是僕馬豪華宴游崇侈以同年俊
少者爲兩街探花使鼓扇輕浮仍歲滋甚自歲初等
第于甲乙春闈開送天官氏設春闈宴然後離居矣
近年延至仲夏京中飲妓籍屬教坊凡朝士宴聚須
假諸曹署行牒然後能致于他處惟新進士設　顧
吏故便可行牒追其所贈之資則倍于常數諸妓居
平康里舉子新及第進士三司幕府但未通朝籍未
直館殿者咸可就詣如不恡所費則下車水陸備矣
其中諸妓多能談吐頗有知書言話者自公卿以降
皆以表德呼之其分別品流衡尺人物應對非次良
不可及信可輟叔孫之朝致楊秉之惑比常聞蜀妓
薛濤之才辯必謂人過言及覩北里二三子之徒則
薛濤遠有慚德矣予頻隨計吏久寓京華時亦偷游

其中固非興致彦思物極則反疑不能久常欲紀述其事以爲他時談藪顧非暇豫亦竊俟其叨尒耳不謂泥蟠未伸俄逢喪亂鑾輿巡省崤函鯨鯢通竄山林前志掃地盡矣靜思陳事追念無因而久罹驚危心力減耗向來聞見不復盡記聊以編次爲太平遺事云時中和甲辰歲孫棨序

孫棨唐翰林學士居長安中頗有介靜之名其撰北里志風韻爾雅雪蓑子青樓集崔令欽教坊記莫能逮也此志不與無補風教然天子卿游膏粱

平進粉黛之妖幾捋鄭衛萬乘西巡端由北里作志者其有憂患乎陳繼儒識

北里志目錄

附錄

北里志

唐　孫

海論三曲中事

平康里入北門東回三曲卽諸妓所居之聚也妓中有錚錚者多在南曲中曲其循牆一曲卑屑妓所居頗爲二曲輕斥之其南曲中者門前通十字街初登館閣者多於此竊游焉二曲中居者皆堂宇寬靜各有三數廳事前後植花卉或有怪石盆池左右對設小堂垂簾茵榻帷幌之類稱是諸妓皆私有所指占

廳事皆彩版以記諸帝后忌日妓之母多假母也（俗呼爲爆炭不知其因應以難姑息之故也）亦妓之衰退者爲之諸女自幼丐有或傭其下里貧家常有不調之徒潛爲漁獵亦有良家子爲其家聘之以轉求厚賂誤陷其中則無以自脫初教之歌令而責之其賦甚急微涉退怠則鞭朴備至皆冐假母姓呼以女弟女兄爲之行第率不在三旬之內諸母亦無夫其未甚衰者悉爲諸邸將輩主之或私蓄侍寢者亦不以夫禮待（多有游惰者於三曲中而爲諸倡所豢養必號爲廟客不知何謂）比見東洛諸妓體裁與諸州飲妓固不侔矣然其羞七筯之態勤參請之儀或未能去也北里之妓則公卿與舉子其自在一也朝士金章者始有參禮大京兆但能制其昇夫或可駐其去耳諸妓以出里艱難每南街保唐寺有講席多以月之八日相率聽焉皆納其假母一緡然後能出於里其於他處必因人而游或約人與同行則爲下婢而納資於假母故保唐寺每三八日士子極多蓋有期於諸妓也有一嫗號汴州人也盛有財貨亦育數妓多蓄衣服器用僦賃於三曲中亦有樂工聚居

其側或呼召之立至每飲率以三鍰繼燭卽倍之

天水僊哥

天水僊哥字絳眞住於南曲中善談謔能歌令常爲席糾寬猛得所其姿容亦常常但蘊籍不惡時賢雅尚之因鼓其聲價耳故右史鄭休範（仁表）嘗在席上贈詩曰嚴吹如何下太清玉肌無奈六銖輕雖知不是流霞酌願聽雷和瑟一聲劉覃登第年十六七永寧相國鄴之愛子自廣陵入舉輜重數十車名馬數十駟時同年鄭賓先輩扇之（鄭賓本吳人或薦裴讚爲東床因與名士相接素無）

操守相有詞學乾符四年裴公致其捷與豐同年因詣事覃以求紳揚慕不慎廉隅張褒財利又薄其中饋竟爲時輩所棄斥極嗜欲於長安中天水之齒甚長於覃但聞衆譽天水亦不知其妍醜所由輩潛與天水計議每令辭以他事重難其來覃則連增所購終無難色會他日天水實有所苦不赴召覃殊不知信增緡不已所由輩又利其所乞且不忠告而終不至時有戶部府吏李全者戶部嫌子也居其里中能制諸妓覃聞立使召之授以金花銀榼可二斤許全貪其重賂徑入曲追天水入兜輿中相與至宴所至則蓬頭垢面涕泗交下褰簾一覩亟使舁回而所費已百餘金矣

楚兒

楚兒字潤娘素爲三曲之尤而辯慧往往有詩句可稱近以退暮爲萬年捕賊官郭鍛所納置於他所潤娘在娼中狂逸特甚及被拘繫未能悛心鍛主繁務又本居有正室至潤娘館甚稀每有舊識過其所居多於窗牖間相呼或使人詢訊或以巾箋送遺鍛乃親仁諸裔孫也爲人異常兇忍且毒每知必極笞辱潤娘雖甚痛憤已而殊不少革嘗一日自曲江與鍛行前後相去十數步全㞾使鄭光業昌國時爲補衮遵與之遇楚兒遂出簾招之光業亦使人傳語鍛知之因叟至中衢擊以馬箠其聲甚冤楚觀者如堵光業遙視之甚驚悔且慮其不任矣光業明日特取路過其居偵之則楚兒已在臨街牕下弄琵琶矣駐馬使人傳語已持彩箋送光業詩曰應是前生有宿冤不期今世惡因緣蛾眉欲碎巨靈掌雞肋難勝子路拳秪擬嚇人傳鐵券汾陽王有鐵券免死罪今則無矣蓋恐嚇之詞未應教我踏金蓮曲江昨日君相遇當下遭他數十鞭光業馬

上取筆答之曰大開眼界莫言冤畢世甘他也是緣無計不煩乾偃蹇有門須是疾連拳據論當道加嚴箠便合披緇念法蓮如此興情殊不減始知昨日是蒲鞭光業性疎縱且無畏憚不拘小節是以敢駐馬報復仍便送之聞者皆縮頸鍛累主兩赤邑捕賊故不逞之徒多所效命人皆憚焉

鄭舉舉

鄭舉舉者居曲中亦善令章嘗與絳真互爲席糾而充博非貌者但負流品巧談諧亦爲諸朝士所眷常

有名賢醵宴辟數妓衆舉者預焉今左諫王致君調右貂鄭禮臣穀夕拜孫文府儲小天趙爲山崇皆在席時禮臣初入內庭矜誇不已致君已下倦不能對甚減歡情舉舉知之乃下籌指禮臣曰學士語太多翰林學士雖甚貴甚美亦在人耳至如李騭劉允承雍章亦嘗爲之又豈能增其聲價耶致君已下皆躍起拜之喜不自勝致禮臣因引滿自飲更不復有言於是極歡至暮而罷致君已下各取彩繪遺酬孫龍光爲狀元名偓文府弟爲狀元在乾符五年頗惑之與同年侯彰臣

北里志　　五

潜杜寧臣彥林崔勛美昭愿趙延吉光逢盧文舉擇李茂勳茂薦务等數人多在其舍他人或不盡預故同年盧嗣業訴醵罰錢致詩於狀元曰未識都知面頻輸復分錢苦心親筆硯得志助花鈿徒步求秋賦持盃給暮饘力微多謝病非不奉同年嗣業簡辭之子少有詞藝無操守之譽與同年非旹知聞多稱力窮不遂醵罰故有此篇曲內妓之頭角者爲都知分管諸妓俾追召勻齊舉舉絳眞皆都知也曲中常價一席四鐶見燭即倍新郎君更倍其數故云復分錢也今左史劉郊文崇及第年亦惑於舉舉同年宴而舉舉有疾不來其年渥糾多非舉舉遂令同年李深之邀爲酒糾坐久覺狀元微哂良久乃吟一篇曰南行忽見李深之手舞如蠶令不疑任爾風流兼蘊藉天生不似鄭都知

牙娘

牙娘居曲中亦流輩翹舉者性輕率惟以傷人肌膚爲事故硤州夏侯表中澤相國少子離辭年自北貞刺硤州不到任及第中甲科皆流品知聞者宴集尤盛而表中性踈猛不拘言語或因醉戲之爲牙娘批頰傷其面頗甚翼日期集於師門同年多竊視之表中因厲聲曰昨日子女牙娘抓破澤顋同年皆駭然裴公俛首而哂不能舉者久之裴公贄其年主司今小天趙爲山每因宴席偏眷牙娘謂之郡君爲山內子予從母妹也甚明悟

北里志　　六

爲山頗憚之或親姻中聞爲山屬意牙娘遂以告其內子他日爲山自外歸內子謂爲山曰今日顏色甚悅暢定應是見郡君也爲山愕然久之無言以答亦終不敢詰其言之所來

顏令賓

顏令賓居南曲中舉止風流好尚甚雅亦頗爲時賢所厚事筆硯有詞句見舉人盡禮祇奉多乞歌詩以爲留贈五彩箋常滿箱篋後疾病且甚值春暮景色晴和命侍女扶坐於砌前顧落花而長歎數四因索

筆題詩云氣餘三五喘花剩兩三枝話別一樽酒相
邀無後期因教小童曰爲我持此出宣陽親仁已來
逢見新第郎君及舉人即呈之云曲中頗家娘子將
來扶病奉候郎君因令其家設酒果以待逡巡至者
數人遂張樂歡飲至暮涕泗交下曰我不久矣幸各
制哀挽以送我初其家必謂求賻送於諸客甚喜及
聞其言頗慊之及卒將瘞之日得書數篇其母拆視
之皆哀挽詞也母怒擲之於街中曰此豈救我朝夕
也其鄰有喜羌竹劉駞駞聰爽能爲曲子詞或云嘗

私於令賓因取哀詞數篇教挽柩前同唱之聲甚悲
愴是日瘞於青門外或有措大逢之他日召駞駞使
唱駞駞尚記其四章一曰昨日尋仙子輀車忽在門
人生須到此天道竟難論客至皆連袂誰來爲鼓盆
不堪襟袖上猶印舊眉痕二曰殘春扶病飲此夕最
堪傷夢幻一朝畢風花幾日狂孤鸞徒照鏡獨燕懶
歸梁厚意那能展含酸奠一觴三曰浪意何堪念多
情亦可悲駿奔皆露膽麝至盡齊眉花墜有開日月
沉無出期寧言掩丘後宿草便離離四曰奄忽那如

此夭桃色正春捧心還動我掩面復何人岱岳誰爲
道逝川寧問津臨喪應有主宋玉在西鄰自是盛傳
於長安挽者多唱之或詢駞駞曰宋玉在西莫是你
否駞駞哂曰大有宋玉在諸子皆知私於樂工及鄰
里之人極以爲恥遞相掩覆終莫因與諸子爭全相
譏失言云莫倚居突肆既而甚有恨色後有與終莫
及諸子昵熟者勸問之終不言也

楊妙兒

楊妙兒者居前曲從東第四五家本亦爲名輩後老

退爲假母居第最寬潔賓甚翕集長妓曰萊兒字蓬
僊貌不甚揚齒不卑矣但利口巧言詼諧臻妙陳設
居止處如好事士流之家由是見者多惑之進士天
水光遠故山北之子年甚富與萊兒殊相懸而一見溺
之終不能捨萊兒亦以光遠聰悟俊少尤諂附之又
以俱善章程愈相知愛天水未應舉時已相昵狎矣
及應舉自以俊才期於一戰而取萊兒亦謂之萬全
是歲冬大誇於賓客指光遠爲一鳴先輩及光遠下
第京師小子弟自南院徑取道詣萊兒以快之萊兒

正盛飾立於門前以俟榜小子弟輩馬上念詩以謔之曰盡道萊兒口可憑一冬誇婿好聲名適來安遠門前見光遠何曾解一鳴萊兒尚未信應聲朝答曰黃口小兒口沒憑逡巡看取第三名孝廉持水添瓶予莫向街頭亂椀鳴其敏捷皆此類也是春萊兒罷髭久不至於光遠(京師以宴下第者謂之打毷氉)光遠嘗以長句詩題萊兒室曰魚鑰獸環斜掩門萋萋芳草憶王孫醉憑青瑣窺韓壽困擲金梭惱謝鯤不夜珠光連玉匣辟寒釵影落瑤樽欲知明惠多情態役盡江淹別後

魂萊兒酬之曰長者車塵每到門長卿非慕卓王孫定知羽翼難隨鳳却喜波濤未化鯤嬌別翠鈿粘去袂醉歌金雀碎殘樽多情多病年應促早辦名香爲返魂萊兒亂離前有闤闠豪家以金帛聘之置於他所人頗思之不得復覩萊兒以敏妙誘引賓客倍於諸妓榷利甚厚而假母楊氏未嘗優恤萊兒因大詬假母拂衣而去後假母嘗泣訴於他賓次妓曰永兒字齊卿婉約於萊兒無他能今相國蕭司徒遘甚眷之在翰苑時每知聞間爲之致宴必約定名占之次

妓曰迎兒既乏丰姿又拙戲諺多勁詞以忤賓客次妓曰桂兒最少亦窘於貌但慕萊兒之爲人雅於逢迎

王團兒

王團兒前曲自西第一家也(昨車駕反正朝官多居此)已爲假母有女數人長曰小潤字子美少時頗籍籍者小天崔垂休(名徽本字似之及第時年二十)變化年溺惑之所費甚廣嘗題記於小潤髀上爲山所見(名就今字袞求近日小來粵臨晉)贈詩曰慈恩塔下親泥壁滑膩光華玉不如何事博陵崔四

十金陵癡上逞歐書(垂休本第四十後改爲四十一郎崔四十崔相也)次曰福娘字宜之甚明白豐約合度談論風雅且有體裁故天官崔知之侍郎嘗於筵上與詩曰(名澹贈詩方在內庭)怪得清風送異香娉婷僊子曳霓裳惟應錯認偷桃客曼倩曾爲漢侍郎(時爲內庭戶部侍郎)次曰小福字能之雖乏風姿亦甚慧黠予在京師與羣從少年習業或倦悶時同詣此處與二福環坐清談雅飲尤見風態予嘗贈宜之詩曰彩翠僊衣紅玉膚輕盈年在破瓜初霞盃醉勸劉郎飲雲髻慵邀阿母梳不怕寒侵緣帶寶

每憂風舉倩持裾謾圖西子晨粧樣西子元來未得如得詩甚多頗以此詩爲稱愜持詩於憁左紅牆請予題之及題畢以未滿壁請更作一兩篇且見戒無艷予因題三絶句如其自述其一曰移壁迴憁費幾朝指環偷解薄蘭椒無端鬪草輸鄰女更被拈將玉步搖其二曰寒繡紅衣餉阿嬌新團香獸不禁燒東鄰起樣裙腰闊剩蹙黃金線幾條其三曰試共卿卿戲語靨畫堂連遣侍兒呼寒肌不奈金如意白獺爲膏郎有無尚校數行未滿翼日詰之忽見自札後宜

之題詩曰苦把文章邀勸人吟看好箇語言新雖然不及相如賦也直黃金一二斤宜之每宴洽之際常慘然悲鬱如不勝任合坐爲之改容久而不已靜詢之答曰此蹤跡安可迷而不返耶又何計以返每思之不能不悲也遂嗚咽久之他日忽以紅箋授予泣且拜視之詩曰日日悲傷未有圖懶將心事話凡夫非同覆水應收得只問仙郎有意無余因謝之曰甚知幽旨但非舉子所宜何如又泣曰某幸未係教坊籍君子倘有意一二百金之費爾未及答因授予箋

請和其詩予題其箋後曰韶妙如何有遠圖未能相爲信非夫泥中蓮子雖無染移入家園未得無覽之因泣不復言自是情意頓薄其夏予東之洛或醵飲於家酒酣數相囑曰此歡不知可繼否因泣下洎冬初還京果爲豪者主之不復可見曲中諸子多爲富豪輩日輸一緡於母謂之買斷但未免官使不復祇接於客至春上巳日因與親知禊於曲水聞鄰棚絲竹因而視之西座一紫衣東座一緑麻北座者偏通反甲反麻衣對米盂爲糾其南二妓乃宜之與母也因於棚後候其女傭以詢之曰宣陽綵纈

鋪張言爲街使郎官置宴張郎宜之所主也時街使令坤爲敬瑄二緑蓋在外藉耳及下棚復見女傭曰來日可到曲中否詰旦詰其里見能之在門因邀下馬予辭以他事立乘與語能之團紅巾擲予曰宜之詩也舒而題詩曰久賦恩情欲託身已將心事再三陳泥蓮既没移栽分今日分離莫恨人予覽之悵然馳回且不復及其門每念是人之慧性可喜也常語予本解梁人也家與一樂工鄰少小常依其家學針線誦歌詩總角爲人所誤聘一過客云入京赴調選

及挈至京置之於是客給而去初是家以親情接待甚至累月後乃逼令學歌令漸遣見賓客尋爲計巡遼所嬖韋宙相國子及衛增常侍子所娶輸此家不啻千金矣間者亦有兄弟相尋便欲論奪其量其兄力輕勢弱不可奪無奈何謂之曰某亦失身矣必恐徒爲因尤其家得數百金與兄乃慟哭永訣而去每遇賓客話及此嗚咽久之

俞洛眞

俞洛眞有風貌且辯慧頃曾出曲中值故左揆于公

貴主許納別室于公悰尚廣德公主宣宗女也頗有賢淑之譽從子琮冐其季父悰之子于公柄國時頗用事曾貶振州司戶後改名應舉左揆爲力甚切竟不得後投跡今左廣令孜門因中第遂佐十軍先通洛眞而納之月餘不能事諸廢之間彰其迹以告貴主主卽出之亦獲數百金遂嫁一胥吏未朞年而所有索盡吏不能給遂復入曲携胥一女亦當時絕色洛眞雖有風情而淫冶任酒殊無雅裁亦時爲席糾頗善章程鄭右史仁表常與詩曰巧製新章拍拍新金罍

巡舉助精神時時欲得橫波盼又怕回籌錯指人離亂前兩日與進士李文遠渭源之弟今政名澣其年初舉乘醉同詣之文遠一見不勝愛慕時日已抵晚新月初升因戲文遠題詩曰引君來訪洞中僊新月如眉拂戶前領取嫦娥攀取桂便從陵谷一時遷予題於楣間訖先回間兩日文遠因同詣南院文遠言前者醉中題姓字於所詣非宜也回將徹去之及安上門有自所居追予者曰潼關失守矣文遠不肯中返竟至南院及回固不暇前約[illegible]而歸及親仁之

里已奪馬紛紜矣因倉皇而同遊乃奔寓與文遠思所題詩眞讖詞也

王蘇蘇

王蘇蘇在南曲中屋室寬博巵饌有序女昆仲數人亦頗善諧謔有進士李標者自言李英公勣之後久在大諫王致君門下致君弟姪因與同詣焉飲次標題窗曰春暮花株遶戶飛王孫尋勝引塵衣洞中僊子多情態留住劉郎不放歸蘇蘇先未識不甘其題因謂之曰阿誰留郎君莫亂道遂取筆繼之曰怪得

犬驚雞亂飛羸童瘦馬老麻衣阿誰亂引閒人到曾住青蚨熱趕歸標性褊頭面通赤命駕先歸後蘇蘇見王家郎君輒詢熱趕郎在否

王蓮蓮

王蓮蓮字沼容微有風貌女弟小僊已下數輩皆不及但假母有郭氏之癖假父無王衍之嫌諸妓皆攫金特甚詣其門者或酬酢稍不至多被盡留車服賃衛而返曲中惟此家假父頗有頭角蓋無圖者矣

劉泰娘

劉泰娘北曲內小家女也彼曲素無高遠者人不知之亂離之春忽於慈恩寺前見曲中諸妓同赴曲江宴至寺側下車而行年齒甚妙粗有容色時遊者甚衆爭往詰之以居非其所久乃低眉及細詢之云門前一樗樹子尋遇暮雨諸妓分散其暮予有事北去因過其門恰遇犢車返矣遂題其舍曰尋常凡木最輕樗今日尋樗桂不如漢高新破咸陽後英俊奔波遂喫虛同遊人聞知詰朝詣之者結駟於門也

張住住

張住住者南曲所居卑陋有二女兄不振是以門甚寂寞爲小鋪席貨草剉薑果之類住住其母之腹女也少而敏慧能辨音律鄰有龐佛奴與之同歲亦聰警甚相悅慕年六七歲隨師於衆學中歸則轉教住住私有結髮之契及住住將笄其家拘管甚切佛奴稀得見之又力窘不能致聘俄而里之南有陳小鳳者欲權聘住住蓋求其元已納薄幣約其歲三月五日及月初音耗不通兩相疑悵佛奴因寒食爭毬故逼其鄰以伺之忽聞住住曰徐州子看看日中也佛

奴龐勛同姓傭書徐邸因私呼佛奴爲徐州子日中蓋五日也佛奴甚喜因求住住云上巳日我家踏青去我當以疾辭彼即自爲計也佛奴因求其鄰宋嫗爲之地嫗許之是日舉家踏青去而嫗獨留住住亦留住住乃鍵其門伺於東牆聞佛奴語聲遂梯而過佛奴盛備酒饌亦延宋嫗因爲設寢所以遂平生既而謂佛奴曰子既不能見聘今且後時矣隨子而奔兩非其便千秋之誓可徐圖之五日之言其何如也佛奴曰此我不能也但願保之他日住住又曰小鳳

亦非娶我也其言可知也我不負子矣而子其可便負我家而辱之乎子必為我之計佛奴許之曲中素有畜鬬雞者佛奴常與之狎至五日因髡其冠取丹物託宋媪致于住住既而小鳳以為獲元甚喜又獻三緡于張氏遂往來不絕復貪住住之明慧因欲嘉禮納之時小鳳為平康富家車服甚盛佛奴傭於徐邸不能給食母兄喻之鄰里譏之住住終不捨佛奴指堦井曰若逼我不已骨董一聲即了矣平康里中素多輕薄小兒遇事輒唱住住誑小鳳也鄰里或知

之俄而復値北曲王團兒假女小福為鄭九郎主之而私於曲中盛六子者及誕一子眾揚摠之甚厚曲中唱曰張公喫酒李公顛盛六生兒鄭九憐舍下雄雞傷一德南頭小鳳納三千久之小鳳因訪住住徵聞其唱疑而未察其與住住昵者詰且告以街中之辭曰是日前佛奴雄雞因避鬬飛上屋傷足前曲小鐵鑪田小福者賣馬街頭遇佛奴父以為小福所傷遂毆之住住素有口辯因撫掌曰是何麗漢打他賣馬街頭田小福街頭唱舍下雄雞失一足街頭小福拉三拳且雄雞失足是何謂也小鳳既不審且不喻遂無以對住住因大咍遞呼家人隨弄小鳳甚不自足住住因呼宋媪使以前言告佛奴奴視雞足且良遂以生絲纏其雞足置街中召拳小兒共變其唱住住之言小鳳復以住住家譟弄不已遂出街中以避之及見雞跛又聞改唱深恨向來悟聽乃益市酒肉復之張舍一夕宴語甚歡至旦將歸街中又唱曰莫將麗大作莪音麵團麗大皮中的不乾不怕鳳凰當額打更將雞腳用筋纏小鳳聞此唱不復詣住住佛奴初傭徐邸邸將甚憐之為致職名竟稱邸將終以禮聘住住將連大第而小鳳家事日蹙復不侔矣

一附錄

胡證尚書

胡證尚書質狀魁偉膂力絕人與裴晉公度同年公嘗狎遊為兩軍力士十許輩淩轢勢甚危窘公潛遣一介求救於胡胡衣皂貂金帶突門而入諸力士睨之失色胡後到飲酒一舉三鍾不啻數升盃盤無餘灑逡巡主人上燈胡起取鐵燈臺摘去枝葉而合其

跗横置膝上謂衆人曰鄙夫請非次改令凡三鍾引滿一遍三臺酒須盡仍不得有滴瀝犯令者一鐵蹄自謂燈臺胡復一舉三鍾次及一角觥者凡三臺三遍酒未能盡淋漓逮至並坐胡舉蹄將擊之羣惡皆起設拜叩頭乞命呼爲神人胡曰鼠輩敢爾乞汝殘命叱之令去

裴思謙狀元

裴思謙狀元及第後作紅箋名紙十數詣平康里因宿於里中詰旦賦詩曰銀釭斜背解鳴璫小語低聲

賀玉郎從此不知蘭麝貴夜來新惹桂枝香

鄭光業補衮

鄭光業新及第年宴次有子女卒患心痛而死同年皆惶駭光業撤筵中器物悉授其母別徵酒器盡歡而散

楊汝士尚書

楊汝士尚書鎮東川其子知溫及第汝士開家宴相賀營妓咸集汝士命人與紅綾一疋詩曰郎君得意及青春蜀國將軍又不貧一曲高歌紅一疋兩頭娘子謝夫人

鄭合敬先輩

鄭合敬先輩及第後宿平康里詩曰春來無處不閑行楚潤相看別有情好是五更殘酒醒時時聞喚狀元聲楚娘字潤娘妓之尤者

余頃年往長安中鰥居僑寓頗有介靜之名然惚率交友未嘗辭避故勝遊狎宴常亦預之朝中知已謂余能立於顔生子莘生之間矣余不逢聲律且無鋭感而不免給以其道也然亦懲其事思有

以華其弊嘗聞大中以前北里頗爲不測之地故王金吾式令狐博士滈皆目擊其事幾罹毒手實昭著本末垂戒後來且又焉知當今無之但不值執金吾曲臺之泄耳　王金吾故山南相國起之子少狂逸曾昵行此曲遇有醉而後至者遂避之床下俄頃又有後至者仗劍而來以醉者爲金吾也因梟其首而擲之曰來日更呵殿入朝耶遂據其牀金吾獲免遂不入此曲其首家人收瘞之令狐博士滈相君當權日尚爲貢士多往此曲有

睍熟之地往訪之一日忽告以親戚聚會乞假一日遂去之滈於鄰舍密窺見母與女共殺一醉人而瘞之室後來日復再詣之宿中夜問女女驚而扼其喉急呼其母將共斃之母勸而止及旦歸告大京尹捕之其家已失所在矣以博文事不可不具載於明文耳　頃年東子皆不及此里惟新郎君恣遊於一春近不知誰何啓迪嗚呼有危梁峻谷之虞則回車返策者衆矣何危禍之惑甚於彼而不能戒於人哉則鼓洪波遵覆轍者甚於作俑

乎後之人可以作規者嘗方制乎其所志是不獨爲風流之談亦可垂誡勸之旨也述才慧所以痛其辱重廉也述誤陷所以警其輕體也叙宜之所以憐極已之惠也叙洛眞所以誡上姓之容易也舉令賓所以念蚩蚩者有輕才之高見也舉住住所以嘉祿祿者有重讓之明心也引執金吾與曲臺所以裨將來爲危梁峻谷之虞也可不戒之哉

教坊記

唐　崔令欽

西京右教坊在光宅坊左教坊在延政坊右多善歌左多工舞蓋相因習東京兩教坊俱在明義坊而右在南左在北也坊南西門外卽苑之東也其間有頃餘水泊俗謂之月陂形似偃月故以名之

妓女入宜春院謂之內人亦曰前頭人常在上前也其家猶在教坊謂之內人家敕有司給賜同十家雖數十家猶故以十家呼之每月二日十六日內人母

得以女對無母則姊妹若姑一人對十家就本落餘內人並坐內教坊對內人生日則許其母姑姊妹皆來對其對所如式

樓下戲出隊宜春院人少卽以雲韶添之雲韶謂之宮人蓋賤隸也非直美惡殊貌居然易辨明內人帶魚宮人則否平人女以容色選入內者教習琵琶三絃箜篌箏等者謂搊彈家

開元十一年初製聖壽樂令諸女衣五方色衣以歌舞之宜春院女教一日便堪上場惟搊彈家彌月不

成至戲日上令宜春院人爲首尾搊彈家在行間令
學其舉手也宜春院亦有工拙必擇尤者爲首尾首
既引隊衆所屬目故須能者樂將闋稍稍失隊餘二
十許人舞曲終謂之合殺尤要快健所以更須能者
也
聖壽樂舞衣襟皆各繡一大窠皆隨其衣本色製純
縵衫下纔及帶若短汗衫者以籠之所以藏繡窠也
舞人初出樂次皆是縵衣舞至第二疊相聚場中即
於衆中從領上抽去籠衫各納懷中觀者忽見衆女

咸文繡炳煥莫不驚異
凡欲出戲所司先進曲名上以墨點者即舞不點者
即否謂之進點戲日內伎出舞教坊人惟得舞伊州
五天重來疊不離此兩曲餘盡讓內人也垂手羅回
波樂蘭陵王春鶯囀半社渠借席烏夜啼之屬謂之軟
舞阿遼柘枝黃麞拂林大渭州達摩之屬謂之健舞
凡樓下兩院進雜婦女上必召內人姊妹入內賜食
因謂之曰今日娘子不須唱歌且饒姊妹並兩院婦
女於是納妓與兩院歌人更代上舞臺唱歌內妓歌

則黃幡綽贊揚之兩院人歌則幡綽輒訾詬之有肥
大年長者即呼爲屈突干阿姑貌稍胡者即云康太
賓阿妹隨類名之標弄百端諸家散樂呼天子爲崖
公以歡喜爲蜆斗以每日長在至尊左右爲長入
筋斗裴承恩妹大娘善歌兄以配竿木侯氏又與長
入趙解愁私通侯氏有疾因欲藥殺之王輔國鄭銜
山與解愁相知又是侯鄉里密謂薛忠王琰曰爲我
語侯大兄曉聞有人送粥慎莫喫及期果有贈粥者
侯遂不食其夜裴大娘引解愁謀殺其夫銜山願拳

土袋蹙既滅銜山乃以土袋置侯身上不壓口鼻餘
黨不之覺也比明侯氏不死有司以聞上令范安窮
究其事於是趙解愁等皆決一百衆皆不知侯氏不
掩口鼻而不死也或言土袋綻裂故活是以諸女戲
相謂曰自今後縫壓婿土袋當加意夾縫縫之更勿
令開綻也
坊中諸女以氣類相似約爲香火兄弟每多至十四
五人少不下八九輩有兒郎聘之者輒被以婦人稱
呼即所聘者兄見呼爲新婦弟見呼爲嫂也兒郎有

任官僚者官恭與内人對同日垂到内門車馬相逢或褰車簾呼阿姨若新婦者同黨求達殊爲怪異聞被呼者笑而不答兒郎既娉一女其香火兄弟多相奔云學突厥法又云我兄弟相憐愛欲得嘗其婦也主者知亦不妬他香火即不通

蘇五奴妻張少娘善歌舞有邀迓者五奴輒隨之前人欲得其速醉多勸酒五奴曰但多與我錢喫鎚子亦醉不煩酒也今呼鬻妻者爲五奴自蘇始

范漢女大娘子亦是竿木家開元二十一年出内有姿媚而微慍羝（謂腋氣也）

曲名

獻天花　和風柳　美唐風　透碧空
巫山女　度春江　衆仙樂　大定樂
龍飛樂　慶雲樂　繞殿樂　泛舟樂
拋毬樂　清平樂　放鷹樂　夜半樂
破陣樂　還京樂　天下樂　同心樂
賀聖朝　奉聖樂　千秋樂　泛龍舟
泛玉池　春光好　迎春花　鳳樓春
負陽春　帝臺春　繞池春　滿園春
長命女　武媚娘　杜韋娘　柳青娘
楊柳枝　柳含烟　替楊柳　倒垂柳
浣溪沙　浪淘沙　撒金沙　紗窗恨
金簑嶺　隔簾聽　恨無媒　望梅花
望江南　好郎君　想夫憐　別趙十
憶趙十　念家山　紅羅襖　烏夜啼
牆頭花　摘得新　北門西　煮羊頭
河瀆神　二郎神　醉鄉遊　醉花間

燈下見　醉思鄉　太邊郵　太白星
剪春羅　會佳賓　當庭月　思帝鄉
歸國遙　感皇恩　戀皇恩　皇帝感
戀情深　憶漢月　憶先皇　聖無憂
定風波　木蘭花　更漏長　菩薩蠻
破南蠻　八拍蠻　芳草洞　守陵宫
臨江仙　虞美人　映山紅　獻忠心
臥沙堆　怨黃沙　遐方怨　怨胡天
送征衣　送行人　望梅愁　阮郎迷

牧羊怨　撒市舞　鳳歸雲　羅裙帶
同心結　一捻鹽　阿也黄　劫家難
綠頭鴨　下水船　留客住　離別難
喜長新　羌心怨　女王國　繚踏歌
天外聞　賀皇化　五雲仙　滿堂花
南天竺　定西番　荷葉杯　感庭秋
月遮樓　感恩多　長相思　西江月
拜新月　上行杯　團亂旋　喜春鶯
大獻壽　鵲踏枝　萬年歡　曲玉管

傾杯樂　謁金門　巫山一段雲　望月波羅門
後庭花　西河獅子　西河劍氣　怨陵三臺
儒士謁金門　武士朝金闕　參工不下　麥秀兩岐
金雀兒　滻水吟　玉搔頭　鸚鵡杯
路逢花　初漏滿　相見歡　蘇幕遮
遊春苑　黄鍾樂　訴衷情　折紅蓮
征步郎　洞仙歌　太平樂　長慶樂
喜回鑾　漁父引　喜秋天　大郎神
胡渭州　夢江南　濮陽女　靜戎煙

三臺　上韻　中韻　下韻
普恩光　戀情歡　楊下采桑　大酺樂
合羅縫　蘇合香　山鷓鴣　七星管
醉公子　朝天　木笪　看月宮
宮人怨　歎疆場　拂霓裳　駐征遊
泛濤溪　胡相問　廣陵散　帝歸京
喜還京　遊春夢　柘枝引　留諸錯
如意娘　黄羊兒　蘭陵王　小秦王
花黄發　大明樂　望遠行　思友人

唐四姐　放鷹樂　鎮西樂　金殿樂
南歌子　八拍子　魚歌子　七夕子
十拍子　措大子　風流子　吳吟子
生查子　胡醉子　山花子　水仙子
綠鈿子　金錢子　竹枝子　天仙子
赤棗子　千秋子　心事子　胡蝶子
沙磧子　酒泉子　迷神子　得蓬子
剉碓子　麻婆子　紅娘子　甘州子
隔刺子　鎮西子　北庭子　采蓮子

破陣子　劍器子　獅子　女冠子
仙鶴子　穆護子　贊普子　蕃將子
回戈子　帶竿子　摸魚子　南鄉子
大呂子　南浦子　撥棹子　河瀆子
曹大子　引角子　隊踏子　水沽子
化生子　金娥子　拾麥子　多利子
毗砂子　上元子　西溪子　劍閣子
嵇琴子　莫壁子　胡攢子　唧唧子
翫花子　西國朝天　大曲名　踏金蓮

綠腰　涼州　薄媚　賀聖樂
伊州　甘州　泛龍舟　采桑
千秋樂　霓裳　玉樹後庭花　伴侶
雨霖鈴　柘枝　胡僧破　平翻
相馳逼　呂太后　突厥三臺　大寶
一斗鹽　羊頭神　大姊　舞大姊
急月記　斷弓絃　碧霄吟　穿心蠻
羅步底　回波樂　千春樂　龜茲樂
醉渾脫　映山雞　昊破　四會子

安公子　舞春風　迎春風　看江波
寒鴈子　又中春　翫中秋　迎仙客
同心結

大面出北齊蘭陵王長恭性膽勇而貌婦人自嫌不足以威敵乃刻木為假面臨陣著之因為此戲亦入歌曲

踏謡娘北齊有人姓蘇齁鼻實不仕而自號為郎中嗜飲酗酒每醉輒歐其妻妻銜悲訴於鄰里時人弄之丈夫著婦人衣徐步入場行歌每一疊旁人齊聲

和之云踏謡和來踏謡娘苦和來以其且步且歌故謂之踏謡以其稱冤故言苦及其夫至則作毆鬬之狀以為笑樂今則婦人為之遂不呼郎中但云阿叔子調弄又加典庫全失舊旨或呼為談容娘又非

烏夜啼宋彭城王義康衡陽王義季第四之潯陽後宥之使未達衡王家人扣二王所囚院曰昨夜烏夜啼官當有赦少頃使至故有此曲亦入琴操

安公子隋大業末煬帝幸揚州樂人王令言以年老不去其子從焉其子在家彈琵琶令言驚問此曲何

名其子曰内裏新翻曲子名安公子令言流涕悲愴
謂其子曰爾不須扈從大駕必不回子問其故令言
曰此曲宫聲往而不返宫爲君吾是以知之
春鶯囀高宗曉聲律晨坐聞鶯聲命樂工白明達寫
之遂有此曲
記曰夫以廉潔之美而道之者寡驕淫之醜而陷
之者衆何哉志意劣而嗜慾强也借如涉畏途不
必皆死而人知懼溺聲色則必傷夭而莫之思不
其惑歟且人之生身所稟五常耳至有悦其妻而

圖其夫前古多矣是違仁也納異寵而薄嫡嫌尤
今衆矣是忘義也重袵席之虞輕宗祀之敬是廢
禮也貪耳目之玩忽禍敗之端是無智也心有所
愛則硯冒苟得不顧宿諾是棄信也敦諭履仁蹈
義修禮任智而信以成之鳴呼國君保之則比德
堯舜士庶由之則齊名周孔矣當爲永代表式寧
止一時稱舉儻謂修小善而無益犯小惡而無傷
殉嗜慾近情忘性命大節施之於國則國風敗行
之於家則家法壞敗與壞不其痛哉是以楚莊悔

懼斥遣夏氏宋武納諫遽絶慕容終成霸業號爲
良主豈比高緯以馮小憐滅身叔寶以張貴妃亡
國漢成以昭儀絶冢嗣燕熙以符氏覆邦家乎非
無元龜自有人鑑遂形簡牘敢告後賢

青樓集序

君子之於斯世也孰不欲才加諸人行足諸已其肯甘於自棄乎哉蓋時有否泰分有窮達故才或不羈行或不掩焉當其泰而達也園林鐘鼓樂且未央君子宜之當其否而窮也江湖詩酒迷而不復君子非獲已者焉我皇元初并海宇而金之遺民若杜散人白蘭谷關已齋輩皆不屑仕進乃嘲風弄月留連光景庸俗易之用世者嗤之三君之心固難識也百年未幾世運中否士失其業志則鬱矣酤酒載叢詩禍

叵測何以紓其愁乎小軒居寂維夢是觀商顔黄公之裔孫曰雪蓑者携青樓集示余且徵序引其志言讀之蓋已詳矣余奚庸贅竊惟雪蓑在承平時嘗蒙富貴餘澤豈若杜樊川贏得薄倖之名乎然樊川自負奇節不爲齷齪小謹至論列大事如罪言原十六衛戰守二論與時宰論兵論江滅書達古今審成敗視昔之平安杜書記爲何如邪惜乎天慭將相之權俾究其設施迴翔紫薇文空言耳揚州舊夢尚奚哉今雪蓑之爲是集也殆亦夢之覺也不然歷歷青樓歌舞之妓而成一代之艷史傳之也雪蓑於行不下時俊顧屑爲此余恐世以青樓而疑雪蓑且不白其志也故并樊川而論之噫優伶則賤藝樂則靡焉文墨之間每傳好事其湮沒無聞者亦已多矣黄四娘託老杜而名存獨何幸也覽是集者尚感士之不遇時至正甲辰六月既望觀夢道人隴右朱經謹序

青樓集

元　黃雪蓑

梁園秀

姓劉氏行第四歌舞談諧爲當代稱首喜親文墨作字楷媚間吟小詩亦佳所製樂府如小梁州青歌兒紅衫兒扠磚兒寨兒令等世所共唱之又善隱語其夫從小喬樂藝亦超絕云

張怡雲

能詩詞善談笑藝絕流輩名重京師趙松雪商正叔

高房山皆爲寫怡雲圖以贈諸名公題詩殆遍姚牧菴閻靜軒每於其家小酌一日過鍾樓街遇史中丞中丞下道笑而問曰二先生所往可容侍行否姚云中丞上馬史於是屏騶從速其歸携酒餽因與造海子上之居姚與閻呼曰怡雲今日有佳客此乃中丞史公子也我輩當爲爾作主人張便取酒先壽史且歌雲間貴公子玉骨秀橫秋水調歌一闋史甚喜有頃酒餽至史取銀二定酧歌席終左右欲徹酒器皆金玉者史云休將去留待二先生來此受用其賞音有如此者又嘗佐貴人樽俎姚閻二公在焉姚偶言暮秋時三字閻曰怡雲續而歌之張應聲作小婦孩兒且歌且續曰暮秋時菊殘猶有傲霜枝西風了却黃花事貴人曰且止遂不成章張之才亦敏矣

曹娥秀

京師名妓也賦性聰慧色藝俱絕一日鮮于伯機開宴座客皆名士鮮于因事入內命曹行酒適遍公出自內客曰伯機未飲曹亦曰伯機未飲客笑曰汝以伯機相呼可爲親愛之至鮮于佯怒曰小鬼頭敢如

此無禮曹曰我呼伯機便不可却只許爾叫王羲之也一座大笑

解語花

姓劉氏尤長於慢詞廉野雲招盧疎齋趙松雪飲於京城外之萬柳堂劉左手持荷花右手舉杯歌驟雨打新荷曲諸公喜甚趙即席賦詩云萬柳堂前數畝池平鋪雲錦蓋漣漪主人自有滄洲趣遊女仍歌白雪詞手把荷花來勸酒步隨芳草去尋詩誰知咫尺京城外便有無窮萬里思

珠簾秀

姓朱氏行第四雜劇爲當今獨步駕頭花旦軟末泥等悉造其妙胡紫山宣慰嘗以沉醉東風曲贈云錦織江邊翠竹絨穿海上明珠月淡時風清處都隔斷落紅塵土一片閒情任舂舒挂盡朝雲暮雨馮海粟待制亦贈以鷓鴣天云憑倚東風遠映樓流鶯窺面燕低頭蝦鬚瘦影纖纖織龜背香紋細細浮　紅霧斂彩雲收海霞爲帶月爲鈎夜來捲盡西山雨不著人間半點愁蓋朱背微僂馮故以簾鈎寓意至今後輩以朱娘娘稱之者

趙眞眞楊玉娥

善唱諸宮調楊立齋見其謳張五牛商正叔所編雙漸小卿怨因作鷓鴣天哨遍耍孩兒煞以詠之後曲多不錄今錄前曲云煙柳風花錦作園霜芽露葉玉裝船誰知皓齒纖腰會只在輕衫短帽邊　啼玉靨咽冰絃五牛身去更無傳詞人老筆佳人口再喚春風在眼前

劉燕歌

善歌舞齊參議還山東劉賦太常引以餞云故人別我出陽關無計鎖雕鞍今古別離難兀誰畫蛾眉遠山一尊別酒一聲杜宇寂寞又春殘明月小樓閒第一夜相思淚彈至今膾炙人口

順時秀

姓郭氏字順卿行第二人稱之曰郭二姐姿態閑雅雜劇爲閨怨最高駕頭諸旦本亦得體劉時中待制嘗以金簧玉管鳳吟鸞鳴擬其聲韻平生與王元鼎密偶疾思得馬板腸王即殺所騎駿馬以啗之阿魯溫參政在中書欲矚意於郭一日戲曰我何如王元鼎郭曰參政宰臣也元鼎文士也經綸朝政致君澤民則元鼎不及參政嘲風弄月惜玉憐香則參政不敢望元鼎阿魯溫一笑而罷

小娥秀

姓邳氏世傳邳三姐是也善小唱能曼詞張子友平章甚加愛賞中朝名士贈以詩文盈軸焉

杜妙隆

金陵佳麗人也盧疎齋欲見之行李匆匆不果所願

因題踏沙行於壁云雪暗山明溪深花早行人馬上
詩成了歸來聞說妙隆歌金陵都北蓬萊渺寶鏡慵
窺玉容空好梁塵不動歌聲悄無人知我此時情春
風一枕松窗曉

喜春景

姓段氏姿色不逾中人而藝絶一時張子友平章以
側室置之

聶檀香

姿色嫵媚歌韻清圓東平嚴侯甚愛之

南春宴

姿容偉麗長於駕頭雜劇亦京師之表表者

李心心楊柰兒袁當兒于盼盼于心心吳女燕
雪梅

此數人者皆國初京師之小唱也又有牛四姐乃元
壽之妻俱擅一時之妙壽之尤爲京師唱社中之巨
擘也

宋六嫂

小字同壽元遺山有贈觱栗工張觜兒詞即其父也
宋與其夫合樂妙入神品蓋宋善謳其夫能傳其父
之藝滕玉霄待制嘗賦念奴嬌以贈云柳顰花困把
人間恩愛尊前傾盡何處飛來雙比翼直是同聲相
應寒玉嘶風香雲捲雪一串驪珠引元郎去後有誰
著意題品誰料渴羽清商繁絃急管猶自餘風韻莫
是紫鸞天上曲兩兩玉童相竝白髮梨園青衫老傅
試與留連聽可人何處滿庭霜月清冷

周人愛

京師旦色姿藝竝佳其兒婦玉葉兒元文苑嘗贈以

南呂一枝花曲又有瑤池景呂總管之妻也賈島春
蕭子才之妻也皆一時之拔萃者王玉帶馮六六王
榭燕王庭燕周獸頭皆色藝兩絶又有劉信香因李
侯寵之名尤著焉

秦玉蓮秦小蓮

善唱諸宮調藝絶一時後無繼之者

司燕奴

精雜劇聲名與宋郭相頡頏後有班眞眞程巧兒李
趙奴亦擅一時之妙

天然秀

姓高氏行第二人以小二姐呼之母劉嘗侍史開府高丰神艷雅殊有林下風致才藝尤度越流輩閨怨雜劇爲當時第一手花旦駕頭亦臻其妙始嫁行院王元俏王死再嫁焦太素治中焦後没復落樂部人咸以國香深惜然尚高潔凝重尤爲白仁甫李溉之所愛賞云

國玉第

教坊副使童關高之妻也長於綠林雜劇尤善談謔

得名京師

張玉梅

劉子安之母也劉之妻曰蠻婆兒皆擅美當時其女鬬鬬謂之小婆兒七八歲已得名湘湖間

王金帶

姓張氏行第六色藝無雙鄧州王同知娶之生子矣有譖之於伯顔太師欲取入教坊承應王因一尼爲地求門於太師之夫人乃免

魏道道

勾欄内獨舞鷓鴣四篇打散自國初以來無能繼者妝旦色有不及焉

玉蓮兒

端麗巧慧歌舞談諧悉造其妙尤善文楸握槊之戲嘗得侍於英廟由是名冠京師

樊事眞

京師名妓也周仲宏參議嬖之周歸江南樊飲餞于齊化門外周曰别後善自保持毋貽他人之誚樊以酒酹地而誓曰妾若負君當刳一目以謝君子亡何

有權豪子來其母既迫於勢又利其財樊則始毅然終不獲已後周來京師樊相語曰别後非不欲保持卒爲豪勢所逼昔日之誓豈徒設哉乃抽金篦刺左目血流遍地周爲之駭然因歡好如初好事者編爲雜劇曰樊事眞金篦刺目行於世

賽簾秀

朱簾秀之高弟侯要俏之妻也中年雙目皆無所覩然其出門入戶步線行針不差毫髮有目莫之及焉聲遏行雲乃古今絶唱

天錫秀

姓王氏侯總管之妻也善綠林雜劇足甚小而步武甚壯女天生秀稍不逮焉後有工於是者賜恩深謂之邦老趙家又有張心哥亦馳名淮浙

金獸頭

湖廣名妓也貫只歌平章納之貫没流落湘湖間酸齋嘗有老鶴啄之誚

周喜歌

字悅卿貌不甚揚而體態溫柔趙松雪書悅卿二字

鮮于困學衛山齋都廉使公及諸名公皆贈以詞至今其家寶藏之

王巧兒

歌舞顏色稱於京師陳雲嶠與之狎王欲嫁之其母密遣其流輩開喻曰陳公之妻乃鐵太師女妬悍不可言爾若歸其家必遭凌辱矣王曰巧兒一賤倡蒙陳公厚眷得侍巾櫛雖死無憾母知其志不可奪潛挈家僻所陳不知也旬日後王密遣人謂陳曰母氏設計置我某所有富商約某日來君當圖之不然恐無及矣至期商果至王辭以疾悲啼宛轉飲至夜分商欲就寢王掐其肌膚皆損遂不及亂既五鼓陳宿搆怨刺罕赤闔縛商欲赴刑部處置商大懼告陳公曰某初不知幸寢其事願獻鈔二百緡以助財禮之費陳笑曰不須也遂厚遺其母携王歸江南陳卒王與正室鐵皆能守其家業人多所稱述云

王奔兒

長於雜劇然身背微僂金玉府總管張公置於側室劉文卿嘗有買得不直之誚張没流落江湖爲教師以終

時小童

善調話卽世所謂小說者如丸走坂如水建瓴女童亦有舌辨嫁末泥度豐年不能盡母之伎云

于四姐

字慧卿尤長琵琶合唱爲一時之冠名公士夫皆以詩贈之後有朱春兒亦得名於淮浙

平陽奴

姓徐氏一目眇四體文繡精於綠林雜劇又有郭次

香陳德宣之妻也亦微眇一目韓獸頭曹皇宣之妻也亦善雜劇皆馳名金陵者也

趙偏惜

樊孛闌奚之妻也旦末雙全江淮間多師事之樊既本亦罕與比

連枝秀

姓孫氏京師角妓也逸人風高老點化之遂爲女道士浪遊湖海間嘗至松江引一髽髻曰閩童亦能歌舞有招飲者酒酣則自起舞唱青天歌女童亦舞而

和之眞仙音也欲於東門外化緣造菴陸宅之爲造疏語多寓譏諷其中有不比尋常鈎子曾經老大鉗槌百煉不回萬夫難敵之句孫於是飄然入吳過醫人李恕齋乃欲下髩好遂從俗嫁之後不知所終

王玉梅

善唱慢調雜劇亦精致身材短小而聲韻清圓故鍾繼先有聲似磬圓身如磬槌之誚云

李芝秀

賦性聰慧記雜劇三百餘段當時旦色號爲廣記者皆不及也金玉府張總管置於側室張沒後復爲娼

朱錦繡

侯要俏之妻也雜劇旦末雙全而歌聲墜梁塵雖姿不逾中人高藝實超流輩侯又善院本時稱負絕藝者前輩有趙偏惜樊孛闌奚後則侯朱也

樊香歌

金陵名姝也妙歌舞善談謔亦頗涉獵書史臺端雖鳥角峩峩悉皆愛賞士夫造其廬盡日笑談惜壽不永二十三歲而卒葬南關外好事者春遊必攜酒奠

其墓至今率以爲常

小玉梅

姓劉氏獨步江浙其女匾匾姿格嬌冶資性聰明雜劇能迭生按之號小技後嫁末泥安太平常鬱鬱而卒有女寶寶亦喚小技楊藝則不逮其母云

楊買奴

楊駒兒之女也美姿容善謳唱公卿士夫翕然加愛性嗜酒後嫁樂人查查鬼張四爲妻憔悴而死貫酸齋嘗以髻挽青螺裙拖白帶之句譏之蓋以其有白

帶疾也

張玉蓮

人多呼爲張四媽舊曲其音不傳者皆能尋腔依調唱之絲竹咸精蒱博盡解笑談亹亹文雅彬彬南北令詞即席成賦審音知律時無比焉往來其門率富貴公子積家豐厚喜延款士夫復揮金如土無少靳惜愛林經歷嘗以側室置之後再占樂籍班彦功與之甚狎班司儒秩滿北上張作小詞折桂令贈之末句云朝夕思君淚點成班亦自可喜又有一聯云側

耳聽門前過馬和淚看簾外飛花尤爲膾炙人口有女倩嬌粉兒數人皆藝殊絕後以從良散去余近年見之崑山年餘六十矣兩鬢如黧容色尚潤風流談謔不減少年時也

趙眞眞

馮蠻子之妻也善雜劇有遶梁之聲其女西夏秀嫁江閩甫亦得名淮浙間江親文墨通史鑑教坊流輩咸不逮焉

李嬌兒

王德名妻也姿容姝麗意度閑雅時人號爲小天然花旦雜劇特妙江浙駙馬丞相常眷之李生辰相君致賀禮遇公燕則遺以馬腰截至今歌館以爲盛事

張奔兒

李牛子之妻也姿容丰格妙於一時善花旦雜劇時人目奔兒爲溫柔旦李嬌兒爲風流旦

龍樓景　丹墀秀

皆金門高之女也俱有姿色專工南戲龍則梁塵暗簌丹則驪珠宛轉後有芙蓉秀者婺州人戲曲小令

不在二美之下旦能雜劇尤爲出類拔萃云

賽天香

李魚頭之妻也善歌舞美風度性嗜潔玉骨冰肌纖塵不染無錫倪元鎮有潔病亦甚愛之則其人可知矣

翠荷秀

姓李氏雜劇爲當時所推自維揚來雲間石萬戶置之別館石沒李誓不他適終日却掃焚香誦經石之子雲壑萬戶孫伯玉萬戸歲時往拜之余見其年已

七旬鬢髮如雪兩手指甲皆長尺餘焉

趙梅哥

張有才之妻也美姿色善歌舞名雖高而壽不永張繼娶和當當雖貌不揚而藝甚絕在京師曾接司燕奴排場由是江湖馳名老而歌調高如貫珠其女鸞童能傳母之技云

陳婆惜

善彈唱聲遏行雲然貌微陋而談笑風生應對如響省憲大官皆愛重之在絃索中能彈唱韃靼曲者南北十人而已女觀音奴亦得其彷彿不能造其妙也

汪憐憐

湖州角妓美姿容善雜劇涅古伯經歷甚屬意焉汪曰若不棄寒微當以側室處我涅遂備禮納之克盡婦道人無間言數年涅沒汪髠髮爲尼公卿士夫多訪之汪毀其形以絕衆之狂念而終身焉

米里哈

回回旦色歌喉清宛妙入神品貌雖不揚而專工花旦雜劇余曾識之名不虛得也

顧山山

行第四人以顧四姐呼之本良家子因父而俱失身資性明慧技藝絕倫始嫁樂人李小大李沒華亭縣長哈剌不花置于側室凡十二年後復居樂籍至今老于松江而花旦雜劇猶少年時體態後輩且蒙其指教人多稱賞之

李芝儀

維揚名妓也工小唱尤善慢詞王繼學中丞甚愛之贈以詩序余記其一聯云善和坊裏驊騮搆出繡鞍來錢塘江邊燕子啣將春色去又有塞鴻秋四闋至

今歌館尤傳之喬夢符亦贈以詩詞甚富女童童善雜劇間來松江後歸維揚次女多嬌尤聰慧今亞於

日

李眞童

張奔兒之女也十餘歲卽名動江浙色藝無比舉止溫雅語不傷氣綽有閨閣風致達天山檢校浙省一見遂屬意焉周旋三歲（一作載）達秩滿赴都且約以明年相會李遂爲女道士杜門謝客日以焚誦爲事至元

期達授諸暨州同知而來備禮取之後達没復爲張士節行愈勵云

眞鳳歌

山東名妓也善小唱彭庭堅爲沂州同知確守不亂眞侍以機辨圓轉欲求好於彭一日大雪彭會客深夜方散眞托以天寒不回逕造彭室彭竟不辭後意甚密

大都秀

姓張氏其友張七樂名黃子醋善雜劇其外脚供過

亦妙

喜溫柔

曾九之妻也姿色端麗而舉止溫柔淮浙馳名老而不衰江西亦有喜溫柔姓孫氏其藝則不逮焉

金鶯兒

山東名姝也美姿色善談笑搊箏合唱鮮有其比賈伯堅任山東僉憲一見屬意焉與之甚昵後除西臺御史不能忘情作醉高歌紅繡鞋曲以寄之曰樂心兒比目連枝肯意兒新婚燕爾畫船開拋閃的人獨

自遙望關西店兒黃河水流不盡心事中條山隔不斷相思常記得夜深沉人靜悄自來時來時節三兩句話去時節一篇詩記在人心窩兒裏直到死由是臺端知之被劾而去至今山東以爲美談

一分兒

姓王氏京師角妓也歌舞絶倫聰慧無比一日丁指揮會才人劉士昌程繼善等於江鄉園小飲王氏佐樽時有小姬歌菊花會南吕曲云紅葉落火龍褪甲青松枯怪蟒張牙丁曰此沉醉東風首句也王氏可足成之王應聲曰紅葉落火龍褪甲青松枯怪蟒張牙可詠題堪描畫喜觥籌席上交雜答刺蘇頻斟入禮廝麻不醉呵休扶上馬一座歎賞由是聲價愈重焉

般般醜

姓馬字素卿善詞翰達音律馳名江湘間時有劉廷信者南臺御史劉廷翰之族弟俗呼曰黑劉五落魄不羈工於笑談天性聰慧至於詞章信口成句而街市俚近之談變用新奇能道人所不能道者與馬氏

各相聞而未識一日相遇於道偕行者曰二人請相見曰此劉五舍也此即馬般般醜也兒畢劉熟視之曰名不虛得馬氏含笑而去自是往來甚密所賦樂章極多至今爲人傳誦

劉婆惜

樂人李四之妻也江右與楊春秀同時頗通文墨滑稽歌舞迥出其流時貴多重之先與撫州常推官之子三舍者交好苦其夫間阻一日偕宵遁事覺決杖劉負愧將之廣海居焉道經贛州時有全普菴撥里

字子仁由禮部尚書值天下多故選用除贛州監郡平昔守官清廉文章政事敭歷臺省但未免耽於花酒每日公餘即與士夫酣歌賦詩帽上常喜簪花否則或果或葉亦簪一枝一日劉之廣海過贛謁全公全曰刑餘之婦無足與也劉謂閽者曰妾欲之廣海誓不復還久聞尚書清譽獲一見而逝死無憾也全哀其志而與進焉時賓朋滿座全帽上簪青梅一枝行酒全口占清江引曲云青青子兒枝上結令賓朋續之衆未有對者劉斂袵進前曰能容妾一辭乎全曰可劉應聲曰青青子兒枝上結引惹人攀折其中全子仁就裏滋味別只爲你酸留意兒難棄舍全大稱賞由是顧寵無間納爲側室後兵興全死節劉克守婦道善終於家

小春宴

姓張氏自武昌來浙西天性聰慧記性最高勾闌中作場常寫其名目貼於四周遭梁上任看官選揀需索近世廣記者少有其比

孫秀秀

都下小旦色也名公巨卿多愛重之京師諺曰人間孫秀秀天上鬼婁婁

事事宜

姓劉氏姿色歌舞悉妙其夫玳瑁斂其叔象牛頭皆副淨色浙西馳名

簾前秀

末泥任國恩之妻也雜劇甚妙武昌湖南等處多敬愛之

燕山景

田眼睛光妻也夫婦樂藝皆妙

燕山秀

姓李氏其夫馬二名黒駒頭朱簾秀之高第旦末雙全雜劇無比

荆堅堅

善唱工於花旦雜劇人呼爲小順時秀

孔千金

善撥阮能曼詞獨步於時其兒婦王心奇善花旦雜劇尤妙

李定奴

歌喉宛轉善雜劇勾闌中曾唱八聲甘州喝采八聲其夫帽兒王雜劇亦妙凡菽以墨點破其面者爲花旦

羅春伯閒見錄載陳了翁題蔡奴像曰觀全盛時風塵中人物尚如此嗚呼盛哉余於青樓集不能無感云爾至正丙午夏五月郡人夏邦彥書于風月樓中

麗情集

宋　張君房

浣沙桂子

霍小玉侍兒之名

遺策郎

鄭生過李妓宅見娃徘徊不能去詐遺以駐馬後訪自呼曰前遺策郎也

卷中人

唐裴敬中爲察官奉使蒲中與崔徽相從敬中回徽

以不得從爲恨乆之成疾自寫其眞以寄裴曰崔徽一旦不如卷中人矣

寄淚

灼灼錦城官中奴御史裴質與之善裴召還灼灼每遣人以軟紅絹聚紅淚爲寄

環者還也

崔郎寄張生信有玉指環云環者還也

燕子樓集

盼盼徐之名倡張建封納之于燕子樓張卒盼盼思

之問者輒合以詩僅三百篇名燕子樓集

秋雲羅帕

賈知微曾城夫人杜蘭香旣別贈賈秋雲羅帕裹丹五十粒云此羅是玉女繅玉蠶繭以織成

沈翹翹

文宗時宮人有白玉方響以犀爲椎以紫檀爲架後出宮歸秦氏秦出翹製曲以寄之名曰憶秦郎

非煙

咸通中武公妓也善擊甌其隣趙象窺見因門媼以

玉葉牋題詩寄之非煙以連蟬錦香囊并碧花牋贈象以通其意

薛瓊瓊

開元中第一箏手中官楊羔潛還崔懷寶飲羔薰香酒曰此以春草所造羔令崔作詞方得見瓊瓊崔曰平生無所願願作樂中箏近得佳人纖手子研羅裙上放嬌聲

柳枝娘

洛中里孃也聞誦義山燕臺詩乃折柳結帶贈義山乞詩

香兒

元載成薛瓊英幼以香雜飲食啖之長而肌香

說郛目錄

文則

宋　陳騤

詩書之文有若重複而意實曲折者詩曰云誰之思西方美人彼美人兮西方之人兮此思賢之意自曲折也又曰自古在昔先民有作此考古之意自曲折也書曰孜孜予末小子此謙托之意自曲折也又曰孺子其朋孺子其往此告戒之意自曲折也

文有意相屬而對偶者如發彼小豝殪此大兕誨爾諄諄聽我藐藐故謀用是作而兵由此起有事相類而對偶者如威侮五行怠棄三正佑賢輔德顯忠遂良此皆渾然而成初非有意媲配凡文之對偶者若此則工矣

古人之文用古人之言也古人之言後世不能盡識非得訓切殆不可讀如登崎嶮一步九嘆既而強學焉搜摘古語撰叙今事殆如昔人所謂大家婢學夫人舉止羞澁終不似真也

大抵文士題命篇章悉有所本自孔子爲書作序文遂有序自孔子爲易說卦文遂有說自有曾子問哀

公問之類文遂有問自有考工記學記之類文遂有
記自有經解王言解之類文遂有解自有辯政辯物
之類文遂有辯自有樂論禮論之類文遂有論自有
大傳問傳之類文遂有傳
文有助辭猶禮之有儐樂之有相也禮無儐則不行
樂無相則不諧文無助則不順
倒言而不失其言者言之妙也倒文而不失其文者
文之妙也文有倒語之法知者罕矣春秋書曰吳子
遏伐楚門于巢卒公羊傳曰門于巢卒者何入門乎
巢而卒也然夫子先言門後言于巢者于文雖倒而

寓意微矣
字有偏旁故文有取偏旁以成句字有音韻故文有
取音韻以成句皆所以明其義也周禮曰五人爲伍
中庸曰誠者自成也孟子曰征之爲言正也凡此皆
取偏旁者也易曰噬嗑者合也樂記曰樂者樂也孟子
曰校者教也凡此皆取音韻者也
夫文有病辭有疑辭病辭者讀其辭則病究其意則
安如曲禮曰猩猩能言不離禽獸繫辭曰潤之以風
雨猛禽字于猩猩爲病潤字于風爲病也疑辭者讀
其辭則疑究其意則斷如何彼襛矣曰平王之孫檀
弓曰容居魯人也蓋平王疑爲東遷之平王魯人疑
爲魯國之人也凡觀此文可不深考
辭以意爲主故辭有緩有急有輕有重皆生乎意也
韓宣子曰吾淺之爲丈夫也則其辭緩景春曰公孫
衍張儀豈不誠大丈夫哉則其辭急很驛於是乎君
子則其辭輕子謂子賤君子哉若人則其辭重
易之有象以盡其意詩之有比以達其情文之作也

可無喻乎博采經傳約而論之其取喻之法大槩有
十
文有上下相接若纏蹏然其體有三其一曰敘積小
至大如中庸曰能盡其性則能盡人之性其二曰敘
由精及粗如莊子曰古之明大道者先明天而道德
次之其三曰敘自流極原如大學曰古之欲明明德
于天下者先治其國
文有交錯之體若纏糾然主在析理理盡後已書曰
念茲在茲釋茲在茲名言茲在茲允出茲在茲

載事之文有上下同曰之法謂其事斷可書其人斷可美也如論語載孔子之美禹頌戴禮之記文王周公公羊之傳孔父仇牧荀息皆其法也

載事之文有先事而斷以起事也有後事而斷以盡事也如左氏傳欲載晋靈公厚斂雕牆必先言晋靈公不君公羊傳欲載楚靈王作乾谿臺必先言靈王為無道若此類皆先斷以起事也如左氏傳載晋文公教民而用卒言之曰一戰而霸文之教也又載晋悼公賜魏絳和　樂卒言之曰魏絳于是乎始有金石之禮樂也若此類皆後斷以盡事也

載言之文又有答問若止及一事文固不難至于数端文實未易所問不言問所對不言對言雖簡畧意實周贍讀之續如貫珠應如答響若左氏傳載楚望晋軍問伯犁盖得此也

載言之文有不避重複如穀梁傳載麗姬故謂君曰吾夜者夢夫人趨而來曰吾苦畏胡不使大夫將衛士而衛冢乎故君謂世子曰麗姬夢夫人趨而來曰吾苦畏女其將衛士而往衛冢乎此不避重復也如左氏傳載晋師歸郤伯見公曰子之力也夫范叔見勞之如郤伯欒伯見公亦如之夫三述晋侯之語固未為害而左氏兩變其文盖避重複也

文有目人之體有列氏之體論語曰德行顔淵閔子騫冉伯牛仲弓之類此目人之體也而揚雄班固得之左氏傳曰殷氏六族條氏徐氏蕭氏索氏長勺氏尾勺氏此列氏之體也而莊周司馬遷得之

文錄

宋　唐庚

古樂府命題皆有主意後之人用樂府爲題者直當代其人而措辭如公無渡河須作妻正其夫之辭太白輩或失之惟退之琴操得體

六經已後便有司馬遷三百五篇之後便有杜子美六經不可學亦不須學故作文當學司馬遷作詩當學杜子美二書亦須常讀所謂不可一日無此君也

司馬遷敢亂道卻好班固不敢亂道卻不好不亂道又好是左傳亂道又不好是唐書八識田中若有一毫唐書亦爲來生種矣

一謝詩靈運爲勝當就選中寫出熟讀自見其優劣也

唐人有詩云山僧不解數甲子一葉落知天下秋及觀陶元亮詩云雖無紀歷志四時自成歲便覺唐人費力如桃源記言尚不知有漢無論魏晉可見造語之簡妙蓋晉人工造語而元亮其尤也

杜子美秦中紀行詩如江間饒奇石未爲極勝到暝色帶遠客則不可及已

子美詩云天欲今朝雨山歸萬古春蓋絕唱也子惠州詩亦示雨在時時黑春歸處處青又云片雲明外暗斜日雨邊晴山轉秋光曲川長暝色橫皆聞中所得句也

子美云舜舉十六相身尊道何高秦時用商鞅法令如牛毛其於治道深矣

東坡作病鶴詩嘗寫三盡長脛瘦軀闕其一字使任德翁輩下之凡數字東坡徐出其藁蓋閣字也此

字既出儼然如見病鶴矣

琴操非古詩非騷詞惟韓退之爲得體退之琴操得子厚不能作子厚皇雅退之亦不能作

東坡詩叙事言簡而意盡□□有潭潭有潛蛟人未之信也虎飲水其上蛟尾而食之俄而浮骨水上人方知之東坡以十字道盡云潛鱗有飢蛟掉尾取渴虎言渴則知虎以飲水而召災言飢則蛟食其肉矣

謝因爲綿州推官推官之廨歐陽文忠公生焉謝作六一堂求余賦詩余雅善東坡以約辭紀事寔搜竟久僅得句云郎彼生處所館之與周旋然深有愧於東坡矣

韓退之作古詩有故避屬對者淮之水舒舒楚山直叢叢是也

杜子美祖木蘭詩

晚學遽讀新唐書輒能壞人文格舊唐詩贊語云人安漢道之寬平不厭高皇之嫚罵其論唐亡云夾

江海以捄焚焚收而溺至引鴆爵以止渴渴止而身亡亦自有佳處

詩在與人商論深求其疵而去之等間一字放過則不可殆近法家難以言恕矣故謂之詩律東坡云敢將詩律鬬深嚴予亦云律傷嚴近寡恩大凡立意之初必有難易二塗學者不能强所劣往往拾難而趨易文章罕工每坐此也作詩自有穩當字第思之未到耳皎然以詩名於唐有僧袖詩謁之然指其御溝詩云此波涵聖澤波字未穩當改僧怫然作色而去僧亦能詩者也皎然度其去必復來乃取筆作中字掌中握之以待僧果復來云欲更爲中字如何然展手示之遂定交要當如此乃是

近世士大夫習爲時學忌博聞者率引經以自强余謂挾天子以令諸矦諸矦必從然謂之尊君則不可挾六經以令百氏百氏必服然謂之知經則不可

王荆公五字詩得子美句法其詩云地蟠三楚大天

入五湖低

文選三賦月不如雪雪不如風

東坡隔句對着意尋彌明長頸高結喉無心逐定遠燕頷飛虎頭或云結古髻字也退之序是長頸高結喉中又作楚語

余作南征賦或者稱之然僅與曹大家輩爭衡耳惟東坡赤壁二賦一洗萬古欲彷彿其一語畢世不可得也

凡爲文上句重下句輕則或爲上句壓倒晝錦堂記

云仕宦而至將相富貴而歸故鄉下云此人情之所榮而今昔之所同也非此兩句莫能承上句居士集序云言重大而非夸此雖只一句而體勢則甚重下乃云賢者信之衆人疑焉非用兩句亦載上句不起韓退之與人書云泥水馬弱不敢出不果鞠躬親問而以書若無而以書三字則上重甚矣此爲文之法也

東坡赴定武過京師館於城外一園子中余時年十八謁之問余觀甚書余云方讀晉書卒問其中有

甚好亭子名余茫然失對始悟前輩觀書用意蓋如此

關子東一日寓辟雝朔風大作因得句云夜長何時旦苦寒不成寐以問先生云夜長對苦寒詩律雖不到對亦似不穩先生云正要如此一似藥中要存性也

蜀道館舍壁間題一聯云天不生仲尼萬古如長夜不知何人詩也

蘇黄門云人生逐日胸次須出一好議論若飽食煖衣惟利欲是念何以自別於禽獸余歸蜀當仕門著書不令廢日只効温公通鑑樣作議論商略古人歲久成書自足垂世也

張文昌詩六宮才人大垂手願君千年萬年壽朝出射麋暮飲酒古樂府大垂手小垂手獨搖手皆舞名也

南征詩賦廓舒而浩蕩復收歛而淒涼詞雖不工自謂曲盡南遷時情狀也

讀退之羅池廟碑北方之人兮爲侯是非千秋萬歲

兮侯無我違輒流涕有感

樂府解題熟讀大有詩材余詩云時難將進酒家遠莫登樓用古樂府名作對也

過岳陽樓觀杜子美詩不過四十字爾氣象閎放涵蓄深遠殆與洞庭爭雄所謂富哉言乎者太白退之輩率爲大篇極其筆力終不逮也杜詩雖小而大餘詩雖大而小

凡作詩平居須收拾詩材以備用退之作范陽盧殷墓銘云於書無所不讀然正用資以爲詩是也

詩疏不可不閱詩材最多其載諺語如絡緯鳴懶婦驚之類尤宜入詩用

謝玄暉詩云寒城一以眺平楚正蒼然平楚猶平野也呂延濟乃用翹翹錯薪言刈其楚謂楚木叢便覺意象殊窘凡五臣之陋類若此

古之作者初無意於造語所謂因事以陳辭如杜子美北征一篇直紀行役爾忽云或紅如丹砂或黑如點漆雨露之所濡甘苦齊結實此類是也文章只如人作家書乃是

宣和元年行父自錢唐罷官如京師眉山唐先生同寓於城東景德僧舍與同郡關注子東日從之遊實聞所未聞退而記其論文之語得數紙以歸自己亥九月十三日盡明年正月六日而別先生北歸還朝得請宮祠歸廬南道卒於鳳翔年五十一自己亥距今紹興八年戊午二十年矣舊所記更兵火無復存者子東書來屬余追錄且欲得僕自書云將置之隅坐如見師友衰病廢志十不省五六乃爲書所記凡三十有五條先生嘗次韻行父冬日旅舍詩云殘歲無多日此身猶旅人客情安枕少天色舉杯頻桂玉黃金盡風埃白髮新異鄉梅信遠誰寄一枝春又次留別韻云白頭重踏軟紅塵獨立鶩行覺異倫往事已空誰敘舊好詩乍見且嘗新細思寂寂門羅雀猶勝纍纍冢臥麟力請宮祠知意否漸謀歸老錦江濱蓋絕筆於是矣集者逸之故併記云三月癸己餘行強行父幼安記

詩品卷上

梁　鍾嶸

氣之動物物之感人故搖蕩性情形諸舞詠照燭三才暉麗萬有靈祇待之以致饗幽微藉之以昭告動天地感鬼神莫近於詩昔南風之辭卿雲之頌厥義夐矣夏歌曰鬱陶乎予心楚謠曰名予曰正則雖詩體未全然是五言之濫觴也逮漢李陵始著五言之目矣古詩眇邈人世難詳推其文體固是炎漢之製非衰周之倡也自王揚枚馬之徒詞賦競爽而吟詠

靡聞從李都尉迄班婕妤將百年間有婦人焉一人而已詩人之風頓已缺喪東京二百載中惟有班固詠史質木無文降及建安曹公父子篤好斯文平原兄弟鬱爲文棟劉楨王粲爲其羽翼次有攀龍托鳳自致於屬車者蓋將百計彬彬之盛大備於時矣爾後陵遲衰微迄於有晉太康中三張二陸兩潘一左勃爾復興踵武前王風流未沫亦文章之中興也永嘉時貴黃老稍尚虛談于時篇什理過其辭淡乎寡味爰及江表微波尚傳孫綽許詢桓庾諸公詩皆平典似道德論建安風力盡矣先是郭景純用雋上之才變創其體劉越石仗清剛之氣贊成厥美然彼衆我寡未能動俗逮義熙中謝益壽斐然繼作元嘉中有謝靈運才高詞盛富艷難蹤固已含跨劉郭陵轢潘左故知陳思爲建安之傑公幹仲宣爲輔陸機爲太康之英安仁景陽爲輔謝客爲元嘉之雄顏延年爲輔斯皆五言之冠冕文詞之命世也夫四言文約易廣取效風騷便可多得每苦文繁而意少故世罕習焉五言居文詞之要是衆作之有滋味者也故云

會於流俗豈不以指事造形窮情寫物最爲詳切者邪故詩有六義焉一曰興二曰比三曰賦文已盡而意有餘興也因物喻志比也直書其事寓言寫物賦也弘斯三義酌而用之幹之以風力潤之以丹彩使味之者無極聞之者動心是詩之至也若專用比興則患在意深意深則詞躓若但用賦體則患在意浮意浮則文散嬉成流移文無止泊有蕪漫之累矣若乃春風春鳥秋月秋蟬夏雲暑雨冬月祁寒斯四候之感諸詩者也嘉會寄詩以親離羣託詩以怨至於

楚臣去境漢妾辭宮或骨橫朔野或魂逐飛蓬或負
戈外戍殺氣雄邊塞客衣單孀閨淚盡文士有解佩
出朝一去忘返女有揚蛾入寵再盼傾國凡斯種種
感蕩心靈非陳詩何以展其義非長歌何以騁其情
故曰詩可以羣可以怨使窮賤易安幽居靡悶莫尚
於詩矣故詞人作者罔不愛好今之士俗斯風熾矣
纔能勝衣甫就小學必甘心而馳鶩焉於是庸音雜
體各各爲容至使膏腴子弟恥文不逮終朝點綴分
夜呻吟獨觀謂爲警策衆覩終淪平鈍次有輕薄之

徒笑曹劉爲古拙謂鮑照羲皇上人謝朓今古獨步
而師鮑照終不及日中市朝滿學謝朓劣得黃鳥度
青枝徒自棄於高聽無涉於文流矣觀王官搢紳之
士每博論之餘何嘗不以詩爲口實隨其嗜欲商榷
不同淄澠並泛朱紫相奪喧議競起準的無依近彭
城劉士章俊賞之士疾其淆亂欲爲當世詩品口陳
標榜其文未遂感而作焉昔九品論人七略裁士校
以賓實誠多未値至若詩之爲技較爾可知以類推
之殆均博弈方今皇帝資生知之上才體沉鬱之幽

思文麗日月賞究天人昔在貴遊已爲稱首況八紘
既奄風靡雲蒸抱玉者聯肩握珠者踵武以瞰漢魏
而不顧吞晉宋於胷中諒非農歌轅議敢致流別嶸
之今錄庶周旋於閭里均之於談笑耳

古詩

其體源出於國風陸機所擬十四首文溫以麗意悲
而遠驚心動魄可謂幾乎一字千金其外去者日以
疎四十五首雖多哀怨頗爲總雜舊疑是建安中曹
王所製客從遠方來橘柚垂華實亦爲驚絕矣人代

冥滅而清音獨遠悲夫

漢都尉李陵

其源出於楚辭文多悽怨者之流陵名家子有殊才
生命不諧聲頹身喪使陵不遭辛苦其文亦何能至
此

漢婕妤班姬

其源出於李陵團扇短章辭旨清捷怨深文綺得匹
婦之致侏儒一節可以知其工矣

魏陳思王植

其源出於國風骨氣奇高詞彩華茂情兼雅怨體被文質粲溢今古卓爾不羣嗟乎陳思之於文章也譬人倫之有周孔鱗羽之有龍鳳音樂之有琴笙女工之有黼黻俾爾懷鉛吮墨者抱篇章而景慕映餘暉以自燭故孔氏之門如用詩則公幹升堂思王入室景陽潘陸自可坐於廊廡之間矣

魏文學劉楨

其源出於古詩仗氣愛奇動多振絶貞骨淩霜高風跨俗但氣過其文雕潤恨少然自陳思已下楨稱獨

步

魏侍中王粲

其源出於李陵發愀愴之詞文秀而質羸在曹劉間別構一體方陳思不足比魏文有餘

晉步兵阮籍

其源出於小雅無雕蟲之功而詠懷之作可以陶性靈發幽思言在耳目之内情寄八荒之表洋洋乎會於風雅使人忘其鄙近自致遠方頗多感慨之詞厥旨淵放歸趣難求顏延年註解法言其志

晉平原相陸機

其源出於陳思才高詞贍舉體華美氣少於公幹文劣於仲宣尚規矩不貴綺錯有傷直致之奇然其咀嚼英華厭飫膏澤文章之淵泉也張公歎其大才信矣

晉黃門郎潘岳

其源出於仲宣翰林歎其翩翩然如翔禽之有羽毛衣服之有綃縠猶淺於陸機謝混云潘詩爛若舒錦無處不佳陸文如披沙簡金往往見寶嶸謂益壽輕

華故以潘勝翰林篤論故歎陸爲深余常言陸才如海潘才如江

晉黃門郎張協

其源出於王粲文體華淨少病累又巧構形似之言雄於潘岳靡於太沖風流調達實曠代之高手詞彩葱蒨音韻鏗鏘使人味之亹亹不倦

晉記室左思

其源出於公幹文典以怨頗爲精切得諷諭之致雖野於陸機而深於潘岳謝康樂常言左太沖詩潘安

仁詩古今難比

宋臨川大守謝靈運

其源出於陳思雜有景陽之體故尚巧似而逸蕩過之頗以繁蕪為累嶸謂若人興多才高博寓目輒書內無乏思外無遺物其繁富宜哉然名章迥句處處間起麗典新聲絡繹奔會譬猶青松之拔灌木白玉之映塵沙未足貶其高潔也初錢塘杜明師夜夢東南有人來入其館是夕即靈運生於會稽旬日而謝玄亡其家以子孫難得送靈運於杜治養之十五方還都故名客兒（治音稚奉道之家靖室也）

詩品卷中

一品之中略以世代為先後不以優劣為詮次又其人既往其文克定今所寓言不錄存者夫屬詞比事乃為通談若乃經國文符應資博古撰德駁奏宜窮往烈至乎吟詠情性亦何貴於用事思君如流水既是即目高臺多悲風亦唯所見清晨登隴首羌無故實明月照積雪詎出經史觀古今勝語多非補假皆由直尋顏延謝莊尤為繁密於時化之故大明泰始中文章殆同書抄近任昉王元長等辭不貴奇競須新事爾來作者寖以成俗遂乃句無虛語語無虛字拘攣補衲蠹文已甚但自然英旨罕值其人詞既失高則宜加事義雖謝天才且表學問亦一理乎陸機文賦通而無貶李充翰林疏而不切王微鴻寶密而無裁顏延論文精而難曉摯虞文志詳而博贍頗曰知言觀斯數家皆就談文體而不顯優劣至於謝客集詩逢詩輒取張隲文士逢文即書諸英志錄並義在文曾無品第嶸今所錄止乎五言雖然網羅今古詞文殆集輕欲辨彰清濁掎摭病利凡百二十人預

此宗流者便稱才子至斯三品升降差非定制方申變裁請寄知者爾

漢上計秦嘉嘉妻徐淑

夫妻事旣可傷文亦悽怨爲五言者不過數家而婦人居二徐淑敘別之作亞於團扇矣

魏文帝

其文出於李陵頗有仲宣之體則新奇百許篇率皆鄙直如偶語惟西北有浮雲十餘首殊美贍可翫始見其工矣不然何以銓衡羣彥對揚厥弟者耶

晉中散嵇康

頗似魏文過爲峻切訐直露才傷淵雅之致然託諭清遠良有鑒裁亦未失高流矣

晉司空張華

其源出於王粲其體華艷興託不奇巧用文字務爲妍冶雖名高曩代而疏亮之士猶恨其兒女情多風雲氣少謝康樂云張公雖復千篇猶一體耳今置之中品疑弱處之下科恨少在季孟之間矣

魏尚書何晏晉馮翊守孫楚晉著作王贊晉司徒掾張翰晉中書令潘尼

平叔鴻鵠之篇風規見矣子荊零雨之外正長朔風之後雖有累札良亦無聞季鷹黃華之唱正叔綠蘩之章雖不具美而文彩高麗竝得虬龍片甲鳳凰一毛事同駁聖宜居中品

魏侍中應璩

祖襲魏文善爲古語指事殷勤雅意深篤得詩人激刺之旨至於濟濟今日所華靡可諷味焉

晉清河守陸雲晉侍中石崇晉襄城太守曹攄

晉朗陵公何劭

清河之方平原殆如陳思之匹白馬于其哲昆故稱二陸季倫顏遠竝有英篇篤而論之朗陵爲最

晉太尉劉琨晉中郎盧諶

其源出於王粲善爲悽戾之詞自有清拔之氣琨旣體良才又罹厄運故善敘喪亂多感恨之詞中郎仰之微不逮者矣

晉弘農太守郭璞

憲章潘岳文體相輝彪炳可翫始變永嘉平淡之體

故稱中興第一翰林以爲詩首但遊仙之作辭多慷慨乖遠玄宗而云奈何虎豹姿又云戢翼棲榛梗乃是坎壈詠懷非列仙之趣也

晉吏部郎袁宏

彥伯詠史雖文體未遒而鮮明緊健去凡俗遠矣

晉處士郭泰機　晉常侍顧愷之　宋謝世基　宋參軍顧邁　宋參軍戴凱

泰機寒女之製孤怨宜恨長康能以二韻答四首之美世基橫海顧邁鴻飛戴凱人實貧羸而才章富健

觀此五子文雖不多氣調警拔吾許其進則鮑照江淹未足逮止越居中品僉曰宜哉

宋徵士陶潛

其源出於應璩又協左思風力文體省靜殆無長語篤意眞古辭興婉愜每觀其文想其人德世歎其質直至如歡言醉春酒日暮天無雲風華清靡豈直爲田家語耶古今隱逸詩人之宗也

宋光祿大夫顏延之

其源出於陸機尚巧似體裁綺密情喻淵深動無虛散一句一字皆致意焉又喜用古事彌見拘束雖乖秀逸是經綸文雅才雅才減若人則蹈於困躓矣湯惠休曰謝詩如芙蓉出水顏如錯彩鏤金顏終身病之

宋豫章太守謝瞻　宋僕射謝混　宋太尉袁淑　宋徵君王微　宋征虜將軍王僧達

其源出於張華才力苦弱故務其清淺殊得風流媚趣課其實錄則豫章僕射宜分庭抗禮徵君太尉可託乘後車征虜卓卓殆欲度驊騮前

宋法曹參軍謝惠連

小謝才思富捷恨其蘭玉夙凋故長轡未騁秋懷擣衣之作雖復靈運銳思亦何以加焉又工爲綺麗歌謠風人第一謝氏家錄云康樂每對惠連輒得佳語後在永嘉西堂思詩竟日不就寤寐間忽見惠連即成池塘生春草故常云此語有神助非吾語也

宋參軍鮑照

其源出於二張善製形狀寫物之詞得景陽之諔詭含茂先之靡嫚骨節強於謝混驅邁疾於顏延總四

家而擅美跨兩代而孤出嘗其才秀人微故取湮當
代然貴尚巧似不避危仄頗傷清雅之調故言險俗
者多以附照

齊吏部謝朓

其源出於謝混微傷細密頗在不倫一章之中自有
玉石然奇章秀句往往警遒足使叔源失步明遠變
色善自發詩端而末篇多躓此意銳而才弱也至爲
後進士子之所嗟慕朓極與余論詩感激頓挫過其
文

齊光祿江淹

文通詩體總雜善於摹擬筋力於王微成就於謝朓
初淹罷宣城郡遂宿冶亭夢一美丈夫自稱郭璞謂
淹曰吾有筆在卿處多年矣可以見還淹探懷中得
五色筆以授之爾後爲詩不復成語故世傳江淹才
盡

梁衛將軍范雲　梁中書郎丘遲

范詩清便宛轉如流風迴雪丘詩點綴映媚似落花
依草故當淺於江淹而秀於任昉

梁太常任昉

彥昇少年爲詩不工故世稱沈詩任筆昉深恨之晚
節愛好既篤又亦遒變若銓事理拓體淵雅得國士
之風故擢居中品但昉既博物動輒用事所以詩不
得奇少年士子效其如此弊矣

梁左光祿沈約

觀休文衆製五言最優詳其文體察其餘論固知憲
章鮑明遠也所以不閑於經綸而長於清怨永明相
王愛文王元長等皆宗附之約于時謝朓未遒江淹

才盡范雲名級故微故約稱獨步雖文不至其功麗
亦一時之選也見重閭里誦詠成音嶸謂約所著既
多今翦除淫雜收其精要允爲中品之第矣故當詞
密於范意淺於江也

詩品卷下

昔曹劉殆文章之聖陸謝爲體貳之才銳精研思千百年中而不聞宮商之辨四聲之論或謂前達偶然不見豈其然乎嘗試言之古曰詩頌皆被之金竹故非調五音無以諧會若置酒高堂上明月照高樓爲韻之首故三祖之詞文或不工而韻入歌唱此重音韻之義也與世之言宮商異矣今旣不備管絃亦何取於聲律耶齊有王元長者嘗謂余云宮商與二儀俱生自古詞人不知之唯顏憲子乃云律呂音調而

其實大謬唯見范曄謝莊頗識之耳常欲進知音論未就王元長創其首謝朓沈約揚其波三賢或貴公子孫幼有文辯於是士流景慕務爲精密襞積細微專相淩架故使文多拘忌傷其眞美余謂文製本須諷讀不可蹇礙但令淸濁通流口吻調利斯爲足矣至平上去入則余病未能蜂腰鶴膝閭里已具陳思贈弟仲宣七哀公幹思友阮籍詠懷子卿雙鳧叔夜雙鸞茂先寒夕平叔衣單安仁倦暑景陽苦雨靈運鄴中士衡擬古越石感亂景純詠仙王微風月謝客山泉叔源離宴鮑照戍邊太沖詠史顏延入洛陶公詠貧之製惠連擣衣之作斯皆五言之警策者也所謂篇章之珠澤文彩之鄧林

漢令史班固　漢孝廉酈炎　漢上計趙壹

孟堅才流而老於掌故觀其詠史有感歎之詞文勝託詠靈芝懷寄不淺元叔散憤蘭蕙指斥囊錢苦言切句良亦勤矣斯人也而有斯困悲夫

魏武帝　魏明帝

曹公古直甚有悲涼之句叡不如丕亦稱三祖

魏白馬王彪　魏文學徐幹

白馬與陳思答贈偉長與公幹往復雖曰以莛扣鐘亦能閑雅矣

魏倉曹屬阮瑀　晉頓丘太守歐陽建　晉文學應璩　晉中書令嵇含　晉河南太守阮偘　晉侍中嵇紹　晉黃門棗據

元瑜堅石七君詩並平典不失古體大檢似而二嵇微傷矣

晉中書張載　晉司隸傅玄　晉太僕傅咸　侍中繆

槃散騎常侍夏侯湛
孟陽詩乃遠慙厥弟而近超兩傅長虞父子繁富可嘉孝沖雖曰　進見重安仁熙伯挽歌唯以造哀爾
晉驃騎手濟晉征南將軍杜預晉廷尉孫綽晉徵士許詢
永嘉以來清虛在俗王武子輩詩貴道家之言爰洎江表玄風尚備真長仲祖桓庾諸公猶相襲世稱孫許彌善恬淡之詞
晉徵士戴逵晉東陽太守殷仲文

晉宋之際殆無詩乎義熙中以謝益壽殷仲文爲華綺之冠殷不競矣
宋尚書令傅亮
季友文余常忽而不察今沈特進撰詩載其數首亦復平矣
宋記室何長瑜羊曜璠宋詹事范曄
乃不稱其才亦爲鮮舉矣
宋孝武帝宋南平王鑠宋建平王宏
孝武詩彫文織綵過爲精密爲二藩希慕見稱輕巧矣
宋光祿謝莊
希逸詩氣候清雅不逮於范袁然興屬閑長良無鄙促也
宋御史蘇寶生宋中書令史陵修之宋典祠令任曇緒宋越騎戴法興
蘇陵任戴並著篇章亦爲搢紳之所嗟詠人非文才是愈甚可嘉焉
宋監典事區惠恭

惠恭本胡人爲顏師伯幹顏爲詩筆輒偷定之後造獨樂賦語侵給主被斥及大將軍修北第差充作長時謝惠連兼記室參軍惠恭時往共安陵嘲調末作雙枕詩以示謝謝曰君誠能恐人未重且可以爲謝法曹造遣大將軍見之賞歎以錦二端賜謝謝辭曰此詩公作長所製請以錦賜之
齊惠休上人齊道猷上人齊釋寶月
惠休淫靡情過其才世遂匹之鮑照恐商周矣羊曜璠云是顏公忌照之文故立休鮑之論庾白二胡亦

有清句行路難是東陽柴廓所造寶月嘗憇其家會
廓亡因竊而有之廓子賫手本出都欲訟此事乃厚
賂止之

齊高帝齊征北將軍張永齊太尉王文憲

齊高帝詩詞藻意深無所云少張景云雖謝文體頗
有古意至如王師文憲既經國圖遠或忽是雕蟲

齊黃門謝超宗齊潯陽太守丘靈鞠齊給事中
郎劉祥齊司徒長史檀超齊正員郎鍾憲齊諸
暨令顏則齊秀才顧則心

檀謝七君並祖襲顏延欣欣不倦得士大夫之雅致
乎余從祖正員常云大明泰始中鮑休美文殊已動
俗唯此諸人傳顏陸體用固執不如顏諸暨最荷家
聲

齊參軍毛伯成齊朝請吳邁遠齊朝請許瑤之

伯成文不全佳亦多惆悵吳善於風人答贈許長於
短句詠物湯休謂遠云吾詩可為汝詩父以訪謝光
祿云不然爾湯可為庶兄

齊鮑令暉齊韓蘭英

令暉歌詩往往斷絕清巧擬古尤勝唯百願淫矣照
常答孝武云臣妹才自亞於左芬臣才不及太沖爾
蘭英綺密甚有名篇又善談笑齊武謂韓云借使二
媼生於上葉則玉階之賦紈素之辭未詎多也

齊司徒長史張融齊詹事孔稚珪

思光紆緩誕放縱有乖文體然亦捷疾豐饒差不局
促德璋生於封谿而文為雕飾青於藍矣

齊寧朔將軍王融齊中庶子劉繪

元長士章並有盛才詞美英淨至於五言之作幾乎

尺有所短譬應變將略非武侯所長未足以貶臥龍

齊僕射江祏

祏詩猗猗清潤弟祀明靡可懷

齊記室王巾齊綏遠太守卞彬齊端溪令卞鑠

王巾二卞詩並愛奇嶄絕慕袁彥伯之風雖不弘綽
而文體勦淨去平美遠矣

齊諸暨令袁嘏

嘏詩平平耳多自謂能常語徐太保尉云我詩有生
氣須人捉着不爾便飛去

齊雍州刺史張欣泰　梁中書郎范縝

欣泰、子眞，並希古勝文，鄙薄俗製，賞心流亮，不失雅宗。

梁秀才陸厥

觀厥文緯，具識丈夫之情狀。自製未優，非言之失也。

梁常侍虞羲　梁建陽令江洪

子陽詩奇句清拔，謝朓常嗟頌之。洪雖無多，亦能自迥出。

梁步兵鮑行卿　梁晉陵令孫察

行卿少年，甚擅風謠之美。察最幽微，而感賞至到耳。

詩式

唐　釋皎然

明勢

高手述作，如登荆、巫，覘三湘、鄢、郢之盛，縈回盤礴，千變萬態。文體開闔作用之勢。或極天高峙，崒焉不群，氣勝勢飛，合沓相屬；奇勢在工。或修江耿耿，萬里無波，欻出高深重複之狀；奇勢雅發。古今逸格，皆造其極矣。

明作用

作者措意，雖有聲律，不妨作用，如壺公瓢中自有天地日月。時時拋鍼擲綫，似斷而復續，此爲詩中之仙。拘忌之徒，非可企及矣。

明四聲

樂章有宮商五音之說，不聞四聲。近自周顒、劉繪流出，宮商暢於詩體，輕重低昂之節，韻合情高，此未損文格。沈休文酷裁八病，碎用四聲，故風雅殆盡。後之才子，天機不高，爲沈生弊法所媚，懵然隨流，溺而不返。

詩有四不

氣高而不怒怒則失於風流
力勁而不露露則傷於斤斧
情多而不暗暗則蹶於拙鈍
才贍而不踈踈則損於筋脉

詩有四深

氣象氤氳由深於體勢
意度盤礴由深於作用
用律不滯由深於聲對
用事不直由深於義類

詩有二要

要力全而不苦澁　要氣足而不怒張

詩有二廢

雖欲廢巧尚直而思致不得寘
雖欲廢詞尚意而典麗不得遺

詩有四離

雖期道情而離深僻　雖用經史而離書生
雖尚高逸而離迂遠　雖欲飛動而離輕浮

詩有六迷

以虛誕而爲高古　以緩漫而爲冲澹
以錯用意而爲獨善　以詭怪而爲新奇
以爛熟而爲穩約　以氣少力弱而爲容易

詩有六至

至險而不僻　至奇而不差　至麗而自然
至苦而無跡　至近而意遠　至放而不迂

詩有七德德一作得

一識理　二高古　三典麗　四風流
五精神　六質幹　七體裁

詩有五格

不用事第一
作用事第二其有不用事而措意不高者黜入第二格
直用事第三其中亦有不用事而格稍下貶居第三
有事無事第四此於第三格中稍下故入第四
有事無事情格俱下第五情格俱下有事無事可知也

李少卿并古詩十九首

西漢之初王澤未竭詩教在焉昔仲尼所刪詩三百篇初傳卜商後之學者以師道相高故有齊魯四家

之目其五言周時已見濫觴及乎成篇則始於李陵蘇武二子天與其性發言自高未有作用十九首辭精義炳婉而成章始見作用之功蓋前漢之文體又如冉冉孤生竹青青河畔草傅毅蔡邕所作以此而論前漢明矣

鄴中集

鄴中七子陳王最高劉楨辭氣偏正得其中不拘對屬偶或有之語與興驅勢逐情起不由作意氣格自高與十九首其流一也

文章宗旨

康樂公早歲能文性穎神徹及通內典心地更精故所作詩發皆造極得非空王之道助耶夫文章天下之公器安敢私焉曩者嘗與諸公論康樂爲文直於情性尚於作用不顧詞彩而風流自然彼清景當中天地秋色詩之量也慶（一作卿）雲從風舒卷萬狀詩之變也不然何以得其格高其氣正其體貞其貌古其詞深其才婉其德宏其調逸其聲諧哉至如述祖德一章擬鄴中八首經廬陵王墓臨池上樓識度高明蓋詩中之日月也安可攀援哉惠休所評謝詩如芙蓉出水斯言頗近矣故能上躡風騷下超魏晉建安製作其椎輪乎

用事

詩人皆以徵古爲用事不必盡然也今且於六義之中畧論比興取象曰比取義曰興義即象下之意凡禽魚草木人物名數萬象之中義類同者盡入比興關雎即其義也如陶公以孤雲比貧士鮑照以直比朱絃以清比玉壺時久呼比爲用事呼用事爲比如

陸機齊謳行鄙哉牛山歎未及至人情爽鳩苟已徂吾子安得停此規諫之忠是用事非比也如康樂公還舊園作偶與張邴合久欲歸東山此敘志之忠是比非用事也詳味可知

語似用事義非用事

此二門未始有之而弱手不能知也如康樂公彭薛纔（一作裁）知恥貢公未遺榮或可優貪競豈足稱達生此中商推三賢雖許其退身不免遺議蓋康樂欲借此成我詩非用事也如古詩仙人王子喬難可與等

期曹植贈白馬王彪虛無求列仙松子久吾欺又古詩師涓久不奏誰能宣我心上句言仙道不可偕次句讓一作請求之無效下句畧似指人如魏武呼杜康爲酒盞作者存其毛粉不欲委曲傷乎天眞並非用事也

取境

詩不假修飾任其醜朴但風韻正天眞全卽名上等子曰不然無鹽闕容而有德曷若文王太姒有容而有德乎又云不要苦思苦思則喪自然之質此亦不

然夫不入虎穴焉得虎子取境之時須至難至險始見奇句成篇之後觀其氣貌有似等閑不思而得此高手也有時意靜神王佳句縱橫若不可遏宛若神助不然蓋由先積精思因神王而得乎

重意詩例

兩重意已上皆文外之旨若遇高手如康樂公覽而察之但見情性不覩文字蓋詣道之極也向使此道尊之於儒則冠六經之首貴之於道則居衆妙之門精之於釋則徹空王之奧但恐徒揮斧斤而無其質故伯牙所以歎息也疇昔 國朝協律郞吳競與越僧玄監集秀句二子天機素少選又不精多采浮淺之言以誘蒙俗特入瞽夫偷語之便何異借賊兵而資盜糧無益於詩教矣

跌宕格二品

越俗

其道如黄鶴臨風貌逸神王杳不可羈郭景純遊仙詩左挹浮丘袂右拍洪厓肩鮑明遠擬行路難舉頭四顧望但見松栢園荆棘鬱蹲蹲中有一鳥名杜鵑

言是古時蜀帝魂聲音哀苦鳴不息羽毛顦顇似人髡飛走樹間啄蟲蟻豈憶往時一作日天子尊念茲死生變化非常理中心惻愴不能言

駭俗

其道如楚有接輿魯有原壤外示驚俗之貌內藏達人之度郭景純遊仙詩姮娥揚妙音洪厓頷其頤王梵志道情詩我昔未生時冥冥無所知天公强生我生我復何爲無衣使我寒無食使我饑還你天公我還我未生時賀知章放達詩落花眞好些一醉一回

顛盧照隣劳作詩城狐尾獨束山鬼面紊罩

淈没格一品

淡俗

此道如夏姬當壚似蕩而貞采吳楚之風雖俗而正古歌曰華陰山頭百尺井下有流泉徹骨冷可憐女子來照影不照其餘照斜領

調笑格一品

戲俗

漢書云匡鼎來解人頤蓋說詩也此一品非雅作足

為談笑之資矣李白上雲樂女媧弄黃土摶作愚下人散在六合間濛濛若沙塵

對句不對句

上句偶然孤發其意未全更資下句引之方了其對語一句便顯不假下句此少相敵功夫稍殊請試論之夫對者如天尊地卑君臣父子蓋天地自然之數若斤斧跡存不合自然則非作者之意又詩語二句相須如鳥有翅若惟擅工一句雖奇且麗何異於鴛鴦五色隻翼而飛者哉

三不同語意勢

不同可知矣此則有三同三同之中偷語最為鈍賊如漢定律令厥罪必書不應為鄭侯務在匡佐不暇采詩致使弱手蕪才公行劫剝若評質以道片言可折此輩無處逃刑其次偷意事雖可罔情不可原若欲一例乎反詩教何設其次偷勢才巧意精若無朕迹蓋詩人偷狐白裘于閫域中之手吾亦賞俊從其漏網

偷語詩例

如陳後主入隋侍宴應詔詩日月光天德取傅長虞贈何劭王濟詩日月光太清上三字同下一字義同

偷意詩例

如沈佺期酬蘇味道詩小池殘暑退高樹早涼歸取柳惲從武帝登景陽樓詩太液滄波起長楊高樹秋

偷勢詩例

如王昌齡獨遊詩手攜雙鯉魚目送千里雁悟彼飛有適嗟此罹憂患取嵇康送秀才入軍詩目送歸鴻手揮五絃俯仰自得遊心太玄

品藻

古來詩集多有不公或雖公而不鑒今則不然與二三作者縣衡於衆製之表覽而鑒之庶無遺矣其華艷如百葉芙蓉菡萏照水其體裁如龍行虎步氣逸情高脫若思來景遏其勢中斷亦有如寒松病枝風擺半折

辯體有一十九字

夫詩人之思初發取境偏高則一首舉體便高取境偏逸則一首舉體便逸才性（一作情性）等字亦然故各歸功一字偏高偏逸之例直於詩體篇目風貌不妨一字之下風律外彰體德內蘊如車之有轂衆輻歸焉其一十九字括文章德體風味盡矣如易之有象辭焉今但注於前卷中後卷不復備舉其比興等六義本乎情思亦蘊乎十九字中無復別出矣

高（風韻切暢曰高）　逸（體格閒放曰逸）　貞（放詞正直曰貞）

忠（臨危不變曰忠）　節（持節不改曰節）　志（立性不改曰志）

氣（風情耿耿曰氣）　情（緣境不盡曰情）　思（氣多含蓄曰思）

德（詞溫而正曰德）　誡（檢束防閑曰誡）　閑（情性疏野曰閑）

達（心迹曠誕曰達）　悲（傷甚曰悲）　怨（詞理悽切曰怨）

意（立言曰意）　力（體裁勁健曰力）

靜（非如松風不動林狖未鳴乃謂意中之靜）

遠（非謂淼淼望水杳杳看山乃謂意中之遠）

詩譜　元　陳繹曾

古體

周南　不離日用閒有福天下萬世意

召南　至誠諄恪秋毫不犯

邶風　君子處變淵靜自守

齊風　翩翩有俠氣

唐風　憂思深遠

秦風　秋聲朝氣

豳風　深知民情而真體之

小雅　忠厚

宣王小雅　振刷精神

大雅　深遠

宣王大雅　鋪張事業

周頌　天心布聲

魯頌　謹守禮法

商頌　天成大聲

凡讀三百篇要會其情不足性有餘處情不足故寓之景性有餘故見乎情

凡讀騷要見情有餘處

凡讀漢詩先真實後文華

凡讀建安詩於文華中取真實

三國六朝樂府　猶有真意勝於當時文人之詩

凡讀文選詩分三節東都以上主情建安以下主意三謝以下主辭齊梁諸家五言未成律體七言乃多古製韻度猶出盛唐人上一等但理不勝情氣不勝辭耳

律體

沈約　吳均　何遜　王筠　任昉

陰鏗　徐陵　薛道衡　江總

右諸家律詩之源而尤近古者視唐律雖寬而風度遠矣

絕句體

古樂府　渾然有大篇氣象

六朝諸人　語絕意不絶

雜體

晉傅咸作七經詩其毛詩一篇略曰聿修厥德令終有淑勉爾遁思我言維服盜言孔甘其何能淑讒人罔極有靦面目此乃集句詩之始或謂集句起於王安石非也

張衡

奇興高遠遣辭自妙

唐山夫人

安世歌質古文雅

蔡琰

真情極切自然成文

漢郊祀歌

假意刻酷煉字神奇

漢樂府

真情自然但不能中節爾累度乃是好景

古詩十九首

情真景真事真意真澄至清發至情

陳思王

劉削精潔自然流健

王粲　劉楨

真實有餘澄濾不足

思健功圓

嵇康

人品胷次高自然流出

阮籍

天識清虛體法疎組

張華

氣清虛思頗華

傅玄

思切清古失之太工

潘岳

安仁質勝於文有古意但澄汰未精耳

陸機

士衡才思有餘但胸中書太多所擬能痛割捨乃佳耳

束皙

全篇煅煉首尾有法

張協

逐句煅煉辭工製率

郭璞

構思險怪而造語精圓三謝皆出於此杜李精奇處皆取此本出自淮南小山

劉琨　盧諶

忠義之氣自然形見非有意於詩也杜子美以此爲根本

陶淵明

心存忠義心處閑逸情真景真事真意真幾於十九首矣但氣差緩耳至其工夫精密天然無斧鑿痕迹又有出於十九首之表者盛唐諸家風韻皆出此

謝瞻

景至清虛甚有古文

謝靈運

以險爲主以自然爲工李杜取法處多取此

謝惠連

專取險怪自然之中而句句爲之

鮑照

六朝文氣衰緩唯劉越石鮑明遠有西漢氣骨李杜筋取此

謝朓

藏險怪於意外發自然於句中精深以下造語皆出此

沈約

佳處斲削清瘦可愛自拘聲病氣骨薾然唐諸家聲律皆出此

江淹

善觀古作曲盡心手之妙其自作乃不能爾故君子貴自立不可隨流俗也

二十四詩品

唐　司空圖

雄渾

大用外腓真體內充返虛入渾積健爲雄具備萬物横絶太空荒荒油雲寥寥長風超以象外得其環中持之匪强來之無窮

冲淡

素處以默妙機其微飲之太和獨鶴與飛猶之惠風荏苒在衣閲音脩篁美曰載歸遇之匪深即之愈希脫有形似握手已違

纖穠

采采流水蓬蓬遠春窈窕深谷時見美人碧桃滿樹風日水濱柳陰路曲流鶯比鄰乘之愈往識之愈真如將不盡與古爲新

沉著

綠林野屋落日氣清脫巾獨步時聞鳥聲鴻雁不來之子遠行所思不遠若爲平生海風碧雲夜渚月明如有佳語大河前横

高古

畸人乘真手把芙蓉汎彼浩劫窅然空蹤月出東斗好風相從太華夜碧人聞清鐘虛佇神素脫然畦封黄唐在獨落落玄宗

典雅

玉壺買春賞雨茆屋坐中佳士左右脩竹白雲初晴幽鳥相逐眠琴綠陰上有飛瀑落花無言人淡如菊書之歲華其曰可讀

洗鍊

如鑛出金如鉛出銀超心鍊冶絶愛緇磷空潭瀉春古鏡照神體素儲潔乘月返真載瞻星氣載歌幽人流水今日明月前身

勁健

行神如空行氣如虹巫峽千尋走雲連風飲真茹强蓄素守中喻彼行健是謂存雄天地與立神化攸同期之以實御之以終

綺麗

神存富貴始輕黄金濃盡必枯淡者屢深霧餘水畔

紅杏在林月明華屋畫橋碧陰金樽酒滿伴客彈琴取之自足良殫美襟

自然

俯拾即是不取諸鄰俱道適往着手成春如逢花開如瞻歲新眞與不奪強得易貧幽人空山過雨采蘋薄言情悟悠悠天鈞

含蓄

不着一字盡得風流語不涉己若不堪憂是有眞宰與之沉浮如淥滿酒花時返秋悠悠空塵忽忽海漚淺深聚散萬取一收

豪放

觀花匪禁吞吐大荒由道返氣處得以狂天風浪海海山蒼蒼眞力彌滿萬象在旁前招三辰後引鳳凰曉策六鼇濯足扶桑

精神

欲返不盡相期與來明漪絕底奇花初胎青春鸚鵡楊柳樓臺碧山人來清酒深杯生氣遠出不著死灰妙造自然伊誰與裁

縝密

是有眞迹如不可知意象欲出造化已奇水流花開清露未晞要路愈遠幽行爲遲語不欲犯思不欲癡猶春於綠明月雪時

疏野

惟性所宅眞取弗羈控物自富與率爲期築室松下脫帽看詩但知旦暮不辨何時倘然適意豈必有爲若其天放如是得之

清奇

娟娟群松下有漪流晴雪滿竹隔溪漁舟可人如玉步屧尋幽載瞻載止空碧悠悠神出古異淡不可收如月之曙如氣之秋

委曲

登彼太行翠繞羊腸杳靄流玉悠悠花香力之於時聲之於羌似往已迴如幽匪藏水理漩洑鵬風翱翔道不自器與之圓方

實境

取語甚直計思匪深忽逢幽人如見道心清澗之曲

碧松之陰一客荷樵一客聽琴情性所至妙不自尋
遇之自天泠然希音

悲慨

大風捲水林木爲摧適苦欲死招憩不來百歲如流
富貴冷灰大道日往若爲雄才壯士拂劍浩然彌哀
蕭蕭落葉漏雨蒼苔

形容

絶佇靈素少迴清真如覓水影如寫陽春風雲變態
花草精神海之波瀾山之嶙峋俱似大道妙契同塵
離形得似庶幾斯人

超詣

匪神之靈匪幾之微如將白雲清風與歸遠引莫至
臨之已非少有道氣終與俗違亂山喬木碧苔芳暉
誦之思之其聲愈稀

飄逸

落落欲往矯矯不羣緱山之鶴華頂之雲高人惠中
令色絪縕御風蓬葉汎彼無垠如不可執如將有聞
識者期之欲得愈分

曠達

生者百歲相去幾何歡樂苦短憂愁實多何如尊酒
日往烟蘿花覆茅簷疎雨相過倒酒既盡杖藜行歌
孰不有古南山峨峨

流動

若納水輨如轉丸珠夫豈可道假體如愚荒荒坤軸
悠悠天樞載要其端載聞其符超超神明返返冥無
來往千載是之謂乎

詩談　　海鹽徐泰

青田劉伯溫鈞天廣樂飛容不凡開國宗工不在茲乎獨元季之作詞多感慨

姑蘇高啓岱峯雄秀瀚海渾涵海內詩宗豈惟吳下楊基大機雲錦自然美麗獨時出纖巧不及高之冲雅潯陽張羽吳興徐賁亞矣四傑叙稱以其才乎

姑蘇張仲簡翠釜駝峯瑶觴法醞時可對壘者杜彥正金德儒乎國初之詩莫盛吳下但未盡脫元格至

王行王汝玉輩漸入清雅然不及高楊耳

古田張以寧高雅俊逸超絕畦畛翠屏千仞可望不可躋

廬陵張昱雄俊去元未遠照乘之珠見者目眩

句容孫炎詞氣豪邁類其爲人渥洼神駒一蹴千里

金谿危素入我國朝老矣蓋元季之虎也臨江梁寅盱江黃肅俱一時老將嗣後有徐霖

金華胡翰雄壯蘇伯衡豐腴大牢之味與黎藿自別宋景濂王子充詩亦純雅以文名

吉安劉崧工詩自奔嵐岩谷中來冬嶺之松老而愈秀時同省劉姓者數人如彥昺丞直輩雄俊相似

長沙劉三吾詩不多見天閑老驥骨相自別

臨川甘瑾工於律矛戟森然望之可畏臨川揭孟同上饒張孟循金陵夏允中德輿稚邦民格調相似

新安詹同赤色精金與鑰鉅自別東山趙汸根于筆削尤稱雅則

山陰錢宰霜鵰鯨音自然洪亮後馬貫王誼王澤毛鉉張燦嗣後高廉俱清健

山陰唐肅謝肅驊騮騄駬並馳藝苑唐有子之淳克繼其踵

會稽劉漁漁子績績子師邵金章紫綬祖孫相傳三世名家

嘉禾鮑恂大雅君子貝瓊豪邁之士陳秀民陳緝熙致堯貝翔俱吾鄉先哲不及二子亦稱名家

吳興王蒙詩畫兩絕不忝文敏外孫沈夢麟亦清雅

錫山張籌剛勁之氣未能全融而金石鏘然足洗俗樂之耳時周子羽錢子正子義浦長源嗣是王達善

王孟端楊叔璣秦廷韶秦景美延則邵國賢浦文玉
籌時武進謝應芳江陰王逢孫大雅俱名家人雅後
卞榮亦秀逸
維揚汪廣洋谿臺月明鳳笙獨奏京口滕毅梟縣郭
奎全椒樂韶俱清雅後京口楊一清海陵儲巏
雲間袁凱師法少陵格調高雅奚止白燕九峯三泖
之秀二陸卓矣嘘其燼者其海叟乎時吳子愚陳文
東俱雅健惟顧謹中醇雅後則夏正夫曹泰惟張弼
清俊弼明珠數顆舉世寶之

嶺南孫仲衍王彥舉黃庸之趙伯貞李仲修時稱五
傑惟仲衍清圓流麗明珠走盤不能自定彥舉雄俊
豐麗殆敵手也德慶李文彬亦時勍敵後瓊山丘濬
詞雖豐腴警秀則少矣
濟南張紳時有吳渾不知何許人各僅得其一二篇
格清健管見一斑知其爲豹矣
閩南林鴻師法盛唐善臨晉帖殆逼眞矣惜惟得其
貌耳時若危德華名亞子羽格調秀俊唐泰高棟周
玄王恭俱清雅文任道不知何許人亦秀俊

海昌胡虛豪邁一鶚橫秋百鳥戢翼
錢唐錢惟善鍾湖山之秀而發于詩故多秀句瞿宗
吉組織工麗其溫飛卿之流乎但新聲與雅樂恐難
並奏也後王希範清雅惜氣不足耳嗣後吳吉甫醇
雅姚綬亦清逸
黃巖許廷愼天台雁蕩雄據東南小杜之稱豈容多
讓寧海方希直文章大家詩亦豪壯非所長也若黃
巖方行寧海許繼皆鐵中錚錚者前天台王澤天廚
之珍自然適口後謝鐸剛毅英華焉用藻飾

吉水解縉獨駕青鸞翱翔八極使謫仙遇之嘗攜揖
以待金川練子寧玉屑無多爲世所寶
廬陵楊士奇格律清純實開西涯之派文則弱矣
閩南王偁凌駕漢唐見推解子東南天柱焉用洪達
吉安曾棨天馬行空不可控御同郡作者莫之與敵
四明張楷和唐音所謂服堯之服斯堯已矣惜其自
作殊不快意餘姚楊蔣秀亦和唐音煞有風致國初
有桂彥良清雅後張琦高古
臨川聶大年俊逸九轉丹成毛骨蛻

似面前人一生皆稱爲的對

詩論

宋釋普聞

老杜之詩備於衆體是爲詩史近世所論東坡長於古韻豪逸大度魯直長於律詩老健超邁荆公長於絶句閒暇淸癯其各一家也然則荆公之詩覃深精思是亦今時之所尚也魯直曰荆公末年小詩雅麗精絶脫去流俗不可以常理待之也荆公送和甫寄女子詩云荒烟凉雨助人悲淚染衣襟不自知除却春風沙際綠一如送汝過江時拂去豪逸之氣屏蕩老健之節其意韻幽遠淸癯雅麗爲得也

論曰詩家云鍊字莫如鍊句鍊句莫若得格格高本乎琢句句高則格勝矣天下之詩莫出乎二句一曰意句二曰境句境句易琢意句難製境句人皆得之獨意句不得其妙者蓋不知其旨也所以魯直荆公之詩出乎流輩者以其得意句之妙也何則蓋意從境中宣出所以此詩作荆公集中之眼者妙在斯耳魯直寄黄從善詩云我居北海君南海寄鴈傳書謝不能桃李春風一杯酒江湖夜雨十年燈云云初二

句爲小破題第三第四爲頷聯大凡頷聯皆宜意對春風桃李但一杯而已想像無聊窶空爲甚飄蓬寒雨十年燈之下未見青雲得路之使其羇孤未遇之嘆具見矣其意句亦就境中宜出桃李春風江湖夜雨皆境也昧者不知直謂境句謬矣陳去非詩云一官不辦作生涯幾見秋風捲岸沙境也着幾見二字便成意句予亦嘗法之送求僧行者云山林夜雨厭孤寂春風幾番沙草碧衣盂無計若爲傳負春空墜腰間石云云已上皆古人未曾言之雖然其來亦有所自也陳無已詩云枯松倒影半溪寒數個沙鷗似水安 境中帶意 曾買江南千本畫歸來一筆不中看 意 石屋詩云八峯春到了雙澗雨晴初 境 小室鈎簾坐 境中帶意 人間無畫圖 意 禁臠謂奪胎法者石屋之詩見之然其境句不勝耳又詩亡名千金卻買吳州畫今向吳州畫裏行 意 小雨半收蒲葉冷漁人歸去釣船橫 境 此亦前模之自出也予亦效顰口水潤天長鴈影孤眠沙鷗鷺倚黃蘆半收小雨西風冷 境 藜杖相將入畫圖 意 又日十里沙堤水滿湖着霜蘆

冷未全枯曉來細雨藏鷗鷺何處人間有畫圖大凡但識境意明白覷見古人千載之妙其猶視諸掌

詩病五事

宋　蘇轍

李白詩類其爲人駿發豪放華而不實好事喜名不知義理之所在也語用兵則先登陷陣不以爲難語遊俠則白晝殺人不以爲非此豈其誠能也哉白始以詩酒奉事明皇遇讒而去所至不改其舊永王將竊據江淮白起而從之不疑遂以放死今觀其詩固然唐詩人李杜稱首今其詩皆在杜甫有好義之心白所不及也漢高祖歸豐沛作歌曰大風起兮雲飛

揚威加海内兮歸故鄉安得猛士兮守四方高帝豈以文字高世者哉帝王之度固然發於其中而不自知也白詩反之曰但歌大風雲飛揚安用猛士守四方其不識理如此老杜贈白詩有細論文之句謂此類也哉

大雅綿九章初誦太王遷豳建都邑營宫室而已至其八章乃曰肆不殄厥愠亦不隕厥問始及昆夷之怒尚可也至其九章乃曰虞芮質厥成文王蹶厥生予曰有疏附予曰有先後予曰有奔奏予曰有禦侮事不接文不屬如連山斷嶺雖相去絶遠而氣象聯絡觀者知其脉理之爲一也蓋附離不以鑿枘此最爲文之高致耳老杜陷賊時有詩曰少陵野老吞聲哭春日潛行曲江曲江頭宫殿鎖千門細柳新蒲爲誰緑憶昔霓旌下南苑苑中萬物生顔色昭陽殿裏第一人同輦隨君侍君側輦前才人帶弓箭白馬嚼齧黄金勒翻身向天仰射雲一箭正墜雙飛翼明眸皓齒今何在血汙游魂歸不得清渭東流劍閣深去住彼此無消息人生有情淚霑臆江水江花豈終極黄昏胡騎塵滿城欲往城南忘城北予愛其詞氣如

百金戰馬注坡驀澗如履平地得詩人之遺法如白樂天詩詞甚工然拙於紀事寸步不遺猶恐失之此所以望老杜之藩垣而不及也

詩人詠歌文武征伐之事其於克密曰無矢我陵我陵我阿無飲我泉我泉我池其於克崇曰崇墉言言臨衝閑閑執訊連連攸馘安安是類是禡是致是附四方以無侮其於克商曰維師尚父時維鷹揚諒彼武王肆伐大商會朝清明其形容征伐之盛極於此

矣韓退之作元和聖德詩言劉闢之死曰宛宛弱子赤立傴僂牽頭曳足先斷腰膂次及其徒體骸撑柱末乃敢闢駭汗如瀉揮刀紛紜爭切膾脯此李斯頌秦所不忍言而退之自謂無愧於雅頌何其陋也

唐人工於爲詩而陋於聞道孟郊嘗有詩曰食薺腸亦苦强歌聲無歡出門如有礙誰謂天地寬郊耿介之士雖天地之大無以安其身起居飲食有戚戚之憂是以卒窮以死而李翱稱之以爲郊詩高處在古無上平處猶下顧沈謝至韓退之亦談不容口甚矣

詩病五事　八　三

唐人之不聞道也孔子稱顔子在陋巷人不堪其憂回也不改其樂回雖窮困早卒而非其處身之非可以言命與孟郊異矣

聖人之御天下非無大邦也使大邦畏其力小邦懷其德而已非無巨室也不得罪於巨室巨室之所慕一國慕之矣魯昭公未能得其民而欲逐季氏則至於失國漢景帝患諸侯之强制之不以道削奪吳楚以致七國之變竭天下之力僅能勝之由此觀之大邦巨室非爲國之患患無以安之耳祖宗承五代之亂法制明具州郡無藩鎮之强公卿無世官之弊古者大邦巨室之害不見於今矣惟州縣之間隨其大小皆有富民此理勢之所必至所謂物之不齊物之情也然州縣賴之以爲强國家恃之以爲固非所當憂亦非所當去也能使富民安其富而不横貧民安其貧而不匱貧富相恃以爲長久而天下定矣王介甫小丈夫也不忍貧民而深疾富民志欲破富民以惠貧民不知其不可也方其未得志也爲兼并之詩其詩曰三代子百姓公私無異財人主擅操柄如天

詩病五事　八　四

持斗魁賦予皆自我兼并乃姦回姦回法有誅勢亦無自來後世始倒持黔首遂難裁秦王不知此更築懷淸臺禮義日以媮聖經久埋埃法尚有存者欲言時所咍俗吏不知方掊克乃爲才俗儒不知變兼并可無摧利孔至白出小人私闔開有司與之爭民愈可憐哉及其得志專以此爲事設青苗法以奪富民之利民無貧富兩稅之外皆重出息十二吏緣爲姦至倍息公私皆病矣吕惠卿繼之作手實之法私家一毫以上皆藉於官民知其有過取之心至於賣田

殺牛以避其禍朝廷覺其不可中止不得僅乃免於亂然其徒世守其學刻下媚上謂之享上有一不享上皆廢不用至於今日民遂大病源其禍出於此詩蓋昔之詩病未有若此酷者也

杜詩箋

宋　黄庭堅

更須慎其儀

陶侃傳諸參佐當正其衣冠攝其威儀何有亂頭養望自謂曠達邪

曾冰延樂方

傅毅舞賦云朱唇紆清揚抗音高歌爲樂方

得兼梁父吟

諸葛武侯梁父吟步出齊東門

縱有健婦把鋤犂

古樂府健婦持門戶勝一大丈夫

新鬼煩冤舊鬼哭

夏父弗忌曰吾見新鬼大故鬼小

禾頭生耳黍穗黑

齊民要術秋雨甲子禾頭生耳

春光澹沲度千門

富嘉謨明冰爲春冰澹沲度千門明冰時出御至尊

始出枝撑幽

慈恩塔下數級皆枝撑　黑出上級乃明

業白出石壁

寶積經若純黑業得純黑報純白業得純白報

一箭正墜雙飛翼

箭一作笑蓋用賈大夫射雉事

已令請急會通籍

晉令急假者五日一急一歲以六十日爲限書記所稱急取急請急皆謂假也車武子早急出詣子敬盡急而還是也

幾日休練卒

新安吏時練卒收舊京

彭衙行

馮翊郡縣西北有彭衙城秦晉戰地

張公一生江海客

張相鎬

合昏尚知時

合昏木名朝舒夕斂

山鬼獨一脚

山魈出江州獨足鬼

射人先射馬

梁伯左射馬而右射人無不能進

是身如浮雲

維摩經是身如浮雲須臾變滅

向子識損益

向子平讀易至損益歎曰吾已知富不如貧貴不如賤也

徒旅慘不悅

一本云徒懷松柏悅

熊羆咆我東虎豹號我西

招隱云熊羆咆兮虎豹號

歲拾橡栗隨狙公

後漢李恂居新安關下拾橡栗以自資

我生託子以爲命

嵩記牛山多杏自中國喪亂百姓資此爲命

黃精無苗山雪盛

精一作獨黃獨狀如芋子肉白皮黃苗蔓延生葉
似蘿摩梁漢人蒸食之江東謂之土芋

石筍行

華陽國志蜀王妃物故哀念之遣五千之武都擔
土爲妃作冢盖地數畝高九尺盖石俗名爲石筍

不唾青城地

古樂府去婦情更重千里不唾井
爲君酤酒滿眼酤與奴白飯馬青芻
傅玄盤中詩羊肉千斤酒百斛令君馬肥麥與粟

眼中之人吾老矣

魏文帝詩回頭四向望眼中無故人陸雲詩感念
桑梓城髣髴眼中人

牽牛織女

齊諧記桂陽成武丁有仙道忽謂弟曰七月七日
織女當渡河吾向已被召弟曰何事織女渡河曰
暫詣牽牛

牛馬毛寒縮如蝟

元封中雪大寒牛馬皆踡縮如蝟

書貴瘦硬方通神

二碑漢隸極瘦硬

仙李盤根大

唐太宗探得李詩云盤根植瀛渚交榦倚天舒

風筝吹玉柱

柳惲七夕詩秋風吹玉柱

露井凍銀床

銀床古樂府淮南王篇

五夜漏聲催曉箭

晝漏盡夜漏起省中黃門持五夜甲夜乙夜丙夜
丁夜戊夜出漢舊儀

封題鳥獸形

宋王微伏苓贊中狀雜鳧具容龜蔡

初月

王原叔說此詩爲肅宗作

舉家聞若駭

當作咳揭厲惟猿猴喜怒飲食常作咳

錦官城外柏森森

成都道西城故錦官也故命曰錦官城
籠竹和烟露滴稍
籠音蒙籠竹蜀人名大竹云
野艇恰受兩三人
改作航殊無理此特吳體不必盡律白公同韓侍
郎游鄭家池詩云野艇容三人正用此語
湔口紅如練
湔情反在彭州
蠶崖雪似銀

蠶崖在茂州帶雪山
更歷少城闉
少城今城都治府張儀所築
軍吏回官燭
巴祗爲楊州刺史與客坐暗中不然官燭
盤渦鷺浴底心性
郭璞江賦盤渦谷轉
久游巴子國
左氏桓九年巴子請與鄧爲好巴姬姓國在巴郡

江州縣
南游北户開
林邑日南諸國皆開北户向日
相失萬重雲
梁簡文朱櫻詩花茂蝶爭飛枝濃鳥相失
鬭雞
覩風樓南起鬭雞殿
胡雛負恩澤
王衍見石勒曰胡雛有奇志恐爲天下患

人間有賜金
漢書高后紀遺詔賜諸侯王各千金
香落金爐違伏枕
尚書郎入直女侍史執香爐燒薰護衣服漢官儀
織女機絲虛月夜
池中有戈船各四百艘四角各垂旛旄旌葆又作
二石東西相對以象牽牛織女
賜被隔南宮
給青縑白綾被或錦被

艸閣柴扉星散居

寒閣星散居庾信

陶冶性靈存底物

顔之推論文章陶冶性靈從容諷諫亦樂事也

側生野岸及江蒲

生本是產人字也誤轉爲生

竹葉於人既無分

張華輕薄篇曰蒼梧竹葉清宜成九醞酒

家家養烏鬼

峽中養雅雛帶以銅錫環獻之神祠中人謂之烏鬼

說郛目録

弓第八十

風騷旨格

唐 齊己

六詩

一曰大雅

一氣不言含有象萬靈何處謝無私

二曰小雅

天流皓月色池散芰荷香

三曰正風

都來消帝力全不用兵防

四曰變風

當道冷雲和不得滿郊芳草卽成空

五曰變大雅

蟬離楚樹鳴猶少葉到嵩山落更多

六曰變小雅

寒禽黏古樹積雪占蒼苔

詩有六義

一曰風

高齊日月方爲道動合乾坤始是心

二曰賦

風和日煖方開眼雨潤煙濃不舉頭

三曰比

丹頂西施頰霜毛四皓鬚

四曰興

水諳彭澤闊山憶武陵深

五曰雅

捲簾當白晝移榻對青山

又

遠道擎空鉢深山踏落花

六曰頌

君恩到銅柱蠻欵入交州

詩有十體

一曰高古

千般貴在無過達一片心閒不奈高

二曰清奇

未曾將一字容易謁諸侯

三曰遠近

已知前古事更結後人看

四日雙分

船中江上景晚泊早行時

五日背非

山河終決勝楚漢且横行

六日虚無

山寺鍾樓月江城鼓角風

七日是非

須知項籍劍不及魯陽戈

八日清潔

大雪路亦宿深山水也齋

九日覆粧

疊巘供秋望無雲到夕陽

十日闔門

卷簾黄葉落鎖印子規啼

詩有十勢

獅子返擲勢

離情遍芳艸無處不萋萋

猛虎踞林勢

窓前閒詠鴛鴦句壁上時觀獬豸圖

丹鳳銜珠勢

正思浮世事又到古城邊

毒龍顧尾勢

可能有事關心後得似無人識面時

孤鴈失羣勢

詩闕

洪河側掌勢

遊人微動水高岸更生風

龍鳳交吟勢

崑玉已成廊廟器澗松猶是薜蘿身

猛虎投澗勢

仙掌月明孤影過長門燈暗數聲來

龍潛巨浸勢

養猿寒嶂叠擊鶴密林疎

鯨吞巨海勢

袖中藏日月掌上握乾坤

詩有二十式
一曰出入
雨漲花争出雲空月半生
二曰高逸
夜過秋竹寺醉打老僧門
三曰出塵
逍遥非俗趣楊柳謾春風
四曰廻避
鳥正啼隋柳人須入楚山

五曰並行
終夜冥心坐諸峰叫月猿
六曰艱難
覔句如探虎逢知似得仙
七曰達時
高松飄雨雪一室掩香燈
八曰度量
應有冥心者還尋此境來
九曰失時
高秋初雨後夜半亂山中
十曰靜興
古屋無人到殘陽滿地時
十一曰知時
前村深雪裏昨夜一枝開
十二曰暗會
重城不鎖夢每夜自歸山
十三曰直擬
禹力不到處河聲流向西

十四曰返本
又因風雨夜重到古松門
十五曰功勳
馬會金鞭中身有寳刀痕
十六曰抛擲
琴書留上國風雨出秦關
十七曰背非
山河終決勝楚漢且横行
十八曰進退

日午遊都市天寒往華山

十九曰禮義

送我杯中酒與君身上衣

二十曰兀坐

自從青艸出便不下堦行

詩有四十門

一曰皇道

明堂坐天子月朔朝諸侯

二曰始終

養鷄成大鶴種子作高松

三曰悲喜

兩行燈下淚一紙嶺南書

四曰隱顯

道晦金鷄伏時來木馬鳴

五曰惆悵

此别又千里少年能幾時

六曰道情

誰來看山寺自是掃松門

七曰得意

此生還自喜餘事不相侵

八曰背時

白髮無心鑷青山得意多

九曰正風

一春能幾日無雨亦多風

十曰返顧

遠憶諸峰頂曾棲此性靈

十一曰亂道

苦雨漲秋濤狂風翻野燒

十二曰抱直

須知三尺劍只爲不平人

十三曰世情

要路爭先進閑門肯暫過

十四曰康救

傷人皆黙語當路好隄防

十五曰貞孝

無家空託墓主祭不從人

十六曰薄情
君恩秋後薄日夕向人疎
十七曰忠正
敢將心爲主豈懼語從人
十八曰相成
怪得登科晚須逢聖主知
十九曰嗟歎
淚流襟上血髮變鏡中絲
二十曰俟時

明主未巡狩白頭猶釣魚
二十一曰清苦
在處人投卷移居雨着衣
二十二曰騷愁
巳難消永夜況復聽秋霖
二十三曰眷戀
欲起游方興重來遶塔行
二十四曰想像
溪霞流火色松月照爐光

二十五曰志氣
未拋先達路難作便歸人
二十六曰雙擬
瞋目瞋心坐花開花落時
二十七曰向時
黑壞生紅朮黃猿領白兒
二十八曰傷心
六國空流血孤祠掩落花
二十九曰監戒

因思後庭曲懶上景陽樓
三十曰神仙
一爲嵩岳客幾喪洛陽人
三十一曰破除
大都時到此不是世無情
三十二曰蹇塞
氣蒸垂柳重寒勒牡丹遲
三十三曰鬼怪
山魈隔窗舞鶻鳥入簾飛

三十四曰紕繆
日落月未上鳥棲人獨行
三十五曰世變
如何人少重都爲帶寒關
三十六曰風雅
日落無行客天寒有去鴻
三十七曰嗟歎
拭淚沾襟血梳頭滿面絲
三十八曰是非
須知項籍劍不及魯陽戈
三十九曰禮義
送我杯中酒與君身上衣
四十曰清潔
大雪路亦宿深山水也齋
詩有六斷
一曰合題
可憐半夜嬋娟月正對五侯殘酒卮
二曰背題

尋常風雨夜應有鬼神看
三曰即事
翻嫌易水上細碎動離寬
四曰因起
閒尋古廊畫記得列仙名
五曰不盡意
此心只在相逢說時復登樓看遠山
六曰取時
西風起邊鴈一一向瀟湘
詩有三格
一曰上格用意
那堪懷遠道猶自上高樓
又
九江有浪船難濟三峽無猿客自愁
二曰中格用氣
直饒人買去還向柳邊栽
又
四海魚龍精魄冷三山鸞鳳骨毛寒

三日下格用事

片石猶臨水無人把釣竿

又

一輪湘渚月萬古獨醒人

韻語陽秋

丹陽葛立方

陶潛謝朓詩皆平淡有思致非後來詩人怵心劌目雕琢者所爲也老杜云陶謝不枝梧風騷共推激紫燕自超詣翠駮誰翦剔是也大抵欲造平淡當自組麗中來落其華芬然後可造平淡之境如此則陶謝不足進矣今之人多作拙易詩而自以爲平淡識者未嘗不絶倒也梅聖俞和晏相詩云因今適性情稍欲到平淡苦詞未圓熟刺口劇菱芡言到平淡處甚難也所以贈杜挺之詩有作詩無古今欲造平淡難之句李白云清水出芙蓉天然去雕飾平淡而到天然處則善矣

老杜寄身於兵戈騷屑之中感時對物則悲傷係之如感時花濺淚是也故作詩多用一自字田父泥飲詩云步屧隨春風村村自花柳遣懷詩云愁眼看霜露寒城菊自花憶弟詩云故園花自發春日鳥還飛日暮詩云風月自清夜江山非故園滕王亭子云古墻猶竹色虛閣自松聲古人情對境自有悲喜而初

不能累無情之物也

杜甫觀安西過兵詩云談笑無河北心肝奉至尊故東坡亦云似聞指揮築上郡已覺談笑無西戎蓋用左太冲詠史詩長嘯激清風志若無東吳也王維云虜騎千重只似無句則拙矣

杜甫客夜詩云客睡何曾着秋天不肯明涪王使君送江詩云山豁何時斷江平不肯流不肯二字含蓄甚佳故杜兩言之與淵明所謂日月不肯遲四時相催迫同意

退之贈崔立之前後各一篇皆譏其詩文易得前語曰才豪氣猛易語言往往蛟螭雜螻蚓後詩曰文如翻水成初不用意爲二詩皆數十韻豈非欲衒博於易語言之人乎前詩曰洩藏倏筍時一發戢戢已多如東筍後詩曰每每遺我書竟歲無差池有以知崔於韓情義之篤如此也

選詩駢句甚多如宣尼悲獲麟西狩涕孔丘手憂集日夜萬感盈朝昏萬古陳往還百代勞起伏多士成大業羣賢齊洪績之類恐不足爲後人之法也

韋應物詩平平處甚多至於五字句則超然出於畦逕之外如遊溪詩野水煙鶴唳楚天雲雨空南齋詩春水不生煙荒岡筠翳石詠聲詩萬物自生聽太空常寂寥如此等句豈下於兵衛森畫戟燕寢凝清香哉故白樂天云韋蘇州五言詩高雅閑淡自成一家之體東坡亦云樂天長短三千首却遜韋郎五字詩

孟郊詩楚山相敧斷日月無全輝萬株古檪根拏此磷磷溪大行橫偃脊百里芳崔嵬等句皆造語工新無一點俗韻然其他篇章似此處絕少也李觀許其

詩云高處在古無上平處下觀二謝許之亦太甚矣東坡謂初如食小魚所謂不償勞又似食蟛蜞竟日嚼空螯貶之亦太甚矣

蔡君謨娶余祖姑清源君已而赴漳南幕余曾祖通議贈之詩曰藻思舊傳青管夢指科新試碧雞才且依仲寶蓮花幕更下溫郎玉鏡臺可謂佳句矣韓退之送陸暢詩云一來取高第官佐東宮軍迎婦丞相府誇映秀士羣鳴鸞桂樹間觀者何繽紛此二詩事相類而語皆奇也

錢起集前八卷後五卷鮑欽止謂昭宗時有中書舍人錢珝亦起之諸孫今起集中恐亦有珝所作者余初未知其所據也比見前集中有同程七早入中書一篇云不意雲霄能自致空驚鵷鷺忽相隨臘雪新晴栢子殿春風欲上萬年枝和王員外雪晴早朝云紫微晴雪帶恩光遶仗偏隨鵷鷺行長信月留寧避曉宜春花滿不飛香二詩皆珝所作無疑盖起未嘗入中書也集中又有登彭祖樓一詩而許能集亦載則知所編甚駁也

王仲至嘗奉使過仇池有九十九泉萬山環之老杜仇池詩乃謂近接西南境長懷十九泉何耶

韋應物聽嘉陵江聲云水性自云靜石中本無聲如何兩相激雷轉空山鳴贈李儋云絲桐本異質音響合自然吾觀造化意二物相因緣二詩意頗相類然應物未曉所謂非因非緣亦非自然者

高適別鄭處士云興來無不愜才大亦何傷寄孟五詩云秋氣落窮巷離憂兼暮蟬送蕭十八云常苦古人遠今見斯人古題陸少府書齋云散帙至棲鳥明灯留故人皆佳句也上陳左相云天地莊生馬江湖范蠡舟亦有含蓄但莊子謂天地一指萬物一馬而以天地爲馬悞矣

晉張翰憶吳中蓴菜鱸鱠而歸而高適屢作越上用如送崔功曹赴越云今朝欲乘興隨爾食鱸魚送李九赴越云鏡水君所憶蓴羹余舊便人以爲疑余考地里志漢吳縣隸今會稽郡則以鱸魚作越上亦無傷也

魯直謂東坡作詩未知句法而東坡題魯直詩云每

見魯直詩未嘗不絕倒然此卷語妙甚殆非悠悠者可識能絕倒者已是可人又云讀魯直詩如見魯仲連李太白不敢復論鄙事雖若不適用然不爲無補如此題識其許之乎其譏之也魯直酷愛陳無已詩而東坡亦不深許魯直爲無已揚譽無所不至而無已乃謂人言我語勝黃語何耶

余讀許渾詩獨愛道直去官早家貧爲客多之句非親嘗者不知其味也贈蕭兵曹詩云客道恥摇尾皇恩寬犯鱗直道去官早之實也將離郊園詩云久貧

辭國遠多病在家希貧爲客多之實也
錢起與郎士元齊名時人語曰前有沈宋後有錢郎
然郎豈敢望錢哉起中書遇雨詩云雲銜七殿起雨
拂九門來宴李監宅云晚鍾過竹靜醉客出花遲罷
官後云秋堂入閑夜雲月思離居對雨云生事萍無
定愁心雲不開亦可謂奇句矣士元詩豈有如此句
乎贈盖少府新除江南尉云客路尋常隨竹影人家
大抵傍山嵐題王季友半日村別業云長溪南路當
羣岫半景東鄰照數家此何等語余讀其詩盡帙未

見有可喜處以是知不及起遠甚
孟郊詩云借車載家具家具少於車借者莫彈指貧
窮何足嗟可見其素窶後有詩云賓秋已覺厚私儲
常恐多是古人恐富求歸之義則貧亦何足怪按郊
爲溧陽尉縣有投金瀨平陵城林薄蓊蔚郊往來其
間曹務都廢至遣假尉代之而分其半俸則安得有
私儲哉退之贈郊詩云陋室有文史高門有笙竽何
能辨榮辱直欲分賢愚盖言貧者文史之樂賢於富
者笙竽之樂也

東坡詩云玉奴絃索花奴手玉奴謂楊妃花奴
陽王璡也及觀和楊公濟梅花詩乃言玉奴終
東昏何耶按南史東昏　潘玉兒當是筆誤爾
唐人與親別而復歸謂之拜家慶盧象詩云上堂家
慶畢顧與親恩邇孟浩然詩云明朝拜家慶須着老
萊衣
晉嵇康贈弟秀才四言詩云感悟馳情思我所欽則
以所欽爲弟陸機贈從兄車騎詩云寤寐靡安豫願
言思所欽則以所欽爲兄又贈馮文羆詩云慷慨誰

爲感願言懷所欽則以所欽爲友
白樂天詩多說別花如紫微花詩云除却微之見
愛世間少有別花人薔薇花詩云移他到此須
不別花人莫使看今好事之家有奇花多矣
花人未之見也鮑溶作仙檀花詩寄袁德
欲求御史更分別之句豈謂是耶
元微之謫通州白樂天有詩
日沙頭始賣魚役人有
足虎貙張籍云江村亥

日妻到市之句
凡物皆可占非特蓍龜也市中
若莫知其所自余觀王建集有聽
嫁時鏡夫婿遠行憑鏡聽豈今
經云不以瓜鏡芝草楊枝鉢盂髑髏
能占卜信矣
樗蒲用博齒五枚如銀杏狀各上黑下白内取二
刻爲犢其背刻爲雉故李翺五木經云樗蒲五木
白判厥二作雉背作牛是也以盧白雉犢四爲王采
韻語陽秋　八
取其全它八采爲畍者惡其駁也按前史三擲三盧
如慕容寶五擲五盧如李安人王思政之擲印爲盧
劉裕之喝盧勝雉皆以爲前途富貴之先兆卒之
應如響亦可謂異矣鄭谷詩云能消永日是樗蒲坑
壍由來似宦途兩擲未離操撅內坐中何惜爲呼盧
然盧可呼而得官可倖而致乎觀答此言似未
時處順者
楚詞云箟蔽象棊有六博些分曹並進遒相
迫謂投六著行六棊故謂之六博言以菎

牙爲棊也而楚詞補注乃引列子擊博樓上謂擊打
也如今之雙陸棊也予謂雙陸之制初不用棊但以
黑白小棒槌每邊各十二枚主客各一色以骰子兩
隻擲之依點數行因有客主相擊之法故趙摶雙陸
詩云紫牙鏤合方如斗二十四星銜月日貴人迷此
華筵中運木手交如陣鬭今六博既行六棊則非雙
矣
王世紀及逸士傳載帝堯之時天下太和有八九
十老人擊壤而歌於康衢其詞云日出而作日入而
韻語陽秋　八　九
息鑿　飲耕田而食帝何力於我哉初不知壤爲
何物因　藝經云壤以木爲之前廣後銳長尺四寸
闊三寸其形如履將戲先側一壤於地遠三四十步
以手中壤擊之中者爲上蓋古戲也
韓退之於崔立之厚矣立之所厚於退之者宜如何
然集中所答三詩皆未有慰藉之意何邪其曰幾欲
犯顏出爲口氣象律矶未可攀又云東馬嚴徐已奮
枚皋即召窮且忍知識當要路正賴汲引隱情惜
己殆同寒蟬古人之所惡也

今之新進士不問科甲高下唱名出皇城則例喝狀元莫知其端唐鄭谷登第後宿平康里嘗作詩曰春來無處不閑行楚潤相看別有情好是五更殘酒醒耳邊聞 狀元聲則新進士例呼狀元舊矣鄭谷趙昌翰牓第八名也

秦太虛舉進士不得東坡詩曰底事秋來不得解定試與問諸天誤爲稱屈也李方叔省試不得第而東坡領貢舉嘗有詩贈之云平生漫說古戰場過眼日五色我慙不出君大笑行止皆天子何責山

韻語陽秋〈八〉　十

之　今年持橐佐春官遂失此人難容責塵主歸

迺於　歸命於天俱一世之賢也

闕有　傳義之禁舊矣竊怪李擇爲考官大陳

於心令學者縱觀和凝爲考官開門徹棘令學者自　則眞賢實能孰辨耶予知其故矣蓋自唐以來主司重素望故文場一啟而投卷紛然舉子之升黜固自有定議矣雖禁挾書傳義奚爲哉朝向公卿說暮向公卿說誰謂黃鍾化爲君子舌此孟郊有祈於知己也而呂渭取之擬動如浮海凡言似謀詩終身事知己此後復何爲此杜荀鶴有祈於知己也而裴贄取之砌下芝蘭新滿徑門前桃李舊垂陰却應回念江邊草放出春烟一寸心此鄭谷有祈於知己也而柳玭取之舉子祈之於前主司錄之於後公論何在乎長慶初錢徽爲考官取鄭朗等三十三人以所取不當再命白居易試孤竹管賦試者皆不知本事逐落十一人而錢徽貶江州刺史當時詔書以謂浮薄之徒扇爲朋黨干撓主司每歲策名無不先定則陳書徹棘之舉殆無足怪也

韻語陽秋〈八〉　十一

酒之種類多矣有以綠爲貴者白樂天所謂傾如竹葉盈尊綠是也有以黃爲貴者老杜所謂鵞兒黃似酒是也有以白爲貴者樂天所謂玉液黃金巵是也有以碧爲貴者老杜所謂重碧酤新酒是也有以紅爲貴者李賀所謂小槽酒滴珍珠紅是也今閩廣間所釀酒謂之紅酒其色殆類胭脂酉陽雜俎載賈琳家蒼頭能別水常乘小艇於黃河中以瓠匏接河源水以釀酒經宿色如絳名爲崑崙觴是又紅酒之尤也

蜀中食品南方不知其名者多矣而況其味乎東坡□所謂豆莢圓且小槐牙細而豐者巢菜也所謂贈君木魚三十尾中有鶯黄子魚子者椶筍也是二物者蜀川甚貴重東坡在黄州時去鄉已十五年思巢菜而不可得會巢元修自蜀來使歸致其子而種之東坡之下又作椶筍酢浸密漬可致千里外嘗以餉殊長老則此二物之珍可知矣蒟醬蜀醬也蜀都賦所謂蒟醬流味是也苞蘆蜀鮓也老杜所謂香飯兼苞蘆是也

陶淵明乞食詩云饑來驅我去不知竟何之而繼之以感子漂母惠愧我非韓才則求而有所獲者也杜子美上水遣懷云驅馳四海内童稚日糊口而繼之以但遇新少年少逢舊知友則求而無所得者也山谷貧樂齋詩云饑來或乞食有道無不可過青草湖云我雖貧至骨猶勝杜陵老憶昔上岳陽一飯從人討由是論之則杜之貧甚於陶而山谷之貧尚優於杜也

白樂天號爲知理者而於仕宦升沉之際悲喜輙係之自中書舍人出知杭州未甚左也而其詩曰朝從紫禁歸暮出青門去又曰委順隨行止又曰退身江海應無用憂國朝廷自有賢自江州司馬爲忠州刺史未爲超也而其詩曰正聽山鳥向陽眠黄紙除書落枕前又云五十專城未是遲又云三車猶夕會五馬已晨裝及被召中書則曰紫微今日煙霄地赤嶺前年泥土身得水魚還動鱗鬣乘軒鶴亦長精神觀此數詩是未能忘情於仕宦者東坡謫瓊州有詩云平生學道眞實意豈與窮達俱存亡要當如是爾

柳展如東坡甥也不問道於東坡而問道於山谷山谷作八詩贈之其間有寢興與時俱由我屈伸肘飯羹自知味如此是道否之句是告之以佛理也其曰咸池浴日月深宅養靈根胸中浩然氣一家同化元是告之以道教也聖學魯東家恭惟同出自乘流去本遠遂有作書肆是告之以儒道也

王勃示知巳詩云客書同十奉臣劒巳三奔則不爲無意於功名者寥游仙詩云乘月披金枝二星解瓊珮則不爲無意於神仙者是以登牛頭山而思武侯

之功宿仙居觀而思霓衣之倡也又覩述云擬古詩云僕生二十祀有志十數年下策圖富貴上策懷神仙而二志竟不遂可勝嘆哉

王維因鼓鬱輪袍登第而集中無琵琶詩盡思入神山水平遠雲勢石色繪者以爲天機所到而集中無畫詩豈非藝成而下不欲言耶抑以樂而媟貴主以畫而忝崔圓而不欲言耶

藝苑雌黃　宋　嚴有翼

金錯刀

張平子四愁詩云美人贈我金錯刀何以報之英瓊瑤金錯刀王莽所鑄錢名莽居攝變漢制以周錢有子母相權於是更造大錢徑寸二分重十二銖文曰大錢五十又造契刀其環如大錢身形如刀長二寸文曰契刀五百錯刀以黃金錯其文曰一刀直五千與五銖錢凡四品並行杜子美對雪詩金錯囊徒罄銀壺酒易賒韓退之潭州泊船聞道松醪賤何須恡錯刀皆謂是也或注四愁詩引續漢書佩刀諸侯王以金錯環恐與王莽所鑄錯刀又别

豪句

吟詩喜作豪句須不畔於理方善如東坡觀崔白驟雨圖云扶桑大繭如甕盎天女織綃雲漢上往來不遣鳳銜梭誰能鼓臂投三丈此語豪而甚工石敏若橘林文中詠雪有燕南雪花大於掌冰柼懸簷一千丈之語豪則豪矣然安得爾高屋李太白北風行云

燕山雪花大如席秋浦歌云白髪三千丈其句可謂豪矣奈無此理何如秦少游秋日絶句云連卷雌蜺挂西樸逐雨追情意未休安得萬粧相向舞酒酣聊把作纏頭此語亦豪而工矣

燕幕

吳公子札聘于上國宿于戚聞孫林父擊鍾曰夫子之在此猶燕之巢于幕上夫幕非燕巢之所言其至危也故潘岳西征賦云危素卵之累轂甚玄燕之巢幕丘希範與陳伯之書云將軍魚遊沸鼎之中燕巢

飛幕之上不亦惑乎盖用此意後人因此言燕事多使巢幕似乎無謂謝宣遠九日從宋公集戲馬臺詩巢幕無留燕遵渚有來鴻杜子美對雨書懷詩震雷飜幕燕驟雨落河魚

以宰為命

王儉少年以宰為命嘗有詩云稷契康虞夏伊呂翼商周又字其子曰元成取仍世作相之義至其孫訓亦作詩云旦奭康世巧蕭曹佐时俗大宰追儉之意而為之後官亦至侍中

最善下字

予與翁行可同舟泝汴因談及詩行可云王介甫最善下字如荒埭暗鷄催月曉空場老雉挾春驕下得挾字最好如孟子挾長挾貴之挾予謂介甫又有紫莧凌風怯蒼苔挾雨驕陳無已有寒氣挾霜侵敗絮賓鴻將子度微明其用挾字正與王介甫前一聯同

河豚

河豚有大毒肝與卵人食之必食淪而為羹或不甚熟亦能害人歲有被毒而死者然南人嗜之不已故

聖俞詩云炮煎苟失所入喉為鏌鋣則其毒可知

草詞

張子野過和靖隱居有詩一聯云湖山隱後家空在煙雨詞亡草自青注云先生常著春草曲有滿地和煙雨之語今亡其全篇余按楊元素本事曲有點絳唇一闋乃和靖草詞云金谷年年亂生春色誰為主餘花落處滿地和煙雨又離歌一闋長亭暮王孫去萋萋無數南北東西路此詞甚工子野乃不見其全篇何也

奪胎換骨

前輩云詩有奪胎換骨之說信有之也杜陵謁玄元廟其一聯云五聖聯龍衮秋風折鴈行亦以鴈行對龍衮然語中的其親切過于本詩玆不謂之奪胎可乎不然則徒用前人之語殊不足貴且如沈佺期云小池殘暑退高樹早凉歸非不佳也然正用柳惲太液微波起長楊高樹秋之句耳蘇子云峽東滄淵深貯月巖排紅樹巧粧秋非不佳也然正用杜陵峽束滄江起岩排石樹圓之句耳語雖工而無別也

譚苑醍醐

闕名

總論

蕭穎士曰六經之後有屈原宋玉文甚雄壯而不能經貫諸文辭最正近於治體枚乘相如亦瓌麗才士然而不近風雅楊雄用意頗深班彪識理張衡宏曠曹植豐贍王粲超逸嵇康標舉左思詩賦有雅頌遺風干寶者論近王化根源此後夐絶無聞焉近日惟陳子昂文體最正蕭之所取此可以知其所養矣

庾詩

庾信之詩爲梁之冠絶啓唐之先鞭史評其詩曰綺艷杜子美稱之曰清新又曰老成綺艷清新人皆知之而其老成獨子美能發其妙余嘗合而衍之曰綺多傷質艷多無骨清易近薄新易近尖子山之詩綺而有質艷而有骨清而不薄新而不尖所以爲老成也若元人之詩非不綺艷非不清新而乏老成宋人詩則强作老成態度而綺艷清新槩未之有若子山者可謂兼之矣不然則子美何以服之如此

猛燭

魏明帝樂府晝作不停手猛燭繼望舒晉庾闡藏鬮賦督猛炬以增明從因朗而心隔猛炬猛燭葢炬燭大炬也周禮所謂墳燭楚辭所云懸火也杜詩銅盤燒蠟光吐日與猛蠟乎

亭映

梁元帝纂要云日在午日亭在未曰昳王仲宣詩山岡有餘映謂日昃也

斗音

古文易日中見斗斗作主鄭玄注詩酌以大斗斗亦音主儀禮司宮設罍於洗東有枓釋之枓音主注枓斟水器也律歷志聚于斗溝洫志涇水一石其泥數斗且漑且糞長我禾黍

古歌詞

古歌詞長安城西雙員闕上有一雙銅雀宿一鳴五谷生再鳴五谷熟今文選注所引遺一宿字遂不可韻難讀

古諺

左傳脣亡齒寒葢古諺也戰國策作脣揭齒寒揭與寒叶韻

翻案

謝靈運詩曉聞夕飈急晚見朝日暾此語殊有變互凡風起必以夕此云曉聞夕飈即杜子美之喬木易高風也晚見朝日倒景反照也孟郊詩南山塞天地日月石上生高峯夕駐景深谷夜先明皆自謝詩翻出

晉齊

孟喜易晉作齊陸德明云齊子西切義同葢音躋躋亦晉也故知義同春秋齊師遷紀邢鄑郚鄑子移反文選弦高犒晉師注引呂氏春秋秦將伐鄭賈人弦高遇之乃矯鄭伯之命以勞之曰寡君使丙也衞也視也於邊候晉之道也遂惑入大國之地再拜受之高誘曰晉國名按晉鄑同字从邑爲是从日傳寫誤也古但作晋而音子西反與易春秋合

顏謝

顏延之謝靈運各被斥擬北上篇延之受詔即成靈

運久而方就遲速不同不害其俱工也

竹林詩評

闕名

韋孟四言誹而不亂小雅之流風也

蘇武之作稱爲高古非清廟之瑟朱絲疏越一唱三和更無可喻之

張衡四愁遙衷耿慕猶風騷之遺韻也

趙壹傷彼時二首載於史傳詩家之賈誼乎

曹子建之作亦正亦變駸駸乎大雅之製焉

王粲之作如楩柟杞梓輪囷離奇夫豈細材哉

劉楨之作朗潤清越如撥金考石故宜稱於建安

陶潛之作如清瀾白鳥長林麋鹿雖弗嬰籠絡可與其潔而隱顯未齊厭欣猶滯直適乎此而不能忘臨乎彼者耶

二陸之作辭氣重厚有館閣之體盛唐諸家應制多出此

顏延年之作如般般之獸白質黑章收收穆穆君子之態

鮑照之作如珊瑚琅玕木難火齊弗資鏤琢而自足

偉觀至乃詩家以太白方其俊逸豈小小哉

謝朓之作如西山清曉霏藍翕黛之中時有爽氣

王融作遊仙詩如金莖百尺仙掌銅盤集沆瀣於中天倚清爽而獨矯也

沈約范雲之作如閶闔踈鍾建章清漏不棘不舒有節有度

江淹清婉秀麗才思有餘雜擬之作如季札聘魯四代之樂並歌于庭非天下之至聽其孰能喻

丘遲之作如琪樹玲瓏金芝布濩九霄春露三島秋

雲

何遜之作不費氣力如庖丁解牛風成於騞然

陰鏗之作體用兼優神采疏澈辭精意切名之弗浮也

徐陵之作如魚油龍罽列堞明霞煇燿丰茸之采溢目非頓載之室詎得見此

庾信之作如玉臺九成瓊樓數仞規模崇麗氣象清新步虛諸什並懸絕塵境

虞世南之作如高山攝具蒼佩孳纓鄭顧之容也

百藥陳叔達楊師道實可與分庭抗禮者焉

阮籍之作如剡溪雪夜孤棹沿流乘興而來興盡而已也

謝靈運之作如蘼蕪覆瑞而鋪叙紛縟處似急就篇

謝氏詩源

闕名

昔有姜氏與鄰人文胄通殷勤文胄以百鍊水晶針一函遺姜氏姜氏啓履箱取連理線貫雙針結同心花以荅之故定情篇曰素縷連雙針

博物志云上芝爲車馬故樂府云芝爲車

堂北曰背堂南曰襟故陸士衡詩曰焉得忘歸草言樹背與襟言前後皆樹萱其忘也

宋遷寄試鶯詩有云誓成烏鰂墨人似楚山雲人多

不解烏鰂義南越志云烏鰂懷墨江東人取墨書契以紿人物逾年墨消空紙耳

昔有客過茅君時當大暑茅君于手巾內解茶葉人與一葉客食之五內清涼異而詰其所從來茅君曰此蓬萊山穆陀樹葉衆仙食之以當飲又有寶文之蕋服之不饑謝幼貞詩曰摘寶文之初蕋拾穆陀之墜葉

漢有女子舒襟爲人聰慧事事有意與元羣通書寄羣以蓮子曰吾憐子也羣曰何以不去心使婢荅曰正欲汝知心內苦故後世子夜歌有見蓮不分明等語皆祖其意

杜康造酒因名酒曰杜康故魏武短歌行曰何以解憂惟有杜康

近有士子作游女詩中一聯云不曾憐玉笋相競採金鹽人多不解金鹽二字余近讀真石經云五加皮一名金鹽始知玉笋金鹽對極妙而初不合掌

灼灼與河東人神通目授不復可見以軟絹帕裹紅淚寄之後姚鶯有秋閨詩曰菊花人共瘦楓葉淚俱紅

袁瓘秋日詩曰芳艸不復綠王孫今又歸人都不解施廥見之曰王孫蟋蟀也

袁瓘爲施廥作古硯歌中有句云青州熟鐵不足數衛公結鄰差可方古有青州熟鐵硯甚發墨

李夫人着綉襦作合歡廣袖故羽林郎曰廣袖合歡襦

金母召羣仙宴于赤水命謝長珠鼓拂雲之琴舞鶩波之曲坐有碧金鸚鵡杯白玉鸕鷀杓杯乾則杓自

挹欲飲則杯自舉故太白詩云鸕鷀杓鸚鵡杯非指廣南海螺杯杓也

姑蘇城中皮日休市有小橋名鶴舞父老相傳昔時有二鶴在其地對舞已而飛集金昌門外青楓橋東化爲鳳凰飛入雲際今鳳凰橋是也沈學士詩曰不如雙白鶴對舞石橋邊謝侍郎詩曰願作汀頭雙鳳凰奮飛直向青雲裏是一事

蘇味道詩火樹銀花合人謂銀花即火樹中花光明如銀故曰銀花殊不知銀花亦自有本昔薛瓊至孝

父病嘗其溲而家甚貧嘗山求薪遇老父以一物與之曰此銀實也用四壁土種之銅盆中置臥床下當得銀足贍汝家瓊歸如言種之旬日發苗又旬日生花花有銀色若鈿螺及結實皆銀也

尹廉之妻能作鎖雲囊佩之陟高山有雲處不必開囊而自然有雲氣入其中歸至家啟視皆有雲氣白如綿自囊而出囊大如蠶繭而可以開合更羸善射每言能仰射入雲中其妻不信因以一囊繫箭頭令射之及墜驗之果有白雲在內因名箭曰鎖雲故子美詩曰翻身向天仰射雲

輕雲鬟髮甚長每梳頭立于榻上猶拂地已綰髻左右餘髮各粗一指結束作同心帶垂于兩肩以珠翠飾之謂之流蘇髻于是富家女子多以青絲效其制亦自可觀

潛溪詩眼　宋　范溫

櫻桃詩

老杜櫻桃詩云西蜀櫻桃也自紅野人相贈滿筠籠數回細寫愁仍破萬顆勻圓訝許同此詩如禪家所謂信手拈來頭頭是道者直書目前所見平易委曲得人心所同然但他人艱難不能發耳至於憶昨賜霑門下省退朝擎出大明宮金盤玉筯無消息此日嘗新任轉蓬其感興皆出於自然故終篇遒麗韓退

之有賜櫻桃詩云漢家舊種明光殿炎帝還書本艸經豈似滿朝承雨露共看轉賜出青冥香隨翠籠擎偏重色照銀盤寫未停食罷自知無補報空然慚汗仰皇扃盖學老杜前詩然搜求事跡排比對偶其言出於勉强所以相去甚遠若非老杜在前人亦安敢輕議

橄欖詩

東坡橄欖詩云紛紛青子落紅鹽氣味森森苦且嚴待得微甘回齒頰已輸崖蜜十分甜范景仁言橄欖木高大難采以鹽擦木身則其實自落所以有落紅鹽之語南人誇橄欖北人誇棗

都梁香

古詩云博山爐中百和香鬱金蘇合及都梁又云氍毹五木香迷迭及都梁按廣志都梁香出交廣形如藿香迷迭出西域魏文帝有迷迭香賦

本事詩

唐　孟啓

情感第一

陳太子舍人徐德言之妻，後主叔寶之妹，封樂昌公主，才色冠絕。時陳政方亂，德言知不相保，謂其妻曰：以君之才容，國亡必入權豪之家，斯永絕矣。儻情緣未斷，猶冀相見，宜有以信之。乃破一鏡，人執其半，約曰：他日必以正月望日賣於都市，我當在，卽以是日訪之。及陳亡，其妻果入越公楊素之家，寵嬖殊厚。德言流離辛苦，僅能至京，遂以正月望日訪於都市。有蒼頭賣半鏡者，大高其價，人皆笑之。德言直引至其居，設食，具言其故，出半鏡以合之，仍題詩曰：鏡與人俱去，鏡歸人不歸。無復嫦娥影，空留明月輝。陳氏得詩，涕泣不食。素知之，愴然改容，卽召德言，還其妻，仍厚遺之。聞者無不感歎。仍與德言、陳氏偕飲，令陳氏爲詩曰：今日何遷次，新官對舊官。笑啼俱不敢，方驗作人難。遂與德言歸江南，竟以終老。

唐武后載初中，左司郎中喬知之有婢名窈娘，藝色爲當時第一。知之寵待，爲之不婚。武延嗣聞之，求一見，勢不可抑。旣見，卽留，無復還理。知之憤痛成疾，因爲詩，寫以縑素，厚賂閽守以達。窈娘得詩悲惋，結於裙帶，赴井而死。延嗣見詩，遣酷吏誣陷知之，破其家。詩曰：石家金谷重新聲，明珠十斛買娉婷。昔日可憐君自許，此時歌舞得人情。君家閨閤不曾難，好將歌舞借人看。富貴雄豪非分理，驕奢勢力橫相干。別君去君終不忍，徒勞掩袂傷紅粉。百年離別在高樓，一旦紅顏爲君盡。時載初元年三月也，四月下獄，八月死。

寧王曼貴盛，寵妓數十人，皆絕藝上色。宅左有賣餅者妻，纖白明媚，王一見注目，厚遺其夫取之，寵惜逾等。環歲，因問之：汝復憶餅師否？默然不對。王召餅師使見之，其妻注視，雙淚垂頰，若不勝情。時王座客十餘人，皆當時文士，無不悽異。王命賦詩，王右丞維詩先成：莫以今時寵，寧忘昔日恩。看花滿眼淚，不共楚王言。

開元中，頒賜邊軍纊衣，製於宮中。有兵士於短袍中得詩曰沙場征戍客寒苦若爲眠戰袍經手作知落阿誰邊畜意多添線含情更著綿今生已過也重結後身緣兵士以詩白於帥帥進之玄宗命以詩遍示六宮曰有作者勿隱吾不罪汝有一宮人自言萬玄宗深憫之遂以嫁得詩人仍謂之曰我與汝身緣邊人皆感泣

朱滔括兵不擇士族悉令赴軍自閲於毬場有士容止可觀進趨淹雅滔自問之曰所業者何曰學詩問有妻否曰有即令作寄內詩援筆立成詞曰

筆題詩易荷戈征戍難慣從鴛被暖怯向雁門寒盡寬衣帶啼多漬枕檀試留青黛着回日畫眉看令代妻作詩答曰蓬鬢荊釵世所稀布裙猶是嫁衣胡麻好種無人種合是歸時底不歸滔遺以東放歸

顧況在洛乘閒與三詩友遊於苑中坐流水上得大梧葉題詩上曰一入深宮裏年年不見春聊題一片葉寄與有情人況明日於上游亦題葉上放於波中詩曰花落深宮鶯亦悲上陽宮女斷腸時帝城不禁東流水葉上題詩欲寄誰後十餘日有人於苑中尋春又於葉上得詩以示況詩曰一葉題詩出禁城誰人酬和獨含情自嗟不及波中葉蕩漾乘春取次行

韓晉公鎮浙西　戎昱爲部內刺史（失州名）郡有酒妓歌色亦爛妙昱情屬甚厚浙西樂將聞其能白晉召置籍中昱不敢留餞於湖上爲歌詞以贈之曰至彼令歌必首唱是詞既至韓爲開筵自持盃命送之遂唱　詞曲既終韓問曰　使君於汝寄情悚然起立曰然淚下隨言韓令更衣待命席上

憂危韓召樂將責曰戎使君名士留情郡妓何知而召置之成余之過乃十笞之命妓與百縑即歸之其詞曰好去春風湖上亭柳條藤蔓繫離情鶯久住渾相識欲別頻啼四五聲

韓翃少負才名天寶末舉進士孤貞靜默所與遊化當時名士然而蓽門圭竇室唯四壁鄰有李將（失名）妓柳氏李每至必邀韓同飲韓以李豁落大丈夫故不逆旣久愈狎柳每以暇日隙壁窺韓所居即蕭良乂聞客至必名人因乘閒語李曰韓秀才窮甚

然所與遊必聞名人是必不久貧賤宜假借之李深
領之問一日具饌邀韓酒酣謂韓曰秀才當今名士
栁氏當今名色以名色配名士不亦可乎遂命栁從
坐接韓韓殊不意懇辭不敢當李曰大丈夫相遇杯
酒間一言道合尚相許以死況一婦人何足辭也卒
授之不可拒又謂韓曰夫子居貧無以自振栁資數
百萬可以取濟栁淑人也宜事夫子能盡其操卽長
揖而去韓追讓之顧況然自疑曰此豪達者昨暮備
言之矣勿復致訝俄就栁居來歲成名後數于淄青

節度侯希逸奏爲從事以世方擾不敢以栁自隨置
之都下期至而迓之連三歲不果迓因以良金買練
囊中寄之題詩曰章臺栁章臺栁往日青青今在否
縱使長條似舊垂亦應攀折他人手栁復書答詩曰
楊栁枝芳菲節可恨年年贈離別一葉隨風忽報秋
縱使君來豈堪折栁以色顯獨居恐不自免乃欲落
髮爲尼居佛寺後翃隨侯希逸入朝尋訪不得已爲
立功番將沙吒利所刼寵之專房翃悵然不能割會
入中書至子城東南角逢犢車緩隨之車中問曰得

非青州韓員外邪曰是遂披簾曰某栁氏也失身沙
吒利無從自脫明日尚此路還願更一來取別韓深
感之明日如期而往犢車尋至車中投一紅巾包小
合子實以香膏嗚咽言曰終身永訣車如電逝韓不
勝情爲之雪涕是日臨淄太校致酒於都市酒樓邀
韓韓赴之悵然不樂座人曰韓員外風流談笑未嘗
不適今日何慘然邪韓具話之有虞侯將許俊年少
被酒起曰寀嘗以義烈自許願得員外手筆數字當
立置之座人皆激賛韓不得已與之俊乃急裝乘一

馬牽一馬而馳逕趍沙吒利之第會吒利已出卽以
入曰將軍墜馬且不救遣取栁夫人栁驚出卽以韓
札示之挾上馬絕馳而去座未罷卽以栁氏授韓曰
幸不辱命一座驚歎時吒利初立功代宗方優借大
懼禍作闔座同見希逸白其故希逸扼腕奮髯曰此
我往日所爲也而俊復能之立修表上聞深罪沙吒
利代宗稱歎良久御批曰沙吒利宜賜絹二千匹栁
氏却歸韓翃後事罷閑居將十年李相勉鎭夷門又
署爲幕吏時韓已遲暮同職皆新進後生不能知韓

擧目爲惡詩韓邑邑殊不得意多辭疾在家唯末職韋巡官者亦知名士與韓獨善一日夜將半韋叩門急韓出見之賀曰員外除駕部郎中知制誥韓大愕然曰必無此事定誤矣韋就座曰留邸狀報制誥闕人中書兩進名御筆不點出又請之且求聖旨所與德宗批曰與韓翃時有與翃同姓名者爲江淮刺史又具二人同進御筆復批曰春城無處不飛花寒食東風御柳斜日暮漢宮傳蠟燭輕煙散入五侯家又批曰與此韓翃韋又賀曰此非員外詩也韓曰是也是知不誤矣質明而李與僚屬皆至時建中初也自

韓復爲汴職以下開成中余罷梧州有大梁夙將趙唯爲嶺外刺史年將九十矣耳目不衰過梧州言大梁往事述之可聽云此皆目擊之故因錄於此也

李相紳鎭淮南張郎中又新罷江南郡素與李搆隙事在別錄時於荆溪遇風漂没二子悲慼之中復懼李之讎已投長牋自首謝李深憫之復書曰端溪不讓之詞愚罔懷怨荆浦沈淪之禍鄙實愍然旣厚遇之殊不屑意張感銘致謝釋然如舊交與張宴飲必極歡醉張嘗爲廣陵從事有酒妓嘗好致情而終不果納至是二十年猶在席目張悒然如將涕下李起更衣張以指染酒題詞盤上妓深曉之李旣至張持杯不樂李覺之卽命妓歌以送酒遂唱是詞曰雲雨分飛二十年當時求夢不曾眠今來頭白重相見還上襄王玳瑁筵張醉歸李令妓夕就張郎中張與楊虔州齊名友善楊妻李氏卽鄘相之女有德無容楊未嘗意敬待特甚張嘗語楊曰我少年成美名不憂仕矣唯得美室平生之望斯足楊曰必求是但與我

同好必諧君心張深信之旣婚殊不愜心楊以笏觸之曰君何太癡言之數四張不勝其忿迴應之曰與君無間以情告君君誤我如是何謂癡楊歷數求名從宦之由曰豈不與君皆同邪曰然然則我得醜婦君詎不聞我邪張色解問君室何如曰特甚張大笑遂如初張旣成家乃詩曰牡丹一朶直千金將謂從來色最深今日滿闌開似雪一生辜負看花心

劉尚書禹錫罷和州爲主客郎中集賢學士李司空罷鎭在京慕劉名嘗邀至第中厚設飲饌酒酣命妙

妓歌以送之劉於席上賦詩曰鬟髾梳頭宮樣粧春風一曲杜韋娘司空見慣渾閑事斷盡江南刺史腸李因以妓贈之

太和初有爲御史分務洛京者子孫官顯隱其姓名有妓善歌時稱尤物時太尉李逢吉留守聞之請一見特說延之不敢辭盛粧而往李見之命與衆姬相面李妓且四十餘人皆處其下既入不復出頃之李以疾辭遂罷坐信宿絕不復知怨歎不能已爲詩兩篇投獻明日見李但含咲曰大好詩遂絕詩曰三山

不見海沉沉豈有仙踪尚可尋青鳥去時雲路斷姮娥歸處月宮深紗窓暗想春相憶書幌誰憐夜獨吟料得此時天上月秖應偏照兩人心

博陵崔護姿質甚美而孤潔寡合舉進士下第清明日獨遊都城南得居人莊一畝之宮而花木叢萃寂若無人扣門久之有女子自門隙窺之問曰誰耶以姓字對曰尋春獨行酒渴求飲女人以杯水至開門設牀命坐獨倚小桃斜柯佇立而意屬殊厚妖姿媚態綽有餘妍崔以言挑之不對目注者久之崔辭去送至門如不勝情而入崔亦睠盼而歸嗣後絕不復至及來歲清明日忽思之情不可抑逕往尋之門牆如故而已鎖扃之因題詩於左扉曰去年今日此門中人面桃花相映紅人面秖今何處去桃花依舊笑春風後數日偶至都城南復往尋之聞其中有哭聲扣門問之有老父出曰君非崔護耶曰是也又哭曰君殺吾女護驚起莫知所荅老父曰吾女笄年知書未適人自去年以來常恍惚若有所失比日與之出及歸見左扉有字讀之入門而病遂絕食數日而死

吾老矣此女所以不嫁者將求君子以託吾身今不幸而殞得非君殺之耶又特大哭崔亦感慟請入哭之尚儼然在牀崔舉其首枕其股哭而祝曰某在斯某在斯須臾開目半日復活矣父大喜遂以女歸之

事感第二

天寶末玄宗嘗乘月登勤政樓命梨園弟子歌數闋有唱李嶠詩者云富貴榮華能幾時山川滿目淚沾衣不見秖今汾水上惟有年年秋鴈飛時上春秋已高問是誰詩或對曰李嶠因悽然泣下不終曲而起

曰李嶠真才子也又明年幸蜀登白衛嶺覽眺久之又歌是詞復言李嶠真才子不勝感歎時高力士在側亦揮涕久之

劉尚書自屯田員外左遷朗州司馬凡十年始徵還方春作贈看花諸君子詩曰紫陌紅塵拂面來無人不道看花回玄都觀裏桃千樹盡是劉郎去後栽其詩一出傳於都下有素嫉其名者白於執政又誣其有怨憤他日見時宰與坐慰問甚厚既辭即曰近者新詩未免爲累奈何不數日出爲連州刺史其自叙

云貞元二十一年春余爲屯田員外時此觀未有花是歲出牧連州至荆南又貶朗州司馬居十年詔至京師人人皆言有道士手植仙桃滿觀盛如紅霞遂有前篇以記一時之事旋又出牧於今十四年始爲主客郎中重遊玄都蕩然無復一樹唯兔葵燕麥動摇動春風耳因再題二十八字以俟後再遊時太和二年三月也詩曰百畝庭中半是苔桃花静盡菜花開種桃道士今何在前度劉郎今獨來

元相公稹爲御史奉使東川於褒城題黄明府詩其序云昔年曾於解縣飲酒余甞爲觥録事甞於竇少府廳有一人後至頻犯語令連飛十數觥不勝其困逃席而去醒後問人前虞鄉黄丞也此後絶不復知元和四年三月奉使東川十六日至褒城望驛有大池樓榭甚盛逡巡有黄明府見迎瞻其形容髣髴似識問其前銜即往日之逃席黄丞也説向前事黄生惘然而悟因饋酒一樽艤舟請余同載余不免其意與之盡歡徧問座隅山水則褒女所奔走城在其左諸葛所征之路次其右感今懷古作贈黄明府詩曰

昔年曾痛飲黄令困飛觥席上當時走馬前今日迎依稀迷姓字即漸識平生故友身皆遠他鄉眼暫明便邀同榻坐兼共摘一作剔船行酒思臨風亂霜稜拂地平不看深淺酌貪愴古今情邐迤七盤路坡陁數大城花疑褒女咲棧想武侯征一種埋幽石老閑千載名

白尚書姬人樊素善歌妓人小蠻善舞甞爲詩曰櫻桃樊素口楊柳小蠻腰年既高邁而小蠻方豐艶因爲楊柳之詞以託意曰一樹春風萬萬枝嫩於金色

軟於絲永豐坊裏東南角盡日無人屬阿誰及宣宗朝國樂唱是詞上問誰詞永豐在何處左右具以對之遂因東使命取永豐柳兩枝植於禁中白感上知其名且好尚風雅又爲詩一章其末句云定知此後天文裏柳宿光中添兩枝

李章武學識好古有名於時太和末敕僧尼試經若干紙不通者勒還俗章武時爲成都少尹有山僧來謁云禪觀有年未嘗念經今被追試前業棄矣願長者宥之章武贈詩曰南宗尚許通方便何處心中更

有經好去苾蒭雪水畔何山松栢不青青主者免之而去

詩人許渾嘗夢登山有宮室凌雲人云此崑崙也既入見數人方飲酒招之至暮而罷賦詩云曉入瑶臺露氣清坐中唯有許飛瓊塵心未斷俗緣在十里下山空月明他日復夢至其處飛瓊曰子何故顯余姓名於人間座上即改爲天風吹下步虛聲曰善

高逸第三

李太白初自蜀至京師舍於逆旅賀監知章聞其名首訪之既奇其姿復請所爲文出蜀道難以示之讀未竟稱歎者數四號爲謫仙解金龜換酒與傾盡醉期不間日由是稱譽光赫賀又見其烏棲曲歎賞苦吟曰此詩可以泣鬼神矣故杜子美贈詩及焉曲曰姑蘇臺上烏棲時吳王宮裡醉西施吳歌楚舞歡未畢西山欲銜半邊日金壺丁丁漏水多起看秋月墜江波東方漸高奈樂何或言是烏夜啼二篇未知孰是故兩錄之烏夜啼曰黃雲城邊烏欲棲歸飛啞啞枝上啼機中織錦秦川女碧紗如煙隔窗語停梭向

人問故夫欲說遼西淚如雨白才逸氣高與陳拾遺齊名先後合德其論詩云梁陳以來艷薄斯極沈休文又尚以聲律將復古道非我而誰與故陳李二集律詩殊少嘗言興寄深微五言不如四言七言又其靡也況使束於聲調俳優哉故戲杜曰飯顆山頭逢杜甫頭戴笠子日卓午借問何來太瘦生總爲從前作詩苦蓋譏其拘束也玄宗聞之召入翰林以其才澡絕人器識兼茂便以上位處之故未命以官嘗因宮人行樂謂高力士曰對此良辰美景豈可獨以聲

伎爲娛倘時得逸才詞人詠出之可以誇耀於後遂
命召白時寧王邀白飲酒已醉既至拜舞頽然上知
其薄聲律謂非所長命爲宮中行樂五言律詩十首
白頓首曰寧王賜臣酒今已醉倘陛下賜臣無畏始
可盡臣薄技上曰可即遣二内臣掖扶之命研墨濡
筆以授之又令二人張朱絲欄於其前白取筆抒思
畧不停綴十篇立就更無加點筆迹遒利鳳跱龍拏
律度對屬無不精絶其首篇曰柳色黄金嫩梨花白
雪香玉樓巢翡翠金殿宿鴛鴦選妓隨雕輦徵歌出

本事詩　六　十五

洞房宮中誰第一飛燕在昭陽文不盡錄常出入宮
中恩禮殊厚竟以疎縱乞歸上亦以非廊廟器優詔
罷遣之後以不羈流落江外又以永王招禮累謫於
夜郎及放還卒於宣城杜所贈二十韻備叙其事讀
其文盡得其故跡杜逢祿山之難流離隴蜀畢陳於
詩推見至隱殆無遺事故當時號爲詩史

杜舍人牧弱冠成名當年制策登科名振京邑嘗與
一二同年城南遊覽至文公寺有禪僧擁褐獨坐與
之語其玄言妙旨咸出意表問杜姓字具以對之又
云修何業傍人以累捷誇之顧而笑曰皆不能也杜
歎訝因題詩曰家在城南杜曲傍兩枝仙桂一時芳
禪師都未知名姓始覺空門意味長

杜爲御史分務洛陽時李司徒罷鎮閑居聲伎豪華
爲當時第一洛中名士咸謁見之李乃大開筵席當
時朝客高流無不臻赴以杜持憲不敢邀置杜遣座
客達意願與斯會李不得已馳書方對花獨酌亦已
酣暢聞命遽來時會中已飲酒女奴百餘人皆絶藝
殊色杜獨坐南行瞪目注視引滿三卮問李云聞有

本事詩　六　十六

紫雲者孰是李指示之杜凝睇良久曰名不虛得宜
以見惠李俯而笑諸妓亦皆迴首破顔杜又自飲三
爵朗吟而起曰華堂今日綺筵開誰喚分司御史來
忽發狂言驚滿座兩行紅粉一時廻意氣閑逸傍若
無人杜登科後狎遊飲酒爲詩曰落拓江湖載酒行
楚腰纖細掌中情三年一覺楊州夢贏得青樓薄倖
名後又題詩曰觥船一棹百分空十載青春不負公
今日鬢絲禪榻畔茶煙輕颺落花風

怨憤第四

宋考功天后朝求爲北門學士不許作明河篇以見其意末云明河可望不可親願得乘槎一問津更將織女支機石還訪成都賣卜人則天見其詩謂崔融曰吾非不知之問有才調但以其有口過蓋以之問患齒疾口常臭故也之問終身慚憤

吳武陵有文筆才而强悍激訐爲人所畏嘗爲部內刺史贓罪狠籍敕令廣州幕吏鞫之吏少年科第恃不假貸持之甚急武陵不勝其憤題詩路左佛堂曰雀兒來逐颺風高下視鷹鸇意氣豪自謂能生千里

翼黃昏依舊入蓬蒿

開元末宰相李適之疎直坦夷時譽甚美李林甫惡之排誣罷免朝客來雖知無罪謁問甚稀適之意憤日飲醇酣且爲詩曰避賢初罷相樂聖且銜杯爲問門前客今朝幾箇來李林甫愈怒終遂不免

張曲江與李林甫同列玄宗以文學精識深器之林甫嫉之若讎曲江度其巧譎慮終不免爲海燕詩以致意曰海燕何微眇乘春亦暫來豈知泥滓賤秖見玉堂開繡戶時雙入華軒日幾迴無心與物競鷹隼莫相猜亦終退斥

化里鑿池種竹起臺榭時方下第或謂執政惡之故不在選怨憤尤極遂於庭內題詩曰破却千家作一池不栽桃李種薔薇薔薇花落秋風後荊棘滿庭君始知由是人皆惡其侮慢不避故卒不得第憾而終

徵異第五

開元中有幽州衙將姓張者妻孔氏生五子不幸去世後娶妻李氏悍怒狠戾虐遇五子日鞭箠之五子不堪其苦哭於其葬母忽於塚中出撫其子悲慟久

之因以白布巾題詩贈張曰不忿成故人掩涕毎盈巾死生今有隔相見永無因匣裏殘粧粉留將與後人黃泉無用處恨作塚中塵有意懷男女無情亦任君欲知腸斷處明月照孤墳五子得詩以呈其父其父慟哭訴於連帥帥上聞敕李氏杖一百流嶺南張停所職

宋考功以事累貶黜後放還至江南遊靈隱寺夜月極明長廊吟行且爲詩曰鷲嶺鬱岧嶢龍宮隱寂寥第二聯搜奇思終不如意有老僧點長明燈坐大禪

琳問曰少年夜夕久不寐而吟諷甚苦何邪之問答曰弟子業詩適偶欲題此寺而興思不屬僧曰試吟上聯卽吟與之再三吟諷因曰何不云樓觀滄海日門聽浙江潮之問愕然訝其遒麗又續終篇曰桂子月中落天香雲外飄捫蘿登塔遠刳木取泉遥霜薄花更發氷輕葉未凋待入天台路看余度石橋僧所贈句乃爲一篇之警策遲明更訪之則不復見矣寺僧有知者曰此駱賓王也之問詰曰當敬業之敗與賓王俱逃捕之不獲將帥慮失大魁得不測罪時死

者數萬人因求戮二人者函首以獻後雖知不死不敢捕送故敬業得爲衡山僧年九十餘乃卒（出趙魯遊南嶽記）賓王亦落髮徧遊名山至靈隱以周歲卒當時雖敗且以匡復爲名故人多護脫之

韓吏部作輓轆彌明傳言嘗與文友數人會宿有老道士形貌瓌異自通姓名求宿言論甚奇旣及飲酒衆度其必不留情於詩因聯句詠爐中石鼎將巳困之其首唱曰妙匠珠山骨剞中事調烹至彌明白云不善俗書書則人多不識遣人執筆吟曰龍頭縮菌蠢豕腹漲彪脝座客無不歎異會人思竭不能復續彌明連足成之有微吟者其聲淒苦彌明詠中譏侮之曰仍於蚯蚓竅更作蒼蠅聲狀鼍之聲旣巳酷似譏微吟者亦復著題皆大驚伏須臾倚壁而睡鼻中大鼾其聲如雷座人異且畏之咸避就寢旣明失之莫知所在

元相公稹爲御史鞫獄梓潼時白尚書在京與名輩遊慈恩小酌花下爲詩寄元曰花時同醉破春愁醉折花枝當酒籌忽憶故人天際去計程今日到梁州

時元果及褒城亦寄夢遊詩曰夢君兄弟曲江頭也向慈恩院裡遊驛吏喚人排馬去忽驚身在古梁州千里神交合若符契友朋之道不期至歟

馬相植罷安南都護與時宰不通又除黔南殊不得意維舟峽中古寺寺前長堤堤畔林木夜月甚明見人白衣緩步堤上吟曰截竹爲筒作笛吹鳳凰池上鳳凰飛勞君更向黔南去卽是陶鈞萬類時歷歷可聽吟者數四遣人邀問卽巳失之後自黔南入爲大理卿遷刑部侍郎判鹽鐵遂作相

徵咎第六

詩人劉希夷嘗爲詩曰今年花落顔色改明年花開復誰在忽然悟曰其不祥歟復遣思逾時又曰年年歲歲花相似歲歲年年人不同又惡之或解之曰何必其然遂兩留之果以來春之初下世

崔曙進士作明堂火珠詩贖帖曰夜來雙月滿曙後一星孤當時以爲警句及來年曙卒唯一女名星星人始悟其自讖也

范陽盧獻卿大中中舉進士詞藻爲同流所推作愍

征賦數千言時人以爲庾子山哀江南之亞今諫議大夫司空圖爲注之連不中第薄遊衡湘至郴而病夢人贈詩曰卜築郊原古青山唯四鄰扶疎遶臺榭寂寞獨歸人後旬日而歿郴守爲葬之近郊果以夏初空之皆符所命

嘲戲第七

宋武帝嘗吟謝莊月賦稱歎良久謂顔延之曰希逸此作可謂前不見古人後不見來者昔陳王何足尚邪延之對曰誠如聖旨然其曰美人邁兮音信闊隔千里兮共明月知之不亦晚乎帝深以爲然及見希逸希逸對曰延之詩云生爲長相思歿爲長不歸豈不更加於臣邪帝拊掌竟日

國初長孫太尉見歐陽率更姿形麽陋嘲之曰聳髆成山字埋肩畏出頭誰言麟閣上畫此一獼猴詢亦嘲之曰索頭連背暖漫襠畏肚寒秖緣心混混所以面團團太宗聞之而笑曰詢此嘲會不爲皇后邪

則天朝左司郎中張元一滑稽善謔時西[illegible]犯邊則天欲諸武立功因行封爵命武懿宗統兵以禦之寇

未入塞懿宗始逾邠郊畏懦而遁懿宗短陋元一嘲之曰長弓短度箭蜀馬臨高騙去賊七百里隈牆獨自戰忽然逢着賊騎猪向南趁則天聞之初未悟曰懿宗無馬邪何故騎猪元一解之曰騎猪者是夾豕走也則天乃大笑懿宗怒曰元一夙構貴欲辱臣則天命賦詩與之懿宗請賦菶字元一立嘲曰裏頭極草草掠鬢不菶菶未見桃花面皮先作杏子眼孔則天大歡故懿宗不能侵傷

開元中宰相蘇味道與張昌齡俱有名暇日相遇互

相誇誚昌齡曰某詩所以不及相公者爲無銀花合故也蘇有觀燈詩曰火樹銀花合星橋鐵鎖開暗塵隨馬去明月逐人來味道云子詩雖無銀花合還有金銅釘昌齡贈張昌宗詩曰昔日浮丘伯今同丁令威遂相與拊掌大笑

詩人張祜未嘗識白公白公刺蘇州祜始來謁才見白白曰久欽籍嘗記得君欵頭詩祜愕然曰舍人何所謂白曰鴛鴦鈿帶拋何處孔雀羅衫付阿誰非欵頭何邪張頓首微笑仰而答曰祜亦嘗記得舍人目

連變白曰何也祜曰上窮碧落下黄泉兩處茫茫皆不見非目連變何邪遂與歡宴竟日

沈佺期會以罪謫遇恩官還秩朱紱未復嘗內宴羣臣皆歌迴波樂撰詞起舞因是多求遷擢佺期詞曰迴波爾時佺期流向嶺外生歸身名已蒙齒錄袍笏未復牙緋中宗即以緋魚賜之崔日用爲御史中丞賜紫是時佩魚須有特恩內宴中宗命羣臣撰詞曰臺中鼠子直須諳信足跳梁上壁龜倚翻燈脂汚張五還來齧帶報韓三莫浪語其王相大家必欲賜金龜賣卻猫兒相報上中宗亦以緋魚賜之

中宗朝御史大夫裴談崇奉釋氏妻悍妬談畏之如嚴君嘗謂人妻有可畏者三少妙之時視之如生菩薩及男女滿前視之如九子魔母安有人不畏九子母耶及五十六十薄施粧粉或黑視之如鳩盤茶安有人不畏鳩盤茶時韋庶人頗襲武氏之風軌中宗漸畏之內宴唱迴波詞有優人詞曰迴波爾時栲栳怕婦也是大好外邊秖有裴談內裏無過李老韋后意色自得以束帛賜之

續本事詩

聶奉先

市語

今時市語答人眞實事則稱見來此語蓋巳久矣按贈黄山人詩云面頰照人元自白眉毛覆眼見來烏以此

甘露事

杜牧之集有李給事詩二首其中有紛紜白晝驚千古鐵鎖朱殷幾一空之句謂鄭注甘露之事也

禁酒

盧仝詩云何時得太禁酒國今吾謫嶺南萬戸酒家有一婢昔嘗爲酒肆頗能伺候多煖自今嘗不乏酒可以日飲之何其太禁酒國矣

軟紅

前輩戲云有西湖風月不如東洛軟紅香塵之語故東坡和錢穆公蔣頴叔從駕景雲官詩云半白不羞垂項髮軟紅猶戀屬車塵

氷廳

氷廳事見因話録云歐陽有詩云獨宿氷廳夢帝關

紅麯酒

余娫李賀云酒滴珍珠紅夏彦剛云江南人造紅麯酒

葡萄酒

白樂天云羌管吹楊柳[illegible]謂太原出葡萄酒也然此乃律詩用平聲讀則太不律用側聲讀則近俗耳

芡實

京師芡實最盛於會靈觀之凝祥池故文忠詩曰凝祥池鎖會靈觀滞留江海得加飡僕射披在鄭州世亦稱其芡實也

酴醾

酴醾本酒名也新開花本以其顏色似之故以取名山谷所以有名字因壺酒風流付枕幃之句又云風流徹骨成春酒夢寐宜人入枕囊

詩媒

詩云白藕作花風已愁不堪殘睡更回頭晩雲帶雨

歸飛急太作西窓一夜秋此趙璘細君王氏所作也
德遴既歸居因見此篇遂與之爲親余以爲乃二十
八字媒也

海棠

東坡謫黄州居於定惠院之東雜花滿山而獨有海
棠一株土人不知貴東坡爲作長篇平生喜爲人寫
蓋人間刑石者自有五六本云吾平生最得意詩
也

筆管詩

唐德州刺史王倚家有筆一管粗於常筆劃從軍行
一首點毛髮亭臺山水無不精絶判兩句曰亭前琪樹
已堪攀塞北征人尚未還

白鴈

北方白鴈似鴈而少色白秋深乃來白鴈至則霜降
河北人謂之霜信杜甫詩云故國霜前白鴈來即謂
此

簿尉

杜甫贈高適詩云脱身簿尉中始與捶楚辭韓退之
兒張功曹詩云判司卑官不堪說未免捶楚塵埃間
杜牧寄小姪阿宜詩云參軍與簿尉塵土驚皇皇一
語不中治鞭捶身滿瘡以此明唐之參軍簿尉有過
即受笞杖之刑尤今之楚吏也

槐黄

俗云槐花黄舉子忙謂槐之方花乃進士赴舉之時
而唐詩人翁承贊詩云雨中粧點望中黄勾引蟬聲
送夕陽憶得當年隨計吏馬蹄終日爲君忙乃知俗
語亦有所自也